国家社科基金重点项目成果（项目编号:17AFX003）

SYSTEM AND MECHANISM

制度与机理

司法现象研究

谢佑平　陈玺　著

法律出版社 LAW PRESS·CHINA
北京

图书在版编目(CIP)数据

制度与机理:司法现象研究/谢佑平,陈玺著.--
北京:法律出版社,2023
ISBN 978-7-5197-7797-5

Ⅰ.①制… Ⅱ.①谢… ②陈… Ⅲ.①司法制度—研究—中国 Ⅳ.①D926

中国国家版本馆CIP数据核字(2023)第062524号

制度与机理:司法现象研究
ZHIDU YU JILI: SIFA XIANXIANG YANJIU

谢佑平 陈 玺 著

策划编辑 李 群 陈昱希
责任编辑 陈昱希
装帧设计 贾丹丹

出版发行 法律出版社
编辑统筹 法规出版分社
责任校对 王 丰
责任印制 耿润瑜
经 销 新华书店

开本 710毫米×1000毫米 1/16
印张 35 字数 554千
版本 2023年5月第1版
印次 2023年5月第1次印刷
印刷 天津嘉恒印务有限公司

地址:北京市丰台区莲花池西里7号(100073)
网址:www.lawpress.com.cn
投稿邮箱:info@lawpress.com.cn
举报盗版邮箱:jbwq@lawpress.com.cn

销售电话:010-83938349
客服电话:010-83938350
咨询电话:010-63939796

书号:ISBN 978-7-5197-7797-5
定价:98.00元

凡购买本社图书,如有印装错误,我社负责退换。电话:010-83938349

作 者 简 介

谢佑平

男，汉族，湖南宁乡人，法学博士，湖南大学特聘教授，刑事法律科学研究中心主任，博士生导师。中国刑事诉讼法学研究会副会长，中国检察学研究会常务理事，最高人民检察院专家咨询委员会委员，湖南省法官检察官遴选委员会委员。曾获上海市十大杰出中青年法学家、教育部新世纪优秀人才、上海市领军人才等荣誉称号。出版有《刑事程序法哲学》《社会秩序与律师职业》《刑事诉讼的模式与精神》《程序法定原则研究》等专著8部，主编和参编教育部统编教材《证据法学》《刑事诉讼法学》等4部。在《中国法学》《法学家》等核心期刊发表论文80多篇，主持完成《中国检察监督的政治性与司法性》等国家重点课题3项。参编的《刑事诉讼法学（上、下）》曾获教育部优秀教学成果二等奖。

作者简介

陈　玺

男，1991年生，河南郑州人，湖南大学博士研究生。

内容简介

司法不仅具有极强的专业性、技术性和程序性，也不可避免地会受到党派等政治因素的影响而具有政治性。司法的政治性从根本上讲是由其法律实施的属性所决定。司法的政治性与中立性之间存在明显的冲突与紧张关系，集中表现在司法构成、司法不公与司法腐败等方面。在司法中讲政治不仅要避免片面强调司法的职业性和专业性，而且应注重遵循司法规律与履行政治职能相结合，运用司法的方式解决政治争议，防止讲政治的“庸俗化”。政治体制的阶级属性、国家属性和民族属性决定了司法体制的本质、类型和特征。西方各国的司法体制在法治观念和分权学说的影响下形成了各自的特征，深刻影响着司法官员的职业化管理、司法程序的设计以及司法效果的实现。与之不同，我国政法体制在党的领导下形成了“条块结合”的管理模式，在司法主体、司法依据和司法效果等方面展现出独特的实践特点。

从历史角度考察司法与政治的关系不难看出，司法权逐渐从行政权中分离出来，成为一支独立的国家权力以应对利益冲突与社会纠纷。处理司法权与行政权在目的和要求上的冲突，最根本的方式是通过法律实现政治控权，将政治权力纳入法治轨道，进而完成政治法治化的改革目标。域外国家在司法制度与政治制度的相互作用与发展中逐渐形成各自稳定的法治模式。这启示我们，权力分立与制衡的法治理念是构建具体司法制度的指导思想，更加强调立法权与行政权对于司法权的积极配合与有效保障作用，并将司法权的重心逐渐向审判权倾斜。

司法超脱运行旨在应对风险社会带来的现实挑战。超脱后的司法表现出明显的社会面向、实用考量与功利计算的特点，调适着传统司法结构与现代司法需求之间的张力。然而，超脱运行不仅具有“相对性”，而且受制于司法的运行论规律和生成论规律。这意味着，司法相对超脱运行不得违背或曲解法律规范的固有内涵，杜绝偏私和不公的理念或方式，禁止滥用职权或越权裁判，避免职能与功能的扩张和错位。同时，还须以社会存在的实际情况为前提条件，注重与司法政治的功能性融合，从而在司法框架内谋求政治效果和社会效果的最大化。司法职业化不仅体现在专业性和伦理性方面，还需要辅之以配套的保障性制度，主要包括法官任职保障制度、监督制度、资格罢免制度和责任豁免制度。司法回应民意是民主社会的必然要求，但社会舆论在经过媒体报道之后，仍然潜藏着干扰独立公正司法的可能性。为此，当以扰乱法庭秩序罪追究涉事新闻媒体的责任时，也需要明确其享有的抗辩事由，以便厘清争议事项是否实质性影响法官裁判，以及对涉案当事人人格权利造成现实的紧迫危害。另外，控制审理程序往往涉及司法成本与效益的考量，这不仅体现在更改审判地点和延期审理等诉讼技术方面，也与如何确保陪审制度发挥应有价值密切相关。司法吸收民意代表参与需要提前考察陪审员适格问题，如果其决策依据被新闻事实所“污染”，应赋予诉讼参加人申请上诉救济的权利。经济分析法学作为一门学科，所提出的理论假说为我们分析司法超脱运行提供了“坐标系”的参考方法，转变此前的“往后看”为“向前看”，以及有助于通过理性选择、成本—收益计算等形成追求经济效率结果的裁判思路。司法在与社会的互动中逐渐产生了控制社会的运行逻辑，通过实施法律规则引起社会成员行为模式的变化，进而解决各种利益纠纷、维护社会安定和谐的局面，借助法律制裁和落实司法责任控制违法行为并修复被破坏的社会关系。这种控制社会的品质和效用具体由司法机关承担，并体现为一种实用主义的司法哲学和裁判活动。

我国司法回应政治的方式首先表现在两者间的三重逻辑关系：宏观上司法的法律性与政治性之间的内在张力，进一步具象化为司法专业化与政治大众化的冲突与协调，并蕴含在中国人民司法的法律传统中。中观上政法体制的形成历史及其动态运作过程。微观上以人民陪审制为代表的诸项诉讼制度的实际运作。其次，根据《法官法》[1]相关规定和法律知识的固有特征，我国法官需要掌握与其自身职业定位及职能相匹配的专业素养与裁判技术。通过运用证据规则并凭借经验质感认定案件事实，围绕探求立法文本的规范意思来选取恰当的解释方法，最终实现事实、法律（规范）、公正价值在司法实践层面的统一。最后，人民法院在重大案件中应坚持党的领导，践行司法为民的政治原则，努力维护社会稳定。从我国政法互动的历史逻辑和经验基础来看，人民法院已然展现出一种服务大局的司法姿态，形成了以执政党为主导推进建构法治的中国模式。

司法过度政治化带来的最大弊端是容易造成司法权与行政权在功能层面上的紊乱，导致司法权无法发挥控制权力和保障权利的作用。为此，深化司法体制改革着力完善审判权运行机制，通过修改《人民法院组织法》实现司法理念的重大转型，在纠纷解决与权益保护的同时，借助司法裁判执行公共政策和推行司法治理，以期将法律规范中蕴含的公正价值推广到社会（和国家）层面。除区分抽象性司法解释和指导性司法判例在定位、功能及条件等方面的适用差异之外，在司法裁判中还反映出以一种后果主义的论证方式追求社会效果的价值取向。作为司法领域的公共政策，制定刑事政策需要考虑合法性因素和意识形态因素。刑事政策具有弥补法律漏洞、维持社会秩序以及限制国家刑罚权的功能。除充分发挥吸纳民意与裁判指引的初始作用外，刑事政策还作为一种独立的手段参与到社会治理之中。司法政治性与司法专业性之间的冲突集中表现为司法行政化现象。大致包括上下级法院审判监督异化的纵向行政化问题和法院审判权与司法行政事务管理权混合的横向行政化问题。因此，解决司法政治性与专业性之冲突、实现司法的“去行政化”的根本途径在于，遵循司法运行的客观规律，完善上下级人民法院审判监督制度，改革人民法院内部机构设置、调整职权分配。考虑到司法场域自有其独特的语言风格及对话方式，同时，民意对于提高司法的透明度与公正性也起到难以替代的作用，因此，以“诉讼内外的时间界限”和“知识 / 身份的专业性”为标准，本书有选择性地依次分析了人民陪审员制

〔1〕 为简便阅读，本书中我国法律法规名称均使用简称。

度、新闻媒体监督制度、人民调解制度、司法鉴定管理制度、专家辅助人制度、诉讼期限制度，最终认为，司法应发挥制度特点以便提供一种理性论辩的机会和平台，通过发挥程序内救济的优势有针对性地吸纳民意。司法职业从属于社会分工的大背景、大环境，对于司法队伍的建设也同样需要区分不同的种类而有序展开。通过分流“事”而选择“人”，在法官员额制改革的牵引下，探索符合职业特点的分类（离）管理模式；同时，优化、提高员额法官的薪酬结构及福利待遇，完善司法经费保障体制。司法责任个体化不仅符合职业化发展的外在趋势，也是司法改革的内在要求。法官违法审判责任包括“故意违法责任”和“过失错案责任”两种类型，在追责过程中体现出“主客观相一致”的判定逻辑。然而，这种追责思路在实践中却被异化为“错案结果责任”的现象表明，有必要改采以“行为违法”作为追责依据。同时，肯定法官的相对豁免权及免责事由，并在法官职业保障制度框架下整体性地构建惩戒、追责、免责的规范体系。此外，考虑将法官职业伦理责任作为第三种责任类型，并探索其适用的可能情形。

目 录

第一章　司法的政治性及其相关范畴

一、司法政治性的内涵和要求

1. 司法的政治性

在一些西方国家的法官看来，“法律在某种意义上代表着中立的、终极的真理，法官本身在审理案件时不带有任何政治色彩”，为此，“那些注重给公众以这样印象的法官们，往往更倾向于克制分歧，结成联合阵线”[1]。但实践中司法与政治所表现出来的关系却更为复杂。尤其是，司法机关的地位越高能量越大，司法与政治之间的关系就越会受到关注，也更容易引起争议。例如，当今美国最高法院是世界上权力最大的法院，尽管美国最高法院追求政治中立和不偏不倚，也确实给世人留下了公正无私的印象，但对于美国最高法院的政治性，曾有两种激烈的观点：一种观点把最高法院看作“超政治的”（神话），认为它只是忠实于宪法而非政治的命令；另一种观点则把最高法院视作

---

〔1〕［美］P.S. 阿蒂亚等：《英美法中的形式与实质——法律推理、法律理论和法律制度的比较研究》，金敏等译，中国政法大学出版社 2005 年版，第 243 页。

政治过程中一个始终如一的部分，其组成人员反映了他们被提名和确认之时占主导地位的政治利益的特定表演。[1]这种极端性的分歧既折射了司法与政治关系的紧密，又反映了两者关系的紧张和冲突。

司法具有极强的专业性、技术性和程序性，法官具有强烈的技术官僚色彩，于是，司法和法官也被强调需要奉行政治中立性。中立，是司法的特质，也是司法公正的屏障。司法中立的首要条件是宏观意义上的政治中立，即具有非政治性或者政治中立性。在许多国家的实践中，司法的确常常被标榜为政治中立性。然而，理论上讲，无论如何标榜其非政治性和中立性，不能否认的是，司法从来都不是绝对中立性的，从来都具有明确的政治导向。

司法之所以具有政治性，首先，这是由其法律实施的属性决定的。立法是一种典型的政治活动，立法产品即法律规则是一种规则政治，它是统治者意志的集中体现，也是以规则的形式对占据主导地位的经济、政治和文化关系的表现，是各种政治力量、派别、群体之间的利益碰撞、协调和折中的结果。司法是实现立法者意志的，从这种意义上说，司法是对立法意志的落实和践行。其次，司法权不仅是国家权力的一种类型，司法职责也是治理国家的政治职责的重要内容，从司法理念、司法体制到司法制度和适用技术等都受到政治因素广泛而深刻的影响。例如，美国联邦法官的任命就是多种因素综合考虑的结果。总统提名联邦法官通常需要综合考虑被提名者的政治或者司法经历、参议院批准的可能性、籍贯和宗教信仰、个人的声誉和能力、以前所表达过的思想信仰和立场等。这些内容显然是政治考虑和政治决策的结果，远不止专业上的素养。[2]最后，政治问题甚至可以转化为司法问题。例如，美国总统和议会对法官的选任之所以强调其政治倾向和价值观，显然是为了更好地贯彻和延续继任者的政治意图；欧洲许多国家议会斗争激烈，在立法时往往难以达成共识，造就了一批语义含糊、措辞闪烁的规范条文，由此带来的后果便是突出了法官解释和适用法律的地位，为确保

---

〔1〕 参见［美］罗伯特·麦克罗斯基：《美国最高法院》，任东来等译，中国政法大学出版社 2005 年版，第 289 页。

〔2〕 See Sandra Day O'connor, *The Majesty of the Law*, Random House, 2003, p.21.

贯彻特定的政治意图，在选任最高法院法官时又开始考虑其政治倾向。可以说，司法是政治的延续。“在美国，简直是没有一个政治事件不是求助于法官的权威的。法官在美国是很强大的政治势力之一，法官好像只是偶然干预公共事务，但这种偶然性却是天天出现。几乎所有政治问题迟早都要变成司法问题。”〔1〕在2010年以前，英国上议院同时又是最高司法机关，议长和议员是大法官，他们兼有政治角色和司法角色。“很多司法裁判——特别是那些高级上诉法官所作出的裁判——实际上就是政治决断。”〔2〕

政治与司法的作用是相互的，政治作用于司法，司法对政治具有反作用。司法奉行程序性、规则性、独立性、中立性和透明性，这些精神对于整个政治都产生了积极影响，如政治运作的规则性和透明度，以及对正当程序的引进和对相关理由的采纳。“在政府的三权中，最高法院或许是最为开放的。我们详细地解释判决的理由。如果我们的观点不一致，持异议和附议的法官同样要解释其观点。为让世人看到，这些解释均付印和在互联网上公布。行政机关和立法机关通常并不对其决定说明理由。”〔3〕司法精神对政治生活的影响近乎是全方位的：“在美国，几乎所有政治问题迟早都要变成司法问题。因此，所有的党派在它们的日常论战中，都要借用司法的概念和语言。大部分公务人员都是或曾经是法学家，所以他们把自己固有的习惯和思想方法都应用到公务活动中去。陪审制度更把这一切推广到一切阶级。因此，司法的语言差不多成了普通语言；法学家精神本来产生于学校和法院，但已逐渐走出学校和法院的大墙，扩展到整个社会，深入到最低阶层，使全体人民都沾上了司法官的部分习性和爱好。”〔4〕

当然，西方国家中，在司法中讲政治，不是指其他政治机关可以直接指挥和干涉司法机关和司法行为。作为一个组织体系，司法机关有其独立性，只是法官

---

〔1〕［法］托克维尔：《论美国的民主》(上卷)，董果良译，商务印书馆1991年版，第310页。

〔2〕大法官通常来说，在现时代几乎完全是一副身兼政治家与法律人两职的伟岸形象，尽管因其在法官任命和提升方面拥有过大的权力而屡遭诟病，但英国司法界还是受到了长期和普遍的赞誉。参见［英］P.S. 阿蒂亚：《英国法中的实用主义与理论》，刘承韪、刘毅译，清华大学出版社2008年版，第94～95页。

〔3〕Sandra Day O'connor, *The Majesty of the Law*, Random House, 2003, p.2.

〔4〕［法］托克维尔：《论美国的民主》(上卷)，董果良译，商务印书馆1991年版，第310页。

和司法机关裁判并不与政治因素相割裂，政治因素通过法官裁判中的自主吸纳而进入司法裁决。即使在西方国家，它们对司法中立性的理解及相应的制度也是不尽相同的。各国通常都有其自身的独特性。相比之下，美国法官及其司法的政治色彩是较为浓厚的，在西方国家中代表着一个典型甚至是极端。欧洲大陆国家的法官更是一种属于特殊公务员系列的技术官僚（宪法法院法官除外），其中立性和非政治性更为明显。即便是英国，其法官中立性和非政治性也与美国有较大差异。例如，英国司法中立性的特色较为明显，体现在法官的任命、职业行为等多个方面。英国法官几乎总是从非政治性人士中任命，这种惯例如今执行得越来越严格。而且法官对法律采取形式化的使用方式（形式化的法律观），立足于法律是什么，而不关注法律应该是什么。因此，法律背后的实质性的政治、政策和道德依据通常不纳入考虑范围，除非在疑难案件中他觉得这些东西可能左右法官。〔1〕

2. 司法的政治性与中立性

司法政治性的相对面是司法中立性。这不仅体现出实践样态和学理表达之间明显的差异，也从二元对立角度为我们深入理解司法政治性的核心要义提供了独特的分析视角。具体而言，司法的中立性和非政治性首先体现为独立性和客观性。“司法独立应该理解为一种制度上的独立……理解为对法律的忠诚而非对党派政治的顺从。法官并不完全是‘众人皆醉我独醒’的超凡脱俗之辈，法院也不可能是不食人间烟火、不受各种思潮渗透和影响的孤立存在。不同的法官有不同的政治哲学，它们构成了其理解和解释法律的基本框架。完全客观中立的法官只存在于书生的法律王国之中。”〔2〕这种独立性典型地体现为刻意凸显司法的客观性，即“政治或意识形态信念不同的人仍然可以对哪怕是最具有争议的、最具有政治色彩的法律问题获得一致的答案”〔3〕。例如，美国最高法院大法

---

〔1〕　参见［英］P.S. 阿蒂亚等：《英美法中的形式与实质——法律推理、法律理论和法律制度的比较研究》，金敏等译，中国政法大学出版社2005年版，第292页。

〔2〕　任东来等：《美国宪政历程：影响美国的25个司法大案》，中国法制出版社2004年版，第496页。

〔3〕　［美］理查德·A. 波斯纳：《法理学问题》，苏力译，中国政法大学出版社2002年版，第567页。

官存有自由派和保守派之分。但是这种划分更多的是依据其政治观点或者政治意识，而不是依据其党派属性。“现在就连那种认为法官应当根据综合的宪法宗旨裁决案件的观点也已遭到所谓司法行为主义心理学家的攻击。这些学者专门对最高法院法官的投票行为作了分析，他们的分析结果表明，在关于一系列有争议的问题的投票中，法官一贯分成‘自由’型和‘保守’型。这类研究的要点通常是要表明，最高法院的意见分歧是‘政治性的’，其中包括一般思想而不是法律思想的分歧。”〔1〕

其次，司法的中立性意味着法官不是政治人物。例如，美国最高法院大法官还从司法的服务对象和运作方式的特殊性，强调其与其他分支的不同和法官不是政治人物，同时具有特殊的思维方式。“法官的职责是执行宪法和法律，而不是为选民和选区服务。”〔2〕“立法和执法官员们是按代表制的原则为公众服务的，他们是民众的代理人，其主要职责是促进选民的利益——而法官不是政治人物，其主要职能是促进选民的利益——且法官不是政治人物，他们不是作为某些特定的人、群体或党派的代理人出现的，他们不是为某派别或选区而服务——他们必须努力追求法律的正当，即使结果并不是‘老乡们’所期待的。”〔3〕美国最高法院必须成为宪法文本的最终阐释者，因为它体现了一种稳定的与职业的分析推理方式，而这种推理方式远离那些动辄影响国会决策的政治上的暴风骤雨。这表明，法官是按照法律思维作出裁决，而不是按照选民或选区的意向进行决策。

再次，司法的中立性蕴含着法官价值判断的独立性。“少数群体要求自由和多数人要求规则之间的冲突中，都会包含有令两者同时满足的选择。当宪法没有明确规定时，最高法院不会援引其他任何标准，而只会以其自身的价值标准对争讼事宜进行评价。”〔4〕在我们社会的宪法与法律当中，除公民的个体良心外，没有任何其他的基础可以作为道德判断的平台。任何人都无法想到一个方法逻辑

---

〔1〕［美］史蒂文·凯尔曼：《制定公共政策》，商正译，商务印书馆1990年版，第115页。

〔2〕参见［美］却伯等：《哈佛法学评论——宪法学精粹》，张千帆编译，法律出版社2005年版，第344页。

〔3〕参见［美］却伯等：《哈佛法学评论——宪法学精粹》，张千帆编译，法律出版社2005年版，第344页。

〔4〕Robert H. Bork, *Neutral Principles and Some First Amendment Problems*, 47 Indiana Law Journal 9 (1971).

地展示我的良心为什么优于你的良心。价值判断的独立性是司法中立性的实体基础。同时，政治中立性还表现为一种程序中立性。在20世纪中期，美国主流的法律思想是精英主义和保守主义，过于侧重法律程序并强调这样一种观念，即专家律师可以通过创设解纷程序巧妙地解决社会问题，因为程序对于诉讼各方都是中立性的。这种思想的基本理据是认为法律不同于政治的信念，法律可以有某种中立的、客观的形态适用的信念，以及对于权利的信念。反对者却认为，法律程序观念并不是价值中立的，因为法律程序总是偏袒现状的；价值中立甚至不是什么令人向往的理想，因为它拒绝在诸如种族主义和军国主义这类明显的邪恶面前表明立场。批判法学派指出，“法律是不确定的，因而法律判决从未依据不同于政治的法律；求助于权利并未使法律稍加确定；权利意识不过是使民众彼此隔绝和疏远”〔1〕。但是，法院特殊的裁决制度和程序充分发挥了抗政治干扰的作用。“美国法院不可避免地卷入政治过程。然而，与此同时，关于法院活动的普遍期望、法院既定制度的调整、司法机关的传统及其集团生活，以及前面分析过的各种因素，一起限制或减少了利益集团直接接近司法机关的途径。所有法院裁决活动的形式，在某种意义上又是一种辅助性的限制形式：在审判活动中，如果法官与争议中的当事人一方有关，该法官就是不称职的；挑战陪审团的权利；证据规则；被告有权对质原告证人并传唤有利证人；要求裁决必须建立在法院获得的证据基础上；等等。”〔2〕

又次，司法的政治中立性还可以框定或抑制法官履行职能的方式。“法官发现法律而非制定法律，这一口号的重要性仅仅是让我们不要忘记，激进的法官造法可能破坏重要的系统性价值。如果法官们可以在任何时候轻易地转向新的方向，那么人们就很难计划自己的活动；而过于专注于制定新政策，这在本质上是政治性的角色，会使法官丧失中立性而成为一个党徒。在法治的两个组成部分之间，即在公共性和可预测性之间，我们甚至可能注意到一种张力。狭隘的法官

〔1〕［美］戴维·鲁本：《法律现代主义》，苏亦工译，中国政法大学出版社2004年版，“中文版序”第3～4页。

〔2〕［美］D.B.杜鲁门：《政治过程——政治利益与公共舆论》，陈尧译，天津人民出版社2005年版，第3～4页。

可能实在太具可预测性了。公正的法官只有在其裁量权受到限制时才是可预测的，这种限制或是来自立法机关制定的精确、详细的规划，或是来自按照先例进行判决的承诺，后者是普通法得以稳定的方法。"[1]这似乎说明，法官司法的非造法性是其中立性的一种体现和保障。

最后，司法中立性必须具有制度基础和有效保障。例如，权力分立与制衡的政治体制，能够有效保障司法体系的中立和独立，而不受法官产生方式的影响。也就是说，法官行为免于民事责任、在法官任职期间不得减少其薪俸、法官不受专断的免职或追责，以及选举产生的法官在重新选举中受到保护。这些保护机制使"所有主要的法官职位具有更多的共性而不是差异性"，也与法官职业的重要性及公众对于法官的高期望相适应。又如，法官们的职业认同感也有利于保障司法的中立性。"在正式穿上法袍之前，法官就已经接受并认同了法官的角色。尤其在一个人渴望成为一名法官时，他就可能有意识或无意识地，在行为上体现出所谓的'法官气质'。他可能展示出法官角色所要求的行为，而且，他在法院的经历形成和加强了这种一致性，授职仪式、法院的程序、荣誉性致辞，甚至法院高大的建筑也在强化对法官行为的要求。"[2]

3. 司法中讲政治的艺术

司法的政治属性要求在具体的司法实践中落实政治价值、观念和目标，但同时也要协调好司法中立性、独立性与司法政治性之间的关系。宏观上界定司法在政治框架和政治形势中的地位、定位和职能，使司法跟随时代的发展、适应时代的需要。各个国家的最高法院通常都会强调国家整体的形势，并据此确定一定时期的司法政策和安排重点工作。将审判工作置于国家的宏观背景和大趋势之下考虑，是最高法院的一种工作思路和工作方法。当然，在法律适用等具体审判工作中也会强调政治的指引作用。政治形势、政治方向和政治价值都可以成

---

〔1〕［美］理查德·A. 波斯纳：《法律、实用主义与民主》，凌斌、李国庆译，中国政法大学出版社 2005 年版，第 77 页。

〔2〕［美］D.B. 杜鲁门：《政治过程——政治利益与公共舆论》，陈尧译，天津人民出版社 2005 年版，第 523～524 页。

为法律适用的指针和方向标，具有解释和适用法律的指引价值，通过裁判案件而体现和实现于法律适用之中。

在司法中讲政治的内容必须实体化。法律适用中的讲政治绝不是或者不能是大而空泛的，而应是看得见、摸得着并具有实实在在的内容。这就要求：

第一，避免司法实践中片面强调职业性和专业性。司法裁判通常并不是纯粹的法律演绎结果，而是各种因素的复合物。法官们在作出裁判时必然受到来自政治团体、利益集团和公众舆论的压力；同时，他们自身的社会经验、坚持的法律哲学或思想观念，以及对裁判后果的预估和法律界以外的知识领域的研究成果等，也都从不同方面影响裁判过程。尤其是对裁判本身可能带来的经济和社会后果来讲更是如此。无论作出裁决的法律论据多么振振有词，当裁判结论涉及政府有效运作和提升民众生活质量等重点行业或领域时，法官们很难轻易书写裁判文书，而只能凭借审慎精神与智慧作出字斟句酌的点滴努力。“法律的生命是经验而不是逻辑。被感受到的该时代的需要、流行的道德和政治理论、公认的或无意识的对公共政策的直觉知识，甚至法官与他们的同胞所持有的偏见，在确定支配人们的规则应是什么时，都比演绎推理来得更重要。法律包含了一个民族许多世纪的发展历史。它不能被当作由理论和推论组成的数学书。”[1]司法与政治和谐体现在受政治原则指引、维护国家重大利益、追求良好的政治效果和社会效果等方面。法官在司法中讲究政治，意味着司法不仅要遵循司法规律，也要奉行政治理想、政治信念和政治价值，具有敏锐的政治眼光和足够的政治智慧，并善于将政治理念和政治方向转化为司法政策。例如，美国联邦法院具有极强的政治功能，其法官也必须具有较高的政治素养。“联邦法官不仅应当是品行端正、德高望重、博闻强识的公民，具有一切行政官所必备的品质，而且必须是国务活动家。他们要善于判断自己所处时代的精神，扫除经过努力可以克服的困难，力挽有危险把他们本人与联邦的主权和法律的尊严一起卷走的狂澜。”[2]

---

〔1〕 Oliver Wendell Holmes, *The Common Law*, Dover Publications, Inc., p.1.

〔2〕［法］托克维尔：《论美国的民主》（上卷），董果良译，商务印书馆 1991 年版，第 169 页。

第二，注重遵循司法规律与履行政治职能相结合。司法作为一种独立的社会现象，有其自身的特点和规律，并由此决定司法权在国家政治权力架构中的定位和职能。忽视司法的规律性就不能构建现代法治和实现良好的国家治理。纳入司法轨道的政治问题或者政治因素，应当按照司法方式进行解决。司法中的政治是一种不同于政治原型的规则政治，更与纯粹的政治关系和党派纷争不同。司法过程中的各方参与者必须按照既定的明文规则开展活动，法官必须按照既定的规则裁决。政治原则、政治理念和政治方法必须以规则化和程序化的方式进入司法，按照司法的规律、方式和要求运作和体现。按照司法规律进入司法的政治，既能使司法行之有效地贯彻政治意图和实现政治目的，又能使司法公正获得以独特意志抵抗赤裸裸的政治干预的能力。尽管司法必然体现特定的政治价值观，但司法的高度专业性要求法官具有特殊的专业素养，并且避免以党派纷争的立法方式解决司法问题。无视司法的规律性而强加于其政治意志，必然使司法不能恰如其分地履行政治职能，对政治权力也是一种破坏。因此，政治对司法的渗透或者指导必须以尊重司法规律为前提，成熟的司法和理性的政治均容忍司法对政治的必要的抵抗能力，相反，追随、屈从政治的影响只能说明司法的不成熟和不负责任。

这首先意味着，以司法的方式解决政治争议。无视司法的规律性而强加政治意志必然导致司法不能恰当地履行政治职能。“创立一个独立的司法部门涉及以职业化、专业化来替代政治合法性，并确立了履行司法职能时法律与政治之间的永恒张力，在法理学层面，这种张力就表现为久远的法条论与怀疑论之间的争执。”〔1〕需要通过司法实现的政治理念和政治价值，只能按照司法规律的方式得以实现；而需要通过司法介入或者司法解决的政治问题，同样必须遵循司法规律、司法途径和司法方式。有些法官也乐于以司法程序的技术性和程序性遮盖其某些决策的政治属性，这样至少使涉及政治的裁决显得更具有中立性和合法性。有些法官“对自身职责的理解就是，将自己手上的案件的色彩与摊在他们

〔1〕［美］理查德·A. 波斯纳：《法理学问题》，苏力译，中国政法大学出版社 2002 年版，第 567 页。

桌子上的许多样品案件的色彩加以对比。色彩最接近的样品案件提供了可以适用的规则”[1]。当然，就涉及政治的裁决而言，将其说成色彩对比式的法律适用，那不过是法官或者对法官司法的属性的一种障眼法，但却能使司法看起来更超脱些。卡多佐从司法本身的属性角度指出：“没有一个富有生机的法律制度可以通过这样一个过程得以演进，也没有一个名副其实的高级法院的法官——只要还配得上他的职务——会如此狭隘地看待他任务的功能。如果这就是我们的全部天职，那么我们对它就不会有什么智识的兴趣，而那些对案件卡片有最佳索引的人也就成为最睿智的法官了。正是在色彩不相配时，正是在参看索引失败时，正是在没有决定性的先例时，严肃的法官工作才刚刚开始。”[2]对于涉及政治的案件，法官显然不只是作出色彩比对式的机械裁决，而往往需要作出创造性的判断，或许有时还不是纯粹的法律式的判断。“事实很简单，最高法院否决或同意联邦权力的运用……主要是基于实用的判断，而不是任何关于宪法的高深莫测的知识。”[3]当然，所谓以司法方式履行政治职能，绝不是说司法是解决政治问题的形式和过场，而是将其纳入司法本身的特有机制，使竞争的或者有争议的各方获得一种公开的、透明的、中立的解决平台，使政治争议受这样特殊机制的约束，在机制之内维护公正的结果，以和平的方式解决争端。涉及政治因素的裁判最终都要在法律上找到依据，都要在法律的层面上通过法律方法进行裁决。这是由司法程序的依法性和规范性所决定的。“司法程序的普遍特征之一是所有判决都源于规范，至少其当代形式是如此。为了获得合法性，它必须说明它的判决是如何与先前所确定的规范相关联的。”[4]法律方法是将政治因素内化于法律之中的途径，裁判则是直接依据法律作出的。

其次，防止讲政治的“庸俗化”。司法对政治的呼应必须以符合司法规律为前提，讲政治、服务大局必须立足于国家长远的、根本的或者重大的利益，也

---

〔1〕［美］本杰明·N. 卡多佐：《司法过程的性质》，苏力译，商务印书馆 1998 年版，第 8～9 页。

〔2〕［美］本杰明·N. 卡多佐：《司法过程的性质》，苏力译，商务印书馆 1998 年版，第 9 页。

〔3〕［美］D.B. 杜鲁门：《政治过程——政治利益与公共舆论》，陈尧译，天津人民出版社 2005 年版，第 522 页。

〔4〕［美］埃尔曼：《比较法律文化》，贺卫方等译，生活·读书·新知三联书店 1990 年版，第 163 页。

不能脱离基本的法治原则和精神。在司法中必须时刻防止以“庸俗化”“口号化”的方式讲究政治，更不能借此不当干预司法裁判或者成为司法媚俗的“遮羞布”。也就是说，在司法中必须克服两种倾向：一种是不讲政治、杜绝政治因素介入司法，片面地强调法律技巧或纯粹的司法业务而忽略政治效果的做法。这是缺乏政治智慧和政治头脑的表现。另一种是忽略司法规律，以政治决策替代司法裁判，架空司法中立性、独立性，或者把讲政治视为破坏司法的“挡箭牌”，导致司法最终丧失了自主性和应有品格。

总之，在司法中运用政治智慧是司法的技术理性和实践理性的完美结合。一方面，法律的具体适用通常需要考虑司法哲学和法律方法，这些依赖于司法生成和发展规律的技术性要素是司法区别于其他社会治理方式的根本标识。另一方面，政治性的司法同样不应忽视合理的政治诉求和党派意识，对于公共利益和秩序的追求是现代民主政治和法治精神的内在需求。司法政治性融合了司法裁判的法律效果和政治（社会）效果，将司法因素和政治因素共同作为法官裁判的影响因素，同时将政治因素的运作方式予以司法化规制，亦将因潜在的差序格局导致的多元利益分歧统摄于中立的、客观的法律程序框架下，最终通过公正裁判达到一种定分止争、除弊兴利的衡平效果。

二、司法体制与政治体制的关系

1. 司法体制与政治体制关系的基本理论

在阶级社会，阶级的统治关系决定国家的阶级属性；而一定的政治形式又是由国家属性所决定的。虽然阶级属性相同的国家可以采取各种不同的政治形式，但其本质却是一样的；同时，一个社会政治形式的确定，不仅取决于该社会阶级统治的势力对比，而且受制于该社会的民族特点。民族特点以及由此所决定的社会文化，又对政治形式产生深刻影响，从而使历史上阶级统治的政治形式呈现多样性。在人类社会发展过程中，每一种政治形式的面貌和性质都将随着人类社会的进步与发展而发生变化。

首先，阶级统治通过相应的政治体制来实现。在阶级社会，经济上占主导和统治地位的阶级，必然要在政治上占据主导和统治地位，从而对社会进行全面统治，而这是通过国家权力这一中介来实现的。“由于国家是从控制阶级对立的需要中产生的，同时又是在这些阶级的冲突中产生的，所以，它照例是最强大的、在经济上占统治地位的阶级的国家，这个阶级借助于国家而在政治上也成为占统治地位的阶级，因而获得了镇压和剥削被压迫阶级的新手段。”〔1〕任何阶级的统治都是借助国家权力而进行的，国家成为维护一个阶级对另一个阶级进行统治的机器。掌握了国家统治机器的统治阶级通过各种权力机构开展具体的统治活动。一定的社会阶级为了实现有效的阶级统治并保护自身利益，在取得国家政权之后，都需要选择一定的形式去组织政权机关。不同的阶级统治有着不同的政权组织形式，统治阶级进行统治所选择的政权组织形式就是国家的政治体制。从各国政治发展史看，政治体制是极其复杂的，不仅不同统治阶级对政治体制的选择各不相同，而且同一统治阶级在国家的不同统治阶段或时期也会变更政治体制。之所以会产生这种现象，主要是因为统治目的和阶级状况的现实差异：一方面，任何的阶级统治首先考虑的是如何维护自身统治并实现自身的经济利益。这不仅是阶级统治的首要目的，也在根本上决定了统治阶级对于政治体制的选择。即便是需要通过阶级斗争和妥协来换取阶级统治，对于各种政治体制的选择也无法摆脱维护统治阶级的统治和利益这一根本目的。另一方面，政治体制的差异还受到阶级利益和阶级统治的驱动。但是当这种驱动化作统治阶级的具体选择时，绝大多数的阶级统治将不得不考虑现实社会的阶级状况。这是因为，只有把阶级斗争或各种阶级冲突更好地纳入某种秩序的范围，才能实现整个社会的稳定和政权的稳固。因此，对于阶级统治来说，政治体制的选择除考虑统治目的和自身利益之外，还要密切关注社会中各个阶级的现实状况。

其次，政治体制的本质取决于国家类型。在国家类型即国体与政治体制的关系上，马克思主义者认为，国家类型对政治形式具有决定作用，也就是国体决定政体。国家类型表明的是国家的阶级属性，即表明这个国家中的阶级关系以

〔1〕《马克思恩格斯选集》(第4卷)，中共中央马克思恩格斯列宁斯大林著作编译局译，人民出版社1972年版，第168页。

及哪一个阶级是社会的统治阶级；而政治形式则是统治阶级实行统治所采取的政权构成形式，这种政权构成形式的性质是由采用这种形式的统治阶级的本质所决定的。这种决定作用表现在：一方面，国家类型决定政治体制的性质。同一种政治体制在不同类型的国家中具有不同的性质。如民主共和政体，在奴隶制国家，它是以不承认奴隶为人或为社会公民前提的奴隶主专政；而在资本主义国家则是实现了政治解放的资产阶级专政，即在这种民主共和制下，所有的社会公民在法律上享有平等的政治权利。实际上，国家类型的决定作用就是决定政治体制的阶级属性——不同类型国家的政治体制的阶级属性是不一样的，同一种类型国家的不同政治体制的阶级属性在根本上是一样的。另一方面，国家类型还决定政治体制的具体表现形态。同一种政治体制在不同类型的国家中，因阶级对立关系的不同而具有不同的表现形态。如民主共和国制是资产阶级统治的表现形式，也是从资本主义到社会主义过渡的政治体制。然而，因阶级对立关系的不同，民主共和国制在这两种国家中却具有本质差异，反映出的具体表现形态也就各不一样。需要特别注意的是，在剥削阶级统治的国家类型中，国家类型对政治体制的决定作用是相对的，并不是有什么样的国家类型就一定采取什么样的政治体制。在资本主义国家，民主共和制是其最好的“政治外壳”，但却并不是唯一的政权组织形式。实际上，国家类型与政权组织形式的结合往往呈现错综复杂的面貌——每一个社会经济形态都有与之相适应的国家的历史类型即国体，而同一类型的国家的政治形式即政体，往往是不同的。相同性质的国体却可能选择不相同的政体；相反，不同类型的国体又可以采取同一种政体。

最后，政治体制反映一定的民族特性。任何政治体制形成后在规约政治统治的同时，也将全面引领经济生活和社会发展。这意味着在政治体制的形成、巩固和发展的过程中，除统治阶级意志起作用外，基于一定社会、历史和文化基础上的社会环境因素也会产生很大的影响。社会环境因素将具体影响政治体制在一定社会中的存在方式、社会价值和实际的政治功能。例如，历史传统对政治体制的影响。唯物史观认为，历史上任何政治形式都是由当时的经济关系决定的。然而，人的主动行动在整个历史进程中也同样创造和推动着社会历史的进步。

这种行为"不是在他们自己选定的条件下创造，而是在直接碰到的、既定的、从过去继承下来的条件下创造。政治等的前提和条件，甚至那些存在于人们头脑中的传统，也起着一定的作用，虽然不是决定性的作用"[1]。在这种观点看来，经济基础固然具有决定性作用，但也承认历史传统对人的行为的深刻影响。又如，宗教信仰对政治体制的影响。任何民族和社会都会形成并保持自己的信仰，而一种信仰一旦形成也将指导人们的行动方向和行为方式。当一种信仰在一个民族或社会中占据主导地位时，这种信仰所包含的精神和理想也就成为这个民族或社会的精神或理想，进而发挥指导和引领作用。这种占据主导地位的信仰、精神和理想也将不可避免地影响该民族和社会的政治文化取向，最终影响具体的政权组织形式和政治体制。再如，民族性格对政治体制的影响。民族性格是一个民族于长期的历史发展中在思想、传统和生活上的积淀，它深深地埋藏在每个民族的精神之中，规范和影响着该民族的情感、价值观和行为取向。每一个民族特定的性格与该民族文化的相互作用所形成的社会文化和心理氛围，是政治体制形成和发展的特定环境，也对政治体制的民族性格具有深刻影响。

基于此，政治体制的阶级属性、国家属性和民族属性决定了司法体制的本质、类型和特征：

首先，作为阶级统治的工具，法律尤其是司法体现并维护着统治阶级的根本利益。在现代社会，统治阶级进行阶级统治的工具呈现多样化特点，这其中广为推崇的是"法治"特别是"司法之治"。相较于传统社会普遍采取的信仰崇拜、暴力威胁或者武力镇压等，法院通过司法裁判解决社会纠纷并参与国家治理成为文明和有效的途径。然而，对于统治阶级来说，无论采用哪种统治工具，改变的只是处理政治失范、社会失序的混乱局面的手段，将以往赤裸裸的迷信、棍棒或枪炮转变为充满仪式感的司法审判，从野蛮到文明的进化历程并未改变对于统治阶级的归属和依附。这无疑表明，现代社会的统治之术更加有利于维持并巩固统治阶级的根本利益，而对于被统治阶级的统治和压迫则呈现出隐晦和间

---

〔1〕 王沪宁主编：《政治的逻辑：马克思主义政治学原理》，上海人民出版社2016年版，第252～253页。

接的特点。

其次，虽然资本主义国家同样借助司法手段化解冲突，维持政治秩序和国家稳定，但其选择的民主共和国只是虚假的“政治外壳”，在根本上难以真正实现司法民主化。一方面，伴随经济社会的迅速发展，民众对于提高生活质量和扩展公民权利的诉求也在逐步增加。为了缓和阶级矛盾，资产阶级通过提高工资福利待遇、缩短工作时限等制度安排改变了剥削工人的方式，尤其是国家推行的各种福利政策为救济社会低收入群体和困难家庭的基本生活作出了显著贡献。另一方面，资本和财富的不合理聚集始终没有改变国家性质，社会发展的动力始终没有摆脱对于剥削和压迫的青睐，各项政治权力仍然被少数资本家所掌控，通过司法救济和帮扶的意愿也只能在一定范围内实现。因此，整个司法体制不可避免地朝向远离民众的一面。

最后，受制于国别性和地域性差异，不同国家的司法体制也具有显著的民族特征。司法是一种历史现象，诞生于特定的历史环境，也是不同国家和民族在各自经济社会发展历程中的经验积累和智力产物。换句话说，司法体制的民族性是一国民众发挥主观能动性和自由选择意志的结果。即便在经济全球化背景下，受惠于资本、科技、信息在全球范围内快速流转，不同国家和地区先进的制度设计经过移植和借鉴而被广泛传播，也难以完全抹灭自发性、原生性的地方经验。更有甚者，如果外来的制度成果难以很好地与既有框架体系相互融合，不能妥善地处理衔接性和适配性问题，那么便无法充分发挥其内在的制度优势，难以培养起民众对该制度的信赖和认可，最终也难逃被排斥或抛弃的命运。这在某种程度上恰恰表明，司法体制注定具有多样化和异质化特征。

2. 司法体制与政治体制关系的域外类型

西方主要法治国家的司法体制是随着其政治体制的逐渐变革而演化形成的。在政治体制的民主化进程中，各国的司法体制在人民主权、法律公意和法律至上、代议制政府、分权制衡等观念的影响下也形成了各自的特征。具体地讲，虽然同为大陆法系国家，法国与德国的司法体制却并不相同。例如，法国采用二元体制，即设有普通法院和行政法院两套司法系统。德国司法体制中却是多元司法系统，除了宪法法院之外，还有普通法院、行政法院、财政法院、劳工法院、社会法院等。在英美法系国家中，英国与美国的司法体制也存在显著差别。例如，英国直到2010年才将最高法院从立法机关中脱离出来，成为独立于议会的裁判机构，而在此之前却是由参议院执掌最高司法权。同时，英国全境内的司法也是分为英格兰与威尔士、苏格兰以及北爱尔兰三个系统。相比之下，美国则是践行权力分立与制衡最为完善的国家。开国者们不仅在建国之初便创设独立的司法机关，而且形成联邦和州两个层面的司法层级，并在过去的司法历程中不断通过联邦最高司法机关的一系列宪法性裁判努力调试这两个层级的紧张关系。由此可见，即便是遵循共同的法治理念和司法精神，在具体司法体制的设计上也并未完全相同。之所以如此，是因为政治体制的民主化转型以及司法体制的变革是一种社会转型过程，也是各种政治力量不断地进行较量的体现。这种较量存在于每一种细微制度的创设中。每个新制度的确立只有在各种政治势力达成妥协和退让后才有可能通过立法并付诸于实践。考虑到政治变革和司法制度的更替需要花费巨大的社会成本，因此，对于政治法律资源的选择与取舍必须是谨慎的和务实的。这也就意味着，各国政治法律体制的形成和发展是一个自然历史过程，也是各种政治势力在特定的历史环境中相互博弈的结果，政治法律体制变革与转型后也势必带有民族性和特殊性。然而，这其中也不乏相似或相同之处，体现在不同的权力结构、法律体系以及政党体制等方面。例如，在最高国家权力上，大多数西方国家都坚持主权在民及法律至上，立法权归属于民选的议会组织，司法权处于中立且超脱的地位。又如，推崇权力分立与制衡法治理念，国家权力被分为立法、行政和司法三个部分，通过权力分工限制其被滥用；与此相适应的是，两院制、司法独立、司法审查、行政院等制度也逐渐形成。再如，政党活动的合法化和理性化。为了平衡政党政治和国家法治的关系，大都坚持政党与国家相分离，对政党的活动从法律上加以规范，将其纳入法律的轨道，防止政党垄断和操纵国家权力。政治法律体制的差异带来的更为深刻的影响在以下几个方面。

首先，政治法律体制的差异影响司法官员的职业化管理。司法官员的职业化管理大致包括司法官员的性质、司法官员之间的相互关系以及他们作出司法决策的方式。例如，司法官员是由职业化的常任官员还是由未经培训的临时官员组成？司法官员之间是被限定在严格的上下级关系网络中，还是彼此在单一的权力等级内享有大致平等的地位？司法官员是遵循专门的技术化标准作出决策，还是将未经辨析的一般性社会规范作为决策依据？在不同的政府组织结构中，这些都可以作为评判政府事务管理类型的标准，进而形成"科层式理想型"和"协作式理想型"两种类型。〔1〕在科层式理想型中，司法官员不仅具有职业化身份，而且通过例行化和专门化的任职活动催生出体制化的思维方式。这表现在，由于制度对外的意思表示是单一的，数位官员在共同决策前必须先摒弃内部分歧，持有异议的个别官员必须压制自己的感受；同时，官员之间形成了严格的等级秩序，位于梯队上级的官员享有审查下级官员的权力，并且更加倾向于处理经过类型化方式剪裁过的决策事实，因而也就忽略了具体个案中有待于平衡的因素。除了将争议事项交由共同上级处理之外，官员个体的决策过程通常采用后果考量和法条主义两种技术性路径。考量决策方案的可欲结果虽然具有技术官僚取向，但却处于边缘性地位。更为重要的是，考量决策方案对包含了功利计算并被视为促进实现目标的各项标准进行解释。而在协作式理想型中，司法职能往往委托或承包给具有非职业化特点的外行人士，由于欠缺专业领域和个人领域的明确区分，裁判以及其他官方决定通常被认为是独立于集体组织机构的个人意见，并保留着强烈的个性化色彩；同时，处于平等地位的外行人士对于相互报复的恐惧取代了科层组织中对于上级命令或要求的服从，并由此在单一权力层内部形成凝聚力，避免出现因交叉或重合的管辖权导致决策被干扰或抵消的情况。此外，与处于严格等级秩序中位于上层的职业官员作出决策的方式不同，协作式权力组织中的所有决策者都会直接接触到具体的事实情景，并根据实践常识、审慎精神和伦理要求等实质正义要素作出决策。综合来看，官僚化差异和不同的裁判标准虽然能够标示两种类型之间的显著区别，但不同的权力层次

---

〔1〕参见［美］米尔伊安·R. 达玛什卡：《司法和国家权力的多种面孔：比较视野中的法律程序》，郑戈译，中国政法大学出版社2015年版，第10～17页。

更值得特别注意，因为它解释出法律传统语境下权力和司法关系的互动状态，亦即大陆法系国家的司法机制类似于科层式理想型，而英美法系国家的司法机制则更符合协作式理想型的特征。

其次，政治法律体制的差异影响司法程序的设计。例如，在科层式理想型当中，科层组织导致司法程序也具有多层次、多层级的特征。同时，由于科层式组织倾向于通过职能分工强化组织体系，因此每个职能被分配给不同的层级，职能运转与科层体系具有直接关系，而最终汇聚在科层组织体系的顶端。受此影响，各项司法职能也在科层分级和程序递进中完成衔接。与此不同，在协作式理想型中，司法权力的组织结构并未呈现分级、分化的特征，而是被安排给单一的、以裁判为中心的审判程序。在这种程序设计中，并不存在专门负责预先搜集、甄别和保存证据和程序材料的官员，也没有对生效裁判进行再次审查的官员。所有程序都围绕法庭审判展开并呈现出一种集中化的形态。又如，司法科层化加大了行政官僚化的倾向，科层制中孕育了权力的垂直性分布和管理。审查下级司法机关的裁判行为可以作为一项职责而主动展开，同时，这种审查还是常规的、全面的。由此不仅导致裁判的执行效力受到上级审查的直接影响，而且下级司法官员对上级机构的依附性也十分明显：这种以监督名义审查下级官员裁判权的做法，虽然有助于以较小的成本抑制司法错误，然而，却能够形成一种约束下级官员的奖惩机制。在单一的、平面化的司法组织中，初审判决通常即被推定为最终判决并具备可供执行的强制性效力。在裁判的制作与生成的过程中，其程序决策的公正性并非由上级司法官员所决定，而是取决于程序参与人诉讼权利的行使状况。即便在试图更改原审判决以获得救济的情况下，程序参与者通常不会寄希望于裁判生效后通过上诉权提请法院再次审查，而是会积极参与初审法院的诉讼程序，以便影响法官重新考虑己方的意见，从而作出暂时的或者附条件的司法决策。在整个过程中，法官和获得部分审判权的外行民众以及程序参与者共同参与同一个诉讼程序，裁判者之间平级的关系给了每位裁判者独立思考的空间，也为当事人提供了理性论辩的机会，从而保障裁判的公正性和妥当性。再如，科层式理想型中的裁判者很少能够充分发挥个人的主观能动性进行司法裁量，而是应严格遵循一整套体系完整、逻辑严谨的程序规则的指引。针对司法程序中各种待决事项，成文法预先准备了充分的规则体系作为裁判依据，裁判者必须穷尽解释技巧说明这些既有规则与事实争议之间的关系。即便是在“无迹可寻”的难办案件和疑难问题中，裁判者运用自由裁量权进行规则创制的活动也被限制在极为有限的空间内。与此相对，在协作式理想型中虽然也存在复杂多样的规则体系，作为对外行裁判者如何履行其职责的必要指示，但是，这些程序规则的裁判地位并非不可挑战和逾越的，恰恰相反，规则的演化和生成源自裁判案件的实际需要。对裁判者来讲，保持裁判结论的妥当性并不能因为维持规则的体系性而退居次要地位，基于理性、逻辑与思辨设计出的精密规则并不能防止个案实质正义标准对裁判过程的影响。

最后，政治法律体制的差异影响司法效果的实现。科层式管理组织和协作式管理组织虽然都能够起到解决纠纷的司法目的，然而两种类型的管理组织形式在实施国家政策方面的区别却更值得注意。一方面，虽然纠纷解决是司法程序的基本目标，但在两种类型的权力组织模式下仍存在重要区别。从裁判者对司法程序的控制角度来讲，科层式背景下的裁判者所处的层级、位阶与其管理权力直接相关，下级司法官员在考虑如何将稳定有序的规则体系应用到变动不居的案件事实的同时，仍不免担心裁判结论会被变更或推翻后给个人职业生涯带来的消极影响。由此，裁判的决定权往往在司法程序的起点和负责司法终审的裁判官员之间摇摆。而在协作式环境下，虽然裁判权被预先分配给不同的司法主体，然而，所有程序参与主体均是围绕裁判者来施加对己方有利的积极影响。单一的、扁平化的管理体制免除了不同层级司法官员的人身依赖性，而在公开透明的程序规则指导下开展理性论辩的做法，也使所有司法决定的评判标准聚焦在对于程序合法性本身的审查之上，而非仅仅依靠快速有效的侦控机关或者干净整洁的卷宗材料。另一方面，实施政策也是当代政府职能中的重要组成内容。作为一种与解决纠纷不同的司法目的观，它首先意味着，政策因素能够作为裁判者扩大论证思路的有益资源，反映出人类依据有限理性设计的程序规则仍存在模糊或空缺的情况。此外，更为深刻的影响在于，由于科层式管理组织的层次性和权力的纵向运转特点，裁判者在实施政策过程中会更加倾向于关注来自上级司法组织的意愿，由此加深了司法官员对于国家的依附性。裁判者个体好似被强行编织进入国家司法机器的组成部件，进而逐渐偏离裁判的中立地位和独立性要求。简言之，司法的官僚化意志扭曲了裁判者的客观立场，进而减损了公平正义的根本价值。类似地，在协作式管理组织中裁判者虽然也受到国家政策因素的影响，但相对来讲却受到两个方面的限制：一是，裁判权力的分配结构起到了一种制约效果；二是，考虑到政策的普遍适用性，裁判者必须竭力指出待决案件是如何与现有政策产生关联，否则便有可能因失之偏颇而招致非议。换言之，释法说理的制度要求从外在形式的角度上为纯粹的政治认同或意识形态归属等人身依附形式划定边界：无论裁判者是通过选举抑或任命的方式产生，其司法角色而非政治身份理应获得优先地位，司法终局的效力也始终来自中立和独立的职业立场。

3. 司法体制与政治体制关系的中国样态

当代中国政治法律体制的形成与党的领导密不可分，其背后所反映出的司法与政治的关系理论已经远远超出"科层式理想型"和"协作式理想型"的基本分类，中国共产党作为一个独立的政治力量介入司法所呈现出的是更为复杂的政治法律关系。详细地讲，中华人民共和国成立后，为了实现对国家各级政权机关的有效领导，党通过多年实践探索逐渐形成了"条块结合"的管理模式。[1]在中国语境下，"条条"是指业务的上下级关系，如最高人民法院与地方各级人民法院，而"块块"是指同级各个机关之间的关系。与此同时，在央地关系中，尤其是在党内的央地关系中，通过"分级归口"管理的办法，最终实现了中共中央集中统一领导的政治法律体制。所谓"分级"是指从中央到地方分为不同级别，"归口"是指将国家各机关进行分类，并归入党内相应的职能部门进行管理，从而形成了党内职能部门与国家各权力机关相应的对口关系。例如，公安机关、检察机关、审判机关这些国家政权机关被统称为"政治法律口"，主要由党委政法

〔1〕 参见周尚君：《党管政法：党与政法关系的演进》，载《法学研究》2017年第1期。

委员会进行管理。“总体来说，当党的领导体制进入并逐渐嵌入到国家政权体制时，各政治法律机关在业务上虽然往往归口同级政府或上一级政治法律机关管理或指导，但在重大事项上，最终是向同级党委负责并报告工作。这就是说，在条块关系中，形成了以块块管理为主由同级党委领导的政治法律体制。”〔1〕当代中国政治法律体制的形成，反映出“我们党对依法治国问题的认识经历了一个不断深化的过程。新中国成立初期，我们党在废除旧法统的同时，积极运用新民主主义革命时期根据地法制建设的成功经验，抓紧建设社会主义法治，初步奠定了社会主义法治的基础”〔2〕。

正是由于党的领导，中国政治法律体制展示出有别于其他国家的实践特点。

第一，塑造司法主体的意识形态观念。意识形态是价值观的一种表现形式，也是基于个体生活经验提炼和抽象出的一种处世标准或准则。由于中国政治法律体制中内嵌了党的领导，尤其是在政治领域和思想文化领域的宣传与教化，致使司法官员除具有法律职业素养和解释论证技术之外，同时具有了一些政治观念或理想信念方面的意识形态内容，这体现为法官在政治立场上要突出忠诚和坚定，具体工作中也要注意顾大局、识大体。为此，党在坚持对政治法律工作的绝对领导的过程中，积极采取了传达会议精神、多平台媒体宣传等各种组织动员形式，将政治系统的指令及时输入司法系统尤其是法院系统。各级法院在接到上级指示后纷纷开展了一系列以“深入开展党的群众路线”“人民法官为人民”“开展政法干警核心价值观”“社会主义法治理念再学习再教育”等为主题的思想教育活动，主动落实政治教育和思想教化的工作目标，努力提高法官的政治属性和道德水准。虽然对于大多数国家的法官来讲，其都会或多或少受到个人所属党派意识形态的影响，但这种情况在中国政治法律体制中却十分明显：一方面，政治认同感可以作为选拔、任命、考核与惩戒法官的重要标准，凡是政治立场不坚定、政治站位不清晰的候选人难以充任司法系统的领导岗位，对这些“关

〔1〕 侯猛：《当代中国政法体制的形成及意义》，载《法学研究》2016年第6期。

〔2〕 习近平：《在中共十八届四中全会第二次全体会议上的讲话》，载中共中央文献研究室编：《习近平关于全面依法治国论述摘编》，中央文献出版社2015年版。

键少数”的政治审查始终处于优先地位，其他普通法官的职级晋升和追责惩戒也将政治因素视为必要组成内容。另一方面，对于在职法官的政治教育呈现出常态化和周期性特征，执政党对于法官的政治期待和法官个人对于自己的角色认知不断更新。除了职业技能培训之外，法官在日常工作中花时间用于学习高层文件的精神和要求，法官的党派归属感和意识形态倾向性不断加强。

第二，延展司法依据的种类，丰富司法权创制功能。执政党通过文件和政策对司法领域进行宏观指导是最为常见的手段。例如，对国家的许多重大战略部署或发展规划提供司法服务与保障，成为司法机关执行和落实党的政策的重要渠道。类似的情况还发生在司法机关内部。法院党组，特别是法院院长兼任党组书记这一制度设置，在党的系统和法院系统之间起着桥梁作用。它利用院长党组书记的身份将党有关司法的最新政策、文件和精神及时传达到法院系统，并利用院长的行政身份从业务层面将党有关司法的抽象意识形态转换成心理层面的实践性认知图式与制度层面的操作性规则。[1]这些政治性图式和规则以各种潜在方式影响法院裁判和内部管理。尤其是在法律条文存在模糊的情况下，司法文件中的政策性因素成为法官自由裁量的重要依据和释法说理的论证资源。而且，这种对政治因素的依附不仅能够解决规范空缺情况下“越法裁判”的说理压力，实现案结事了、止争息讼的司法目标，而且也容易获得上级司法机关的认可。这是因为，伴随法院审级的提升，个案的公共价值和社会意义将被额外关注，案件所形成的裁判规则是否以及在多大范围内获得参照效力并发挥指导作用，成为替代具体法律解释技巧与方法的新的关注点。上级法院的视角已经不再是于案件事实和法律规范之间来回穿梭并作出逻辑演绎的努力，而是着眼于裁判的实质合理性而探寻一种普遍性规则。“尽管中国法律并不允许地方法院和法官拥有规则创制的权力，但是党政体制具有的政治势能使最高人民法院在执行党和国家公共政策时，必须对法律规则进行某种程度的改变或变通。因为某些特定的政治话语和政治理念，极有可能与法律技术的要求不一致。当两者

---

〔1〕 参见郭松：《司法文件的中国特色与实践考察》，载《环球法律评论》2018 年第 4 期。

不一致时，法院或法官会充分考量政治话语和政治理念背后的政治势能大小。某种政治话语和政治理念背后的政治势能越大，全社会也就越容易形成强大的政治氛围。这种氛围对顺势而行者起加速作用。因此，最高人民法院创制裁判规则的可能性就大。反之亦然。法院或法官在创制裁判规则时，也会借助这种政治势能来降低说理成本，增强创制行为的正当性。"〔1〕

第三，关注司法效果的社会面向。司法活动不仅是运用既有规范解决纠纷，也是通过裁判活动实现社会治理。正因如此，司法效果内在地包含法律效果和社会效果。以最高人民法院为例，一方面，最高人民法院位居法院系统的顶端，其审判管辖权的终局性和权威性决定了裁判案件的范围具有特定性。另一方面，最高人民法院的政治属性和执行公共政策的倾向也越发明显，司法权日渐成为一支相对独立的政治力量参与国家建设和社会治理。例如，当国家推行社会主义市场经济政策并提出依法治国方略时，最高人民法院将司法的社会效果定义为维护市场经济秩序、及时有效地执行和宣传法治建设；当国家将反腐倡廉作为新世纪的政策重点时，最高人民法院将惩治贪污腐败、树立正反面典型和廉政教育，作为社会效果的核心内容。〔2〕与此同时，根据党和国家在一定时期或特殊阶段的中心工作和重点任务的不同，最高人民法院裁判的社会效果也会随之改变。这从根本上讲是由裁判对象的社会属性所决定的，然而，也深受政治目的和政治价值观的直接影响，反映出司法效果的政治依附性。也就是说，"国家往往从实现国家利益和社会利益的目的出发，通过权力安排的制度体系，有意识地变更当事人的诉讼需求，意图通过国家的强制力在一定程度上实现国家对社会法律秩序稳定的期望"〔3〕。此外，受制于"条块关系"和"归口"管理模式，法院也会根据现实需要，借助政治法律体制来追求司法的社会效果。"在实践中，强调司法应当注重社会效果的案件除了重大刑事案件外，还有指向政府不同职能部门

〔1〕 郑智航：《党政体制塑造司法的机制研究》，载《环球法律评论》2020 年第 6 期。

〔2〕 参见宋亚辉：《追求裁判的社会效果：1983—2012》，载《法学研究》2017 年第 5 期。

〔3〕 高志刚：《回应型司法制度的现实演进与理性构建——一个实践合理性的分析》，载《法律科学（西北政法大学学报）》2013 年第 4 期。

的案件。然而，不同部门因‘块块’分割而产生的合作困境，直接制约着法院案件审理的社会效果。因此，法院会主动借助党政体制，通过双重层级组织运作的嵌入逻辑，将党拥有的政治势能传导到政府相关部门。政府相关部门在党的高位推动下，协同和配合法院的工作，促进司法社会效果的有效实现。”〔1〕

三、法律的政治性及其对司法的影响

1. 法律的政治性与司法构成

政治是法律的基础，是以法律与政治的一致性作为重要根据的。法律总是直接或间接地受制于政治，并以政治作为自己的根基。法律与政治都是国家现象。自有国家这样的政治组织以来，法律和政治就因国家而紧紧相随。相对于国家而言，法律和政治都是以国家作为基础；而就法律与政治之间的关系来讲，政治又是法律的基础。

首先，政治为法律提供权力基础。权力是政治的核心元素，是法律得以制定或认可的政治基础。任何法律都是以权力作为自己基础的，也是以国家权力作为根据的，并且直接表现为某种权力意志。尽管这种权力意志背后还有更为深刻的根据——生产关系、经济基础、生产力和社会物质生活条件等，但是法律的制定和认可都必然具有权力这一根本要素。法律作为国家意志的体现，可以在国家制定或认可的法治实践中得到充分的证明。从立法上讲，权力使法律具有了神圣的性质以及强制违法者服从的力量，也因此使人们不得不敬畏法律。权力为法律提供了心理上和暴力上的双重保障：一方面，人们慑于权力的神圣性而延伸至对于法律的敬畏和发自内心的尊重与服从。权力在一定程度上制造和维持着人们对于法律在心理上的服从，法律的神圣性在一定意义上也是源自国家的神圣性。古代中国对于国法的崇敬就是如此。中国人把国法与天理、人情相提并论，并加以服从。这种现象与法律是国家意志具有不可分割的联系。另一方面，人们更怯于现实的权力威胁而不得不遵循法律。权力的强制效应会对违反法律的行为给以制裁。人们必须依照法律的规定行事，否则就要对自己的违

〔1〕 郑智航：《党政体制塑造司法的机制研究》，载《环球法律评论》2020年第6期。

法行为承担相应的法律责任。这是法律依赖国家而对社会成员的现实压迫，迫使社会成员自觉地遵守法律。

其次，政治为法律提供组织基础。政治组织是政治社会存在的外在标志和活动主体。法律既是人类政治社会的产物，也是人类社会政治组织的产物。没有政治性质的组织，人类的法律就失去了制定主体和执行主体。在人类社会中，政治组织作为公共权力的拥有者担负着维持公共秩序和达成某种政治目的的使命。政治组织为了达成自己的目的就会制定和认可法律，并保障法律被切实贯彻。从法律本身来看，它是人类有组织活动的要求和结果。如果没有政治性质的组织存在，人们也就没有必要去创设法律，而且产生的法律也缺乏最有效的执行者和监督者。虽然普通公民对于法律的制定、执行和监督也有重要的作用，但事实上，公民个人的作用始终是以组织的存在为前提并且从属于该组织的。如果没有议会、政府、司法机关等政治组织，任何个体对于法律的制定、执行和监督都是软弱无力的，更是难以维系下去的。西方国家的议会作为立法机关性质的政治组织，一个国家的根本大法和基本法律均由其产生；政府则是法律执行机关，承担着落实法律规范的职责。同样，司法机关也是政治组织的构成部分。从表面上讲，自觉守法是社会成员包括相关社会组织理应承担的法定义务，但是如果没有政治组织引导、管理和约束，法律的遵守将会在很大程度上成为空谈，甚至法律本身也将会被忽视或践踏。

再次，政治为法律提供政策基础。政策是政治主体意志的直接表现，政治主体的不同，其政策也会有所差异。政策分为国家政策、政党政策等多种类型，其中，国家政策始终是制定和实施各项法律的重要指针。国家政策总是随着国家形势的发展变化而逐步调整的。国家政策的变化既可能是一些新法律得以制定的前提，也可能是一些既有法律进行修改的依据，还可能是某些法律被废止的客观原因。政党政策也同样会对法律的状况产生影响。政党政策因各个政党在国家和社会生活中的地位和作用的不同而对法律产生不同的影响。在众多的政党中，以执政党的政策对法律的影响最为巨大。执政党政策可能通过议会、政府或者其他表达方式对法律产生影响。政治为法律提供政策基础，全面地影响着法律的创制、修改和废止等立法活动，也为法律的实施提供政策性依据、指导具体的司法适用。在立法活动中，各种政治力量的代表都努力贯彻自己所属组织的政策，并力争将其体现在立法中，进而转化为法律规范。立法是各种政治力量和政治主张相互作用的结果，更是冲突、妥协的产物。法律的实施必然涉及对于法律文本的解读，而国家政策或特定情况下的执政党政策，则为理解既定的法律条款提供了政策指导和分析思路。

最后，法律也受制于政治状况。法律调整的许多问题和内容都具有政治性质，并且直接受制于现实的政治状况；即便有的问题与法律并无直接关联，也大都与整体的政治状况和外部环境密切相关。具体而言，一方面，宪法、国家机关组织法、立法法、地方自治法等，无不具有直接的政治性，同时也直接受制于政治生态的实际情况。这些法律所涉及的国家制度问题、经济制度问题、文化制度问题、国家政体问题、立法权限问题、地方自治问题、民族区域自治问题以及国际关系问题等，既属于重大的法律问题，更是重大的政治问题，同时具有法律和政治的双重属性。从政治角度看，是具有法律属性的政治问题；从法律角度看，则是具有政治性质的法律问题。在这样的问题或事项上，有关的宪法、法律和法规就具有直接的政治属性；同时也表明，法律与政治不可分离，法律必然直接受制于政治。另一方面，也有许多法律并不具有直接的政治属性，也不直接受制于政治。例如，有关环境保护、交通规则、医疗卫生、科学技术等方面的法律都与政治具有相当的距离，并不与政治之间产生直接的关系。在充分认识法律的政治属性的同时，也要反对随意将法律问题政治化，或者在法律问题上犯“泛政治化”的错误。泛政治化既不符合法律的实际情况，也会阻碍法律学科的自主发展。进一步来讲，法律能否与政治保持应有的关系，首先取决于政治的状况。法律问题并不必然与政治问题直接相关，但是，在泛政治化的时代，任何法律问题都可以被套上政治的外衣，也都无可奈何地带有政治的烙印。在这样的大背景下，原本与政治关系不大的法律问题也被刻意地、强行地与政治挂钩。只有在政治正常状态下，与政治无直接关系的法律的自主品格才可能被充分尊重，进而获得独立生存和发展的空间。从这个意义上讲，即使是那些远离政治的法律，如果没有良好的政治背景，也难以真正地远离政治的影响。

2. 法律的政治性与司法不公

法律的泛政治化给司法带来了许多负面影响，尤其容易导致司法不公和冤假错案的发生。从全球范围看，刑事司法中的冤假错案现象是普遍存在的。例如，早在20世纪70年代，英国犯罪学家在对20世纪50年代至70年代刑事案件的研究中发现，至少70个案件被英国上诉法院推翻定罪改判无罪或者罪犯被释放。[1]最近的研究中，英国刑事案例评估委员会（Criminal Case Review Commission，CCRC）从1997年到2000年，所评估的2381个案件中有38%的案件被改判无罪。[2]截至2013年5月，CCRC已经请求上诉法院审查并推翻了100多个案件的原审判决。2005年4月1日至2006年3月31日这一年度中，该委员会共审查了1012起案件，并将其中的46起案件提交上诉法院复审，其中，32起案件（约占70%）的定罪量刑被撤销或改判。[3]又如，美国从1973年以来，大约有2.3%的死刑被告人被错误定罪，这些人本应当是无罪的。[4]在进一步对无罪问题的研究中发现，美国刑事定罪的错误率高达10%。[5]即便是相对保守的研究也指出，美国的罪犯中至少有0.5%的人被错误定罪，每年被错误定罪的人达到10,000人。[6]另据美国除罪释放登记机构2014年发布的报告，从1989年1月到2013年12月，美国除罪释放刑事冤案达1281例。从1992年到2014年，美国俄亥俄州“洗冤工程”项目运用DNA技术推翻的刑事冤案达350余

---

〔1〕 See Brandon Ruth, *Wrongful Imprisonment: Mistaken Convictions and Their Consequences*, George Allen & Unwin,1973, p.285.

〔2〕 See Horan David, *The Innocence Commission: An Independent Review Board for Wrongful Convictions*, Northern Illinois University Law Review, 20:90(2010); Lissa Griffin, *The Correction of Wrongful Convictions: A Comparative Perspective*, American University International Law Review, 16(5):1241(2001).

〔3〕 参见于雪飞:《英国刑事错案的预防与救济：不断接近正义》，载《人民法院报》2013年5月4日，第5版。

〔4〕 See Samuel R. Gross and Barbara O'Brien, *Frequency and Predictors of False Convictions: Why We Know So Little, and New Data on Capital Cases*, Journal of Empirical Legal Studies, 5(4):927(2008).

〔5〕 See Joseph L. Gastwirth and Michael D. Sinclair, *Diagnostic Test Methodology in the Design and Analysis of Judge-Jury Agreement Studies*, Jurimetrics, 39(1):59(1998); Bruce D. Spencer, *Estimating the Accuracy of Jury Verdicts*, Journal of Empirical Legal Studies, 4(2):305(2007); Daniel Givelber, *Meaningless Acquittals, Meaningful Convictions:Do we reliably Acquit the Innocent*?, Rutgers Law Review, 49(4):1317(1997).

〔6〕 See C. Ronald Huff, *Wrongful Conviction: The American Experience*, Canadian Journal of Criminology and Criminal Justice, 46(2):107(2004).

起。[1]在美国各种“洗冤项目”的推动下，全美已有300多起冤错案件曝光，200多人沉冤得雪。[2]2000年的一项研究表明，美国死刑案件误判率高达68%，有3个州死刑案件误判率高达100%。[3]再如，随着日本公诉和警察系统采取更长的拘押措施，已经引发大量无罪的人作出有罪供述，并导致了日本最近几年的刑事错案率上升。[4]数据统计显示，日本从1912年到2012年，已经有150个人作无罪上诉。他们或者因被错误逮捕，或者因被错误定罪。即使在最近10年，日本同样发生了如尾池治犯纵火罪而在2011年被判无罪、苏玛瑞犯走私毒品罪而在2011年被改判无罪、阿特苏克犯伪造公文罪而在2009年最终被判无罪的错误监禁案例。即使是在法国、德国等国家，各种刑事无罪错案也是屡屡出现。如法国上诉法庭2005年推翻了2000年对6位恋童癖被告人的有罪判决。这是法国历史上最有名的刑事错案。[5]总体而言，无论其司法水平发展程度如何，刑事错案在全球许多国家均有发生。从相关数据库的统计结论看，以德国和日本为代表的大陆法系国家的刑事错案率远低于英美法系国家。美国1901年后共计2112人被错误定罪，英国有503人，澳大利亚有108人被错误定罪。即使在最近30年，美国1981年后每年有40.6人被错误定罪，英国1981年后每年有8.8人被错误定罪。[6]

对于冤案产生的背景和原因，相关研究将其归纳为直接因素和间接因素。[7]从法律的政治性上讲，又可以将其中的因素分为以下几个方面。

首先，法官身份对案件的影响。法官因受到政治压力而调整裁判尺度，通常情况下，法官受到政治压力影响的程度主要取决于法官的选任方式和任职期限。

---

〔1〕 参见刘文化：《刑事诉讼文明视角下刑事冤错案件的纠防》，载《湘潭大学学报（哲学社会科学版）》2015年第4期。

〔2〕 参见何帆：《西方如何反思冤假错案》，载《人民法院报》2013年5月10日，第5版。

〔3〕 参见郑砺：《美国死囚误判多 23年中近七成判决被推翻重审》，载《人民日报》2000年6月14日，第11版。

〔4〕 See Fukurai Hiroshi and Kaonu Kourosawa, *Impact of the Popular Legal Participation on Forced Confessions and Wrongful Convictions in Japan's Bureaucratic Courtroom: A Cross-National Analysis in the U.S. and Japan*, US-China Law Review, 7(1):1(2010).

〔5〕 参见熊谋林：《预防与纠错：刑事司法的理念》，法律出版社2019年版，第12～13页。

〔6〕 参见熊谋林：《预防与纠错：刑事司法的理念》，法律出版社2019年版，第13页。

〔7〕 参见陈永生：《刑事冤案研究》，北京大学出版社2018年版，第83～93页。

采用选举方式产生的法官受到政治压力影响的程度相对较高，采用任命方式产生的法官受政治压力影响的程度相对较低；实行终身制的法官受政治压力影响的程度相对较低，实行任期制的法官受政治压力影响的程度相对较高。以美国为例。在美国适用死刑的34个州中，在其他因素保持不变的情况下，当法官因选任方式的差异受到的政治压力处于最低点时，死刑裁判推翻率为16%；当法官因选任方式的差异受到的政治压力上升到最高点时，死刑裁判推翻率将增长2倍。〔1〕在联邦系统，共和党任命的法官通常更不情愿推翻死刑裁判，因而当共和党任命的法官在合议庭中占多数时，死刑裁判被推翻的可能性将降低1/3；反之，如果民主党任命的法官在合议庭中占多数，那么死刑裁判被推翻的可能性将提高1/3。〔2〕同时，法官在裁判时也容易受到各种偏见的影响。“尽管人们希望法官们在进入法庭之前能够端正身份，恪守首席大法官罗伯茨倡导的裁判员角色，但法官们根本做不到这一点。如同陪审员一样，人们的个人背景和生活经验难免会影响他们的认知、情感、推理和判断……尽管极少有法官会承认自己受到政治倾向的影响，但是，研究人员分析联邦法院的两万余份裁决后发现，法官在对待联邦机构的决定时存在明显的党派偏见。民主党任命的法官倾向于推翻‘保守派’的判决，并维持‘自由派’的判决，而共和党任命的法官则恰恰相反。……其他研究也发现，法官的政治倾向与不同党派面临的司法待遇之间存在类似的关联，其中，民主党任命的法官更加偏向于少数族裔、工人、已判刑罪犯和未登记选民，而共和党任命的法官则更加偏向于大公司和政府。”〔3〕

其次，陪审团裁判对案件的影响。邀请民众参与刑事审判不仅符合刑事司法的发展规律和趋势，也是践行民主国家权力制衡与监督的具体制度形态。但从客观上讲，司法体系主动允许政治因素的介入并不必然有利于实现司法公正。也就是说，无论民众通过何种形式或渠道参与法庭审判，陪审团成员的意识形

〔1〕 参见 https://www2.law.columbia.edu/brokensystem2/，最后访问时间：2018年2月15日。

〔2〕 参见 https://www2.law.columbia.edu/brokensystem2/，最后访问时间：2018年2月15日。

〔3〕［美］亚当·本福拉多：《公正何以难行：阻碍正义的心理之源》，刘静坤译，中国民主法制出版社2019年版，第194～195页。

态、文化背景等情况的不同，都会左右案件中关键事实的认定结论。换言之，人们的生活背景和人生阅历决定了他们对客观事实的认知方式。之所以会产生认知差异，并不是因为有些人故意歪曲事实或者疏忽大意，也不是因为他们没有理解案件事实争议所涉及的有关问题，而是“他们的身份和归属就像是有色眼镜（例如，那些富有而保守的白人男性，更加支持现有的社会等级制度和个人主义观念，而那些不甚富裕、崇尚自由并且受过高等教育的非裔美国妇女，则往往认同平等主义和社群主义理念），过滤了特定的细节信息，并选择性地关注其他信息。与联邦最高法院的断言相反，人们往往对案件事实有不止一种所谓‘合理的’认知判断。大家的认知是多元的。这种认知盲区导致联邦最高法院作出了错误的裁决，他们认为对案件事实只存在一种客观公正的认识，进而不再要求由陪审团来认定案件事实。在联邦最高法院看来，这些人是‘不理性的’，因而并不适合参与司法过程”[1]。陪审团审判中最后的参与者是 12 个负责裁决的陪审员，无论陪审团最基本的功能是什么，“智慧绝不是他们的特性之一。陪审团似乎常常依据律师或证人的身体语言和吸引力作出裁决，陪审员们有时还会作出更不理性的行为。……有人认为陪审团是愚蠢的、迷信的，具有超自然影响力，这些描述容易引起误解。最常见的是：越是尽职尽责的陪审团，越容易犯错误”[2]。“并不只是错判有罪会导致司法不公。陪审团无罪释放被告，更是无法控制，无法上诉，常常产生更武断的结果。陪审员无视证据的权力，被称作‘陪审团否弃权’，这种权力通常被视为抵御政府超职权的一道屏障，那些以安乐死、以政治犯为辩护理由的别有用心的被告，经常请求陪审团行使这项权力。它以一种无政府主义的方式，确保法律允许有争论和无罪释放。……陪审员不依据证据而达成裁决的危险性，经常在涉及种族问题的案件中表现得格外清楚。这些案件中同情心，不论是对被告人还是被害人，很容易就压倒了陪审员判断是非

---

〔1〕［美］亚当·本福拉多：《公正何以难行：阻碍正义的心理之源》，刘静坤译，中国民主法制出版社 2019 年版，第 118 页。

〔2〕［英］萨达卡特·卡德里：《审判为什么不公正》，杨雄译，新星出版社 2014 年版，第 300～301 页。

的能力。"[1]

再次，媒体报道对案件的影响。在互联网背景下，媒体报道以及形成的舆论、民意深刻影响着案件的走向。在过去，电视媒体被认为是影响力最大的传播媒介，但在互联网出现后，博客和推特把案件的最新进展以剧集的方式在网站上及时更新，审判中的所有动议、大陪审团起诉书、律师辩护意见书、法庭令等诉讼文件，远不及新媒体下各种传播平台。媒体在网上大规模的报道给法院和法官带来了巨大的压力。英国法院为了保护陪审团独立审判，法院往往要求媒体推迟报道案件，并禁止公开相关人员的姓名及其他事项；美国法院虽然很少对媒体发布缄口令，但仍然通过自我约束防止媒体影响司法。例如，根据英国1981年《禁止藐视法庭法》第4条第2款的规定，关于正在进行的诉讼程序或其他任何处于未决或迫近状态下的诉讼程序，当似乎有必要采取措施以避免对相关司法程序造成损害的时候，法院可以命令，在其认为有必要的一段时间之内，推迟对相关诉讼程序或诉讼程序某一部分所做的报道。第11条规定，在诉讼期间，在法院（其有权力这样做）要求对相关人员的姓名或其他事项予以保密的任何场合下，只要法院认为它这样做是必要的，就可以发出指令，要求禁止对与相关诉讼有关的姓名或事项予以公开。[2]又如，虽然美国司法实践侧重保护新闻自由，但考虑到陪审团的公正性及其决定的合理性，法官和律师通常会非常谨慎，尽量地选择那些事先没有听说过案情的陪审员，同时在审判期间避免他们和媒体接触。这是因为，"在美国，只有在'紧迫的政府利益需要'的情况下才禁止媒体报道，并且应'狭义地理解这种利益'。美国法律并没有在审判之前或之中通过限制对案情的报道来控制公众对陪审员的影响。宪法保障媒体采访审判的过程，同时他们可以自由地对获取的信息予以报道"[3]。法官希望陪审团选拔能够适当地筛选那些候选陪审员，法官可以命令其到其他地方进行审判。法院希望选中的陪审员在审判期间能够遵循法庭的指示，而不是去关注媒体的报道或其

---

〔1〕［英］萨达卡特·卡德里：《审判为什么不公正》，杨雄译，新星出版社2014年版，第307～308页。
〔2〕参见［英］萨莉·斯皮尔伯利：《媒体法》，周文译，武汉大学出版社2004年版，第353～354页。
〔3〕高一飞：《上帝的声音：陪审团法理》，中国民主法制出版社2016年版，第121页。

他与案件相关的讨论，违反规定的陪审员要被解除。“在某些情况下，法庭可以不让媒体甚至是当事人双方知晓陪审员的姓名和住址。陪审员对和当事人、证人、当事人一方的支持者或记者接触很有顾虑，法院的行为正是为了消除这一顾虑。”[1]甚至在审判之后，言论自由还会持续影响法官控制陪审员的能力。如法官不能发布禁令阻止陪审员接触媒体，也不能阻止其向媒体透露想法。[2]在多数情况下，庭审之后，法庭可以禁止媒体接触那些犹豫不决的陪审员，禁止他们透露关于案件看法的信息。[3]

最后，司法体制和诉讼程序对案件的影响。以日本为例。日本刑事司法有罪率高达 99.9%，也就是说，在日本，从被起诉的那一刻起，所谓的被告就必须做好获罪的心理准备。“这些高的有罪率说明了什么？这些数字背后就是强大的搜查权限下的搜查、检察官垄断式地对是否起诉的选择，以及重视搜查文书的公审等现实。……从 1975 年的最高法院白鸟决定开始，原本被喻为‘无法开启之门’的‘再审之门’逐渐开启，譬如免田、财田川、松山、岛田事件这四大死刑再审案件开始再审，甚至确定无罪的案件接连不断地出现。随着该事态的进展，日本刑事审判中潜在的问题开始以普通国民也能明白的形式逐步显现出来。换言之，事实开始浮出水面，持续发生错判的刑事审判现状绝非偶然，而是从搜查、起诉、公审、判决、上诉等整体司法构造中必然产生的‘构造性冤案’。”[4]仅从法院内部来讲，普通法官因担心所作裁决会被上级法院驳回而难以独自地行使裁判权，以至于呈现一种“消极司法”的状态。司法权不仅无法回应市民需求，也未构成能够挑战政治或行政制度的约束力量。普通法官在日常生活中很难自由地参与社区讨论或其他民主性公共活动（尽管在法律上并没有设置禁止性规则，但为了保持法官的公正性，传统上存在的“职业伦理”要求法官不应该与司法机关之外的一般人进行交流和进出当地的娱乐场所），也没有获得作为

---

〔1〕 Nancy Jean King, *The American Criminal Jury*, 62 Law & Contemp. Probs 41(1999).

〔2〕 See Marcy Strauss, *Juror Journalism*, 12 Yale L. & Pol'y Rev. 389(1994).

〔3〕 See United States v. Cleveland, 128 F.3d 267(5th Cir. 1997).

〔4〕 ［日］秋山贤三：《法官因何错判》，曾玉婷译，法律出版社 2019 年版，第 108～111 页。

高级专业人员所需要的思考法庭指挥和案件本质的时间，而是变身为极其辛劳的“知识工人”。作为法院系统内部的司法行政管理机构，来自最高法院事务总局的各种各样的控制深刻影响着普通法官的工作状态。“司法官僚机构越是建设完备，其管理强度和人事‘独善性’就越是遭到下级审法院的法官和书记官等人士的批评。为了弱化法院机构内部的这种‘离心力’，在如何增强对最高法院的‘向心力’方面，司法官僚机构无疑起着重要的行动准则作用。就结论而言，司法官僚机构寻求到的增强‘向心力’方式，集中体现为：掌控对下级法院法官人事权，保障下级审中对判决具有影响的法令解释和诉讼指挥的统一性。但不得不指出的是，这里归结出的这两点内容，无疑都与作为专业人员的法官的‘自主’或者各级法院的‘分权与自治’原则相‘对立’。可以说，这便是战后司法所发生问题的根源所在。”〔1〕

类似的情况同样发生在德国。德国法院每个工作日作出3000个左右的刑事判决，很多被判有罪的人在判决之后依然声明自己是无辜的。事实上，已确知的司法误判案件并不会出现在官方的统计数字里。人们通常只会拿极少的再审案件数字为例，来证明误判的情形微乎其微。在2010年的统计数字中，只有1176个案件因为取得新证据而获得法院再审的机会。德国联邦最高法院的法官曾撰文写道：每4个刑事判决中就有1件是误判。〔2〕对于这些错案的分析进一步指出，误判大多数是因为司法机器本身发生故障所导致的。“刑事司法是一种错误的构造吗？国家的‘刑罚权’从来都是国家行使刑事审判权的‘框架’，因此刑事法官从未真正抽离其‘国家理性’护卫者的角色，而把自己定位成行政权的行使者了。难怪有些法官把自己当成警察手足的延伸——或者倒过来讲，警察把法官当成他们在街头为法与秩序奋斗的完结者。这也符合刑事司法在很大一部分公众心里的形象。如此看来，不只是警察，连法官也是负责社会安全的一部

〔1〕［日］新藤宗幸：《司法官僚》，朱芒译，译林出版社2021年版，第94页。

〔2〕参见［德］托马斯·达恩史戴特：《失灵的司法：德国冤错案启示录》，郑惠芬译，法律出版社2017年版，第4~5页。

分。”[1]而这不仅与维护正义的司法职责背道而驰，也与诚信地提供司法服务以提升民众对司法的信任这一改革目标不相符合。“刑事诉讼的目的，乃在努力追求公平正义的道路上创造法的和平。这个概念已渐渐从司法的掌握里挣脱，而落入内政部门手中。对于因为恐怖袭击、基本教义派，或纯粹由于外国移民增加而缺乏安全感的大众，政治给了他们一种印象，好似他们用特别严厉的刑法，就可以让大众的生活变得更安全、更平和、更美好。人们对刑事司法的期待也随之改变。公平正义？适当的刑罚？给受刑人一个改过自新的机会？在自由刑法的年代，这些都是法政策上的重点，如今却都必须让位给司法能创造国家安全的这个期望。过去十年来，刑事司法必须面临剧烈的角色转移。介于国家理性与公平正义这两张椅子之间的机制，如今几乎已完全向警察那边靠拢过去。在无所不在的预防不法概念之下，法官变成实现法与秩序的有用辅助者。社会控制的需求形塑了他们的工作。为了符合失去耐心的大众的期待，符合政治界面对犯罪时越来越紧张的期待，刑事诉讼法的立法以及司法越来越接受令人质疑的妥协。司法不再耐心以理性追寻真相，而是启动真相涡轮机。”[2]

3. 法律的政治性与司法腐败

法律过度政治化的另一个负面影响是容易滋生司法腐败。历史地讲，各国开展的刑事司法改革都以实现廉洁、高效的司法制度为基本目标。2002 年 6 月，英联邦国家司法机构的首长以及各个法院的法官在塞浦路斯召开座谈会，共同研究司法部门如何尽最大努力消除司法腐败。与会人员认为，建立一个清正廉洁、远离腐败的司法制度，是真正民主国家的基本构成要素，对国家发展和消除贫困至关重要。廉洁的司法制度已被公认为是吸引投资、谋求发展、提高人民福祉的基本条件之一。为了促进善治和打击腐败，“一个独立、胜任的司法系统应该公正、高效、负责，此点至关重要，因而也就要求法官的准入和退出存在客

---

〔1〕［德］托马斯·达恩史戴特：《失灵的司法：德国冤错案启示录》，郑惠芬译，法律出版社 2017 年版，第 290 页。

〔2〕［德］托马斯·达恩史戴特：《失灵的司法：德国冤错案启示录》，郑惠芬译，法律出版社 2017 年版，第 292～293 页。

观标准，给予法官足够的薪酬、任期保障，以及确保其免受行政部门和立法部门的干扰。但是这并不意味着法官不需要承担任何责任。法官的言谈举止应该符合其身份，法官应该受到本国普通刑法的约束，如果法官行为不当或怠于履行其对社会的责任，就应该存在相关程序对他们进行纪律处分或开除。这些程序应该是透明的，并由独立公正的机构来执行”[1]。

然而，实践中的司法腐败现象仍然屡禁不止。作为奉行权力分立与制衡最为严格的国家，美国的司法腐败现象相较于政府其他部门来讲已经轻缓许多。相比之下，各州的司法机关的腐败现象却比联邦司法机关更为严重。从 1789 年至 2013 年，历届美国总统共任命了大约 3500 名联邦法官，其中因为犯罪而被弹劾的有 15 名，这其中只有一名是最高法院法官。虽然该法官被众议院弹劾，但参议院却判定他无罪。2013 年被弹劾的两名联邦法官则分别以辞职和有罪告终。[2]根据相关调查，俄罗斯法院的法官及相关司法人员已经成为俄罗斯的高腐败人群。在俄罗斯有这样一种说法：“当你诉讼缠身的时候，最好的解决办法就是和解。我们不害怕审判，但我们害怕法官，因为法官最容易被贿赂。就像鸭子的肚子，法官的口袋很难被填满。进入法院时你穿着一身衣服，出来时你会一丝不挂。”[3]俄罗斯的司法腐败案件大都发生在基层法院。因为基层法院是初审法院，比较容易主导案件的整个进程，因此，最容易受到贿赂，滋生腐败。法官在案件的裁判过程中，通常采取以下方式实施腐败：一是根据案件的是非曲直作出裁决，但在宣判时寻求贿赂；二是收受当事人双方的贿赂，但判决贿赂数额高者胜诉；三是依政府官员的指令作出裁决，而置案件事实于不顾。[4]准确获得俄罗斯法院系统的司法腐败数据是十分困难的，然而，综合各个研究机构的调查结果来看，在俄罗斯，当事人想要赢得诉讼所花费的额外成本为 9570 卢布，相当

〔1〕《英联邦国家打击司法腐败之共识》，罗灿编译，载《人民法院报》2014 年 2 月 28 日，第 5 版。

〔2〕参见谢韬：《美国的司法独立与司法腐败》，载微信公众号“中国商事犯罪研究中心”2014 年 1 月 6 日。

〔3〕崔皓旭：《俄罗斯司法腐败透视》，载《俄罗斯中亚东欧市场》2009 年第 11 期。

〔4〕See Ethan S. Burger, *The State of Russian Arbitrazh Court System: Are We Being Too Unrealistic in Our Expectations*? Harvard University September 27, 2007.

于358美元。[1]另有调查表明，一个州法院院长每次办案平均受贿1.5万—2万美元，一个市法院普通法官办案的平均受贿额也达4000美元。[2]在希腊，频频爆出的司法腐败不仅引起民众强烈不满，导致多名法官被清理出司法队伍，也影响了政党选举及内阁重组。希腊总理在国家司法学院毕业典礼上讲到，希腊司法部门绝大多数司法人员忠于职守，但绝不能容许极少数害群之马损害整个司法系统的荣誉、名声和公民的信任，破坏司法部门执法的独立性。他本人之所以赢得总统选举，主要得益于"希腊社会对泛希社运长期执政造成的腐败横行现象感到失望"，也正因如此，他在新民主党派竞选时曾明确承诺，"将根除政府部门的腐败现象，同各种利益集团作斗争"[3]。在韩国，前大法院院长因深陷司法腐败而面临刑事追诉的消息引起全国轰动。由于大法院院长是象征"正义"的司法部门掌门人，因此在韩国社会受到极高尊崇。随着该院长司法腐败案件的暴露，其本人已成为韩国宪政史上首位被批准逮捕的法院系统前掌门人，韩国媒体称"这是韩国司法部门71年历史上从未有过的耻辱"。韩国前大法院院长被逮捕后是两个不同的世界。断定两位前任总统有罪、担任"最终审判者"的法院如今成为审判的对象。16个月前才辞职的大法院院长不是因为个人不正之风，而是以侵害司法权独立的核心——审判和法官人事权的嫌疑被批捕，这一点也值得反复思考。韩国法律界人士指出，"今天的批捕应该成为司法改革的第一步，而不是结束"，整个法院都应该严肃对待这一点。[4]

就中国而言，当前司法腐败主要表现为徇私舞弊、贪赃枉法、滥用职权、执法犯法等。有的办"关系案""人情案""金钱案"，故意偏袒一方，压制打击另一

〔1〕 在2001年这一数额达到了13，964万卢布。参见https://indem.ru/en/publicat/2005diag_engV.htm，最后访问时间：2021年8月14日。

〔2〕 参见崔皓旭：《俄罗斯司法腐败透视》，载《俄罗斯中亚东欧市场》2009年第11期。

〔3〕 参见http://news.sina.com.cn/w/2005-05-28/09006011934s.shtml，最后访问时间：2021年8月14日。

〔4〕 截至2019年，韩国13名大法院院长中，包括梁承泰在内共6名院长因各种原因最终落得"凄惨下场"。其中，4名院长未满任期被迫辞职，另外2名卸任后被追责者，即梁承泰和在全斗焕时期曾担任第8届大法院院长的俞泰兴。俞泰兴在任时，因卷入"法官任命丑闻"而遭国会弹劾，但弹劾案最终未能通过，他也得以完成6年任期。由于全斗焕政府被公认为"司法系统最黑暗时期"，而俞泰兴在这个时期担任司法系统最高掌门人，这让他在卸任后遭到后辈法官的"白眼"，进而在非议声中凄惨度日。2005年，86岁的俞泰兴顶不住精神压力，投江自杀。参见孙彦：《韩国大法院前院长梁承泰陷司法腐败"泥淖"》，载《法律与生活》2019年第8期。

方；有的越权办案，非法插手经济纠纷，或乱罚款、乱收费，甚至充当黑恶势力保护伞，祸害百姓；有的滥用强制措施，甚至刑讯逼供、暴力取证，侵犯公民合法权利；有的执法犯法，弄虚作假，非法办理减刑、假释、保外就医；有的随意执法，有案不立、有罪不究、罪罚不当、出入人罪；等等。以法院院长腐败为例。如果将法院院长腐败的领域和方式归纳起来，可以发现“收受法院内部工作人员的贿赂，为行贿者谋取更好的职位”和“通过权力交换为亲属谋取利益”，是两种最主要的腐败类型。司法系统中的行政腐败不仅大大加强了院长从事司法腐败的能力，也给不腐败的法官以巨大的压力。〔1〕从云南省孙小果被判死刑后违规减刑出狱，到内蒙古自治区巴图孟和故意杀人后纸面服刑 15 年，再到郭文思违规减刑 9 次后释放，多起案例显示，违规违法减刑、假释、暂予监外执行等涉“减假暂”司法腐败损害法律权威、破坏社会公平。〔2〕另据媒体报道，江苏省检察机关在对保外就医的职务犯罪、金融犯罪、涉黑犯罪“三类罪犯”组织复查后监督纠正了违法问题 100 件。江苏省委原常委、省委组织部部长徐国健等多名职务犯罪人员被督促收监执行。〔3〕从理论上来说，减刑、假释、暂予监外执行对于彰显法制文明、激励犯罪人员改过自新具有积极意义。然而，司法实践中由于操作不透明、监管薄弱、问责不力等原因，原本体现人文关怀的制度却成了少数不法分子权权交易、权钱交易等“买卖”的工具。对此，习近平总书记在 2014 年中央政治法律工作会议上曾指出：“一些有权人、有钱人搞花钱捞人、花钱买命、提前出狱，为什么能得手，原因就是政治法律队伍中存在腐败现象，有的干警同黑恶势力串通一气、充当保护伞，胆大妄为、无法无天！一些黑恶势力杀人越货，不但没有被惩处，其头目反而平步青云，甚至戴上‘红顶’，当上了人大代表、政协委员、基层干部，后面的保护伞很大啊！”这些现象虽然只是发生在少数司法部门和执法司法人员中，但造成的恶劣影响以及由此产生的一系列连锁反应却不可低估。“一次不公正的审判，其恶果甚至超过十次犯罪。因为犯罪虽是无视法

〔1〕 参见杨支柱：《法院院长“落马”反映的不仅仅是司法腐败》，载《中国改革报》2008 年 1 月 2 日，第 4 版。
〔2〕 参见丁建庭：《守牢遏制司法腐败的各个关卡》，载《南方周末》2020 年 9 月 16 日，第 A04 版。
〔3〕 参见菲余：《严查“提钱出狱”背后的司法腐败》，载《中国纪检监察报》2016 年 12 月 16 日，第 2 版。

律——好比污染水流，而不公正的审判则破坏法律——好比污染水源。”简言之，司法腐败不仅扰乱执法司法秩序，破坏司法的统一正确实施，而且侵犯人民群众切身利益，侵蚀公平正义的法律底线。

四、司法人员的意识形态与司法效果

1. 司法人员意识形态的形成

众所周知，现代政治是政党政治，政党对于一个国家的政治体制具有直接影响。作为政府权力的一种类型，司法权力也受到政党因素的深刻影响。司法人员在具体行使此项权力的过程中亦是如此。这突出表现在司法人员的意识形态及其党派归属方面。在多党制的国家，各种党派之间的政治纲领并不完全相同，其间的利益纠葛更是错综复杂，各方势力都将选举符合本党派利益的司法人员作为重要的工作内容；同时，由于大多数国家的法官都是终身任职，非经法定事由并经法定程序不得对其弹劾或罢免。因此可以说，选择符合本党派利益的法官被视为一种“政治遗产”，即一旦党内人士当选法官或者法官在意识形态上倾向或偏好某个特定的党派，便能给本党派带来长远的政治效益。因此，在候选法官正式竞选之前，围绕候选人政治倾向和意识形态认同度的考察也就预先展开了。〔1〕例如，“当一位参议员和被提名人的意识形态立场是类似的，那这位参议员投赞成票的概率是 0.91；而当他们的意识形态立场不同时，参议员投赞成票的概率只有区区 0.07。参议员们、总统、利益集团以及普通公众当中的不少人都意识到，大法官们并不是意识形态中立的，而且这一特点会影响到他们的司法表决行为”〔2〕。另有相关研究指出：“由于最高法院其实肩负着制定国家政策的重任，因

〔1〕 美国是个注重多元化的国家，而联邦最高法院大法官的人员构成与席位设置，一直是这种多元化的缩影。建国之初，大法官在地理上的代表性，是最高法院获得正当性的关键。如今的美国，最大的政治已不再是地域、种族与性别对立，而是保守派与自由派的分歧。20 年来，无论执政的是民主党还是共和党，总统在挑选候选人时，首先考虑的已经是这个人对死刑、堕胎、持枪、政教关系、同性恋婚姻、联邦权力的态度，如果政见不同，条件再优秀也没戏。共和党总统之所以将斯卡利亚、托马斯、罗伯茨、阿利托送入最高法院，看重的是这些人坚定的保守派司法理念，与他们的天主教徒身份则根本没有任何关系。参见何帆：《大法官说了算——美国司法观察笔记》，中国法制出版社 2016 年版，第 47～48 页。

〔2〕 ［美］李·爱泼斯坦、［美］威廉·M. 兰德斯、［美］理查德·A. 波斯纳：《法官如何行为：理性选择的理论和经验研究》，黄韬译，法律出版社 2017 年版，第 98 页。

此总统不得不从党派性和意识形态的角度来考虑提名。这是立国之初就确定的重要传统，华盛顿总统提名的 11 位大法官全部都是保守的联邦党人。而在 147 次总统提名中，有 128 次（比例约为 87%）的提名对象与总统来自同一党派。其实，仅仅来自同一党派还并不足以获得总统的信任。西奥多·罗斯福总统在与洛奇参议员商讨关于民主党人卢顿的提名时，就曾指出：'我不关心被提名人表面的政治倾向，最重要的是他真正的政治立场是什么。' 这位罗斯福总统在之前提名霍姆斯出任大法官时，也是从洛奇那里获得了政治背书：'他完全同意我们的观点。'"[1]在 2009 年，奥巴马几经权衡，决定提名联邦第二巡回上诉法院法官索尼娅·索托马约尔作为接替戴维·苏特大法官的人选。奥巴马认为，索托马约尔是一位自由温和派人士，既属于本党派系，又相对容易为各方接受。而她的西班牙裔身份，也能令总统争取到拉美裔选民的支持。美国参议院对索托马约尔的大法官提名进行表决时，出现了 68 票赞成、31 票反对的投票结果，说明国会内部的党派鸿沟仍然泾渭分明。没有一个民主党人投索托马约尔的反对票，而 40 名共和党参议员中只有 9 人投了她的赞成票，这种不论候选人资质只讲政治派系的做法，令公众十分失望。[2]美国前总统布什曾经表示："少数参议员不断地阻挠多数议员所支持的优秀法官的提名。这种干扰策略违反先例而且是不公平的，同时也违背了参议员就法官提名进行投票的宪法职责。" 他呼吁参议员抛弃这些伎俩："每一名法官候选人都应当得到参议员的投票，无论谁是总统，也无论哪个党控制着国会。是时候抛弃过去的党派政治，而为美国的法律系统和美国人民去做正确的事了。"[3]

---

〔1〕［美］杰弗瑞·A. 西格尔、［美］哈罗德·J. 斯皮斯：《正义背后的意识形态——最高法院与态度模型》，北京大学出版社 2012 年版，第 163 页。

〔2〕参见何帆：《大法官说了算——美国司法观察笔记》，中国法制出版社 2016 年版，第 36 页。

〔3〕布什总统还曾表示，优秀的法官人选经过很多年才能在参议院得到投票的机会。与此同时，那些持党派偏见的人却在徒劳地寻找各种理由以驳回他们的提名。小部分参议员的干扰策略对司法独立造成了威胁。同时，法官职位的空缺与积压的案件导致了公民寻求正义的延滞。法官批准程序受到破坏，而为了这个国家的利益，它必须被修复。然而，实际上，外部激进团体如正义同盟、美国之路组织，还有美国反堕胎法协会等都将会激烈地反对任何原旨主义者——或者是任何不赞同他们的能动主义计划的人——被提名为最高法院法官。理由很简单：极左势力极少赢得选票，他们必须依靠能动派法官的暴政来推行他们的政治计划。参见［美］马克·R. 莱文：《黑衣人：美国联邦最高法院在如何摧毁美国》，江溯译，中国法制出版社 2019 年版，第 256～257 页。

然而，值得注意的是，即便是同样奉行多党制的国家，英国法官的意识形态和政治倾向却并没有过多受到党派因素的影响，这一显著特征在2010年最高法院[1]正式运作的前后时段表现出相当的稳定性。对此有研究指出，“（英国法官）在二十世纪早期比较普遍的现象是一个人因为政党政治服务而获任法官职位或者集大律师身份与议会议员于一身，以此作为对政治服务的回馈，但英格兰和威尔士的现代法官都十分非政治化。这与其他一些国家和地区的司法界不同。有四位法官以前当律师时在政党政治方面很活跃。伦敦有两位巡回法官担任过地方议员，其中一位属于保守党，另一位属于工党。尽管如此，他们两人对于弱势群体以及在住房保障状况和法律援助等问题上看法一致。两位来自北部的法官曾经竞选过议会议员，一位代表工党，另一位代表保守党。但是观察他们在法庭上的表现，以及他们就管理事项与公务员的交流，人们看不出他们两人之间有任何观念上的差异。……随着时间的推移，法官们已经远离政党标签，而他们的二十世纪前半期的前辈则并非如此。2005年时，在我看来法爵们似乎花费大力气让自己远离政党政治。前面讲过的他们几位在车里的谈话典型地表明了他们对美国同行及其提名过程中的那种明显的政党政治姿态感到厌恶和可笑。在2007年，宾厄姆法爵说：‘我们的工作和职责纯粹是司法性质，是努力找到正确的法律并将其准确适当地适用于事实。我们并不会用很多时间担心我们的判决是否会为公众所喜欢。’因此顶层的法官们认为自己严格疏远政治”[2]。

可以说，法官意识形态的产生不仅与法官的选任程序直接相关，也与该国整体的司法传统、司法体制密不可分，在很大程度上反映出国别性和地域性差异。一方面，作为最主要的两种选任法官的形式，选举制和任命制能够尽可能满足法治国家民选官员的认可度和信任感，无论是直接选举抑或是间接选举，总统任命还是议会任命，均能够以公开、透明的民主程序向公众展示司法官员的资质与水

---

〔1〕 英国最高法院是根据2005年《宪法改革法》确立的。与其前身即上议院上诉委员会一样，它是英格兰与威尔士、北爱尔兰和苏格兰的民事案件终审法院，并审理来自前三个法域的刑事上诉案件。

〔2〕［英］佩妮·达比希尔：《坐堂审案——英国法官的职业生活》，韩永强译，社会科学文献出版社2018年版，第177、500页。

平，促使后者培育起对于司法公正的尊崇和信赖，也有力证明了法官选任程序的正当性与合法性。另一方面，虽然政党政治是在具体的司法传统与司法体制中展开运作，也呈现出不同的发展轨迹和自身特点，然而受制于政党政治的负面影响，具有政党归属感或意识形态依附性的职业法官，也面临来自中立性、独立性等方面的谴责与非议。即便各个国家的不同政党对法官选任程序的影响程度并不相同，但是在欠缺完备有序的法官福利制度、监督制度等配套制度的情况下，法官更容易受到党派意志的实际影响，最终所作的司法裁决也会招致更多的质疑。“当英国政府在 2003 年宣布要成立最高法院后，他们（上议院法爵和最高法院大法官）的职业行为便受到了更集中的评论。如今，关于他们的学术研究和新闻材料以及司法演讲是如此之多，以至于难以及时完全掌握这些信息。具有反讽意味的是，公众总体上并不理解他们的工作，也说不出其中一位的名字。不过，2011 年的两部纪录片让为数不多的观众对他们了解多了一点。这些顶层的法官认为自己不讲政治。这在政党政治意义上的确如此，但在更广泛意义的政治上则并非如此，因为他们判决的许多案件都与人权有关。无论他们是否喜欢，都已经身不由己地被吞进这方面激烈的政治争议中了。”[1]

2. 域外司法人员的意识形态与司法效果

域外法官的意识形态具有不同的形成背景，受到各国政治因素的影响也并非全然相同。以美国为例，联邦法院体系尤其是联邦最高法院大法官们的意识形态对司法效果存在相应关系。法律现实主义针对保守主义和形式主义法理学的机械与僵化等弊端，而主张法律的渐变性与司法能动性，强调法律应当随着社会和经济的发展不断调整，以便促使其与现实情况相适应；同时指出，法官并不是如他们所宣称的或者人们所想象的那样在法律规则和概念中寻找依据，而是将司法裁决中引用的规则和概念作为论证资源来看待。在现实主义法学的推动下，经验性科学研究被突出强调并广泛运用到司法研究的各个方面，从而加深了

---

〔1〕［英］佩妮·达比希尔：《坐堂审案——英国法官的职业生活》，韩永强译，社会科学文献出版社 2018 年版，第 503 页。

人们对法院裁判过程的理解。“尽管人们希望法官们在进入法庭之前能够端正身份，恪守首席大法官罗伯茨倡导的裁判员角色，但法官们根本做不到这一点。如同陪审员一样，人们的个人背景和生活经验难免会影响他们的认知、情感、推理和判断。在宣誓就任时，罗伯茨宣誓要在任职时保持客观中立，但是实践中并不存在没有政见、没有偏好的法官。……尽管极少有法官会承认自己受到政治倾向的影响，但是，研究人员分析联邦法院的两万余份裁决后发现，法官在对待联邦机构的决定时存在着明显的党派偏见。民主党任命的法官倾向于推翻‘保守派’的判决，并维持‘自由派’的判决，而共和党任命的法官则恰恰相反。……其他研究也发现，法官的政治倾向与不同党派面临的司法待遇之间存在类似的关联，其中，民主党任命的法官更加偏向于少数族裔、工人、已判刑罪犯和未登记移民，而共和党任命的法官则更加偏向于大公司和政府。”〔1〕进一步的研究还表明，大法官们是根据其意识形态方面的态度和价值判断来审理最高法院的案件。通过对1937—1947年最高法院的意见分歧裁决开展的研究发现，罗斯福时代最高法院的政治和价值判断，以及大法官们会根据其自身偏好加以能动的选择的现象已经十分明显。以相关报纸社论中对民权和公民自由的态度问题为例。从沃伦法院被任命的法官在1953—1999年裁决的案例来看，自由派的裁决更容易支持犯罪嫌疑人和被告人，支持民权、穷人和印第安人，在除了征用案件以外的其他案件中，支持运用正当程序和隐私权来制约政府。〔2〕另有一项跨越1937—2009年的经验研究表明，在给定的11大类主题的案件中，每一种类型案件中由共和党总统提名的大法官投出的保守主义立场的票数比例要超过由民主党总统提名的大法官投出的保守主义立场的票数比例。就全部案件而言，只有在两大主题类型的案件（联邦制度案件和联邦税收案件）之中，共和党总统提名的大法官所投出的自由主义立场的票数要超过其投出的保守主义立场的票数；

〔1〕［美］亚当·本福拉多：《公正何以难行——阻碍正义的心理之源》，刘静坤译，中国民主法制出版社2019年版，第194页。

〔2〕参见［美］杰弗瑞·A. 西格尔、［美］哈罗德·J. 斯皮斯：《正义背后的意识形态——最高法院与态度模型》，刘哲玮译，北京大学出版社2012年版，第80、294页。

而只有在一个主题类型的案件(司法权力案件)之中,由民主党总统提名的大法官投出的保守主义立场的票数要超过其投出的自由主义立场的票数。不同党派总统所提名的大法官在表决时发生意识形态分歧最大的案件类型是工会案件、公民权利案件以及正当程序案件;分歧最小的案件类型是司法权力案件、联邦制度案件、隐私权案件以及联邦税收案件。而且,大法官们意识形态化的表决是在持续增加的。即便是以一致同意的方式作出裁决,有关正当程序案件、刑事程序案件、第一修正案案件以及隐私权案件也反映出浓厚的意识形态色彩。[1]

法官意识形态影响司法裁判的这种情况同样发生在联邦上诉巡回法院。无论在正式或者非正式的场合,法官通常都不会将判决结果和自己的意识形态偏好扯上关系,但他们还是会承认,在裁判过程中会有类似意识形态的因素在起作用。虽然法官不肯认同意识形态化裁判或者政治性裁判,他们常常也会作出让步,认为决定判决结果的并不一定总是法律规则,其他因素诸如意识形态等也会对其施加影响。关于巡回法院裁判之道的实证研究资料大量存在。一项针对哥伦比亚特区巡回上诉法院涉及环境法判决的研究,发现了意识形态对判决结果具有深远的影响。[2]另一项研究着眼于巡回法院对行政机构决定的审查,也剥离出意识形态对判决起到的一些重大作用。[3]还有的研究全面地考察了巡回法院的判决,同样在给定的法官意识形态和判决结果之间找到了关联。[4]这些研究虽然证实了法官意识形态与裁判结论之间存在必然联系,但仅就具体结论来说却存在很大的差异。从整体上讲,巡回法院的意识形态比例在整个 20 世纪发生了巨大变动。共和党人控制着 20 世纪早期的局面,直到 20 世纪中叶,与富兰克林·D. 罗斯福共同执事的法官们开创了民主党人势不可当的掌控场景。接下来

---

〔1〕 参见[美]李·爱泼斯坦、[美]威廉·M. 兰德斯、[美]理查德·A. 波斯纳:《法官如何行为:理性选择的理论和经验研究》,黄韬译,法律出版社 2017 年版,第 110～113、133 页。

〔2〕 See Richard L. Revesz, *Environmental Regulation, Ideology, and the D. C. Circuit*, 83 Virginia Law Review 1717 (1997).

〔3〕 See Frank B. Cross & Emerson H. Tiller, *Judicial Partisanship and Obedience to Legal Doctrine: Whistleblowing on the Federal Courts of Appeals*, 107 Yale Law Journal 2155 (1998).

〔4〕 See Frank B. Cross, *Decision making in the U.S. Circuit Courts of Appeals*, 91 California Law Review 1457 (2003).

的一段时期里，双方势均力敌，之后，共和党人再次以相当优势占据上风，这就是20世纪末的景象。对20世纪下半叶每个年代的司法裁判结果的平均意识形态的测量结果表明，20世纪90年代的法院显然是最为保守的。不过意识形态在不同年代的差别可能实际存在，原因可解释为巡回法院案件的意识形态比例在发生变化。这些结果似乎可以确证一个假设，即司法效果落后政治效果约10年的时间。[1]

呈递到法院的案件类型也可能会影响到意识形态在司法裁判中的作用，换句话说，意识形态对不同的案件类型也具有不同的意义。一般来说，在宪法性案件或者联邦制定法案件这些颇具政治色彩的案件中，更可能会出现意识形态化裁判的现象。"法庭之友"参与的案件代表了社会力量的重要性，因而也可能引发意识形态化裁判；集体诉讼亦具有相类似的重要性。由于刑事程序案件涉及备受争议的被告人权利问题，普遍会比民事程序争议中出现意识形态化裁判的可能性更大。不同州籍当事人之间诉讼的管辖权案件提呈法庭时，主要围绕的是各州法律问题，意识形态色彩相对淡些，出现意识形态化裁判的可能性也就相应偏小。上诉法院的案件类型包括8个种类，分别是刑事案件、公民权利案件、宪法第一修正案案件、正当程序案件、隐私权案件、劳动关系案件、经济活动及管制案件和不便分类的小案件。有研究就此指出，"案件类型不同，判决结果显示出的保守或者自由程度也不同。从平均结果看来，刑事案件表现出压倒性的保守倾向（控方优势），涉及宪法第一修正案、经济活动及管制的案件，或者有关劳动关系的案件则普遍地更为自由化。……不同案件类型中法官意识形态的相对显著性也大有差别，其中正当程序案件影响最大。八类案件中有五类案件，其法官意识形态与法官表决之间具有统计学上显著的关联性。而隐私权案件和第一修正案案件缺乏关联性，其原因可能在于，在对至少某些案件判决结果的意识形态进行量化的过程中存在设定偏差（尤其因为隐私权案件的关系显示为负值，意味着保守派法官赞同的观点被更多地标注成自由的了）。其他小案件囊括了

〔1〕 参见［美］弗兰克·克罗斯：《美国联邦上诉法院的裁判之道》，曹斐译，北京大学出版社2011年版，第24、33页。

那些关于法律技术方面问题的案件，它们与意识形态毫无干系”[1]。

由于上诉法院典型的审判组织形式是由三位法官共同审理，因此考量审判小组的裁判过程与意识形态之间的关系成为此类研究的另一项重要内容。相关研究表明，法官表决会被法官小组其他成员的意识形态所左右。既有共和党又有民主党组成的巡回法院法官小组作出的判决远比完全由单一党派的法官成员组成的小组来得公正。意识形态一致的法官小组（由同一政党阵营的总统任命的法官组成的小组）明显更为意识形态化，而不太可能会去维持意识形态相异的行政法律判决。相反，意识形态不一致的法官小组（由来自同一政党的两位法官和来自另一政党的一位法官组成）相对来说就不那么意识形态化，而更有可能维持意识形态相异的行政法律判决。[2]法官小组的组成情况对于法官表决结果具有重大影响。在某些情形下，小组成员同事们的意识形态偏好对该成员表决的作用与他（她）自己意识形态偏好的作用一样大。[3]因为在这时，他们每个人都会依托此前的政治倾向而非严格遵循法律规则的指示作出裁判；更有甚者，当法官小组并未形成一致意见时，不仅存在少数派说服多数派的情况，而且小组内成员为了转移错误裁判的风险，便会选择依循他们的党派偏好形成对案件的看法。

现任联邦最高法院首席大法官虽然表示“法官就像棒球裁判员。裁判员并不设定规则，仅仅适用规则”，“法官不是政治家”，然而，这些说法都不可信。真实情况或许是“一旦触及解释宪法条文含义这一最高法院核心工作，往往是意识形态，而非写作技巧，左右了案件的判决结果。著名的保守派法官、法学教授理查德·A. 波斯纳曾写道：‘我们很少有可能直接判定最高法院一个宪法性判决的是非对错，因为宪法性案件的判决只能依靠政治决断，至于政治决断孰对孰

[1] [美]弗兰克·克罗斯：《美国联邦上诉法院的裁判之道》，曹斐译，北京大学出版社2011年版，第29～30页。

[2] See Frank B. Cross & Emerson H. Tiller, *Judicial Partisanship and Obedience to Legal Doctrine: Whistleblowing on the Federal Courts of Appeals*, 107 Yale Law Journal 2155 (1998).

[3] See Richard L. Revesz, *Environmental Regulation, Ideology, and the D. C. Circuit*, 83 Virginia Law Review 1717 (1997).

错，根本与法律规定无关。'……在那种情况下，或者说在大多数情况下，对意识形态的考量往往战胜了对先例的尊重。当然，这类做法有可能夸大了宪法条文的解释弹性。在多数情况下，资深大法官们总是拘泥于条文字句本身的含义，或者着眼于历史或先例，大法官们解释的自由度虽大，却并非不受限制。尽管如此，在最高法院，一旦涉及敏感的政治议题，判决结果从来不取决于言词辩论的质量，而是大法官们的立场。导致他们立场对立的，是其不同的司法理念，在最高法院，意识形态的差异高于一切。未来的大法官当然也必须拥有足以符合其工作要求的丰厚资历，但左右最高法院乃至整个国家发展的，始终是他们秉持的意识形态"〔1〕。

3. 中国司法人员的意识形态与司法效果

与域外两党制国家不同，中国的政党制度对于司法人员意识形态及其裁判效果的影响具有特殊的表现形式。在中国，司法人员的政治立场与党派归属虽然不存在对立或冲突的情况，但司法人员仍负有在行使裁判权的过程中同时执行、落实执政党方针政策，并向诉讼当事人及社会公众传递和展示主流意识形态的政治任务。

首先，中国人民法院内部设置有党的领导机构。根据《中国共产党党组工作条例》的规定，党组是党在中央和地方国家机关、人民团体、经济组织、文化组织和其他非党组织的领导机关中设立的领导机构，在本单位发挥领导作用，是党对非党组织实施领导的重要组织形式。其职责是发挥把方向、管大局、保落实的领导作用，全面履行领导责任，加强对本单位业务工作和党的建设的领导，推动党的主张和重大决策转化为法律法规、政策政令和社会共识，确保党的理论和路线方针政策的贯彻落实。由此可见，人民法院党组便是党在审判机关内部设立的领导机构，也是在法院中发挥领导作用并对审判工作实施领导的重要组织形式。为了坚持和加强党对政法工作的绝对领导，做好新时代党的政治法律工作，法院党组在领导和组织开展法院工作中，其主要职责任务是充分发挥把方向、管

〔1〕［美］杰弗里·图宾：《九人：美国最高法院风云》，何帆译，译林出版社 2020 年版，第 442～443 页。

大局、保落实的领导作用，结合法院工作实际创造性贯彻落实党的路线方针政策和党中央重大决策部署，切实维护党对人民法院工作的绝对领导。为此，需做到对外强化党组在意识形态领域宣教和斗争的正面推动作用，对内强化党组对法院内部的政治教育引导作用[1]。详细地讲，一方面，尽管意识形态本身不具有真理性，但马克思主义意识形态、社会主义意识形态的真理性却得到越来越多的人的公认和实践的检验。随着党中央陆续出台《党委（党组）意识形态工作责任制实施办法》《党委（党组）网络意识形态工作责任制实施细则》等意识形态法规，不仅再次强调了要进一步加强和改进意识形态工作，落实党管意识形态原则，更从总体要求、责任要求、考核监督和责任追究四大方面明确了各级党委（党组）在意识形态工作方面的责任、意识形态阵地范围等，强调党委（党组）书记是第一责任人，各级党委（党组）应当把意识形态工作作为党的建设和政权建设的重要内容，并提出一些可量化的考核指标，明确要求各级党委（党组）组织部门应把意识形态工作情况纳入干部考核等，标志着意识形态工作责任制终于开始全面实施，推动着意识形态领域开始发生历史性巨变。随着越来越多地方、部门、单位开始越来越重视意识形态工作，并通过大力贯彻落实意识形态工作责任制等一系列有力举措真抓实干，新时代逐步形成了各级党委（党组）主要负责同志带头、党委重视、全党动手、各条战线各个部门一起努力、社会各界积极参与的全党动手、全民参与抓好意识形态工作的新格局。[2]另一方面，法院党组必须始终把严明政治纪律和政治规矩摆在突出位置，大力加强机关党的建设，确保党组织充分履行职能、发挥核心作用，为人民法院审判执行和改革发展提供坚强有力的政治保证。为此，最根本的要求是全面从严治党，最现实的要求是聚焦服务审判，最紧迫的要求是建强党务干部队伍。[3]据此可以说，充分发挥法院党组的政

---

〔1〕 张劲姿、姚强：《扩张与融合：新时代人民法院党组功能发挥的路径选择——以对习近平法治思想的学习思考为切入点》，载《上海法学研究》集刊（2021年第3卷，总第51卷），上海人民出版社2021年版。

〔2〕 参见朱继东：《努力构建全党动手、全民参与的意识形态工作新格局》，载《思想政治教育研究》2020年第3期。

〔3〕 参见中共最高人民法院机关委员会党支部：《对人民法院机关党建工作落实严明政治纪律和政治规矩的实践思考》，载《人民法院报》2018年2月7日，第5版。

治教育功能，通过培训、开会等多种形式对法官开展业务学习和政治学习方面的指导，借助集体学习、集中探讨的方式贯彻党的路线、政策与方针，明确、高效地传递党对于政治法律工作的指导思想和基本要求，同时提高法官对于政法工作的认识与理解，将成为未来法院政治建设的努力方向。

其次，法官的裁判结论具有潜在的政治倾向。这主要体现在以下两点：一是法官据以裁判的规范前提和说理依据与政治性要求密切相关。例如，2021 年 1 月，最高人民法院印发了《关于深入推进社会主义核心价值观融入裁判文书释法说理的指导意见》(法〔2021〕21 号)，明确了将社会主义核心价值观用于释法说理的具体要求。价值观不仅是一种生活哲学，也是政治意识形态的集中体现。其中不仅蕴含个人对于善良与邪恶、道德与非道德等的感知与体验，也包括党派或集团对于特定政治目标的认可与遵从。正如文件中所指出的，将社会主义核心价值观融入释法说理应当坚持“法治与德治相结合”，“以人民为中心”，以及“政治效果、法律效果和社会效果的有机统一”三项基本原则，最高人民法院公布的典型案例也从家庭美德、社会公德、公序良俗、友善互助、诚信经营、诚信诉讼、诚实守法、环境公益等不同角度体现和弘扬了社会主义核心价值观的价值目标、价值取向、价值准则。〔1〕从中不难看出政治哲学对于司法裁判的深刻影响：一方面，司法裁判的价值导向作用明显，公平、正义等一系列价值目标、取向和准则正在逐步得到实现，也可以在社会主义核心价值观的语境中缓解司法的刚性与严格。对于法官来讲，又获得了一种适用法律、阐述法理的论证方法，丰富了法官释法说理的解释思路。另一方面，司法裁判在解决纠纷之外也带来了溢出效应，即司法裁判的规则指示和行为期待逐渐受到国家治理的政治效果的间接牵引，司法裁判的实质效果远远超过适用法律解决矛盾的法律领域，而是作为一种相对独立的力量参与国家的法治建设。例如，在后疫情时期，积极恢复和重建社会经济的基本秩序，成为党在当前特殊阶段的中心任务。为此，最高人民法院积极出台了一系列文件，对疫情防控期间的司法工作进行有力指导。从文件内

〔1〕 参见《最高人民法院发布 10 起弘扬社会主义核心价值观典型案例》，载中华人民共和国最高人民法院 2016 年 3 月 10 日，http://www.court.gov.cn/zixun-xiangqing-17612.html。

容来看，既有针对特定案件如何处理提供业务指导，也包括对于国家整体发展规划提供服务和保障的司法意见。[1]仅就后者来说，司法机关的政治角色和意识形态倾向十分明显。这从印发的该类司法文件的背景信息中便可看出，如“贯彻落实（党和国家针对某一领域作出的规划或布局）”，“依法支持、服务和保障（党和国家的某一发展目标或改革举措）”等。这些司法文件虽然是以指导意见或通知的形式印发至各级人民法院，但对于法官在裁判倾向方面的影响却是不容忽视的。也正因如此，司法裁判的实质效果远远超过个案纠纷解决的微观范畴，而从宏观视角积极地参与了法治中国的整体建设。

二是法官衡量司法效果时更加侧重裁判的社会效果。一直以来，中国司法中强调“法律效果与社会效果相统一”。其中的社会效果是指裁判对于社会目的的考量，旨在实现社会价值、提高社会福利和公共福祉。法官在以往适用法律的过程中容易出现两种极端情况，一种是僵化刻板地理解适用法律，把法律视为一成不变的“铁律”或教条并认为能从中得出唯一答案；另一种是无视法律的基本原则与合理要求，在认识和理解法律条文时仅凭具体司法人员的喜好或特定需求。“两个效果统一”的提法则是对这两种错误适用法律的矫正与纠偏。近年来偏重强调社会效果，“一个很关键的原因是当今社会经济关系的高度复杂化和极强的变动性，特别是中国正处于经济高速增长、政府职能迅速转变和社会需要协调发展的特殊历史时期，城建拆迁、资源利用、环境污染、社会保障等领域的社会矛盾相对集中，社会价值和社会需求日益多元化和多样化，社会对法治的需求空前强烈，但整个社会的法治觉悟和法治供应还与法治需求不相适应。在这种特殊的矛盾和碰撞中，法院既要通过严格的法律适用厉行法治，又要在法律适用中反映时代的需求，适应社会条件的变化，甚至要与时俱进地发展法律。而

---

〔1〕 例如，最高人民法院《关于新冠肺炎疫情防控期间加强和规范在线诉讼工作的通知》（法〔2020〕49号）、最高人民法院《关于依法妥善审理涉新冠肺炎疫情民事案件若干问题的指导意见（三）》（法发〔2020〕20号）、《最高人民法院关于为长江三角洲区域一体化发展提供司法服务和保障的意见》（法发〔2020〕22号）、最高人民法院、国家发展和改革委员会《关于为新时代加快完善社会主义市场经济体制提供司法服务和保障的意见》（法发〔2020〕25号）、最高人民法院《关于人民法院服务保障进一步扩大对外开放的指导意见》（法发〔2020〕37号）、最高人民法院《关于支持和保障深圳建设中国特色社会主义先行示范区的意见》（法发〔2020〕39号）。

且，在多样化和多元化的社会背景下，法律适用不再是田园诗般的静态的逻辑推演，而必须加入多样化的社会价值的考量。于是，将法律效果与社会效果有机结合起来，强调法律适用中的社会价值考量，就成为中国当代司法的应有之义和显著标志”[1]。然而，在将社会效果作为裁判的评价尺度时，不可避免地为政策因素进入司法裁判预留了制度通道。例如，在裁判文书释法说理过程中，可以援用司法政策作为非正式法律渊源，从而证成并强化法官对于社会效果的专业判断。这不仅体现在上文提及的对于一定时期或阶段国家战略与政党目标的贯彻落实，也表现在法官所选择的社会学解释方法。经由法律解释方法的转化，法官能够更加容易地化解文义漏洞和体系缺失的弊端，得出符合社会利益的裁判结论。而实际上，“‘社会效果’是最高人民法院在20世纪80年代初司法职能转型时期提出的概念，其含义随公共政策的变化而变化。最高人民法院创造这一弹性概念，旨在构建公共政策的司法转介机制，借此将党和国家的公共政策输送到司法审判过程”[2]。可以说，社会效果不仅被作为一种司法目标，也成为检验司法“政治向心力”的一面镜子。

五、司法行为与国家政策的互动关系

1. 司法行为中国家政策的定位

理想条件下的司法行为模式大致可以描述为一位独立的法官，通过适用先前存在的法律规则，在历经对抗性质的诉讼程序之后作出具有强制效力的司法决定。然而，现实却是在许多情况中法院的司法裁判并不是纯粹的法律规则演绎的产物，而且法律对现实生活变动不居的各类关系也不可能作出毫无遗漏的规定，更不可能事先提供所有待决问题的标准答案。裁判不可避免地需要借助其他资源甚至附带地创制出新的规则。[3]尽管许多国家的宪法和法律都规定法

〔1〕 孔祥俊：《法官如何裁判》，中国法制出版社2017年版，第154～155页。

〔2〕 宋亚辉：《追求裁判的社会效果：1983—2012》，载《法学研究》2017年第5期。

〔3〕 一个法院“确定被提交到它面前的纠纷中所涉及的事实，将这些事实和相关的法律联系起来，根据法律来化解纠纷，并且通过裁判的过程或多或少地附带地创造了新的法律”。参见[美]亨利·J. 亚伯拉罕：《司法的过程》，泮伟江等译，北京大学出版社2009年版，第2页。

官只服从于法律，但这种规定最多可视为彰显司法独立的标签或者作为依法裁判的法治宣言，而不能说明法官的裁判行为仅仅是法律的产物。即便是在西方国家，“人们始终不懈地追求完美的、非政治的、超然中立的法律和判决的圣杯，常说一个以政治为取向的法律系统意味着司法正当性的终结……人们认为大法官及整个法律程序的公平要求无偏见的、自由的、对那些镌刻于精神石碑的规则的追求，规则的变动应当由立法机构作出，绝不能由司法人员改动，所有关于司法行为的批评和赞扬都是以由此信念延伸而来的词句表达的”〔1〕。

但在实现分权制衡的国家里，前述这种局面也并非全然是现实图景。法院裁判的影响因素是多元化的，许多非正式的法律渊源同样在其中发挥了积极作用：一方面，它们可以作为正式渊源的解释工具，在正式渊源具有不确定性或者模糊时，能够借助非正式渊源澄清正式渊源的含义；另一方面，也可以弥补正式渊源的空缺，在缺乏正式渊源时便可以由非正式渊源来替代。详细地讲，面对实在法制度的不完整以及法律规范含义的不精确现象，有些理念、原则和标准同正式的法律渊源相比可能更加不明确，但不管怎样还是给法院裁判提供了某种程度的规范性指导，也部分地克服了实在法体系固有的弱点和缺陷。“如果没有法律非正式渊源的理论，那么在确定的实在法规定的范围以外，除了法官个人的独断专行，就什么也不存在了。如果在正式法律不能给法官提供指导的情形下，法官可以根据他自己认为是可欲的考虑去制定法律，那么正如奥斯丁所说，法院判决就会常常取决于法官在政治上的保守倾向，或自由倾向，抑或激进倾向；取决于他在立法方面是信仰传统还是信仰改革；取决于他是资方的朋友还是劳方的朋友；取决于他是倾向于强政府还是弱政府；亦取决于他所具有的主观信念。这显然是一种不可容忍的状况，因为这种状况会削弱法律权威性所依凭的基础，并会在一段时间以后导致司法危机。”〔2〕此外，非正式渊源对于法律适用还具有特殊的意义。“坚定的实证主义者不是倾向于认为非正式渊源与法律过

〔1〕［美］H.W.佩里：《择案而审》，傅郁林等译，中国政法大学出版社2010年版，“译者序”第3页。

〔2〕［美］E.博登海默：《法理学：法律哲学与法律方法》，邓正来译，中国政法大学出版社2004年版，第461～462页。

程无关而对之不予考虑，就是倾向于把它们置身于司法框架中极为次要的位置。我们在某种意义上同意上述第二种看法，即当一种正式的权威性的法律渊源就某个法律问题提供了一个明确的答案时，那么在绝大多数情形下，就不需要亦不应当再诉诸法律的非正式渊源。在极为罕见和极端的情形中，亦即在适用某种法律正式渊源会与正义及公平的基本要求、强制性要求和占支配地位的要求发生冲突的情形中，当然也有必要允许例外。当一项正式法律文献表现出可能会产生两种解释的模棱两可性和不确定性的时候，就应当诉诸非正式渊源，以求获得一种最有利于实现理性与正义的解决方法。另外，当正式渊源完全不能为案件的解决提供审判规则时，依赖非正式渊源也就理所当然地成为一种强制性途径。"〔1〕

作为非正式法律渊源当中的重要类型，国家政策通常是塑造裁判的必然因素。司法裁判体现的是适用法律的技术性操作，政策则是政治作用于裁判的具体导向。当然，司法的法律要素和政策要素在各个裁判和不同层级的裁判中的相对重要性和具体体现并不相同，对于不同的裁判角色也有不同的意义。一般来讲，法院的层级越高，裁判中的政策考量就会越重要，裁判中的法律适用也就越具有灵活性和创造性；相反，法院的层级越低，固守法律规则的色彩就越明显，法律适用的灵活性也就越小。正是存有这样的角色定位，疑难或新型案件往往具有更多的政策成分，更适合由层级较高的法院裁判。尽管在具体的程度和形式上有所差别，但政策影响裁判却是各国司法的共同现象。"政策源于法律，因而无论在此时还是彼时，所有法院都能够塑造政策。尽管可以想象初审法院能够塑造政策，如不遵循先例而又未被推翻，但这是例外而不是常规。初审法院基本上是现行规则的执行者。尽管它们的判决可能反映某些细小的地方差异，但它们的政策塑造角色确实是微不足道的。"〔2〕"由于初审法院不休止地处

〔1〕［美］E. 博登海默：《法理学：法律哲学与法律方法》，邓正来译，中国政法大学出版社 2004 年版，第 430 页。

〔2〕 Hogan. Sean O., *The Judicial Branch of State Government*: *People, Process, and Politics*, ABC-CLIO, 2006, p.198.

于债权人、债务人、业主、承租人、家庭、警察和罪犯所形成的社会生活激流的包围之中，因此把审判本身理解为不同社会现实之间的对抗，似乎是特别恰当的。在这样的背景下，法律意识形态努力把它的统治权威强加于所有来自法庭外部社会的各种社会关系、请求和愿望上。而高级法院与日常生活的关系则比较疏远——它们审理的通常是在制度上、政治上有重要意义的案件，相形之下，诉讼当事人的个人问题则显得微不足道；或者是应由拥有绝对权威的法律专家审理的疑难案件——因而更容易使人认为这些法院是独立的裁决机构。其法律决定是在裁决过程中由法官个人或集体评定的，然后向外部社会公布，供低级法院、执法官员和全体公民学习和研究。"〔1〕

即便是在同一个法院内部，在传统的法院审判层级中，不同层级的法官也有不同的关注点和审判素质要求。一般的法官普遍考虑的是法律规范的具体适用和法律的逻辑演绎，考虑法律在技术层面的操作；审判庭庭长在把握法律规则的基础上，可以更多地考量司法政策的体现、引导和运用，注重裁判的政策导向性；法院院长在把握法律规则和司法政策的基础上，更多的是作政治考量，善于把握政治形势、政治目标、政治需求和政治价值。美国最高法院首席大法官乃至大法官的提名和任命，首先考察的是政治态度和价值观。根据职责特色和侧重点的不同，一般法官更多的是讲法律，审判庭庭长更多的是讲政策，法院院长更多的是讲政治，特别是在最高层级的法院，这种审判角色的差异能够体现得淋漓尽致。不过，这些层次是一种递进的关系，后一层次都是建立在前一层次的基础上的，而不是相互独立或割裂开的。这种角色上的划分或许更多地反映了现状，体现的是一种立体性的划分。即便在普通法官身上，这些职责也应该是重合的而非分割的，亦即需要根据个案的情况，决定法律和政策的具体应用。特别是，当法官的独立性越强、法官所处的法院层级越高时，对于这些裁判要素综合运用的素质和能力的要求也越高。否则，如果仅仅只是抓住一点不及其余，这样的法官就难以获得信赖也无法承担裁判的重任。

---

〔1〕［美］罗杰·科特威尔:《法律社会学导论》，潘大松等译，华夏出版社 1989 年版，第 257 页。

司法裁判中讲究政策具有独特的方式、品格与艺术。对于具有高度政策性、不适宜或者难以作法律上判断的问题或纠纷，司法通常不宜介入；裁判对于政策的反映常常不是直观的，而是需要通过法律思维和法律方法予以体现和反映，政策的价值观和取向通常也都是内化为法律适用因素的方式作用于裁判的。现实中的裁判无疑是将法律和政策相互结合的。在一般的裁判中，法官更多地是适用法律，但政策因素或多或少地以间接、隐晦的方式引导法官裁判的过程或结果。法律与政策是既相互独立，又相辅相成而难以分割的关系；政策因素既是处于法律之外推动、引导和牵引法律的力量，又要渗透进法律语境中以司法的逻辑和规律发挥作用。考虑政策因素应当是在遵循法律的基础上对于法律适用境界的提升，体现了法律适用的高度而不是对于法律的漠视或否定。换言之，法院通过对法律原则的理解、解释和阐述，在功能意义上为意识形态的维护、发展和传播，以及促进作为社会秩序基础的信念和观念结构的扩张作出了贡献。裁判中的法律适用应当坚持以政策为指导，但政策最终必须是以法律为依托，以法律逻辑和司法规律的面貌出现并发挥作用。

2. 司法行为遵循国家政策导引的原则

法律之中蕴含着政策，司法需要发掘和实现其中的内涵。动态的司法有时还需要开放性地发现和植入政策。可以说，政策对于司法既具有宏观意义又具有微观操作意义，在不同的层面上都可能发挥重要作用。与此同时，政策因素必须依赖具体的法律方法才能有效发挥实际作用。在将政策付诸于司法实践时必须根据审判的时代方位和案件的具体情况，通过足够的机智与洞察，灵活地运用各种法律方法，实现法律规则与国家政策的良性互动。“当法官奉命去确定在多大程度上延伸或者限制现行规则，他们必须根据社会利益（social welfare）确定路径、方向和远近。社会利益是一个模糊词。它可以指通常所说的公共政策、集体利益。在这样的案件中，社会利益的要求往往就是出于单纯的便利或审慎的要求。另外，该词可以指遵守正当行为标准带来的社会效益——表现为大众的风尚（mores）。在此类案件中，其要求是出于宗教、伦理、社会正义感的要求，无论是表述在信条、体系还是根植于普通人的心中。”[1]这种社会利益和社会政策是法官造法的重要依据。以美国法为例。美国法中的公共政策的含义并非连贯一致的，在有些判例中，它等同于州政府官员所遵循的行政或管理条例，而在另外的案件中，公共政策则类似于一种从文化价值模式衍生出来的观念或看法。这些判例涉及的公共政策都是尚未被整合进制定法和成文法之中的政府政策和惯例，而法院对于“公共政策”的理解和界定是具体的、特定的和灵活的。在一些法理学家看来，所谓公共政策主要包括某些政策或者社会紧急措施的准则，而且它与法定政策或者法律政策并不相同。例如，在冲突法领域，如果适用某一外国法违反法院地法的重大公共政策，该法院就不予适用。这种发布于宪法规定、法规或者先例中的重要规范性声明，反映的是社会对于何谓社会之善的普遍性观点，被称为法律政策。[2]公共政策还体现为维护特定的公共价值观。当实在法模棱两可或者未作规定时，公共政策可以作为法官适用的非正式渊源，但若公共政策与基本的正义标准相冲突，法院就不予适用。这是因为“正义是法律观念本身的基本成分，而由某一政府机构提出的公共政策不能与其相提并论。尽管为了实现法律安全这个重要价值，法官必须在正义与实在法规范之间作出许多折中和调和，但当我们面对的是一种法律非正式渊源——这种非正式渊源就像公共政策、行政政策以及惯例一样在法律渊源等级中只居次要地位的时候，折中和调和亦就无甚必要了”[3]。

首先，政策具有导引作用。政策是司法中的重要元素，无论是行使裁量权还是司法造法都离不开对于政策的考量。“在造法过程中，法官常常制定公共政策，这同样是在所难免的。那些将制定政策谴责为偏离司法解释功能正轨的法律理论家，也无法无视这种现实。在某种程度上，法官总是要制定政策。例如，当关注其判决的社会效果时，他们就制定政策。判决要实现的社会需求的结果，

---

〔1〕［美］A.L. 考夫曼：《卡多佐》，张守东译，法律出版社 2001 年版，第 216～217 页。

〔2〕参见［美］E. 博登海默：《法理学：法律哲学与法律方法》，邓正来译，中国政法大学出版社 2004 年版，第 487～488 页。

〔3〕［美］E. 博登海默：《法理学：法律哲学与法律方法》，邓正来译，中国政法大学出版社 2004 年版，第 489 页。

或者判决将会带来的不利于社会的结果，都会影响法官。他们有意或者无意地寻求社会认可的规范，运用社会政策丰富其思考。不可否认的是，诉诸政策的考量常常都是潜伏的。这些考量或许不得不适合形式主义的构造。法官将尽力表明，其新政策总算是现行法律的产物，或者现行法律隐含的，而不是以其追求社会所需求的结果为由支持其政策。'经验''理性''不言自明'之类的术语，通常都是掩盖或者揭示所进行的政策考量。许多法官当然承认司法判决中的政策考量。"〔1〕"法律在特定案件中总是不清楚的，所以在裁判案件时需要对法律规则予以发展和引申，现在大多数学者似乎都认为法官在判决中实际上采用了政策考量。"〔2〕当然，"法官们或许不愿意讨论政策问题。因为一旦离开纯粹逻辑演绎的路径，法官们就失去了把法律推理当作数学确定性的幻想"；政策问题"不能通过一般性问题来回答"，但可以通过"这么做的价值或者它所得到的和它遭受的损失进行比较"来回答；"社会竞争中生活利益的经验教会了我们树立比较利害得失的价值观念"〔3〕。政策往往是法律与政治之间的中间环节，它贯彻政治意图和追求政治目标，是政治的具体化。然而，政策又不能漠视法律，而是能够在政治和法律之间架设桥梁，引导法律适用的方向。政策在司法中的直接体现就是司法政策。一般而言，司法政策就是特定时期国家的宏观政策、内政外交形势和社会经济文化发展需求在司法中的凝聚和体现，是政治与法律交互作用的产物，也是一定时期司法的行为准则和宏观导向，集中体现了司法的特定理念与态度，反映了该时期的司法精神和走向。司法政策的重要性特别体现在它与法律标准（规则）的关系方面。司法政策源于法律标准并依托于法律标准，通过法律标准而获得具体化并得以实施。同时，司法政策又高于法律标准，是法律标准的总结和提升，能够指导法律标准的实施，确保法律适用的正确方向。法律标准具

---

〔1〕 E.W. Thomas, *The Judicial Process—Realism, Pragmatism, Practical Reasoning and Principles*, Cambridge University Press, 2005, p.4-6.

〔2〕 ［英］P.S. 阿蒂亚：《英国法中的实用主义与理论》，刘承韪、刘毅译，清华大学出版社 2008 年版，第 129～130 页。

〔3〕 ［美］斯蒂文·J. 伯顿主编：《法律的道路及其影响——小奥利弗·温德尔·霍姆斯的遗产》，张芝梅、陈绪刚译，北京大学出版社 2005 年版，第 186 页。

有具体性、微观性、技巧性，而司法政策具有抽象性、概括性、宏观性。科学的司法政策有助于保障法律规则得到融会贯通地适用从而取得良好的裁判效果。

其次，政策的一般性命题不决定司法个案。司法政策体现的是司法问题的一般情况或者一般趋势，它的具体应用必须与个案相结合，必须适合个案的特殊性。在司法政策的具体应用中需要妥善处理普遍性与特殊性、一般和个别的关系。一般与个别既有区别又有联系：个别必须体现和反映为一般的普遍性，而一般也需要适合与呼应个别的特殊要求。一般并非源自对个别的简单归纳或直观反映，而是对于个别的提升与深化；一般虽然可以指导个别、引领个别的方向，但对于个别的适用必须符合具体情况，在适用于个别情况时不能生吞活剥或简单套用。这种一般与个别相结合的原理与方法具有普遍适用性。司法政策对于法律规则的依赖性，决定了其作用方式的特殊性。通常来讲，一般政策命题不能决定个案裁判。也就是说，司法判决更多地取决于判断力和敏锐的直觉而不是清晰的大前提。高层次的范畴、概念和一般原则并不能直接决定个案结果，而是为具体法律问题从已经发现的客观事实中推演出来提供大前提。一般性原理或命题虽然可以为法官在个案裁判中提供理论预设和指导原则，然而，规则的选取只是“可能性”和“或然性”地受制于一般性原理或命题，这种关联并不是“决定性”和“必然性”的。一般性的法律原则有着广泛的适用范围，具体的解释只能通过考虑个别案件的特殊要素而为其提供一个司法决定。司法政策是一种宏观指导和政治引领，无法简单地成为决定个案是非的评判标准，也不能简单地决定个案的违法与否。尽管“法无明文规定即可为”“宽严相济”等均是一种政策性极强的原则或者一般性原理，但运用到具体案件之中需要填充必要的价值并以规则为沟通桥梁。如若简单地据此认定特定行为的合法性并使其成为裁判规则，也就混淆了原则、政策与规则和标准之间的界限。

3. 司法行为协调不同政策目标的方式

在司法中，无论是事实认定还是法律适用都可能涉及不同政策目标的冲突和协调问题，尤其是在涉及公法和私法的不同政策目标的处理时，需要进行政策目标上的选择，进而决定采取什么样的处理方式。从总体上讲，司法行为应尽量使不同的政策目标协调一致而不是相互抵触或排斥。例如，涉及事实认定的不同政策目标通常并不涉及政策目标上的分歧。特别是在客观事实已经查清的情况下，一般不会因为刻意追求哪一种政策目标而无视案件事实，也不会因为追求某种政策目标而刻意作出与客观事实不同的认定。但在特殊情况下，不排除在事实认定中体现政策目标。因为事实也是按照法律规则认定的，此类法律规则也可能出于某种特殊的政策考量而刻意体现政策导向。例如，非法证据排除规则，对于严重侵犯权利或者违反程序获取的非法证据，为保护公民的重要权利而忽视那些虽然已经查清但严重违法的证据。在客观事实不能查清而需要按照证据规则认定的情况下，有时更需要按照政策导向认定客观事实。鉴于此，根据是否涉及价值判断或者政策取向，我们可以将案件事实区分为价值中立性案件事实和价值性案件事实。前者只涉及客观的事实认定问题，以及在客观事实不能查清时按照尽可能接近客观事实的证据规则进行的事实认定；后者则是以政策目标或者价值取向决定事实的认定。在司法实践中，两类事实对于处理政策分歧的做法是不同的。

对于涉及法律定性的不同政策目标来说，应使其内部协调一致而不是相互抵触和矛盾。“如果法律是一套规范或规范的集合，那它是一种规范性体系吗？为了至少在最小范围内达到这一目标，法律规范集合内的某种统一性即融贯性是一项根本要求。一个规范试图达到的目标不应该为另一规范所破坏。如果基于某一法律规范的某种行为同时被其他规范禁止，那么鼓励这种行为也没有意义。基于此，法律有必要成为一种规范性体系，而非仅仅是规范的一种无序集合。”[1]当然，法律的体系解释可能与这些冲突的具体解决有关，但政策目标的协调还应是更为宏观的问题，应该从裁判标准的统一、法律秩序的安定性和可预期性以及政策价值的可通约性方面加以审视。

与公法相比，私法规范中承载更多的政策功能是法律规范发展的重要趋势。不仅美国的私法具有明显的、公认的政策性功能，而且欧洲各个国家的私法体系

---

〔1〕［比］马克·范·胡克：《法律的沟通之维》，孙国东译，法律出版社2008年版，第29页。

也具有发挥政策性功能的显著趋向。从法律史角度上看，大陆法系国家的形式化、教义化和实证主义的法律传统表明私法具有中立性和自治性，不受公法的影响和干涉，违背公法并不产生民事行为无效等私法效果。这与当时的公法不发达、实行自由放任市场经济政策等社会背景密切相关。但是，随着经济社会关系的复杂化和国家干预的逐步增多，公法和私法的关系也在慢慢发生变化，两者在政策目标上的一致性逐渐受到关注，欧洲大陆法系国家的法律规范更多地向实用主义转向，私法中的政策因素也随之多了起来。“较之于欧洲内国法律文化的传统方法，正在形成中的新的欧洲私法和新的欧洲法律文化明确无疑地呈现出更少形式主义的样态。参与欧洲私法进程的人士似乎对于抽象规则和法律概念具有的力量持一种更为中性的信念。此外，他们似乎更少地关注于体系问题。他们采用的法律方法整体上呈现更少的教义性和演绎性。私法更多地被视为实现政治、经济、社会、文化及其他目的的工具。功能性方法获得了普遍的采用。从更为一般性的意义上而言，他们采用的方法是一种实用主义的法律方法：更多地关注于法律规则的结果和司法判决。相应地，对于某个既定法律体系（所可提供）的正确答案、所具有的内在一致性（立法就意味着作出选择，法律即为政治）以及本身存在的必要性与合理性表现出更少程度的笃信，而更多地将其视为某种具有或然性与不确定性的东西。（外在）视角往往更具有决定性意义。”〔1〕在私法具有更多的工具性目标的情况下，协调公私法在政策目标上的差异成为司法行为的努力方向。

进一步来讲，协调不同政策目标的司法行为是一种非常规的做法，毕竟，对理性和秩序的承认与遵守要求法官们仍然需要服从法律逻辑的指引，并从法律规范的文义出发作出推理，仅仅当依靠逻辑方法不足以完全地、恰当地实现正义，或者不能确保特定情况下裁判结论的妥当性时，政策方法才有其必要的适用空间。换句话讲，裁判中的法律是“行动中的法律”和“活的法律”，而不是机械的、凝固的或者僵死的法律。理解和运用这种非常规的政策方法的关键在于，识

〔1〕［荷］马丁·W. 海塞林克：《新的欧洲法律文化》，魏磊杰译注，中国法制出版社2010年版，第208页。

别法律或者司法所追求的政治、经济、社会或者道德的价值与目标取向。它通常不是裁判的直接的、外化的依据，但可以决定裁判所依据的规则的形成、解释和选择。它可以将特定的规则作为依托，但规则往往成为实现政策目标的工具。例如，以裁判的社会效果为评判依据的做法，就是典型的为追求政策目的而筛选规则的方法，规则成为结果的“附庸”而不是其主宰，忽略条文中的细节反倒是以公平的方法校正法条规定的缺陷或者不足的方法。历史经验、现实需求再加上公平的裁断方法，都是在公平与秩序之间进行适当调和的方法，同时更多地体现出维护既存秩序的价值取向。简言之，强调原则和规则的基本的、固有的和自主的价值，强调原则和规则的主导地位，不能轻易地因为政策取向而改变原则和规则。只是在例外情况下，为防止原则和规则的僵化和机械，防止简单地适用原则和规则产生出违背公平正义需求的结果，才允许搁置或者超越原则和规则而通过政策形成新的规范标准。

4. 司法行为实现不同政策目标的途径

司法行为协调政策目标的冲突反映了裁判中逻辑标准和政策标准之间的差异。通常意义上的法律和法理，更多侧重于静态的和严谨的逻辑意义，而不会过多考虑涉及或者决定其适用效果的政策因素。按照法律明文规定、常规的法律解释或者公认的法理，按照前后相继的严格的法律推理过程，来决定特定案件的裁判结果。这就是所谓的“逻辑标准”。然而，现实生活中的法律或者法官实际运用的法律，除遵守逻辑之外，还具有很强的政策性考量。看似合乎形式逻辑的背后其实存在相互竞争的价值判断或利益选择，法律适用往往受制于各种主客观条件的限制而难以作出完全符合法律理性的准确表达。如果此时仍坚守常态化的司法适用手段则会严重脱离实际，出现极其不公的现象。由此，政治性考量、政策方法与标准的选取和调用也就应运而生了。也就是说，出于解决实际问题的需要或者为了追求更好的裁判效果，实践中的法律适用便具有很大的灵活性，存在较多的政治考量，从而使貌似“只有一个答案”的法律成为“活的法律”和“行动中的法律”。

一方面，逻辑和政策是两种不同的裁判路径，法官在裁判案件时既要以严谨的法律为依归，在必要时又要以灵活的政策为调剂。“没有一个良好的社会是能够不讲原则的，也没有一个富有生机的社会是完全被原则支配的。在绝大多数情况下，需要同时考虑两个要求：指导性原则与权宜的妥协。”〔1〕法律的生命之源在于“对共同体来说什么是有利的；感觉到的时代需求以及对于什么能够最好地服务于公共利益的直觉；甚至法官和他同事所共有的偏见。所有这些在确定统治社会的法律规则方面起到的作用都要大于逻辑”〔2〕。尽管描述的术语存有差异，但从整体上讲，逻辑和政策代表了裁判的两种基本路径。“逻辑方法和政策方法表达了英美法上实际的和在是否允许上可争议的司法功能。法官可以且经常采用这两种方法。该种司法探究深深根植于西方文明之中。尽管有人指责政策方法不适宜，但政策方法的正当性最终取决于其对司法的重要性。历史地看，政策方法被认为是我们法律制度的必要组成部分，该制度旨在实现公正。司法中政策方法的正当性似乎争议不大，但具有较大争议的是，如何将法律与政策进行恰当地混合才能在特定案件中实现公正：太多的政策会扼杀法律，太多的法律会扼杀公正。”〔3〕

另一方面，逻辑标准和政策标准各有其相应的价值和功能，两种标准的地位和价值也存有不同：逻辑标准是以法律为前提和目标，裁判结论是对法律的严格适用，是从法律演绎出来的；政策标准则是把法律当作实现政策的工具，法律不再是演绎的实质性依循和出发点。逻辑标准是法律秩序的基础，体现的是法律的确定性、可预见性、有序性和一致性，也是大多数案件中普遍采用的标准。一旦离开了纯粹逻辑演绎的路径，法官们就失去了把法律推理当作数学确定性的幻想。通过把特定的规则运用到已经发生的确定事实中并进行简单的演绎推理即可得出毋庸置疑的裁判结论。明确的法律标准和严格的司法逻辑过程是维护

〔1〕［美］亚历山大·M. 比克尔：《最小危险部门——政治法庭上的最高法院》，姚中秋译，北京大学出版社2007年版，第66～67页。

〔2〕［美］伯纳德·施瓦茨：《美国最高法院史》，毕洪海等译，中国政法大学出版社2005年版，第208～209页。

〔3〕Roy L. Brooks, *Structure of Judicial Decision Making from Legal Formation to Critical Theory* (*2nd ed*), Carolina Academia Press, 2005, p.3-4.

法律秩序的必要保障。与此不同，政策标准更多的是对于逻辑标准的弥补和辅助，是在特殊情况下对于更大正义的追求。对确定性的过分强调可能导致我们崇拜一种无法容忍的刻板教条，而此时依靠政策方法的灵活性却可以避免法律僵化与停滞带来的实质不公现象的发生。政策标准既可以是在法律和法理大框架之内的取向和调试，又可能超越了既定的法律和法理框架，而仅仅以法律和法理为外衣。政策标准往往是走向逻辑标准的过程和阶段，而逻辑标准又为政策标准提供了衡量尺度和前进方向。政策标准的存在，既使法官能够清醒地认识到法律标准的复杂性、阶段性和适应性，又使法官能够克服逻辑标准的机械僵化和脱离实际，增强逻辑标准的适用效果。总而言之，逻辑标准不能简单地替代政策标准，政策标准也不能罔顾逻辑标准的约束，只有将逻辑标准与政策标准进行适当的调适和妥协，才能实现两种标准在实践层面上的辩证统一，得出特定时期和特定情况下解决特定问题的最优答案，实现较好的法律效果和社会效果。

需要特别指出的是，政策标准的弥补与协调功能需要借助一些渠道和桥梁才能发挥作用，法官在进行政策性考量时一般会基于衡平、权宜、效果、导向、历史等因素予以阐述，因此也就形成了不同的政策模式，例如，有些是制定政策（政策制定模式），有些是发现政策（政策发现模式），有些是维护政策（政策维护模式）。这些模式都根植于西方文明中衡平的传统运用：政策制定和政策发现根植于校正性衡平；政策维护根植于解释性衡平。政策制定和政策维护是在法律之外寻求政策，而政策发现则是在法律之中发现政策。[1]详细地讲，第一，基于衡平或者正义的政策考量。衡平有时被西方学者视为政策的前身。“在西方法律传统中，一个广泛而丰富的研究领域是法律与衡平的关系。后者则是政策的历史前身。”[2]公平正义是法律和司法的运作逻辑和根本追求。如果严格的法律推理和法律适用会导致明显的不公平，或者不能从根本上实现正义，就可以借助公平的方式改变常规的法律适用路线，采用更符合公平正义要求的裁判选项。第

〔1〕 参见孔祥俊：《法官如何裁判》，中国法制出版社2017年版，第15页。

〔2〕 Roy L. Brooks, *Structure of Judicial Decision Making from Legal Formation to Critical Theory* (*2nd ed.*), Carolina Academia Press, 2005, p.4.

二，在特殊条件下，法律的适用具有权宜性，即为了适应特殊的需要或者实现特殊的目的，在特定的时期或者条件下变通常规的法律适用。这种权宜往往是为了追求更好的司法效果。普通法的法官首先确定裁判结果，然后寻找裁判结果的合理解释。当然，这并非意味着裁判结果是被随意猜测或臆想出来的，而仅仅是表明，这种情况下的裁判结果并不直接取决于后来提出的正式法律原则，而是由其他具有约束力的法律渊源决定的。因此，政策作为其中一种类型，借助特殊经验或个别情况调和了法律逻辑的局限。第三，对不同导向的政策进行考量。国家政策是裁判中的重要考量因素，而在裁判中引入国家政策的考量本身，又使国家政策具体化为司法政策，形成了裁判的政策导向性。从更为根本的意义上讲，在法无明文规定的情况下，根据利益衡量或者价值判断确定行为的合法性，也就是直观地说，根据利弊比较进行合法性判断，本身就是一种政策方法。政策问题"不能通过一般性来回答"，但可以通过"这么做的价值或者它所得到的和它所遭受的损失进行比较"来回答。社会领域竞争中生活利益的经验教会了我们树立比较利害得失的价值观念。[1]第四，基于历史、现状和公平而进行的考量。对于一些具有复杂历史因素的疑难案件，脱离历史就不能公平合理地裁判，法官通常也是根据历史和现状而进行公平合理的裁量。

这些政策方法都源于裁判实践的客观需求和现实效果，是特定时空条件下的生动实践，而不是法律适用中的随心所欲或率性而为，因此也是判断政策方法适当性的根本标准。无论是基于哪种政策因素进行裁量，都是以在特定时空条件下实现较好的法律适用效果为直接目标，也都非常注重当时的法律适用效果，因而必然带有明显的实用主义色彩。前文所列举的政策方法虽然并未穷尽，而且这些情形之间可能互有交叉也各有侧重，但可以展现政策考量的多个角度和层次，都是根据裁判实践和司法适用的应用情况作出的抽象归纳，其最终目的是在特殊背景下追求更大的公平。模式化的理论提炼是对实践做法的反思与精进，同时，也具有更为广泛的指导意义。无论具体情况如何，法律的灵活适用和

〔1〕 参见［美］小奥利弗·温德尔·霍姆斯：《普通法》，冉昊等译，中国政法大学出版社 2006 年版，第 185～186 页。

对于政策方法的选择性采用，归根结底都是为了更好地解决实际问题。毕竟，法律是由一些能干而有经验的人掌管着，这些人清楚地知道：不应为了三段论而牺牲解决实际问题的智慧；也不应因为法理逻辑的拘束或者为追求法理逻辑上的严谨而失去发挥实际效用、解决实际问题的智慧，进而束缚法官有效解决实际问题的手脚。这不仅是司法行为应对政策性方法的基本态度，也是政策性方法存在正当合理性的根本依据。

第二章　司法与政治关系的历史考察

一、司法现象的产生与国家政治的需要

1. 利益冲突与社会纠纷

所谓社会纠纷，是一种互相反对的行为方式，也是企图以彼此对抗来压倒对方为直接原因的互动方式。人类社会从来就是一个不断变化的非平衡系统，每时每刻都会产生不协调因素，社会在本质上就存在各种矛盾，必然会由于资源稀缺和分配不均而导致冲突。[1]马克思曾经断言："人们奋斗所争取的一切，都同他们的利益相关。"[2]按照马克思主义的观点，人类社会的一切发展进步其实是一个客体对主体需求不断满足的过程，而主体之需求通过利益得以宣示出来，因此对需求的满足也就上升为对主体利益的关注。冲突通常是围绕稀缺资源的占有和分配而产生的，就此而言，冲突的实际发生及其内在本质就是对特定利益、权力或威望的抗争或争斗。即使冲突最初产生于纯感

〔1〕 参见申阳：《试论社会冲突的类型及其影响》，载《学术交流》2000年第2期。

〔2〕《马克思恩格斯全集》(第1卷)，中共中央马克思恩格斯列宁斯大林著作编译局译，人民出版社1956年版，第82页。

情因素，但进一步的存续都关联着一定的利益、权力或威望。同时，如果不认为情感的萌发与利益等因素纯然无关的话，那么感情表象之后的深层基础依然是利益、权力或威望等因素。〔1〕

社会纠纷起源于“人”这一主体性要素，并依存于社会结构这一客观性条件。据此，对社会纠纷产生原因的分析也离不开对于“个体根源”与“社会根源”这两方面的考察。社会纠纷的产生很大程度上与个体本能、先天性生物特征以及后天经验习惯密切相关。精神分析学家认为，在生物意义上，人固有两种基本驱动力：一种是建设性的能量，即里比多（libido）；另一种是破坏性的、侵略性的能量，即死本能（thanatos）。后一种驱动力是人的破坏性冲动。当这种冲动内向时，人们就将限制自己的能量，惩罚折磨自己而变成受虐待狂；当这种冲动外向时，就变成侵犯性的、好战的行为。〔2〕当这种冲动、本能外化成为有客体对象的行为时，一个社会纠纷也就生成了。从人类情感的角度看：“只要人们还陷于愤怒、嫉妒或某种憎恨情绪中不能自拔，他们必然是相互对立、彼此不和的。因为人们比其他动物更有力量、更机灵狡猾，所以更可怕。而且，从本性上说，人们高度受制于上述某种激情，因此人们从本性来说互为敌人。”〔3〕对此，美国法学家则认为：“人具有两种欲望或冲动，它们似乎深深地根植于人的精神之中。第一，人具有重复在过去被认为是令人满意的经验或安排的先见取向。第二，人倾向于对下述一些情形作出逆向反应：在这类情形中，他们的关系是受瞬时兴致、任性和专横力量控制的，而不是受关于权利义务对等的合理稳定的决定控制的。”〔4〕18 世纪功利主义法学家边沁在其名著《论道德与立法的原则》中指出，自然安排要人类听从两位主人的统治，即痛苦和快乐的功利原则。它们决定了我们能够做什么，我们应该做什么。对与错的标准，以及因果的链条都维系在它

〔1〕 参见顾培东：《社会冲突与诉讼机制》，法律出版社 2004 年版，第 12 页。

〔2〕 参见［美］J.L. 弗里德曼等：《社会心理学》，高地等译，黑龙江人民出版社 1984 年版，第 238 页；顾培东：《社会冲突与诉讼机制》，法律出版社 2004 年版，第 7 页。

〔3〕 ［荷］斯宾诺莎：《政治论》，冯炳昆译，商务印书馆 1999 年版，第 17 页。

〔4〕 E. 博登海默追溯人类这两种欲望或冲动，旨在论证如何实现人与人之有序性，从侧面承认了人性本能对纠纷的塑成作用。参见［美］E. 博登海默：《法理学：法律哲学与法律方法》，邓正来译，中国政法大学出版社 1999 年版，第 226 页。

们身上。它们控制了我们的行为、言论和思想——我们甩脱控制的每一次努力，只能说明它们的存在和我们未来的服从。虽然边沁非常重视法律尤其是立法的重要性，并认为在功利原则的指导下，人们认识到服从法律的重要性，制度也正是基于这一原则，通过理性和法律之手建立起幸福的大厦。但在另一个侧面正好表明，当某些个体基于欲望、情感等因素的耸动并理性地计算自己逃避法律惩罚的可能性之后，仍然会实施侵权行为甚至是犯罪行为，进而促成纠纷与冲突的产生。从上述意义看，我们无论如何都无法逃避功利性的起源基础与个体性的利己计算，即纠纷与冲突是基于人们世俗生活维持生存和发展的本能，为了追求利益、需求而发生的，换言之，纠纷主体也只有对与自己生存和发展密切相关的利益、权力、威望最为关注，对获得该利益的行为方式最为关心。由于人所生活的世界是一个生存竞争的世界，那么人的生命意志就表现为恶这样一种形式，而这种意志又主要表现为不断扩充、占用和延续。[1]当他面对另一个体的不断扩充、占用和延续时，纠纷或冲突也就由此产生了。

当然，利益、权力、威望等相互争夺或抗争必须是在一定的社会关系中才能产生，并且伴随人类交往的频繁而变得日益普遍与多样。唯物史观认为，利益是“需要主体以一定的社会关系为中介，以社会实践为手段，占有和消费需要对象，从而需要主体和需要对象的矛盾状态得到克服，即需要的满足”。[2]利益的存在与人类社会相伴始终，追求利益即需要的满足是人类一切社会活动的动因。换言之，主体与客体之间的实践关系伴随人类社会的始终。与此相似，在利益的攫取中当然也会引起各种各样的主体关系，其中就包含了主体与主体之间的纠纷关系。因此，忽视纠纷的社会根源也是不合理的。纠纷也会因为社会关系、社会实践等因素而萌发，这集中表现为一系列的社会竞争、社会不平等格局以及社会价值或信仰的冲突。具体而言，首先，是社会竞争。霍布斯发现三个主要导致人们冲突的原因即是竞争、不信任和名誉欲。因此，在生存条件的争斗与发展利益的争夺中，为追求自由而赋予其他个体的“自由”是这样的：“为维持他自己的自

〔1〕 参见齐效斌：《人的自我发展与符号形式的创造》，中国社会科学出版社 2002 年版，第 23～24 页。
〔2〕 赵家祥等主编：《历史唯物主义原理》，北京大学出版社 1992 年版，第 294 页。

然也就是说他自己的生命，而按照他的意志来使用他自己的力量，并且因此采取他按照自己的评价和自己的理性认为是与这一目的相适应的一切手段。”[1]社会学家齐美尔将冲突具体区分为竞争与斗争：“相互排斥目标所进行的较具常规性和相持性的奋斗”表现为竞争；“人们之间那些规定较少，各方相互反对的直接战斗行为”为冲突的另一种形式——斗争。[2]在此，我们将其均作为广义上的竞争来看待，社会竞争是社会主体之间最普遍的互动行为，它贯穿社会生活的各个领域，既有争夺物质利益的经济竞争，也有争夺政治权力的政治竞争，还包括文化竞争、配偶竞争，等等。[3]竞争的广泛性决定了纠纷与冲突的普遍性。尤其是非正当竞争行为构成了纠纷的基本社会根源。从法学角度而言，社会竞争可以区分为正当竞争与非正当竞争。后者虽然是以竞争为目的，但是采取了违反诚实、信义、资源、公正等社会基本原则，具有很大的攻击性、破坏性和危害性，本质上是一种损人利己的行为，也是造成纠纷的重要渊源。其次，是价值观念的差别。价值本质上是一种关系范畴，具体表现为客体与主体之间的一种客观关系。人类脱胎于自然界的过程中为社会创造了各种各样的价值体系与观念形态。它形成了人们生存、发展与享受的精神家园。但是，毕竟人们在进行事实性认知后，所形成的对周围事物的是非、善恶和重要性的看法和价值判断各不相同；而且在社会交往过程中，个体不仅需要寻求自身价值的认同，也必须考虑其他主体的价值取向。在此意义上，价值选择的必然性也随之成为一个基本事实。如果价值选择上出现差异，双方必然发生一定的冲突、碰撞与对立，而且互动双方都会本能性地竭力维护自己所认为正确的价值观念，并为此不惜以冲突形式来解决彼此间的分歧。最后，是社会不平等格局。社会不平等“自有社会以来就存在了，并在整个历史上一直是造成紧张、冲突、暴力、不公平和压迫的根源”。[4]社会的不平等格局内必然存在强势群体与弱势群体，这种格局导致弱势群体在

---

〔1〕［德］京特·雅科布斯：《规范·人格体·社会——法哲学前思》，冯军译，法律出版社2001年版，第14～15页。

〔2〕参见顾培东：《社会冲突与诉讼机制》，法律出版社2004年版，第9～10页。

〔3〕参见毕天云：《论社会冲突的根源》，载《云南师范大学学报（哲学社会科学版）》2000年第5期。

〔4〕［美］伊恩·罗伯逊：《社会学》（上册），黄育馥译，商务印书馆1990年版，第299页。

社会整体中缺乏有效的归属感，尤其是在他们付出想要得到某种利益需求的努力却没有得到相应回报的时候，无论此种努力与强势群体的付出等价与否，都会在个体心理上产生一种观念，即自己利益需求、胜利果实被他者索取或霸占，进而产生厌烦、怒气甚至是反社会的行为。不可否认，这种冲突一旦长期积累将升级为更加暴力的纠纷与冲突。

个体因素和社会因素一方面滋生出社会纠纷，另一方面也深受这种冲突与抗争所带来的负面影响。就个人层面来讲，有学者考察了个体所蕴含的“快与不快”这一个体性图式，这一图式与个体“快”的最大化满足紧密联系。在该图式的操控下，个体是无限制的他自己，留给个体的只有诸多行动的任意可能性，当他经历这种图式的时候，他好像处于一种不受拘束的游戏之中，可以超越该世界的各种条件。他也并不必然拒斥他人的存在，只是这些他人早已经被纳入个体利益的算计之中，他们“没有敌意和友情”地生活着，也不要求利于他人或者损害他人，除非为了自己的利益。〔1〕即使是在犯罪前期思想斗争中，也存在对于个体利益理性的计算公式：“单一个体之所以不能再把杀害另一个体纳入一个总体上是正值的成本利润的决算差额之中，并不是因为另一个体的生命自然地被记录入他的资产负债表‘快’的一方之下，而是因为杀害的后果即暴力拥有者的反应将使每个决算差额变成负值。”〔2〕这种完全为了个体快感的满足的图式不仅产生众多纠纷，而且纠纷的后果便是给诸多涉及纠纷者带来的生命、财产的损害和精神痛苦，同时也给受侵害者家属带来诸多情感创伤。我们考虑到纠纷、冲突中一旦出现受伤害的情况，将给特定社群成员一种非常不安定的感觉：无论是为了个体防卫还是直接源于心理畏惧，个人都会在认识事物和处理问题过程中预设类似纠纷、冲突或伤害存在的可能性，进而在一定程度上影响人们日常生活。从社会层面看，静态的秩序形式一直是人们的殷切期待。然而吊诡的是，由于纠纷内生于秩序，人们的平静生活往往会受到混乱状况的影响和干扰。而且，

---

〔1〕 参见［德］京特·雅科布斯：《规范·人格体·社会——法哲学前思》，冯军译，法律出版社 2001 年版，第 14～15 页。

〔2〕 ［德］京特·雅科布斯：《规范·人格体·社会——法哲学前思》，冯军译，法律出版社 2001 年版，第 19 页。

"这种规律层面上的混乱与失调的情形似乎在人类生活中要比在非有机的自然界中发生的更为频繁。……人类在政治、社会和经济生活中所制订的计划却往往因事件发生的先后顺序的不可预测性而受到干扰"。[1]无论冲突各方是否具有正义的根据，冲突毕竟与社会秩序的要求相违背。这是因为"当社会中的利益、权力以及威望通过一定的方式'合理'分配，并表现为一种制度和秩序时，围绕利益、权力以及威望的冲突不再是对个别主体的侵害，而是具有一定的反社会因素"。[2]这虽然在认识纠纷的视角上掺杂了一定的政治性因素而且落脚于静态的社会秩序观，不过凸显了纠纷对于人们平静生活干扰的层面是值得肯定的。

2. 规范救济与纠纷解决机制

当人类逐渐从野蛮走向文明、试图摆脱动物本能的拘束时，便不再仅仅局限于适应自然规则，而是努力通过自我意识活动开始思考周边的生存环境以及自身生命活动与行为方式。也就是说，"动物不把自己同自己的生命活动区分开来，它就是这种生命活动。人则使自己的生命活动本身变成自己的意志和意识的对象"。[3]正是人类与动物的这一区别定义了"人"在真正意义上的存在。尤其重要的是，人类需要对自然界的一些混乱与纷争现象作出判断、认识以及积极回应。人类文明开始之初，人类在自然界的生存处境十分险恶，生存空间的有限性不仅表现为自然灾害的威胁，还表现为动物界诸多天敌的存在。也正因如此，由于生物规律的制约人类只能以结群的方式生活，群体之间不仅不能产生非必要的纠纷和冲突，而且每一个成员如何生成、如何协作都成为特定群体生活的重要组成部分。"可以说，消除混乱，确保必要的社会秩序是人类存续的基本前提，即便是在尚未形成部落组织的原始人群中，人们也认识到了暴力冲突必须加以控制。"[4]在这样的环境中，"社会的形式不是来自人们的习惯，而是因其需要

---

〔1〕［美］E. 博登海默：《法理学：法律哲学与法律方法》，邓正来译，中国政法大学出版社 1999 年版，第 224～225 页。

〔2〕顾培东：《社会冲突与诉讼机制》，法律出版社 2004 年版，第 3 页。

〔3〕《马克思恩格斯全集》（第 4 卷），中共中央马克思恩格斯列宁斯大林著作编译局译，人民出版社 1958 年版。

〔4〕［美］E. A. 霍贝尔：《初民的法律》，周勇译，中国社会科学出版社 1993 年版，第 346 页。

和恐惧而成为现实的。维系人类一体的仍然是他们的弱小和不完善感，这一意识说明了联合的必要性，因此它是公民社会坚实而自然的基础及其结合剂”。[1]换句话说，这种联合的需求预示着人类生存和发展迫切需要某种规范或规则的存在。“处于常态的、本然的、个体的状态的人，若要进入生存世界，唯一的通道是由社会提供的良性的人性法则和充满机遇感的运行机制。因此，生存世界的生存者又非片面追求个体性存在的生存者。即使从单纯的物质性的需要来看个体生存的现实功利性目的也是由群体决定的。”[2]规范不仅是为了维系个体生存之必要条件，而且是群体和谐共处的有效调控机制，更是群体之中每一个体实现自由、平等价值的基本条件。这是因为，其一，规范化秩序是实现个体主体性的重要因素。人格体是由其与其他人格体的关系即由其角色来确定的。一个唯一的人格体是一个自我矛盾；只有在一个社会中，才存在人格体，只有在一个规范性秩序中，才存在人格体和主体。谁想成为主体，而又想完全独立自主，这是自相矛盾的。[3]其二，规范化的社会秩序为自由的张扬提供良好的生存条件。“自由（我指的是一种合理的自由，是应该得到社会尊重的自由）是一系列规范的产物。我若想得到自由，首先就要杜绝其他人的肉体、经济以及其他领域内所享有的利益和特权，防止他限制我的自由。只有社会规范才能限制他们滥用这些权力。”“如果我们要保证个人的经济独立地位，一系列烦琐复杂的规范总归是必须的，否则自由也不过是一种虚名。”[4]其三，人类只有通过规范化的社会训练才能增加自我的知识增量和道德修养。人类必须生活在一个集体化程度较高的社会里，人类必须共同生活在一起。在这一共同体中，社会将人的自然属性逐步剥离整合，使人成为有一定教养的社会人。只有经过社会整合、训练的人，才是一个生存目的比较明确的人。[5]

---

〔1〕［爱］J. M. 凯利：《西方法律思想简史》，王笑红译，法律出版社2002年版，第346页。

〔2〕齐效斌：《人的自我发展与符号形式的创造》，中国社会科学出版社2002年版，第25～26页。

〔3〕参见［德］京特·雅科布斯：《规范·人格体·社会——法哲学前思》，冯军译，法律出版社2001年版，第30～31页。

〔4〕［法］涂尔干：《社会分工论》，渠东译，三联书店2000年版，第15页。

〔5〕参见齐效斌：《人的自我发展与符号形式的创造》，中国社会科学出版社2002年版，第45页。

个体之间为了更好地在自然环境下得以发展，必须依赖于群体性组织的存在，同时在自身群体之间也相应形成一种强烈一致的规范性共识。但是，这并不表示远古时代个体之间以及群体之间就没有斗争和冲突。而真实情况恰恰相反：这些纠纷所表现出来的冲突形式往往更加残暴和肆虐，并且附带一定程度的生物特征。纠纷解决机制表现为自决、争斗、惩罚、和解等私力性质的救济。在国家及法院出现前，人类纠纷的解决完全依靠私力救济。在公权力不发达的初民社会，私力救济属纠纷解决之常态，私力救济发达，公力救济疲软。[1]如果用现代诉讼法学研究的术语概括，私力救济主要包括自决与和解。其中，自决是指纠纷主体一方凭借自己的力量使对方服从。和解是指双方相互妥协与让步，两者皆依凭自身力量解决争议，无须第三者参与，也不受任何规范制约。这两种私力救济方式的共同特征是通过纠纷双方的力量对比关系来决定最终处理结果，并且一旦源于两个不同群体的个体成员之间发生纠纷或冲突，则会很自然地牵扯到两大群体之间的争斗或相互报复。同样地，如果同一群体内有人违背所属群体的共同信仰以及行为准则，对这个犯忌者的惩罚也是相当残酷的。这是因为“原始人总是为了惩罚而惩罚，为了使罪人受苦而使罪人受苦，而且在他们给别人强加痛苦的时候，自己并没有指望获得任何利益。这样说是因为他们不求罚得公正、罚得有效，只要是惩罚就足够了。所以他们也惩罚那些犯忌的动物，甚至是那些被用作犯罪工具的无机物。即使惩罚只针对人，它也往往超出罪犯本人之外而殃及无辜，如他的妻儿和邻人等”。[2]这种惩罚进一步会形成一种感情上的对抗作用并进而延续下去，直至其中一个群体被消灭或者两个群体达成谅解或妥协。

私力救济具有以下特征：[3]其一，没有第三方以中立名义介入纠纷解决。其二，非程序性，即当事人不通过法律程序自行解决争执。其三，动因是当事人认为自己的权利遭受损害，故为权利而斗争。其四，主体是认定权利遭受侵害而

---

〔1〕 参见徐昕：《论私力救济》，广西师范大学出版社2015年版，第6～11页。
〔2〕 [法]涂尔干：《社会分工论》，渠东译，三联书店2000年版，第48页。
〔3〕 参见徐昕：《论私力救济》，广西师范大学出版社2015年版，第103～121页。

实施私力救济行动之人。其五，目的是实现权利和解决纠纷。其六，救济途径是依靠私力。其七，救济手段分为针对人身和针对财产两类。但无论如何，私力救济包括自决、争斗、惩罚等诸多样态，都不同程度地体现了冲突主体的自我意志和生物特征，更恰当地说是体现强者的意志。即使是采用和解这一相对温和的妥协姿态，也是个体或群体为了维护自身利益最大化而表现出的纠纷解决机制。对此，最为突出的例证是复仇原则。"以复仇为动机的暴力性杀戮成为原始社会中人类冲突的主要自决手段。原始社会中的自决始终与血亲复仇原则相联系。并依据血亲复仇的原则，民族的一个成员被杀害，整个民族都负有为其复仇的责任。"〔1〕当然，我们也必须承认，这并不意味着自决过程不受任何社会性规则的制约，而仅仅受制于暴力强制。事实上，即便是在原始社会中，冲突主体的物质性力量也不是自决结果的唯一根据。相反，"自决过程依然受制于一定的规则，甚至一定程序的约束。正是这些规则和程序奠定了后来'公力救济'的基础"。〔2〕从根本上来说，不仅仅是自决，其他形式的私力救济也具有类似特征。例如，报复、自决、和解等私力救济只是自我持存的面对危险的时候被激怒了的本能而已。所以，我们并不能完全脱离语境将报复视为一种全然无意义的历史现象或特殊行为，认为其只是起到了负面和消极的作用。而事实却是，它只是历史变迁的废弃物而已。并且如果我们以当时的时代为背景，报复不仅客观上是一种自卫的武器，而且也是一种纠纷解决的方式，只是这种方式较为粗糙和野蛮而已。〔3〕

3."讼"的萌生与古代刑事司法的变迁

原始氏族社会私力救济体系形成的控制体系是在人们共同劳动、共同享用劳动成果和共同生活中形成的，也随之促进了氏族群体的内部团结，进而形成了族群共同体和团体意识。我们也可以发现，在氏族与氏族之间出现了一些部落联盟，部落联盟通过通婚、交换彼此稀缺的劳动产品以及参加部落公共生活管理

〔1〕　顾培东：《社会冲突与诉讼机制》，法律出版社2004年版，第30页。
〔2〕　顾培东：《社会冲突与诉讼机制》，法律出版社2004年版，第31页。
〔3〕　参见[法]涂尔干：《社会分工论》，渠东译，三联书店2000年版，第50页。

等活动，使氏族之间的规范与观念的差距逐渐缩小，最后形成更大的有机熔炉。这从另一个侧面也表明，更加具有普遍意义的规范与共同体在悄然产生和发展，为和平解决纠纷或冲突创造规范层面的契机和条件。私力救济在群体团结比较紧密、共同意识比较融合的情况下具有法庭审判形态。法人类学家认为“在社会初始阶段，即使是没有第三者直接介入的自力救济，只要其方法、程序上存在着一般承认的、已确立的规则，法的基本构成要素就可以视为已经存在。在那里，舆论承认自力救济是正当的并给予支持，从而构成了法庭的原初形态”。〔1〕这也可以作为一种较为模糊的、朴素的“讼”的形式来考察。毕竟，相比较而言，典型意义上的“讼”的萌生不仅需要普遍性规范（包括社会规范）的存在，而且需要伴随社会分工进一步细化和权利义务的分离。

在原始社会晚期，人类开始学会了种植农业和经营牧业，特别是金属冶炼技术的产生加速了生产力的巨大改进并使个体劳动成为可能，同时，剩余产品的出现促进了个体家庭私有制的产生。特别是随着第三次社会大分工，商业的出现与贸易的扩大，货币及高利贷、土地所有权、抵押权的出现，原来属于氏族内部的自由人也开始大批沦为债务人，继而沦为奴隶。这在社会控制机制上首先表现为权利、义务开始相对脱离。而私有制的产生和发展决定了在财产占有上群体内部成员的巨大分化。财产开始特定化，具有了明确、清晰的归属。这种“你我之分”区别于人类文明伊始的分配方式：当时是一种动物性、生存性斗争，此时的财产区分已经得到了社群规范与社会机制的认可，具有明确归属性。它当然也区别于刚刚脱胎的氏族共同体时期的分配方式，当时由群体习惯调整的财产没有个人归属性，性质上也为族群共有。“习惯对行为的调整以利益的共同体为前提，而法律对行为的调控须以利益的分化，即权利和义务的分离为条件。”〔2〕权利、义务的分离明确了个体利益的行使范围，因此个体利益一旦被侵犯，社会规范即产生了提供救济的根源，“法定”的纠纷进入了人类文明发展的视野。其次，原始社会的社会组织与行为规范进一步组织化，越来越表现出复杂的内部结

〔1〕［日］棚濑孝雄：《纠纷的解决与审判制度》，王亚新译，中国政法大学出版社2004年版，第12页。
〔2〕张文显主编：《法理学》，高等教育出版社1999年版，第137页。

构特性。社会组织的存在必然依赖于权威系统的存在，这种权威首先表现为具有一定威望和能力的人——一般是该氏族的酋长或者是部落联盟的盟主，而纠纷也一般由这些酋长或盟主通过援引氏族习惯或部落盟约来解决；私有财产的分配不公带来的是贫富分化越来越严重，这些首领渐渐成为特定群体中的显贵阶层，拥有一系列强制权力和专属利益，这就是所谓的特权。他们利用这些特权将一些保障自身利益的规范系统化，并通过专门性的机构和有组织的暴力来保障实施。标示现代文明的国家机构也就因此诞生了。最后，也是最为重要的是，典型意义上的"讼"产生了。暂且忽略国家机构所代表或暗指的是哪个阶级的利益，而只是突出其作为公力机构的性质。"法律对社会关系和行为的调控，意味着当事人'私力救济'被限制和'公力救济'的出现，否则任由当事人对侵犯权利的行为自行处置，很难在利益冲突普遍化的状态下保持必要的秩序。"[1]专属裁判机构[2]的出现体现了社会分工给人类社会带来的巨大影响。其一，各种专门职业的出现解构了传统意义上的家庭与族群纽带。"家庭成员所分享的是共同生活，而职业群体成员所分享的只是职业生活。家庭作为一个完整的团体，其影响可以直接伸展到经济、宗教、政治和科学等各个领域。但是，随着各项工作不断分化，职业在我们生活中的地位也显得越来越重要。由于每个人只限于起一种专门的作用，所以他的活动应被限制在一个特殊领域内。"[3]其二，社会劳动的分工促进了国家机构的组织化和专门化。从家庭、族群到机构、国家，从氏族酋长、部落盟主到特别设立的代表国家权力的裁判官，其专属职能的显现和自我角色的定位与社会劳动分工紧密相连。

引导古代社会形成一个真正的司法机构的理由即是国家自以为受到了侵损和伤害，在诉讼机制上主要表现为两个方面：一是，早期的诉讼尽管仍保留"私力救济"的许多形式，但法律却已明确禁止"私力救济"的实施。例如，许多法

---

〔1〕 张文显主编：《法理学》，高等教育出版社 1999 年版，第 137 页。

〔2〕 这种"专属"是针对私力救济而言的，而非针对权力职能上是否专司法律，这与古代司法、行政、立法不分的司法样态并不矛盾，其"专属"特征表现为特定的第三方的参与性以及纠纷主持者的权威性。

〔3〕 [法]涂尔干：《社会分工论》，渠东译，生活·读书·新知三联书店 2000 年版，第 29 页。

律规定，凡是通过胁迫或者借助其他武力取得所有物或债权的，应自动丧失有关此物的权限并可能面临处罚。[1]二是，司法机关逐渐具备国家代表的性质，用于处理纠纷的程序也开始脱离习惯法的束缚。这表现在，由于历史的局限，法院起初只是立法机关的一部分或者委员会，类似民主机构的“人民议会”在承担立法行为的同时也担负起直接打击犯罪的职能。从古代史角度看，雅典的原始刑事司法即将犯罪的惩罚一部分委托给“执行官”作为侵权行为而加以处罚，一部分委托给“阿勒乌柏果斯元老院”作为罪过而加以处罚。最后，这两个管辖权都移交给“希黎亚”即平民高等法院。[2]这一时期的法院并不具有现代诉讼形式与程序。但是不管法庭是如何建立起来的，不管它所代表的是全体人民还是部分精英，不管它在审理案件和实施惩罚的时候是否遵照一定的程序，由于它仅以犯罪事实为依据，用一个严格建构的团体的审慎考虑代替了私人的判断，使社会反抗以确定的机关为中介表现出来，所以我们就可以判定它是有组织的。也许这个组织在将来会变得更完善些，但现在它已经存在了。[3]在此后的岁月中，具有法制意义的标志性事件是：罗马于公元前 149 年施行了“古尔潘尼亚贪污律”这一制定法，并建立了第一个“永久审问处”。它区别了那些临时的或暂时的委员会，它是一个永久的委员会，也是一个正规的刑事法院。这是因为，首先，在设定它的法律中规定了其成员从特种法官中选任，并且按照明确的规定进行更换；其次，它严格按照条例中有明白规定、清楚定义的罪行进行审理。[4]若从诉讼形态上概括此时期的刑事诉讼制度，它基本上实行弹劾式诉讼形式。主要表现在：第一，实行私人告诉制度。诉讼的发动必须首先由被害人及其代理人或者其他法律允许作为原告的人向法院提起控诉，法院只有在原告起诉后才能受理进行审判。第二，控告人与被告人处于对等的地位，诉讼权利平等。第三，诉讼当事人自行收集、提供诉讼资料，法官只在当事人提供的诉讼资料基础上进行审判。

---

〔1〕 参见顾培东：《社会冲突与诉讼机制》，法律出版社 2004 年版，第 40 页。

〔2〕 参见［英］梅因：《古代法》，沈景一译，商务印书馆 2015 年版，第 244 页。

〔3〕 参见［法］涂尔干：《社会分工论》，渠东译，生活·读书·新知三联书店 2000 年版，第 59 页。

〔4〕 参见［英］梅因：《古代法》，沈景一译，商务印书馆 2015 年版，第 246 页。

第四，司法、立法、行政没有严格的区分，诉讼专业化程度不高。

西方历经的第二个重要阶段即是中世纪。欧洲中世纪是从罗马帝国衰亡、日耳曼人入侵罗马帝国后建立法兰克王国等国家开始的。大约在公元 7 世纪，法兰克成为西欧最强大的国家并开始了激烈的封建化过程。其诉讼制度具有弹劾特点并且伴有浓厚的宗教色彩。法官由国王任命，采用自诉原则；法庭上主要使用证人证言和宣誓两种证据形式；在裁判方式上，法官除依据证人证言、宣誓和有关实体法进行裁判之外，还普遍采用决斗和神明裁判。“但是，中世纪的这种弹劾制度显然对被告极为不利，它不是由原告证明罪责，而是被告必须证明自己无罪。而且诸如由宣誓证人支持的无罪誓言、神明裁判、司法决斗等证据调查类型都仅限于那些认为自己无罪的人使用。”〔1〕公元 9 世纪中期，法兰克王国分裂为法兰西、德意志和意大利三个封建王国，其中诉讼制度以法兰西最为典型。9 世纪至 11 世纪的法兰西处于封建领土割据的政治环境中，11 世纪至 15 世纪，法兰西由割据走向集权。在此过程中，为加强统治，其诉讼模式便表现出很明显的纠问色彩。例如，“诉讼制度最显著的变化是废除了司法决斗，并将自诉的、公开的审判改变为纠问的、秘密的审判；不再将宣誓用作证据，确立了以证人证言为主要证明手段的形式证据制度和对被告人刑讯逼供的诉讼程序”。〔2〕到了 15 世纪，由于法国资本主义生产方式的发展，国家开始向君主专制政体过渡，国王通过任命法官完全取代了领主的裁判权，同时进一步强化了纠问主义诉讼程序。“在今天看来，纠问程序的功绩只是在于使人们认识到追究犯罪非受害人的私事，而是国家的职责。其严重错误则在于将追究犯罪的任务交给法官，从而使法官与当事人合为一体。”〔3〕由于受到国家绝对主义、团体主义或全体主义的影响，这种诉讼模式一直持续影响到十六七世纪大陆法系国家的诉讼制度。但即便如此，欧洲中世纪的法律制度也并未停下前进的步伐，而是逐渐抛弃决斗和酷刑的野蛮方式，缓慢走向以理性和平等对待为根本特征的现代刑事审判制度。

---

〔1〕［德］拉德布鲁赫：《法学导论》，米健译，法律出版社 2012 年版，第 141 页。
〔2〕徐静村主编：《刑事诉讼法学》，法律出版社 1997 年版，第 18～19 页。
〔3〕［德］拉德布鲁赫：《法学导论》，米健译，法律出版社 2012 年版，第 142 页。

4. 法律秩序与现代司法制度

随着社会进步、人口越趋稠密、生活方式越趋多样、问题越趋复杂，规范性社会程度亦越趋提高。社会的爆发性发展客观上也需要一种合理、有效的调控技术和治理策略。它不仅应该达到社会控制的目的，维系特定国家的均衡秩序和特定社群和谐稳定的关系，而且还应当最大限度实现人的价值——人的主体性之高度张扬。在历史的长期呼唤和点滴积淀过程中，现代法律秩序也日渐成熟。"法律秩序是法律运作的结果，是实现了自由的体系，是主体调控社会优雅艺术的结果。"[1]当然，对于法律秩序这一术语存在多元理解，但选择从制度层面和社会层面两个维度，或者将之区分为内部秩序与外部秩序、观念形态的法律秩序和客观现实中的法律秩序，却是值得关注的考察视角。"所谓法律的内部秩序，是指法律规范和法制在它没有客观化以前的自己内部的联系和关系，而外部秩序，则是在现实的社会生活中实现了的法律和法制。"[2]前者的细致描述如法学家凯尔森所言，"法律是一种强制性秩序"，"法是人的行为的一种秩序"和"法律秩序是一个规范体系"。[3]社会法学派代表人物庞德指出，当今法学家意义上的法律秩序多指"通过有系统有秩序地运用政治上有组织社会的强力来调整人与人之间的关系和安排他们行为的一种制度"。[4]他进而将法律与社会控制联系起来，认为法律秩序就是国家借助法律程序和技术进行社会控制而产生的秩序。而后者则将法律与社会联系起来，认为法律秩序是指法律之治下的社会有序状态。其实，对于法律秩序我们应该认识到，其存在价值与现实意义之表现形式不仅在于规范体系的法制健全，同时也必须实现一种法律统治之下的治理状态。这两者是相辅相成、互相依存的。没有法律体系的完备，法的统治只是一种"理想国"式的设想；同样，没有法的统治的理念作为灵魂，法制的发达也很容易导致集权统治时期"形式法治国"的悲剧。

---

〔1〕 吕世伦、邓少岭：《法律·秩序·美》，载《法律科学》2002年第2期。

〔2〕 武步云：《马克思主义法哲学引论》，陕西人民出版社1992年版，第359～360页。

〔3〕 [奥]凯尔森：《法与国家的一般理论》，沈宗灵译，中国大百科全书出版社1996年版，第3、124页。

〔4〕 [美]庞德：《通过法律的社会控制》，沈宗灵译，商务印书馆1984年版，第22页。

法律秩序的建构和完善对于人类以及人格体本身而言都具有重要意义。法律秩序是对无政府状态和专制状态的一种理性超越，它保障了人类良好且和谐的生活环境。美国学者博登海默就充分而恰当地论证了法律对于一种规范性秩序和稳定生活状态的重要性：首先，“法律试图通过把秩序与规则性引入私人交往和政府机构运作之中的方式在无政府与专制这两种社会生活的极端形式之间维持一种折中或平衡。通过一个行之有效的私法制度，它可以界定出私人或私人群体的行动领域，以防止或反对相互侵犯的行为、避免或阻止严重妨碍他人自由或所有权的行为和社会冲突。通过一个行之有效的公法制度，它可以努力限定和约束政府官员的权力，以防止和救济这种权利对确获保障的私人权益领域的不恰当侵损，以预防任意的暴政统治。这样，最为纯粹的和最为完善的法律形式，便会在这样一种社会制度中得以实现，在该制度上，人们成功地排除了私人和政府以专断或暴虐的方式行使权力的可能性”。[1]其次，法律秩序还可能具有一种审美成分，该成分在对艺术之匀称美和音乐之节奏美的欣赏中也会得到相应的表现。[2]

在法治理念感召下，刑事程序也在历史长河中稳步、有序发展变迁。现代刑事司法程序以程序正义、人权保障、权力制衡为目的与旨归，体现了强烈的人文主义精神。近现代刑事程序整体上经历了两次具有深远影响的转型阶段。第一次是受到启蒙运动及法国大革命的影响，大陆法系国家诉讼型刑事程序确立，即职权主义刑事模式产生。由此带来的影响在于，针对犯罪分子而增强的保护国家的要求，导致中世纪刑事程序向纠问制程序转化；针对国家而增加的保护无辜人的要求，促使纠问程序大约从 1848 年开始向现代刑事程序转变。中世纪的刑事程序建立在受害人自诉的基础上，纠问程序以法官体现的国家追诉犯罪为基础。现代的刑事程序吸取了纠问程序中国家、官方对犯罪追诉的原则（职权原

〔1〕［美］E. 博登海默：《法理学：法律哲学与法律方法》，邓正来译，中国政法大学出版社 1999 年版，第 233～234 页。

〔2〕参见［美］E. 博登海默：《法理学：法律哲学与法律方法》，邓正来译，中国政法大学出版社 1999 年版，第 226 页。

则)，同时又保留了中世纪的无告诉即无法官的原则(自诉原则)，并将这两者与国家公诉原则相连接，产生了公诉人的职位——检察官。[1]控审分离原则直接导致了纠问程序的瓦解，同时对无辜者的保护与人权、理性、自由的张扬确立了其与纠问程序的本质区别。第二次是在“二战”后，大陆法系、英美法系国家在反思纳粹时期恐怖、野蛮的刑事司法及法制状况的同时，受现代化理论影响，进一步提升人权、正当程序的价值，逐渐成为现代型刑事诉讼的范本。[2]表现为：一是践行人权保障优先的程序正义理念。例如，扩展被追究人在审前程序的诉讼权利，确立审前程序司法审查机制等。二是在程序构造上实现诉讼职能的分化、整合，实现控辩职能平等、审判职能中立。诉讼职能的分化、独立，不仅使控诉职能进一步分离，建立起相对精确的“理、告相应”的机制，而且使辩护职能也获得很大的制度空间。三是在程序运作机制上表现出理性化的特征。主要包括：其一，事实裁判根据的理性化；其二，裁判结果的理性化；其三，程序的人道化；其四，程序的经济性。

二、司法权与行政权的渊源关系

尽管在数千年前，哲人亚里士多德就曾提出了“国家职能三要素”说，罗马时代的波利比奥斯也曾鼓吹“混合政府论”，但在“诸权合一”的前资本主义时代，司法权始终没有脱离立法权与行政权的束缚而获得自身的独立地位。这一现象在东方各国表现得尤其明显。例如，在古代中国，皇权垄断司法，皇帝本人就是最高司法官。在古巴比伦，“王国的司法权与行政权是密切结合的，王国中国王拥有最高审判权”。[3]在古印度，“国家形成初期……由国王掌握最高审判权，国家的最高法院也就是国王本人的法院”。[4]在古伊斯兰国家，一直遵循政教合一的传统。从倭玛亚王朝起，伊斯兰国家的君主们皆以封建王权和教权相结合来进行统治，设置听诉法庭、治安法庭、检察官法庭等世俗性司法部门，仍以

---

〔1〕 参见[德]拉德布鲁赫：《法学导论》，米健等译，中国大百科全书出版社1997年版，第122～123页。

〔2〕 参见左卫民、万毅：《我国刑事诉讼制度改革若干基本理论问题研究》，载《中国法学》2003年第4期。

〔3〕 王德志等：《西方司法制度》，山东大学出版社1995年版，第2页。

〔4〕 王德志等：《西方司法制度》，山东大学出版社1995年版，第2页。

实施伊斯兰教法的教法法庭为基本司法机关，形成了“卡迪法庭”。[1]与此类似，在雅典时期，仅仅出现形式上相对独立但又十分凌乱的法院系统，不仅没有统一的司法权，而且司法运作过程严重形式化，“他们在司法上的一个贡献，民众陪审法庭，采取了最易流于任性的形式，而与任何法律科学根本不相容”。[2]这种司法机构对其他城邦几乎没有影响。在罗马，无论是上古时期还是共和国时期，都体现出明显的“诸权合一”形态，并没有独立的司法组织；共和国后期，虽然设立了相对独立的法院系统，但是“到了罗马帝国时期，皇帝独揽司法大权，他亲自裁决或者委派亲信官吏审理案件，从而完全剥夺了民众大会在司法方面的职权，刑事法院的审判权也逐渐取消”。[3]

在古代专制统治下，行政权、立法权与司法权难以区分。广义而言，立法和司法统属于行政范畴，“政府”泛指掌握并运用公共权力，处理公共事务的政权机关，包括立法机关、行政机关、司法机关等。皇帝或国王集诸大权于一身，垄断国家的一切最高权力。例如，中国古代各地的行政官员不但发布法规命令而且审理案件，当时“政府”的概念是与皇帝和各级行政官吏密不可分的。直到资本主义时代，“诸权合一”的状态不仅无法满足商品经济的迅速发展，甚至成为最大的障碍。对此，曾有论者指出：“如果同一个人或是由重要人物、贵族或平民组成的同一个机关行使这三种权利，即制定法律权、执行公共决议权和裁判私人犯罪或争论权，则一切便都完了。”[4]在意大利，“……一切权力合而为一，虽然没有专制君主的外观，但人们却时时感到君主专制的存在”。[5]所以，“一切有权力的人都容易滥用权力，这是万古不易的一条经验。有权力的人使用权力一直到遇有界限的地方才休止”。[6]人们逐渐发现，要防止滥用权力，就必须以权力制约权力。最可靠的方式是将立法权、行政权、司法权分别委托给不同的人或

〔1〕 参见吴云贵：《真主的法度：伊斯兰教法》，中国社会科学出版社1994年版，第67页。
〔2〕 梁治平：《法辨——中国法的过去、现在与未来》，贵州人民出版社1992年版，第162页。
〔3〕 王德志等：《西方司法制度》，山东大学出版社1995年版，第3页。
〔4〕 [法]孟德斯鸠：《论法的精神》，张雁深译，商务印书馆1961年版，第156页。
〔5〕 [法]孟德斯鸠：《论法的精神》，张雁深译，商务印书馆1961年版，第157页。
〔6〕 [法]孟德斯鸠：《论法的精神》，张雁深译，商务印书馆1961年版，第154页。

团体行使。由此开始，司法权逐渐从立法权、行政权中分离出来并获得了独立地位。

1. 古代东西方法律制度的整体特点

东西方奴隶制时期最初的法律都是习惯法，此后才逐渐过渡到成文法或者编撰成文法典。过渡的时间各有先后且长短不一。西亚两河流域早在公元前 24 世纪就出现了乌鲁卡基那立法，而希腊的德拉古立法却产生于公元前 7 世纪，罗马的《十二铜表法》则迟至公元前 5 世纪中叶产生。“东西方奴隶制法均脱胎于原始社会，最初不同程度地保留了原始社会同态复仇、血亲复仇、神明裁判等残余，只是东方保留这种残余较多、时间较长。东西方奴隶制法的共同特征，说明两者的性质、任务、作用的一致性。”[1]汉谟拉比时期刑法保留了同态复仇的氏族习惯。法典规定，如果自由民摧毁任何自由民之眼，则应毁其眼；如果折断自由民之骨，则应折其骨；如果自由民击落与之同等之自由民之齿，则应击落其齿。古代亚非诸国多采取君主专制制度，法律带有浓厚的专制主义色彩。而西方奴隶制国家多采取民主共和制或者贵族共和制，法律具有某些民主因素。如雅典实行过一系列改革、颁布过多部具有宪法性质的权威法典，具备了奴隶主民主政治的基础。至公元前 5 世纪以后，随着奴隶制经济的高度繁荣，奴隶制的民主色彩更为浓厚。

多数古代东方国家的最高权力属于国王，法律制定大都由国王独掌。古埃及的法老、古巴比伦的国王，都是唯一的最高立法者。国王的命令就是至高无上的法律，任何人不得违抗。西方则与此不同，最高权力形式上往往属于有关国家机关，如雅典的法律长期由民众大会制定；古罗马在共和国时期立法权更为分散，分属于民众大会、元老院、最高裁判官和著名法学家等。[2]古代东西方各国的法一般宣布为“神”所授予，披着“神意”的外衣。统治者既掌握着最高权力，又被视为天上诸神在人间的代理人，其意志就是法律，立法指导思想是神权主义。

---

〔1〕 何勤华主编：《外国法制史》，法律出版社 1997 年版，第 34 页。

〔2〕 参见何勤华主编：《外国法制史》，法律出版社 1997 年版，第 9 页。

如希伯来人的法律，被看作上帝耶和华意志的体现，先知和国王只不过是代替神在人间“治世救民”。渗透着神权的立法思想导致奴隶制社会的全部立法和司法活动以天命观为理论基础，以天神合一的神权法为其特征，利用宗教和迷信、图腾崇拜等，束缚人们的精神世界，确立神权主体的存在主要包括君权神授和天讨天罚。“而西方奴隶制国家，由于经济发展，商品货币关系发达，加上历史传统、文化和宗教信仰的差异，其立法指导思想往往表现为正义法律观或自然法律观。”〔1〕如罗马法学家弥尔苏斯认为：“法是善良与公正之艺术。”所谓“善良”，在罗马法学家看来就是“合乎道德”；所谓“公平”就是“合乎正义”。“罗马著名法学家西塞罗认为，自然法具有普遍、永恒的性质，发生于成文法未制定和国家产生之前，是衡量‘人定法’好坏的唯一标准，它不像成文法那样可以根据人的意志随意制定或废除，而是万世长存的。”〔2〕

在中世纪，东西方国家的习惯法始终是最主要的法律渊源。在中华法系各国，由于制定法以刑法为主，许多私法关系均由习惯法调整。“习惯法分为普通习惯、地方习惯和属人习惯。”〔3〕在日本封建法的各个发展阶段，习惯法始终占据一定地位。虽然从封建政权建立开始，日本就重视颁布各种制定法，并且制定法的地位伴随社会的发展而逐渐上升，但直至封建社会末期，习惯法也没有完全被取代，而且有些制定法就是对固有习惯的整理。同样，“西欧各国具有记载和汇编习惯法的传统，出现了众多习惯法汇编。在东欧和东方国家，一般是把习惯法作为组成部分吸收到法律汇编中。各种形式的成文法在进入封建社会后不久就已出现，随着中央集权的形成和加强，其地位不断上升，成为主要的法律渊源。但直至中世纪结束，并没有完全取代习惯法”。〔4〕伊斯兰法在形成中，大量吸收阿拉伯半岛原有的习惯，并根据伊斯兰教的基本教义加以改造。在此过程中，教法学家们创制法律的活动也同样受到习惯的深刻影响。他们经常把符合社会

〔1〕何勤华主编：《外国法制史》，法律出版社1997年版，第8页。
〔2〕何勤华主编：《外国法制史》，法律出版社1997年版，第9页。
〔3〕林榕年主编：《外国法制史新编》，群众出版社1994年版，第35页。
〔4〕林榕年主编：《外国法制史新编》，群众出版社1994年版，第35页。

需要的习惯附会为圣训，进行公议或类比时参考当地习惯。此外，判例也是中世纪东西方国家法律的重要渊源。在西欧，不仅有英国这样典型的判例法国家，还有共同商法时期的几部著名海商法典（《阿马尔菲法典》《康梭拉多法典》等），是以海事判例为内容的，故称为《海事判例集》。东欧和东方各国的法律汇编中，也往往包括判例，如日本《公事方御定书》的上卷，就是一般法令及判例的汇编。[1]

2. 古代东西方行政与司法合一的主要表现

行政权与司法权合一，主要表现在没有充分发育和分立的司法职能、法律知识匮乏的司法官员、国家本位的诉讼结构，以及唯道德至上的司法标准。考察古代东西方与司法制度发展有关的法律制度的重要特点，有助于考察行政与司法合一的历史渊源。

第一，没有充分发育和分立的司法职能。中国古代一直没有独立的司法机关。在奴隶制社会，国王掌握最高司法权。在封建社会，朝廷设置大理寺和司寇，辅佐国王处理案件，地方则是行政监理司法。皇帝独揽司法大权，重要案件“取自上裁”。司法职能没有发育成熟，更没有从行政职能中分化出来。主要表现在：[2]

首先，司法职能是行政职能的组成部分。中国古代有司法职能而无统一的司法体系。在行政机构中，司法职能只是行政职能的一部分。在地方，州县一级的司法机关与行政机关合二为一，州县行政长官同时也是司法长官。最高审判机关没有终审权，始终受到行政机关的控制。如在秦汉，廷尉的判决要由皇帝和丞相最后决断。在唐代，大理寺是中央最高审判机关，由秦汉廷尉演变而来，专门负责中央百官犯罪以及京城徒刑以上的犯罪案件，但对徒、流刑案件所作的判决，必须交刑部复核。刑部对死刑案件须会同中书省、门下省更议，死刑案件必须奏请皇帝批准。到了清代，大理寺作为最高审判机关所享有的案件终审权

---

〔1〕 参见林榕年主编：《外国法制史新编》，群众出版社 1994 年版，第 35 页。
〔2〕 参见孙万胜：《司法制度的理性之径》，人民法院出版社 2004 年版，第 77 页。

被进一步削弱，而作为最高监察机关的御史台则负责监督大理寺和刑部的审判活动，甚至参与审判某些重大案件。可见，中央司法机关表面上是最高审级，实际垄断最高司法权的却是皇帝，以及受皇帝指派的行政官员参与司法。皇帝凌驾于这三个职能机构之上，掌握最高司法权，拥有最高审判权、终审权和刑事豁免权。同样，在汉谟拉比时期，诉讼活动已经脱离传统寺庙法院和祭司的影响，而由世俗法院管辖，但司法与行政尚未严格划分。“公社首领兼行基层司法审判权，王室法官接受国王指派负责各大城市的案件审理，国王享有最高司法审判权。对判决不服可向国王提出上诉，国王享有赦免权，并亲自审理一些重大刑事案件。”〔1〕又如，古代伊斯兰国家，最高审判权属于最高统治者。另外，中国古代的省级专门审判机关发育较晚。明清之前，省级司法体系没有区分普通刑事案件和民事案件的专门审判机关，地方则是行政长官兼理司法事务。从明中后期逐渐形成督抚为省政府长官的制度。省级虽设有专门司法机关，但其判决仍需省政府长官批准。清代地方督抚的司法大权进一步强化，包括死刑案件在内的多种刑罚都须经督抚审结或复审具结，才能结束地方审理。地方的徒刑案件由臬司复核后，〔2〕由督抚判决便可发生法律效力。县级始终没有专门的司法机构，县级行政长官兼理司法。县作为最低一级行政机构，也是最低的审判机关。“凡诸词讼，皆从下始”，县令有权审理一般刑事和民事案件，只设司户佐和司法佐协助其分别处理民事纠纷和刑事司法事务。同样，“在古代伊斯兰国家，各省总督也兼管审判。法院分沙里阿法院和听诉法院两个系统。前者一般由一名‘卡迪’（教法官）主持”。〔3〕

其次，古代中国的司法职能由不同的机构行使，没有设置独立审判的法院。

---

〔1〕 何勤华主编:《外国法制史》，法律出版社 1997 年版，第 34 页。

〔2〕 清律明文规定，寻常徒罪，各督抚批结后，即详叙供招，按季报部查核。转引自吴吉远:《清代地方政府的司法职能研究》，中国社会科学出版社 1998 年版，第 248 页。

〔3〕 何勤华主编:《外国法制史》，法律出版社 1997 年版，第 155 页。

中央虽设有专门的审判机构，[1]但监察、行政机关也可以审理案件。地方府、州、县均无专门的审判机关，由行政机关兼行审判权。于是，各级行政主官在自己办公的衙门升堂断案，“衙门”就成了司法机关的代名词。所谓“衙门八字开，有理无钱莫进来”“衙门深似海”的俗语，都是对衙门司法弊端的生动写照。类似地，在日本封建社会初期，法院也不是独立的组织，而是由一般行政官吏兼行司法权。古代印度由于缺乏统一固定的法院组织，最高司法权由国王直接控制。“国王将重大讼事亲自或委任一位博学的婆罗门审理，并有 3 位精通吠陀的婆罗门作助手；绝大多数纠纷都在村社内部由长老们（有时组成种姓大会）解决。”[2]作为例外，在英国王室法院是由国王或宫相，或其他国王任命的官员主持的法院。查理大帝时派往各地巡视的巡按使，也可接受当事人的请求而开庭审判，称为巡回法庭，也属于王室法院系统。各日耳曼王国的法院组织分普通地方法院和王室法院。15 世纪末期，德国设立帝国法院，并成为国王与各邦君主共同掌管国家审判权的组织形式。

第二，司法官员法律知识匮乏。真正的“法官”（幕友）地位低下，幕吏擅权、操纵司法。隋唐以来，各级官员的选任主要是通过科举制度来实现的。科举制度固然强化了官僚集团的共同道德观念，却削弱了这一特定群体职业能力的发展。行使司法职能需要司法官员具备相应的司法专业素质，但科举制度的导向作用却是“形而上者谓之道，形而下者谓之器”，使知识阶层专注于宏观的知识体系，轻视管理职能所必需的专门知识体系，缺乏基本的职业技能训练。对此，清代大臣就曾指出：“州县为亲民最要之官，任兼理教养，督抚与之共治一省，司道府之表率纠稽，皆以牧令为政教之所由起，一州一邑之事，皆无不周知。臣此

---

〔1〕 例如，唐代中期建立了“三司推事”制度，即中央或地方遇有重大疑难案件，由皇帝特招大理寺、刑部和御史台共同组成临时性的审判机构来审理案件。清代在三法司会审之外又建立了“九卿会审”制度，由三法司与吏部、户部、礼部、兵部、工部及通政司共同审理案件。一般案件具结须经内阁票拟，重要案件由军机处承接圣旨组织秋审大典，内阁、军机处、九卿都参加会审，皇族案件由宗人府负责，外藩案件由理藩院审理，旗人案件由八旗佐领掌管。在清代，作为掌管一省民政、财政行政职能的布政使司也享有司法审判职能，“户婚、田土、钱粮重大人命案关民政、财政，经州县初审、府审转解省，应由臬司会同藩司复审定案报督抚，有的甚至由藩司主官复审后报督抚。作为主管一省的教育、科举事务的提督学政，也在一定程度上行使着司法职能，清代把贡监、文武生员都列入了‘职官有犯’的例律中”。参见吴吉远：《清代地方政府的司法职能研究》，中国社会科学出版社 1998 年版，第 78 页。

〔2〕 何勤华主编：《外国法制史》，法律出版社 1997 年版，第 49 页。

次奉差外出，于经过州县，询以地方事务，竟有茫然不晓者，问其出身，多号系远科举人。”[1]这就在官员的司法职业素质与司法职能要求之间出现了矛盾。这一矛盾是通过各级司法官员的辅助人员——幕友行使司法职能来加以消除的。幕友是以主官名义聘请的私人顾问和帮办，没有品供俸禄，由主官支付报酬。他们往往学有所长，以特定专业技能为主官提供服务，特别是主官不擅长的刑名律例、钱粮会计、文书案牍等事务。他们代表司法官员，相当程度上行使决策权，负责批复案件。幕友的作用巨大但地位低下，一方面，幕友在处理司法事务中仅仅是“佐官而治”，并不享有相应的制度性地位。另一方面，司法官员在处理司法事务时离不开幕友的专业性服务。尽管他们的政治地位不高，但却是政治运行不可或缺的人物，是政治操作层面中参与博弈的一方。他们虽然不是正式官员，却是无职无权的“无冕之王”，由此导致幕吏擅权、操纵司法。这是由于幕友在整个官僚体系中所处的地位及其职业伦理操守水平所限，加之没有统一的招募标准，他们往往利用有利地位谋取非制度性利益，借助辅佐主官的名义发展成为特殊的权力群体。“清与胥吏共治天下”“幕友代十七省出治”等史家论断正说明清代幕吏擅权、操纵地方政务的真实写照。他们上下其手、勾结官吏、结党营私，成为司法活动中的“丛弊之薮”。

第三，国家本位（义务本位）的诉讼结构。这种诉讼结构一方面表现在，国家不仅倡导“无讼”理念，也采取容易出现“无讼”结果的制度或措施。在古代中国，“无讼”是国家治理需要实现的观念目标。正所谓“听讼，吾犹人也，必也使无讼乎”，这代表了国家对社会成员之间纠纷的司法态度，由此使纠纷被认为是私欲相争的结果。朱熹曾言：“劝谕士民乡党族姻所宜亲睦，或有小忿，宜启深思，更且委曲调和，未可容易论诉。盖得理亦须伤财废业，况无理不免坐罪遭刑，终必有凶，切当痛戒。”另外，封建社会的宗族组织发达，往往得到国家的承认和扶持，以便平息社会矛盾，维护封建统治秩序。地方政府对于宗族组织内部的纠纷，即便当事人已经提交官府处理，也往往交由宗族组织先行调处，赋予

〔1〕 吴吉远：《清代地方政府的司法职能研究》，中国社会科学出版社1998年版，第320页。

了地方宗族组织一定的司法职能。这拉开了当事人与官府之间的制衡性距离，为实现“无讼”的社会治理目标提供了保障。由于强调国家对社会成员的道德教化，官员处理案件时首要的是对社会成员进行道德教化。一是类似于古代判词中常见的说教，阐述“礼”所表达的道德原则；二是严厉压制当事人，使其认识到个人因此处于道德劣势，以求尽量减少诉讼。“假如人们不害怕法庭，假如他们抱有信心，觉得在那里是能得到快捷、圆满的审判，那么诉讼势必会增加到一个可怕的数量。由于人在涉及其自身利益时容易自欺，纷争于是就会漫无止境。……那些诉诸法庭的人不会得到任何同情，这样一种对待他们的态度，使得他们厌恶法律，并且一到司法行政官员面前就浑身哆嗦。”〔1〕另一方面，“义务本位”下的司法呈现非司法化的特点。古代中国司法官员的权力与当事人的权利在司法程序中处于失衡状态。前者处于主导性的支配地位，诉讼过程取决于强大的国家权力，当事人只是司法运行中的客体。民事案件中，司法官员重视以调处来解决，但可供调整私人利益纠纷的条文依据既缺乏体系又非常有限，为此司法官员往往采取压制的态度，使这种调处带有强制性，迫使当事人屈从州县官员的意志。当事人在争状中必须申明接受司法官员的调处方案，并保证不再挑起诉讼。传统的司法活动缺乏明确的法定程序，还表现在诉讼程序立法一直极不发达，始终没有建立最基本的诉讼原则和诉讼制度。官吏在审理案件时，施行极端专横的纠问式审判方式，可以不依据法律的规定进行刑讯逼供。尤其在刑事案件中，极为重视被告人口供。由于被告人负有无条件回答讯问的义务，因此可以通过刑讯逼供等非法方法获取口供，并在一定程度上凭借主观臆断定罪量刑。而且，审判权与控诉权合二为一。在刑事诉讼中，国家兼控诉职能和审判职能于一体，法官审判的公正性和中立性不可能得到保障，无法有效遏制司法专横和擅断。在古代，司法片面强调和追求所谓的实质公正。因此，所谓司法公正也仅仅是所谓的司法裁判公正。这种观念与中国“重实体轻程序”的传统不无关系。韦伯曾指出：“中国的法官——典型的家产制法官——以彻底家长制的方式来判

---

〔1〕［美］诺内特等：《转变中的法律与社会》，张志铭译，中国政法大学出版社 1994 年版，第 47 页。

案，也就是说，只要是在神圣传统所允许的活动范围内，他绝对不会根据形式的律令和‘一视同仁’来进行审判。情况恰恰根本相反，他会根据被审者的实际身份以及实际情况，或者根据实际结果的公正与适当来判决。”[1]这种将司法正义与裁判正义简单加以等同的现象，即使在今天的司法实践中也依然可见。

第四，唯道德至上的司法标准。在中国古代司法传统中，司法审判的根本标准是道德至上，道德伦理规范具有绝对优势。法律规则不是法官进行司法裁判活动的决定性标准，而是必须与“天理”“人情”结合起来，从而形成一个综合性标准，由法官根据道德观念及个案实际情况，确定“天理”、“国法”及“人情”在整个判断标准中的次序，进而裁决案件。具体而言，“天理”在宏观上是指通过“三纲五常”所表现出来的封建等级制度以及与之相适应的人际关系伦理道德规范。正如朱熹所说：“天理只是仁义礼智之总名，仁义礼智便是天理之件数。”[2]相反，在微观上是指基于“三纲五常”所推演出的涉及具体性问题所应遵循的基本原理。“国法”是指由国家正式颁布的成文法。“人情”一般是指人与人之间的人际关系期待，也就是人之常情。由于深受儒家思想影响，封建社会的司法活动盛行“依礼决讼”。儒家倡导的“三纲”“五常”“十义”成为处理案件的首要标准，即所谓“分争辨讼，非礼不决”。依礼决讼的突出表现就是原心论罪，即审理案件时，注重作案人的动机，以动机作为判决其有罪与否及罪刑轻重的依据。一般而言，法官处理案件尤其是刑事案件时，要选择判断推理的标准，强调不得“舍法用情”“违法徇情”。但是，“为了夸张统治者的德化仁政，加强法律与民心的沟通，提高伦理的凝聚力，在特定情况下也主张‘法顺人情’，甚至‘舍法用情’，以致从州县官到皇帝都以‘执法原情’‘原情定罪’相标榜”。[3]由于地方行政机构在民事案件中有很大的决定权，法律对法官审判的制约更是有限，“自理词讼，原不必理事照例。但本案情节，应用何律何例，必须考究明白。再就本地风俗，准情酌理而变通之。庶不与律例十分相悖。否则上控之后，奉批录案，无

〔1〕［德］马克斯·韦伯：《儒教与道教》，洪天富译，江苏人民出版社2005年版，第174页。
〔2〕赵馥洁：《论中国哲学价值思维的融通性特征》，载《人文杂志》1998年第2期。
〔3〕张晋藩：《中国法律的传统与近代转型》，法律出版社1997年版，第47页。

词可措矣”。[1]这实际上蕴含极为普遍的司法判断方法。简言之，古代封建社会解决司法纠纷的依据首先是情理，其次才是法律。因为法律不是社会的主导性秩序模式，在社会生活观念中居于次要地位。在儒家看来，礼教才是治国的根本。正所谓“为政先礼，礼其政之本与”。法律是在礼仪遭到破坏的情况下不得已才制定的，亦即“化民之道，礼教为先；礼教所不能化者，则施刑罚以济其穷，此法律所由设也”。[2]因此，在礼法关系上，礼是根本，法是手段。重礼轻法导致引礼入法、礼法结合。这在唐律中最为明显。通过引礼入法的推演方式，礼被法律化，法被道德化，司法的道德意味浓重。不仅如此，重礼还在法律领域导致泛刑主义。儒家认为，礼和法的作用是有区分的。较之于法，礼是更优越的统治方式。对于一切违反礼义的行为，都要处以刑罚。法律广泛运用刑罚手段来调整一切社会关系。泛刑主义使民众长期生活在恶法的高压之下，民众对法律所产生的不可能是信任和感情，而是冷漠、排斥甚至是仇视的心理。重礼轻法的必然结构是导致法律从根本上丧失权威。

3. 古代中国行政与司法合一的社会背景

中国传统法律文化的最高境界是寻求“和谐”秩序，手段是教化、息讼与惩罚，基本价值取向是“礼义”的伦理道德，核心是“忠孝”两字，主要表现形式是刑法与官法的“公法体系”，特征是缺乏严格意义的“私法”制度，缺陷是个人“权利”没有保障。[3]这是同自然经济的生产方式、专制集权的政治制度以及神权主义、蒙昧主义意识形态密切联系在一起的。中国传统法律文化产生于自给自足的自然经济基础之上，孕育出以宗族为本位、以血缘关系为纽带的宗法等级制度，并为以专制主义中央集权为特征的政治、法律制度的形成和发展提供了天然条件。皇权至高无上，法自君出，皇帝是最高的立法者和审判官，儒家思想成为立法和司法的指导原则，宗族法在封建法律体系中占有重要地位，等级特权观念

---

〔1〕［日］滋贺秀三等：《明清时期的民事审判与民事契约》，王亚新等编译，法律出版社1998年版，第24页。

〔2〕丁以升、孙丽娟：《中国五十年代法律思潮研究（下）——法文化视角的剖析与思考》，载《法学》1998年第12期。

〔3〕参见任强：《解读中国传统法律文化的研究范式——〈思考与批评——解读中国法律文化〉一书读后》，载《法商研究（中南政法学院学报）》2001年第2期。

强烈，以刑为主，诸法合体，行政与司法合一，行政长官兼理司法审判事务，司法权不断受到行政权的掣肘。要考虑造成这种状况的根本原因，就无法忽略对其社会背景的考察。

中国与西方的社会演化过程不同，思想文化也存在深刻差异。西谚有云："凡是不凭感情因素治事的统治者总比感情用事的人们较为优良。法律恰正是全没有感情的；人类的本性（灵魂）使谁都难免有感情。"[1]与此同时，中国的礼、德、伦理观念方兴未艾。在中国历史上，法律思想从来就不是一种单纯内视的思想，从一开始就将视野扩大到法律规则之外，这固然有助于法律迅速地摆脱迷信和蒙昧的束缚，以一种独立的个体存在，但由于其文化意义上的早熟以及后来的变化之迟缓，以至于中国传统社会在价值观、宇宙观、社会结构等具有根本性的哲学观念上，中国并没有经历革命性变化。法律因之很快丧失过早获得的个性，成为一种截然不同于西方的"策略"。西方文明因其地理、气候等因素的影响，以及由此导致的认知结构、政治形态的差异，在近几个世纪以来作为一种上升和积极的力量在世界范围内发生了巨大作用，也对人类社会产生了重要影响。具体而言，造成中西方法律差异的社会背景主要有以下几个方面：

首先，专制主义长期存续，皇权制度化、法律化。早在夏商周三代，中国便形成了以国王为中心的专制政体。国王垄断国家的一切最高权力，集最高的经济权、行政权、军事权、立法权和司法权于一身。而且国王的权力还经天命神权的渲染而被神秘化。此外，族权是王权的重要支柱。在宗法等级制度下，王权与族权相结合，贵族之家与国相通，宗法上的等级和政治上的等级一致，从而形成了金字塔式的政治阶梯。各个贵族宗族不得违背或僭越秩序，并要分别享有履行与其等级相对应的权利义务。进入封建社会后，皇权专制借助各种立法得以制度化、法律化。虽然也有约束皇权的祖宗成法和宰相制度，但制衡作用有限，皇权至高无上的地位并未真正改变。到了封建社会后期，皇权专制化程度越来越高，宰相的权力不断被分割和削弱。在整个封建专制时代，皇帝一方面积极编

〔1〕［古希腊］亚里士多德：《政治学》，吴寿彭译，商务印书馆1981年版，第163页。

撰法典以求维持国家统治，另一方面又凌驾于法律之上，不受法律约束。至于进谏制度，虽然被设计用来矫正君主行为、限制君权滥用的弊端，但施行结果却并未撼动皇权至上的局面。皇权的制度化、法律化还表现在，以法律形式划分君臣名分，维护君尊臣卑的关系，严密防范非法逾制。为了显示皇帝与众不同的特殊地位，从秦始皇起便创立了一系列专用的称谓。例如，皇帝的命为“制”、令为“诏”，且自称为“朕”，臣民称皇帝为“陛下”，等等。为了尊崇皇权，在官方文书中建立了抬头、避讳制度：凡文书中有皇帝字样要“顶格书”，臣民在语言文字中使用涉及皇帝的名字时要避讳。皇帝处理国事的方式主要是临朝听政，并专门为此设立朝议制度和朝会制度。朝议的召集权属于皇帝，没有皇帝的指示，任何大臣不得擅自召集大臣朝议。朝议制度的特点在于“兼听独断”，即“兼听”以防止臣下蒙蔽，谋求最符合统治者利益的意见；“独断”则显示皇权独尊与至高无上的权威。由此可见，朝议制度并不是限制皇权的民主性会议，而是遂行皇帝独裁的工具。至于朝会制度则是指有关皇帝临朝与定期朝会的制度。皇帝行使权力的凭证是玺符，皇帝表达意志、指导国事的下行文书是诏、敕、令。敕令文书如有错误，则须严格按照法律规定处理。此外，法律制度既维护皇权，更注重文书的正确执行和时效。简言之，纵观中国古代封建社会，不仅建立了一整套周详完备的强化君主专制统治的皇帝制度，而且还制定了法律促使皇帝“乾纲独断”。专制皇权“合法”地君临天下，确保“主独制于天下，而无所制也”。

其次，强调维护君权的伦理观念居于重要地位并具有普遍约束力。中国古代君权高于法律的传统法文化是和产生于同一土壤之中的政治伦理文化相一致的。为君主专制制度提供合法性辩护，并以此来论证皇权或王权的最高权威的做法始于夏商时期。中国古代为专制皇权辩护的代表性观点有：一是以神权演绎君权。古代国王的权力借助神权而得到加强，其全部立法和司法活动以天命观为理论基础，以“天神合一”的神权法为特征，同时利用宗教和迷信，甚至包括图腾崇拜来束缚人们的精神世界，确立神权体系的存在。夏商周时期社会生产力水平低下，科学技术远不能解释复杂的自然现象，因而人们对天充满了敬畏。统治者也有意识地利用神权来加强现实的政治权力，并用以辩护国家的重大政治活动。例如，借助“君权神授”的理念，把奴隶主统治阶级的意志神化为天意，并赋予统治者“人的神格”使人间君主作为法律认可的神的代言人，行使独断的专制权力，给奴隶制王权披上了一层宗教神学的外衣。又如，宣扬“天讨天罚”理念来惩罚有罪，为君权神授理论前提下进一步证实其讨伐、刑杀行为的合法性。二是借助“天命所归”“以德配天”理念为君权至上辩护。君主权力的取得及其凛然不可触犯的权威，也被用天命来解释。例如，商朝把对神的崇拜和对王室祖先的崇拜连接起来，把天帝说成是商王的祖宗神，使神权与王权合二为一，为奴隶制的贵族政治蒙上神秘面纱。周朝建立以后，历史条件的巨变使商朝的天道观难以为继，周王不再宣扬王是天帝的化身，而鼓吹天只辅助有德之人，故而宣称周朝取代商朝是因为周人相较于商人而言更具有品德。为树立“德君”与“明君”的形象，先秦诸子提出圣人、君主“参天地”的理论，把君主进一步超人格化。儒家坚决拥护君主专制制度，竭力鼓吹人治、排斥法治，为皇帝集权提供理论依据。孔子曾提出，“礼乐征伐自天子出”，并在论述君主与法制的关系时，将君主置于法律之上。君主是上天指定的，其个人品质是维系天下存亡的纽带。在治国过程中，决定治乱的关键是人而不是法。只有君主体现着自然与社会的必然性，人们要遵从规律和必然，也就必须遵从帝王。这一理论经过孟子、荀子和董仲舒等人的继承和发展，成为封建社会正统法律思想的主要内容。从此，“天命神权”“奉天承运”之说贯穿于整个封建社会，借以辩护“君权至上”的合理性。三是倡导“顺服”的伦理道德观。中国古代以“尊尊亲亲”为主要内容的政治学说发展至汉代被概括为“三纲五常”，并形成一个完整的政治与伦理关系网。在这个关系网中，没有个人的独立价值和地位，个人只是被当作一个从属物而存在。为了使百姓彻底变为顺从道德的工具，理学家们还提出了“存天理、灭人欲”的教条。“存天理”是以天的权威肯定了专制集权的封建秩序，“灭人欲”则要求人们安于现状，无怨、无求、无争。这种伦理道德观，把人的个性引向泯灭，只是营造了君主专制所需要的思想环境。[1]这些维护君权至上的理念都与

---

〔1〕 参见张晋藩：《中国法律的传统与近代转型》，法律出版社 1997 年版，第 106～107 页。

古希腊、古罗马的不同，是古代东方另一种类型的暴君专制。中国奴隶制时代虽然制定了成文法典，但并不向全社会公布，极力保持刑不可知、威不可测的秘密状态，以便于贵族们特别是国王“议事以制”，随意引用习惯法，达到调整矛盾、维护奴隶主贵族阶级统治的目的。由于中国奴隶制时代亲贵合一，家国相通，为调整复杂的社会关系，既适用国法，也适用家法，二者具有一致性，在功能上起到相互补充的作用。对于严重违反国家利益的宗族成员，既要以国法制裁，有时也要由家法处置。作为氏族制度的遗痕，家族内部习惯法广泛适用，这显然不同于商品经济发达的古希腊和古罗马。可见，专制王权是神权、族权、军权、经济权、司法权的综合体现，是国家的最高权力。王只服从天而不受任何约束。法律是以王为代表的贵族阶层的意志，是遵循王的愿望的产物，而不是约束王的手段。

最后，专制权力凌驾于法律之上，法律规范整体依附于政治权力。中国自从建立国家起便形成了以国王为中心的专制政体。专制集权不仅体现在征伐祭祀等活动，也表现在皇权或王权整体高于律法与刑名并在社会治理中占据决定性地位。例如，在立法权与立法活动方面，皇帝及君主拥有立法权，其个人意志即是法律。王命始终作为专制主义统治在立法领域的意志反映而被继承和传播，并成为体现中华法律渊源的一个基本特征。王权高于法律，法律由王所出，刑罚也由王自定。中国古代立法一般分为两类：一类是编撰法典，这是一朝一代的基本法律，有较强的稳定性；另一类是编撰皇帝的诏敕及案例，其作为额外追加的一种法律渊源。[1]这种立法形式不仅灵活性强，而且更能充分体现皇帝的意志。又如，在封建专制制度下，皇帝集中国家的最高权力，是国家的首脑和最大的独

---

〔1〕 随着封建专制主义中央集权制度日趋极端化，在诸种法律形式中，皇帝的敕令和“钦定例”越来越占据突出地位。唐格、宋敕、明诰、清例无不如此。既然皇帝实际操纵最高立法权，通过法律形式体现其意志，因此这样的法律必然以维护至高无上的皇权为其主旨和核心内容。既然皇帝以意为法，即使国家的制定法也须冠以“钦定”，以示法自君出。这就使得皇帝拥有的特权凌驾于一切法律之上，支配着法律，而不受法律的限制。在封建社会，皇帝总揽国家的立法权，一切成文法律的制定、修改或废除都必须由皇帝命令或允许，由皇帝钦定，并以皇帝名义公布。通过诏令，皇帝可以左右法律，也可以创制和取消法律。历代的法典从来没有约束皇权的条款。直到晚清立宪，在《钦定宪法大纲》中仍然规定“君上神圣尊严不可侵犯”。参见张晋藩：《中国法律的传统与近代转型》，法律出版社 1997 年版，第 94～95 页。

裁者，因而掌握最高的行政权。皇帝对最高行政权的控制，表现在以诏、令、制、敕等形式指挥国家的行政活动，并以此来补充国家制定法的不足。由皇帝召集或主持的朝议，是研究与决策国家重要行政事务的机构。但朝议对于皇帝没有任何约束力，朝议的召开、议论事项内容和最后的决定都由皇帝主宰，它为皇帝兼听与独断提供了必要条件。官吏是实现国家职能的重要工具，官僚机构又是支撑封建专制制度的重要支柱，因此历代皇帝都任命大批官吏分掌兵、刑、钱、谷，并且注意整饬和修明吏治。为了防止大臣私人荐引、结成朋党，严格规定国家官吏的选用权专属皇帝。同时，将所有官吏纳入监察机关的视野。监察官一般品级不高，但由于其权力附着于皇权，因而具有极大的权威，即"大事奏裁，小事立断"。简言之，"天下之事无大小，皆决于上"。再如，封建律法规定，皇帝或国君可以"帝亲临问""亲虑囚徒"等方式亲自审判案件，皇帝也可下诏指定朝官组成非常设性的特别审判机构审理"诏狱"；同时历代封建王朝一般都规定，死刑判决须由皇帝复核或者批准。从秦朝到清朝，皇帝是最高的审判官，常常采取"廷殿决罚，朝堂杀人"的方式亲自审决案件而不受法律的约束。此外，各朝代还流行"奏裁"制度，即对于重大案件、贵族官僚犯罪案件或者疑难案件，一般司法官均无权擅断，须先奏报皇帝裁决。对于特别重大案件，则由皇帝召集王公大臣或交朝廷命官讨论，最后由皇帝决断。在唐朝，遇有重大疑案和上诉要案时，下诏组织大理寺卿会同刑部尚书、御史中丞共同审理，称作"三司推事"。根据唐律，凡疑案、要案、贵族官僚之案及死刑须由皇帝定夺。皇帝通过议、请、减、赎、三复奏、五复奏等司法程序控制了司法权。宋朝设审刑院于宫中，凡是大理寺审判的案件，经刑部复核后必须送至审刑院详议，再奏请皇帝批准。宋朝还盛行赦宥制度，以大赦、德赦等明目大量减免多种刑罚，这与宋代司法重刑传统相违背，也是对厉行法制的干扰和破坏，充分反映了皇帝对司法权的专断。清朝统治者根据官吏的级别以及罪行轻重创设了刑事审判的逐级审转复核制度。根据清朝律例之规定，徒刑以上案件在州县初审后，详报上一审级复核，每一级都将不属于自己权限的案件主动上报、层层审转，直至有权作出判决的审级批准后才得以终审。经此过程，重大案件的决定权都掌握在皇帝手中。此外，清朝还继承了明朝的“圆审”制度并发展为“秋审”制度，即“九卿会审”制度，是审理死刑复核地方大案的最高审级。秋审被渲染为体恤民命、依法断罪的大典，实则进一步加强了皇帝对司法权的控制。

4. 古代中国行政与司法合一的根本原因

古代中国司法制度虽然经过漫长的历史演变，但是基本面貌一直没有根本性的变化。当西方已经发生资产阶级革命、建立近代民主与法制制度的时候，中国依然在封建法制的樊篱内踱步。这种落后状态一直持续到 19 世纪中叶以后，随着西方法律文化的输入和广大群众的斗争逐步发生改变，进而开始走上了法制近代化的道路。在法制转型的缓慢进程中，封建中国行政与司法合一的法律传统并未迅速瓦解，而是在深刻制约着中国法制近代化的发展形态。那么，为什么古代中国行政与司法合一的法律传统能够长期存在？我们认为，古代中国行政与司法长期合一的根本原因在于：中国社会始终缺乏一个强大的、足以对抗专制王权的阶级，从而形成对这一司法体制的根本冲击和压力。在中国历史上，由于皇权至上、“朕即国家”观念被普遍认同，国家被不当地过度强化，社会被国家所吞噬。片面的国家观念与国家强有力的实践活动，在封建社会相当长的时间里形成了家国一体的基本格局，以至于普通百姓除了知晓个人家庭以及代表天意的“圣主明君”之外，并不知道作为其基础的、相对独立自主的民间社会。在专制国家中，社会紧紧依附于国家，并在国家无法关照的领域或者在国家权力的缝隙中偶然地存在着。行政与司法合一的权力结构便是由专制制度所决定的，也是由皇权所掌握的经济权力、宗法权力等各种具体权力所共同维系的。考察缺乏社会这一阶级的原因，首先，表现在经济领域，尽管经济发达到一定程度，但却缺乏发达的市场经济；其次，在政治领域也就没有阶级对抗的张力；再次，文化领域也不可能大规模进行西方式的思想启蒙运动；最后，在司法制度和技术上，天道压制人道，不仅没有需求的外在动力，而且缺乏先进的司法技术和思维。在中国这样一个超大规模、超稳定国家，始终处于韦伯所谓的“权威型”或者“魅力型”国家时代，始终缺乏“法理型”政权的基础性因素。

第一，经济因素。由于皇权垄断了经济大权，最主要的生产资料——土地以及生产者奴隶，采取国有实际上是王有的形式，土地由王分配给贵族，但所有权并不随之转移。这种亚细亚古代的生产方式，是王权专制的物质基础。中国农民对土地的所有权从来不是完整意义上的所有，而仅仅是占有而已。皇帝可以通过追夺、追收、追赐等制度控制土地的所有权，皇帝才是最终意义上的主权者。这种“亚细亚生产方式”与东方国家的专制制度之间有着某种必然的联系，既涉及如何认识人类社会的发展规律，又与如何正确研究并解决中国及其他东方国家革命与建设等实践问题密切相关。根据“黄宗羲定律”，封建赋税制度有“三害”：一是不分土地好坏都统一征税；二是农民种粮食却要等生产的产品卖了之后用货币交税，还得受商人阶层的剥削；三是历代赋税制度改革，其结果往往导致税赋逐渐加重，在大规模自然灾害或战乱时滋生流民起义，引起周期性大规模农民战争，进而引起政权周而复始的更替，造成社会生产力的巨大破坏。即便历代封建王朝统治者极力调整地主阶层和农民阶层之间的土地关系，避免出现大规模土地兼并或社会动荡。然而，土地所有权制度并未发生改变。不同于西方的城市自治，城市是政治经济和军事的中心。中国在城市和乡村都有着强大的统治力量。所以，马克思指出，亚细亚的历史是城市和乡村无差别的统一。尽管存在货币权力与土地权力的对立，但工商业者从来没有获得独立地位，更遑论争取到自治权力。他们的社会地位是微贱的，在城市也要仰仗封建特权和官僚的庇护。这种“城市和乡村无差别的统一”也妨碍了真正的城乡交流、工农业产品的自由交换，造成农副产品的单向流入城市，城市手工业的狭小市场以及虚假的流通。明清以来，虽然新的商业城市兴起，但这类城市的数量还是极其有限的，也未能摆脱封建的政治统治和经济压迫，进而无法从根本上改变重农抑商、辅以盐铁官营的秩序格局。“因此，尽管中国城市里的工商业行会在组织上拥有自主性，并且在社会经济生活里起着举足轻重的作用，但由于他们的特殊的利益未能得到法律的保障，因此不可能发展成为在经济和政治上独立的自由阶层——市民阶层……”[1]在这种经济制度基础上，只可能产生农民阶级和地主

---

〔1〕［德］马克斯·韦伯：《儒教与道教》，洪天富译，江苏人民出版社2005年版，第10页。

阶级以及微乎其微的商业阶级，而不可能产生一个强大的资产阶级。简言之，中国在自给自足的自然经济条件下，经济发展虽然繁荣，但始终无法进入资本主义社会。

第二，政治因素。中国这种金字塔型的大一统的中央集权政治有着深刻的必然原因。首先是治水的需要。尽管治水只是古代社会权力统治下的一个领域，但却是以农为本的农业社会最重要的工作。这种统一办事的行为自然是在专制制度下更容易通过大权独揽的方式加以实现。与此类似的还有修建长城、实行“海禁”政策，以及军事上中央领导的府兵制度和政治上的郡县制度等，一方面在客观上的确有助于抵御外患侵略，但另一方面长时期闭关自守也反映出古代中国难以孕育思想自由的基因和自然法的传统。这些都决定了中国这样一个大一统国家的超稳定格局。进一步来看，由于税收来源单一和税收总量的不足，同时又欠缺有效的公共财政制度，官吏薪俸长期不足，官吏无法依靠薪俸支付必要的行政开销。于是官吏只能像封建领主那样，从自己征收来的捐税中支付行政经费，将剩余财富揽入私囊。虽然中央的权力统治力量从未能够有效地伸展到县以下地方，但地方氏族势力对中央的权力并未构成太大的威胁。与儒教伦理的价值观相适应的这种制度安排，使中国士大夫阶层在中央和地方固有的政治权力和经济利益格局中，不可能成为现代化的推动者，更不可能成为司法现代化的推动者。再加之中国传统的货币制度缺乏效率，国家官僚体系的权力过分集中于中央，致使城市缺乏政治和军事自主性，也缺乏作为共同体组织上的统一性。在这种城市环境中，行会的权益并未受到足够的法律保障，社会缺乏竞争和改革的动力，伦理法律成为传统中国法律的主流，因而无法建立一个理性的法治国家。

第三，文化因素。儒家思想占据国家意识形态的主导地位，必然对国家权力的价值取向和与之相适应的运行制度发挥引导作用。中国古代司法传统的观念基础，在于儒家思想“性善论”与“天人合一论”。就前者来说，儒家思想首先是一种伦理道德哲学，其关心的问题是心性之学，“人性本善”的观念积淀在民众的法律意识和价值形态之中。“性善论”为皇权所用，致使权力制约机制不健全，造成泛道德主义，既不利于人格独立，也不利于法治理念的传播和法律制度的产生。西方的法制传统以“性恶论”为逻辑起点，法律制度的建立充分体现了以防恶为目的的立法初衷：公法制度旨在防范公共权力的滥用，私法制度意在防御公共权力对公民个体权利的侵犯。对人性的不信任决定了西方国家选择具有理性品质和科学精神的法律制度组织政府权力和进行社会控制。后者则是指，在儒家看来，“天道”与“人道”之间可以形成和谐统一的关系。“天道”即“人道”，人事与天意相呼应，并成为传统中国普通百姓的基本信仰方式和道德准则。要在二者之间形成如此理想的关系，个人需要不断加强道德修养，提高“义”的天性、去除“利”的天性；国家则有必要通过强制推行“礼”这一体系化的行为规则。基于此，历代统治者都对国家的道德教化职能给予高度重视。“数千年中国礼教强调的是‘道在伦常日用之中’，礼制几乎无处不在，贯彻到衣食住行各个方面，将社会统治体制与精神信仰体制紧相捆绑，造成了‘宗教、政治、伦理三合一’。而它们的混合同一，使个体更为关注现实世界和日常经验的生活、行为、情境和心境。”〔1〕从而有利于形成稳定的政治统治秩序。据此，“礼”必然成为国家治理社会的首要手段。只有在该手段不能奏效时，才运用强制性手段，也就是“出礼入刑”。如此一来，国家的统治手段体系便具有了这样的特征，即“礼义以为纲纪，养化以为本，明刑以为助”。由于道德教化作为国家的首要职能，在行使行政权时履行这一职能便成为合理的制度选择。而司法职能因其在本质上是通过一种强制性方式对社会成员进行道德教化，司法职能自身没有独立的运行逻辑，而是通过处理一定的事务来对社会成员进行教化，自然在机构设置上也就没有从行政机构中分离出去的必要，司法权始终处于被行政权所吸纳的状态。

第四，司法因素。中国古代司法制度的观念基础压制了制度发展所需要的创新能力。“天人合一”的观念基础强调的是“人道”对“天道”的迎合。由于“天道”在人世间的代表就是皇帝，人们服从“天道”的同时，不仅加深了对封建

〔1〕 李泽厚：《历史本体论》，三联书店 2002 年版，第 55 页。

帝王的盲目尊崇，而且丧失了反省自身并激发主体意识的可能。由此导致：其一，司法制度以重公权、轻私权为基本特征，并以无讼为最终价值取向。封建中国的法律制度以维护公权即国家统治权为首要任务，为了保护国家的利益不受侵害，以惩恶为目的的刑法被特别强调。相反，私权观念则较为淡薄，私人之间的财产纠纷被视为"细故"，常常依据"礼"的规范或习俗进行调解，缺乏必要的法律规制。以至于民事法律处于零散状态，并没有形成完整的私法体系。不仅如此，中国古代由于缺乏法律上的私人平等，个人的价值决定于他们在伦常秩序中的尊卑贵贱。因此，个体之间既没有发展为广泛的契约关系，也缺少为获取身份自由而付出的维权运动。至于为私权益而进行的诉讼，在统治者看来不外是细事争端，官员所追求的是"息讼""无讼"，这也是他们良好官声政绩的表现。长此以往，"无讼"理念不仅是官僚们的价值取向，也在普通百姓中具有广泛影响。其二，司法技术的依附性严重。与西方法律从独立的司法活动中嬗变出法律观念、法律制度以及近现代法治理念的发展路径不同，中国法律的依附性非常严重——从作为巫术到作为权谋，法律制度只不过是统治者治国治民的工具而已。工具理性的法律观念，反而阻碍了司法制度的发展，很难产生一种成熟的司法技术。这首先表现在，儒学中"君子不器"的理念使中国的官僚体制排斥技术专家和专业分工，对司法的专业性、技能性特征不够尊重。儒学认为，职业专门化是"小道"，为君子所不器。科举考试同样以儒家经典为中心内容，为对社会进行道德教化而设置。因此，司法职业技能训练并非士人通向仕途的必然要求，以至于唐宋以后，士人以学习律法为耻、以通经义为荣。其次，中国古代官员们的形象思维发达，但形式逻辑和辩证逻辑思维十分欠缺。而形式逻辑恰是在制定和适用法律规范过程中起主要作用的思维类型，辩证逻辑则是对形式逻辑的必要补充。退一步来讲，如果说传统中国的逻辑思维有所发达，那也是以能运用"情、理、礼、法"为多重标准，并非西方意义上的法律逻辑思维。

综上所述，古代中国对法的认识与西方二元论认识传统显然存在重大区别。由于儒家类似于"仁"的诸多理念缺乏确切的含义，这有赖于士人的形象思维和感悟。然而，法律恰恰是重视逻辑思维的。中国社会因其固有的传统难以认识到真正意义的法具有应然状态和实然状态，从而在实践中出现了"纸面上的法"与"行动中的法"严重背离的"司法二元化"现象。西方社会的自然法是基于"二元"主义的思维模式，亦即自然法源于一个超越现实或超验世界；相反，在中国古代，"天道"和"人道"只是一个"道"，本身即有浓厚的伦理色彩。法与这些超验世界之间并无批判意义，因而不会区分法律的应然与实然在功能层面的差异。实用的特征固然使法律的技术、内容较为丰富、发达，但一元论、工具论的思想却又最终导致社会无法真正接纳法律的调整。因此，古代人们仅仅关注制度之外的伦理原则及其实现的社会效果，而不可能也不必要关注司法制度本身的客观需要，从而忽视了对于司法制度伦理意义之外的反思，更遑论对于司法制度独立地位、指引与评价功能的探讨。

三、司法目的与政治要求的冲突与协调

1. 司法目的述要

通常认为，司法目的是指司法权运行所要达到的预期目标。作为司法权基本理论体系中的一个重要概念，司法目的大致等同于"司法裁判的目的"，其是指以权威的方式解决利益争端，并使各项法律通过具体案件得到实施，促进实现社会公平正义。具体而言，之所以将司法目的界定为解决纠纷，主要是与司法权产生的历史渊源以及司法权的本质属性有关。司法现象的出现与国家政治统治的需要相伴而生。与以往同态复仇这种野蛮的争端处理方式不同，人类进入文明社会之后，对于基本生存秩序的渴求逐渐呼唤更加具有权威性和终局性的纠纷解决途径，国家司法权也应运而生。主权国家的产生将司法作为其重要的权力和职能，并建构、分配专业性和职业性的组织机构与人员具体负责裁断待决事实。不仅如此，"司法活动具有特殊的性质和规律，司法权是对案件事实和法律的判断权和裁判权"。[1]将司法权界定为"判断权和裁判权"，一方面，给了司法权一个开放的结构，司法的各个环节都行使着对事实和法律的判断权。另一方

〔1〕 习近平：《在中央政治法律工作会议上的讲话》，载中共中央文献研究室编：《习近平关于全面依法治国论述摘编》，中央文献出版社 2015 年版。

面，又强调了在司法权力当中具有决定意义的审判权。审判权的核心是裁判权，无论是侦查，还是检察，说到底都围绕定罪量刑，都是裁判的前期工作；司法行政机关执行的是人民法院的裁判，只有裁判才是终局意义上的司法。[1]仅就法院的司法权来说，裁判案件的具体活动大致表现为，针对申请者向其提交的诉讼案件，按照事先颁行的法律规范，作出一项具有法律约束力的裁判结论，从而以权威的方式解决既存的争议。

除定分止争的直接目的外，刑事司法目的还包括另外两项内容：一是权利救济功能；二是权力制约功能。

首先，司法权能够为争议当事人提供一种论说与争辩的平台，尤其是对于潜在的利益可能受到损害的一方当事人而言，通过平等、理性的交谈与说服，试图给处于中立地位的裁判者施加有利于己方的积极影响，从而获得有利于己方的裁判结论，最终救济受到损害的合法权益。也就是说，刑事司法必须建立在这样一个基础之上：确保个人权利与国家权力处于平等地位，促使刑事被追诉人能够与国家追诉机关展开平等的交涉、对话与说服活动。这意味着，与作为国家利益代表的行政权不同，司法权则是权利的庇护者。法院需要在各种社会利益尤其是相互冲突的利益之间保持相对中立，并侧重从为受到非法侵害的权利提供法律救济方面，对上述利益进行必要的协调。正所谓“无权利则无司法，无救济则无权利”。从这种权利救济机制的技术操作角度上讲，刑事诉讼中的裁判活动为被告人提供了极为重要的获得听审并向中立司法官进行陈述和申辩的机会。与之相反，离开了权利救济机能调试的司法裁判权，刑事追诉活动很难不异化为一种带有行政性质的治罪活动甚至是军事意味的镇压活动，行政权也将成为带有压制性和专横性的力量，所有宪法确定的公民权利也将仅仅成为一种空洞的、无效的“政治宣言”。简言之，相对于其他权利救济和保障手段而言，司法救济具有终局性和权威性，这种“司法最终裁决原则”指明了司法裁判对于个人权利的最后救济和终局保障作用。

---

〔1〕 参见张文显：《习近平法治思想研究（下）——习近平全面依法治国的核心观点》，载《法制与社会发展》2016年第4期。

其次，司法权还可以为其他国家权力施加某种特殊的审查和控制机制，在其他国家公权力运行过程中起到一种法律上的限制和约束作用。这也就构成了刑事司法的另一个建构基础。对于刑事诉讼中的裁判活动来说，法院对被告人刑事责任的裁判，一方面给予被告人获得听审的机会，另一方面也是对侦查机关、检察机关的追诉结论实施独立审查，从而构成对警察权、检察权的一种司法控制，以便防止追诉机关出于便利、效率等功利性考虑而可能采取的权力滥用行为，从而将这种权力限制在宪法和法律允许的范围之内。进一步而言，司法机构在审判前实施的程序性裁判活动，还直接使警察、检察机关限制个人基本权益的行为受到独立审查和程序控制，并科以不利的程序性违法后果与责任。可以说，这种司法审查机制的存在，是防止其他国家权力出现滥用和专横的特殊保障，也是实现司法权公正运行的关键制度设计之一。

2. 司法目的与政治要求的冲突

中外对于政治的解释历来不同。古今中外的思想家、政治家从不同的立场和角度出发，阐发了不同的政治观。就传统中国来讲，儒家对政治的阐述几乎一直是中国人理解政治的一种主导方向。传统中国将政治理解为"对国家的治理"。例如，孔子所说的"修己治人、为政以德"，"政治"就是政治领袖"不以自己的私意治人民，不以强制的手段治人民，而要在自己良好的影响下，鼓励人民'自为'"。[1]所以，建立在儒家思想基础上的传统中国政治观，具有人治训导、统治教化的倾向。中国人对现代政治的理解，主要受到西方世界的文化和政治观念的影响。例如，作为民主革命先行者的孙中山就从"管理"和"统治"的关系角度界定"何为政治"，并认为"政治两字的意思，浅而言之，政就是众人的事，治就是管理，管理众人的事，便是政治"。[2]在这一理解中，他强调了政治具有公共性和管理性两个特征，用我们今天的表述就是"政治是对公共事务的管理"。

在当代中国政治和政治研究中，马克思主义政治观念一直占有主导地位。

---

〔1〕 徐复观：《孔子德治思想发微》，载萧义编：《儒家政治思想与自由民主人权》，台北，学生书局1988年版。

〔2〕 《孙中山选集》（下），人民出版社1956年版，第661页。

概括地讲，马克思主义政治观具有以下几个方面的特点：一是，将政治视为一种特定的社会关系，政治关系是社会关系之一，政治具有公共性和阶级性。在阶级社会中，政治主要是相互对抗的阶级之间的关系。二是，政治作为上层建筑，是各种社会经济利益和要求的集中体现。社会经济的诸多要素，特别是经济关系和生产关系的变革，最终引发政治变迁。三是，在阶级社会中，一切政治活动都与国家政权密切相关。这是因为国家政权决定和支配着经济需要的实现方式，所以，不同阶级和利益群体为争取国家政权而开展的斗争，就成为政治的核心问题。四是，阶级斗争不仅是政治活动的主要内容，而且在社会生产力和生产关系矛盾运动的推动下，政治也呈现不同的阶段性发展的特点，成为一种有规律的社会现象。根据马克思主义政治观的特点，有观点认为，所谓政治是指“在一定的经济基础上，人们围绕着特定利益，借助于社会公共权力来规定和实现特定权利的一种社会关系”。[1]

与此相对，西方学界对政治概念的理解则略显繁复，也体现出政治观念所具有的包容性和复杂性。从政治哲学的思维上讲，人们倾向于从应然的理想角度来定义政治，将政治理解为追求和实现“善治”的活动。政治活动中“善”的意涵应成为一种价值特征或判断标准，从而区分非正义和不道德的政治现实。不可否认，这种解释为确立政治的价值评判标准提供了根据。从现实主义的角度上说，政治可被理解为夺取并维护权力、分享权力或者力求影响权力的分配。由此不难看出，“权力”是构成政治的核心要素，政治也因此被认为是围绕权力而展开的各种活动的总称。从现代管理的向度出发，政治被视为一种组织管理的活动或过程，不仅包括公共政策的制定和执行过程、各种不同利益关系的协调过程，还含有社会成员从事社会公共活动的方式和途径等。

实际上，前述有关政治的定义和理解中已经表明，对于“政治是什么”这一问题不会存有简单的答案。人们基于不同的观察角度或客观需要，会对政治作出全然不同的理解。然而，我们也可以给出较为中性和宽泛的定义：政治是人类

---

〔1〕 王浦劬主编:《政治学基础》,北京大学出版社 1995 年版,第一章第一节。

集体生活的一种组织和安排，在这种组织和安排之下，各种组织、团体和个人通过一定的程序，实施对集体决策的影响。[1]据此而言，政治的根本问题便是如何公平合理地组织和安排人类生活，即符合所谓的“正义”原则。在这一问题上，抛除阶级斗争为纲的历史局限和抽象的自由主义和专制主义的空洞思辨，各种政治活动试图在两种需求之间寻求平衡：一是，对秩序的需求，确保公正社会的稳定性，即“权力”需求；二是，个人对于自由的需求，以确保个人的自主性和整个社会的活力，即“权利”需求。从而最终达到一种相对“善”的生活状态与价值取向：在国家层面的公共生活领域，强调民主精神和效率价值；在社会层面的公共生活领域，强调自主性和自治性；在个人生活领域，强调自由理念和宽容精神。

在现代政治生活所强调和追求的基本价值中，与司法属性和功能关系最为紧密的是“正义”这一价值要素。正义是政治学、伦理学、经济学以及法学中最常使用的概念，其基本内涵不仅是指公正分配奖励和惩罚的道德观念，还蕴含“给每个人应得的本分”这样一种具体的政治实践做法。它可以应用于包括自由、权利、权力、财富等价值在内的所有社会利益的分配之中。为了合理平衡权力需求和权利需求之间的差距，探讨如何实现社会正义问题成为历来政治思想家们普遍关注的话题。鼓吹“新右派”的支持者极力削减社会正义的思想和概念，认为把诸如正义这样的道德原则应用在财富和收入分配方面是不合适的，因为它们纯属于经济事务，只能用“效率”和“增长”一类的标准去评价和衡量。相反，社会主义和现代自由主义者赞同社会正义观念，他们反对把经济和伦理区分开来，不主张把财富和贫困这类问题都留给市场去解决。对社会正义的同情，往往使他们与支持政府干预经济和社会生活的人们走到一起。当然，自由主义的社会正义模式与社会主义的社会正义模式也可能完全不同：前者建立在个人主义和知识精英责任的基础上，而后者建立在集体主义以及支持社会平等和公社制度的基础上。不同的政治理论和政治意识形态虽然对如何实现社会正义提

---

〔1〕 参见燕继荣：《政治学十五讲》(第 2 版)，北京大学出版社 2013 年版，第 6 页。

供了有益尝试，但同样加深了政治与法律尤其是司法之间的冲突。这集中表现在，以法律和司法与政治之间的密切关系证成“司法必然政治化”或“司法应当政治化”的结论。

毫无疑问，法律与政治之间存有内在的逻辑关系。“其逻辑联结的共同基点在于它们都面对着共同的社会公共利益要求而担负着的建立和维护共同的社会秩序责任。法律的存在与运作始终体现着政治逻辑主线，即政治作为法律的存在根基、现实目的、实践背景和发展动因，一方面反映出法律对于政治的事实上和逻辑上的依赖性，另一方面也反映出政治对于法律在事实上和逻辑上的控制与决定性。”[1]这种观点固然有助于我们认识法律的政治价值和政治特性，但同样值得注意的是，从政治的逻辑阐述法律和司法，其本身便存在一种逻辑错误。这是因为，从中国形成的“政治挂帅”这一特殊文化传统上讲，“政治”一词的基本意涵包括两个方面：一是巩固执政者的政治权威；二是相对具体的具有政治权威效力的命令、指示、意见等。从法学角度看，第一层内涵侧重于制度构建，而且已经在立法层面得以确立。据此，中国语境下“法律政治化”或“司法政治化”更多是指介入个案处理的“政治性权威”，亦即现实的干预司法的政治权力。由此可以看出，主张将“司法制度是政治制度的组成部分”作为论证“司法(应当)政治化”的合理依据的观点，实则混淆了“政治”用语在制度立法层面和实务操作层面的双重含义。进一步而言，即便认可司法制度对于政治制度具有的依附性或内嵌性，从政治权力自身所欲实现的价值或目标上说，也应该充分肯定独立司法对于促进实现社会正义所具有的积极功能，最终通过规制和约束政治权力实现“善治”的社会状态和生活秩序。从这个意义上来说，依法裁判、维护宪法所确立的政治结构与公民权利，就是最大的“政治”，不允许具体的政治权力违背既定制度安排非法干预司法，也恰恰是实现政治“正义”价值的客观需要。

然而，在司法实践中，存在某些具体的政治权力通过不同的政治观念、意识

---

〔1〕 姚建宗:《法律的政治逻辑阐释》，载《政治学研究》2010年第2期。

形态和多种渠道破坏司法权独立运行的基本规律的情况，损害了司法目的的实现。司法工具主义是法律工具主义的组成部分，也是中华人民共和国成立后长期秉承的司法理念。从本质上讲，司法工具主义是传统中国“统治司法”观念的异化形态，旨在追求一种“外在于司法的善”和“外在于法律的善”。也就是服从权力主体的意志、配合政治统治的需要。司法活动理应在服从法律系统内部自主性和自洽性规律的基础上，严格公正适用法律并依法办事，司法的目的与要求源自既有规范体系蕴含的价值和理念，而非寄希望于实现或服务于某个外在的政治目的。这就是司法的“内在的善”的基本意涵，亦可称为“法律自身的善”，它排除了司法的外在目的等其他外在于法律的利益与意志。然而，实践中却存在将司法目标作政治化处理的做法。司法权的裁判权属性决定了司法的目的首先在于公平正义地裁断纠纷，而非追究“案结事了”或“止争息讼”的社会效果。

中国将能动司法作为“社会主义司法”的特点和“社会主义法治理念”的一项内容，提倡法官做好“法律服务者”。以司法手段调解化为例。调解与裁判的性质存有本质差异，“谈判”或“说和”的调解技巧与依法裁判中包含的“法官裁量权”亦全然不同。现代法治国家的通例是承认调解作为多元化纠纷解决机制的一种类型，而且规定调解应于诉讼之前进行。综合调解的实践来看，除司法调解之外，域外国家还存在民间调解和非司法权力（机关或组织）参与的争议解决，也就是我们认为的人民调解。多种类、复合型的调解程序能够最大限度分流社会纠纷，缓解法院裁判压力，促进维护政治秩序和社会稳定。由此不难发现，域外国家施行的民间调解与中国的法院（官）调解实属不同的制度类型，以前者佐证后者存在的合理性无疑是偷换概念、混淆不清。此外，与司法裁判的“刚性”和“强制力”不同，调解手段因具有“柔性”与“自治性”的特点反而容易损害纠纷当事人的合法权益，降低了调解结果的可接受性。如果此时当事人选择诉至法院，后者仍采取法官调解的方式进行处理，那么，司法的角色便容易被调解所稀释甚至是替代，“说和”“和稀泥”也将替代裁断成为处置纠纷的最终方式。简言之，采取调解这种具有东方特色的纠纷解决机制处理社会矛盾，实际上是司法主动与政治接轨的一种具体形态。政治权力通过各种调解形式广泛介入司法场域，以政治理念或意识形态指导的方式影响司法裁判，削弱了司法权的独立地位，同时也违背司法的客观规律。

民意虽然是民主社会政治观念的外在表达，但过于迁就民意有违司法专业性和中立性。顾名思义，司法的裁断依据只能是法律，而非民意、政策、讲话、纪要等。所谓法治，就是强调"法律规制"，促使法律成为全体公民的最高行为准则。当司法机关援引法律进行裁判时，法律作为规范性依据享有排他性权威，理应排除法律以外的其他一切规范与意志的影响，这其中当然包括民意的束缚。真正的司法不但不能依据民意，反而应当建构适度的民意隔离机制，以防止司法受制于民意。目前，民意司法不仅是司法改革的官方文件的组成内容，而且经过社交媒体长时间、周期性的报道，也成为一种认同度非常高的司法观念，异化为官员迎合舆论、操纵审判的思想工具和对抗司法权威的有力武器。民意司法不仅与司法属性相违背，而且究其实质来讲则是政治司法，这不仅是因为，判断和甄别"何为民意"的话语权掌握在政治权力手中，而且在维护社会稳定、服务建设大局的政治工作任务指导下，适用民意也成为政治权力讨好舆论、达到政治目的的重要手段。

3. 司法目的与政治要求的协调

协调司法目的与政治要求之间的冲突，其关键在于实现对政治权力的约束和控制，最根本的方式是通过法律实现政治控权，将政治权力纳入法治轨道，进而完成政治法治化的改革目标。

首先，法律凝结并维护民主社会的核心价值体系。现代民主社会由公民个体按照一定的社会规则构成。出于对社会共同体生存和发展秩序的基本诉求，人们倾向于寻找能够公平合理解决彼此争议的纠纷解决方式，法律尤其是司法也由此应运而生。司法是正义的化身，法律规范整体也凝结并蕴含社会核心价值体系，构成社会的精神内核，成为维系社会共同体长久存续的根本依据。作为一种社会现象，法律的衍生与国家存在天然的联系。传统国家主义政治观从权属和法源角度出发，将法律视作由国家制定和颁布并依靠国家强制力保障实施，由此认为“法律是国家实现政治统治的工具”。这种观点无疑割断了法律与社会价值体系的内在关联，而仅仅强调法律的政治属性和工具特点，容易造成法律与社会的脱节和法律的纯粹意志化。从法律思想史角度看，人类很早就尝试从政治外部认识法律现象，并将法律视为规制政治权力、政治意志与行为的建构性力量。这种力量来自人类在日常交往中形成的共同利益，正是对“善”的共同追求构成法律能够主导政治、实现政治法治化的社会根据。值得注意的是，法治的重心在于借助过程和方式形成社会共同体利益作用于权力和制度的机制，保障制度的建构和权力的行使合乎公民对于“善”的期许。“共同体利益不是权力宣示者的利益，它是一个理性论证与认同的过程，通过不同利益的制度性参与而形成，其重心在于制度和机制，不在于这种利益是什么。如果把重心置于这种利益是什么，其结果很可能是把权力者宣示的利益当作共同体的利益，有可能为实现所谓的共同体利益而形成压制性社会制度和国家行为，实际上仍然是权力主导。政治法律化必须是共同体利益主导下的法律化过程，形成共同体利益作用于权力和法律的机制，使其成为实现共同体利益和价值的工具。这一过程是理性认同的过程，是制度运作的过程，不是简单地由国家权力宣示和建构。”〔1〕

其次，国家必须服从基于社会共同体利益而形成的普遍性行为规则。法律的规则属性不仅针对社会共同体内部的各个成员，也同样对国家行为起到约束作用。传统社会的法律制度之所以无法对国家行为起到规制效果，主要是因为国家力量高于社会共同体的力量，致使法律实效难以约束和调控国家行为。法律制度逐渐脱离社会共同体的基本诉求与核心价值体系，成为体现国家意志的工具。现代民主国家普遍施行政党政治，这一方面使国家意志体现出多元化特征，加深了不同政治党派间的竞争关系，另一方面也极大挤压了社会共同体内基本价值的生存空间，增大了公民权利遭受损害的政治风险和救济难度。唯有通过法律控制政治权力，完善政党意志上升为国家意志的法律程序和制衡、监督机制，才能约束党派间因不当竞争造成的政治资源浪费甚至是公共秩序危机。进

〔1〕 周祖成：《政治法治化问题研究》，法律出版社2011年版，第53～54页。

一步而言，当公民意识逐渐成熟、社会力量稳步增大时，社会群体的正当诉求不得不反映在法律规范之中，法律对国家行为的规制也成为应有之义。这集中表现在国家和社会共享立法权方面。肯定社会参与立法的积极作用，旨在保障法律及时反映社会共同体的利益与诉求，有效制定和实施调控国家行为的法律，把国家行为纳入法律调控范围，使国家行为服从基于共同体利益的普遍的行为规则。当然，法律并不只是简单叠加起来的规则体系，而是蕴含特定价值和利益的行为标准。也就是说，这些行为规则必须依托于现实的社会关系和评价体系，反映社会整体的利益诉求，并维系共同体的存续和发展，也因此而成为对社会具有普遍约束力的行为规则。

最后，社会集体力量的逐渐成长及其对国家政治权力的规则性诉求。近代以来，随着市场经济的快速发展和个人地位的逐步提升，各主权国家纷纷形成政治国家与市民社会的二元结构，民间结社、游行示威等权利逐渐获得法律认可。由此以来，社会力量不仅大为提升，并有了与国家权力对话的资格与渠道，而且逐渐形成了国家与社会之间均势互动的态势。社会对国家权力的产生和运行有基于自己利益出发而产生的现实诉求，要求国家权力必须服从一定的规则和程序。这种国家与社会关系的变化是能够用法律调控政治的重要条件，也是实现政治法律调控的重要动力来源。强势政治社会一般呈现一元化社会结构，权力意志占据绝对优势，难以真正实现政治的法律调控。这反映出，从政治社会向法治社会转变的关键在于社会结构的调整和重构。相比较而言，自发型现代化国家的现代化过程表现为社会力量的成长及其对政治的参与过程，其重心是国家与社会关系的调整和重构；后发型现代化国家的现代化过程则表现为国家层面的变革和强势成长过程，国家权力起着主导性作用，重心是经济发展而不是国家与社会关系的重构。片面追求经济发展掩盖并压制了对政治进行现代化变革的诉求。由于欠缺对社会结构和社会关系、社会制度的现代化变革，后发型现代化国家的政治权力通过经济成就在社会中建立了自己的强势地位，造成社会对政治的过度依赖和盲目崇拜，社会没有制约政治的制度通道，政治变革长期滞后于现代化的发展要求。政治的法律控制在后发型现代化国家并没有成为迫切需要，因而也欠缺变革的内在动力。在很大程度上，这种情况是传统权力型政治模式的延续，虽然在社会变革时期有其一定的必要性，但实践中暴露出的权力滥用、司法腐败等弊端已然表明，加快建构国家和社会的良性互动机制，促成对国家权力的法律控制，才是实现法治国家、法治社会一体化建构的必由之路。

实现从政治法制化到政治法治化的跨越需要注意以下两点：

一是，处理好法治体制普遍性与特殊性的关系。从比较法视阈看，无论是作为西方主要发达国家的英国、美国、法国、德国，还是作为其模仿者的日本、新加坡等新兴国家，法治体制在许多方面都是相同或者类似的。例如，法治体制的形成都是一个充满斗争的过程，在此过程中观念的产生和制度的创设存有时间差，而制度的落实与生效更是经过了缓慢的发展阶段。这意味着，某一法律制度的产生并不是某一新体制已经形成的标志，只有新的政治力量占据绝对优势之后，旧的制度才可能被彻底清除。又如，法治体制的确立过程总是观念导向的，其关键在于社会公众普遍接受人民主权、法律公意和法律至上、保障人权等观念，才会外化出一系列具体的政治制度和法律制度。仅从立法体制、行政体制、司法体制和政党体制这四个方面来讲，前述国家不仅未能形成统一的政治法律体制，反而存在具有国别性和地域性的特殊差异。由此不难发现，法治体制和法治类型并不存在统一的模式，在法律移植的背景下仍应遵循多元化、个性化的原则适度改造，从而确保外来的政治法律制度能与既有内容相协调。例如，亚洲国家的政治法律制度普遍与西方国家相类似，有些制度内容更是全方位西化。但从实际情况看，外来制度与本土文化之间的断层现象十分明显，对于普通民众而言，观念层面的认可远比制度层面的融合更为缓慢和困难。各国不同的权力结构、法律体系和政党体制的变革是个渐进过程，政治法治化往往伴随民主化程度逐步完成。这实际上表明，各国的民主法治道路均有其特殊性，不能简单模仿和人为建构，而应从本国特有的文化基础和历史实践中摸索。

二是，实现从政党政治到政党法治的过渡。政党是现代民主社会中各种政治活动最重要的参与主体。即便在民主活动中还包括公民、非政府组织、利益集团、新闻媒体等，多数人仍普遍认为，政党政治是现代民主政治的基本形态。这一方面是因为，现代民主政治的形成过程与政党的成长过程大致相当。例如，在西方资产阶级民主国家的建国初期，大都没有现代意义上的“政党”，这种称呼不但没有在西方文化观念中占有一席之地，早期的建国者和政治家对“政党”或政治斗争中的派别持有一种否定态度。适合于现代民主政治的政党只有在现代民主政治的环境中才可能产生并日趋成熟。另一方面，现代民主政治的许多原则和规则也主要是针对政党来施行的。例如，现代民主政治采取代议制形式，其主要活动包括选举、议会立法、组建和监督政府等，为保障这些政治活动得以顺利进行，政党创制出许多政治原则和规则，指导和约束党派间的各种政治行为。考虑到现代社会权利保障和权力转换乃至整个民主体制的运作情况都与政党政治密切相关，可以说，民主体制在一定意义上就是政党体制，政党的状况与能否实现民主和民主的实现程度关系甚大。因此，从政党法治化的角度实现政党政治的有序运行，成为域外法治国家政党制度改革的共同选择。

历史地看，政党活动与法治精神、法治原则的要求并非全然一致。政党选举可能受到政治精英们的执掌或操控，在通过党派途径获取国家权力之后，执政党优先考虑为本党派谋取利益，而并非全然从社会公众的立场出发。这无疑与民主精神相违背。那些反体制的极左或极右性质的政党，甚至是抱有极端种族主义和宗族主义信仰和倾向的政党，在客观上都难以发挥稳定政治活动和社会秩序的作用。再加之周期性政党竞选频繁暴露出的贿选、腐败和议会斗争等丑闻，更是加深了民众对于政党执政能力的担忧。毫不讳言，无论是政党种类的复杂性还是政党活动方式的非规范性，都促使政党政治的合法性问题成为难以回避的挑战。为避免政党独裁、迫害反对者以及侵蚀社会公益的情况发生，许多国家开始对政党活动进行法律规制。自 20 世纪下半叶以来，将政党活动纳入法律轨道并实现政党法制化，成为一国法治建设的主要任务，也是衡量国家法治化程度的重要标准。概括起来讲，国外一些国家法律中对政党的规定归纳起来有以下几方面：承认政党存在的合法性，但对体制外政党作了严格限制；大多数国家对政党的性质和信仰未作规定，有些国家的法律规定政党不得带有阶级、宗教、种族主义色彩；政党必须遵守民主原则进行活动；党组织应与国家机关分开，除议会可组建党团外，其他国家机关不允许党组织的存在；政党的活动经费应来自政府财政和个人的小额资助。[1]从实践情况看，政党法制化的特点和规律在于规范政党活动与国家的关系，主张将依法治党、依法执政和依法治国统一起来，从而最终实现由政党法制化到政党法治化的过渡。

在党政关系法治化过程中，最核心的问题是党以什么形式执掌政权。党的执政方式一般包括两种：一种方式是以党组织的形式执掌国家政权，其特点是党组织凌驾于国家政权机关之上，其结果是形成两个权力实体，即党组织的权力实体和政权组织的权力实体。另一种方式是政党成员通过法律途径进入政权机关执政。前一种方式面对的困难在于，如何协调两种政治实体的权力冲突。后一种方式则需要回答政权来源与合法性的问题。就中国来说，一方面，政党的内部组织与国家机关的各级结构逐一对应，从中央到地方均有针对同一事项的两套权力体系，在党政机关之间形成一种“嵌套”形态；另一方面，党员直接参与国家机关的具体工作，以“政党成员”和“国家公务人员”的双重身份行使各项职能和职权。这无疑加深了政党意志对国家权力的实际影响。正如有学者所指出的，“在党权（党的领导权与执政权）和政权（特指立法权、行政权、司法权等政府权力）的关系上，在政权的运转中，党的作用可以比作一个软件，政府是硬件，硬件如何操作在总体上接受软件的指引，但软件不能直接代替硬件的操作，不能由党委去包办政府的行政工作与干涉司法，审批案件。党政分开首先是‘权能’分开，即在权的性质与作用上要分开，不能把党的政治权威同国家权力混同”。[2]为此，在党的十八大以来开启的新一轮司法改革过程中，特别强调要将党对政治法律工作的绝对领导与尊重司法规律相统一。要求各级党员干部运用法治思维和法治方式领导司法工作，全面推进党对司法的领导从“以党代法”向“依法执政”转变。

一方面，以法治化的方式从严治党，提高党对政法工作的领导能力，通过党的强大整合能力保持法治进程的稳定性。2019 年 1 月，中共中央颁布了《中国

---

〔1〕 参见严存生：《法治的观念与体制——法治国家与政党政治》，商务印书馆 2013 年版，第 413～421 页。
〔2〕 郭道晖、刘永艳：《政党与宪制》，法律出版社 2016 年版，第 104～105 页。

共产党政法工作条例》，第一次全面阐述了党的领导与司法工作的关系，成为党对司法工作领导的总纲领。《中国共产党政法工作条例》围绕“领导什么、如何领导、怎么保障”等在司法工作中的模糊性、争议性问题，确立了党对司法工作的领导原则和方针政策，对党领导司法工作的体制机制、主要内容、方式、方法等作了科学、完整、详细的制度安排。举其要点来看，其一，党委政法委员会主要发挥牵头抓总、统筹协调、督办落实等作用，同时应该履行特定的“十项职责任务”，从而将党委政法委员会的工作程序法治化、制度化。类似地，政法单位党组的领导职责任务也被限定在特定的事项。其二，党领导司法工作可采用请示报告、决策与执行等方式，但每种方式分别需要满足相应条件才能展开。例如，《中国共产党重大事项请示报告条例》明确规定了党组织请示报告的事项和程序，并强化了监督与追责机制。[1]又如，按照集体领导、民主集中、个别酝酿、会议决定的原则，各级党委政法委员会、政法机关党组可以针对特定类型的案件召开办公会议或联席会议，同时也对会议的决策事项、召集的程序和方法进行了明确的规范。

另一方面，大力推进以保障法院独立行使审判权，维护司法权威，提高司法公信力为核心的司法体制改革。党的十八届四中全会审议通过的《中共中央关于全面推进依法治国若干重大问题的决定》为全面推进依法治国布置了 180 多项改革举措，其中涉及司法体制改革的措施就有 30 多项，特别强调要尊重司法运行的法治规律，着力推进针对制约司法能力、影响司法公正的体制机制性障碍在制度层面的根本性变革。随着各项改革措施渐次展开，文件确立的“支持司法”的指导原则也得到了更多制度性保障，反映出党的领导与独立公正司法之间的良性互动关系正在逐步建立。这集中表现在，实现“党管干部”原则与司法人员管理制度改革的协调统一，司法责任制改革与“党政问责”的协调统一。例如，对于员额法官的遴选来说，无论是经过考试考核后法院党组的推荐，还是省级法官遴选委员会的审议，以及省级高院党组对审议名单的讨论和批准，都尊

---

〔1〕 参见 https://www.chinacourt.org/article/detail/2019/02/id/3741330.shtml，最后访问时间：2021 年 6 月 5 日。

重对员额法官候选人专业素质的考察，但同时也并不忽视对其政治素质的审查。同时，在推动法院人事省级统管改革背景下，法院主要领导干部在省一级实现了“关键管理、少数管理”，对法院院长的选任机制实现了职业化重塑，在一定程度上改变了以往选任机制中内部决策、同级任命、地方差异的状况，而且有利于改善审判权过度地方化的弊端。又如，司法责任制作为本轮改革的“牛鼻子”，提高了普通法官在案件审判过程中的独立地位和话语权重，使法院内部的人员关系更加趋于平等化和扁平化，不仅对提升法官审理案件时的独立性起到积极促进作用，有效遏制了“司法行政化”的固有弊端，也在一定程度上削弱了院庭长的审判管理权，有助于实现“让审理者裁判、由裁判者负责”的改革目标。同时，本轮改革还明确区分“管党治党专责”与“审判业务责任”两种不同责任类型，将法院内的政治部主任、纪检组长等履行管党治党政治责任的专责干部责任与法院院长、副院长等以业务领导为主的专业责任相区分，针对法院领导干部“入额不办案”或“挂名办案”的问题，设置并采取不同的管理模式和制度安排。这种将政治责任与专业责任区别对待的做法，不仅提高了员额法官审判案件的自主权，维护了审判工作固有的中立性运作逻辑，而且没有排斥以抓班子、带队伍、管业务为初衷的“党政问责”体制，在客观上也有利于减少院庭长干预司法的现象，体现了党的领导与审判独立的协调统一。

四、司法制度与政治制度相互作用的发展史

1. 中世纪西欧司法制度与政治制度发展史——以法国、德国为分析对象

在法兰西王国时期，封建制度在法国逐渐形成、发展、达到鼎盛，并最终面临崩溃的危机。在此过程中，法国的政治统治也历经初期地方封建领主实力强盛，到王权不断强化的过程。具体而言，从公元 9 世纪至 12 世纪，法国处于封建割据状态，并在此后逐渐走向中央集权；到了 16 世纪，法国已经发展成为君主专制国家，君主专制制度也一直持续到 18 世纪法国大革命的爆发。

伴随政治制度的不断演进，法国司法制度也日臻完善。从 9 世纪开始，封建

制度在西欧各国逐渐确立。法国在封建制度确立初期，自然经济占据主导地位，经济发展局限在各个封建领地的范围之内，导致领主经济活跃。领主实力在抵抗外族入侵中进一步壮大，法国也由此进入封建割据时代。这一时期，封建领主在各自领地之内享有充分的立法权、行政权和司法权。国王虽然在名义上是最高元首，但其只在自己直辖领地内行使权力，实质上只是王国内最大的领主而已。封建割据的政治局面使该时期的法律规范极为繁杂，在全国范围内缺乏统一性。同时，法国在此时期不仅具有多样的法律渊源，领域内各地区的司法制度间也存在极大差异。例如，从整体来考察，当时以罗瓦尔河为界，法国分为两个法区：该河以南是成文法区，适用成文的罗马法；以北则是习惯法区，适用源于日耳曼习惯的习惯法。除此之外，教会法不仅在法国全境有其特定的适用领域，而且从10世纪开始，教会法的适用在实质上已经超出单纯宗教的范畴，更多地涉及婚姻、继承、遗嘱以及合同等世俗事务。又如，封建领主在各自领地内享有独立司法权，每个领地均设有领主法院，当领主将领土分给自己的附庸时，该块土地上的司法审判权也随之下放。由此不但导致了地域管辖权的区分，也形成了低级领主法院和高级领主法院的等级之分。

从12世纪开始，随着城市经济和市民阶层的兴起，市民阶层与封建领主形成了完全对立的政治立场。为了对抗封建领主的势力，市民阶层积极支持国王实现国家统一。在外敌入侵归于平寂之后，从12世纪加贝尔王朝路易六世开始，历届国王都为争夺统治权与封建领主展开了激烈的竞争，并为加强王权进行了一系列改革。在此背景下，法国的封建法制也开始朝向统一的趋势发展。例如，习惯法成文化的形式由起初的个别法学家和司法实践工作者以个人身份撰写，转变为官方组织进行统一的编撰习惯法运动。王权的强化以及法制统一的趋势同样促进了全国统一的司法体制的确立。在13世纪后期，法国国王路易九世为了强化和统一中央司法管辖权，颁布敕令在巴黎设立王室法院，使之成为领主法院的上诉法院（王室法院又称为巴利门法院，还享有对地方法院法官的任免权）。其后，又在各地方设立巴利门分院，对于相应领主法院享有司法和行政管辖权。这些改革措施逐步建立了由国家统一控制的、从中央到地方的阶梯式司法组织系统。新的王室法院系统的建立扩大了国王的审判权，削弱了地方领主法院的司法权，使王室法院的司法管辖权逐渐取代领主法院和教会法院而取得主导地位。在诉讼程序方面，法国在 1254 年至 1318 年颁布了一系列专供王室法院适用的统一诉讼程序的法令，并根据日后裁判案件的差异将其分门别类予以编撰。这对于促进全国诉讼制度的统一发挥了重要作用。随着人类文明的进步，法国在对杀人犯罪的制裁中，家属复仇制度逐渐被赔偿金制度所取代。13 世纪以后，在人文法学派的影响下，法国摆脱了私人裁判制，并代之以公诉审判制。

德国在公元 843 年以前是西欧早期封建王国——法兰克王国的一部分。法兰克王国分裂后，东部法兰克逐渐演变为德意志封建王国。从公元 10 世纪创立德意志封建王朝、开启封建德国的历史之后的百年间，封建德国始终处于割据状态。与这种社会经济状况相适应，由于欠缺统一的政权组织负责立法、执法，德国在 1871 年统一之前的司法制度始终以分散性和多样性为主要特征。在 15 世纪以前的德国文化格局中，日耳曼固有法文化仍然占据统治地位。这一时期，德国主要沿用从法兰克时代的日耳曼法演变而来的地方习惯法和邦国法。与意大利不同，德国在整个封建时期并没有稳定而系统的法律教育和法学著作。自法兰克王国解体后，受制于政治体制上的根本性变化、阶级力量的对比以及因文化差异导致的法律观念的变化，使那些曾经是习惯法根基的原则纷纷失去了原有的效力。世俗的部落法和王室官方法之间的区别在法兰克王国瓦解后也随之消失了。属人法原则衰落、属地法原则兴起，部落法基本上已经转化为一种能够约束每个居民的“邦法”。

与政治发展的格局相类似，法律的发展也体现出分裂主义和党派主义的特征。由于农村公社的长期存在以及封建司法制度适用的区域性差异，无文字记载的习惯法得以长时间保留。在多数情况下，这是由于欠缺统一的司法体制以及数量众多的特别法庭造成的。到了 13 世纪，德国开始编撰习惯法法典，其中较为著名的有《萨克森法典》和《士瓦本法典》，并成为各地法院裁判案件的重要依据。除这种原先就有的不同民族法律共存的特征之外，新的司法区域被按照人口的不同等级和法律身份来分割，并辅之以相应的特别法庭。这些设置在不同邦国内部、类型各异的地方法庭，准许境内不同阶级与合作团体参与案件审判。这些市民有时负责法官的工作主持审判程序，有时作为判决人员或者参审人员。虽然普通市民并不通晓拉丁文，但法律知识通过口授方式得以代代相传，并未阻隔位于不同区域、城市或乡村市民参与审判的渠道。受此影响，这一时期德国的诉讼程序往往只需要以口头而非书面形式进行，普通市民通过结合自身的经验常识获得了更多参与司法审判的机会。与此不同的是，德国王室法院作为法律集中发展的唯一机构，并没有像法兰克王国时期的诸多法院那样享有至高无上的裁判权，而是被迫面对与众多规范体系并存的局面。多数地方法院的判决由职位固定的非职业法官作出，并且法官职业遵循终身任期制和身份继承制。与之相反，王室法院的判决并非由固定的法律裁决者作出，而是由贵族和皇室官员临时作出。因此，在法律的统一性及法律的多样性两种势力的斗争中，地方的司法机构由于从一开始就以一套稳固的组织体系而占据了主导地位。对于封建关系的诉讼来说，领主与封臣以及封臣之间的诉讼受到封建法院管辖，审判由领主主持，由封建藩王担任裁判者。由此发展而成的封建法也作为对前述邦国法的有益补充。

14 世纪前后，德国境内城市兴起，随之开始出现城市法。城市在最初并不属于某一独立法院或者法律的辖区，城市中不同的阶级缺乏一个共同的法院和能够统一适用的法律——自由民生活在邦法之下，农奴则生活在庄园法之下。随着城镇经济的发展，城市中出现了一种建立在城市封建领主享有或被特别授予豁免权之上的、旨在受理居民商业纠纷的专门法院，进而产生了适用于城市范围内的特殊法律规范。德国各地的城市法是在国王或者各地领主恩准取得自治权的文件基础上，参照习惯法和法院判例编制而成的。这些城市法较为详细地规定了有关调整商品货币关系的法律规范。

德国于 15 世纪中叶开始全面继受罗马法文化。德国法对罗马法的继受，早在 13 世纪就已经开始。当时，法官在审理一些案件时便常常引用罗马法。此后，随着城市的不断兴起和商业的迅速发展，以及受罗马法复兴运动与注释法学派的影响，罗马法在德国境内的适用也日渐广泛。到了15世纪末期，帝国法院正式确认罗马法为德国民法的有效渊源，各邦法院也相继对罗马法加以正式援用，有力促进了德国法对罗马法的全面继受。从法制史的角度而言，造成罗马法大范围适用于德国境内的主要原因在于，德国中央权力的分化和德意志地方邦国的强大，客观上需要一整套统一、成熟的法律规范来保障商业活动的有序进行。这一做法加速了德国私法规范、司法组织的建立以及法律职业阶层的合流与形成，并最终促进了罗马法律制度和概念的广泛传播和法律思想的科学化。不过，德国对罗马法的继受并没有完全排斥固有的日耳曼法。在德国的各个地区，罗马法并非同等程度地被全面认同。相反，特别是有关"人"的法律规范，例如涉及家庭法和财产继承的内容，教会法仍然具有相当大的影响。16世纪中叶，日耳曼习惯法在吸收罗马法和教会法的某些原则和制度的基础上，形成了一种通行于全国的普通法。但即便如此，这种普通法对地方特别法却仅有补充效力，未能起到统一法律的作用。

2. 17世纪前后司法制度与政治制度发展史——以英国为分析对象

英国封建法律体系在诺曼征服之前的相当长时间里与欧洲大陆的发展程度大致相当。自1066年威廉公爵入侵英国建立诺曼王朝后，英国在盎格鲁－撒克逊时代即已开始的法律的封建化过程被大大加快了。诺曼王朝的历代国王都致力于加强中央集权制，建立并完善王室司法机构，促使统一的封建法律体系的建立。诺曼时期的英国国王同他的直属封臣贵族之间形成了一种封建法权关系，相互负有特定的封建法律权利义务。国王所负的封建义务实际上构成一套约束王权的法律规范。该规范体系下，每个君主都是一个权力有限的君主。正因如此，国王同贵族之间的封建法权关系便成为推动英国法治传统成长的积极力量。

这种法权关系的典型例证是英国悠久的政治协商传统。诺曼征服之后，由国王的直属封臣组成的御前会议的大会议取代了盎格鲁－撒克逊时期的贤人会议，并承担起议事决策的职能。通过这一非常设的最高咨询、决议机构，英国初步建立了国王采取与贵族协商的方式，形成了制定统一法律、征税和作出司法判决的传统。13世纪初，随着大会议越来越多地讨论、协商和处理重大政治问题，人们开始用专用名词“议会”来形容这种共同议事的组织形式。13世纪中叶，国王亨利三世因加重贵族义务而引发冲突，在贵族的胁迫下签订了《牛津条例》，后者据此获得参与国家治理的机会。作为大贵族反对王权斗争的胜利成果，该条例表明大贵族已经意识到骑士阶层的重要性，并打算利用他们控制地方政权。1265年的“西门议会”进一步扩大了限制封建王权的政治遗产，奠定了平民参与政治、组建议会下院的历史基础。爱德华一世即位后，议会的召开日趋常规化和制度化，并在1341年分离为上院和下院。伴随议会组织机构调整而来的是其权力种类的增多。例如，在14世纪末期，议会便相继获得批准赋税的权力和颁布法律的权力。都铎王朝前期，专制君主在一定程度上加强了议会的作用。国王与新贵族和新兴城市资产阶级结成同盟，中等贵族和部分工商业者代表所组成的下议院力量加强，上院的力量却因此而被削弱了。在议会的支持下，英国王室进行了宗教改革，使英国教会脱离了罗马教皇的控制。议会也遵循国王的意旨，不仅扩大了其自身的活动范围，而且通过了一系列既有利于国王又有利于新贵族及资产阶级的法案。然而，在这一历史时期，议会还只是国王的御用工具，议会权力的扩大也意味着专制王权的加强。到了17世纪，这种由议会通过各种法案的政权运作形式，被议会援用为先例，成为资产阶级和新贵族反对王权的法理依据。在此过程中，英国逐渐形成了独特的法律渊源，即普通法、衡平法与制定法。直到17世纪中叶资产阶级革命爆发前，英国封建法律体系很少发生实质性变化。

作为一种法律渊源，普通法指的是12世纪前后发展起来的、通行于全英国的普遍适用的法律。它的形成可以说是中央集权和司法统一的直接后果。一方面，威廉国王在诺曼征服之后没收了大批盎格鲁－撒克逊贵族的土地，并将其用于酬劳亲属和随从，受封的亲信以服兵役或缴纳赋税等形式宣誓效忠英国国王。这样，封建主不可能割地称雄、与国王相抗衡，封建附庸关系也被强制化、直接化。同时，为了进一步了解臣属的财产情况，以便于向领地征税，威廉国王还在全国施行广泛的土地调查，并将此结果编制成土地调查清册。土地调查使每个封建主的财产分布及其收入状况一览无余而无法逃避任何赋税。这些措施为建立强有力的中央集权制度打下了坚实的基础。另一方面，在诺曼征服以前英国并无统一的王室司法机构，郡法院、领主法院、教会法院等多种法院组织并存，威廉国王在宣布保留这些机构、尊重其审判权的同时，要求这些机构根据国王的令状并以国王的名义进行审判，巧妙地将它们纳入国王的审判机构中，从而有效约束其裁判权力。此外，王室还引入诺曼时代的管理机制，建立了由僧俗贵族和高级官吏组成的“御前会议”，该机构不仅是国王的咨询机构，还行使立法、行政和司法职能。御前会议起初仅在王国安宁受到重大威胁，而各地法院又无法满足正义要求时才行使最高审判权，但其司法职能逐渐受到重视，并从中分离出一系列专门机构，分别行使王室司法权。例如，专门处理王室财政税收案件的理财法院，裁判有关契约、侵权行为等涉及私人利益的民事诉讼高等法院，以及审理刑事案件和涉及国王利益的民事案件的王座法院等。这些王室法院刚开始只在威斯敏斯特宫办公，但是为了扩大王室法院的管辖权，建立和维护一种统一的法律秩序，法官们便逐渐到各地巡回审判。在巡回审判过程中，王室法院的巡回法官根据各地的习惯法判案，并且在结束巡回后就不同区域案件的审理情况相互讨论、切磋，选择最佳的习惯规则，同时还创造了许多新规则，并将其适用于传统的郡以外的地区，从而使各地分散的盎格鲁－撒克逊习惯法逐渐熔于一炉，为形成统一的、通行全国的普通法起到极大推动作用。

除此之外，令状制度同样为王室法院的确立以及普通法的最终形成起到重要促进作用。所谓令状，是指记载国王命令的书信。早期令状主要用于行政领域，亨利二世的改革将令状引入司法领域。令状司法化使王室司法能够直达个人，加速了王室司法活动在全国范围内统一的进程，也使地方法院的管辖权和法律差异受到极大的限制。伴随令状制度的发展，不同类型的令状与各种诉讼形式和程序的联系日渐密切，每种令状都规定相应的管辖法院、被告的传唤方式、答辩方式、审理方式、判决方式和执行方式等。由于令状意味着诉讼形式，诉讼形式意味着救济方法，救济方法又意味着权利的实现，因此，原告在申请起始令状时必须准确选择令状种类，否则其实体权利就无法实现。正是在令状制度的基础上，形成了普通法最为重要的、对整个英国法律体系影响最大的特征——程序先于权利，即一项权利能否得到保护，首先要看当事人所选择的程序是否正确。正基于此，普通法可谓是“在程序的缝隙中渗透出来的”。总而言之，自12世纪至14世纪，在王权的支持下，王室法院得以确立，巡回制度、令状制度得以成型，从而为英国普通法的形成奠定了基础。这一时期普通法的发展过程也同样是封建王权的扩张过程，普通法成为封建君主与贵族、教会的权力交锋中维护王权的重要工具。

衡平法是英国法的又一重要渊源，是14世纪左右为了适时调整经济关系的需要和弥补普通法缺陷，由大法官的审判实践发展起来的一整套法律规则。13世纪以后，英国在强有力的中央集权统治下，封建经济发展到较高水平，特别是羊毛业和商业贸易的兴旺，使英国经济走上了多元化发展道路。随着商品经济的发展，新的财产关系和人身关系不断涌现。这些商业环境和社会结构的微妙变化促使法律规范作出相应的调整。原有的普通法体系因保护范围狭隘和规范内容滞后，致使由令状开启的各种诉讼形式已经难以保护新出现的商品经济中所产生的实体权益。此外，普通法的救济方法以损害赔偿为主，而且只能对现实的损害进行赔偿，对于无法以金钱衡量的损失以及受害人将来可能遭受的预期利益则不予考虑，这便严重限制了当事人的交易需求，也不利于保护实体权益。救济手段和方法的局限性更加凸显以公平、正义为裁判理念的衡平法的灵活性和优越性。在当时人们的观念中，国王是代表公平、正义的源泉，也行使着最高审判权。这意味着，凡依普通法得不到保护的当事人，就按照自古形成的习惯直接向国王请求裁决。最初国王总是亲自审理此类案件，但终究因不堪重负而将此重任转交给大法官。作为国王的首席大臣、国王良心的守护者，大法官在审理案件时不受普通法确立的诉讼形式的限制，而是根据公平、正义原则对案件作出适时判决。起初大法官一直以国王名义作出判决，但在1474年，大法官首次以自己的名义作出判决。这一历史事件也被视为大法官法院成立的标志。此后，以大法官作为首席长官的大法官法院独立于国王和咨询机构，成为与普通法法院并立的法院。越来越多的衡平补救措施和规则被大法官法院创制出来，并逐渐发展为完整的衡平法律体系。

制定法是英国法的第三种渊源。制定法即成文法，是享有立法权的国家机关或者个人以明文方式制定并颁布实施的法律规范。作为英国封建法律体系的有机组成部分，制定法并非一开始就享有如同普通法和衡平法一般的重要地位。英国封建时代享有立法权的主要是国王，13 世纪时作为等级代表机关的国会成立后也分享了部分立法权。在整个封建时代，国王和国会为了争夺立法权展开了激烈的斗争，而制定法的数量和地位正是随着国会立法权的加强而增多和提升的。但从总体上说，在资产阶级革命前，国会并未取得至高无上的立法权，在很大程度上仍要受制于国王。制定法不过是对普通法和衡平法的必要补充，其数量和地位都无法与资产阶级革命以后相比。

17 世纪 40 年代，英国爆发了声势浩大的资产阶级革命，开启了世界历史的新纪元。这次革命以资产阶级和新贵族联合起来反对君主专制制度和教会统治为主要内容，以资产阶级的妥协、君主立宪制的确立而告终。英国资产阶级革命是一次不流血的"光荣"革命，加上英国法本身具有的过于注重程序的特性，使英国革命对法律发展的影响远不如法国等国革命对其法律制度的影响那么强烈。然而，它终究是一场资产阶级革命，阶级力量对比的变化和政治体制的改变对古老的英国法制产生了深刻触动。这些变化在司法领域体现为，普通法和衡平法在内容上得到充实，并被赋予资产阶级的含义。资产阶级革命后，大批法官和法学家对 16 世纪以前的普通法作了详尽的总结和解释，并将罗马法的某些原则输入普通法，出现了大量普通法著作和汇编文集。经此努力，不仅普通法的合理性得到加强、司法判例的地位被充分阐述，而且衡平法在资产阶级革命后也获得很大发展，在某种程度上成为片段的、不系统的罗马法和英国传统法的结合体，不断创造出适应资本主义需要的新的法律原则与裁判方法。

进一步而言，资产阶级革命还极大促进了司法权的独立。在君主立宪制确立之后，国王只是形式上的最高权力掌握者，其终审权转而归属于上议院，但上议院在事实上却受到下议院的约束。因此，司法审判权在这个历史时期仍在总体上依附于国会。但是，英国法院的这种依附性是结构上、而非权力上的。也就是说，英国的国家机构在设置上并没有与行政机关、立法机关鼎力而居的、独立自主的司法机关体系，但在功能上，司法权却是独立的。英国司法的这种功能性独立的传统既得益于其普通法体系的高度技术性，亦成为推动其普通法体系技术性日臻成熟的重要因素。从这个意义上说，英国历史上的司法独立，既是功能意义上的，也是技术意义上的。例如，为了解决封建社会长期存在的土地争议问题，作为裁断依据的土地法因内容复杂和用语晦涩，排斥了非法律执业者的介入，导致掌握此项法律知识、能够熟练运用法律的人群具有相对封闭性。随后出现的类似行会的职业自治组织，极大提高了英国法律职业阶层的社会地位和经济收入，这一方面在法律职业内部形成了一种自洽的力量，年轻法律学徒往往只在固定的律师会馆进行技能培训，另一方面英国律师群体的不断壮大也为职业法官的选任提供丰厚的人才储备，促使职业法律人能够基于知识的专业性、技术性抱有一种对抗外部权力干涉的姿态。又如，在 17 世纪，原本专司宗教事务的教会法院已经将管辖范围扩张到世俗的刑事案件，并与英国的世俗法院之间发生了冲突。1612 年 11 月，为解决教会法院与世俗法院管辖权的争议，在英国主教奏请下，国王召见英格兰的法官一起商讨司法独立的议题。该次会议中，主教认为，法官是国王的代表，国王在认为有必要时，把本由自己裁断的案件授权给法官们处理。国王同样宣称，法律以理性为根本，国王与法官一样具有理性，并由此能够作出裁判案件和授权转移管辖权的决定。然而，当时一位名为柯克的官员却认为，上帝虽然恩赐国王以丰富的知识和非凡的天资，但国王对本国法律并不熟悉，而这些涉及臣民的生命权、继承权、财产权等的案件并不是按照天赋理性来决断的，而是依据人为理性和法律规范作出的。法律是一门艺术，它需要经过长期的学习和实践方能掌握，在未达到这一水平前，任何人都不能从事案件的审判工作。正如英国著名法学家布莱克斯通所指出的，国王不应服从任何人，但应服从上帝和法律。由此可以看出，柯克爵士所推崇的“实践理性”就是一种技术性，即是依靠法律的复杂性排除外界干预，从而维护英国司法体系的独立。简言之，英国司法传统的形成在很大程度上是因为法律的复杂性和依靠法律职业阶层力量的推动，而逐渐从结构上的依附关系转变为职能上的专门化的独立自治状态。

3. 18世纪中叶至20世纪中叶司法制度与政治制度发展史——以美国为分析对象

由于美国和英国特殊的历史关系，美国法从一开始就被打上了英国法的烙印。美国法是在继承和改造英国法的基础上逐步建立和完善的，其发展过程大致分为三个时期。

首先，美国法肇始于北美的殖民统治时期。由于欧洲各殖民国家的激烈争夺，北美殖民地出现过一个短暂的法的多元化局面。18世纪60年代英法战争结束，英国进一步确立其在北美殖民地的统治地位以后，普通法在北美殖民地的支配地位也最终形成。英国普通法在北美殖民地的施行奠定了美国法的基础，也决定了美国法的基本风格。以此为开端，美国在继承、改造英国法的同时，赋予其法律以不同于英国法的特质，并逐步形成自己的法律体系。1776年至19世纪中叶，随着北美独立、美利坚合众国的建立，美国法的独立化倾向日趋明显，开始了以普通法为基础的新法律的创制活动。独立后的美国试图摆脱对英国法那种不加鉴别、修改而直接给予认同的做法，再加上边沁倡导的法律改革和法典编撰思想的影响以及美国社会生活和文化观念的特殊性，美国法在形成过程中呈现出与英国法相互独立的发展趋势。

作为美国法律渊源的重要组成部分，美国宪法的制定是此时期最具代表性的法制史事件。自建国后，随着形势的发展，松散的邦联制很快表现出软弱无力的局限性：对内由于中央政府缺乏统一的财政经济基础和高于各州的权力，无力实现关税、货币和法律的统一，阻碍了资本主义经济的发展；对外也缺乏抵御外敌的合力与强制各州履行对外条约的强制力。其结果就是“百病丛生的经济、动荡不安的社会、无能的国会、空虚的财政以及失败的外交”，新生的国家也因此陷入巨大危机。一些资产阶级有识之士开始考虑建立一种强有力的中央政府体制。1787年费城会议召开。与会代表们超越了联邦国会关于只限于修改《联邦条例》的指示，将会议变成了制定新宪法的大会。经过各州议会批准，美国《宪法》于1789年3月生效。作为世界上第一部成文宪法，美国《宪法》确立的基本原则和根本制度对美国社会产生了深远影响。例如，根据权力分立与制衡原则的基本精神，美国创设了一种双重立体分权与制衡的政权体制，具体表现为联邦和州的权力分立与联邦架构内的三权分置，即将立法权、行政权、司法权分别交由美国国会、总统和法院行使。立法权和行政权不仅可以通过弹劾法官、控制法院编制等方式制约司法权，后者同样可以凭借司法审查权，对国会通过的法律和总统发布的命令进行违宪审查并使之无效。又如，美国《宪法》的前十条修正案，即著名的“权利法案”，不仅规定了公民的基本自由和权利，而且确立了正当程序条款、刑事被告人权利保障等基本的司法制度和程序规则。这些宪法条款为公民宪法权利的保障以及司法权的公正行使提供了根本准则。

此外，1789 年 9 月首届国会颁布的《司法条例》，是除了美国《宪法》及其修正案之外，影响美国司法制度的最为重要的文献。美国实行的三权分立制度，在司法制度上表现为司法独立，该原则也是美国司法制度的核心。其内涵不仅在微观层面上体现为法官个体在任职保障的程序性，而且从宏观层面上反映出联邦制度和中央政府权力运作的合宪性。一方面，法官独立任职并依法裁决。美国联邦法院法官由总统经参议院同意后任命，任职后独立办案，审判案件不受立法机关和行政机关干涉。为确保司法独立，法律规定法官终身任职，领取法定薪金，除非因行为不端并经法定程序而遭到罢免或追责。另一方面，法院体制分离和权力制衡。美国司法机关的地位相较于其他国家更高，在某种意义上，法官身兼三种不同身份：作为法律的执行者，他们在法庭上听取陈述，适用法律，作出裁判；作为法律的解释者，无论是国会的法律还是行政机关的法规，没有法官的解释适用，就无法变成具有实质效力的“活”的条文；作为法律的创制者，通过对判例在新条件下的解释、选择，法官往往创制出适时所需的新规则。

特别是联邦最高法院法官还享有违宪审查权（或称为司法审查权），其是指，联邦最高法院有权通过有关案件的审理，解释宪法并宣布联邦法律或者州宪法和法律是否符合联邦宪法。联邦最高法院在具体案件的审理中，如发现州宪法和法律或者联邦法律与联邦宪法相抵触，可宣布其违宪；某项法律一经被宣布违宪，法院便不能再援用。联邦最高法院在行使司法审查权时所遵循的一项重要原则是“政治问题回避”，也就是说，司法审查权的行使仅限于司法问题而不涉及政治问题。然而，在司法实践中，司法问题和政治问题的划分有时是相当微妙和隐晦的，需要根据当时的社会基础和经济条件综合评价。联邦最高法院也因此获得了制衡政治权力运作的重要手段。总而言之，司法审查作为一种权力和制度，以分权、制衡和法治原则为基础，一方面，真正赋予了宪法以根本法的地位，将一切法律都置于宪法精神的统治之下，一切法律权利最终都起源并归结于宪法权利。这一制度的实施，不仅对维护法制统一有着积极意义，而且创造了一种发展宪法、实现宪法监督和保障的独特模式。另一方面，在维护资产阶级民主制度，调整联邦和各州之间的矛盾冲突，调整立法机关、行政机关、司法机关的关系的过程中发挥着重要作用。通过对国会立法和政府运作的合宪性开展事后审查，联邦最高法院得以与立法机关、行政机关平起平坐，这种地位是许多国家法院所没有的。这也是英美法系具有“法官造法”特征的由来。

其次，19 世纪中叶之后，随着产业革命的完成，新科学技术被广泛应用，交通和通讯得到了极大改善，美国在经济上已经成为工业化强国；加之海外扩张的结果，使美国城市迅速发展、人口大大增加，这一切都给美国法的发展提出了新的要求。在这一过程中，美国对既有法律进行了卓有成效的改造。作为这种改造的结果，美国法在承袭普通法传统的同时，以自己独创性风格迅速发展。就法律的发展进程来讲，在 19 世纪中叶以后，美国法历经了南北战争以后的和平发展时期，以及罗斯福新政和第二次世界大战后两个大的发展时期。法律的统一化和系统化趋势不断加强，法律规范的内容也体现出更多近代化的特点。具体而言，南北战争以后，伴随资产阶级在政治、经济和思想上的胜利，1865 年，美国《宪法》第十三修正案宣布废除奴隶制度，标志着资本主义在美国取得全面胜利并得到根本法的确认。1868 年颁布的第十四修正案，通过对各州权力进行实体性限制，为公民的生命、自由和财产权提供了充分的法律保障。此后又通过了一系列宪法修正案，禁止对公民选举权在性别、种族、财产等方面的资格限制，并通过新判例和新立法废除了种族歧视性法律。尤其值得注意的是，美国开始真正根据自身国情和资本主义生产需求改造和修正普通法基本原则，如为鼓励资本主义的土地开发和利用，取消了对不动产转让的特殊限制，确立了土地的自由转让和占有制度。此外，还对烦琐的诉讼程序进行改革，使各州的诉讼制度趋于统一化。统而言之，在 19 世纪的最后 30 年间，联邦最高法院通过一系列颇具影响力的判决，确立了正当程序的实质性宪法地位，并将“个人自由和私有财产神圣不可侵犯”的理念与“法律领域内的进化论”思潮相融合，通过司法手段将道德法则上升为一种自由放任的司法政策，主张尽可能少地采用立法控制的方式干预经济发展，降低对于促进国家繁荣的经营方式的法律控制。各种判决背后反映出的是一部现代大工业兴起、联邦层面努力对商业进行控制和对其中所涉及的管理法规实行司法审查的历史。从此以后，无论联邦层面还是州层面，全部的政府活动都必须通过实质性正当程序设定的“关卡”，政府活动的实质性和程序性方面都要服从联邦最高法院确定的裁判规则的具体指引。与此同时，美国建立了富有特色的判例法理论，形成了自己的“先例原则”。该原则是指州下级法院在州法律问题上受到州上级法院判决的约束，在联邦法律问题上，受联邦法院，特别是联邦最高法院判决的约束；联邦法院在联邦法律问题上，受联邦上级法院判决的约束，在州法律问题上，受相应州不违背联邦法律的州法院判决的约束。然而，美国联邦最高法院和州最高法院在实行先例原则的时候，一开始就享有在必要时改变先例和创造新判例的权力，并不受先例的绝对约束。对先例是否遵循，主要是以是否有利于美国资本主义发展为标准。通过一系列的立法和司法改革，美国法被赋予新的精神和观念，始终发挥对美国经济与社会发展的保护和促进作用。

最后，19 世纪末 20 世纪初是美国法发展的转折点。随着经济上从自由竞争走向垄断，美国在政治上表现出一种联邦主义倾向，联邦权力相对于州权力不断加强。与此同时，联邦中央权力结构中，以总统为代表的行政权力日益扩大，法律的社会控制功能日渐明显。为了应对现代社会新出现的矛盾与纷争，美国法在这一时期也呈现新特点。例如，行政命令增多，委托立法出现。国会往往以授权的形式将某一特定事项的立法权交给总统或者其他行政机构行使，政府往往以这种行政命令和委托立法的形式干预和调整社会生活。又如，成文法的地位相较于判例法而言有所上升，成文立法的民主性和科学性增强。然而，即便如此，司法权在20世纪前半期仍然获得相对于立法权和行政权更高的地位，对政府的司法监督并未减弱。主要表现为，联邦最高法院利用其享有的司法审查权和正当法律程序工具，将大多数与自己所认可的经济常识或社会需要不相符合的法律法规判定为违宪，致使联邦政府出台的旨在维护社会安定、防止滥用工业主义压力的立法无法通过。在涉及劳工赔偿数额、最低工资保障和工作时间调配等宪法案件中，最高法院忽视垄断资本主义的发展需求和现实特点，执意采取一种极端保守的态度发挥政治职能，扮演了“美国第三议院”的角色。从某种程度上讲，这种不切实际的司法控制部分地阻碍了当时美国经济社会的发展进程，最高法院也因突破制宪者设定的分权框架、过分依赖程序正义和否决权而饱受指责和非议。

联邦最高法院的这种裁判观念在20世纪30年代开始发生转变。1937年，为复苏萧条的经济状况，联邦政府力争通过推进新政计划打破19世纪末以来盛行的“小政府”模式及其秉承的“不干预主义”政治理论。虽然罗斯福总统提出的“改组法院”计划被参议院否决，但其试图修正联邦最高法院裁判理念的“宪法革命”却获得胜利，联邦最高法院很快便取消了限制联邦政府行使权力范围的做法。司法权之所以放弃实质性正当程序观念、选择审慎与克制的立场，主要是因为商业环境的恶化和工业需求的下降致使整个国家难以应对经济萧条带来的危机。严峻的社会形势倒逼联邦最高法院的大法官们重新检视早期的裁判理念是否过于激进，自由主义的极端泛化导致裁判的社会效果被有意忽视了。正是对现实因素的考量，基于经验的实用主义司法观被再次肯定。联邦最高法院于1934年至1936年的一系列判决表明，对于制定法是否合宪而言，联邦最高法院已经不再将其作为独立的客观事实进行审查，而是采取更为主观的判断方法，即理智的立法者是否认为有关制定法已经具备了预期结果的合理方法。也就是说，联邦最高法院不再以自身对于经济理论和社会观念的认知作为裁判依据，毕竟审查某一科学理论或哲学思潮是否经得起检验，并不是法院的职能。同样，判断联邦政府的管理性法规所依据的学说或教科书是否能够有效改变当前的社会状况，并不是代议制民主政体对于司法机关职能的合理期待。可以说，联邦最高法院对于自身地位的反思，以及对于司法权性质和效用的理解是符合联邦宪法基本原则与精神的，也为联邦政府运用行政权力开启的一系列改革措施奠定了法律基础。

20世纪50年代，美国法在公法领域制定了一系列人权法案和宪法修正案，强调对公民人权的确认和保护，并于法律层面上着力解决种族平等和男女平权问题。在实施宪法平等保护条款时，提出为真正实现法律形式上的平等，应当对事实上处于不平等地位的一部分人提供法律补偿的问题。这方面的典型例证是社会保障法等制定法的出现。伴随福利国家理念的逐渐深入，美国公法体系被迫应对现代工业雇佣制度中的不稳定性，以及由此产生的对于失业和退休工人的必要补偿问题。在此过程中，联邦最高法院通过一系列判决认为，老年和失业工人福利条例是合宪的，并最终促成社会保障法的通过，将联邦政府引入了广泛的社会保险领域。围绕社会保险问题出台的制定法具有的意义远远超过了个案判决中提供的审查规则，这是因为联邦最高法院的判决意见不仅加速了保护弱者、提高救助等福利理念的广泛传播，也从政治层面上推进了整个福利国家的建设：一方面，对于国会决定为老年福利计划以及失业保险计划收税或者拨款，只要其行使此项权力考虑到了“共同防卫和普遍福利”的宪法目的，便不会被判定为违宪。联邦最高法院的这一态度直接推进了联邦和各州层面对该问题的立法进程。另一方面，开展福利、救助事业所需要的费用逐渐在政府开支中占据越来越大的比例，政府财政权力被用来服务于立法机关所选择的各种社会目的，社会保障法的相关判例允许立法机关决定行使这一权力是否促进了普遍的福利。可以说，对于福利国家的建设而言，政治制度层面上的三种权力很好地体现了制衡基础上的协作关系。

进一步来讲，这种协作关系也很快扩展到联邦与州的纵向领域，增强了中央集权式联邦主义倾向。由于很多州单靠自身力量无法提供社会保险等新政要求的公共服务项目，促使联邦津贴或财政援助成为重要的资金来源，这种财政补偿机制的运作有利于改变联邦和州之间的平衡关系，因为联邦援助的扩大是以中央政府不断加强对各州立法和行政的控制为代价的。依托于此种财政援助制度基础上而逐渐发展起来的是一种协作性的联邦主义，行政权的重心也在不断向中央政府方向倾斜。然而，需要指出的是，即便行政权的广泛运用在一定程度上限制了司法机关对于行政决策的复审范围，但在经济管理领域，联邦最高法院始终抱有相当程度的影响力。这不仅是来自政治体制的根本约束，而且同样基于对这个时期社会现状的积极回应，即在联邦最高法院看来，对于复杂的、迫切的经济社会问题的解决，并非仅仅依靠行政专家，司法机关也应履行一部分极其重要的职能。毕竟，在实现公共目的方面，司法机关并不逊色于行政机关。

五、国外司法与政治关系概览与比较

域外国家处理司法与政治关系时，大都奉行权力分立理论的运行逻辑，促使司法权力脱离于政治权力并将二者分别授予不同的机关或部门。纯粹理论上的权力分立是将政府划分为立法、行政和司法三个部门。三个部门中的每个部门都应有相应的、可确定的政府职能，即立法职能、行政职能和司法职能；同时，政府的每个部门都局限于行使自己的职能而非僭越其他部门的权力空间。这种职能划分和机构设置相互分离的做法使政府各组成部分之间形成一种相互制约的机制。在刑事司法领域，纯粹的司法与行政分立应当是代表行政权的检察机关与警察机关和代表司法权的审判机关之间相互独立、彼此制衡。然而，现代西方法治国家实施权力分立与制衡的具体模式并非完全相同，政府三种公权力间的分立程度与制衡力度也并非完全一样。下文仅立足于司法观念、国家类别、法系传统等因素，对当今域外主流法治国家司法与政治关系的基本模式作简要概览与比较。

1. 英国模式

在英国，国家权力虽然被划分为立法、行政和司法三个部门，但却并非严格依据三权分立原则建立。这是因为，英国的立法机关产生行政机关，行政职位的设置和权限也都依赖于立法机关；类似地，司法部门在传统上也是由议会建立的法院组成，直至 2009 年进行司法改革后，最高司法机关才从立法机关中脱离出来。然而，即便在权力结构存有从属关系、机构设置存在位阶差异的情况下，英国司法人员与立法人员及行政人员仍保持相对分离、相互尊重的姿态，进而使司法权力能够获得相对独立的运作空间和应有的裁判权威。具体而言，在英国，立法机关参与司法管理过程是通过负责制定法律、建立法院以及为整个法律系统提供资金来进行的。对于自上而下的日常工作而言，法院系统起主导作用并独立承担管理工作；法官如同一家之主，主管法院工作。无论法官还是法庭都不属于大法官办公厅或任何政府部门管辖范围。也就是说，英国法官具有独立性。法官独立性的保证不仅来自长期存在的法定工作年限和高额报酬，而且来自他们的文化和传统，即法治传统和自由原则都要求法官完全不受任何外界势力的影响。这项司法独立的关键原则贯穿于整个司法系统，司法系统的最关键部分完全由法官指挥。此外，立法部门与司法部门参与司法管理工作的同时还需要行政部门配合。例如，在英格兰和威尔士地区，三个政府部长（检察总长、内务部长、大法官）共同负责在其他一些国家原本由一名司法部长负责的工作。其中，大法官不受权力分立原则的约束，同时担任司法部门总管以及上议院议长，其最关键的角色是作为内阁部长负责司法部门的工作。这种司法权力和内阁权力系于一人的做法很不寻常。司法与行政相互分离的政治体制要求法官在没有政府或其他压力的情况下作出裁判，就此而言，法官的工资不应取决于行政决定，而是从国家统一基金中支付。这也就意味着，威胁司法与行政分立的最大根源在于行政机关对司法经费的管理和控制。对此，英国的解决办法是：大法官及其办公厅与财政部协商起草司法预算，然后由政府将司法预算递交议会投票。司法预算在议会通过之后，大法官在办公厅协助下根据各种法律需求合理分配经费。作为政府成员和主管内阁大臣的大法官有责任向议会解释前述预算的开销情况。

立法、行政、司法机关共同参与司法管理过程的这种操作方式很容易造成司法与立法、行政在职能上不能分离的后果，但正是大法官作为政府主管内阁大臣兼司法机关总管这一特殊角色，为法律系统向议会和行政机关转达其要求提供了灵活且有效的手段。这是因为，英国是一个富有的国家，社会基本稳定，经费的提供与分配之间不存在真正的冲突。只要法官认为有必要增加法院设施，需要更多的经费，法院就会获得更多的经费。因此，虽然大法官这一职位的设立与任何权力分立原则不相符合，但在解决司法部门与行政部门之间因职能划分不明而造成的现存摩擦或出现分歧时，却不失为解决此类分歧的一个较为良好的机制，即在英国法院的行政人员受行政部门的文职上司领导，而不受法官领导的情况下，法官与行政人员之间出现的不同意见通过大法官得以解决。

综上所述，英国的立法、行政、司法三权之间的关系不能简单地用分立或制衡来形容。从英国司法机关与行政机关之间的关系看：在人员结构方面，法院是国王的法院，通过国王的法官行使司法权，法院内非法官身份的工作人员属于行政人员，不能行使司法权。在司法机关独立性方面，司法独立于行政是被法律、宪法习惯和学者观点所承认的。自英国《王位继承法》颁布以来，法官均实行终身任职制，只要行为良好，即使其工作不能令行政人员满意，也并不会被解职。司法保护公民免受不法行政行为的侵害，并根据公民的正当请求审查行政机关是否越权执法以及其他公权力运行情况，以此对行政机关进行必要的制约。对于英国政治体制来说，虽然立法权、行政权、司法权的划分在形式上已然存在，但实际上三者之间的关系非常紧密，远远超出了权力分立与制衡理念中所要求的最低限度。

2. 美国模式

与英国不同，美国国家权力结构的设置严格依照三权分立原则进行，并因此成为践行权力分立与制衡原则最为典型的国家。对这种政权体制最为权威、经典的表述源自美国宪法的规定。1789 年的美国《宪法》旨在创设一个“法治而不是人治的政府”，其正文第 1 条至第 3 条根据三权分立原则依次界定了立法权、行政权、司法权应当如何运行的问题，涉及三权执行主体的国会、政府、法院的产生和组成方式；第 4 条按照联邦制原则，规定联邦与州之间、州与州之间的权力关系问题。由此可见，美国《宪法》的一个实质特点是国家权力采用三权分立模式。立法权、行政权、司法权分属三个部门，各个部门在行使权力的过程中，以权力之间的相互牵制达到实力的互相平衡，从而运用制衡的手段达到限制公共权力、保障公民权利的最终效果。美国《宪法》最完整地建构了一个权力分立与制衡的操作模式。

美国实行的司法与行政、立法的分权，实际上是中央和州两个层次之间立体式分权。在美国国家权力的分立与制衡中，总统居于中心地位，美国《宪法》第2条就行政权如何行使作出规定，即行政权属于美利坚合众国总统。国会是独立且重要的权力枢纽。法院则独立承担司法职责，国会与总统均无权干涉。美国《宪法》第3条就促进司法权有效运转相关问题作出了规定，即合众国的司法权属于最高法院及国会随时制定与设立的下级法院。法官的任职条件和薪俸保障都有严格规定，法官实行终身制。最高法院与下级法院的法官在忠于职守期间终身任职，于规定期间应享受报酬，其报酬在任职期间不得减少。美国国家机构对50个州的法院没有控制权。联邦法院与州法院之间不存在上下级关系；他们不为州法院提供人员。这是因为，美国法院系统实行“双轨制”，由联邦法院和州法院两部分共同构成。联邦法院所享有的司法权可以由国会扩大到需要解释宪法、联邦法律以及合众国的一切条约的一切案件，以便解决诉讼纠纷。但是，这种管辖权是否事实上给予联邦法院则由国会决定。管辖国家机构和50个州的美国《宪法》明确要求每一机关都独立于其他两个分支。立法机关和行政机关均无权命令法院采取何种行动或如何裁决案件。美国《宪法》条款还禁止不通过法定程序降低法官的工资或调动法官的工作。因此，美国的立法机关和行政机关对法院的影响非常有限。除了职能分设以及政治上、宪法上的独立性以外，每个机关都有制约其他机关的手段或方式。例如，联邦总统对国会的立法享有“有限否决权”，联邦法院有权解释法律，而总统和参议院则有权决定法官的任命。

权力分立原则在司法管理方面的内容主要反映在司法部门与行政部门之间的关系。当代联邦司法系统管理权力下放的先决条件是司法部门进行自我管理。联邦司法部自成立起就担负联邦法院的管理工作。直到20世纪40年代联邦法院行政管理局建立后，联邦法院才获得自我管理的权力。建立联邦法院行政管理局的初衷在于有效增强权力分立框架下彼此的制衡效果，但该机构实际运行后却体现出司法部门内部权力集中的发展趋势。因为联邦法院行政管理局的权力在其建立后的50多年以来不断增强。法官们通常都听从联邦法院行政管理局对行政事务的处理,而把精力集中在起草法庭意见书和主持审判等固有业务方面。

3. 法国模式

在法国和其他奉行大陆法传统的国家,法院不是与政府其他部门地位持平的国家机关。法院在法国大革命中属于被排斥和忽视的一方,其后失去了大量的权力和威信。法院不以抗衡其他政府机构官员的行为而出名,没有人指望法院在统治国家方面能够起到积极作用。法国拒绝授权法官干预立法和行政部门的权力,因而在法国的实践中,其司法与行政分离的贯彻重点在于保障司法机关及其人员独立行使职权。所谓司法机关是指检察院的司法官、预审法官与上诉法院起诉审查庭,以及刑事审判法院。司法机关有权行使追诉权和审判权。但是,为了保证正确的刑事司法以及司法人员的独立性与公正性,法律在上述不同的司法机关之间又规定了职能上的分工:法律赋予共和国检察官提起追诉职能,预审法官则负责收集与评判证据是否充分,而审判法庭则负责裁判重罪案件被告人或违警罪及轻罪案件被告人是否有罪。如此一来,法律从诉讼程序上确定了追诉职能、预审职能与审判职能的明确分工。

基于对三权分立学说的严格理解,法国将普通司法权的管辖范围限制在行政法律关系之外,并单独设立行政法院以审理行政案件。法国法院分为司法系统的法院和行政系统的法院。这是两种不同性质的法院。行政法院指的是最高行政法院、行政上诉法院和省际行政法院。行政法院负责审理个人与公共机关之间发生的争议。例如,越权之诉以及对国家公务员因履行职务所实行的过错提起的赔偿之诉等类型。由于行政权与司法权相分离,司法系统的法官不得参与审判行政诉讼案件,不得审判公共权力机关在行使公共权力时牵扯到的争议。但是,司法系统的法院负责处理其行为扰乱国家秩序的公民与国家之间的争议,国家本身并不直接行使这种公共权力。但是,尽管有权力分立原则的约束,如果作为追诉依据或基础的行政规章或行政行为在刑事法庭裁判过程中受到不合法的抗辩,刑事法官有权对该行政规章或行政行为的合法性作出评判。如果法官认定行政规章或行政行为不合法，那么应当释放违反该行政规章的公民或组织；但法官在任何情况下都无权自行宣告行政规章或行政行为无效。然而，需要特别强调的是，无论是普通司法活动还是行政司法活动，均须在司法不受行政干预的原则下进行。

4. 德国模式

德国在处理司法与行政的关系时也遵循权力分立与制衡原则，并采取“双轨制”的权力组织模式，即联邦层面和州层面均设有自己的立法机关、行政机关与司法机关，他们根据各自基本法确定的权限分别履行职能。自 19 世纪初期开始，德国司法部门逐渐变为一个独立的国家机关，不再受到君主个人的支配而只服从法律规范的安排。但司法独立的原则及精神却仅在相对有限的范围内得以彰显，法官的职责仍是依照立法机关的旨意严格根据字面含义解释法律条文。在践行司法独立原则伊始，司法机关并没有获得强有力的司法权力以限制和约束行政机关，对于因行政失权行为侵犯公民权利的行为难以施行有效救济。直到 20 世纪，德国司法才逐渐吸收了英美法系国家宪法中有关公民权利保障与司法救济的理念，并缓慢发展成有别于立法机关和行政机关的第三种权力机关。在司法实践中，每当联邦宪法法院认为国家公权力侵犯公民个人宪法权利或是不符合宪法主要原则时，宪法法院将有权裁定这些行为违宪。这意味着，由联邦宪法法院代表的独立的司法部门对重要的法律问题拥有裁判权。德国司法权独立于行政权后产生的制衡效果，最初只是被用来保护司法部门不受其他国家权力机关的干预，如今发展到司法部门有权对这些机关的权力进行限制。就此而言，德国司法与行政相互分离的模式已然形成。

作为联邦制的典型国家，德国法院系统分为联邦法院系统和州法院系统。每个州都有各自独立的初审法院和上诉法院。进一步而言，德国的司法体系一方面在两级初审法院和区域上诉法院的法官选任以及此类法院的管理和财政上，践行联邦主义所要求的分权结构，另一方面在所有法院的司法结构、管辖权以及诉讼程序的控制上又具有中央集权性质。德国司法部管理法院系统，并为法院系统选任和分派法官。德国的司法部门横跨行政、立法和司法三大政府权力范围——各州司法部长一般均为本州立法机构成员，联邦司法部长是联邦议会下议院议员，所有的司法部长均由各自的行政长官任命——司法部长既是立法机关议员，又是行政机关内阁成员，同时还是法院系统的管理者。

按照德国的司法传统，法院在管理方面没有独立性。在德国大部分州，州司法部长负责多数法院的行政管理工作。但是，德国在政府主管部门对法院进行管理与法院进行自我管理两者之间作出恰当的平衡。各政府主管部门的部长在内阁会议上共同商讨各自负责管理的法院系统所需要的经费，以及维持法院运作的其他行政项目，法院院长仍需要向政府主管申请调拨；但在分配案件时，各法院自行负责决定由哪个法官审理哪些案件。在法院财政预算方面，当州议会和联邦议会讨论预算草案时，很少存在对不同法院的经费拨款数额方面的争议。由此可见，德国法院组织和管理方面的关键性决策都是由行政机关的官员作出的。虽然行政机关对法院管理尚不能完全与司法独立的要求相兼容，但是德国宪法保护终身服务的全职法官不受罢免、停职或者被调离，从而向法官提供个人独立的制度性保障。德国《法官法》要求行政管理不能侵犯司法独立，行政管理无权指挥法官裁决案件或者干涉庭审，因此行政管理工作只能涉及法官职责的形式或表面。这就在很大程度上保障了分权模式下司法权与行政权的稳定运行和有效制约。而且德国法通过设立宪法法院行使监督和保障宪法实施的职责，从而使德国法院在司法独立于行政的前提下还享有违宪审查权，以使司法权在与行政权分离的同时还具备了制约行政权的功能。

5. 比较与启示

纵观域外法治国家处理司法与政治之间关系的经验，可得到以下启示。

第一，权力分立与制衡的法治理念成为构建具体司法制度的指导思想。从法律传统角度上看，虽然英美法系和大陆法系各自存在相对独立的司法传统和制度依赖，然而，对于“三权分立”“权力制衡”等朴素自然法理念的遵守可谓同出一源：建国者或革命家们基于对中世纪残忍与落后的封建司法制度之反思逐渐发现，为了实现对于市民社会私权保护的根本目的以及促进商业贸易发展的现实考量，必须限制和约束国家公权力的规范运行。在此后相当长时间里，不仅两大法系面对许多共同的司法难题，而且伴随法律移植技术日渐成熟，法系趋同的发展态势也日渐清晰。这些都为权力分立与制约理念的传播提供了有利的客观条件。

第二，司法权与立法权及行政权虽然相互分离，但其制衡效用更加强调立法权与行政权对于司法权的积极配合与有效保障。通常而言，权力分立与制约属于“一体两面”的关系：一方面，根据宪法规定，三种权力共同构成国家权力的整体。然而，为了避免国家公权力的恣意和擅断侵犯公民权利，西方各国宪法同样从国家权力机构横向配置角度设置了权力制约权力的基本模式，并大致形成了三权分立的格局。另一方面，为了巩固并加强司法权相对弱势的地位，域外国家大都确立了司法审查制度，即将立法行为和行政行为的合法性纳入司法权的裁判范围，从而矫正立法机关和行政机关行使公权力行为的规范性。例如，无论是奉行议会主权并偏向立法机关至上的英国，还是完全遵守权力分立与制衡原则并据此组织国家政权结构的美国，都对司法权力公正有效运转确立了制衡手段。但值得注意的是，即便权力分立的基础相同，但制衡的力度却并非完全一致：英美法系国家出于对司法权威的认可及尊重，更加倾向于积极地保障、配合司法权规范运行。例如，有关司法经费的拨付与审计通常配有专门程序和表决规则，对于司法令状的执行或审查则附有异议条件或救济制度等。相比较而言，大陆法系国家公权力科层化运转特征明显，权力之间等级差别导致即便是在立法权和司法权内部也体现出分权有余、制约不足的情况，行政权对于司法权的约束效果远大于两者间相互制衡的力度。

第三，司法权在与立法权及行政权分离过程中，其重心逐渐向审判权倾斜。司法与政治之间的关系不仅表现在国家权力的横向配置和纵向配置方面，司法权内部各项权力之间的具体运作也具有类似特点。仅以司法权为例。由于联邦制独特的分权设计，联邦和州层面的两套法院体系遵循宪法规定各自对特定案件享有管辖权，但不乏少数类型的案件可同时由联邦司法机关和州司法机关共同管辖。这便形成了不同的司法体制。正如后文所展现的那样，无论单一层级的司法权内部如何分工，对于审判机关中立且公正的客观需求赋予了法院系统独特的权威地位，裁判终局性对于刑事司法各方参与人而言都具有同等效力。即便对于可同时由联邦司法机关和州司法机关共同管辖的案件来说，就已决案件请求由联邦司法机关管辖也仅是为败诉方提供权利救济的渠道，而并未改变审判机关相对于侦控机关的优越地位和最高权力。这同样意味着，同一级别的司法权内部的制衡机制是单向性的，侦控机关并未获得与审判机关相互制衡的力量。

第三章　司法政治性的表现样态与形式

一、司法体制的设计

1. 当代英国司法体制

由于历史原因，英国法院结构相对复杂，在此主要介绍英格兰和威尔士地区的法院体系，与其司法制度相似的北爱尔兰和有着欧洲大陆法律传统的苏格兰暂且不论。历史地看，英国存在三大法域（英格兰和威尔士、苏格兰、北爱尔兰），这三大法域的法院结构虽然不尽相同，但一般而言，各个法域具有的共同性在于都是依据诉讼的性质和向法院提起诉讼的案件标的来确定司法管辖权。在19世纪英国进行司法改革之前，主要是以所适用的法律渊源为标准来确定其司法管辖进而构成英国传统法院结构的基础。英国现代的法院组织体系一方面受制于其历史上长期存在的普通法院与衡平法院的法律传统；另一方面，即便在经过19世纪司法改革之后，也并未完全形成典型的金字塔式结构，而是形成了治安法院、郡法院、高等法院、上诉法院和最高法院并存的法院体系。仅从刑事法院体系来讲，则包括治安（初审）法院、（皇家）刑事法院、高等法院、上诉法院和最高法院。

作为大部分刑事案件的初审法院，治安法院在地方一级具有权威性，并对大多数轻微刑事案件享有决定权，例如，对简易罪、可起诉罪和可选择审判方式罪等三类案件享有初审管辖权。具体表现在，一方面，治安法院有权进行庭前预审和法庭审判（一般判决不超过6个月刑期），并决定在预审程序终结后是否将被告人交付刑事法院处理；另一方面，有权选择"监禁审查"和"轻罪审判"两种不同程序类型，最终通过简易程序处理掉大约95%的刑事案件。除裁判治安法院呈送的上诉案件之外，刑事法院仍享有重罪案件的初审管辖权；同时，刑事法院分散在全国各巡回审判区开庭审判并有权在适当情况下要求陪审团参与。被告人对刑事法院判决不服可上诉至上诉法院刑事分庭。值得注意的是，伴随英国政府进行的司法改革，英国法院体系也出现了一些新变化。主要表现在：

第一，将司法权力从英国上议院分离出来创建英国最高法院。根据英国《2005年宪法改革法》（the Constitutional Reform Act 2005）的规定，自2009年10月1日开始，英国最高法院取代上议院上诉委员会成为英国级别最高的司法裁判机构。对于英国司法体制来说，这一变动的意义是巨大的，因为最高法院的建立实现了英国高级法官和议会上议院的完全分离，不仅强调上议院独立性，而且增加了议会和法院之间的透明度。作为享有最高司法权威的裁判机构，英国最高法院虽然保留并继续适用由原上诉委员会制定的相关规则，但是也明确声称其与英国政府和议会相分离进而保持宪法赋予其的独立地位。同时，分离后的最高法院在司法管辖权方面也作出了适当调整，其仅听审具有法律争议的上诉案件。具体包括公众关心的重大案件、英联邦境内的民事案件以及英格兰、威尔士和北爱尔兰境内刑事案件。另外，由于受到宪政改革法案影响，英国枢密院司法委员会也将特定案件的管辖权移交给最高法院审理。例如，根据1998年苏格兰法案、1998年北爱尔兰法案和2005年威尔士法案产生的行政案件[1]（该类案件是指根据三项法案获得授权的地方政府是否严格履行法定职责）。

---

〔1〕 See *The Supreme Court,* The SUPERME COURT, https://www.supremecourt.uk/about/the-supreme-court.html.

第二，英国脱欧之后不影响英国最高法院与欧洲人权法院之间的关系。也就是说，英国退出欧盟并不改变英国政府作为欧洲委员会的成员资格和《保护人权与基本自由公约》（以下简称《欧洲人权公约》）签署国的事实，英国法院也据此获得原本由欧洲人权法院享有的司法管辖权。根据英国议会的决议，自2000年10月《人权法案》在英国境内生效之后，英国公民有权对违背《欧洲人权公约》的裁判申请救济并提出上诉。但是，上诉人寻求法院救济时必须首先向英国法院提出申请，而非直接向位于法国的欧洲人权法院提请上诉。对此，英国最高法院认为，在解释现存法律规范时，如何使其尽可能地与《欧洲人权公约》的内涵相一致，是英国各级法院的职责。[1]当出现解释不一致的情况时，并不意味着法院的裁判结论会给议会施加修改或废止某项立法的法律责任，而是向立法者传递这样的讯息，即他们应该修改存在冲突的法律以使其与《欧洲人权公约》的内容相一致。同时，为了促使《欧洲人权公约》确立的权利保障规范发挥实效，英国法院必须考虑欧洲人权法院作出的司法裁判。正如康希尔勋爵（Lord Bingham of Cornhill）在R（Ullah）v. Special Adjudicator（[2004] UKHL 26）一案[2]中提到的那样："任何国家都不应在没有充分合理性的前提下降低和削弱欧洲人权法院所作案件的影响力。"

在法院管理方面，与其他国家专设"司法部"作为单一的管理机构不同，英国司法系统将法律事务的提供和保障职责分配给多个国家行政机关，主要包括大法官办公厅、内务部、国家法律官员办公厅和财务部。与此同时，由于英国是议会主权制国家，上议院议长同时担任大法官和内阁部长，并通过设置大法官办公厅对高级法院（英国最高法院和枢密院司法委员会、上诉法院、高等法院以及刑事法院）具体承担司法部门管理职能。为了向英格兰和威尔士提供公正、高效率、高效益的司法服务，大法官及其下设办公厅主要承担四项职能：一是任命低级初审法官；二是管理法院；三是监督法律服务和提供法律资助项目；四是促进

---

〔1〕 See *The Supreme Court and Europe*, The SUPERME COURT, https://www.supremecourt.uk/about/the-supreme-court-and-europe.html.

〔2〕 See https://publications.parliament.uk/pa/ld200304/ldjudgmt/jd040617/ullah-1.htm, 最后访问时间：2020年9月16日。

对英国法律的审查和改革。详细来说，其一，大法官办公厅根据收集到的候选人信息，协助大法官向首相提供高级别法官的任免意见。目前，这种任命活动已发展为一项大规模人事工作，并使英国司法系统同时存在职业法官和非职业低级初审法官两个法官系统。其二，采取法官独立管理与司法部下属行政机构法院事务管理服务局（HM Courts & Tribunals Service）[1]辅助管理的双轨管理构架。受制于权力分离的基本理念，为避免议会借助财政款项的拨付影响法院正常运作，以及政府过度干预司法决策，英国法院原则上采取法官独立管理的方式，即由法官个人对案件的处理流程和裁判结果负责，仅在诸如配备工作人员、建筑修缮与维护、提供必要设施以及后勤管理等有限领域允许法院事务管理服务局提供辅助。此外，该机构还会定期更新改革规划的执行情况[2]并发布有关司法领域最新发展状况的重要信息，[3]同时提供监督法律服务的渠道。其三，大法官是倡导成立法律委员会（Law Commission）的内阁部长，该委员会虽然获得司法部资助但却是享有独立法律地位的咨询机构，并一直享有跨政党性的支持和信任。法律委员会致力于促进国家建立公正、简洁、高效和现代化的法律体系，其主要职能是通过开展充分调查和广泛协商为议会提供系统性改革建议，同时整理、汇编现存规范体系从而减少专门法规数量，消除规范之间的冲突和废止过时、冗杂的法令制定程序。整体上看，委员会提出的许多研究报告和统计数据最终为议会立法提供有益参考，进而促进了英国法律规范体系的有序变革。

英国 1985 年通过《犯罪起诉法》在英格兰和威尔士地区创立了一个区域性的起诉机构，称为皇家检控署。新的起诉机构独立于警察系统并在全国设有 13 个地区机构，这些机构直接对各自的检察长负责，总检察长在整体政策上对议会负责。从 1994 年制定的《皇家检控官规则》中可以看出，成立统一的起诉机构的目的在于“保证皇家检控官作出公平而协调一致的控诉决定，需要在全国统

〔1〕 See *HMCourts and Tribunals*, GOV. UK, https://www.gov.uk/government/organisations/hm-courts-and-tribunals-service/about.

〔2〕 See *The HMCTS Reform Programme*, GOV. UK (Nov.9, 2018), https://www.gov.uk/guidance/the-hmcts-reform-programme.

〔3〕 See *Publication Scheme*, GOV. UK, https://www.gov.uk/government/organisations/hm-courts-and-tribunals-service/about/publication-scheme.

一有关起诉的原则和标准，确保公平而有效的起诉以维护法律和秩序，使正义得到实现”。同时“皇家检控官应当是公平的、独立的和客观的。他们不应当让被告人、被害人或者证人的种族、国籍、性别、宗教信仰、政治观点影响他们的决定。他们也不应当受到来自任何方面的不适当或者不正当压力的影响”。据此，面对警察移送的案件材料，皇家检控署负责刑事起诉并且出庭支持这一公诉活动，并确保以准确的罪名指控应当被起诉之人，并确保将所有相关事实提交给法庭。检控官依法对检控工作进行具体操作，对被告人负有公正义务且应当公正行事，并被认为是协助法院实现正义的执法者角色。警察机关向皇家检控署移送的每一起案件，均由皇家检控官依法决定维持原指控、变更指控或者决定终止诉讼。若是重要案件，检察长负责提起并且出庭支持公诉；或者任命事务律师与未在公共机构任职的出庭律师承担此项控诉职能。检察长还有权颁布皇家检察官守则，皇家检控官具有类似于事务律师所享有的出庭权利。

自19世纪起，英国警察机关开始以有组织的形式确立并逐渐承担侦查犯罪的职责。英国共有三个警备区。在英格兰和威尔士地区，较为严密的警察体制实行中央与地方二元分权的组织方式：全国由内政部统一领导，实际管理由各地方警察署独立负责。从管理机制的角度上看，内政部是最高管理机关，内政大臣则是警察体制中的最高领导人，负有依据议会立法对地方警察局进行监督和指导的职能。地方各警察局的机构编制、人员配备以及经费的拨付等重大事项均由内政部决定。依据议会法律，国家警察适用于整个英格兰和威尔士地区。1984年《警察与刑事证据法》的颁布以及1996年《刑事侦查与诉讼法》的出台，对刑事侦查、预审、裁定及案件的移交作出了原则性规定。在执法实践中，警察活动仍需遵守5个《执法守则》的具体内容，这些《执法守则》在留置与搜查、扣押、询问、证人辨别、录音证据等方面明确了警察的基本职责及其应当注意的禁止性义务。[1]

---

〔1〕 参见张彩凤主编：《比较司法制度》，中国人民公安大学出版社2007年版，第62页。

2. 当代美国司法体制

美国是实行联邦主义的国家，司法权力在中央与地方之间存在明显区分；同时，美国推行三权分立的政治体制，法院独立于政府和国会。因此，美国法院体制的重要特点就是“双轨制”，即同时存在联邦法院系统和州法院系统。联邦法院和各州法院之间相互分离，没有隶属关系，各有自己的初审和上诉管辖权，在司法行政管理方面二者同样也是相互独立的。一般来说，一个案件一旦在州法院或者联邦法院开始，通常也就在本系统结束。联邦法院的管辖权仅限于涉及联邦宪法、成文法或条约的案件，或者当事人系来自不同国家或不同州的案件。就刑事诉讼而言，州终审法院的判决，如果涉及联邦宪法或法律问题，可以应当事人申请由联邦最高法院进行审查；州法院的生效有罪判决，也可以应当事人申请由联邦法院根据“人身保护令”程序进行复查。然而，联邦法院和州法院在某些案件中可能出现“聚合”，〔1〕这些案件主要是由于当事人认为自己的联邦宪法权利受到侵犯，并且在州法院系统内已经穷尽所有救济可能，此时该当事人申请联邦最高法院对案件进行管辖。在美国，只有联邦法院的管辖范围涉及整个美国领土。概括来看，联邦法院系统主要包括联邦最高法院、联邦上诉法院以及联邦地区法院。此外，美国国会通过立法设立了一些专门法院，如联邦赔偿法院、联邦关税与专利法院、联邦税务法院等。这些专门法院的设立旨在缓解联邦普通法院的工作压力，也为了更准确和公正地处理一些技术性较强的案件。联邦法院与州法院的一个重要区别是，联邦法院的法官（联邦治安法官除外）由总统提名，经参议院同意后，再由总统任命；而且一律实行终身制，除非犯有严重罪行可由参议院弹劾或者自动辞职之外，不得被免职。州法院的法官则大多是由选举产生，而且通常有一定的任期。因此，他们的任职受到政治性因素的影响较大。

根据1789年《司法法》以及后来对该法的修改，联邦系统的普通法院由最高法院、上诉法院和地区法院三级构成。联邦最高法院是美国的最高法院，也

〔1〕 宋冰编：《读本：美国与德国的司法制度及司法程序》，中国政法大学出版社1998年版，第96～97页。

是唯一根据美国《宪法》规定而设立的法院。美国联邦最高法院共有 9 名大法官，其中 1 名是首席大法官。其职责主要包括主持最高法院会议，选择和指定其他大法官撰写判决意见，并拥有监督整个联邦法院系统的权力。联邦最高法院是联邦法院系统的最高上诉法院，也是州法院涉及联邦法律问题的最高上诉法院。州法院中涉及美国宪法、联邦法律和条约解释问题的案件，均可上诉到联邦最高法院。但联邦最高法院有权裁定受理哪些案件，并遵循一定的规则决定最终是否受理。这也就决定了实际上联邦最高法院仅审理具有宪法意义或者其他重大社会影响的案件。联邦最高法院的这项司法权力主要包括：其一，对于涉及大使、领事、公使以及联邦政府或州政府为一方当事人的案件有初审管辖权；其二，对于不服联邦上诉法院、州终审法院裁判的案件以及联邦地区法院裁判的部分案件，应当事人的申请进行重新审查；其三，根据国会授权，制定法院规则，监督联邦下级法院审判案件所适用的程序。这其中最重要的是第二项，即上诉管辖权。需要特别指出的是，即便联邦最高法院享有此等管辖权，在具体行使时也需要满足一定的前提条件，例如，某一案件确实涉及联邦法律问题，并且穷尽其他上诉救济的可能。也就是说，只有在州最高法院对州法律的解释违反了联邦法律甚至是美国宪法的时候，该特定案件才能上诉到联邦最高法院。正是由于联邦最高法院有权决定自己审查何种案件，加之有权解释宪法和法律并对成文法以及政府行为是否符合联邦宪法、法律的规定享有审查权，因此它在很大程度上享有制定或影响社会政策的权力，有力地推动着法律制度变革和公民权利保障措施的有序开展。

联邦上诉法院相当于联邦司法系统的中级法院，根据司法巡回区来设置并具体由 13 个上诉法院组成。司法巡回区是指为了便于司法管理和诉讼案件的分配，而根据地理位置对全国领域进行不同于行政管理区域的划分。美国 50 个州分为 11 个巡回区，每一巡回区设有 1 所上诉法院；此外还包括 1 个专门为华盛顿特区设立的上诉法院以及 1 个审理涉及专利侵权、版权和商标纠纷等专门案件的联邦巡回上诉法院。与联邦地区法院一样，各上诉法院法官的数量也不一样，这主要取决于其管辖范围、人口分布情况以及案件数量。除华盛顿特区联邦上诉法院和审理专门案件的巡回上诉法院之外，其他 11 个上诉法院只负责审理不服本辖区内联邦地区法院初审判决的上诉案件，而没有初审管辖权。华盛顿特区上诉法院除受理上诉案件之外，还有一些案件是根据当事人的申请对联邦行政管理机构的有关决定进行初审。联邦上诉法院在审理案件时通常由 3 名巡回法官组成合议庭进行，另有一些争议较大的案件则由本院全体法官共同审理。上诉法院一般仅就当事人上诉争辩的法律问题对原审裁判进行事后审查，而不对案件事实进行重新调查。如果不服联邦上诉法院的裁判结果，当事人可依法向联邦最高法院申请上诉或者调卷令。

联邦地区法院是具有一般管辖权的联邦初审法院，也是联邦司法体系最主要的初审法院，按照司法区进行设置，每个司法区设置 1 所地区法院。全美共有 94 个联邦地区法院分布在各州和哥伦比亚特区。由于有些州地域面积较大或者案件数量较多，有不止一所联邦地区法院。根据联邦宪法规定，联邦地区法院主要审理所有刑事案件；以及涉及联邦宪法或联邦成文法的案件，或者不同州之间当事人争议标的额在 1 万美元以上的民事案件；以及在押犯根据联邦宪法申请人身保护令的案件。此外，还包括一个州的政府起诉另一个州的公民或公司的案件，或者当事人一方是联邦政府的案件。除成文法或者法院规则另有规定的之外，联邦地区法院审理案件一般由 1 名法官和陪审团进行；当事人如果放弃接受陪审团审理，那么则由法官独任审理。对于涉及成文法违宪审查的重大案件，则由 3 名法官组成合议庭审理；对于其他特别重大的案件，则由该地区法院全体法官共同审理。对地区法院判决不服的当事人，一般可向联邦上诉法院提请上诉；涉及成文法违宪审查的案件，也可以直接向最高法院申请上诉。

另外，20 世纪 90 年代之后，美国法院体系还增设了联邦治安法官，以便减轻地区法官的负担。治安法官由地区法院任命，主要负责刑事案件和民事案件的审前事务，也可以在经双方当事人同意前提下审理轻微民事案件或涉嫌轻罪的刑事案件，但不得主持重罪案件的审理或者陪审团的遴选程序。

司法部是美国联邦政府机构之一，也是司法系统中不可分割的组成部分；同时，也是美国最高检察机关和最高执法机关。司法部长是联邦政府法律事务的主要官员，由总统提名并经参议院任命。司法部长兼任联邦总检察长，在法律上代表美国并担任总统和政府行政首长的法律顾问，向他们提供法律咨询意见。此外，还有权监督司法行政管理，指导有关国家安全法律问题，监督监狱和其他惩办机关以及各地区检察系统的工作。作为联邦总检察长，当联邦法院审理重大案件时有权代表政府参与诉讼。司法部的主要职能包括：负责法官选任的具体工作，民事、行政裁决的强制执行以及部分法院的司法行政工作；管理和监督联邦检察系统；管理和监督联邦警察系统；管理和监督联邦所属的全国监狱和其他惩罚机构；对违反联邦法律的各种犯罪活动进行调查和起诉；负责调查并向总统汇报有关假释、缓刑、赦免的请求；协助起草联邦法律规程，应总统或者政府首脑的请求，提供有关法律问题的意见；依法对公民予以法律上的保护和帮助；等等。

美国的检察体制是在三权分立原则下建立的，检察权不是一种狭义的司法权而是行政权，并隶属于司法部。在美国，所有刑事案件都要通过检察官代表的政府对犯罪嫌疑人提起公诉。美国检察系统由联邦检察系统、州检察系统以及市镇等地方检察系统组成。各级检察机关无论级别大小都是相互独立的，联邦检察系统与地方检察系统之间不存在领导与被领导的关系。以联邦检察系统为例。联邦检察系统主要由司法部中负责检察工作的部门与联邦地区检察官办事处组成。联邦检察官主要工作是负责调查和起诉违反联邦法律的行为，同时作为联邦政府的代理人参与涉及联邦政府的民事诉讼案件。包括联邦总检察长在内的联邦检察官由总统提名并经参议院审查批准。虽然是联邦首席检察官，但联邦总检察长一般不涉及具体案件，只是在涉及联邦政府的案件中代表联邦参与诉讼，而且仅限于联邦最高法院和联邦上诉法院审理的案件。全美共有 94 个司法管辖区，每个管辖区都设置了联邦检察办事处，与联邦地区法院相对应。联邦检察办事处主要由 1 名联邦检察官和若干名助理检察官组成：联邦检察官是该联邦司法管辖区的主要执法官，一般不亲自参加调查和起诉，具体案件的办理主要由助理检察官完成。联邦检察官及其助理检察官是联邦检察工作的重要力量，在普通案件中可以自行决定调查和起诉；在另一些重大案件中，例如，涉及国家安全或者政府官员腐败案件，则需要得到联邦总检察长或刑事处的助理检察长的同意之后才能开展调查和起诉工作。

警察体制是美国司法体制中另一重要组成部分。受制于联邦制的政治体制，美国并没有相对统一的警察体制。相反，美国的警察机构繁杂多样，既有联邦层面的警察机构，也有州境范围内的地方警察机构。在联邦一级，行使警察职责的主要是联邦调查局，其隶属于司法部，负责调查处理违反联邦法律的案件，享有广泛的司法权限。例如，对于间谍活动、恐怖活动、绑架诱拐等严重刑事犯罪均享有调查权。还协助各州地方警察确认和追踪州际间的逃犯。如果某项罪刑同时违反联邦和州法律，则由联邦和州有关当局共同管辖。此外，联邦政府中还存在其他行使专项警察职能的机构。例如，专司打击贩毒行为的联邦毒品执行局，负责处理非法贩卖烟酒、枪械犯罪活动的联邦烟酒火器局以及侦办非法移民活动的联邦移民归化局等。

3. 当代法国司法体制

由于历史原因，法国法院系统的设置与其他国家不同。总体上可划分为司法法院、行政法院和行业法院三大体系。其主要特点在于司法法院和行政法院相分立，刑事法院与民事法院合一，行业法院体系则相对独立。从审判管辖权角度上看，司法法院受理刑事、民事案件，行政法院专门受理行政案件，行业法院则负责审理行业内部的民商事法律纠纷。具体来讲，司法法院包括普通法院与专门法院两部分。普通法院对所有刑事案件享有一般管辖权，但法律条款明文规定排除其管辖的除外；专门法院有权审理的刑事案件仅限于刑事诉讼法依据犯罪的特别性质或犯罪行为人的特殊资格而明确规定由其管辖的案件。

法国普通司法法院的设置与《刑法典》对犯罪的划分相一致。根据现行法国《刑法典》对违警罪、轻罪与重罪的界分，普通司法法院相应设置为违警罪法院、轻罪法院和上诉法院、审判重罪的重罪法庭以及最高法院。法国每一基层行政区内至少设有一所初审法院，通常设置在区政府所在地。初审法院在审理刑事案件时被称为违警罪法院。违警罪法院实行独任审判制，初审法院的法官也就是违警罪法院的法官。每个省的省会所在地通常设置一所大审法院。大审法院同时享有民事、刑事案件管辖权；当其审理刑事案件时，相应的刑事审判庭被称为轻罪法院。轻罪法院是审理轻罪案件的一审法院，原则上对本辖区内实行的犯罪享有管辖权。上诉法院均设有轻罪上诉法庭。其职能是对轻罪法院与违警罪法院一审判决上诉的案件进行审判（法国并未专门设立重罪上诉法庭，而是规定了“轮转上诉”制度，即由最高法院指定另外的重罪法院审理上诉案件）。同时，根据最高法院撤销原判后的移送裁定，上诉法院轻罪上诉庭可以对另一上诉法院已经判决的案件重新审理并作出实体上的判决。在法国，对判处 10 年以上有期徒刑或无期徒刑的重罪享有审判管辖权的刑事法庭称为普通司法法院重罪法庭。原则上，重罪法庭在各省省会所在地开庭审案。由于开庭场所等方面原因，重罪法庭也可以设在本省内任何一个法院所在地；如果本省内设有一上诉法院，重罪法庭则设置在该上诉法院所在地。重罪法庭是一种非常设法庭：按照预先确定的庭期定期开庭；在闭庭期间，重罪法庭实际上并不存在。由于重罪法庭的开庭需要召集陪审员参加法庭审理，其组成法官则源自上诉法院或者大审法院的其他法庭。为了不过多占用陪审员个人工作时间、节约司法成本，重罪法庭一般在每季度仅开庭一次。在开庭期间，重罪法庭通常采用 3 名职业法官与 9 名陪审员共同组成合议庭的方式审理案件。这使重罪法庭常被称为“民众法庭”。根据法国《司法组织法》的规定，最高法院设有 6 个审判庭，其中包括 1 个刑事审判庭和 5 个民事审判庭（分别是第一、第二、第三民事审判庭，经济和金融事务审判庭，社会保险事务审判庭）。最高法院刑事审判庭是专门管辖刑事申诉和抗诉案件的法庭。其职能在于从法律角度审查下级法院的裁判决定，对这些法院适用实体法和程序法具体情况进行监督，以及保证对刑法规范的统一解释。最高法院具体审判组织形式为审判合议庭，也可以另设混合审判庭或大法庭，分别负责审理民事与刑事申诉案件。最高检察院总检察长有权出席最高法院混合审判庭和大法庭开庭，也可授权由首席总检察官或其他总检察官代替出席。

此外，法国法院系统还包括一些专门刑事法院。这类法院依据犯罪行为人的个人身份、犯罪的特别性质或者法律明文规定分别行使管辖权。例如，未成年人法庭对未成年人实施的第五级违警罪和轻罪享有管辖权，并对涉案未成年人采取教育或监督措施。又如，具有政治性质的国家最高特别法庭对共和国总统失职行为行使管辖权。类似地，政府部长对于因履行职责所导致的重罪与轻罪则由共和国特别法庭审理。

在法语中，检察院与“地板”是同一个语词，意指国王的检察官与审判法官不在同一审判席上就坐，而是同被审判的人及他们的代理人一样，站在地板上进行诉讼。这一源于中世纪司法传统的语词一直沿用至今。法国检察系统的设置基本与法院系统相对应，即包括初审法院检察院、大审法院检察院、上诉法院检察院以及最高法院检察院。然而，与法院系统不同的是，检察机关所有人员均隶属于政府，更确切地说是司法部。这种等级隶属性赋予司法部行使对最高法院总检察长和上诉法院检察长的领导权。这表现在最高法院检察院和上诉法院检察院的检察长定期向司法部长汇报重要案件公诉情况，还可以请求司法部长作出指示。值得注意的是，该种指示应当是书面的，并归入诉讼案卷。类似地，上诉法院检察院检察长不仅对上诉法院检察院行使领导权，而且有权要求下级法院检察院即大审法院检察院检察长向其汇报案件进展情况或其他工作事项。检察院所有人员都可以看作根据检察长的委托来履行职务，因此均应向上级汇报情况；检察官不得违抗检察长指令，否则可能受到纪律处罚。但是，这种隶属性产生的领导权存在两种限制：[1]一是，在刑事领域，当检察院检察长不屈从接到的指示时，上级检察院不能取而代之，也不得停止下级检察院已经启动的公诉程序。但是，司法部长可以将获悉的违反刑事法律的犯罪行为告知检察长，命令检察长进行或指派下级检察官进行追诉，也可以命令检察长向有管辖权的法院提出司法部长确认的起诉意见书。二是，检察官仅在他们的书面结论中遵循服从的规则。相反，根据个人内心确信，他们可以在庭审中口头展开他们的论据，甚至可以支持其书面结论拒绝采纳的意见。从检察官个人角度讲，其是由司法部长提名并由共和国总统发布政令任命的。这种任命程序因检察官的级别和层次

---

〔1〕 参见卞建林、刘玫主编：《外国刑事诉讼法》，中国政法大学出版社 2008 年版，第 141 页。

略有差异。对于初任检察官来讲，必须毕业于审判官学校并取得检察官资格，在宣誓之后颁给总统任命书。而对于上诉法院检察长以上的检察官而言，首先要由司法部长提名，再由总统主持的部长联席会议讨论和决定，最后以总统名义颁发任命书。这同时意味着，与法官职务终身制不同，检察官同时具有司法官和公务员的双重身份，其职务可能被罢免或者解除。自 20 世纪 90 年代以来，法国最高司法会议设立了包含共和国总统、司法部长、检察官、法官以及国民议会议长与参议院议长在内的专门机构，并在最高法院总检察长主持下对检察官的任命、惩戒事由等提出意见。

司法部是司法行政机关，也是法国历史最悠久的部门之一。该部门主要负责掌管法院系统的行政组织、人事调动和活动经费等方面事务。其下设办公厅、司法事务司、刑事与特赦司等业务机构。其中，办公厅主要处理司法部与法院、政府机关之间的往来文件等，并负责与新闻界建立联络与沟通的渠道。司法事务司主要负责法院的人事工作，如法官的任命、指派、调动，其他司法人员的招聘和管理，制定各项人事工作规章条例、培训各类司法工作人员等。法国司法部长有时担任最高司法会议主席并领导检察院，在国家司法体制中占据重要地位。同时，司法部也拥有行政条例制定权。由于法国拥有健全的行政法院体系，行政司法主要由行政法院承担，因此，司法部的行政司法职能相应减少。

法国警察隶属于内政部，接受“国家警察总署”的直接指挥。国家警察总署下辖 5 个中心局：普通情报中心局、公共安全中心局、司法警察中心局、领土监控中心局和移民监控与反非法雇工中心局。其中司法警察中心局负责集中查找和发现最危险、最重要的罪犯，并为完成这一任务向地方警察部门提供各种有效手段。同时，司法警察中心局下设多个分局，如刑事案件分局、经济与金融案件分局、技术与科学警察分局等，以及多个内设机构分别负责不同类型刑事犯罪侦查工作。司法警察在大审法院检察长领导下履行职务。检察长对其辖区内司法警察工作情况作出评价，该评价对司法警察的职级晋升和福利待遇有重要参考作用。对司法警察的纪律惩戒权由其隶属的行政上级行使。司法警察违反纪律，可能受到暂时或永远不得在上诉法院辖区或全国范围内担任司法警察职务等纪律性制裁。但是，如果上诉法院起诉庭认为司法警察触犯了刑事法律规范，则可以将相关案卷材料移送至同级检察机关，并由后者依照法定程序追究涉案警察的刑事责任。进一步而言，法国法明确规定了司法机关和检察机关有权对警察机关的侦查情况进行监督。例如，针对司法警察执行任务情况的调查，应当将司法机构的一般调查与有权机构的调查结合起来；这种调查可以应司法部长的指令进行，并且因此由 1 名司法官领导。又如，上诉法院预审庭作出的关于司法警察不得在其辖区内担任有关职务的决定"应当立即得到执行"。

4. 当代德国司法体制

根据德国《基本法》与《法院组织法》的规定，司法权由联邦宪法法院、《基本法》规定的各联邦法院和各州法院行使。德国法院体系分为宪法法院、联邦各最高法院和联邦其他法院。其中，联邦各最高法院包括联邦普通法院、联邦行政法院、联邦劳动法院、联邦社会法院和联邦财税法院。从整体上看，德国法院体系的特点主要表现在三个方面。[1]第一，法院体制上的多元化和单一化。一方面，德国不存在统一的司法管辖权以处理全部领域内的法律争议。德国《基本法》将法院体系分为五个平行且独立的部分，包括普通法院体系、行政法院体系、劳动法院体系、社会法院体系和财税法院体系，每个法院体系都有其不同的管辖范围。通过这种多样化的分工，德国法院在处理案件方面的专业化程度更强。另一方面，除宪法法院之外，州法院均享有司法上的终审管辖权。在同一领域的法院体系中，联邦法院即为最高法院，州法院则为其下级法院。当事人不服从州法院裁判时，可依据法定程序上诉至相应的联邦最高法院。这是作为联邦制德国司法体制单一化的具体表现。第二，国家行政审判权分别由各专门法院行使。德国行政法院并不是受理全部行政案件的唯一法院。相反，其主要受理因政府机关的行政行为、行政合同引起的行政诉讼案件，管辖范围相对有限。大部分行政案件则因具体纠纷的性质或类型差异而分别转由其他法院审理。例如，社会法领域内的行政案件由社会法院审理，财政税务行政案件由财税法院管

---

〔1〕 参见张彩凤主编:《比较司法制度》，中国人民公安大学出版社 2007 年版，第 227～228 页。

辖，劳动争议案件由劳动法院处理，相当部分的行政登记管理案件则由普通法院受理。简言之，德国行政司法体系实际上由普通行政法院和专门行政法院两大分支组成，由此也反映出德国行政法治化的发达水平。第三，司法审级多样化。德国有六大类主要的法院组织，其内部结构与外部体制均不相同。宪法法院由联邦和各州分别设置且各自独立，相互间没有隶属关系，审理案件实行一审终审。行政法院系统多为三级，即联邦法院、州高等法院和州法院，审理案件遵循三级两审终审制。普通法院则分为四级，即联邦最高法院、州高等法院、州法院和初级法院，采用三审终审制的基本原则。各类法院审级不同，适用的诉讼程序也存有差异，由此体现出德国司法制度的复杂性。

以联邦层面的法院体系为例。联邦宪法法院根据《基本法》设立，独立于其他国家机关；同时，作为国家最高审判机关，具有最高的司法地位。联邦宪法法院的裁判对联邦和各州的宪法机构、所有下级法院及其他一切公共权力机关均具有约束力。联邦宪法法院对有关联邦法律、州法律是否符合基本法，州法律是否符合联邦法，国际法的某些规则是否构成联邦法的组成部分等宪法争议案的裁判均具有权威法律效力。联邦宪法法院的职能定位在：其一，对社会成员实施法律保障，对国家机关的各项活动进行宪法监督；其二，解决联邦国家机关之间、联邦与州之间以及各州之间在职权与义务问题上发生的各种争议，以保障国家体制正常运转。联邦法院就其所处的位置和对于普通民事和刑事司法中的作用而言，它是德国普通法院体系中的最高法院，因此，也被称为联邦最高法院。其主要审理来自上诉法院并经过联邦法院同意审理的案件，以及涉及新的法律原则或与以往联邦法院判决不同的案件。联邦法院设有 12 个民事委员会、5 个刑事委员会以及其他若干专业委员会。审理案件时由 5 名专职法官共同组成合议庭，其所作判决为终审判决。联邦行政法院是伴随解决执政者与公民之间矛盾的准司法机构的变革而逐渐产生的。1949 年，德国《基本法》明确了德国行政法院的独立司法地位，统一了行政法院的组织设置；1960 年，德国议会通过颁布《行政法院法》进一步完善了德国行政法院体制，形成了普通法院管辖实体私法上的民事案件、行政法院管辖实体公法上的行政案件的二元格局。联邦行政法院是德国最高行政法院，主要管辖对于高等行政法院判决不服的上诉案件；但在特殊情况下，也受理不服初等行政法院判决的上诉案件。此外，对于联邦和各州之间具有公法性质而非宪法性质的争议，确认联邦政府或联邦主管机构发布的命令、指示无效的诉讼等少数几类案件也享有初审管辖权。[1]

目前，对德国检察系统的定位存有不同的观点，有的学者认为检察系统属于行政机构，还有的则认为其属于司法机构。德国检察系统虽然在编制上属于行政机构，但检察机关与审判机关共同完成对于"公民的诉讼任务"，就此意义上而言，检察机关是被列入享有"第三种权力"的司法机关。[2]现行检察制度主要由《法院组织法》确立。同时产生于德意志帝国时代的《刑事诉讼法》和《司法制度改革法》也从不同角度对检察机关的职权和活动方式作出规定，进而成为其重要的法律依据。德国检察机关的设置分为联邦检察机关和州检察机关两部分。联邦检察机关设有联邦总检察长和副总检察长，受联邦司法部长领导。各州设有州检察机关和高级检察院，由州高级检察院检察长统一领导州的检察工作。州检察机关同时隶属于州司法部，州高级检察院检察长亦受到州司法部长的领导。检察机关实行审检合署制，各级检察机关设在相应级别的普通法院内部，与德国普通法院体系的设置相对应。检察机关的设置依次为联邦检察院、州高级检察院和州检察院；初级法院的事务由州检察院负责。德国检察机关和政府的司法行政机关具有直接隶属关系，前者必须接受后者领导。与此不同，由于实行联邦制，联邦检察机关与州检察机关之间并不是领导与被领导的关系而是协调关系。需要特别注意的是，检察机关的工作地点尽管设置在同级审判机关之内，并且规定其权限、地位和职能的依据是《法院组织法》和《刑事诉讼法》而非《联邦基本法》，然而，检察机关和审判机关在刑事诉讼中是相互依存的关系。具体表现在：检察机关是代表国家利益站在客观立场支持公诉，并对诉讼程序合法性进行法律监督；同时，检察机关是接受司法行政机关领导而非听命于审判机关。

---

〔1〕 参见方立新：《西方五国司法通论》，人民法院出版社 2000 年版，第 287 页。
〔2〕 参见卞建林、刘玫主编：《外国刑事诉讼法》，中国政法大学出版社 2008 年版，第 198 页。

德国联邦司法行政机关（司法部）由民法局、刑法局等六个部门组成。司法部长主持司法部日常工作并向国务秘书负责。司法部虽然不直接享有司法权，但可以通过行使职权的方式影响立法和司法活动。在司法领域，其职能主要有：根据议会提名任命检察院检察长和法院院长；根据检察官资格审查委员会的意见任命检察官，根据法官资格审查委员会的意见任命法官；负责检察官、法官等司法人员为晋升职级而进行的培训；编制检察院、法院的经费预算。各州司法部是本州政府的组成部分，其职能范围不像联邦司法部那样广泛，但仍负责在本州范围内制定法律草案、准备法官的遴选、任命州法院法官、审查州的其他部门制定法律草案的合法性、对所属州各级法院进行监督以保证法院依法履行职责，以及开展法律职业培训等。

在德国，警察局是州政府的组成部分并受本州内务部长领导。因各州情况不同，警察局在机构设置上也略有差异。因此，德国实际上并没有一个自上而下统一的警察组织体系。在联邦一级设有两个警察机构：一是联邦刑事侦查局，负责侦查国际犯罪和跨越国境的犯罪；二是联邦宪法保卫局，负责对可能危害宪法实施的案件材料的收集和调查工作，但该机构并不能执行讯问、逮捕等普通警察所享有的部分侦查权。联邦刑事侦查局隶属于联邦内务部。作为促进联邦政府和州政府合作打击国际犯罪、跨越国境或州境犯罪以及有组织犯罪的指挥中心，其主要任务是：收集与犯罪有关的资料，观察犯罪发展形势并对其进行分析统计；接受州警察、检察官或法官的请求进行刑事技术鉴定并提供专家意见；负责举办有关警察特殊工作的培训等。根据德国《刑事诉讼法》的规定，检察官领导并指挥警察进行侦查。由于检察官人数有限，在侦查实践中警察逐渐扮演了重要角色。警察进入诉讼有两种方式：[1]一种是当其知悉发生犯罪行为时主动进行侦查并采取紧急措施；另一种是根据检察官的指示而采取侦查活动。在前一种情况下，刑事警察的侦查权仅限于首次采取措施，随后应立即向检察官报告侦查进展情况。这种规定旨在确保检察机关侦查过程中的领导地位。

---

〔1〕 参见卞建林、刘玫主编：《外国刑事诉讼法》，中国政法大学出版社 2008 年版，第 200 页。

二、司法人员的产生

1. 英国司法人员的产生

在英国，法官任职资格（以巡回法官为例）主要包括：（1）律师身份。除了治安法院法官之外的所有英国法官都需要从参加全国 4 个高级律师公会或者初级律师协会的律师中遴选，治安法院法官则是从社区的非法律专业人员中选拔。成为律师的基本途径首先是经过 3 年的大学法学教育，并通过严格考试获得法学学士学位；然后由个人提出申请，考试通过者到英国律师公会所属的四大法学院学习 1 年，期满后考试通过者将被授予律师学位，经过 1 年见习期后成为正式律师。（2）具有法律知识、经验和技能。这包括相当水准的法律知识、司法经验与职业成就，思维分析能力，良好的法律判断能力，以及维持法院权威和尊严的能力，等等。（3）具有良好的品德与素养。例如，诚实正直、对民众和社会的理解、礼貌与仁慈等。〔1〕

上诉法院法官和高等法院各庭庭长由英国首相挑选。高等法院的其他法官以及事实上所有英国的其他职业法官都由大法官挑选。除了能力和经验，大法官还有意识地保证英国法院的政治与社会平衡。候选人的品德、个人观点、是否符合道德标准、职业行为、经济稳定性和党派关系都受到审核。需要特别指出的是，对最后一种因素的考量是为了保持政治上的平衡以及司法部门思想观念的多元化。从实际选任结果看，候选人直接申请高等法院法官职位的做法被视为不妥当；但高等法院法官可以申请向上诉法庭晋升。

在选拔高等法院法官过程中，大法官通常与律师行业以及司法部门成员，特别是具有空缺法官职位的法庭庭长协商。之后，大法官办公厅对候选人进行面试，以保证其与司法部门之间能够保持永久和稳定的关系，从而避免其过早离职所带来的麻烦；如果出现离职情况则大法官办公厅将被迫重新开始法官的挑选过程。

英国法官采用任命制。首相征求大法官意见后提名或者同意大法官、上议

---

〔1〕 参见关毅：《法官遴选制度比较》（中），载《法律适用（国家法官学院学报）》2002 年第 5 期。

院常设上诉议员和高等法院法官的任职，并由女王任命，其他法官都由女王根据大法官的建议作出任命；巡回法院法官由大法官任命；兼职法官应具有 10 年以上事务律师资格，由本人申请，大法官推荐，女王任命；治安法院法官由当地的咨询委员会物色和提名，并由大法官任命。[1]

法官的任命程序通常包括以下几个步骤：(1)申请。申请人填写申请表，提供证明其符合任职条件的书面材料。(2)咨询。宪法事务部官员将咨询那些能够对申请人是否适合被任命为法官作出评价的人的意见。(3)审查。由 1 名法官、1 名宪法事务部高级官员和 1 名非律师的独立人士组成评审小组，对候选人进行初步评审，评审后确定最后参加面试的候选人名单。(4)面试。面试委员会一般由评审小组成员组成，或者由相同的方式抽调人员重新组成。(5)决定。当所有的候选人都经过面试并且作出等级评定之后，委员会将面试结果书面告知宪法事务大臣，由后者根据候选人的各种资料独立考虑并最终作出决定。(6)反馈。落选候选人将获得反馈。[2]

2. 美国司法人员的产生

美国法院体制实行“双轨制”，联邦和州都有各自的法院和法官，两种法院体系法官任职资格不尽相同。在联邦法院体系，法官任职资格原则上包括：一是美国公民；二是在美国法学院毕业并获得法学博士(juris doctor, JD)学位；三是通过律师资格考试，获得律师资格并从事律师工作若干年。与联邦层面相比，州法院法官任职资格相对较低。例如，有些州法院法官通过选举产生，不少当选法官没有法律背景或者尚未从事过律师事务。但是州高等法院、上诉法院和具有普通管辖权的初审法院的法官，一般应当具备联邦法院法官的任职资格条件。

美国法官的遴选程序分为联邦法院法官遴选程序和州法院法官遴选程序两种类型。联邦法院系统的最高法院、巡回上诉法院、地区法院三级法院的法官由总统提名，经参议院批准，总统任命。总统提名法官人选，一般考虑如下因

---

〔1〕 参见司法体制改革课题组编著：《外国司法体制若干问题概述》，法律出版社 2005 年版，第 324 页。

〔2〕 参见田玉玺：《英国法官任命制度改革》，载《人民法院报》2005 年 1 月 14 日，第 B4 版。

素：联邦司法委员会对提名法官的评价；法律教育经历、品行操守、司法业务能力；党派（经总统提名的候选人大多是与自己同一党派或者政治观点相同或近似的人员）；性别、种族、地域、宗教等。总统提出法官候选人之后，要提交美国律师协会的联邦法官评审委员会进行评审。该委员会评审时通常遵循以下最低标准：第一，具有无可争议的正直品行；第二，具备相当的法律知识和能力；第三，具有法律职业资格和经验；第四，具备一种司法品行，包括基于常识的判断力、同情心、决断力、机智和理解力等；第五，勤勉；第六，健康；第七，在财务上负责任，具有自我约束和承受可能会影响司法独立和司法公正的压力的能力等。[1]经联邦法官评审委员会评议后，候选人名单移送参议院审核通过。参议院通过本院的司法委员会对总统提名进行审查，就每一位候选法官向律师协会的联邦法官评审委员会提出咨询，举行听证会，对被提名人的资格、能力、品德、司法观念等事项进行认真调查了解。听证会结束后，举行参议院投票表决。获得参议院批准的候选法官则正式成为联邦法官。

州法院系统产生法官的方式存有很大差异。概括起来主要有以下四种类型：第一种是非党派选举。该方式的具体做法是，由律师协会推选出 3 名律师、州长任命的 3 名外行人士以及首席法官组成的特别委员会向州长推荐 3 名候选法官人选，州长从中任命 1 名正式法官。法官上任 1 年后必须重新经过选举程序，在此过程中虽然不是同其他候选人竞争，但仍需接受选民投票从而决定其是否可以连任法官。如果未获认可，则特别委员会按照此前程序另行推荐其他法官候选人。目前，大多数州均采取这种方式遴选法官。第二种是仍按照传统的选举方法，即党派提名，候选法官相互竞争，最后获得多数选票者入选为正式法官。第三种是由州议会选举或者州长任命。第四种是根据法院的不同类型确定法官遴选程序。例如，纽约市的刑事法院、家庭法院的法官由市长任命，索赔法院的法官由州长任命，民事法院法官则由当地选举产生。另外，在州法院系统中，哥伦比亚特区法院由于其所处的特殊政治地位，法官选任是由专门组织即司

[1] 参见关毅：《法官遴选制度比较》（中），载《法律适用（国家法官学院学报）》2002 年第 5 期。

法委员会提名，并经参议院批准后由总统任命。[1]

在美国，初次担任法官的人可以从任何一级法院进入司法系统，没有法院级别的限制。也就是说，一位从未担任过法官的律师可以成为州法院体系或者联邦法院体系中的终审法院、中级上诉法院或者初审法院的法官。这是美国法官遴选制度的一个显著特征。

3. 法国司法人员的产生

法国法官产生方式的最大特点在于，根据法院类型和案件题材实行相对专业的遴选制度。

法国普通法院的法官必须具备如下条件：(1)修完大学4年法律课程，通过大学毕业考试并获得法学学士学位。(2)通过由政府主持的考试。(3)考试合格的进入国立法官学院进行为期31个月的专业培训。培训目的是增强社会实践经验，培养和提高其实际工作能力。培训内容包括讲课，在企业、行政机关、律师事务所等实习之后到法院实习，然后通过第二次考试，合格后还要进行6个月的分专业培训。(4)必须具备民事权利、品行良好、正确对待法定兵役、身体健康等条件。宪法法院的法官人选由共和国总统、国民大会主席和上议院院长提名，每3年一次，当选者无须具有任何特别资质。民事和刑事法院法官必须具有法国大学学历，考取国家法官学院，毕业后进入政府公职人员队伍。行政法院的法官是行政人员，必须从国家行政学院培训的文官中选出。地区性审计法院的法官主要从地方或者中央政府的财务官员中录用。[2]

对于法国行政法院的法官而言，他们虽然属于公职人员而且也并不一定接受过正式法律训练，但是他们却通过参与合议庭司法工作获得基本培训和经验，并因此成为裁决涉及公法事务纠纷的法官。具体来讲，目前，负责处理最低一级行政纠纷，也就是在行政法庭担任行政法官的人员构成了独立的公职人员队伍。他们在通过一般政府公职人员的任命程序以及进行个人职业选择后即可加入。

---

〔1〕 参见周道鸾主编：《外国法院组织与法官制度》，人民法院出版社2000年版，第18页。

〔2〕 参见司法体制改革课题组编著：《外国司法体制若干问题概述》，法律出版社2005年版，第325～326页。

高一级的行政法院成员主要来自毕业于国家行政学院的公职人员。国家行政法院的其他成员从不同政府部门从事过公共服务的人员中选拔。国家行政法院成员的提名与晋升皆由部长委员会根据司法部长的建议作出。

商业法庭的专业法官完全由地方商会间接选举的商人组成，地方商会代表所有注册的商人。与行政法官一样，商业法官由其他商人作出评估。他们不需要特别法律训练，法院的合议制保证他们能获得在职培训。基于这种特殊结构，商业界对这些法院寄予很大信任，而且对商务仲裁程序的使用也少于其他普通法国家。[1]

法国各级法院的法官均采取任命方式产生。国家设有最高司法委员会，由共和国总统或者司法部长担任主席，成员包括 5 名法官、1 名检察官和 4 名司法系统以外的代表。最高司法委员会提出关于任命最高法院法官和上诉法院院长的建议案，然后由总统任命。其他法官由司法部长任命，最高司法委员会依照《司法组织法》规定的条件就司法部长关于任命其他法官的建议案提出意见。行政法院系列除最高行政法院的法官由司法部管辖和任命外，其余法官由政府任命。[2]

4. 德国司法人员的产生

德国联邦法院和州法院职业法官的任职资格主要包括：第一，大学期间学习法律并通过第一次国家法律考试。这一阶段通常需要 5 年时间，结束时必须参加第一次国家法律考试。大学学习的课程应当包括必修与选修科目，其中必修科目主要有民法、刑法和诉讼法等核心内容，还包括与欧洲法的联系、法学方法论以及哲学、历史学和社会科学的基础课等内容。大学学习期间必须参加总时间不少于 3 个月、在同一机构持续进行的实习。第二，经过与大学学习内容一致的预备培训。必须通过第一次国家考试才能参加这个阶段为期 2 年的预备培训。培训最初在下列强制机构中进行——普通民事法院、刑事法院或者检察院、

---

〔1〕 参见最高人民法院司法改革小组编：《美英德法四国司法制度概况》，人民法院出版社 2002 年版，第 589 页。

〔2〕 参见周道髙主编：《外国法院组织与法官制度》，人民法院出版社 2000 年版，第 103 页。

行政机关、律师事务所，然后被培训人可选择在上述机构或者联邦（州）立法机关、公证机关、行政法院、财税法院、劳动法院或者社会法院等机构之一继续接受培训。第三，通过第二次国家考试。第二次考试的书面考试与在强制机构进行的培训有关；口试部分则与整个培训有关，并且针对特殊利益领域予以特别强调。书面考试在最后的强制机构的培训行将结束或者结束之后进行。这次考试通过后，候选法官便具备了行使司法职务的条件。全职的大学法律教授有资格担任法官职务。

德国州法院法官的选拔和任命由各州司法部负责。申请人必须是德国公民，满足法律教育要求，通过第二次国家考试，拥护德国《基本法》。符合这些条件可直接向各州主管部门提出申请。

各州法官遴选程序和标准并不完全相同。大部分的州法院法官由司法部长任命，有些州法院法官由司法部与法官遴选委员会联合任命。法官遴选委员会由议会议员、司法部官员和律师组成。法官遴选的标准是：第一，工作热情及承受压力的能力。这方面主要考察申请人选择法官为职业的动机，考虑申请人能否合理分配时间和精力，审查申请人在高负荷工作的压力和外界干扰下是否能够正常工作，或者情势不明甚至比较困难的条件下，申请人是否仍然能够公正履行职责。第二，对司法使命的认同感，即是指申请人是否具有维护司法尊严的责任感。第三，审理和调解能力。第四，解决争端和决策能力。第五，合作能力。第六，社会认知感。这表现在审理过程中能够不带偏见、设身处地地考虑并理解他人的社会生活关系。第七，正义感。判决不应受到个人价值观的影响，能够在宪法框架内作出符合法律规范的公正判决。第八，行使职权和责任感。〔1〕

候选人被任命后，被分配到各地区初审法院，经过3年试用期后，如果其所在法院院长出具证明，证实其具备合格的法官素质，便可任命为终审法官。为了保证终审法官选任质量，聘用法院需对申请者的资质、工作成绩和能力进行客观、详尽的评估。评估标准的内容包括：专业知识、理解和思考能力、判断和决

〔1〕 参见［德］埃德加·伊塞尔曼：《德国的法官制度——以下萨克森州为例》，赵珺妮译，载《德国研究》2003年第4期。

断能力；口头和书面表达能力、工作规划能力和合作能力；谈判技巧、陈述能力和承受压力的能力、工作可信度以及工作态度。[1]

联邦普通法院法官的选任，是在联邦司法部长主持下，由司法遴选委员会对候选人进行初步筛选，主要考虑专业资格、籍贯以及党派倾向三个因素，通过投票确定空缺法官职位人选，然后将名单递交给联邦司法部长，如果后者对名单没有异议，则提交给联邦总统，由总统批准和任命这些法官。如果司法部长对这些名单有异议的，则可以通过委员会内部协商解决。

联邦宪法法院共有 16 名法官，分别在两个分庭开庭，这两个分庭几乎是两个独立的法院。这种两个分庭的结构在一定程度上代表了以传统法律观念看待宪法法院和从广泛的政治角度来看待宪法法院的两派之间达成的妥协。[2]一名法官要获得进入宪法法院的资格，必须满足前文提到的法官任职资格的所有条件，同时至少年满 40 周岁。宪法法院每一分庭由 8 名法官组成，其中 3 名法官必须从联邦高级法院的法官职位直接任命，其余法官可从法学教授、联邦众议院、联邦参议院或者政府部门中产生。

按照德国《基本法》规定，宪法法院的半数成员应由联邦议会下议院挑选，另一半由联邦立法委员会挑选。考虑到宪法法官选拔程序的民主性与合法性，也为了挑选出最具资格和能力裁决宪法争议的优秀法官，联邦议会下议院通过一个由 12 人组成的选拔委员会间接挑选它负责选拔的法官（每个分庭 4 名），各政党在该委员会中的代表人数由其在联邦议会下议院中的势力所决定。联邦立法委员会通常根据一个特设委员会的推荐全体投票选举它负责选拔的法官。对于宪法法院院长和副院长两个职位的法官而言，必须经过议会 2/3 以上多数投票通过。联邦总统随后对这两个挑选机构的提名进行核实，然后作出宪法法院

---

〔1〕 参见［德］埃德加·伊塞尔曼：《德国的法官制度——以下萨克森州为例》，赵珺妮译，载《德国研究》2003 年第 4 期。

〔2〕 宪法法院第一分庭最初有权受理为保护基本权利而对立法和其他政府行为进行的所有审查，该分庭使用普通诉讼过程中常用的审理程序。第二分庭的司法管辖权与第一分庭的这种“法律”审查相反，该分庭负责受理各政府部门内部和政府部门之间产生的“政治”冲突。这两个分庭的责任划分在 1956 年发生了重大变化，第二分庭被分配受理有关剥夺基本权利、政党权力以及选举纠纷的案件。参见最高人民法院司法改革小组编：《美英德法四国司法制度概况》，人民法院出版社 2002 年版，第 466 页。

的法官任命。

三、司法政策的制定[1]

1. 刑事司法政策的基本内涵

一般而言，司法政策是指司法领域与司法活动相关的公共政策，通常是指有关国家机关为实现一定的司法目的而制定的司法策略或司法准则。据此，刑事司法政策即是指刑事法领域在打击和预防犯罪过程中所采取的司法政策或准则。国外刑事司法学者并未对刑事司法政策给予统一、明确的定义。综合代表性成果来看，有关刑事司法政策的概念、目的和内容，可以从以下几个方面理解：

首先，国外的刑事司法政策研究尚未形成明显的、稳定的刑事司法政策概念。这是因为，政治学的发达为刑事司法政策提供了充分的民主原理、制约机制和实现效用的结构与框架，刑事司法政策的许多问题属于政治学的研究领域，后者的相关原理完全可以直接适用于刑事司法政策。

其次，借助现代政治学的研究成果，刑事司法政策的基本原理能够最大限度达成共识。考虑到刑事司法政策的统一程度与政党轮替具有十分密切的关系，域外学者因宗教信仰、党派观念或政治立场等方面的分歧，对能否明确、清晰地界定刑事司法政策的内涵和外延仍然存有争议。然而，从多元主义的民主理论出发，法治社会的管理人员往往具有职业性与专业性，他们倾向于顺从并采取能够融合不同阶级、阶层利益群体的“多数人的政治意愿”。就此而言，刑事司法领域的诸多专门问题将由一些专业人士代理的必要性和可行性都得到了加强，日后逐渐形成稳定的刑事司法政策观念、原则和系统不无可能。

再次，西方国家对刑事司法政策的研究往往认为，刑事司法政策的目的在于控制犯罪。这是由于支配刑事政策研究的主导理论是社会防卫思想和广义的刑事政策理论。也就是说，西方大多数法学家或者刑事政策学家都倾向于认为，刑

---

〔1〕 此节内容部分参考了周建军：《刑事司法政策原理》，清华大学出版社 2011 年版；严励：《中国刑事政策的建构理性》，中国政法大学出版社 2010 年版；孙万怀：《在制度和秩序的边际——刑事政策的一般理论》，北京大学出版社 2008 年版。

事政策既是打击和预防犯罪的斗争策略，以及研究犯罪现象及其对策的科学，也是一个国家总政策的组成部分。

最后，刑事司法政策的内容是刑事司法利益。所谓刑事司法利益，并不仅仅指对于刑罚利益的诉求，而且包括根据控制犯罪的现实需要而产生的公共意志。由于西方政治学不仅为刑事司法政策提供了制度原理，还在刑事政策的决策机制等方面发挥核心作用。因此，刑事司法政策与政治决策具有共通性，对于司法利益层面的追求也具有相似性。政治学是谋求众人利益的学科，社会力量的利益诉求免不了要在“公共意志”的层面达成妥协。当论及刑事司法利益时，社会力量和决策机制并未发生改变，与以往不同的只是决策对象具体到刑事利益的判别与取舍问题。

总而言之，刑事司法政策就是不同社会力量的刑事司法利益主张，表现在控制犯罪时采取的司法反应准则。在刑事政策的体系中，刑事司法政策隶属于控制犯罪所需要的策略与艺术的组成部分，共同服务于控制犯罪的司法活动。

通常来讲，不同国家的刑事司法政策具有不同的渊源和表现形式，但也具备一些共通性。

一方面，就刑事司法政策的渊源和表现形式而言，大致包括组织结构和运动形态两个部分，每个部分又包括彼此相互关联的若干因素。例如，组织结构部分就包括刑事司法政策的主体、目的和对象、层级或位次等。具体地讲，一是，从理论上说，刑事司法政策的主体就是刑事司法政策的制定者和实施者。然而，从现实情况看，公民个人在政治利益的决策、执行中很难获得自主、自在的影响力量，离开政党或者是社会团体的依托孤立地讨论公民的政治决策效果，确实没有太大的实际意义。简言之，公民个人从实然角度来讲几乎不具备政治主体地位。据此，在充分肯定个人利益构成社会基础、个人主义和自由主义在政治多元社会中不可替代的重要地位的基础上，维护刑事政策的主体地位应侧重于利益诉求的传递和异议机制的构建，依赖民主决策程序补强政治主体地位的差异带来的观念分歧。二是，从属于刑事政策的目的，刑事司法政策的目的也只能是控制犯罪。为此，刑事司法政策所作用到的人、物以及社会关系，就是刑事司法政策的对象。值得注意的是，刑事司法的各类越轨行为及其行为人均应放在社会学层面理解。这是因为，社会关系对于刑事政策或刑事司法政策的制定具有非常重要的意义：首先，马克思主义政治经济学的基本理论认为，社会生产关系的总和就是社会的经济制度或经济基础。据此，刑事司法的社会关系就是刑事司法利益的反映。刑事司法利益是刑事司法政策的基础，而社会关系则是刑事司法政策的对象。其次，恢复被犯罪破坏的社会关系是恢复性司法的理论基石。相对于个人及其行为来讲，刑事司法政策的社会关系既能全面反映刑事司法利益的需求，也更有利于研究动态的刑事司法反应体系。因此，很有必要在犯罪人和犯罪行为的基础上增加社会关系作为刑事司法政策的对象。三是，刑事司法政策的层次，是指刑事司法政策在整个刑事政策体系中的层级、位次以及刑事司法政策自身的层次结构。一般认为，刑事政策可以分为刑事立法政策、刑事司法政策。刑事司法政策根据刑事司法的流程，又可分为起诉政策、定罪政策、量刑政策和行刑政策。就此而言，刑事司法政策既是刑事政策的分支，也是定罪、量刑政策的总依据。各类社会力量的刑事司法利益主张需要通过刑事司法政策对刑事司法活动的指导来实现，而各类更为具体的刑事司法活动也分别存在专门的政策指导。因此，刑事司法政策既是相对意义上的具体刑事政策，也是相对意义上的基本刑事政策。

与此不同，刑事司法政策的运动形态则含有刑事司法决策、司法评估以及司法批判。详细来看，首先，刑事司法决策是一门决策的科学，这既是刑事司法利益主张的必然归宿，也是政治治理原理的基本要求。从宏观层面看，政治决策是政治学中仅次于政权争夺的重要问题。从治理的角度来说，政治决策也具有优先地位并成为最值得讨论的议题。类似地，刑事司法决策也是刑事司法利益最重要的形式。从微观层面看，参与刑事司法决策是各种对立或冲突的社会主体参与刑事司法实践的典型途径。刑事司法政策居于刑事司法利益分配的关键环节，不仅能够直接作用于刑事司法实践，还是其他利益诉求作用于刑事司法关系的必要渠道。其次，决策的根本目的和意义在于适用，而适用的情形需要通过评估来反馈。刑事司法政策的决策居于刑事司法利益作用于刑事司法实践的关键环节，但是决策本身是没有办法直接获取具体的“适用情形”的。从这个意义上讲，刑事司法评估恰恰在刑事司法决策与刑事司法实践之间起到反馈作用。然而，对于刑事司法实践效果的反馈是一种价值判断，具有明显的利益取向。价值标准不同或者利益取向不同，刑事司法政策决策的效果也会存在很大差异。究竟如何选择、确定司法政策的评估标准，既是刑事司法政策评估的前提问题，也是刑事司法利益差异化的重要体现。最后，刑事司法政策的批判是关系到刑事司法政策独立品格的问题。换句话说，刑事司法政策不仅是方法论意义上的妥协科学，而且通过有理、有力的政策批判使政策获取生命、保障品格。刑事司法政策自身最大的问题，就是不同社会力量的刑事司法利益应如何实现。多元的刑事司法利益必然存在没有被折中进去的“少数派”或“弱势群体”，遭受批判的行为本身意味着少数意见对于折中共识的质疑。但无论如何，对于刑事司法政策正当性的批判，有利于弥合刑法学与刑事司法实践之间的鸿沟，也因此构成了刑事司法政策的独立品格。

另一方面，刑事司法政策也具有公共性、综合性、实践性的特征。刑事司法政策具有公共性。所谓公共性，是指刑事司法政策需要最大限度反映各类社会力量的刑事司法利益主张，将控制犯罪的任务和人权保障的要求相结合，将规范刑法的普遍适用和个别情形相结合，共同作用于控制犯罪的刑事司法实践活动。具体而言，这种公共性特征首先体现了刑事司法利益的多元性和妥协性。各种社会力量的刑事司法利益并不完全相同，被追诉人往往坚持主张无罪或偏轻的刑罚诉求，被害人大都主张趋于严惩犯罪，普通民众通常会宽缓很多。刑事立法本就是公共意志的体现，再加上政党的选举利益，多数人的刑事司法利益都会被放大成为刑事法律规范。这样一来，少数人的刑事司法利益或例外的司法情形很难在刑事法律规范中得到应有的主张。由于刑事司法是刑事利益的最后保障，为了刑事司法的公共性，少数人的刑事司法利益或例外的刑事司法情形都应该在刑事司法政策中得到体现。这意味着，多元的刑事司法主张就是更大程度上的公共刑事司法主张。其次，公共性要求可以指导和规范刑法的解释与适用。法的滞后性是法的基本特征之一，刑事法律也是如此。由于刑事法律的适用关系到犯罪控制和被追诉人人权保障的根本问题，因此，刑事法律的滞后理应得到严格有效地控制。为了最大限度克服滞后性带来的弊端，立法的相对主义、规范刑法的解释理论以及司法的裁量主义都发挥了各自作用。然而即便如此，刑事司法政策仍然发挥了不可替代的功能：一方面，统一的刑事司法政策既可以指导刑事司法的解释、裁量理论，促使其朝向有利于犯罪控制的方向发展；另一方面，刑事司法政策在解释理论和裁量主义所预留的空间中，可以约束差异裁判的适用情形，取得犯罪控制和人权保障之间的有效平衡。最后，公共性的最终目的直接关系到控制犯罪任务的实现。一直以来，犯罪控制都是公共政策的重要问题。西方国家的政党政治需要争取选民的支持，对选民来讲，控制犯罪是仅次于经济发展的利益选项。

刑事司法政策具有综合性。这种综合性体现在两个方面：一方面，从学科属性上讲，刑事司法政策科学既是刑事法的学科，也属于政治学的范畴。作为刑事法学的分支，刑事司法政策的内容和规范、指导刑法学、犯罪学之间具有内在关联性，共同作用于犯罪控制的任务。作为政治学的分支，刑事司法政策继承了刑事政策学的科学综合性，也属于一种结合经济学、社会学和心理学等学科知识发展起来的综合性学科。另一方面，从刑事司法实践来讲，刑事司法政策的利益衡量、效率提升、评估批判等问题大量借鉴了政治利益、经济效率、社会统筹、公共管理、司法统计等诸多学科的核心内容。换句话说，刑事司法政策作为控制犯罪的综合性社会反应机制，需要广泛借鉴各类学科知识，其综合应用特征也因此而生。总而言之，作为控制犯罪的艺术和战略，刑事政策既有宏大的学科属性，也有方法论意义上系统归属。在刑事司法问题方面，既需要考虑到各类社会主体的刑事司法利益，也需要平衡公共利益与人权保障的比例关系，其综合特征是显而易见的。

刑事司法政策具有实践性。刑事司法政策研究都是围绕刑事司法的实际问题展开，由此体现出实践导向。这表现在：其一，犯罪控制的目的需要刑事司法实践的改善。从刑事司法的本义出发，刑事法律的适用本就是个实践问题。从政策的定义看，社会力量利益主张的落脚点也是在刑事利益。刑事利益即是以罪刑为中心的实际问题，由此更加反衬出刑事司法政策明确的实践性特征。从国外研究历程看，自19世纪后半期开始，主要资本主义国家出现了犯罪大幅攀升的现象。刑事古典学派的理论对此几乎束手无策，即使其奠基人所在的意大利等国家也不例外。为此，刑事实证学派应运而生，并主张从犯罪人和教育刑出发，进行社会防卫研究。可见，刑事司法政策如若不能解决好刑事司法的实际问题，也必然面临被取代或者被淘汰的命运。其二，从推行刑事司法改革角度看，刑事司法政策亟须为改善刑事司法的社会效果提供正当化依据和约束机制。当代国外的刑事司法政策问题，莫不是在改善社会效果的驱动之下提出来的。从目前形势看，司法腐败夹杂着严重的积案问题，不仅严重损害刑事司法的公正性，也严重侵害了被追诉人乃至被害人的合法权益。一系列刑事司法改革措施随之而来。在此过程中，刑事司法政策如果无法指导各类刑事司法改革，不能对其提供依据或约束机制，则会因难以及时有效回应社会需求而遭淘汰。总体来说，在刑事政策体系中，刑事司法政策具有更为突出的实践特性。刑事司法政策的实践性要求刑事司法政策面向刑事司法实际，共同服务于控制犯罪的司法目标。

通过这些渊源和特征可以看出，刑事司法政策不仅在宏观意义上有助于控制犯罪、维护社会有序运转，而且从具体层面对国家刑罚权的运用提出了一些主导性要求，合理校正了刑事法律规范的施行效果。一方面，控制犯罪作为一项国家活动，也是国家运用权力承担职责和义务的具体方式。国家通过采取各种政策将刑事法律规定的犯罪进行预防和惩罚，以实现自己的职能。与此同时，有效、及时地控制犯罪极大促进了良好的经济秩序和社会氛围的形成。从这个意义上说，最好的刑事政策就是最好的社会政策。另一方面，刑事政策的价值性倾向（刑事司法政策亦是如此）直接决定了刑事法律规范体系的价值倾向，为刑事法律网的编织提供了重要指导意义，并将刑事政策的内容转化为具体的刑事法律规范条款加以呈现。例如，由于刑事法律是类型化的禁止性、强制性规则，国家立法机关在设定罪刑关系时，通常会为此后司法机关的具体适用留下自由裁量的空间，这也同样为政策指导刑罚权留下了发挥的余地。又如，科学的、民主的立法过程虽然保障了法律规范内容的严谨性与全面性，但也导致法律形成过程变得冗长而缓慢，过分追求立法的稳定反而导致规范内容变得僵化、滞后。如果缺乏适当的刑事司法政策加以指导，刑事法律规范可能因难以跟上刑事司法实践的需求而阻碍经济社会秩序的良性发展。

2. 刑事司法政策的制定依据

通常来说，制定刑事司法政策时主要考虑的是影响刑事司法利益的各种因素，具体表现在确立和判断行为的“社会危害性”时所依据的各种标准，主要包括意识形态因素、经济发展因素、重要的个案因素等。

第一，意识形态是指系统地、自觉地、直接地反映社会经济形态和政治制度的思想体系，是社会意识诸多形式中构成观念上层建筑的部分。意识形态实际上就是政治意识形态。自 19 世纪初法国哲学家首次使用这一概念以来，意识形态伴随世界史的发展也呈现出不同面貌，特别是在社会转型时期，往往伴随意识形态之间的磨合、摩擦和转型。在此期间意识形态领域的斗争可能间接外化为一种刑事政策（或司法政策）的主要内容，从而在刑事领域的各个方面产生作用，有时甚至直接和制度本身产生冲突，并且不断尝试冲破制度的束缚和规制。意识形态的特征对于刑事政策的影响是深入甚至是极端的。德国哲学家曾指出，意识形态的概念“反映了来自政治冲突的一个发现，即统治集团可以在思维中变得如此强烈地把利益与形势密切联系在一起，以致它们不再能看清某些事实，这些事实可能削弱它们的支配感。在‘意识形态’一词中内含着一种洞悉，即在一定条件下，某些群体的集体无意识既对其本身，也对其他方面遮掩了真实的社会状况，从而使集体无意识得到稳定。……乌托邦这一概念反映了政治斗争中相反的发现，即某些受到压迫的群体在理智上如此强烈地对摧毁和改变特定的社会条件感兴趣，以至于他们自觉地在局势中仅仅看到那些倾向于否定它的因素”。[1]这其中对于乌托邦的描述实际上是意识形态具体化的模型，并带有意识形态的积极性和消极性因素。由此说明了当意识形态因素被过分强调时，

〔1〕［德］卡尔·曼海姆：《意识形态与乌托邦》，黎鸣、李书崇译，商务印书馆 2000 年版，第 41～42 页。

对于危害性的认识有可能被过分放大，导致最终集体无意识。在经济全球化的今天，意识形态的作用相比较而言逐渐趋于平淡。经济全球化促使不同国家的经济联系更为紧密，全球化不仅影响着一个国家的政治和经济，而且也深刻改变着文化传统。正基于此，有关意识形态已经终结的学说一时间甚嚣尘上。[1]但值得注意的是，意识形态不仅表现为一种历史现象，而且表现为一种现实。政治冲突的淡化和一些制度的融合只能说明部分领域的变化，意识形态还会通过其他方式表现出来，并对刑事政策产生新的影响。

第二，马克思主义理论认为，经济基础决定上层建筑。经济发展也成为社会发展的最基本表现。在原发性市场经济国家，经济发展对于制度的发展起着决定作用：适合生产力发展的制度得到保留，否则便逐步遭到淘汰。类似地，政策因素在一定程度上制约刑事立法。也就是说，刑事立法一般需要配合国家经济政策，特殊时期的经济政策影响甚至决定了该时期的刑事立法，经济政策的变化也会影响刑事立法的变化。在刑事领域，刑事政策和刑事法律建立在同样的经济基础上，一般来说相互之间的关系相对稳定。在19世纪末以前的资本主义自由竞争阶段，为了配合国家自由放任的经济政策，刑法的不干预特征较为明显。自20世纪初期开始，资本主义经济危机周期性爆发，社会矛盾日益激化，国家开始借用宏观调控政策推动经济复苏，解决市场失灵问题。伴随国家权力广泛介入经济领域的同时，刑事政策在经济领域的特征日渐明显，逐步由容忍转向制裁。发展中国家经历的发展道路却并非完全如此，经济基础与法律制度、法治政策之间的关系也更为复杂，有时是制度先于经济状况，通过创制法律制度引导经济发展。但更多情况则是经济基础处于国家转型时期，法律制度在社会生活的大部分领域都存在滞后性。此时，当新的经济现象或社会纠纷发生时，既有的法律体系难以发挥引导或规制作用。这些情况都为刑事政策的制定带来了复杂性，在政策的制定和执行过程中不可避免地存在困境。尤其出现第二种情况时，如何应对现实与规范之间的张力成为颇为棘手的问题。

---

〔1〕 从20世纪50年代开始，意识形态终结论的观点就开始出现。参见［德］塞巴斯蒂安·赫尔科默：《后意识形态时代的意识形态》，张世鹏译，载《当代世界与社会主义》2001年第3期。

第三，在传统社会，个案对于政策的影响主要体现为一种君主权力的决策，有时甚至个案会影响权力本身的运行方式，而个案在很大程度上又是冲突白热化的结果。近代以来，无论根据契约的基本理论还是人民主权的国家学说，民意均成为权力理论的重要基础，即权力来源于法律，法律来源于民众。由此便为民意监督司法、舆论挑战司法提供了理论源泉。个案从某种意义上说是社会矛盾凸显的结果，只不过个案是在一个正确的时间与地点选择了符合当时社会环境的价值取向。通过对一些重要刑事立法背景的分析，可以发现重大个案有时起着特殊影响作用，在一定程度上可能左右刑事立法或司法的调控方向与力度。例如，2002 年，美国安然、安达信、世界通讯等公司相继爆发丑闻，涉嫌财务欺诈，为应对屡屡发生的重大事件，美国出台了《索克斯法案》，并对上市公司运作过程中的财务欺诈行为严格规定了防控措施，同时加大了刑法打击力度。[1]类似情形同样发生在中国。例如，2003 年的孙志刚案件，致使国务院废除了《城市流浪乞讨人员收容遣送办法》，而施行《城市生活无着的流浪乞讨人员救助管理办法》。舆论普遍认为，中央政府在如此短的时间内废止不适应形势需要的旧法规，孙志刚案件的发生以及引起的议论起到了巨大作用。[2]该案件表明，在当代背景下，漠视权利和民生的政策或制度已经与社会发展格格不入，对待权利的态度也应该发生变化，而不应墨守成规。此案更重要的意义在于，对社会观念和权力观念造成了冲击：国家必须保护公民的自由权和人格权，而不是通过压制权利达到一种所谓的稳定。就此而言，孙志刚案件最为直接的意义是导致《城市生活无着的流浪乞讨人员救助管理办法》取消了强制功能，国家实行开放式管理，把救助完全变成一种自愿接受的行为。从相反的意义上讲，人道主义是权力行

---

〔1〕 对此，有观点这样评论："索克斯法案是美国历史上以特别立法应对特殊情形传统的最新延续，它反映了美国在安然、世界通信等上市公司重大财务丑闻发生之后发生在企业界、财经圈和投资者之间一些基础性的重大变化，既凸显了布什政府要'乱世用重典'的用心，也基本上属于顺应民意的'亡羊补牢'式反应。"参见恒方：《亡羊补牢的索克斯法案》(下)，载《21 世纪经济报道》2002 年 8 月 21 日，第 39 页。

〔2〕 有舆论认为，和一般的公民向人大常委会提出制定、修改法律的建议不同，这份公民建议书是公民依照我国《立法法》规定，向全国人大常委会提出对有关法规进行违宪审查的举动。可以说，这份薄薄的公民建议书，以民间形式启动了要求全国人大常委会启动违宪审查权的程序，罕有先例。参见《北京青年报》2003 年 5 月 17 日，第 A01 版。

为的基本道德要求，只有权力在运作过程中奉行人道主义的道德准则，并在这样的道德约束下履行权力行为，才能防止个案对制度的冲击。

此外，影响刑事司法政策制定的因素还包括传统法律文化、决策者的观念和动机。例如，法律文化传统对刑事政策的影响，实际上和古代社会人类的信仰存在关联。在西方，信仰的国家化成为古代社会的普遍特征。就中国而言，帝制时代的中国传统社会是一个融汇了多种文化元素而又保持着独立性的社会，宗教难以成为一种稳固而强大的国家力量，政权的世俗性特征尤为明显。中国传统法律文化的特殊性主要体现在：其一，法律工具主义的意识。法律工具主义在传统中国表现为世俗政权取代宗教成为主导力量，成文法逐渐成为帝王统治的工具。法律的世俗性特征明显，并以维护政权为首要任务。正是因为政治权力的世俗化，法律在很大程度上成为御用工具和统治手段，缺乏自然法的内容和对于国家权力的制约，"法、术、势"成为统治的基本思维。其二，德主刑辅、礼法合一的观念。古代中国以"天"为中心的自然崇拜构成了信仰的核心。在汉代以后，儒家、道家、墨家等各种思想逐步合流，儒释道最终统一成为古代中国社会的主流思想。据此而言，中国古代法制史的重大事件无不在法与礼的轨迹之间运行：一方面，"以德配天"的观念首先是针对统治者本身，强调以"礼制"培养为官之道；另一方面，给予民众繁杂的礼仪规范，最终形成讲信修睦、无讼即德的和谐状态。传统文化的基础和底蕴对于司法政策的影响是具有延续性和潜在性的，不仅贯彻于国家政策的运行过程中，也表现在权力运行者的思维意识和观念上。中国固有的整套法律文化体系为中国古代社会的超稳定结构提供了政制基础，但是也带来了一定程度的僵化。清末法制变革可以视为对帝制中国法律文化的继承和发展。然而，这一过程是漫长而艰难的，传统文化被大范围否定或遗弃，必然导致法制的紊乱。这是因为，道德和法律是共生相伴的关系，道德赋予法律正当性基础，法律给予道德强制性效力。所以，重新审视传统法律文化，重塑具有文化传统基础的现代法律文化，是一个丝毫不逊于构建法律的事情，而这恰恰与政策密切相关。

在权力行为中，决策者个人的价值观对于政策的制定和贯彻落实能够产生直接的影响。对此，公共选择理论或称为政治的经济理论作了很好的说明。所谓公共选择，主要是指对一个政治过程而言，一般包括参与者、选择方式和选择标准三个关键要素。公共选择首先是一种独立于私人选择的集体选择，是对公共问题的一种决定。因此，参与者是该过程中最基础也是必备的考量要素。其次，决策方式是人们作出群体决策的程序，这些方式多种多样，如一致同意规则、多数决定规则、否决投票等。最后，公共选择的判别标准通常被界定在效率与公平之间。公共选择理论运用经济学的分析方法来研究政治问题。其理论基础主要有三个方面：一是"经济人"假设。与哲学思想中的功利主义、实用主义类似，该假设认为，人们尽量利用自己的一切资源去获取自身效用的最大化。公共选择理论坚持经济学对人性的这一概括，把"经济人"假设扩大到人们在面临政治选择时的行为分析。二是个人主义方法论。传统的政治理论主要采取集体主义的分析方法，公共选择理论则指出，无论是经济行为还是政治行为，都应从个体角度寻找原因，因为个体是组成群体的基本细胞，个体行为的集合构成了集体行为。三是交易政治学。公共选择理论用交易的观点看待政治过程，把政治过程看作市场过程。只不过两者的区别在于，市场过程的交易对象是私人产品，而政治过程交易的对象则是公共产品。进入政治领域的人们也有各自不同的价值观和偏好，这些价值观和偏好都应受到承认和尊重。从公共选择理论的角度看，决策者持有的观念和动机对于决策的形成和运行具有至关重要的作用。一方面，决策者通过民主程序的选举获得执政地位或治理权力，并因此获得拥护和信赖。决策者在作出每一项公共政策（或司法政策）时，被合理地假设为在最小经济资源投入的前提下，实现政治稳定和社会有序发展的既定目标。另一方面，面对社会转型的现实压力，不同阶级、阶层和政治团体的诉求并不相同，决策者在对国家治理的各种方案进行甄别、选择时，往往面临求同存异的现实考验。尤其是在政党政治和现代传媒的影响下，公共决策的参与程度和影响范围与以往相比不仅更加广泛，而且也更多依赖决策程序的公开、透明，以及决策者个人的立场和态度。这意味着，以司法政策为代表的公共产品的"人格化"特征变得日益明显。

3. 刑事司法政策制定的主要样式

政策的生命在于适用。刑事司法政策相关研究最终也要以动态的或适用意义上的刑事司法实践为归宿。动态意义上的刑事司法政策，主要包括刑事司法政策的制定（形成）和执行两方面问题。对此，西方国家因具有相对发达的公共政策原理和实践，刑事司法政策的制定、执行都会受到相关政治原理、机制的制约，进而难以出现政策大量取代法律的情形。根据政治学原理，狭义的政策制定仅指政策的形成或出台，包括政策建议的提出和政治决策两个环节，其中最核心的问题是政治决策。广义的政策制定还包括政策的执行和评估。一般来说，政治学语境下政策的形成有两种模式，即自上而下的模式和自下而上的模式。这两种模式划分的依据在于大众偏好对公共政策形成的决定性：如果大众偏好对公共政策的形成具有决定性作用，该类政策形成模式属于自下而上的模式，否则就是自上而下的模式。

美国政治学家曾专门论述过公共意志的形成与民主政体的关系问题："一个人对于民主体制如何发挥职能这个难题感到烦恼和困惑的时间越长，下面的这种解释就越显得似是而非，即对此解释的实质性部分在于，驱使领导集团行为的动机，他们所坚持的价值观以及坚持的政治游戏规则，期望自己的社会地位能够被接受。也许在一些客观的环境中，包括物质的和制度的环境中民主体制就能够发挥其作用。"[1]类似的观点还指出，大多数美国人认为政府很少关注他们的公共政策观点，政府中的人员也很少理解人们在考虑什么事情。并将政府视作"被少数寻求自身利益的大利益集团掌控着"，而不是"为了全体人民的利益"。此外，多数美国民众还认为，如果公共政策更加密切地遵循公众的观点，整个国家会发展得更好。然而，与此相反的是，政策制定者通常公开表达他们对民意测验的蔑视，大多数美国人认为政府应该更多地关注民意测验。由此不难看出，大多数美国人认为公共政策是自上而下制定的。

与此相反的是自下而上的政策形成模式（亦被称为自下而上的政策制定模

---

〔1〕［美］托马斯·戴伊：《理解公共政策》，孙彩红译，北京大学出版社2008年版，第36页。

型)。根据“民主——多元主义”的理解，一个开放的社会里，任何问题都可以由下列行为主体给予确认：个人或集团，试图获选的候选人，谋求提高声望并希望再次当选的政治领导人，试图制定政党原则并树立受大众欢迎的良好形象的政治党派，“制造”新闻的大众传媒都会引起公众的注意并迫使政府官员作出回应。[1]由于多元主义民主的政治理念有利于扩大民主的政治参与，因此获得了较为普遍的支持。以中国为例。党的十七大报告中指出，政治体制改革作为中国全面改革的重要组成部分，必须随着经济社会发展而不断深化，与人民政治参与积极性不断提高相适应。值得注意的是，尽管前述文件中的“人民政治参与”与西方政治学主张的“政治的民众参与”之间并非完全等同的概念，但从实质内涵上讲，两种表述都对政策建议的多元化、政治决策民主化给予突出强调。政策建议的多元化和政治决策的民主化不仅需要尽量广泛的民众参与，而且需要取得广大利益相关人的认同。公共政策的研究成果同样表明，利害关系人的政策认同水平也是政策取得良好执行的必要条件。从中不难看出，自下而上的政策形成模式不仅有利于获得民众的多元参与，而且由非领导集团或政治精英提出的政策建议反而容易获得更为广泛的讨论，最终获得政策执行的群众基础和现实力量。

需要特别指出的是，在日常的政治实践中，政策的形成过程往往具有相对性，两种模式的运作过程也呈现彼此交叉的特点。一方面，自上而下的政策形成模式会考虑非领导集团的政策建议；另一方面，自下而上的政策形成模式最终也需要领导集团或政策制定者的认可。实际上，这种交叉互动式的政策形成过程在不同社会制度、政治制度和法律传统的国家中是普遍存在的，政策形成过程也并非一成不变。即便是同一种政策形成模式，在社会转型时期或者出现危及社会公共秩序的突发事件时，形成政策的渠道或路径也会发生“变形”，与正常秩序条件下相比，危机情形下出台政策更加依靠领导集团和决策者的个人能力和素质，而非有条不紊地按照既定程序渐次推进。

---

〔1〕 参见［美］托马斯·戴伊:《理解公共政策》,孙彩红译,北京大学出版社 2008 年版,第 32 页。

进一步来讲，两种形成模式都无法回避的问题在于：如何保证刑事司法政策形成的合法性？所谓刑事司法政策的合法性问题包括两个方面内容：一是，已经形成的刑事司法政策本身是否具有合法性；二是，选定的刑事司法政策方案通过立法程序成为法律，即刑事政策合法化问题。

首先，刑事司法政策形成的合法性，就是指已经形成的刑事司法政策是否具有支配公众的正当基础。刑事司法政策是社会力量的刑事司法利益主张，而社会力量具有相当程度的多元化，新形成的刑事司法政策能否取得支配公众的正当依据，是刑事司法政策形成的核心内容。根据政治学的研究[1]，上述问题可以从刑事司法政策形成的正义性和能否取得民众的信任两个方面展开。

一方面，从法理学角度讲，正义分为实体正义和形式正义两种形式。刑事司法政策形成的正义性也可据此区分。刑事司法政策形成的实体正义性，是指在刑事司法政策形成的过程中，多元的刑事司法利益在控制犯罪的刑事司法体系中是否得到了应有的尊重和反映。由于刑事司法政策主要以控制犯罪为适用目的，因此各类刑事司法利益会因犯罪控制的实际需要有所取舍，而不会是同等重要。根据理性主义的要求，刑事司法政策还需要考虑政策与成本之间的比例关系，决策者应该选取收益超过成本最多的政策。这意味着，刑事司法政策的形成从来就是各类刑事司法利益博弈的结果，集团的利益，民众的意愿，相关利益群体、个体的要求等都会提出相应的刑事政策主张，但结果却只能是综合性的折中方案。折中后的刑事司法利益是刑事司法政策形成的前提和基础，折中的程度需要根据犯罪控制和人权保障的需要具体调整。刑事司法政策形成的程序正义性，是指刑事司法政策的决策过程是否符合利益制衡的原理，是否符合正当的决策程序。刑事司法政策的形成至少包括政策建议的提出、政治决策的作出两个

〔1〕 有观点认为："合法性形成了法权的基础，也是法治体制中开展政治活动的基础。合法性作为政治利益的表述，它标志着所证明的政治体制是尽可能正义的。"另有观点认为："一个统治制度的合法性，是以被统治者对合法性的信任为尺度的。这涉及'相信问题，即相信一个国家的官吏和政治领导人都具有正确性、合理性、善良道德素质；并且相信由于这种而应该得到承认'。"综合来看，前述观点将政治权威支配公众的正当性归结于"政治权威的正义性"和"政治权威被信任"两个方面。参见[法]让－马克·夸克：《合法性与政治》，佟心平、王远飞译，中央编译出版社2002年版，第5页；[德]哈贝马斯：《重建历史唯物主义》，郭官义译，社会科学文献出版社2000年版，第287页。

阶段，但并不是说只要包括这两个阶段的政策形成过程都是正当的。决策科学之所以要对政治决策提出过程性要求，是因为过程本身不是目的，如何通过过程实现利益制衡才是程序正当的核心内容。

另一方面，正如前文所指出的，民众的信任是合法统治的基础。民众的信任最早是通过神话传说来实现，但现代科学的发展使神秘主义逐渐退出历史舞台。此后，政治学的研究才将对合法性理论的探讨集中在自由与安全的问题上，即国家本无所谓存在，为了让自由、安全有所保障才产生了国家。从这个意义上而言，民众是因为相信国家能够在更大程度上保障自由、安全，才组成或建构了这一政治实体。相反，如果国家实行暴政统治，不仅有悖于民众的信任，其合法性也就荡然无存了。由此不难看出，政治统治或国家制度的合法性与民众的信任之间存在莫大关系。进一步来讲，刑事司法政策应如何获得民众的支持？除从内容上符合民众朴素的正义观和道德感之外，刑事司法政策的形成过程也能对民众的信任产生影响，进而成为合法性的重要因素。过程影响信任的道理源于人类对自由的追求，正基于对自由、安全的保障，国家的存在才取得了合法性。对此，西方政治哲学认为，政治社会的安排要经得起每个理性主体的审视，而且应坚持以社会福利的最大化作为制度出发点。由于评价社会的好坏、善恶所采取的标准具有相当大的主观性，因此社会福利的标准不仅包括物质资料的充盈、丰沛，还包括决策施行的民主化以及对民众诉求的回应程度。决策科学深知“自己的决策”是最具有号召力和影响力的，于是将争取“共同立场”作为政策形成的目标，也即寻求民众的合意。无论是每个理性主体的审视还是民众的合意，都以民众的相信为基础，并以获得民众的共同支持、任命为目标。决策科学不仅需要形成实体正当的基础，而且需要通过决策过程促使各项议题尽量通过每一个政策主体的理性审视，确保已经形成的政策能够最大限度得到民众的共同支持。

其次，刑事司法政策形成的合法化问题。正如前文所指出的，英美国家既没有稳定的、明确的刑事司法政策概念，也没有太突出的政策、法律冲突情形。究其原因，主要是两个：一是西方严格的刑事法治主张留给刑事政策或司法政策的作用空间相对有限；二是一经选定的刑事政策或司法政策方案能够通过立法程序形成法律。以美国的情形为例。美国国会是公共政策合法化的主要机构。国会制定了精细的立法程序，以至于试图推进政策变革的提议是很难通过的。根据美国学者的研究，报送到美国国会的议案很少有通过的：在常规的两年一次的会议期间，提出的议案超过 10，000 条，只有不到 800 多个议案（不足 1/10）会以各种形式制定成法律。[1]可见，美国政策议案要想通过国会立法合法化实际上并不容易。除此之外，美国联邦最高法院在政策合法化方面也发挥着重要作用。例如，作为普通法系的代表国家，法院判例是重要的法律渊源。英美法的司法经验和睿智都记载在报告法官具体判决的判例集中，极少采用理论性著作的形式表现出来。尤其对于联邦最高法院司法判例而言，其现实意义并非仅仅处理当下待决案件，而是形成一种针对类似问题的处理依据，进而成为共同的生活规范。毫不夸张地说，美国联邦最高法院如今已经成为公共政策法院。又如，联邦最高法院的违宪审查制度对公共政策的形成也具有重大影响。正如马歇尔法官在马伯里诉麦迪逊案中所做的那样，他在"宪法是最神圣的法律"的名义下确立的司法审查权无异于为联邦司法部门配备了最强大的工具，这个工具为防止公民权利受到来自各级政府机关的侵犯建立了最牢固的保障，其公共政策意义无疑是普遍而强烈的。再如，美国法还规定，如果遭到总统否决的议案要成为法律，需要国会两院 2/3 以上投票同意。从立法实践看，遭到总统否决后仍能通过立法程序的法案数量极少。可见，行政权力在政策方案的法律化方面也具有一定作用。此外，行政机关还拥有有限的行政立法权力，通过这些权力行政机关也能将相当部分的政治决策转变成效力较低的法律。总而言之，美国国会立法也不是一件容易的事情，而行政机关在政策合法化方面的负面意义甚至更为明显。相对来讲，联邦法院的司法判例和违宪审查制度在公共政策的合法化方面具有更大的现实意义。以卡多佐法官的事迹为例：在 20 世纪 30 年代，美国正处于从农业社会向工业社会的高速转型时期。农业社会形成的普通法和现实社会之

---

〔1〕 参见［美］托马斯·戴伊：《理解公共政策》，孙彩红译，北京大学出版社 2008 年版，第 50 页。

间出现了较大差距，而普通法国家的立法机关又不习惯干预属于普通法管辖的领域。因此，法官基于正义和社会发展的需要"发现法律"就成了极其紧迫的任务。卡多佐在长期担任纽约州法官期间，以其创造性的司法审判实现了社会发展和公共政策的需求，并被后世奉为"美国历史上最有影响的法律家和法学理论家"[1]。

四、诉讼规则的安排

1. 英国刑事诉讼规则

正如前文所介绍的，英国司法体制中的法院系统存在明确的层级设置和管辖权分工，因此对于审理大部分轻微刑事案件的治安法院以及裁判重罪案件的皇家刑事法院而言，也就具有各自相对独立的诉讼程序和诉讼规则。

首先，对于治安法院而言，通常采用简易程序审判轻微刑事案件。该程序的运作特点和诉讼规则主要有：第一，除未成年人法庭是独任审判之外，治安法院的审判组织形式通常为三人制合议庭。在审判过程中，合议庭有权裁量是否在法院内庭听审双方陈述。除因公共利益豁免事项并且基于单方申请而进行的听审之外，诉讼各方当事人有权知悉内庭听审的具体情况。同时，听审过程也由法官助理进行同步记录，以便在出现分歧时作为查询依据。第二，被告人原则上必须出庭对起诉书进行答辩，并有权在审判全过程始终在场；在此期间，被告人不应被戴上手铐，除非有合理理由担心其将采取暴力行为或者企图逃跑。例外情况是，当被告人未通过邮件作出有罪答辩并且未按照指定时间出庭时，治安法官可依据裁量权进行以下程序选择：其一，基于维护被告人利益的无罪答辩自动成立，在无罪推定原则保护下，证明责任仍然由控诉方承担；其二，如果在此种情况下进行缺席审判，则应以被告人知悉控告书内容或出庭传票通知为前提。控诉方必须证明这两种文件均以合理方式送达被告人并为其所知悉。第三，被告人享有获得律师帮助的权利。当被告人未在治安法院出庭，而是在听审过程中被事务律师或出庭律师合法代表了，即被合理地认为被告人已经行使了出庭的

---

〔1〕［美］本杰明·卡多佐：《司法过程的性质》，苏力译，商务印书馆 1998 年版，第 1～3 页。

权利。由此产生的法律后果是，未出庭被告人的代理律师或其顾问有权交叉询问控方证人、传唤辩方证人；并且在定罪情况下代表他的当事人提出量刑减轻情节。第四，在简易程序审理过程中，如果被告人面对起诉书保持沉默，就必须基于维护其利益的考虑认定为无罪答辩。此后，控诉方开始陈述指控罪名的具体情况，并针对传唤的证人进行询问；辩护方也有权依照交叉询问的具体规则参与其中。对于被告人而言，其是享有为自己辩护的适格主体并有权不被强迫为控方证人。在总结陈词阶段，辩护方有权最先发言并在大多数情况下仍会选择作补充陈述和最后总结，以便获得充分的发言机会维护被告人权益。

其次，对于皇家刑事法院而言，其审判管辖权主要围绕重罪案件和上诉案件进行。具体适用程序大致可区分为审前程序和审判程序两个部分。详细地讲，为提高审判效率、避免浪费司法资源，刑事法院在审前程序中加大了审判管理力度，要求诉讼各方尽量提供诉争议题或其他待决信息，尤其是被告人意欲进行的答辩类型。这其中的重要规则包括：第一，在围绕起诉书进行审判前，法院应根据答辩和指令听审程序对被告人进行必要的程序安排，告知其已经被移送至刑事法院以及指定的出庭日期；同时，通知控诉方向法院提供控方证人名单和请求法院处理的议题摘要，以便法院能够集中有效地组织审理。第二，对于复杂案件或者需要经过长期审理的案件，1996 年《刑事侦查和诉讼法》确立了预备听审的程序。这是指根据一方当事人申请或者法院自己的动议，刑事法院法官在陪审团宣誓前作出的进行预备听审的决定。法官通过该决定可以要求控诉方提供关于案件议题的陈述，同时允许辩护方阐明辩护的性质以及他们准备和控诉方进行辩论的主要事项。作为一种控辩双方相互披露案件信息的具体方式，法官有权根据公正原则、协助陪审团辨认实质议题的目的以及加速审判的现实需求等因素对披露事项进行裁决。第三，如果被告人本人作出有罪答辩，法官可以选择休庭以获取量刑所需要的更多事实信息，也可以在控诉方总结犯罪情况，如被告人此前的背景、教育程度、工作经历、经济状况等，或者听取辩护方提出的减缓请求之后作出量刑裁判。如果被告人的有罪答辩是含混不清的，法官应当向被告人解释指控罪行的性质和要件，以便向其确认答辩的真实含义并告知由此产生的法律后果。如果有罪答辩是采取向被告人施加压力的方式获得的，而且被告人并不能在有罪答辩或无罪答辩中作出符合其真实想法的选择时，该答辩就是无效的。

如果被告人本人对起诉书中的部分或者全部罪状作出无罪答辩，在大多数案件中就会组成陪审团以决定其是否有罪。这也就启动了审判程序。适用陪审团裁判案件的具体规则主要包括：第一，为了增强陪审团组成的随机性，英国陪审团法一方面从主体不适格角度明确排除个别群体参与陪审团服务。这类群体包括司法官员或者其他参与司法管理的工作人员、神职人员、精神病人以及被判处一定期限监禁刑的人。另一方面，被传唤来进行陪审团服务的人的姓名排序是随机的，从陪审员名单中挑选那些进入陪审团席位并宣誓组成陪审团的人是通过抽签方式完成的。对此，控辩双方都有权基于陪审员身份不适格或者存在合理怀疑等理由反对当前陪审团组成人员或者请求更换新的陪审员。第二，陪审团裁决必须在秘密且方便的地点进行；裁决过程中未经法官允许不得分开审议证据，同时必须处在陪审团监守的监视之下。对于审议存疑的证据信息，陪审团有权通过监守向主审法官提交请求解释的申请，后者也有义务回答来自陪审团的疑问。更为重要的是，当控诉方传唤的证据未达到证明标准，以至于没有陪审团可据以定罪的事实基础时，法官有义务指示和提醒陪审团作出无罪裁决。另外，在审判程序中，被告人同样有权获得律师帮助。律师在该阶段需要遵守基本行为准则，但并未被要求具备正义执行者的品行以协助司法管理；而且负有不得误导法院的责任，同时无畏地且不考虑个人利益地开展辩护活动。例如，由于控诉方有责任证明指控犯罪的每一个要件并须达到排除合理怀疑的程度，辩护方则并不负有强制提出证据的义务。然而，起诉书审判的一个基本原则是法律问题与事实问题相对分离。辩护方据此有权向法官而非陪审团申请排除不可采纳的证据，并在不出示本方证据的条件下通过总结陈词向陪审团提出被告人应当被宣告无罪的观点或意见。在必要且适当的情况下，辩护方可以请求与法官在当事人和公众不在场的私人办公室会见，以便讨论与案件有关的问题从而尽量争取对于被告人的公平对待。

2. 美国刑事诉讼规则

在美国，围绕美国《宪法》“人权法案”（第一到第十宪法修正案）确立的刑事诉讼规则旨在维护刑事被告人基本权利。这些践行正当程序理念的诉讼规则具体体现在以下几个方面。

第一，被告人享有获得律师帮助的权利。在美国《宪法》中，被告人获得律师帮助的权利具有四种不同依据，因此被告人获得此项宪法权利保护的范围也不尽相同：其一，第六修正案规定，在所有刑事诉讼中，被告人都享有由律师帮助辩护的权利。根据该规定，联邦刑事案件被告人在对抗性刑事诉讼开始之后的各个“关键性阶段”，都有权获得律师帮助。其二，根据第五修正案和第十四修正案关于“正当程序”的规定，在联邦法院和州法院进行的任何刑事诉讼中，被告人有权在律师帮助下进行辩护，以保障程序的“基本公正”。其三，根据第五修正案关于“不得强迫自证其罪”的规定，在警察对在押嫌疑人的侦讯程序中，必须充分地保证嫌疑人获得律师帮助的权利，通过律师帮助权保障嫌疑人的沉默权。其四，根据第十四修正案确立的“平等保护原则”之规定，贫穷被告人至少在第一轮上诉中享有获得指定律师帮助的权利。对此，美国各州和地方政府建立了公设辩护人制度、指定律师制度和合同制律师制度三种不同形式的刑事法律援助制度。从法律后果上讲，如果前述被告人宪法权利受到侵犯将产生两种后果：一是从被告人处获得的供述不得作为控诉证据使用；二是有罪判决被撤销。例外是控诉方能够以“排除合理怀疑”为标准来证明其行为仅属于“无害错误”，并未影响当事人的实质性权利而无须改判。

第二，有权申请保释并获得审前释放。在美国，被告人申请保释不仅是一项宪法性权利，同时也构成审前释放的主要类型。所谓保释，是指被逮捕嫌疑人以金钱或者财产的形式保证其在随后的司法程序中按照指定的时间和地点出庭或到场，从而获得释放的诉讼制度。该制度遵循的法律依据是无罪推定原则，即认为只有允许保释，才能使嫌疑人、被告人有充分的机会准备辩护，特别是协助其辩护律师收集证据、调查案情，避免在定罪之前受到拘禁。为促进保释制度扩大适用，联邦及各州法院在遵循宪法修正案之规定“不得要求过重保释金”前提下，也进一步降低了保释条件，通过制定保释金数目表明确了案件类型、严重程度、被逮捕人经济情况和危险性对于保释金额的具体影响，同时增加了10%定金保证和不附带财产条件的具结释放。这就意味着，在一些案件中，法官允许被告人仅交付10%的保证金就被释放。这种交付固定额度的保释担保方式被称为定金保证或10%替代规则。[1]同时，不附带财产条件的具结释放免除了被告人经济压力，虽然其有可能仍需根据法官签发的令状定期报告保释期间生活情况、参与鉴定或咨询等工作，但却极大鼓励了被告人选取此种替代监禁的方式参与诉讼。

第三，罪状认否程序与辩诉交易。罪状认否程序又称为传讯程序，是指法院收到正式起诉书或者简易起诉书之后，应当根据迅速且及时原则传唤被告人到庭，告知被告人所享有的各项诉讼权利并要求其逐一对指控罪名进行答辩。[2]在此程序中，被告人可以作出三种答辩形式：有罪答辩、无罪答辩和不予争辩的答辩。从司法实践看，被告人在大量刑事案件中作出有罪答辩并与检察官开展诉辩交易。在控辩协商和交易过程中，检察官通常以降低指控等级、减少指控罪名或者建议从轻量刑等为条件，以换取被告人在罪状认否程序中作出有罪答辩，并经法官审查认可后确定被告人的罪刑。部分州的法官还有权直接参与双方对于指控罪名和刑罚的协商过程，以便确认有罪答辩的事实基础、被告人认罪的自愿性和明智性，并且在被告人作出有罪答辩之前向被告人明确允诺将要判处的刑罚。即便是在司法参与度并不高的州的地方法院，当控辩双方并未专门讨论是否有罪而仅是对于被告人概括认罪进行常规性罪刑宽恕时，法官也会默认呈送的协商结果给予被告人量刑上的优惠。与此同时，被告人在辩诉协商时有权在其律师帮助下核实控方证据资格，从而评估当案件进入正式审判程序后自身将

〔1〕 参见［美］爱伦·豪切斯泰勒·斯黛丽、［美］南希·弗兰克：《美国刑事法院诉讼程序》，陈卫东、徐美君译，中国人民大学出版社2002年版，第314页。

〔2〕 “罪状认否程序”是一项在法庭内公开进行的、正式审理前的讯问程序，基本内容有以下三个方面：（1）传唤被告人到庭，查证被告人身份；（2）向被告人宣读起诉书或者告知其起诉要旨，并向被告人提供起诉书副本；（3）要求被告人就起诉书指控的犯罪进行答辩，并予以审查确认。通过罪状认否程序获取被告人的答辩，是决定是否进入正式审理程序的前提。参见宋英辉等：《外国刑事诉讼法》，法律出版社2006年版，第184页。

面临的处境。对于辩护律师而言，其必须依据职业规范向委托人建议各种法律选择的可能后果，向他的委托人提供知情的、现实的和策略性建议。在甄别检察官控诉能力和案件事实基础上，辩护律师也可以凭借诉讼经验和法律知识忠诚地且道德性地向有罪委托人建议答辩无罪。

第四，获得公正陪审团审判的权利。所谓陪审团审判，是指在职业法官主持下，由一定数量的普通公民在听取控辩双方证据和辩论之后，按照严格标准决定被告人是否构成指控犯罪的审判方式。根据美国《宪法》的规定，除弹劾案之外，对所有犯罪的审判都应当由陪审团进行。美国《宪法》第六修正案再次确认了该项权利并进一步规定，在任何刑事诉讼中，被告人有权由“公正的陪审团”进行审判。据此，为了实现“公正陪审团审判”的宪法目标，联邦和各州法律规定了严格的陪审团成员遴选机制。总的要求是，陪审团成员必须在审判法院所在的司法区具有广泛代表性，而且除具有法律禁止担任陪审员事由之外，原则上任何年满 18 周岁、有足够英语交流能力、心智健全的本地美国公民都有机会担任陪审员，不得因为种族、肤色、宗教信仰、性别、出生地或者经济地位而加以歧视。根据该遴选原则并按照社区纳税义务人或注册候选人名单选出陪审员之后，在审判前候选陪审员必须经过检察官及辩护律师的诘问筛选之后才能成为正式陪审员，此即是诘问排除程序。在该程序中，检察官和辩护律师能够以正当理由或任意理由排除候选陪审员[1]，这些理由主要包括，候选陪审员有前科、对案件存有偏见或精神不正常等。如果检察官或辩护律师根据其诉讼经验，直觉认为某些人可能不适合担任正式陪审员，也可以在未明确提出正当理由时申请排除特定的候选陪审员，只是通过此种任意理由的方式仅能排除 5—30 个候选陪审员。当控辩双方各自结束最后陈述或法庭辩论总结后、陪审团退庭评议之前，法官会对陪审团进行必要的指示，其内容大致包括陪审团的裁决权限、与案件有关的法律、因证据引起的争议以及相关专业术语的含义等。对此，控辩双方均有机会（通常是在证据阶段）提议他们希望法官给予陪审团的指示内容，从

---

〔1〕 参见王兆鹏：《美国刑事诉讼法》（第 2 版），北京大学出版社 2014 年版，第 10～11 页。

而在事实认定方面增加对于陪审团的影响力。此后，陪审团退庭进行秘密评议。通常而言，陪审团奉行裁决一致原则；如果陪审团成员未作出全体一致结论或者形成多数意见，在法官指示或引导无果情况下，法官可以宣布解散该陪审团、另行召集陪审团重新审判或者宣布未决审判。对此因悬而未决的陪审团导致的未决裁判，被告人有权请求法官作出无罪判决。

3. 法国刑事诉讼规则

自2000年以来，法国刑事诉讼领域开始面临深刻转型，"正当"和"效率"成为改革的核心关键词；同时，在法国宪法委员会的推动下，法国刑事诉讼改革正逐渐走向"正当优先、兼顾效率"的发展模式。如果说刑事诉讼的"正当化"进程是建立在理论界对传统职权主义的深刻反思与批判基础之上，那么对于"高效化"的肯定则是实务界对于传统刑事诉讼无力应对诉讼爆炸的窘况所作出的无奈突破。为此，法国《刑事诉讼法》设计了一系列速决程序。以下具体展开介绍。

第一，刑事处罚令程序。刑事处罚令程序在性质上属于司法程序而非行政处罚程序，这种"司法性"集中体现在程序的运作主体和处理结果两个方面。就前者而言，刑事处罚令的运作主体是司法机关（审判机关和检察机关）而不是行政机构，法官在该程序中担任裁判者的角色，检察官则扮演起诉者或公诉者角色。因此，刑事处罚令程序完全不同于刑事和解与刑事调解等公诉替代程序。后者是指，法官依照刑事处罚令程序作出的处理结果属于司法判决，并具有终局性与强制执行的效力。从某种程度上来说，刑事处罚令程序也可以被视为缺席审判程序。法官据以裁判的根本前提并非被告人认罪与否，而是相对完整和确定的司法侦查结论；同时，被告人有权对法官的判决提出异议。这也体现出该程序与庭前认罪答辩程序的不同。刑事处罚令程序的具体适用具有两个突出特点：一是程序适用的非强制性。由于法国法设有多个适用范围交叉的公诉替代程序和速决程序，因此检察官可以结合案件实际情况并根据法定条件选择适当的速决程序。类似地，法官也同样有权决定是否选择适用处罚令程序审理案件，而并非一定遵循检察官提出的程序选择建议。同时，被告人有权对根据刑事处罚令程序作出的判决提出异议。该异议可导致处罚令程序及其裁判结果归于无效，刑事案件将依据普通程序重新审理。但在正式庭审开始前，被告人依然有权放弃先前提出的程序异议；此时，处罚令判决重新生效。刑事处罚令判决成为终局判决后对于刑事部分具有既判力，被害人依然可向轻罪法院提起民事诉讼。在整个异议程序中，被告人都享有知情权。二是程序适用的书面性。在司法警察将侦查材料移交检察院之后，共和国检察官应当对其进行书面审查，并作出是否适用刑事处罚令程序的公诉意见书；并将此公诉意见书连同案卷材料移交法官。法官收到前述材料后进行书面审查与评估，并据此作出是否适用刑事处罚令程序的判决；在轻罪案件中，处罚令判决必须载明裁判理由。处罚令判决作出后，应立即发送检察官；同时以挂号信形式邮寄给被告人并要求签署送达回执。

第二，刑事和解程序。考虑到在一些刑事案件中，要求犯罪实施者真诚悔悟与积极赔偿或者采取其他非刑罚手段往往比追究其刑事责任更加具有实际效果，法国法确立了刑事和解程序。根据法国司法部颁布的《关于规范刑事和解程序的行政通令》之规定，所谓刑事和解，是指通过第三者的引导将犯罪行为实施者与被害人召集在一起从而在两者之间建立联系，并就赔偿的具体细则和重新修复受损害的社会关系达成合意，尽可能地促进确立不再重新犯罪的条件。刑事和解与刑事调解、庭前认罪答辩程序不同，从广义上看，三种程序均以当事人合意为主导，属于"合意型公诉替代程序"[1]。但在刑事和解程序中，检察官或其委托机构仅处于中立第三人地位，主导程序进程的是犯罪行为人与被害人；而且和解程序侧重于对刑事被害人的经济赔偿，刑事调解程序和庭前认罪答辩程序则分别强调对犯罪行为人的惩罚和提高诉讼效率。通常来讲，刑事和解程序需要经历四个阶段：和解前的会见阶段、当事人交流并寻求解决方案的阶段、和解成果的固定阶段以及和解协议的执行阶段。然而，当事人不仅不必严格按照四个阶段依次进行，而且可以在和解程序的任一阶段宣布退出和解程序，从而转

---

〔1〕 施鹏鹏：《法律改革，走向新的程序平衡？》，中国政法大学出版社2013年版，第126～133页。

入普通公诉程序。如果和解成功，即当事人签署和解协议并最终解决了刑事纠纷，和解者（和解程序中处于中立地位、协调当事人间利益的组织或个人）应将案件材料连同双方当事人签署的和解协议，以及一份简短的报告移交给委托和解的共和国检察官。该报告主要记载和解进程及相关事项，但不得包含针对双方当事人和解行为的个人评价。如果和解失败，检察官则根据移交的和解报告及案卷材料审查决定是否重启和解程序或者提起公诉。和解协议具有“交易”性质并在双方当事人间产生约束力。检察官虽然应当尽力确保协议的及时执行，并在协议达成后撤销对被告人的公诉指控，但在极其特殊的情况下，例如在有证据证明被告人实施过未被发现的犯罪行为而被告人无法提供合理解释时，检察官可在追诉时效耗尽之前对被告人再次起诉。

第三，庭前认罪答辩程序。为了提高诉讼效率、减轻轻罪法院的负担，并使被告人更好地接受量刑，法国《刑事诉讼法》确立了庭前认罪答辩程序。在该程序中，被告人对犯罪事实的承认必须以言词形式作出并有律师在场。但是，在因直接传唤和司法传唤而启动庭前认罪答辩程序条件下，认罪声明可以书面形式作出，亦即被告人可亲自或者通过其律师向共和国检察官寄送挂号信并要求回执，声明其承认被指控的犯罪事实并要求适用庭前认罪答辩程序。同时，在庭前认罪答辩程序中被告人不得放弃律师帮助权。律师应在程序的任何阶段在场为被告人提供咨询和帮助；其自身也享有案卷查阅权、与被告人秘密交谈等广泛的权利。检察官在认罪答辩程序中处于支配地位，对于量刑建议拥有较大裁量权。检察官不需要征求被告方意见或经过事先讨论，就可建议执行一个或数个主刑或附加刑。但其提出的量刑建议必须遵循刑罚个别化原则的基本要求，充分考虑犯罪情节、被告人人格及精神状况、被告人收入水平与债务负担等信息，最终确定监禁刑刑期长短（及是否适用缓刑）与罚金刑额度或其他附加刑。对此，被告人应在 10 日内作出接受或拒绝该量刑建议的答复；在该思考期限内，被告人不得要求解除相关人身强制措施。检察官应当在提出量刑建议后将被告人送往自由与羁押法官处，由该法官下令对被告人进行司法管制。如果被告人拒绝接受量刑建议，那么检察官应依照普通公诉程序向轻罪法院提起公诉或者要求启动正式的侦查程序。之前在检察长办公室适用庭前认罪答辩程序所作的各种声明及案卷笔录归于无效(但被告人在警察局所作声明,尤其是认罪声明依然具有证据效力),不得作为证据提交给预审庭或者审判庭。如果被告人接受检察官的量刑建议,则庭前认罪答辩程序进入法院审核阶段。为避免出现检察官借助虚假允诺欺骗被告人,或者采取恫吓、威胁手段迫使被告人承认指控的情况,保障认罪答辩程序的正当性,法国法在引入该程序时特别加强了法官的程序性审查权力,并具体规定核准法官的法律地位与审核标准。核准法官必须“核实案件事实的真实性及其司法定性”,并“根据犯罪情节以及犯罪行为实施者的品格考虑量刑合理性”,最终作出核准裁定。如果核准法官基于“案件事实的本质、利害关系人的人格、被害人的处境或者社会利益”等要素的考量而认为应当进行普通的轻罪庭审,则可以拒绝检察官的量刑建议。[1]同时,如果被害人的声明使核准法官对“实施犯罪的条件或者犯罪行为实施者的品格”产生新看法,则核准法官也可以拒绝检察官的量刑建议。对于核准法官作出的审核裁定,被告人可向上诉法院提起上诉。检察院亦可提起附带抗诉。

除围绕效率价值进行的速决程序设计外,法国刑事司法改革在遵循程序正当性理念推行的诸项措施中,以参审制度最具代表性。在法国,只有重罪案件(量刑在10年以上的刑事犯罪)才适用参审制审判。因此,重罪法院是法国的“参审法院”。重罪法庭适用参审制裁判案件的首要条件是参审员的遴选。为贯彻司法民主、平民参与司法的理念,实现参审员独立自主行使裁判权的改革目标,法国《刑事诉讼法》对参审员遴选范围与程序作出详细规定。原则上,具有完全民事能力和政治权利的公民都享有担任参审员的权利,不得以财产、出身、人种、阶层等因素限制或禁止公民履行参审职责。对此,法国法规定,年满23周岁,可用法语读写,享有政治权利、民事权利和亲权的法国公民可担任参审员。同时,为了提高参审制度民主性、避免受到政治力量操控,法国法规定了严格且复杂的参审员遴选程序。该程序大致分为三个阶段[2]:首先,制定重罪参审

〔1〕 参见施鹏鹏:《法国庭前认罪答辩程序评析》,载《现代法学》2008年第5期。
〔2〕 参见施鹏鹏:《法国参审制:历史、制度与特色》,载《东方法学》2011年第2期。

员总名单。每一辖区重罪法庭每年度制定一份重罪参审员总名单。该名单由上诉法院第一院长或者其代表主持的委员会制定，或者由法院院长或其代表主持的委员会制定。其次，制定审季参审员名单。审季参审员名单是在重罪参审员总名单的基础上抽签产生。此次抽签必须由上诉法院第一院长或者重罪法庭所在地的大审法院院长公开开庭并亲自主持进行。最后，确定具体案件的参审员。在每一个具体案件开庭审判前，法官应当在被告人在场的情况下公开开庭，并从审季参审员名单中抽签产生 9 名正式参审员以及数名候补参审员。候补参审员列席庭审辩论。但是仅在 1 名或者数名审判参审员不能参加部分庭审的情况下，候补参审员方可参加法庭合议。在适用参审制审判过程中，参审员与职业法官并没有职责分工，两者共同解决案件的事实问题和法律问题。换句话讲，参审员既是“事实问题”的法官，又是“法律问题”的法官。

与此相关的问题是，如何解决参审制度导致的误判或错判问题？也就是说，一方面，鉴于主权至上理念和“人民不会犯错”的政治信条，经由参审制度作出的裁判具有终局效力而不应通过上诉程序招致挑战。另一方面，在司法实践中，上诉制度却是纠正错误、保障法律统一适用的有效手段。法国法协调两者矛盾的方式是改革上诉程序中的参审制度，确立“轮转上诉”制度。[1]根据这一制度，当事人可对重罪法院作出的判决提出上诉，但该上诉申请由最高法院指定的另外一个重罪法院负责审理而不专设重罪上诉法院。在该上诉审程序中，重罪法院合议庭由 12 名参审员（比原重罪法院增设了 3 名参审员）及 3 名职业法官共同组成。被告人、检察官、涉及民事利益的民事责任人和民事当事人以及公共行政机关均有权提出上诉。按照这种制度设计，通过增加上诉程序中参审员的人数，一方面符合民主政治运作中“少数服从多数”的决策原则，另一方面即便上诉审最终撤销或更改原审裁判，也可以视为“人民有权更改自己以往的决定”的实践表达，而未从根本上动摇参审制度的价值基础。

---

〔1〕 参见施鹏鹏：《法律改革，走向新的程序平衡？》，中国政法大学出版社 2013 年版，第 92 页。

4. 德国刑事诉讼规则

“二战”后，伴随司法理念的更迭、诉讼模式的融合以及固有司法传统的弊端日渐凸显，德国刑事诉讼制度进行了频繁的改革，大致经过了三个阶段：一是20世纪60年代的自由化阶段。这一阶段的刑事司法改革重点强化了辩护权和被追诉人自决权，集中解决了审前羁押的适用、审前讯问、自由交流等问题，逐步强化被追诉人权利保障。二是20世纪70年代追求司法效率阶段。这一时期推行的提高司法效率的措施集中体现在扩充检察官起诉裁量权、提高审前程序控制力、弱化司法侦查、扩大适用简易程序等分流机制以及协商性刑事司法的出现等。三是20世纪80年代至今的发展阶段。最近30年间的刑事司法改革重点围绕调整刑事诉讼模式、分离庭审程序中定罪阶段和量刑阶段、深入诉权保障等。

第一，侦查程序中辩护权利保障措施。从德国《刑事诉讼法》有关审前阶段保障辩护权利具体规定看，较为突出的内容有：被追诉人在第一次讯问时“应当将其毫不延迟地拘传至法官并由法官对其进行讯问”，“依法有权就指控进行陈述或者对案件不予陈述，并有权随时向其选任的辩护人进行咨询”，“可以申请收集个别对自己有利的证据”。如果被追诉人符合指定辩护的条件，亦可以向法院申请获得法律帮助并提名自己信任的辩护人信息，是否准予由法院审查决定。虽然德国《刑事诉讼法》并没有规定完全意义上的律师讯问在场权[1]，但被追诉人却享有及时获得律师帮助的权利。这集中表现在：其一，被追诉人与其辩护律师进行的书面、口头交流原则上不受限制；例外情况是，对此进行视频监视措施时需由在押机构所在地的初级法院负责。具体执行监视措施的法官不允许参与所侦查的事项，并对监视中了解到的情况保持沉默。其二，辩护律师在提起公诉后对案卷及证据资料查阅不受限制。但审前阅卷权因是否可能危及侦查而受到审前检察院与法院的双重控制。同时，德国《刑事诉讼法》并未明确禁止辩护律

---

〔1〕 德国主流观点认为警察讯问时并未赋予辩护律师在场权。对此，参见彭海青等编著：《德国司法危机与改革——中德司法改革比较与相互启示》，法律出版社2018年版，第377页。

师进行审前调查取证权，对律师所取得的证据合法性问题也并未规定应当适用证据排除规则。大量的被追诉方举证申请的规定被纳入《刑事诉讼法》中，在一定程度上给予被追诉人法律咨询权以及面对讯问而不陈述的自由。

第二，协商性刑事司法。2013 年德国宪法法院支持了 2009 年德国法律在法院与当事人之间的刑事裁判的协商具有法律效力的合宪性。据此，德国版本的辩诉交易被联邦法院所接受并写入 2009 年德国《刑事诉讼法》之中。从法典立法例表述上看，德国的协商性刑事裁判制度采取的是镶嵌式立法方式，其主要内容包括〔1〕：其一，适用范围。协商的内容是程序行为、程序措施、刑罚范围、有罪供述等，是供述与程序简化、加速以及刑罚幅度范围的交换。其中何种罪名、恢复性和保安处分措施不在协议内容之中。其二，启动时间。审判长可在公诉阶段和审判开始之前的阶段，以及在审判过程开始后启动协商性刑事裁判。其三，参与主体。不同于英美法系国家的辩诉交易制度，德国协商性刑事裁判是由法院主动启动，协商双方主要是法院和被告方。但必须在被告人和检察官同意了法庭的建议之后，协议才开始生效。其四，程序性要件与法律后果。在协商过程中，审判长有义务宣布是否存在得以协商的法定内容和具体事项，以及是否存在就诉讼标的达成协商的可能。相反，当法庭忽视法定性或事实性情况，以及协商过程中出现新情况（例如，被告方的协商行为与法庭已经构建的预知期待不相符合），以至于量刑范围不再与罪刑相适应时，协议不再对法庭有约束力。其五，救济规范。在提起法律救济程序期限届满前，也可以有效地撤回法律救济程序或者放弃提起法律救济程序。如果以协商的形式达成判决，则不能放弃提起法律救济程序。检察机关为了犯罪嫌疑人的利益而提起的法律救济程序，未经犯罪嫌疑人同意不得撤回。从前述立法条款指明的各项内容看，德国协商性刑事裁判具有以下特点：一是，法官作为协商的参与主体，一方面被授予较大的裁量权限，不仅允许其直接启动协商程序，而且法律规范已提前为其提供可供适用的最高和最低刑期。另一方面，与典型的控辩交易不同，德国法官在协商程序中仍

〔1〕 参见彭海青等编著：《德国司法危机与改革——中德司法改革比较与相互启示》，法律出版社 2018 年版，第 394～396 页。

然面临许多限制。例如，在确定具体刑期时，法官必须考虑所有与犯罪事实相关的案件信息，以确保作出的裁判结论与被告人实际所犯罪行相一致。这也意味着，法庭仍然有义务搜集充足的证据资料并独立地发现案件事实，而不能仅仅将当事人提供的事实（尤其是仅凭被告人供述）作为裁判依据。二是，立法详细规范了协议具有约束力的条件，即检察官和被告人均需同意法庭建议的量刑范围以及要求被告人遵循的程序性法律义务。否则，法庭则有正当理由放弃认定该协议的法律效力。对于被告人来讲，协议的确定性和期待性相对较低。对于协议被宣布无效的情况，德国法为保障被告人程序正当性权利，即规定此时被告人在协商过程中的答辩供述不得作为证据使用。三是，当协议达成且法庭已遵守的情况下，当事人仍保有提请上诉裁判的权利，并且此项权利不得预先放弃。

第三，参审制度。德国的参审制度一直被视为大陆法系国家陪审制的典型代表。与法国参审制度相比，德国参审制度的基本内容与主要特点大致包括：其一，参审员的遴选采用提名制度。德国诉讼中的参审员由社会团体或政党提名并推荐遴选，此即参审员提名制度。[1]在司法实践中，各政治组织所推荐的候选人数量应为实际所需参审员数量的两倍。德国司法行政部门指定由职业法官、行政官员及若干其他人员组成遴选团队，负责从候选名单中选出正式的参审员。由于采用特殊的提名制度，参审员资格主要由政治团体把关，而德国法律对此仅作原则性规定。例如，一般而言，25 周岁以上 70 周岁以下、没有智力障碍、未患有影响裁判能力的严重疾病的德国公民，即可担任参审员。但从事诸如法官、检察官或者执法部门官员等特定职业之人员不得兼任参审员。在具体案件开庭审理前，被告人及其辩护律师、检察官以及其他诉讼参与人有义务避免干扰参审员遴选程序的正常运行；但其有权以参审员存在偏见或者与案件具有利害关系为由请求特定参审员回避。对此回避申请，由审判长审查决定。其二，合议、表决和裁判程序。在德国，鉴于浓重的职权主义诉讼传统，当事人在法庭调查和辩论阶段的诉讼活动仍需听从审判长指挥，并遵循程序公开原则、直接言词原则和不

---

〔1〕 参见施鹏鹏：《陪审制研究》，中国人民大学出版社 2008 年版，第 174 页。

间断审理原则。但近年来，为协调司法民主与诉讼效率之间的矛盾，德国联邦最高法院开始逐渐允许参审员在审前阅读部分案卷材料，以便在庭审时更好把握诉讼进程。职业法官与参审员在法庭合议阶段遵循一致意见原则——由最年轻的参审员首先投票，而审判长最后投票。这一投票顺序并不妨碍职业法官与参审员事先对预期裁判结果进行事先讨论，也允许职业法官在投票前告知参审员具体的认定及表决意见。对于重大程序问题，前述表决经达到简单多数；而对于罪责及刑罚问题，表决经达到 2/3 多数。其三，上诉救济程序。德国设有两种不同类型的上诉程序，即第二审上诉和第三审上诉。无论针对有罪判决还是无罪判决，当事人均有权提请上诉。其中，第二审上诉采用平民裁判模式并实行全面审理原则，同时审查原判决中的法律问题与事实问题；第三审上诉则采用职业法官裁判模式，仅审查书面判决和正式审判记录以及上诉理由中所包含的法律问题。简言之，被告人有权在初审和上诉审中分别获得由参审团裁判的机会，在限制司法恣意的同时最大限度地维护自身合法权利。

五、司法行为的管理

1. 法官培训制度

一般而言，法官培训制度是指为了促进司法公正与裁判效率，对即将成为法官的待职人员和已经从事法官的在职人员开展的岗前教育和继续教育的制度。这种培训制度针对性强、目标指向明确：对于新任法官而言，培训内容主要包括为其系统性传授基本法律职业技能，继续培养法律思维和形成法官的职业素养。而对于在职法官而言，培训内容则主要是更新、补充法官的法律知识和业务技能。相较于针对待职法官进行的岗前培训，在职法官进行的阶段性、周期性培训更值得关注。域外主要法治国家对此类法官培训制度也作了相对完善的规定。

在美国，法官培训基本分为两类，一类是针对新任法官的“上岗教育”，另一类是对现任法官开展的在职培训。自 20 世纪 50 年代全美逐步开始推广法官培训制度以来，联邦和州层面陆续建立了法官培训机构。全国性培训机构主要有全国联邦司法中心、美国全国法官学院等。此外，一些大学也设立了法官培训组织，例如，密歇根大学法学院法学继续教育中心、丹佛大学法学院司法行政学院等。美国法官培训内容十分广泛并且针对性、实践性和应用性较强。对在职法官的培训主要是侧重于知识更新、观念更新、方法论更新，内容包括新法律的发展、认定证据的方法和经验、如何提高办案质量和效率等。此外，还包括个人品德教育、职业道德教育、纪律教育、正确处理家庭关系和法官个人的精神压力等。同时，为了让法官应对社会新发展，培训内容还增加了法律与社会、人文学与法律、心理学、社会学以及各种新技术的课程，以拓宽法官知识和思维。培训大都采用培训班形式，培训周期根据实际授课内容酌情确定时限。以美国全国法官学院为例，其主要教学方法包括互动式教学、提问式教学、个案分析式教学等，通过各种不同教学方法，受训学员不仅在相互诘问与思辨中发掘并掌握英美法精神和法律原则推演过程，而且丰富了驾驭庭审的技巧，培养了独立分析和自主处理问题的能力。法官培训机构除了拥有自己的专职法学教授之外，主要师资来自美国联邦或州各级法院的著名法官或资深法官，同时也会聘请一些在州或全美有影响的律师来授课。培训经费既有联邦和各州的议会或政府拨款，也有公司赞助或基金会捐款。

在日本，司法研修所作为最高司法裁判所的下级机构承担法官的职业培训职责，其下设有负责行政管理的事务局、负责对在职法官进行培训的第一部以及负责对“法曹三杰”进行培训的第二部。据此可知，日本法官培训同样包括职前培训和在职培训两大类。日本法科生在完成大学本科教育后，参加严格的国家司法考试，考试合格者被接纳为法律学徒，进入日本司法研修所接受法律执业技能培训。这种法官就职前参加的培训是在日本司法研修所第二部（法律学徒培训部或“法曹三杰”培训部）进行的，亦被称为“法曹三杰”的培训。与此不同，日本对在职法官的培训则由司法研修所第一部负责。这种培训分为刑事辅培训、简易裁判所判事培训、法官研究会议、特殊研修、司法研究 5 种形式。从培训内容上看，在根据法官工作年限分别设置培训期限的前提下，采用以专题研讨为主、实地考察调研为辅相结合的培训模式，针对具体审判工作中出现的新情况、新问题或者疑难案件召开专题研讨会并形成司法研究意见为裁判官提供参考。同时，司法研修所还会定期将在职法官调派至其他司法机关或单位开展体验和观察，通过这种特殊研修方式拓展法官对司法运作实际情况的最新了解。司法研修所的教官通常为具备15年以上司法工作经历的法官、检察官和律师。聘任期限一般为3—4年，法官和检察官在受聘期限内只能专职参与教学工作，律师担任教官则可以同时从事司法实务。聘期届满后，司法研修所会根据培训课题或专题，另行聘请其他符合条件的法曹人员，同时也会选聘大学教授或其他领域的专家作为新任教官。

德国法官培训的类型分为任职培训和续职培训两类。仅就后者而言，德国于20世纪70年代创设了德国司法官学院，并承担起针对在职法官集中培训的职能。根据德国法官继续教育制度，法官继续教育的目的是让法官跟上时代步伐，了解立法方面的新发展，并聆听与法官工作有关的领域（如政治学、社会学、经济学、自然科学等领域）专家的讲课。从组织机构上说，德国法官培训制度并没有一个统一的联邦管理机构，在遇到联邦和州共同感兴趣的课题时，联邦和州需要签署协议从而共同进行教育培训。法官参加续职培训是脱产进行，经费由国家统一承担。目前，越来越多的法官有机会直接到德国司法官学院接受定期培训。该学院在每年举办培训班之前，都会将授课时间、内容、授课教师以及地点等详细情况印刷成册并在全国法官中公布，以便提供给在职法官挑选、决定和报名。法官也可以参加各州政府特别为法官举办的各种形式的研讨班。这些研讨班有的是向法官介绍实体法和程序法最新发展情况，以及相关的技术或社会发展；有的则是为了帮助培养法官的法庭修辞等社会能力。授课教师主要由德国司法官学院负责组织，大都是法学教授、律师以及其他领域的专家。在授课方法上，主要采取讲授与讨论交替进行、分组讨论以及由培训者指挥小组成员进行模拟法庭演示等。

在法国，法官培训制度包括基础教育、继续教育和法律文化传播教育三种类型。所谓基础教育又称为职前教育，是指担任法官前所必须接受的一段专门职业教育培训。继续教育则是在职法官定期接受的以提高技能、更新知识为目标的教育培训，也称为续职培训，是全员性的法官终身教育。其特点在于：一是规范化程度较高。继续教育既是法官的权利更是法官的义务。法国《司法组织法》规定，任何法官每年至少应有 5 天的培训期。法官参加继续培训的权利必须得到保证，同时法院的日常工作不得受到影响。每年，国家法官学院行政理事会根据校长建议制定多种形式的继续教育培训年度计划并于当年 9 月下发给在职法官。年度计划中写明培训活动内容、日期、对象、名额及报名方法。每个法官结合自身不同需要和国家法官学院安排，自主选择当年受训时间和科目。各法院院长对本院所辖法官的培训要求进行综合审查后，依次排出法官受训计划表并提交国家法官学院具体实施。[1]二是设有集中培训和分散培训相结合的两级培训体制。现行的法官继续教育制度，实行由国家法官学院举办的全国性集中培训与各上诉法院举办的分散培训相结合的两级培训体制。根据法国法相关规定，每个上诉法院必须组成一个法官分散继续培训委员会，由上诉法院院长和检察长共同主持，同时设有一名被授权负责继续培训的法官兼任秘书。该委员会讨论、确定由委员会秘书提出的分散培训计划并上报国家法官学院；经由国家法官学院审核、评价后，对其中列入正式培训计划的部分，由其行政理事会拨付给上诉法院分散继续培训的经费。相比较而言，上诉法院举办的分散培训具有培训距离近、培训期限短、专业性强等特点。同时，分散培训还能使法官有机会在当地同一些经常合作的律师及其他司法界人士、行政官员等共同研讨法律与社会问题，其灵活性与实务性受到广泛欢迎。考虑到在职法官对于文化专业基础及职业素养等方面的客观需要，继续教育采取更加切合法官职业特点的培训方式，例如，举办研讨会或者采用现场观摩等形式。法律文化传播教育是法国政府为了向其他国家传播其本国法官文化、介绍法官职业制度，以及派出本国法官到其他国家进修而专门设置的培训类型。法国的法律文化传播教育，已经成为与法官基础教育、继续教育并重的第三大教育类型，共同构成了法官教育培训制

[1] 为确保法官素质符合国家要求，考虑到法官接受继续教育的特殊重要意义，法国国家司法部与人事部等有关部门联合签署文件规定，法官参加继续培训实行《个人培训卡》制度，其培训情况归入国家永久档案。《个人培训卡》记载每位法官每年是否依法接受培训教育以及培训成绩等内容。《个人培训卡》由法官本人持有，并由国家法官学院在全国联网管理。法国试图通过让法官接受继续教育，确保法官文化专业素养适应时代发展，实现法官办案的科学、公正、合理。参见谭世贵等：《中国法官制度研究》，法律出版社 2009 年版，第 272 页。

度的有机整体。通过设置该种培训类型，国家法官学院希望通过务实性与实践性的教育培训，不断增强法官的独立思考能力，提高认识和解决社会问题的敏锐性，更新法官知识结构，开拓法官思想境界。法国法官教育培训的师资由专职从事教育工作的职业教师，以及兼职从事法官教学工作的兼职教师两部分组成。专职教师不仅需要具有一定的审判经验和办案能力，而且能够满足教学所需的伦理道德、专业理论素养以及口头与文字表达水平。兼职教师则分为法院系统内的兼职教师和社会上的兼职教师两类，具体人员构成既包括在审判领域或法院管理方面具备专长的法官或检察官，也会根据当下培训的实际需要临时聘请专题报告人。进行法官培训的经费一方面来自法国国会直接审批拨付，另一方面还包括为社会提供服务的酬金、社会团体提供的奖金、捐赠及遗嘱、转让财产的收入等。

综合来看，域外国家法官培训制度具有一些共同点：一是，培训目标和内容侧重于提高法官综合素质，包括职业道德、法律素养和实际业务能力。二是，培训体系完备，一般都建立起以国家最高培训机构或者院校为中心的一整套培训体系，或者在国内各相关职业间以及法院系统内进行规范化的轮换和交流制度。三是，培训内容广泛。既有职业道德、伦理观念和法律理论的培训，又有法律实践经验的传授和交流，还包括法律前沿问题的研究以及国外先进法律理论和实践的学习和比较研究。四是，培训对象普遍。在大多数国家中，几乎每位法官都有机会接受一定形式和周期的培训，无论是初任法官还是已具备一定工作年限的在职法官。但从培训制度的规范程度上讲，对法官的职前培训明显更加规范和严格，特别是大陆法系国家，一般都设立专门培训初任法官的培训机构、培训师资和培训教材等，已经形成了系统、严格的制度。五是，培训经费主要是由政府拨款，培训师资是以兼职的资深法官以及专家学者为主、专职教师为辅。

2. 法官职务晋升制度

法官职务晋升制度，是指关于法官职务由低级别向高级别升迁的制度。具体而言，法官职务的晋升就是指法官从在审级较低的法院担任法官升迁到审级较高的法院担任法官；或者在同一法院内从单纯地担任法官到承担一定司法行政性事务的庭长、院长等司法行政职务。从理论上讲，司法权的独立、平等的属性决定了法官职业不应存在级别差异。无论是资深法官还是新任命的法官，在职务性质和身份地位方面都是平等的。然而，国家设置法院存在审级差别；司法实践同样表明，较高审级法院的法官比较低审级法院的法官享有更丰厚的薪酬保障和更强烈的职业荣誉感。那么，当下级法院法官通过考核、培训获得优异成绩，或者因裁判行为良好、履职业绩突出等到上级法院任职时，就会出现法官职务晋升的问题。为了规范法官职务晋升的条件和程序，鼓励法官积极履行职责、公正适用法律裁决案件，域外国家也采取了不同的制度设计。

大陆法系国家传统上一直将法官作为公务员管理，也因此确立了较为清晰且完备的职务晋升制度。在德国，虽然理论上最高法院可以直接任命杰出的律师或者大学教授担任法官，但实际上这种情况极为罕见。大部分德国法官是通过法官培养制度设置的条件进入法官队伍的。德国初次任命的法官一般在州初级法院和中级法院任职，直至工作约 10 年后才有可能在中级法院担任庭长或者到高级法院担任法官。德国法院的职务分类一般为院长、副院长、庭长和法官四个层次。就此而言，法官晋升职务包括两种情况：一是法官在法院的职务从法官晋升为庭长、副院长、院长等；二是法官在不同审级的法院之间任职，即在州法院系统内的低级法院向高级法院晋升，或者从州法院晋升到联邦法院任职。当上一审级的法官职位有空缺时，则采取公开招考的形式，由法院院长提出名单，司法部长提交法官委员会讨论决定。德国法官要获得职务晋升，从低审级法院到高审级法院任职，或者从州法院系统到联邦法院系统任职的资格，主要取决于该法官的工作经历和审判实绩。对此，晋升程序的启动往往由法官个人申报或者法院院长提出。同时，为了加强法官对人事决定的参与，德国《法官法》要求每个州建立一个或多个上诉法院常务委员会，由一名上诉法院院长担任主席。该常务委员会成员均为法官，其中至少一半必须由其他法官选举产生。这些常务委员会对法官的晋升提出建议并对其进行投票。在州法院系统内晋升一般由州法官遴选委员会决定。在联邦层面，虽然联邦司法部门只代表整个德国司法部门的 3%，但鉴于联邦法院比州法院更为重要，因此，联邦法官的晋升制度允许了更多政治势力的参与。尽管如此，德国联邦法院法官选拔过程中政治因素高于司法才能因素的影响并不大于美国联邦地区法官选拔过程中的政治因素的影响。[1]这些具体的程序包括：一是，由联邦普通法院主席团的主席向国家法官遴选委员会提出候选法官名单。联邦普通法院主席团的主席由联邦普通法院院长担任，主席团成员从联邦普通法院的法官中选举产生。主席团根据各州推荐的法官名单及其档案材料，通过必要的面试，然后按照法官缺额数的3—4倍向国家法官遴选委员会推荐。二是，在推荐之前，联邦普通法院主席团所有成员进行讨论，有时他们也与各法院院长或者受到高等法院案件判决影响的各种团体的代表进行商讨。联邦议会下议院的各主要政党都分别挑选一名发言人，负责在主席团中召集自己的政党候选人决策会议。各政党发言人均需对候选人的背景和立场进行调查。在各政党发言人相互交换其政党候选人决策会议的决定之后，主席团全体委员开会审查和讨论每一位候选人的当选资格，然后就每一空缺职位的初步候选人名单进行投票。这些程序全部秘密进行，以保护候选人的隐私权益。三是，国家法官遴选委员会的决定虽然由简单多数决作出，但一般受到候选法官职业资格、所属地区、所属党派和倾向之影响。遴选委员会对法官空缺职位的候选人投票之后，再将名单送交联邦司法部长。如果后者同意遴选委员会所作决定，则将候选法官名单提交联邦总统批准，并对该法官作出终身任命的决定；如果联邦司法部长不同意推荐候选人名单，则退回遴选委员会内部重新协商并再次提交新名单。即便有如此严格且繁复的选拔程序，从德国法官岗位更替的实际情况看，逐级缓慢的晋升仍然是德国法官职务晋升的最大特点。几乎所有联邦法官都曾经担任过州级法官，联邦最高法院任职的法官大部分都是从地区上诉法院任职的法官中选调上来的。非法院系统的人员被任命为上级法院尤其是最高法院法官的情形极为罕见。因此，联邦法官的职务晋升实际上是一个"论资排辈"的过程。

在英美法系国家，法官的选任和职务晋升之间的区别相对淡化、统一，法官

---

〔1〕 参见最高人民法院司法改革小组编：《美英德法四国司法制度概况》，人民法院出版社2002年版，第462页。

并非严格从低审级法院向高审级法院升迁。例如，英国从13世纪开始就有从律师中挑选法官的惯例，除治安法官之外的各级法院的法官几乎都从出庭律师中产生，而法律对法官候选人在资历、经验、业绩和人品方面的限制很严格。担任地方法院法官、高等法院法官、上诉法院法官都有不同的资历和年龄方面的要求。一般而言，英国高等法院法官大都从任职10年以上的优秀出庭律师中产生，而且，这些出庭律师获得法官任命是考虑其声誉和成就，而非是在低审级法院任职的期限和审判业绩。在英国，即使法官调入更高审级法院任职，也不是企图增加收入，因为不同审级法院中的法官之间的酬金差异是很小的，虽然在业务上有些区别，但在名誉和经济利益方面的刺激和诱惑很小，因此，他们大多数对进一步升迁并无多大兴趣，而实际上，基本上也不存在定期晋升的机会。[1]美国联邦法院的法官与英国一样，基本从杰出的出庭律师中挑选，而美国许多州法院的法官又是实行政治选举和任命制，这样，美国法官之间的职务差别几乎不存在，不同审级的法官都是互相独立并且均是杰出的执业律师。因此，法官职务晋升被极大淡化。对此，有观点认为，与职业制司法用晋升（作为胡萝卜，不予晋升则是大棒）约束法官行为的效果形成反差，在英美国家的“旁门制”司法中，晋升意义有限。这部分是因为在英美体制中法官是在其成熟时才受任，部分则因为在大多数英美司法体制中法官阶梯很少，还有部分是因为即使受任司法最高层也不要求他之前有司法经历，而大多数法官则根本没有晋升。[2]

对比来看，两大法系对于法官职业晋升制度的不同之处在于：

第一，法官职务晋升的基础不同。在大陆法系国家，受制于科层式权力组织结构的影响，不同审级法院的法官之间差别明显，处于权力结构底层的年轻的初级法官地位不高。法官能否从下级法院通向上级法院任职的关键在于后者对前者工作成绩的评价，由此带来的后果便是下级法官为求职务晋升而对其上级变

---

〔1〕 参见周道鸾主编：《外国法院组织与法官制度》，人民法院出版社2000年版，第143～147页。

〔2〕 该观点认为，非源于英国法律制度国家的法官一生都在当法官，因此，这些国家的法官是职业制司法（career judiciary）；相比之下，大多数英美法官则是在其他法律职业部门工作一段时间后才当法官，因此是旁门制（lateral-entrance）司法。参见［美］理查德·波斯纳：《法官如何思考》，苏力译，北京大学出版社2009年版，第125页。

得更加顺从；随之而来的是整个法院体系的上下级隶属性更为明显，法院内部司法工作人员的人际关系也更具有依附性。与此相反，英美法系国家的法院系统奉行的是一种对等式权力结构，权力等级相对松散，上下级法院管辖分工相对模糊。美国各州内的法院设立依据并不统一，有些地区同时存在州政府和市、郡政府设立的两种组织类型的法院，管辖权出现交错或者重合的情况并不鲜见；加之严格的上诉审查制度，各级别法院的独立性较大，法官裁判权也不存在隶属和牵制的情况。类似地，英国高等法院和刑事法院之间地位差别不大，各级法院内的法官地位及裁判权效力也大致相同；同时，从优秀出庭律师中选任法官的做法更加淡化了因专业知识或技能造成的执业水平上的差异，在没有高额报酬激励或者其他经济因素诱导之下，法官群体能够秉承独立地位公正地适用法律。

第二，法官管理方式的差异导致法官职务晋升制度之不同。英美法系国家法官的选任不同于职业文官，有其自己独立的程序和做法，法官的社会地位、名誉、威望较文官更高，法官之间也没有像职业文官那样存在明显的职务差别。因此，英美法系国家法官职务晋升制度相对淡化。大陆法系国家在传统上则一直把法官群体视为另类公务员管理，法官享受文官式待遇，不同职务的法官酬金也参照相应级别文官的酬金作出规定。法院很少从法院系统之外的人员中任命法官，法官的人事体制更倾向于普通文官制度并具有行政化特点。因此，大陆法系国家形成明显的法官职务差别以及法官职务晋升制度，其法官通过升迁而获得更高地位、荣誉和福利待遇的需求也远超英美同行。

第三，法官职务晋升的具体程序不同。通常来说，大陆法系国家法官的职务晋升采取逐级进阶的方式。尤其是审级相对较高的法院，一般是在上一审级法官职位出现空缺时，严格按照法定条件和程序从下一审级的法官中选拔上来，据此形成了法官职务逐级晋升制度。英美法系国家的做法则与此不同。例如，前文提到的英国和美国的法官大都从优秀出庭律师甚至法学教授中产生，无论在遴选程序中具体采用选举制或是任命制，都不存在法官逐级晋升的情况。

3. 法官惩戒制度

关于法官惩戒制度有广义和狭义之分，广义的法官惩戒制度既包括法官弹劾制度，也包括法官惩戒制度。其中，法官弹劾制度是指法定的惩戒结构和人员对违法犯罪或渎职失职的法官依照法定程序免除其法官职务，弹劾实际上是对法官的一种外部惩戒；法官惩戒制度是指法院系统内部对法官违法违纪和渎职失职行为的一种处罚。狭义的法官惩戒制度仅指后者。法官惩戒作为法官行为管理方面不可或缺的司法制度，各国法律均对此作出了明确规定。受法律传统和司法体制的影响，不同国家在法官惩戒制度的具体设计上也存在一定差异。

英美法系国家由于法官具有崇高的法律地位和社会地位，非经法定程序被弹劾，法官不得被免职，也不受其他形式的惩戒。以美国法官惩戒制度为例。20世纪 60 年代之后，美国联邦法院、各州以及哥伦比亚特区陆续设立了各种形式的法官惩戒委员会、特别惩戒法庭或者综合两种类型的惩戒机构，进而形成了“单轨制”（只设有一个惩戒委员会或者一个特别惩戒法庭）与“双轨制”（设有两个惩戒委员会或者一个惩戒委员会与一个特别惩戒法庭）并存的惩戒组织体系。前述两种类型的惩戒机构大都没有权力直接作出惩戒法官的决定，而只是负责对法官的违法失职行为进行调查取证以及审查、核实相关证据资料，并根据查明的事实提出惩戒法官的建议，然后报请联邦或各州最高法院作出惩戒法官的实体性决定。其他辖区的法官惩戒组织对法官具有部分惩戒决定权，但是，对于免职处分的惩戒决定，被惩戒法官如果持有异议，则有权向最高法院提出上诉。作出惩戒决定之后，惩戒机构根据法官不良行为的类型及严重性可分别采取以下具体惩戒措施：一是弹劾，即由立法部门通过法定弹劾程序免除法官职务。该程序同时适用于联邦法院系统和州法院系统。二是由州长免职，即根据议会两院的请求，由州长免除违法失职法官的职务。三是选举罢免，即通过法官选举程序在法官任职期间罢免法官的职务。四是取消律师资格。在美国，具有律师资格是担任法官的基本条件之一，因此，取消律师资格等于间接免除了法官的职务。五是由法院或者惩戒委员会采取其他措施。例如，由法院依照法定程序惩戒法官，或者由惩戒委员会根据专门的惩戒规范处理涉事法官。后者是美国目前司法惩戒的主要形式。

不同种类的惩戒措施决定了惩戒程序的差异。但对于大部分由法院或者惩戒委员会作出的惩戒决定而言，大致都经过了如下阶段：首先，由法官惩戒委员会或者特别惩戒法庭调查对法官的投诉，以确定是否存在惩戒的理由。这项工作一般由惩戒组织的工作人员或者顾问律师完成，偶尔也由州或者外聘调查员甚至惩戒委员会委员与州的法律顾问、特别顾问联合行使。在此期间，惩戒组织应当通知被调查法官，并给予其出席调查场合的机会，允许法官在惩戒组织决定是否可能存在提起正式指控的理由之前提交反驳证据。其次，审理前的非正式处理阶段。在一些辖区，法官惩戒组织通过第一个阶段的工作，初步认定法官存在司法不当行为并且严重到应当提起正式指控程序，或者即使不能保证必然启动正式审理程序，但确实需要对该法官给予批评教育，惩戒组织或者立法机构预先制定了补救措施以解决此类案件。这些在非正式阶段适用的补救措施主要包括私下补救、告诫法官如果继续其不当行为将会受到惩戒、专门劝告、确定涉事法官后续行为的限制性条件等。再次，正式指控或起诉程序。当惩戒组织认定针对特定法官的惩戒理由成立后，惩戒活动即进入正式的指控或者起诉程序。就承担指控职能的主体而言，美国各州的规定并不统一。多数州规定由惩戒委员会从律师协会成员中选择起诉人，一些州则规定委员会应当请求州的最高法院任命起诉人，也有些州指定检察总长为起诉人，还有些州规定委员会可以选择由检察长作为起诉人等。[1]最后，由依法组成的合议庭进行审理并作出决定。在实行“单轨制”的州，惩戒组织的惩戒建议还必须向州最高法院提出，由最高法院最终作出是否惩戒的决定。根据大多数州惩戒程序的规定，在最高法院作出最终是否惩戒的决定之前，前述调查处理活动都应当是保密的。

除在惩戒组织完善、程序规范明确以及惩戒手段合理等方面与英美法系国家大致相同外，大陆法系国家的惩戒制度也具有地域性或国别性的特点。例如，在德国，为了加强对包括法官在内的国家公务人员的监督和惩戒，德国于1952年制定、1998年修订了《联邦纪律法》，较为详细地规定了包括法官在内的国家公务人员惩戒制度，其主要内容包括：一是惩戒措施。包括警告、罚款、减薪、调

---

〔1〕 参见谭世贵等:《中国法官制度研究》,法律出版社2009年版,第540页。

任至工资档位低于现职的工作、撤职、减发退休金和取消退休金等7种具体类型。其中,对于退休后公务人员的惩戒仅适用最后两种惩戒措施。二是惩戒组织。对于法官的惩戒由其主管部门、任职单位的上司以及纪律法院行使;对于退休法官的纪律处分权由其退休开始前最后负责的最高任职部门行使。在例外情况下,也可将此惩戒权转交由其下级主管部门行使。三是惩戒程序。大致包括预审、纪律处分令、正式纪律程序、调查与指控、言词辩论、被惩戒法官最后陈述、作出判决等几个阶段。被惩戒法官对惩戒决定有异议,还有权提起上诉或者申请再审。四是惩戒程序的费用。在德国,法官惩戒所产生的费用部分需要该法官承担。这种规定既能够限制法官滥用相关救济权利,同时也能够弥补惩戒机构的办案经费。例如,德国法规定,一名官员的上司对该官员处以惩戒措施的,如果费用是因构成惩戒措施的对象的职务违法行为而产生时,上司可以要求官员负担程序费用;由一名官员提起的法律救济被撤回或者未获成功的,应由该官员负担法律救济程序的费用。[1]又如,法国《宪法》为了规范法官的选任和监督惩戒专门成立了最高司法委员会。该委员会的主席与副主席分别由总统和司法部长担任,其下分设法官任命和处分部门、检察官任命和处分部门。对于其中的法官任命和处分部门来讲,组成人员包括数名法官、检察官、行政法院选定代表以及若干知名人士。法官成员大都是上诉法院资深法官、法院院长以及通过选举产生的法官;知名人士作为普通民众(或民意)的代表,则分别由总统、国民大会主席以及上议院议长分别任命。法国每两年进行一次法官考评,考评结果直接影响法官的晋级或晋职;如果考评结果较差,还可能面临指控或者遭到惩戒。例如,常见的惩戒措施包括处分并记入法官个人档案、强行调动职位、暂停部分职责、降级任职、强制退休或罢免等。具体的法官惩戒程序分为两种情况:一是警告。当法官有违法乱纪行为而被指控时,上诉法院院长有权对该法官进行警告。警告虽然不是严格意义上的处分或者惩戒,但警告须记录到法官个人的人事档案中,并直接影响到法官的职级晋升。对于警告这一惩戒决定,涉事法

[1] 参见谭世贵等:《中国法官制度研究》,法律出版社2009年版,第543页。

官有权申请组织听证、查阅有关资料，并且可以聘请律师帮助申辩，以维护自己正当权益。二是正式处分。被指控法官的不良行为情节或后果严重的，上诉法院院长应当依法将其移交司法部处理。如果司法部长起诉，则正式启动法官惩戒程序，案件的审理由最高司法委员会指令最高上诉法院院长负责主持，根据法官不良行为的具体情节作出相应惩戒处分决定。对于这一正式处分，被处分法官享有较为广泛的诉讼权利，包括收到有关惩戒的法律文书、查阅卷宗、聘请律师、要求不公开审理、要求证人出庭作证等。[1]

相比较而言，两大法系法官惩戒制度具有如下相同点。

第一，惩戒组织具有专门性。法官滥用职权枉法裁判行为的认定具有专业性，与一般国家公务人员利用公权力谋取私利的行为存在很大不同，这决定了惩戒法官不良司法行为的组织或机构应当具有相当程度的专业性。从前述介绍的两大法系主流国家立法例看，域外国家大都设立了享有独立地位、具有专业化或职业化特点的常设性惩戒组织。例如，美国设立法官惩戒委员会或者特别惩戒法庭，加拿大成立了司法委员会，德国设置了纪律法庭，法国成立了最高司法委员会，等等。除此之外，也有少数国家的法官惩戒组织设立在法院内部，但在有关惩戒事项的管理体制方面，则仍采取由司法机关内部自上而下独立的惩戒管辖制度。例如，日本《宪法》规定，法官不正当履行职务上的义务时，由司法机关自行对其进行责任追究。并且对法官进行惩戒具有明确的管辖界定：简易法庭、家庭法院、地方法院的法官有违法乱纪的行为，一律由高等法院负责惩戒；对于高等法院和最高法院法官的惩戒则由最高法院负责。

第二，惩戒措施具有非行政性。由于司法和行政的属性不同，在设计法官惩戒措施时，不应当简单套用具有普遍适用性的公务员制裁措施，而应当考虑法官职业特点设置专门的惩戒措施，以确保惩戒决定具有引导和纠正不良裁判行为的特殊预防功能。如前所述，域外国家采用的惩戒措施大致可分为三类：其一，经济类惩戒措施，如罚金或罚款。采用这类措施旨在针对法官的贪赃枉法行

〔1〕 参见最高人民法院司法改革小组编：《美英德法四国司法制度概况》，人民法院出版社 2002 年版，第 592～596 页。

为。其二，行为类惩戒措施，如暂停职务、调离审判岗位等，以使具有违法乱纪行为但不够免除职务惩戒的法官在一定时期内不能从事司法活动。其三，资格类惩戒措施，即通过严格的惩戒程序免除法官身份，甚至剥夺其再次任职的机会。这三类措施不仅突出了法官职业具备的独立、公正的特点，采用有别于行政惩戒措施中常用的降级、降职等处罚决定，也符合司法裁判权隐含的崇高与超脱的价值属性，而且有助于提升司法裁判的权威性和公众对于司法公信力的认可度。

第三，惩戒程序具有司法性。从某种意义上而言，惩戒活动具有类似于典型诉讼活动的基本特征，即争议双方平等对抗、第三方居中裁判。自惩戒组织获取有关法官具备不良司法行为的线索或材料开始，围绕涉事法官是否存在应当被惩戒的行为的追诉和裁判工作就正式启动了。无论根据朴素的法感情还是诉讼规律的基本要求，涉事法官均有权自我辩护或申请其他职业法律人的协助，并与控诉方展开辩论，同时享有提出异议、获取救济的权利。这也正是惩戒程序民主化、法治化的外在表征。例如，美国司法惩戒委员会应组成合议庭审理法官是否存在不良司法行为，并决定具体适用的惩戒措施。在完成正式处理程序之前，所有追诉活动都应是保密的，以便最大限度降低对涉事法官个人声誉以及裁判合法性的负面影响。德国法允许涉事法官参与言词辩论并作最后陈述，同时肯定其针对异议裁决享有提出上诉或者申请再审的权利。法国法则赋予涉事法官更为广泛的诉讼权利，在阅卷权、获得律师帮助权、证人对质权等方面几乎与普通诉讼程序并无差异。在日本，对于非免职惩戒，收到起诉书副本的被指控法官有权出席法庭进行陈述或申辩，并与承担指控任务的法院代表进行辩论。〔1〕

4. 禁止或限制法官兼职制度

禁止或限制法官兼职制度，是指为了避免法官职业的廉洁性、独立性、公正性和权威性受到消极影响以及法官个体的工作精力能够得到充分保证，立法者通过法律和其他规范性法律文件，对法官于职务外从事第二职业、在其他社会组

〔1〕 参见陶珂宝：《日本和法国的法官惩戒制度简介》，载《法律适用》2003 年第 9 期。

织中担任某些职务或者介入经济领域从事商业活动为自己谋取私利的行为进行禁止或者限制的一项制度。法官兼职现象在世界各国都是存在的，兼职的表现形式也大致相同，但各国法律对同一类法官兼职行为的态度和约束却存有很大差异。

第一，关于法官在行政机关或者议会兼职。对于法官是否适合在政府部门或者议会中兼职这一问题，许多国家都处于一种矛盾状态：一方面，司法官员显然是具有专业知识、信息和经验的特殊群体，这往往导致立法机关在法律草案征求意见阶段并不排斥司法人员提出的专业意见；而且从法律规范出台后的实施效果看，司法人员对法律的解释或说明确实具备相当程度的合理性。另一方面，预先在立法阶段征求司法人员意见的做法难以符合司法独立性与中立性价值的内在要求。对此，《司法独立世界宣言》的基本态度是优先考虑司法的独立性价值，在司法独立得以保障的前提下兼顾司法官员的专业知识和经验可能会对政府以及立法机关有所帮助的客观需要，进而允许法官从事兼职活动。同理，国际法官协会制定的《司法独立最低标准》也作出了类似规定。该文件指出，法官在其任职期间不得为行政机关之职务，亦不得为立法机关或市议会之议员，但因长期之历史传统已兼任此种职务者不在此限。域外其他国家的立法对法官在行政机关或者议会兼职大都持否定态度，但禁止或限制的程度存在差异。有的国家虽然不支持法官在行政机关或者议会兼职，但却并没有完全将其禁止，而是作了较为严格的限制，即只有在满足一定条件的情况下才允许兼职。例如，美国《法官职业道德准则》规定，法官不得在政府部门或有关委员会担任职务，除非这些职务是与有关法律、法律体系和司法管理的改善密切相关。美国《法官行为准则》规定，法官可以担任致力于完善法律、司法制度以及审判组织或政府机关有效运作的组织的成员、官员或者负责人；法官可以帮助此类组织的筹划、募集资金活动，可以参与该基金的管理与投资，但不得亲自参与公开的募集资金活动。美国《司法行为模范准则》规定，禁止法官接受任何在政府部门、委员会或其他政府职位的任职，如果这些任命是与政策和事实问题相联系而非旨在完善法律、司法制度和审判的话。但这也不排除法官代表国家或州在当地参加庆典、文化等活动。由此可见，在美国，法官从事兼职活动必须以促进法律、司法制度之完善或者政府机关合理运作为限制性条件。与此相反，另有一些国家则严格禁止法官从事此类兼职行为。例如，德国《法官法》规定，法官接受提名竞选德国议会议员或联邦立法机关代表，或者为竞选前述政治职务开展准备活动，应于选举前两个月内申请取得不支付薪金的休假时限；法官当选为联邦议会议员或联邦立法机关代表的，或经其同意而被任命为联邦或联邦政府机构成员的，即终止其作为法官时承担或享有的权利义务，无须依照法律作出解除其身份的确定性判决。日本法律规定，法官在任职期间不得成为国会或者地方公共团体的议会成员。

第二，关于法官在政党中任职。国际公约及一些国家的立法对法官在政党中任职作出了禁止性规定。对此，《司法独立世界宣言》和《司法独立最低标准》都明确指出，法官不得为政党之积极党员或在政党中任职。美国《法官职业道德准则》规定，除非自己参加竞选，否则法官不得在政治组织中任职，也不得从事诸如演讲、募捐、赞同或反对政治职务的候选人之类的政治活动。法国法规定，法官不得有政党身份或者从事政治运动，亦不得讨论政治问题。与上述国家不同的是，还有些国家的法律未明确规定法官不得在政党中任职，只是对法官的任职条件或情形作出了限制。德国《法官法》规定，法官于其职务内或职务外之行为即政治活动中，应保持人民对其独立性之信任不受损害之态度。加拿大《法官职业道德原则》明确指出，一经任命为法官，所有以党员身份进行的活动必须停止。法官不得出现下列行为[1]：作为政党成员和募集政治资金；出席政治集会和政治资金募集活动；帮助政党或政治竞选；公开参与对立的政治辩论，除非这种辩论直接关系到法院运作、司法独立或者司法行政的基本内容；签署会影响政治决定的请愿书。

第三，关于法官从事法律教学和出版著作。很少有国家通过专门立法的形式针对法官兼职从事法律教学和出版著作的行为加以禁止。相反，有的国家却

---

〔1〕 参见谭世贵等:《中国法官制度研究》，法律出版社 2009 年版，第 471 页。

以立法形式肯定了法官有权从事此类兼职行为。例如，美国《法官职业道德准则》规定，法官可以进行教学、演讲或写作。德国《法官法》也指出，除审判职务外，法官可以从事大专院校、公立教育机构或者官方教育机构的研究活动和担任教学职务。但在涉及法官从事法律教学和出版著作活动获取报酬的问题时，各国做法却不尽相同。有的国家对此未作出任何限制。例如，俄罗斯《法官道德规范》规定，法官有权在不影响审判工作的同时从事科研、教学、讲座和其他创作活动，其中也包括支付报酬的（有偿的）活动。[1]有的国家却对报酬的比例或额度有所限定。如美国法规定，法官不得接受“馈赠”（指因为演讲、出场或写文章而获得的任何有价值的东西）；从事有偿教学活动应当事先获得批准，并且报酬比例大约为法官工资的15%。

第四，关于法官兼职从事商业活动。与其他几种兼职类型相比，法官从事商业活动是最容易招致非议的一种兼职形式，这类行为容易引起民众对法官职业公正性、独立性和廉洁性的猜疑。更为严重的是，法官参与的商业活动一旦失败，将使其陷入经济困难的环境中，损害法官的威信和声誉，其廉洁性也将更加令人担忧。对此，各国法律大都禁止法官兼职从事商业活动。例如，美国《法官行为准则》规定，法官应避免参与金融和商业交易活动。因为该活动很可能影响司法公正、干扰司法职责的正当履行，而且容易诱使法官利用司法职务之便经常与律师打交道，而后者很可能就有诉案在该法官任职的法院。意大利《法官职业道德法典》明确指出，禁止司法人员从事商业活动，以便保证其地位的独立性。与此同时，许多国家也对法官个人理财性投资行为与商业活动作出必要的区分，允许法官从事个人投资活动。但相关国际条约与国内立法仍对此类活动进行了必要限制。例如，《司法独立世界宣言》的基本态度是，法官应禁止商业活动，但偶尔之个人投资或财产之拥有不在此限。美国《法官行为准则》规定，应禁止法官参与可能会导致减损法官公正性、妨碍其履行司法职责、利用司法职权或者使法官卷入与律师、其他可能在该法官任职法院涉案的人员的频繁往来

〔1〕 参见王志华：《俄罗斯法官道德规范评析》，载《法律适用》2006年第7期。

的财经或商业交易活动。并进一步指出,法官可以持有并管理包括不动产在内的投资,从事其他营利性质的活动;但不能在其家庭成员紧密控制和持有的商业公司以内担任官员、董事、商业合伙人、经理、顾问或雇员等职位。澳大利亚《法官行为指导原则》中指出,法官一旦任职应辞去国有公司的经理职务,在任职期间也不得担任这样的职务。法官不应参与有可能被认为是利用法官职务的财务或商业交易,也不应参与可能使法官频繁与有可能成为当事人的人发生商业关系的活动。即便是小规模的商业理财或投资行为,法官所持有的公司股份也不能达到能够影响公司决策的程度。

综合来看,域外国家有关禁止或限制法官兼职制度具有的共同点,主要表现在:

第一,禁止或限制法官兼职制度的规范前提是,保障法官职业独立性和公正性,维护司法公信力和权威性。从宏观角度上看,域外立法禁止或限制法官享有除裁判官之外的其他兼职身份,主要是考虑到法官职业所必需的独立地位,以及由此带来的民众对于本国司法的信赖。这种立法旨意频繁地出现在法规范采用的条文语句中。例如,法官兼职应当"不会损害司法独立或者置司法机构的重要地位和信誉于危险之中""应保持人民对其独立性之信任不受损害之态度",以及"任何与法官的公正有冲突的或者涉及司法职责履行的活动或组织,法官都应避免参与"等。这些条款大都位于国际条约或域外法典的起始部分,在地位上相当于法律原则,对于法官职业禁止或限制领域发挥着整体性指导作用。同时,再结合具体条款对有关禁止性和限制性行为的详尽列举,能够最大限度约束法官的兼职行为,维护其独立性、公正性和权威性。

第二,从该制度内容上看,法官兼职的限制性规定多于禁止性规定。域外国家之所以并未全面禁止法官从事兼职活动,其目的在于实现一种平衡,即保持司法体系正直与尊严的需要和法官根据其个人良知决定其私人生活的权利之间的平衡。在法官基本任职保障相对完善,尤其是经济待遇和薪酬福利的总体水平高于普通国家公务员的前提条件下,法官个人从事兼职活动最主要的类型并非商业交易和投资盈利,而是利用其具备的专业知识和法律理性培育、引导公民对于司法的信赖和法治国家的期望。一方面，“身披法袍的正义”要求法官不得僭越立法过程对差序格局的权衡与社会利益的选取，而仅能在现行法律框架下极尽解释之技巧诠释出凝结在规范层面的具体含义。另一方面，法官作为民主国家社群中的成员，当其远离裁判岗位时便成为具有专业知识的非职业人员，理应自由决定其私人生活所涉及的具体领域。这意味着，借助法律技能从政或是执教都与绝对性的职业禁止规范难以兼容。进一步而言，作为受过高等教育、职业素养相对较高的专业人士，法官角色不应仅仅局限于司法场域之裁判者这一特定舞台，而更应是朝向社会层面和国家层面的——通过从事兼职活动，法官得以展示规则意识和法治精神，并据此串联起不同行业或阶层对于底线正义的共同追求。

第三，从相关条约或法典的立法技术上讲，多采用肯定式列举的方式。对于法官兼职活动采用肯定式列举，此种立法技术的优势在于：其一，明确非裁判行为的边界和范围，使法官能够清晰识别出兼职活动中限制性条件具体为何，同时结合自身职业经验解释这些限制性用语的内涵与外延，从而预先合理调整自身活动领域。其二，明确具体的肯定式条款呈现出法官能够参与的社会活动种类，从直观上看较少出现“不得”“禁止”等否定性表达，而是选用“不限于”或“可以”等提示性语词，使法官在心理上更容易接受规范文本潜在的行为指引，降低法律适用过程中的阻碍。

六、司法效果的评价

1. 司法效果评价的基本范畴

在现代汉语语境下，所谓“效果”，是指“由某种力量、做法、因素产生的结果”或者“由行为产生的有效结果”。据此，司法效果可被理解为司法权运行所欲达成的效应或者影响结果。这种影响内在地包括法律效果和社会效果两个方面。司法的本质在于适用法律、裁断是非，这一过程既是国家法律的落实过程，也是社会正义的彰显过程。相应地，司法效果的评价即是指，为了实现司法权功能，根据一定的原则和标准，采用某种方法评估或衡量司法效果的实现情况。为了确保司法效果的评价具有科学性、合理性以及可操作性，评价司法效果的制度体系往往包括以下几方面内容。

一是评价要素。具体包括评价主体、评价目的以及评价方法。首先，评价主体即发起并主导推进评价活动的实施、在评价活动中统筹协调各方关系的个人或者组织。司法效果的评价主体对整个评价过程及其最终结果至关重要，其在评价活动中所秉承的价值理念、道德观念，以及对评估方法的掌握程度、能力水平等都直接影响评价结果的科学性与合理性。其次，司法效果的评价意味着把社会研究方法运用于分析司法结构及其运行状况，合理的评价有助于对司法问题的评判，使改革的设计、实施、影响和绩效满足司法活动的预期目标。评价目的多样性会导致评价主体在评价过程中遵循不同的理念和标准，获得的信息以及评价的结果也会存在较大差异。最后，随着社会科学研究的进步和发展，各种新的评价方法也不断涌现，政治学、经济学、社会学等多种方法的综合运用，奠定了司法评价的理论基础，丰富了司法评价的实践活动。例如，对研究的基本原则、理念、目标等抽象问题进行归纳，采用价值判断的方式进行评价，或者采用社会科学中比较流行的实证主义方法来对司法效果进行客观测量。常用的方法有问卷抽样调查、统计等，特别强调对定量标准、数学模型的使用。

二是评价内容。司法效果评价首先考察司法权是否在法律范围内运行，滥用权力的现象是否得到有效控制，司法腐败是否得到遏制，审判不公是否被问责等。其次，司法效果评价还包括在审判过程中是否贯彻法律面前人人平等原则，刑事被告人权利是否得到有效保障，错案是否得到国家赔偿。最后，评价司法效果的终极目的在于考察法官法治信仰程度、公众对法院的评价以及法院公信力是否得以树立。

三是评价标准。司法效果的评价是具有认知能力的社会成员或者组织对司法外在功能的达成、特征的理解和把握所持有的态度和感受。从低层次的心理评价到意识层面的价值评价，或是法学理论活动中的司法评价以及评估机构对司法的评价活动，这些评价和感受部分反映了司法权的实际运行状态。根据学者对司法效果评价的衡量标准展开的相关研究，一般认为，评价司法效果应遵循合法性、合理性和现实性三个标准。具体地讲，首先，"合法性标准" 包括两层含义：其一，是否符合社会普遍认同；其二，是否符合法律规定。后一内容相对简单，此处不再赘述，仅针对第一层含义略作说明。"合法性" 是政治学、社会学领域的核心概念，其内涵不是指与法律相一致的 "合规律性"，而是指得到社会大众或者各利益相关者的普遍认同和自愿遵从。将 "合法性" 定义为人民 "自愿服从" 的一种政治统治或国家状态，存在合法性的政权就不需要大规模地使用强制力迫使人们服从。[1]"合法性意味着某种政治秩序被认可的价值" 这一论断，突出强调了政治合法性赖以存在的价值基础。[2]借用合法性概念，当代社会学在解释组织或制度变迁的趋同化现象时，提出了 "合法性机制" 这一概念，认为当社会的法律制度、社会规范、文化观念或某种特定的组织形式成为 "广为接受" 的社会事实之后，就成为规范人的行为的观念力量，能够诱使或迫使组织采纳与这种共享观念相符合的组织结构和制度。[3]组织不仅受到其所处环境的技术因素的影响，更受到环境的制度因素的制约。前者是从技术角度看待组织的运行，包括组织外部的资源与市场、组织内部将投入转化为产出的技术系统等；后者则是指组织生存于其中的社会的法律制度、文化观念和社会规范等因素，而这才是组织合法性的真正根源。其次，作为评价依据的合理性标准关注的是 "合理的特性"，即追问什么是合理的，强调对事物存在或人的活动及其结果是不是 "应当"、"正当" 和 "可取" 的。合理性通常包括价值合理性和工具合理性两个维度，前者关注的是行动本身是否符合绝对价值，后者则着重考虑手段对达到特定目的的能力或可能性。实际上，单独强调价值层面或工具层面的合理性，不仅容易滋生狭隘的工具主义或纯粹的理想主义，而且与实际情况难以相符。与此相反，作为评价标准的合理性本身具有相对性。这种相对合理主义就是不求最好，只求较好。[4]相对合理主义在实践中应用的关键是如何把握分寸与尺度。然

〔1〕 参见杨光斌：《"合法性" 问题再认识》，载《河南社会科学》2008 年第 4 期。
〔2〕 参见张康之：《合法性的思维历程：从韦伯到哈贝马斯》，载《教学与研究》2002 年第 3 期。
〔3〕 参见周雪光：《组织社会学十讲》，社会科学文献出版社 2003 年版，第 75 页。
〔4〕 参见龙宗智：《相对合理主义》，中国政法大学出版社 1999 年版，第 3 页。

而，要在错综复杂的日常情况下把握相对合理的分寸是极其困难的，因为众多因素的介入容易使界限变得十分模糊。所以，合理度的把握是一个经验而非逻辑的问题。相对合理主义是一种倾向于实质合法性的观点，隐含了一种宽容司法操作中"适度违法"现象的主张，往往成为为司法中各种不规范行为辩护的理论依据。[1]综合来讲，评价的真理性和评价的合理性是从两个不同角度提出的对价值评价的要求。真理性是从认识论角度出发，要求评价的结果尽可能与客体相符合，不关注评价者主观上是否有理由；合理性则注重评价作出后可能产生的后果，这种后果不仅要有理由，而且这种理由还能被社会普遍认同。最后，现实性标准主要包括两方面内容：其一，评价司法效果必须与特定的历史阶段相适应。司法效果的评价制度应当考虑当时的社会形态和社会环境的制约，体现出历时性和阶段性特征。其二，评价司法效果的制度具有可操作性。例如，如何确立有待评价的各项要素？哪些评价内容能够反映司法的实际运行情况？也就是说，评价方案和流程的设计必须具备经验性和实践性的特征，并以问题为最终导向。又如，评价体系或制度的运行必须考虑成本因素。开展评价工作所需人力、物力、财力乃至于耗费的时间都应能够进行计算，依托数字管理的方式是推行评价工作不可或缺的重要环节。

2. 司法效果评价的法理基础

以司法回应问题为分析对象的学理研究构成了司法效果评价的法理基础。域外学者围绕该领域的研究始于对法律类型的探讨，这其中以马克斯·韦伯的学说最具影响力。该观点认为，法律的理想类型分为四个状态，即形式不理性、实质不理性、实质理性和形式理性。四种理想状态不仅说明了法律的内在特色，也在某种程度上描绘出法律形式的历史变迁，亦即法律形式依循形式不理性—实质不理性—实质理性—形式理性的不同阶段前进而逐渐朝向法律的理性化。从总体上讲，韦伯提出的法律理想类型可以作为分析不同文化社会下法律

〔1〕 参见翁晓斌：《追求司法改革理想目标的现实思路——评龙宗智先生的"相对合理主义"》，载《法学》2011年第2期。

制度建构的基础。与此不同，美国伯克利学派的学者从历史总结和构筑理想法的角度出发，把社会上存在的法律现象分为三种类型：压制型法、自治型法和回应型法。压制型法是指作为一种压制性权力的工具的法律；自治型法是指作为一种能够控制压制并维护自身完整性的特别制度的法律；回应型法作为一种回应各种社会需要和愿望的便利工具的法律，其基本构想是“促使实质正义与形式正义统合在一定的制度之内，通过缩减中间环节和扩大参与机会的方式，在维护普遍性规范和公共秩序的同时，按照法的固有逻辑去实现人的可变的价值期望”〔1〕。其目的是要改造法制，设定一个符合社会变革需要的规范性模式。从法制的进化过程来看，这种回应型法的出现具有某种历史必然性。

为了寻求司法的共同规律，域外理论在伯克利学派关于法律制度类型划分的基础上，将司法制度有针对性地区分为压制型司法、自治型司法以及回应型司法。其中，回应型司法是指，司法机关对社会诉求所作出的回答或响应。与作为行为过程的回应不同，回应型司法作为一种类型学上的司法模式，以实现法治秩序为理念，以解决实践问题为责任，是稳定、可靠、可持续发展的回应机制以及有效回应社会所需的司法类型。以公共目的为导向的回应型司法，其实质是要使法律不拘泥于形式主义和仪式性，主张通过理论和实践相结合的方式进一步探究法律、政策所蕴含的社会公认准则或价值，在扬弃与综合压制型法与自治型法的基础上，试图改变法学方法论上自然法与法实证主义二元对立的局面，赋予国家制度以自我修正的精神。〔2〕

回应型司法之所以能够成为一种制度类型，主要是因为司法与社会的关系及其状况一直是与司法制度有关的诸多因素或矛盾中的主要方面，也是考量司法改革合法性、改革得失、司法效能等方面的主要价值标准。研究回应型司法，首先应明确回应型司法的核心作用是在确定法律价值的基础上，找到强制和压

〔1〕［美］P. 诺内特、［美］P. 塞尔兹尼克：《转变中的法律与社会：迈向回应型法》，张志铭译，中国政法大学出版社2004年版，第16页。

〔2〕参见［美］P. 诺内特、［美］P. 塞尔兹尼克：《转变中的法律与社会：迈向回应型法》，张志铭译，中国政法大学出版社2004年版，第7页。

制的替代物，回应社会需要和期望的一种便利工具。基于功能性、实用性和目的理性的精神，回应型法的基本特征在于：其一，法律发展的动力加大了目的在法律推理中的权威；其二，目的可以放松法律对服从的要求，为民间性公共秩序的概念网开一面；其三，使法制具有开放性和灵活性，从而促进法制的改革和变化；其四，法律目的的持续权威和法律秩序的完整性来自设计出更有能力的法律机构。[1]

按照伯克利学派的理论框架对三种司法类型进行比较分析，回应型司法具有主动性、灵活性、参与性和民主性等基本特征。具体而言，首先，虽然压制型司法也具有主动性，但其强调在司法权的运行过程中，司法权居于主导地位，国家利益被视为第一位的要素来考虑。自治型司法则突出法官的职业化和专业化，本质上要求司法的被动性，突出形式正义的追求。而回应型司法要求司法在一定程度上对社会变化作出反应，避免法律规范陷入僵化，进而更有效地解决社会纠纷，在扩大自由裁量权的同时仍然肯定法律目的的根本约束。其次，压制型司法往往为实现国家利益突破法律规定，通过权力安排的制度体系，有意识地压制当事人的诉讼需求，意图通过国家强制力在一定程度上实现国家对社会稳定和法律秩序的期望。然而，这种灵活性往往是以牺牲法律的权威为代价的，也因此不具有正当性。自治型司法强调形式正义，所关注的仅是法官裁断结论的法律效果是否具有合法性，然而却忽略了灵活性。回应型司法的法律适用在相当程度上克服了规则的刚性，相关的实体规则和程序技术都在很大程度上富有弹性与柔性，司法机构和司法官员由此获得了较大的裁量权。再次，压制型司法极大地否定了民众对司法的参与，当事人的自主选择受到司法权的压制，未得到应有尊重。自治型司法也强调参与性，在诉讼程序上往往体现当事人主义的特征，强调司法权应尊重、维护当事人的诉讼地位，通过对当事人权利的维护，促使其诉讼地位得到切实有效的保障。回应型司法特别强调决策过程的充分参与，并尽可能地兼顾利益相关者的现实需求。最后，压制型司法与自治型司法或者体

〔1〕 参见［美］P. 诺内特、［美］P. 塞尔兹尼克：《转变中的法律与社会：迈向回应型法》，张志铭译，中国政法大学出版社2004年版，第87页。

现国家意志，抑或只维护法律权威，缺少与社会沟通的机制和程序。在回应型司法的制度实践中，通过弱化强制、强调倾听，突出责任伦理与交往理性，使司法过程中的单方强制因素慢慢淡化、权力控制意味逐渐隐退，多方协商、沟通与合作成为作出司法决定的主要渠道。

进一步而言，回应型司法模式作为评价司法效果的法理基础，本身并不包含证成其具备正当性的哲学依据。因此，仍需从马克思主义实践哲学的角度考察回应型司法模式的道德根基。作为一个反思性研究的重要概念，实践合理性在本质上属于价值论和评价论的问题，实质是人们依据一定的科学合理的价值体系对实践过程及其结果的价值和意义开展反思和评价。据此，回应型司法实践的合理性问题是一个包含工具合理性、价值合理性、目的合理性以及结果合理性在内的系统性论述，也是探讨回应型司法实践合理化发展的必要路径。

第一，回应型司法实践追求实质合理与形式合理的统一。实质合理性是指司法制度所承诺和捍卫的价值的正当性，而形式合理性则是确保和达成这种合理性的程序规则和工具保障。回应型司法要实现两者的统一与融合，才能在更大程度上实现实践合理性。作为法治建设的重要目标，自治型即程序本位型司法制度被给予高度评价。“这种形式性或自治性以国家中心主义为基础，以实体内容、机构、方法和职业上的自治为基本特征，亦即强调法律规范的体系和司法机构的独立性，推崇司法的职业化和专业化，并奉行一种独特的行规式的法律推理技术。”[1]对程序为载体的形式合理性的刻意追求则保证了这种关系的存在与互动，法官与程序成为整个司法的中心。然而，形式合理性固然要求司法对法律规范的追求在伦理上能够被证明为正当，但实质合理性同样要求回应型司法在消极层面不能为了解决现实问题而不顾及基本的道德底线，而应在积极层面有助于一种良善的共同体生活。为此，回应型司法要努力实现两者的统一与融合。这意味着，形式合理性在复杂多变的社会现实中具有初始的优先地位。只有以形式合理性优先的司法为保障条件，个人权利才能作为一种恒定的制度因素而

〔1〕［美］R.M. 昂格尔：《现代社会中的法律》，吴玉章、周汉华译，译林出版社 2001 年版，第 50 页。

存在，才能成为一种可以预期和信赖的普遍资源。与此同时，在理性化的法律制度中，形式合理性是形式化了的实质合理性，两者在多数情况下是能够兼容的；排斥或对立的关系仅是作为分析性工具衍生出的视角问题。因此，回应型司法需要把实质合理性尽可能地转化为可计量的形式合理性体系，并借助该体系满足实质合理性要求，丰富司法权的正当性资源。

第二，回应型司法实践实现目的合理与结果合理的统一。回应型司法把社会压力理解为认识的来源和自我矫正的机会。其目的合理性体现在：其一，对实质正义的终极追求，是驱使司法制度在形式合理性基础上回应社会诉求的重要原因。其二，经济和社会发展是司法制度回应的根本动力。当新的社会需求出现却没有相应的制度供给时，就会产生新的制度需求。由此也就形成了向回应型司法制度转变的动力机制。其三，有助于避免激化转型社会的不满情绪，促进、维护社会和谐稳定。人的需要和利益是社会变迁的主体力量，司法需要对人的需求和利益作出回应，满足压制型和自治型司法制度中未能充分关注的少数群体的利益和愿望。但一项制度选择的好坏，并非取决于制度或选择了这项制度的行动主体自身，而是由制度执行或实施的效果决定的。这种结果合理性的要求，就是制度变革和选择中实用主义或效果论的集中体现。同时，结果的合理性也呈现多样化的特征，“法律效果更多地侧重于对法律规范的常规适用，反映法律适用的一贯性和恒定性；而社会效果更多侧重于特殊情形下的政策考量，反映法律适用的灵活性和应变性”[1]。这其中容易忽视的是因意识形态因素导致的政治效果，但客观上讲，避讳或仅仅抽象性地关注政治倾向并不能掩盖司法实效中的政治影响。进一步而言，回应型司法仍是一种构想中的理想状态，它仍不确定，其实现和可期待性在历史上必须具备特定条件，尤其取决于所要满足的急切需要和所能开发、利用的社会资源。最终为认识和理解当下的司法现象提供一套参考系数，为司法改革和司法制度现代化的实施及其成果提供一套检验、评价标准。

---

〔1〕 张友连：《公共政策与最高人民法院的角色——以关于汶川、玉树和舟曲的通知为分析对象》，载《法律科学（西北政法大学学报）》2011 年第 5 期。

第三，回应型司法实践达到主体合理和行为合法的统一。回应型司法只是针对回应社会诉求、构建和谐社会的一种探索，无论是宏观司法体制或是微观程序规则，具备实践合理性的司法制度必须落实在使系统中各要素运行的具体操作层面，使接受调节的各种要素，包括当事人、司法机关、社会公众等处于责、权、利的均衡之中。主体合理包括科学的司法机构设置、专业的司法人员、吸收社会公众参与的陪审制度等多个方面。历史发展表明，一个公正的司法制度，也只能是基本司法制度的公正，且这一制度本身尚且需要通过人来执行。相反，片面强调法制建设的精英主义、过度依赖少数人的主观意志，就会因高度专业化的权威性判断而促成唯一的理性标准，进而导致盲目专断，形成特权阶层。理性的司法活动是由社会成员的诉讼行为与法官的司法行为合理整合构造而成，法官的司法行为占据主导地位。在主体合理的基础上，司法行为的理性化程度如何，直接制约着司法的理性化程度。回应型司法的目标就是要实现司法机关与公民、国家与社会之间的制度均衡。一种有助于社会和谐的司法制度意识形态，不能谋求司法权力的绝对化，必须在国家和社会之间、司法机关和公民之间建立某种合理的均衡，在合格主体的引领下，合法地行使司法权力，扮演好中间人和调停者角色，避免成为单方面利益的庇护者。通过司法的回应，实现各社会要素的结构和功能方面的协调配合与相互促进，达到主体合理和行为合法的统一，实现社会整体的公平和公正。

3. 域外司法效果评价制度概览[1]

自 20 世纪 90 年代起，世界范围内兴起了新一轮司法改革现象。经济全球化的迅猛发展极大改变了世界经济的格局、规模、方式、制度以及理念，并向与其直接相关的法律制度、司法体制及其运行方式等提出了强烈的挑战，从而有力推动了法律和司法的变革。各国改革者们都把建立一个公正、高效、可信、便利的司法制度作为改革的共同目标，对于司法效果的评价也成为世界各国关注的一个重要课题。如何对司法制度的实效进行评价既属于法学的基础性问题，

---

〔1〕 本节内容参见高志刚：《司法制度评价体系研究》，上海人民出版社 2018 年版。

也是法学的应用性问题。在实用主义哲学主导下，英美法国家侧重关注法律制度运行的实际效果，多采用交叉学科研究方法进行法学实证研究。综合域外司法制度评价的做法，主要有以下几种：一是国际标准下的司法评价（含各类法治指数的司法评价）；二是司法绩效评价（基于法院考核的评价）；三是案件质量评价；四是司法功效评价（司法发展评价、法院性能评价）；五是法官行为评价等。

第一，国际标准下的司法评价。司法评价的国际标准主要有两种类型，一种是有关各种法治指数的评价。例如，美国律师协会联合会国际律师协会、泛太平洋律师协会等律师组织，发起了“世界正义工程”（the World Justice Project），提出并不断完善了“法治指数”（Index Rule of the Law）这一评估体系，作为衡量一国法治状况的重要“量化”标准，其目的在于促进“法治”在世界范围内的不断发展，促进实现公平正义。该项目规范了“法治”工作的定义，强调了四项基本原则，即政府及其官员均受到法律约束；法律应当明确、公开、稳定、公正，并保护包括人身和财产安全在内的各项基本权利；法律的颁布、管理和执行程序应当公开、公平、高效；司法职业担当者应由德才兼备、独立自主的法官、律师和司法人员组成，这些人员应数量充足、资源充沛并具有一定代表性。根据这些原则，该项目采用普通人口抽查和专家受访者问卷两种方式，进一步总结出评估一国法治状况的“法治指数”，其中包括 16 个一级指数和 68 个二级指数。第一组指数强调了法治的宪法化和制度化，以此来保证执政权力受到约束；第二组指数侧重于体现法治是以公正、公开和稳定的立法体系为依托；第三组指数体现了法治在不偏不倚的司法过程中的公开、公平与高效性；第四组指数则突出了法治需以独立自主、德才兼备的法律人群体为保障。[1]另一种是卓越法院国际框架标准。《卓越法院国际框架标准》（International Framework for Court Excellence，IFCE），是由欧洲、亚洲、澳大利亚及美国的一些法院和研究机构共同组成的卓越法院框架标准联合会于 2008 年制定的，也是目前世界各国司法领域中衡量和

〔1〕 参见《可以量化的正义：衡量法治水平的十六项“法治指数”》（上），赵昕编译，载《人民法院报》2010 年 6 月 18 日，第 5 版。

检验法院工作水平、司法正义质量、公众满意度的一套比较完整、客观的法院工作评价体系。该标准包括四个部分：一是各国法院普遍认为的十项司法核心价值；二是卓越法院的七大标准；三是法院进行自我评估的方法和程序；四是美澳新加等国法院的考评模式。与此同时，联合会还发布了《卓越法院考评指南》，详细介绍了自我考评的具体步骤、评分标准、缺点分析及改进措施设计等。卓越法院框架标准联合会的法律专家和有关研究机构经过深入调查研究各国法院奉行的核心价值观之后，达成了广泛的国际共识，认为在各国司法制度中重要的司法核心价值包括以下十项：法律面前人人平等、公平、中立、独立审判、胜任职责、清正廉洁、公开透明、便捷亲民、及时快捷、司法的确定性。卓越法院确定了七大标准，具体包括开拓创新的领导和积极有效的管理、科学系统的司法政策、公平和高效的诉讼程序、高度的司法公信、法庭使用者的较高满意度、充足的司法资源、经济和便捷的司法服务。〔1〕

第二，司法绩效评价。以美国司法绩效评价机制为例。〔2〕美国的司法绩效评价和美国法官的产生制度改革密切相关。自20世纪下半叶开始，美国采取了一系列旨在维持并提升法官素质的举措，要求法官必须具备法学专业教育背景，各州采取法官遴选制度代替普选制度等。司法绩效评价最初是为了弥补在遴选法官过程中投票人掌握法官信息不足的缺陷而产生的一种法官绩效信息公开机制，并在此过程中逐步发挥了提升法院整体素质的功能。目前，统一适用于全美境内的司法绩效评价规范性文件是20世纪80年代美国律师协会制定的《司法绩效评价规则指南》。该指南旨在提升法官个体及整个司法体系的素质，要求各个法院系统必须成立从事司法绩效评价的正式机构，司法绩效评价结果可以帮助有关部门在续任和选任法官时作出明智的决定。在美国司法绩效评价规范的构成中，对法官的要求包括法官法律能力、诚信公正、沟通能力、职业素养、管理能力等多个方面。此外，特别法院的法官应当就其是否适当展示必要的知识和

---

〔1〕 参见《“卓越法院”的国际评价标准》(上)，林娜编译，载《人民法院报》2013年3月1日，第8版。

〔2〕 参见佟季、袁春湘：《美国和加拿大司法绩效评估的实践及启示》，载《人民法院报》2011年11月5日，第2版。

技巧接受评价，上诉法院的法官应当就其准备和参加听取口头辩论的工作质量及其他法官的合作能力接受评价。司法绩效评价程序包括数据收集、合成、分析和使用。在评估法官和收集分析数据时需要运用专业技能和行为分析模式，并且保障受访对象匿名接受调查。信息来源的渠道应当多样化，无论是评价初审法官或者上诉审法官，都应当包括与评价对象有定期接触的非法院职员或社会人员的调查信息。这些信息来源仅限于对当前法官职业有所了解的个人意见，社会公众记录作为客观来源之一也应包括在内。负责司法绩效评价的机构还应在评估中设定受访者人数和反馈率的最低值，并且根据受访对象的不同群体设置不同的调查问卷。

加拿大的司法绩效评价更多通过问卷调查方式进行，为了客观、全面反映出司法质量和司法性能，评估项目在收集资料过程中更多采用了如匿名处理等方式，避免被评估的法官感受到来自外界的压力。其调查问卷设计得十分周详，分为司法权限（问卷中的“法律水平”，包括对法律理念、法律程序、证据规则的了解，分析事实、法律推理、动机的质量、判决的清楚和完整等）、正义性（问卷中的“公平性”，包括不存在种族、宗教、性别、社会、经济或其他偏见，公平对待双方当事人及其提出的意见，树立正义形象的能力等）、管理权限（问卷中的“司法行政机关”，包括准备合理的案卷、不过分延迟判决、诉讼程序的认真管理、对诉讼程序进展的充分管理等组织、管理和领导诉讼程序）、为判决而做的相关实践（问卷中的“判决的表达和撰写”，包括判决的条理和质量、判决中对事实的评价是否合理、判决过程中没有不正当期限、对当事人的考虑、对各种制裁和对策的了解、对处罚原则的关注、在选择制裁或者处罚时表现出创造力、制裁或处罚的理由是否充分等）、行为举止（问卷中的“行为举止”，包括对当事人和其他法律人士谦恭礼貌、耐心、关心当事人、保持尊严、态度不傲慢、明白自己行为的影响力）、总体评价 6 个专栏，每个专栏都提出 6—11 个问题，法官能力评估的级别为优秀、良好、一般、有待改进、不足、不了解 6 级。[1]

---

〔1〕 参见佟季、袁春湘：《美国和加拿大司法绩效评估的实践及启示》，载《人民法院报》2011 年 11 月 5 日，第 2 版。

第三，案件质量评价。发端于美国的司法质量评估对世界其他国家产生较大的影响。各国优化司法质量的手段具有多样性，决策者尽可能在司法官独立与质量评估之间作出策略性调和。此处仅以荷兰、芬兰的案件质量评价制度为例。荷兰于 2002 年成立司法委员会，以保证法官有效履行司法职责。各级法院作为司法委员会的下级机关，需要向委员会报告与质量评估相关的涉及司法资源安排和使用等问题，再由司法委员会负责向司法部报告。作为二者之间联系的纽带，委员会的角色是协调、提议、促进、监督和管理。委员会负责建立、保证和维护质量评估系统的运行，从而提高法院的司法质量水平。[1]司法委员会是一个长期关注司法质量服务的专业组织，每 3 年会在“法院战略规划”中列出值得特别注意的问题。为确保司法质量，司法委员会将评估标准进行分解、细化之后，又加入了可以量化的内容。所有与司法质量相关的活动，都可以视为司法质量评估系统的进一步实施和发展。与此同时，各种评估工具也应运而生。例如，对司法消费者评估调查。为确保公众对司法的信心，考虑外部各方的评价至关重要，这也是法院每 4 年开展一次相关方面评估调查的原因。在针对包括律师、诉讼当事人或者检察官展开的相关调查中，诸多成员被分组询问法院提供服务的质量情况。常见问题有法官如何与当事人互动、裁决的可读性和可理解性、庭审是否准时开始等。又如，开展司法巡查。司法委员会每 4 年对所有法院开展一次司法巡查。巡查组是由法院外部的人员如大学教授、律师和检察官等组成的。巡查是司法部门能够向社会公开司法工作情况、提高工作质量的重要手段。再如，审核评查。作为司法绩效评估系统的一部分，审核评查是评价司法工作质量改进情况的一种重要工具。在审核评查期间，法院工作人员可以检查法院是否达到了评价系统规定的标准。芬兰罗瓦涅米上诉法院在 2003 年开始采用一套判决质量标准的方案，作为本国司法质量工程的一部分。其评价体系所提出的审判质量标准包括六个方面，即诉讼过程、判决、对待当事人和公众、诉讼及时性、法官能力和职业技巧、司法组织和司法管理。其质量标准包括任何人应受

〔1〕 参见《荷兰司法质量评估体系》，蒋惠岭、邓宇编译，载《人民法院报》2013 年 3 月 29 日，第 8 版。

法律保护、接近正义、程序公正、司法公信力能否成为现实等。实行审判质量标准的目的，并不是要评价法院全部审判活动的成功与否，它仅是与案件所涉及的诉讼程序和实体判决具有直接关系，而最主要的核心问题就是诉讼案件中的当事人。这一质量标准设计的初衷在于准确评估审判活动中法官与当事人之间交互活动的质量与水平，但它并不是为了评价法官个体的审判质量好坏，也不是为了查明可能存在的审判瑕疵和问题。因为所有的评价指标均是采用匿名方式进行，并且评价适用于审判机关而不是某个法院或个案中的某位法官。[1]这一评估体系并不是每年对所有法院综合性的系统分析，相比之下，一般采取每隔3—5年评估一次是适当可行的。当然，考虑到某些环节监督诉讼活动的持续性的需要，如诉讼程序的及时性方面，审判质量标准应当每年进行评估。另外，每个法官和每一法院可以把这一质量标准作为他们平时日常审判工作的一种方法和审判活动的参照系。为了建立司法机关审判活动现实性和全面性的视角，其评价方法主要包括自我评价、民意调查、专家评价、统计分析、法院的反应。

第四，司法公信力评价。司法考评机制通常侧重于对司法工作结果的考评，如人均结案数、均衡结案率、上诉率等。在这种考评机制下，即使比率很高，法院工作也未必能得到社会的好评。与这种内部考评机制相比，美国加利福尼亚州开展的司法公信力评估侧重外部评价，以司法工作的公众认可度为标尺，督促法院改进工作。评估工作由法官、律师和法学专家共同设计评估问卷，然后委托第三方开展评估调查。法院将评估结论用于帮助自己认清形势，以制定本州司法发展战略。虽然该项评估工作已过去多年，但对于中国建立科学的司法考评机制仍有很强的参考价值。[2]

4. 经验与启示

从域外司法制度评价的实践中可以看出，司法制度的评价最终是为了改进和提升司法功效，即希望通过精细化、客观化的评价活动，帮助司法机关看清制

---

〔1〕 参见李明编译:《芬兰法院如何评价办案质量》,载《人民法院报》2012年6月29日,第8版。

〔2〕 参见蒋惠岭、黄斌:《美国加州法院的司法公信力评估机制》,载《人民法院报》2013年5月17日,第8版。

度困境的症结所在，以便实施更有针对性的优化与改进措施，促进法治水平的提升。这其中值得借鉴之处在于：

第一，司法评价主体的专门性。评价主体的独立性和专业性对于建立一个科学、公正、客观的司法评价机制尤为重要。评价主体的中立可以建立一种旁证和监督的机制，较好地避免法院自身评估结果与社会评估结果差距悬殊的问题。除了基于必要的司法内部绩效评估，国外开展司法评估一般由独立于法院的专门机构负责，组成人员也非常广泛，包括法官、律师、政府官员、社会公众等，充分体现成员的广泛性和代表性。

第二，司法评价指标体系的综合性。国外司法评估已经形成了相对完整的综合指标体系，除了司法绩效评估，还可以对法官的司法能力、品行、行为举止、态度等进行评价，审判管理、行政管理的水平以及司法的便捷性、可接近性等都是评估的对象和内容。这种综合的指标体系可以对司法体制、机制以及实践运行作出全方位的评价和判断，有利于在此基础上提升司法性能、改进司法工作。

第三，司法评价方法的多样性。司法评价可以采取的方法很多，如调查问卷、座谈讨论、现场观察、模拟实验、统计分析等，并非仅限于对司法质量相关数据的采集、整理和分析。在美国加利福尼亚州有关司法公信力的调查中，项目组在问卷调查和预备调查的基础上进行评估，通过对数据进行分析比对最终形成调查分析报告。组织实施调查的研究所可以提供各个社会科学领域里的专家，保证评估的广泛性、科学性和规范性。

第四，公众参与和社会评价的具体化。司法评价中突出公众的参与性，既是保障当事人行使诉讼监督权的体现方式，也可以借助公众评价反映出法院工作实际状况，通过参与评估司法实效，加深公众对于司法权独立行使的直观感受。为此，如何扩大公众参与的范围以及在评估指标体系中所占比例或权重，促使公众对于司法信任度的评估更加具体化，成为值得关注的问题。

第四章　司法良性运行与司法的相对超脱

一、司法相对超脱与司法规律关系

1. 司法超脱的基本意涵

一般而言，司法超脱是指司法运作表现出的与其自身规律不相符合的运行状态。司法权在本质上是裁判权与判断权，发挥着纠纷解决、权利救济、权力制约等独特作用，同时也具有相应的行为特征和运作规律。传统司法观念普遍认为，司法权理应在保持独立性的基础上，遵循被动性、公开性和透明性、多方参与性、亲历性、集中性和终结性等正当程序的价值理念，促进实现个案的公正处理和社会的公平正义。然而，现代社会的快速发展带来了庞大的纠纷数量和繁多的争议类型，在客观上需要高效率的司法人员、繁简分流的诉讼程序、专业化的裁判机构和组织等，以便在风险社会中应对以“诉讼爆炸”和“矛盾激增”为主要特征的现实挑战。这一方面促使司法改变以往消极保守的立场，而选择以更加积极主动的姿态回应公众期待；另一方面，超脱后的司法表现出明显的社会面向、实用考量与功利计算的特点，在一定程度上调适着传统司法结构与现代司法需求之间的张力。可以说，建构于三方结构基础上的角色分离及裁判的独立性与中立性，听取申辩所体现出的理性、多元及宽容精神，司法专业主义的技术要求、责任伦理与职业化构建等司法自身的逻辑要素，已经在社会治理体系中的专业化和技术化领域发挥了巨大作用，在实现解决纠纷、救济权利之外，更多起着制衡政治权力、增进社会福利的功效。

以能动司法为例。通常而言，司法能动主义被认为是发端于美国的一种司法哲学，并自 20 世纪中期以来在欧洲，亚洲的印度、韩国、日本、新加坡甚至 WTO 的法律适用中得到广泛传播。从发展历程看，美国的司法能动主义大致分为新、旧两个时期，从传统的强调司法机关通过司法审查权制约与监督公共权力、控制行政权力，到后来更加注重保障人们的自由和权利，尤其是更加注重对人身权利进行保护。〔1〕早期的司法审查既包括审查特定行为是否违宪，也包括“法律虽然与宪法相符合但是与自然正义相违背”的情形，后来第二种形式慢慢消失了。〔2〕联邦最高法院开始逐步加强对实质性权利的宪法保障。美国《宪法》第十四修正案中关于禁止各州不经过正当程序剥夺公民权利等规定，成为 19 世纪末到 20 世纪初诸年间最高法院推翻联邦和州经济法规的重要依据。

司法能动主义由司法审查向以权利保障为重点的转型，是随着自由市场经济观念向国家调控市场的观念的转变而逐渐完成的。随着时代的发展，美国法学界出现一批崇尚关注司法的社会效果和实际作用的法律社会学派与实用主义法学派，他们主张将法律作为社会变革的工具，并坚持认为法律本身应当随着社会发展而有所变化。尤其是经过 20 世纪 30 年代以来，在联邦最高法院陆续解决联邦与各州以及工商业与政府之间的关系之后，公民个人与州和联邦政府之间的关系成为最主要的司法难题。民权问题的出现导致最高法院的裁判重点从保护经济自由转向保护公民表达自由和公平审讯等权利，这也成为司法发展的

〔1〕 参见杨建军：《重访司法能动主义》，载《比较法研究》2015 年第 2 期。

〔2〕 参见［美］沃尔夫：《司法能动主义——自由的保障还是安全的威胁？》，黄金荣译，中国政法大学出版社 2004 年版，第 20 页。

逻辑重心。司法能动主义在美国的发展呈现出长时段、多时期的特点，这虽然加剧了法学家定义这种司法哲学的理论难度〔1〕，但学者们仍然从经验性、规律性的实践中提炼出司法能动主义的表现形态。对此，有研究通过对高级法院和初级法院的案例考察，认为能动司法一词具有五种主要形态：宣布其他机构的违宪行为无效；放弃先例；司法性立法；抛弃解释的方法；结果导向的判决。〔2〕

作为一种司法哲学，司法能动主义的现实合理性在于：第一，积极发现和回应社会现实需求，促进实现良好的裁判结果。这既是能动司法的正当性所在，也是司法内在性质的客观要求。一直以来，美国司法界的主流法律哲学是概念法学，其主张法官应当严格聚焦立法者建立的规范体系进行演绎推理并作出司法裁判，司法者在此过程中的角色仅仅是诠释和传播立法者的价值理念。然而，一方面，法律语言因自身的空缺性或模糊性等原因，促使司法者必须结合时代客观需要赋予既有规范以新的含义。另一方面，面对社会急剧的转型与变革，司法裁判的方式也不再仅仅是判断和解释法律规范的字面含义，而需要结合法律精神与价值观念重新发现或创立规范，从而回应社会现实需要。第二，扩大权利救济、凸显权利保护是司法能动主义顺应时代发展潮流和社会运行内在逻辑而作出的妥当选择。司法能动主义者极力关注社会不公，主张通过司法救济扩大权利保护，促进实现社会平等。为了获取正义的裁判效果，司法能动主义者认为应当减少程序上的障碍，因为程序仅仅是一个工具，因此，不能够让程序挡住实质正义实现的道路。〔3〕与此同时，旨在处理公民个人权利和政府权力之间关系的争议问题被置于特殊地位。公民的言论自由、宗教信仰自由、选举权、犯罪嫌疑人辩护权与隐私权等宪法规定的政治性权利纷纷获得额外关注，针对公民个人展开的司法救济权的适用范围也逐渐扩大。第三，司法能动主义是合理地控制

---

〔1〕 界定司法能动主义的标准是复杂且多元的，这也就导致选取任一标准都难以包含司法能动主义的全部含义。参见杨建军：《司法能动主义与中国司法发展》，法律出版社 2016 年版，第 14～17 页。

〔2〕 See Keenan D. Kmiec, *The Origin and Current Meanings of "Judicial Activism"*, 92 California Law Review, Vol. 92. Keith E. Whittington, *Conservative Fissures,* 60 The Review of Politics 598（1998）.

〔3〕 参见［美］沃尔夫：《司法能动主义——自由的保障还是安全的威胁？》，黄金荣译，中国政法大学出版社 2004 年版，第 5 页。

政府权力的必要限度而采取的积极有效的辅助性措施。既要保障政府的管理能力又要控制其滥用职权的违法行为，是美国立宪主义者所担忧的关键问题之一。除依靠公民权利约束和限制政府权力之外，还需要借助司法行为的审查、监督和矫正。司法能动主义为司法权积极主动地制衡国家公权力提供了正当化的哲学依据和必要的辅助性措施。此外，推崇法官能动地适用法律还源于法官职业的特殊性。例如，法官群体曾经接受过良好的职业教育，对政治问题、社会问题都具有直接、深入的领悟和体会，对利益纠纷和社会矛盾存有比立法者更加深刻的见解。又如，司法程序相较于立法程序更为快速和简洁，再结合法官群体所处的超然地位，司法裁判不仅比立法决定的错误成本更低，也能够更加具体、精确地处理争议问题，最大限度实现个案正义，填补立法不足，促进实现法律效果与社会效果的统一。

正基于此，司法能动主义从19世纪末以来开始在世界范围内广泛传播。例如，英国法学家柯克从普通法的精神出发提倡法官对立法权享有有限审查权。然而，这种观念在整个十八九世纪的英国司法制度发展史中经历了巨大变化。从边沁到洛克，他们始终认为法律的正当性必须由体现民意的议会来授予，并强调议会主权至上而排斥法官在具体法律适用中的创制作用。此后，伴随英国司法界对柯克的裁判理念的不断质疑和反思，英国法官开始慢慢改变对于司法适用中的技艺理性和实用理性的具体看法，并逐渐将一种自由主义法治观注入普通法的精神之中。[1]此后，在丹宁勋爵等一批优秀法官的影响下，绝对地遵循先例和国会制定法的理念开始松动，并将实现法律正义价值的侧重点逐渐从程序层面转向实体层面。也就是说，仅仅符合法律规范的文字表述并不能构成裁决案件的先决条件，无论是判例还是制定法都必须在具体的司法案件中接受检验，从而审查其是否符合公正原则的内在要求。英国在世纪之交进行的司法改革进一步改变了司法权的运行方式。最高法院不仅在体制上获得独立地位，而且在服从法律信仰、适用法律推理方式演绎司法判决的过程中拥有更多自主权，逐渐

〔1〕 这一时期英国法律思想的演化历程是十分复杂的。参见周伟：《中国司法能动问题研究》，武汉大学2011年博士学位论文，第61页。

形成了不同于美国的司法审查模式。

又如，受限于理性主义的哲学思想和成文法传统，德国司法能动主义主要表现为一种法律方法层面上的演绎推理，即通过法律解释的方法对制定法进行弥补，或者通过法律来创设制定法中并不存在的规则。此种意义上的司法能动更多局限在对“法官造法”的方式、范围和对象的探讨，具有明显的工具主义特征。一方面，概念法学派主导下的法典编撰运动把法律看作一个封闭体系，强调法律自身的形式理性，然而却忽略了因社会变化而导致的法律目的与需求的差异，最终致使法律体系本身变得僵化与滞后。对此，以耶林、埃利希为代表的法学家从法律目的和人的利益出发，在反思、批判概念法学弊端的基础上提出一种新的法律哲学，即法社会学或社会法学理论，对法律空缺情形下的法官角色发起追问。这就为德国法视阈下法官造法的正当性作了理论准备。另一方面，在德国司法权的实践运作中，这种造法性职能的发挥受限于许多因素。首先，德国法确立了法官据法裁判的优先原则。即便在存有造法空间的场合，法官也必须穷尽解释技巧和方法筛选出最符合法律目的的裁判依据。这意味着，以法官个人意愿主动影响新的社会政策的形成并非常态，而是属于具有被动性的替代做法。而且法官的造法活动必须严格遵守宪法边界，也就是说“宪法的控制标准妨碍法官确定最好最合目的性的解决方案”〔1〕。其次，联邦宪法法院不仅是唯一享有造法性职权的裁判机构，并且只能依凭个案事实和裁判理由具体弥补法律漏洞，在法律适用方面不能超越一般性规则和既定的选择范围来形成新的法律，或者通过该案判决形成超越案件本身的一种整体性立法效果。

再如，受制于法国大革命的民主传统和封建司法制度下法院旧有习惯的影响，法国普通司法法院的法官虽然在裁判案件时显得十分谨慎，却仍在解释成文法和弥补规范漏洞过程中体现出一些能动色彩。具体而言，首先，法官可以采用“判例策略”的方式对法律作出具有确定意义的解释并借此弥补法律漏洞。在此过程中，法官在相当程度上根据自己的理解改变了成文法本来的含义，个案中的

---

〔1〕［德］汉斯·普维庭：《德国司法领域中的法官造法》，江振林译，载田平安主编：《比较民事诉讼法》2006年卷，法律出版社2007年版，第37页。

“条例性判决”促使某类规则获得普遍适用的广泛意义。其次，法官运用欧盟法律对国内法进行司法审查时，有权拒用与欧盟法相冲突的国内法。欧盟法的原则性规定也是裁判国内案件的重要依据。类似的情况还发生在比较法领域。由于欧洲大陆内部主要国家继承了相同的法律传统，在欧洲一体化进程影响下，其他成员国的类似判例和制定法的相关规定也同样成为法国法院裁判案件的参照标准和援引对象。当然，考虑到司法体制和管辖权效力的差异，法官并不会直接援引他国的具体法律规则、制度或者确认他国的判例具有约束力，而是将这些文献作为一种辅助性资料从中总结出具有普遍价值的裁判原则，以便更好地解释、修改和实施法国法。与此同时，法国行政法院也通过能动司法的裁判方式丰富、发展了法国的行政法体系。行政法院的法官通过自己的判断，将公民自由原则、法律平等与公正原则等诸多原则引入行政法判决，形成了独具特色的法国行政判例法体系，进而发展成为整个法国行政法的基石。与普通法院的能动性相比，行政法院的能动司法是衍生于行政系统内部的一种行政权力监督方式，其目的是要监督行政权合法运行，这些都与行政权的主动性、积极性密不可分。可以说，法国行政法院的能动性是带有明显的行政权力意味的，但这并不妨碍行政法院的司法属性对于公民权利的有效保障，以及通过发展判例法和制定法的解释规则来监督无权立法和越法裁判造成的权力失衡现象。

综合来看，司法能动主义在主要法治国家的发展呈现出一些基本特征。例如，司法能动主义既有司法审查的传统形态，也有以人权保护为重心的现代形态，或者司法审查与人权保护等多元结合的形态。这表明不同国家的司法能动主义的具体表现形态，是与每个国家的经济、政治与社会发展，司法机构的设置与职能配置甚至是司法文化传统密不可分。又如，司法能动主义在法律方法上的功能和价值是被广泛接受的。主流法系之间的差异并不否认从法律规范的价值和目的角度出发，来拓展司法裁判的依据和效果的实践做法。法律的合目的性解释被广泛运用，裁判的实质后果和社会影响越来越受到额外关注。法律体系的稳定性与裁判效果的合理性之间的张力，成为各国法官不得不面对的共同难题。再如，司法能动主义的发展需要满足一些现实条件。作为一种法律哲学，司法能动主义从诞生之日起便伴随来自司法克制主义的责难。但无论两者之间存有何种争议都需要面对共同的逻辑前提：如果认为法律哲学是司法现实的理论反思，那么自19世纪以来各主要法治国家的司法实践经历了何种变化，以至于需要在司法观念层面作出理论回应。详细地讲，这其中首先是由于人权意识的普遍高涨，为许多国家的司法机关采取积极能动的态度捍卫公民权利提供了现实基础。尤其是20世纪70年代以来，民主化运动成为一个强烈持久的、不可阻挡的社会趋势，一系列新型社会运动，如环境保护、消费者权益保护、自由妇女运动、收入分配公正等陆续发生，越来越多的普通公民主张在社会秩序、食品安全、公共卫生、失业保障与救济等领域享有新的权利。其次，推行司法能动主义需要一系列配套的政治制度。如联邦主义、中央与地方的分权机制、成文宪法规范及相关宪法制度、独立的司法体制、政党竞争机制等政治环境和条件。此外，一些文化传统也与司法能动性呈正相关关系，包括普通法传统、有效政府的理念、受到高度尊重的法官以及关于政治制度的社会舆论等。[1]在多党制国家中，立法过程中政党之间的竞争，更可能带来潜在的司法能动或者增强其司法能动的程度。[2]最后，公众对立法、执法和司法的态度也会对司法能动主义产生实际影响。当公众将多数的政治制度视为腐败的或者自私的制度时，他们对于法院的支持率就会上升。在这种情况下，法官职业体现出的职业性和专业性为他们赢得较高的信誉和荣誉，也会使他们获得像立法者和执法者那样的地位与权力。尤其当公众对于各项民主权利的渴求汇聚成强烈的权利意识时，便会鼓励司法机关改变以往消极被动的姿态，希望后者能够通过个案裁判创制新的规则，从而消除因繁杂和冗长的立法程序带来的权利救济不及时的弊端。简言之，当司法机关比起立法机关、行政机关受到更多的信赖、尊重并具有更多合法性的时候，人们就会合理地期待司法能动主义的出现。

---

〔1〕 See Shannon Ishiyama Smithey & John Ishiyama, *Judicial Activism in Post-Communist Politics*,36 Law & Society725(2002).

〔2〕 韩国实行比较松散的多党制，这成为韩国推行司法能动主义的重要基础。韩国的政党制度相对自由，也缺少连续稳定的政党，韩国执政党与在野党的这种仇敌关系也变相地推进了司法能动主义。参见栾志荭：《印度公益诉讼制度的特点及其启示》，载《北京交通大学学报（社会科学版）》2006年第1期。

2. 司法相对超脱与司法的运行论规律

以司法能动主义为例说明司法超脱的现实合理性，并不是掩盖或者忽视这种法律哲学和裁判方式面临的争议。与此相反，司法超脱运行在价值层面上的正当性恰恰源自对“相对超脱”的学理解读与制度约束。为了进一步理解司法相对超脱对于司法权公正合理运行的积极意义，有必要先从质疑司法能动主义的各种理由入手。这些质疑归纳起来主要有三点：第一，认为司法能动主义的含义模糊不清。有研究指出，司法能动主义一词的含义包括任何严重的司法错误、争议的和不受欢迎的结果、使立法无效的判决、多种因素的大杂烩等。[1]第二，认为司法能动主义违背民主制度的基本要求。一些批评者认为，如果司法部门认为某部法律违反了宪法，因而就宣布其违宪，这样造成的结果是，它违反了多数民主的制度。而如果允许进行这样的立法性司法，那么选举民主的希望何在？[2]由此引发的更为深刻的问题是，司法应当更加忠实于多数民主还是实质结果？[3]第三，认为司法能动主义将个人偏好、自然法与高级法、政治统治体制的本质嫁接在司法过程中，将判断司法公正的标准多元化、复杂化，最终威胁法治秩序的稳定性与正当性，司法的公信力和纠纷解决、权利保障的基本功能也难以实现。

界定一个事物或对象的具体内涵对于哲学认识和科学研究来说至关重要。这不仅是基于如何便捷、高效地传递信息的现实考虑，也是出于对人类理性精神和思辨特性的人文主义理念的根本遵循。对于司法能动主义来说，缺失清晰、明确的含义始终是其面临质疑的重要原因。然而，一方面，明确某一概念的内涵与外延的方法不仅多样，而且本身作为方法论的一个门类并非全无争议。无论是

---

〔1〕 虽然很多人接受了使立法无效即为“司法能动”的观点，但是大杂烩式的司法能动在今天仍然普遍存在。即使用该概念的人往往会自己去界定概念，而且根据自身需要向概念注入含义。因而，司法能动主义成为各种含义的杂交种，可以是上述所论指的任何一种，或者是所有上述各种含义的复合体。See Craig Green, *An intellectual History of Judicial Activism*, Emory Law Journal, Vol.58, p.1219–1220.

〔2〕 *See Thoughts from the Bench: Judicial Activism,* The ST. Louis Ban Journal, p.1967–1968.

〔3〕 类似的矛盾与冲突还在于：非选举的民主机构（法院）与选举出来的民主机构制定法律的冲突；结果导向的判决与严格依据法律规则和原则判决之间的冲突；严格适用法律与创造性运用先例之间的矛盾。此外，在信奉保守主义的宪法学者看来，司法能动主义会带来“民主的终结”。See Keenan D. Kmiec, The *Origin and Current Meanings of “Judicial Activism”*, 92 California Law Review, Vol. 92; Keith E. Whittington, *Conservative Fissures,* 60The Review of Politics 598（1998）.

凭借理性建构还是经验归纳都难以穷尽特定概念的全部要素。另一方面，界定概念的努力应首先理解为一种理论研究的前提或辅助工作，其本身并不能替代观察对象的现实情况。如果我们不是抱有唯理论或者将概念视为不可或缺的必要条件的话，那么便不容否认，在许多情况下，搁置概念辨析而选择从认识对象本身凸显出的具体特点和实践样态出发去理解和诠释事物存在的客观状况，反倒成为一种概念空缺情形下的替代做法和次优选择。实际上，从前文论及的司法能动主义在主要法治国家的发展状况看，能动司法的基本形态是能够归纳出来的。这也部分地减轻了因概念不清或者模糊、混淆带来的论述分歧。对于后两点质疑来说，用政治学的民主理论否定司法能动主义侧重于维护宪法相关制度的基本框架，乃是从外部的、宏观的视角强调司法权的民主属性和政治立场。这固然有利于提醒我们关注司法能动主义给政治国家的民主制度所带来的冲击问题。[1]但仅仅从这一角度展开讨论是远远不够的，唯有从司法权运行的内部视角具象考察司法能动主义对于司法规律带来的实际影响，才能够全面、深入地理解以这种法律哲学和裁判方法为典型代表的司法超脱运行，其中的"相对性"意味着什么。

一般而言，司法规律是司法各组成部分之间内在的必然联系。"司法规律是社会规律的重要范畴，它是司法现象和司法活动中内在的本质联系，体现着司法活动总体上的一般趋势，司法活动只有在司法规律的中轴上进行或者围绕司法规律这根主线实施具体的司法活动，才能保证司法活动的准确性。"[2]司法规律内在地包括构造论规律、运行论规律和生成论规律三个层次。其中，构造论规律揭示出司法的构成单元及其相互关系和基本属性；运行论规律揭示出司法的运行方式及其基本法则和价值取向；生成论规律则揭示出司法的生成和进化的历史过程和深层本质。[3]需要特别指出的是，生成论规律与运行论规律之间在实践

---

〔1〕 相关研究参见［美］布鲁斯·阿克曼：《我们人民：宪法的根基》，孙力、张朝霞译，法律出版社 2004 年版，第 4 页；［美］约翰·哈特·伊利：《民主与不信任》，朱中一、顾运译，法律出版社 2003 年版，第 73～184 页；［美］沃尔夫：《司法能动主义——自由的保障还是安全的威胁？》，黄金荣译，中国政法大学出版社 2004 年版，第 8～9 页。

〔2〕 陈冀平：《有关司法规律的三点意见》，载《司法改革研究》2015 年第 2 期。

〔3〕 参见江国华：《司法规律层次论》，载《中国法学》2016 年第 1 期。

层面上存有交叉。这是因为，一方面司法现象的复杂性与不确定性，导致对其难以采用唯一的标准进行经验归纳和理论提炼，另一方面规律的本质虽然在于“事物（之间）稳定的必然的联系”，然而“生成”和“运行”本身即表明一种动态的历史过程，其间的转化与迭代体现出十分繁复的衍化与共生关系，远远超出两个语词的意定范围。

司法作为一种客观存在事物，有其自身存在和发展的运行规律，这种运行规律与司法本身的性质和构造密切相关。

第一，司法运行不得违背或曲解法律规范的固有内涵，现行有效的法律规范是司法公正合理运行的“准据”，并构成了司法运行的逻辑前提。无论在法理还是实证层面，法律都是司法的前提和依据，司法则是法律的创制物。这意味着，首先，无法律则无司法。法律决定了司法的启动方式、运行程序以及最终的运行目标。司法必须接受法律的统治，并将法律中蕴含的价值落实到司法运行的全过程。一方面，司法运行的启动和停止均应以法律规定为前提。司法的权威源自法律授权，司法运行及其效果都要符合法律规定意义上的事实与逻辑。另一方面，裁判作为司法运行的基本方式，必须将法律视为解释与论证的根本依据，并通过演绎推理的方式输出裁判结果，而非受制于党派立场不同或意识形态差异造成的政治偏见。其次，有法必依，禁止司法擅断。法律的生命在于实施。司法不仅是保障法律实施最重要的渠道，也是履行其法定职责的具体方式。据法裁判既是对法律所蕴含的国家意志和社会价值的实现与维护，也是法律对司法运行的内在要求，体现出司法权运行的合法性要件。进一步而言，有法必依还是法治的重要原则。司法裁判以法律为其准据，避免任何形式的枉法裁判或恣意擅断，不仅体现出司法裁判的正当性所在，也构成对法治的根本遵循与终极依归。最后，释法有则，禁止曲解、误解法律含义。理解、解释和适用法律既是司法人员开展工作的具体方式，也是裁判权运行的重要组成部分。为了避免曲解、误解法律原意，司法人员理解、解释法律时需要采取并遵守相应的方法与步骤。例如，坚持文本优先的立场。这是指在法律解释过程中须以尊重客观有效的法律文本为前提，解释时采用的方法或技巧都应首先考量现行文本及其语意。

又如，遵守“法益”保护原则。为作出一个公正的判决，法官必须确立立法者通过某条特定的法律所旨在保护的利益；亦即司法裁判过程中的法律解释不能仅仅停留在规范的语词层面，而应当作出有助于保护特定的“法益”目的的解释结论。再如，作出合宪性审查与推定。当出现多种可能的解释结论时，甄别、选取裁判准据的标准则提升为对宪法文意的考察。合宪性审查与推定体现了法治原则的根本精神，并具有筛选解释结论的终极权威。换言之，多重解释结论中与宪法文义、精神相一致的得以保留。

第二，司法裁判应当保持中立、公允的立场和态度，杜绝偏私和不公的理念或方式。从本质上讲，公正是司法的生命线。所谓公正，即是指裁判者在诉讼两造之间不偏不倚。一方面，司法的“中立”法则首先是指任何人不得做自己案件的法官。与之相反，如果裁判者丧失中立地位，则违背了最基本的自然正义，也与民众朴素的伦理道德观念不相符合。其次，争讼双方分别享有的陈述与申辩的权利不容减损。任何人在其权益受到侵害时，理应享有辩解、陈述自己意见和获得独立、公正裁判的权利。该项权利不因争讼双方当事人的性别、种族、宗教、信仰、财富、品德等因素而有所差异。另一方面，司法的“禁止偏私”法则是指，司法权作为国家公权，不能偏离民众对于公共秩序和行为预期的现实需求而异化成谋取私利的手段或渠道。无论从权力来源还是运作对象来看，司法权作为一项“公共产品”向社会公众展现的是平等观与公信力，反对任何人有超越法律的特权，司法的确定性、拘束力不因当事人的身份、职业等而有所区别。综合“中立”与“禁止偏私”两项法则的具体内容看，司法裁判的终极目标在于避免有失公允。为确保司法裁判明辨是非、恰如其分，应当允许争讼双方全面、充分地参与司法裁判的制作过程，积极、主动地施加对己方有利的影响，促使裁判结论能够具有内部的逻辑自洽性与外部的论证充分性，实现法理与情理的协调统一。司法活动不仅要在形式上符合诉讼程序的具体规定，满足合法性条件，而且在内容上实现定分止争、案结事了的裁判效果，达到公正、公平、合理的标准。

第三，司法权理应恪守谦抑法则，禁止滥用职权或越权裁判，避免职能与功能的扩张和错位。司法的谦抑性体现在结构、功能、伦理三个方面。详细地讲，首先，结构性谦抑法则是指基于权力分立与制衡原则，司法权具有的独立地位和运作空间。这种结构性的自我克制表现在司法权的管辖范围以及处理与其他权能部门的关系上保持一种谦抑的风格。与此同时，结构性谦抑对于司法权而言同样是一种限制，因为它不能任意地行使违宪审查权，轻率地裁判民选的或者专门的立法机关所作法律之违宪，也不能滥用司法审查权以司法机关自身鲁莽的判断代替或者否定行政机关经过深思熟虑的决定。其次，功能性谦抑法则是基于司法权的定分止争功能所延伸出来的一项司法法则。从裁判后果的角度上看，功能性谦抑法则在根本上成为保障司法权独立行使，以及公众尊重司法作为权利守护者角色的关键因素。这种层面的谦抑性体现了对于纠纷当事人和非诉纠纷解决机制所持有的尊重态度。例如，裁判程序启动的被动性反映出司法权作用范围的有限性。又如，作为多元化纠纷解决机制的一种类型，司法的终局性很好地表现出对于非诉解决机制的尊重。此外，司法权坚守的底线正义观念同样表明，社会本身就是一个在矛盾中运行与发展的有机综合体，其自身的免疫系统能够抵御和消解掉大多数的社会纷争。最后，伦理性谦抑法则乃是源自法律史学和法律哲学中司法的道德性议题，其关注和强调的是司法的道义责任，谨防司法异化为镇压和统治的专制工具。为促使司法能够承受道德伦理的“束缚”，司法裁判一方面需遵守基本的生活常识，以便获得社会最低限度的理解、认同与支持；另一方面不得违背公共秩序和善良风俗，而应与习惯、风俗等其他行为规范一道，共同构成多领域、多层次的价值评价体系。

综合来讲，司法的运行论规律为司法超脱的“相对性”划定了边界。这体现在：第一，司法权运行不得逾越法律规范这一准据，司法超脱必须被限制在合法性要件的统摄范围内。换言之，即便作为司法权运行的一种特殊形态，司法相对超脱仍然不能等同于行政权力或者立法权力，不能假借“泛政治化”稀释或者替代司法的中立性、独立性和公正性。对于司法超脱的规制与约束以及探求“相对性”的合理边界，仍应从司法权自身的运行规律入手。进一步而言，从司法超脱的典型例证看，能动司法的出现有其特殊的社会背景和现实条件。不同的司法传统并未阻碍各国陆续选择能动司法这一法律哲学和裁判方法，其根本原因在于司法权的运行状态伴随着社会转型也逐渐发展演化。无论能动司法的发源地是美国还是欧洲大陆的其他国家，如何治理以诉讼爆炸、矛盾激增、权利救济等为主要特征的风险社会，成为政治实践中不容回避的现实问题。可以说，司法相对超脱是因社会转型和治理压力的共同作用下在司法权运行方式上的现实反映，体现出司法者应对风险社会的经验与智慧。因此，司法相对超脱理应遵循司法权运行规律的基本要求，并以此为依据划定相对超脱的合法性边界。第二，司法权运行规律为司法相对超脱的合理性提供了论证渠道，实现了司法谦抑与司法能动的辩证统一。司法过程既是司法权力运行的客观过程，也是裁判者个人贡献才智的主观过程。前者要求司法运作恪守谦抑本分，以自我克制的立场和姿态给予社会以权威性和公信力；后者则肯定裁判者发挥主观能动性的现实意义，强调采用积极主动的方法公正、及时和高效地处理纠纷和救济权利。传统司法观念过于看重司法的谦抑属性，侧重从权力的分立与制衡、司法资源的优化配置以及社会人情伦理角度对司法克制的必要性和可能性展开探讨。这对我们理解司法权的属性和规律而言是极为重要的。尤其是对于民主思想的遵循，以及面对法律的不确定性或者因裁判模糊不清带来的弊端的考量下，公众对于司法谦抑始终保持一种审慎的乐观态度。然而，通过前文的分析已经表明，司法谦抑与司法能动更多地是从不同角度对司法权尤其是裁判权的多重描述，后者并未否定司法权于存在论和本体论上谦抑与克制的固有属性。与此相反，正是在裁判方法上，司法权运行规律为司法谦抑与司法能动指出了一条相互融合的通道，也为证成司法超脱的“相对性”提供了合理的解释路径。

3. 司法相对超脱与司法的生成论规律

司法的生成论规律即是指司法在与其所赖以存在的诸种事物之间，如经济、政治、文化等，因内在联系和相互作用而生成的规律。作为一种历史现象，司法并不是凭空出现的，而是与社会中各种因素相伴而生。司法生成论规律说到底只能从司法与社会的关系角度来理解，也就是司法在历史运动过程中形成的实践规律。与司法的运行论规律相比，生成论规律乃是司法的根本规律，它决定了司法的基本结构和表现形式。换言之，司法的运行论规律必须符合生成论规律的客观要求。

根据唯物辩证法的基本原理，司法的生成论规律体现为三个辩证统一定律。

第一，法律存在与社会存在的辩证统一。司法的运行过程和裁判结果既是法官适用法律的产物，也是司法作用于社会关系的表现。一方面，司法是法律得以实现的基本条件和重要途径，法律的实现与否及其程度如何也是评判司法效果的基本指标。无论是具体的法律规则还是抽象的法律原则，法官在援引其作为准据裁判案件时，都涉及对于法律的理解、论证方法的选取与调用。案件事实的复杂性大大加剧了还原和回溯案情的难度，这表明法官的论证推理更加具有现实性特点，以便充分保障当事人合法权益并督促其全面履行法定义务。另一方面，司法过程绝不仅是适用法律的技术过程，更是一个社会性过程，必须以促进社会的整体福利为最终目标。这首先意味着，司法的基本功能在于定分止争，通过诉讼程序化解社会矛盾和利益纠纷。其次，司法的纠纷解决功能必须以满足整个社会的底线正义伦理要求为前提条件，司法公信力理应立基于此并获得社会公众的普遍认同。可以说，无论是裁判结论还是司法活动本身都在接受伦理道德的评判，从而通过正义的司法裁判增进社会福祉和民众利益。总而言之，司法裁判的运作过程既是具体落实国家法律的呈现方式，也是实现社会正义的重要渠道。理想条件下的司法裁判活动内在地包含法律性和社会性这样两个基本向度，法官在履行裁判职权时一方面需要公正严格适用国家法律以确保审判活动的合法性，另一方面也要紧密联系社会现实和公众诉求以促进实现社会正义。

第二，司法技术与司法政治的辩证统一。司法既是一种专门的职业，也是政治制度的组成部分。司法的职业性要求司法具有专业技术性的特征，而作为国家政治制度的构成要素则反映出司法的政治性。司法的技术性体现在司法经验和诉讼程序两个方面。前者是指司法活动无法仅仅依靠自然理性和人为理性实现裁判目标，而是需要借助长时间的学习和实践才能掌握这种技艺理性。唯有理解法律自身的演变历史和经济社会的发展规律，当面对繁复多样的纠纷类型时才能展现出高超的裁判智慧和实践技艺。司法的政治性则表明了司法与国家制度和政治权威之间的关系。无论法律传统和政权组成方式存有何种程度的差异，司法权作为一项重要的国家权力，司法体制属于国家政体的必要组成部分，在各个民主政治国家的宪制构成中都是一样的。司法是国家实现其政治功能的重要力量，也是化解政治危机的有效渠道。在政治问题日益司法化的今天，司法的政治功能越发凸显出来，由此也加深了司法权威与政治权威的关联。司法权威始终就是以政治权威来保证实现的，而政治权威也同样需要借助司法权威得以实现其主张。司法相对超脱于政治约束而获得自身独立的发展空间，是司法良性运行的基本前提。同时，通过司法控制政治权力合理运行也是实现政治规范化、法治化的重要路径。在这一限制权力和控制权力的互动过程中，司法的技术性和政治性也逐渐演化出辩证统一的规律和形态。

第三，实体公正与程序公正的辩证统一。公正是司法的核心价值。一切形式的司法公正都具有实体性与程序性的双重属性。具体地讲，首先，司法的功能和目的在于借助程序规则实现实体公正，这一过程包括发现案件事实真相并在此基础上准确地适用法律规范两个层面。查明案件事实虽然是司法裁判的前提条件，但司法过程对事实的认定却具有相对性，能否还原以及在多大程度上贴近案件真相依赖于优良的司法程序与裁判者的司法技艺、社会阅历和职业道德。案件事实的相对性决定了法律适用的不确定性，再加之成文法本身固有的模糊性、多义性和滞后性等缺陷，裁判者的审慎精神和裁量权限极大影响着实体正义能否最终被实现。其次，程序公正是保障裁判公正和司法权威的基础，司法活动必须严格遵照法定程序进行。司法程序的公正价值意味着：其一，任何人不得做自己审理案件的法官，任何人在受到公权力行为的不利影响时，有权获得告知、说明理由和提出申辩的权利。换言之，法庭的裁判结论应当由没有利害关系的人不带偏见地形成。同时，在裁判结论形成之前，应当给予诉讼当事人陈述和辩护的机会。其二，裁判权应当公开行使，以程序公开促进程序公正和司法公信力的提升。除裁判结论及其论证理由之外，裁判过程同样需要向当事人展示，同时接受社会公众和新闻媒体的监督与评价。其三，裁判结论的可验证性，即任何对于裁判结论抱有怀疑的人能够根据公开透明的程序规则，运用逻辑和经验推导出同一结论。总而言之，实体公正和程序公正共同构成了现代司法的公正诉求。

正义不仅应当实现，而且应当以看得见的方式实现。尤其是出现相冲突的实体性结论中，我们只能借助于一套具有绝对意义的司法程序，选择符合程序公正、具有相对合理性的实体性结论并赋予其终局效力。正是在此意义上，实体公正可被视为程序公正的或然结果。

如果说司法的运行论规律为司法超脱的相对性划定了边界，那么，司法的生成论规律则从根本上为司法相对超脱运行预设了一种规约机制。具体表现在：

第一，司法运行方式的转变以社会存在的实际情况为基本前提条件。司法制度早期的历史表明，作为一种争端解决方式的司法裁判反映了人类社会逐渐从野蛮、蒙昧走向理智与进步的发展历程。在相当长的时间里，人类社会慢慢抛弃同态复仇与私力救济而选择诉诸理性、权威和公力救济，司法也逐渐脱离政治权力的束缚而缓慢、独立地发展起来。近现代以来尤其是在历次工业革命的直接影响下，伴随社会整体财富显著增长的同时，人们之间的矛盾和冲突也极具增多，提起法律诉讼成为普通民众最主要的权利救济方式。法院在国家权力结构中的地位开始上升，客观上刺激了司法的职业化和专业化，司法制度也进入了加速发展的新时期。"二战"以来，世界各国政府为了尽快恢复战争创伤，纷纷努力发展经济并积极进行社会的重建工作。正如前文所指出的那样，在围绕民权领域开展的一系列变革中，英美法系国家的最高法院改变以往消极被动的姿态，通过发布权威性和典型性的裁判案例发挥维护社会秩序、缓和各阶层冲突的新作用，在财富分配、环境保护、性别歧视、种族矛盾等方面作出了卓有成效的贡献。这表明，"诉讼爆炸"所描绘出的现代社会中以高频率、多类型、跨领域为代表的法律图景以及多元化纠纷解决机制的出现，倒逼司法哲学和裁判方式作出相应的调整和转换。司法生成的社会条件为司法运行提出了新的压力和挑战，通过对这一阶段司法现象的经验性、逻辑性总结与提炼，司法的运行方式也呈现出回应性和实用性的新特点。

第二，司法超脱应注重与司法政治的功能性融合，从而在司法框架内谋求政治效果和社会效果的最大化。运行论规律层面上司法谦抑与司法能动体现出一种方法论上的辩证统一，这种裁判方法突出强调了司法的技术理性。司法技术一方面在社会分工背景下承担起独立和专业的社会职能，在纠纷解决与维护秩序等方面发挥着不可替代的作用，另一方面也体现为国家政治转型下司法形式的变迁。在传统帝制国家向现代民族国家转型的过程中，随着社会治安、公共福利等逐渐成为社会关注的焦点问题，政治统治出现了技术化的倾向，即政治统治不再服务于践行正义理念和公共德性，而是依赖于能够有效应对和处理统治危机或公共管理难题的各种具体技术，因此，政治统治的合法性往往也就间接地、隐晦地转向能够提供维持常态生活的知识和技术。毫无疑问，司法技术便是其中最为有效的一种类型。然而，司法技术与司法政治之间的这种控制与服从的关系仅仅是框定司法超脱运行的一个角度，更为根本的价值目标体现在两者对于公正的共同追求。即便对于司法政治来讲，也必须以依法、守法以及采用规则治理的方式承担政治责任，而非奉行“越权司法”的理念将司法政治视为一套统御技术或一门社会科学知识。换言之，司法必须以增进整个社会的福利为其真正的目标。公平正义不仅是司法制度的核心价值，更是社会所共同追求的崇高目标。唯有在司法制度框架内实现法律效果与社会效果协调统一，通过司法的专业性、技术性解决业已产生的利益纷争，实现与司法政治在治理目标与价值诉求层面的有效融合，才是符合司法生成论规律要求的实践形态，也是真正确保司法相对超脱运行的正当性与合理性的唯一方式。

二、司法职业化与司法政治化

1. 司法职业化释要

通常来讲，独立构成一种职业需要满足专业性和伦理性两项基本条件：前者是指某种从业人员所具备的专门知识和技能；后者是指该种从业人员在道德层面能被社会所信任并接受。职业化的概念则与职业不同，其是指“一个行业群体如何经过一系列的结构性变革来取得职业在社会中较高的地位和收入”[1]。西方职业社会学中结构学派的观点认为，“职业化的过程存在相对确定的次序，如培训体系、职业团体、规章制度、道德准则等各种结构性制度的建立，与相对而

[1] 刘思达：《职业化及其批判》，载《中国法律评论》2014年第3期。

言过于概括和模糊的专业知识或者职业伦理相比，这些结构性制度对职业化具有至关重要的意义”[1]。在职业化过程中，构成职业的两项基本条件存在一个渐次发展的链条，主要表现在：其一，职业人必须首先具备相当程度的专业知识，尤其是经过高等学校教育后获得的全面的、体系性的理论知识。其二，职业人进入岗位后能够定期参加实操和培训。经过此种理论与实践相结合的受训方式，能够将职业知识和技能提炼为具有逻辑性、制度化特点的专门经验，并辅之以行业规章或纪律条例从而实现定型化的继续教育。其三，在该职业群体内部已然形成相对稳定的、被社会公众普遍认可的价值观和伦理规范要求。由此，与一般职业化相比，司法职业化是指围绕司法人员所具备的知识体系、思维方法与职业伦理形成的独立或配套的技艺、理念和制度。这一定义至少包括以下范畴：一是，司法职业人员不仅应具备法律知识体系，而且也应掌握实践技艺。这种司法技艺源自长时间适用法律获得的实践理性。二是，司法职业群体所认可的共同伦理道德或价值观念。例如，对于法律权威的尊重、审慎的精神、朴素的正义观等。三是，为维护司法职业（尤指法官职业）应有的独立、中立、公正和权威等核心价值，法治国家在宏观上为了改善职业环境、提高人员素质、经费投入等建立的保障性制度。例如，前文提到的不同司法体制国家在遴选法官和管理法官行为方面采取的制度性措施。

从西方国家司法职业化演进逻辑上讲，现代法官职业的产生与政治国家权力结构的变化密切相关。[2]进入 20 世纪 80 年代以来，有关法律职业的国家规范以及法律人的政治参与等问题的研究开始大量出现，并形成三个较具有代表性的理论视角。[3]从这些研究结论上看，法律职业化发展的程度与政治国家的走向之间存在一个由“此消彼长”到“融合共生”的状态。这种“融合共生”状态一方面表现为，法律职业群体积极地争取独立地位和政治自由，在广泛的社会领域中发起保护公民权利、限制国家权力的集体运动。另一方面，受限于权力分立与

---

〔1〕 刘思达：《职业自主性与国家干预——西方职业社会学研究述评》，载《社会学研究》2006 年第 1 期。

〔2〕 参见宋远升：《法官论》，法律出版社 2012 年版，第 12～17 页。

〔3〕 参见刘思达：《法律职业的政治命运》，载《交大法学》2013 年第 1 期。

制衡原则，政治国家为维护基本政治制度的有效运转，主动肯定并接纳了法律职业对于调整权力结构和社会福利的积极努力。法律职业与政治国家的这种关系更进一步表现在完善法官制度方面。法官制度是指国家为保证司法公正而建立的一整套有关法官选任、资格、考核、培训教育、责任追究、奖励惩处、任职期限、物质待遇、职业保障以及法官管理等方面制度的总称。一般而言，法官制度通常是由一个国家的宪法、法院组织法和法官法等基本法律规范或法院规则加以确定并保证的，正因如此，法官制度成为司法职业区别于其他职业的典型标志，也体现出政治国家对法律职业的投入水平。对此，除本书第三章所指出的司法政治性在设计司法体制、遴选司法人员、管理司法行为等方面具有不同的表现途径与呈现形式之外，域外法治国家对于司法职业化的有序发展还构建了其他保障性制度。例如，法官任职保障制度、法官监督制度、法官资格罢免制度等。这些制度从不同侧面描绘出法治国家对于司法人员"职业化"的基本态度，以及司法职业化与政治法治化"融合共生"的发展状态。

2. 法官任职保障制度

法官任职保障制度，是指国家以强有力的人事权力和良好的物质待遇为职业法官免除后顾之忧，使其能够凭借专业知识和内在良心，理性公正地裁判案件。这些保障制度主要包括以下内容：

第一，法官任职期限。法官终身制或者长期任职制不仅被国际条约或国际文件所积极呼吁和倡导，也大都能在域外国家的成文法典中找到明确的规范依据。例如，联合国第七届预防犯罪和罪犯待遇大会通过的《关于司法机关独立的基本原则》中规定，法官的任期、独立性、安全、充分的报酬、服务条件、退休金和退休年龄应由法律予以充分保障。无论是任命的法官还是选出的法官，其任期都应当得到保证，直到法定退休年龄或者在有任期情况下直到其任期届满。从具体立法例来看，施行法官终身制的国家大都规定，法官一经任命，除因弹劾事由或者健康原因外，将终身任职，期间无须重新履行任命手续。即便是实行非终身任期制的国家，法官任职期限也相对较长。例如，美国《宪法》规定，在"良好行为"的前提下，法官除因违法犯罪受到弹劾或者自动辞职，其职务是终身的。所有美国联邦法院的法官一经任命即是终身任职，直到年迈退休。另一些州法官虽有固定任职期限，但法官可以连续选任，因而基本上也属于终身制。对此，美国《宪法》规定："最高法院和下级法院法官在忠于职守期间得终身任职，于规定期间享受报酬，其报酬于任职期间不得减少。"由于美国法官尤其是大法官的社会地位高、待遇优厚以及终身任职，因此很少有人在健康时主动提出退休。由于党派关系对法院系统的影响，法官退休往往选择本党总统在任期间，以便为本党总统创造任命新法官的机会。[1]法官终身任职能够保证法官执行职务时不受政治压力的影响。这是因为，只要其恪尽职守，就没有必要考虑未来的选举或继续留任等问题。英国依据 1701 年《王位继承法》和 1925 年《最高法院审判法》的规定，除大法官之外，其余法官都是终身制；除非经由议会两院之弹劾，否则不得被罢免。罢免高等法院和上诉法院法官须经两院提出、2/3 多数通过，并由女王主持；巡回法院法官由于不能胜任或者行为不检，得由大法官撤职；地方治安法院法官也得由大法官免职，但撤职或免职要有正当理由。大陆法系国家也具有类似的规定。例如，德国《基本法》规定，法官应当服从法律并享有独立地位。法官一经任命，不得违背其意愿；将其停职、免职、降职、转调或者减俸，除非根据法律并按照法律规定的程序作出司法裁决。在法院的组织或者管辖地区发生变动时，法官可以转任至另一法院或者在保留全薪条件下免职。同时，联邦法官在行使或者不行使其职权时违反基本法原则或者各州宪法秩序，联邦宪法法院经联邦议院要求，可以 2/3 多数裁决将其调离或者命令其退休。在该法官故意作出上述行为条件下，可以将其撤职。类似地，法国《宪法》和《司法组织法》规定，共和国总统是司法独立的保障者，法官实行终身制。法官在任职期间，非因可弹劾之罪并经法定弹劾程序，不得被免职、撤换或者强令其退休。[2]

第二，法官薪酬待遇。法官职业是司法正义的化身并承担着重要的社会功能。在西方法治国家，法官属于社会阶层中收入较高的职业群体，无论是出于对

---

〔1〕 参见陈文兴：《司法公正与制度选择》，中国人民公安大学出版社 2006 年版，第 171 页。

〔2〕 参见周道鸾主编：《外国法院组织与法官制度》，人民法院出版社 2000 年版，第 327 页。

裁判职能所需要的专业技能的客观要求，还是对高薪养廉、收入构成单一化的实际考量，法官职业的固有特征都决定了该群体应当于在职期间和退休之后享有较高的物质待遇。据此，各国法官法及相应的管理规范均给予法官职业优厚的经济待遇和福利保障，并采取法官高薪制的形式以薪养廉，促使职业法官群体获得安定生活、减少贿赂和营私舞弊现象发生。然而，由于法律传统的不同，法官高薪制在不同法系国家的表现形式也存在差异。英美法系国家的法官在培训、选任和晋升方面都不同于其他职业文官，社会地位、名誉、威望与普通文官相比也高出许多。与此相反，大陆法系国家在传统上一直将法官群体作为普通公务员管理，法官享受文官式待遇，不同级别法官的薪金水平也参照相应级别的文官来确定。例如，英国大法官年俸与首相一样，最低等级法院法官年薪为 9 万至 11.5 万英镑。〔1〕法官的工资由统一的基金支出，无须每年经过议会讨论决定；法院预算、法官工资由大法官提出并经人事部门同意即可。美国联邦最高法院首席大法官的年俸则与副总统相同。法官除了享有基本的薪酬之外，还配有其他津贴。立法机关有权根据实际情况的变化调整法官薪酬，但这种改变不得导致法官收入的实质性减少。德国法根据不同行业将公务员工资区分为三大系列。行政单位的公务员和军人的工资系列、高等学校教授和助教的工资系列，以及法官和检察官的工资系列；法官共分十级，最低级比特级公务员最低级的工资略高，最高级比特级公务员最高级工资略低。〔2〕

第三，法官退休制度。法官退休制的目的在于保障法官老有所养、生活没有后顾之忧。正如前文所述，为保障法官公正执法，不受其他国家机关和个人的负面影响，域外国家在规定法官终身制、法官高薪制的同时，也相继确立了法官退休后的生活保障制度。考虑到工作强度尤其是精神状况，国外法律一般将法官退休年龄设置为 60 周岁，并且规定法官退休后仍可领取全薪或优厚的退休金。规定法官终身任职的国家则不预设退休年龄，而是允许其根据自身健康条件以及法官伦理（保障裁判理性的公正行使等）的要求主动申请退休，而非因遭受政

---

〔1〕 参见陈业宏、唐鸣：《中外司法制度比较（上册）》，商务印书馆 2015 年版，第 421 页。

〔2〕 参见胡健华：《法官的级别和工资待遇——外国法官制度简介之五》，载《人民司法》1994 年第 5 期。

治压力或社会舆论迫使其离职。在英国，只要即将退休的法官在任职期间没有法定违法行为，就可以获得一笔丰厚的退休金。任何机关和个人都不得对法官任职期间和退休后的收入进行不利变更。美国联邦法官自动申请退休的，仍然享有全部薪金权利。从实际情况看，联邦最高法院9名大法官，平均年龄为70岁；除了去世、辞职或者自己要求退休以及因违法犯罪被美国国会罢免外，其任期是无限的。一位法官在担任联邦法官10年之后，如果愿意的话，可在70岁时带全薪退休，或在15年之后于65岁时带全薪退休。[1]

3. 法官监督制度

法官监督制度，是指依法享有监督权力（权利）的机关、团体和个人对法官适用法律、遵守法官纪律与职业道德规范等情况进行的监督。作为司法管理的重要组成部分，对法官职业的监督与法官任职保障是“一体两面”的关系：一方面，正如前文所指出的，法官职业享有的特殊地位要求较高的任职资格与薪酬待遇；另一方面，根据权责一致原则、权力监督原则等现代法治国家所必需的形式要件的基本要求，对司法官行使职权的监督不仅在于抵制法官职业的腐败与恣意，而且希望通过公正、独立的司法权威谋求对于公民利益的根本维护。根植于不同的法律传统，域外国家也形成了不同类型的监督模式。

在美国，监督法官的工作主要由立法机关负责。为保障监督的有效性，对法官的监督、弹劾与惩戒均由独立机构（如议会、法官行为调查委员会）承担。具体讲，联邦法院系统的最高法院、巡回上诉法院、地区法院的法官均由总统提名（总统提名前，事先需与司法部长和有经验的参议员磋商，并征求有很大影响的美国律师协会的意见），在经参议院批准后交由总统任命。同时，根据美国宪法的规定，联邦法院法官只能因法定原因并通过弹劾程序才能撤销其职务；对于参议院来讲只有涉及最为严重的刑事案件才有必要听审并启动弹劾程序。为了从组织上保证监督法官行为和执行纪律措施行之有效，美国联邦和各州层面都设有法官行为调查委员会或者类似的独立机构，专门负责调查处理涉及法官行为

〔1〕 参见陈业宏、唐鸣：《中外司法制度比较》（上册），商务印书馆2015年版，第421页。

不端和违法违纪案件。以各州为例，该委员会一般由包括法官、律师和普通公民在内的5—13人组成：公民由各州州长任命或者州议会批准后任命，律师由州长或者律师协会任命，法官由最高法院或者律师协会任命。此外，委员会还有律师、秘书和调查人员。委员会有权从各个方面听取对法官的指控并有权在调查核实后给予各种制裁，包括警告、短期停止工作甚至撤销法官资格。如果被制裁法官对处理结论有异议，可向州最高法院提出上诉或者由特殊法院受理这类案件。对联邦法院法官的制裁则由国会单独设置的委员会管理。每个巡回上诉法院都有一个委员会负责处理法官行为不端和违法违纪案件。上诉法院首席法官可以根据指控是否具有正当根据，从而确定是否处理。被指控的法官对于委员会作出的决定不服，可以上诉至联邦司法会议。委员会有权对被指控的法官给予警告或者作出停止其工作的惩戒决定，但不能剥夺其法官资格。这是因为，只有根据弹劾程序，并经参众两院通过，才能剥夺该名联邦法官的资格。〔1〕

与美国采取立法机关进行监督的模式不同，法国则将监督法官的职责交由行政机关负责。为此，法国专设最高司法委员会以协助总统实行司法监督职责。最高司法委员会由共和国总统担任主席，司法部长担任副主席。司法部长可以替代共和国总统担任主席，其他成员由共和国总统依照法国《司法组织法》规定的条件任命10名委员。〔2〕最高司法委员会提出关于任命最高法院法官和上诉法院院长的建议案，然后由总统任命。其他法官由司法部长任命，最高司法委员会依照《司法组织法》规定的条件就司法部长关于任命其他法官的建议案提出意见。同时，对法官行使惩戒权的机构也是最高司法委员会，它作为法官纪律委员会进行裁决时，最高司法委员会由最高法院院长担任主席。〔3〕

德国《法院组织法》规定，联邦最高普通法院法官由联邦司法部长与法官遴

〔1〕 参见周道鸾主编：《外国法院组织与法官制度》，人民法院出版社2000年版，第21～22页。

〔2〕 这10名委员中包括5名法官（其中有1名上诉法院法官、3名普通法院法官和1名大审法院法官），1名检察官和4名司法系统以外的代表（其中有1名最高行政法律院法官、1名总统代表、1名国民议会的代表和1名参议院的代表）。委员们任期4年，并且不能连任。参见谭世贵等：《中国法官制度研究》，法律出版社2009年版，第439～440页。

〔3〕 参见周道鸾主编：《外国法院组织与法官制度》，人民法院出版社2000年版，第103、105页。

选委员会依照法官选举法选举，并由联邦总统任命。联邦各个最高法院法官的任用，由主管各领域的联邦部长同法官遴选委员会共同商议决定。各州法官的任用，由州司法部长同法官遴选委员会决定。由此可见，德国的司法行政部门对法官的任命起着重要作用。德国联邦最高普通法院和各州高等法院均设立纪律法庭，就法官纪律、惩戒和其他事项进行裁判。德国对法官违法失职行为的纪律处分措施包括：谴责、警告、罚款、降薪、停职和开除公职。谴责和警告属于最有力的司法监督手段，通常由各法院院长以及州或者联邦一级主管具体法院的部门共同承担。司法监督仅限于观察司法活动以及对的确发生的违法行为作出评判。免职是责任最严重的处分措施，只能通过纪律法庭依据司法纪律处分程序进行。司法监督和纪律处分手段也适用于受司法独立保护的中心判决过程之外的活动。如果法官未能应用一项众所周知的法令，或是应用一项已经废止的法令，又或是无视联邦宪法法院具有约束性的判决，都可能受到纪律处分。纪律处分也可以用于警告或者惩罚在执行一般行政或程序职责方面过于松懈的法官。法官在法院外的一些行为也在司法监督控制范围之内，例如，法官不得以其行动或言语损害法官的名誉。〔1〕当司法监督和纪律处分不能起到督促法官遵守司法责任的一般威慑作用时，受到损害的诉讼方或者其他利害关系人有权向国家申请补偿，或是寻求对法官本人进行刑事处分。德国《基本法》规定，如果任何人在行使信赖于他的政府职权时违反了他对第三者的官方责任，国家或者雇用他的政府机构应负主要责任。这项国家为包括法官在内的政府官员承担替代责任的宪法原则应该与德国历来存在的责任限制一同解释，后者的目的在于保护司法独立以及诉讼方的安宁。德国《民法典》同样规定，如果一名政府官员在对一宗诉讼案作出判决时违反了官方责任，除非这种违反责任的行为受到由刑法程序执行的公开惩罚，（否则）他不应对由此产生的损害负责。德国《民法典》确立此种责任条款之目的亦在于保护司法独立。该条款适用于超越法官判决行为本身范围的情况，即法官的不良行为成为司法工作的一部分，并为最终具有拘束力

〔1〕 参见最高人民法院司法改革小组编：《英美德法四国司法制度概况》，人民法院出版社 2002 年版，第 468～469 页。

和既判力的判决提供基础。同时，国家对法官的懈怠行为，即拒绝或者拖延履行司法工作义务之行为不需要承担前述替代责任。进一步而言，如果法官作出一系列严重削弱公众对法院作为伸张正义机构的信心的司法行为时，可请求对其予以刑事制裁。这类不良行为主要有：接受金钱或其他贿赂、勒索证词、伪造文件，或者使无辜之人遭受法律追究等。据此不难看出，为了有效维护司法独立，德国对法官的监督更倾向于通过法院自身来进行。

4. 法官资格罢免制度

针对大多数已经建立法官任职终身制或者长期任职制度的国家而言，取消法官资格和身份是极其罕见的情况。但法官资格罢免制度同样在司法职业化整体演进路径中发挥着巨大作用，因为它不仅能够带给法官个人崇高的荣誉和尊严，而且有望面向公众培育起对于司法秩序的信赖和市民社会的理性精神。域外各国构建法官资格罢免制度的关键在于罢免原因和罢免程序的法定化，即国家有关法律对罢免的原因和罢免的程序作出明确、严格的规定，除非经法定程序并判断出具有法定的罢免事由，否则法官不受资格罢免之法律后果，从而保障法官应有的独立地位。概括来看，各国法律规定的法官去职事由可归纳为以下几点：因身心障碍不能执行职务；有严重渎职和其他非法行为；担任其他公职；国民不信任；本人请求辞职；等等。这些事由是否成立仍需经过法定机关依照法定程序进行审查和判断。从理论上讲，支持法官罢免原因和程序法定化的理由与支持法官终身制的理由是相通的：如果立法机关、行政机关或者其他有权势的团体或个人总能很容易地找到办法使法官遭受被免职的命运（或者类似威胁与恐吓），那么法官的独立审判将成为空中楼阁难以实现。专门规定罢免事由和罢免程序在一定程度上有助于避免这种情况发生，从而与法官终身制一起构成法官任职保障的两大支柱。

法官被免除职务的形式大致有如下两种：一是退休免职。这又包括两种情形，即申请退休和命令退休。前者是指凡法官服务到一定年限、达到一定年龄时，可以申请退休。退休法官仍可以担任部分审判职务，以借助他们的经验和学识，培养带领新法官。后者是指，法官服务到一定年限以及因身体原因或者不能胜任工作的，命令其退休。二是弹劾免职。这也构成域外国家宪法、法官法、法院组织法的重要内容。根据美国《宪法》相关规定，弹劾法官的程序和弹劾总统的程序一样都是司法程序，有关法官有权为自己辩护。但审判官不是由最高法院首席法官主持，而是由众议院提出弹劾案，参议院审理。参议院有出席人数2/3通过即可判决。从司法实践看，所有根据美国《宪法》第3条任命的联邦法官均应在"品性良好时"任职，这实际上意味着他们将终身任职直到退休为止。罢免此类法官的唯一途径是通过众议院提出弹劾诉讼，然后由参议院作出有罪判决。根据美国《宪法》有关联邦最高法院大法官的条款以及有关上诉规定和初审法官的立法标准，弹劾程序适用于叛国罪、贿赂罪以及其他重罪、轻罪。德国《基本法》规定，如果联邦法官在执行职务或在职务以外违反基本法的原则或者州的宪法时，联邦宪法法院得根据联邦议院的请求并以2/3的票数通过决议将该法官派任其他职务或令其退休；在故意违法的情况下，可以作出撤职决定。由于德国法官不属于一般的行政官员，因此弹劾法官的程序与处分一般公务员的程序不同，联邦议会下议院负责决定对一名联邦法官提出弹劾控告。联邦议会下议院作出决定后，就将案件转交给联邦宪法法院处理。对于一般涉及惩戒法官的案件要由特设的联邦职务法庭受理。根据德国《法官法》规定，联邦职务法庭审判案件，以审判长1人、常任陪审法官2人及非常任陪审法官2人合议行之。审判长及常任陪审法官均为联邦最高法院法官。在日本，罢免法官必须通过特设的法官起诉委员会和弹劾法院进行。弹劾法院的法官由参众两院各出7名议员组成，法官起诉委员会由参众两院各出10名议员组成，弹劾法院和法官起诉委员会在国会闭会期间仍可行使职权。根据日本《法官弹劾法》的规定，法官因弹劾而被罢免的情形有两种：一是，明显违反职务上的义务，或者作出严重玩忽职守的行为；二是，无论在其职务内外，作为法官出现明显的丧失其威信的不良行为时。出现上述情况时应先由法官起诉委员会进行调查，然后由该委员会讨论调查结果，当有2/3多数同意后才能起诉。起诉决定后，在参众两院各有5名以上法官出席的弹劾法庭上进行公开审判，如有2/3以上法官通过，即可罢免被弹劾的法官。

5. 法官责任豁免制度

基于法官责任豁免对于保证司法独立、公正和权威的重要价值，许多国际条约或国际文件都对法官豁免权作了较为详尽的规定。例如，1983 年司法独立第一次世界大会通过的《司法独立世界宣言》明确了法官豁免权及其例外情形：原则上，法官应被避免遭受因职务行为而发生的司法责任的诉讼追究，但依法经过司法当局授权的除外；法官享有民事豁免权，任何个人或单位不得因法官履行职务义务时的不作为或不适当作为而提起损害赔偿，其损失可以通过国家法律程序中的法官纪律惩戒程序或上诉程序、国家赔偿制度得到补偿。1985 年第七届联合国预防犯罪和罪犯待遇大会通过了《关于司法机关独立的基本原则》对以法官等专门司法人员为被告的诉讼程序提出了要求：必须贯彻程序公正、及时性、保密性的原则，法官则有权依法进行申诉。此外，根据 1998 年《国际刑事法院规约》的规定，法官豁免的时间效力方面具有永久性，特别是法官任期结束后对其任职期间与其职务行为相关的言论、法律文书和行为，均不得成为法律诉讼的事由。

在西方法制史的发展历程中，法官豁免制度的司法实践首先出现在英国，并随着资产阶级民主革命对于司法独立、中立、公正和权威的不懈追求而日渐完善，最终以成文法形式确立了近现代意义上的法官责任豁免制度。根据英国 1876 年《上诉管辖法》和 1981 年《最高法院法》之规定，法官对于司法行为享有完全意义上的豁免权。“法官是完全独立的。对于他们在执法过程中所做的和所说的任何事情享有完全的豁免权，即使是所谓恶意的事情也是如此。甚至一个下级法院的法官，如果越权，在民事诉讼中也享有豁免权。”[1]在具体司法实践中，如果生效的刑事裁判出现错误，则由专门的复查委员会承担调查职责；经审查确有错误的，则由刑事上诉法院再次审理。根据复审结果虽然有权认定初审裁判属于错判，并因此给被追诉人带来司法救济或国家赔偿。但是这种改变错判的做法并不会成为影响案件初审法官业绩和待遇的考评因素，也不涉及追

〔1〕［英］戴维·M. 沃克：《牛津法律大辞典》，北京社会与科技发展研究所译，光明日报出版社 1988 年版，第 482 页。

究其民事责任和刑事责任的问题。

美国法官责任豁免制度并没有规范意义上的宪法依据，而是通过联邦法院作出的判例逐渐形成的。从法官民事责任豁免方面看，19世纪早期普通法的司法实践活动已作出了原则性规定，即联邦和州的法官均在职务活动或司法活动中享有完全豁免权，不需要承担任何形式的民事责任。例如，美国联邦最高法院在1872年Bradley v. Fisher[1]的终审裁判中指出，联邦各级法院法官的司法行为不得成为他们作为民事诉讼被告的理由，并不因该司法行为超出管辖权或者被指出存有主观上的故意甚至是贪污腐化而发生变化；只有明显缺乏管辖权可以成为不予豁免之理由。在很长一段时间里，法官责任绝对豁免主义成为美国司法界的主流观念。这意味着，无论是联邦法官或是州法官，只要其在所任职法院所享有的司法管辖权范围内履行职责，即使对于最明显的越权、腐败和恶意行为也同样免予追究民事责任。对于豁免原则已经被接受的陈述，法官不能因为非司法行为或者超出法院司法管辖内容的不当行为享有民事责任的非法豁免。到了19世纪后期，约有一半的州法院将法官恶意司法行为排除在豁免责任之外。1984年，联邦法院于Pulliam v. Allen[2]一案中重新界定了法官豁免责任的范围和界限，并认为法官的行政行为等其他非司法行为、明显超出管辖权的行为，或者明知没有管辖权而故意实施的行为不得享有民事责任豁免。与此不同，法官刑事责任豁免则具有暂时性和程序性，在法官未因为弹劾丧失裁判者身份之前免于启动刑事追诉程序。弹劾法官的法定事由之一是刑事犯罪行为，无论该行为是否与职务性司法行为存在关联，该法官均可能被免职。虽然弹劾制度的设立隐含了涉案法官在保持身份的条件下仍可能被采取刑事强制措施，但实践中为了维护司法权威和民众信赖仍然否定直接进行刑事追诉的做法。因此，在刑事责任豁免的判定逻辑中，对法官资格罢免的政治程序具有启动上的优先

〔1〕 See Ohn O. Haley, *The Civil, Criminal and Disciplinary Liability of Judges,* The American Journal of Comparative Law, Supplement, Fall, 2006.

〔2〕 See Thomas J. Noto Ⅲ, *Pulliam v. Allen: Delineating the Immunity of Judges from Prospective Relief,* Catholic University Law Review Spring, 1985, p.829.

性。这种程序选择也在最大限度上维持了法官职业稳定性及法官个人的合法政治权益。

在德国，法官管理方式基本参照文职官员进行，法官民事责任豁免制度也与普通公务员大致相同。对此，德国《民法典》规定了国家公务人员因违反职务义务需要承担责任的两种情形：一是，作为原则性规定，公务员因主观过错导致未尽到或者违反其职务义务的行为时，应承担补偿第三人因此遭受损失的责任。需要指出的是，公务人员因过失职务行为承担赔偿责任具有滞后性，受害人应优先穷尽其他救济方式之后，才能请求失职人员承担补充责任或替代责任。二是，对于法官的民事责任来讲，违背司法裁判义务之行为的严重程度达到刑事犯罪评价标准时，才能够启动司法追责程序责令其承担赔偿责任。综合以上两种情形，德国法官民事责任豁免需要满足两项条件：第一，非因职务行为不得豁免；第二，法官职务行为违法性尚未达到刑事犯罪程度。法官在前述条件下享有民事责任豁免权具有绝对性：一方面，面对受害人或其他利害关系人请求法院启动司法程序追究失职法官的主张，法院将不予受理；另一方面，结合法官任期终身制等其他职业化保障措施，即便实施瑕疵行为的法官离职后，也不得对其开展司法追责活动。进一步而言，当法官职务行为满足刑事犯罪的构成要件可能面临刑事责任追究时，法官对此则不享有刑事豁免权。对此，德国《联邦宪法法院法》中规定了涉及刑事违法的法官责任程序："先惩戒后弹劾"或者"先弹劾后惩戒"。[1]前者是指，议院因法官的职务行为而欲提起弹劾案时，在法定诉讼程序最终确定之前不得作出决定；并且议院的弹劾案在同一事项的惩戒程序开始之前，不得作出决定。后者是指，法官因同一职务行为既被启动联邦法院弹劾程序又被启动惩戒法院的惩戒程序，惩戒程序应当中止；否则，惩戒程序继续，除非弹劾程序的判决结果是宣告撤职或者调任法官以外的其他职务或者令其退休。由此可见，追究法官因职务行为引起的刑事责任，既可以由政治机构通过弹劾程序作出罢免决定，也可以由司法机关适用惩戒程序作出相应的处罚决定。但两

---

〔1〕 参见陈雅丽:《豁免权研究》，中国法制出版社 2011 年版，第 136～137 页。

种程序启动的前提均在于暂且保留法官身份和资格，从而最大限度维护国家司法权威和法官职业尊严与荣誉。

与德国法官豁免的司法实践不同，意大利于1988年通过正式立法明确了法官民事责任承担的法定条件。这意味着普通法院和专门法院的法官在以下范围内享有民事责任豁免权：法官履行职务行为尚未认定为刑事犯罪，受害人此时只能申请国家赔偿以替代追究失职法官违法审判之责任。国家作为被告人履行完毕法院判决或者双方协议后，仍有权要求施行违法审判行为的法官承担相应赔偿责任。此种赔偿责任的追诉时效为1年，赔偿数额以该法官年薪的1/3为最高限度，除非法官违法的主观过错为故意。法官违法行为的客观表现有严重失误、拒绝司法等。其中，严重失误指的是一些产生严重后果的司法行为，如导致严重违法而不可宽恕的过失、在诉讼活动中对法律事实作了完全相反的正误判断、违法行为导致他人人身自由受到侵犯。拒绝司法在司法实践中主要表现为，法官因主观上的懈怠、拖延等不在法定期限内履行法定的职务行为等。[1]

三、司法过程中大众非理性因素的影响和避免

1. 民意（众）、媒体与司法

近年来，网络论坛、微博、微信等新媒体勃然兴起，在与传统媒体交相呼应的同时，也为普通民众彰显自我价值提供了多种多样的渠道。不难预见，未来的生活将被媒体型构。[2]在此过程中，面对经济的快速发展，司法在解决纠纷时不得不更多介入社会生活的各个领域；同时诉诸司法渠道界分权益、化解纠纷也已成为人们处理生活矛盾的一种常规化选择。从媒体角度而言，面对司法这一制度性事实的存在，其本身也不会置若罔闻，而是以较为积极主动的姿态不断尝试与司法互动，将民众对司法的关注以舆论的方式呈现在裁判者面前。可以说，民众对司法的意见、媒体自由传播涉法涉诉的资讯以及司法权的独立自主性，已然成为信息时代阳光司法场域竞相角逐的三股重要力量。更进一步讲，

---

〔1〕 参见宋雷：《意大利司法官责任法简介》，载《现代法学》1999年第1期。
〔2〕 参见［美］沃尔特·李普曼：《公众舆论》，阎克文、江红译，上海人民出版社2006年版，第330页。

国际法学家协会的司法与律师独立中心于1994年召集了39位来自23个国家的杰出法学家和媒体代表在西班牙的马德里开会，共同审视和探讨1985年联合国《关于司法机关独立的基本原则》中所确立的司法独立与媒体的关系，制定协调言论自由和司法独立之间关系的准则。经过讨论，最终确立了十四项基本准则，即《媒体与司法独立关系的马德里准则》。在该准则的“导言”和“基本准则”中分别指出：“媒体自由是表达自由的一部分，是民主社会实行法治的基础。法官的责任是承认和实现言论自由，适用法律时作有利于言论自由的解释。只能根据《公民权利与政治权利国际公约》明示授权才能对媒体自由予以限制”，同时“表达自由（包括媒体自由）是每一个宣称是民主社会的必不可少的基础。媒体的权利和责任是收集和调查公共信息，对司法管理加以评论。包括在不妨害无罪推定原则的前提下，对审理前、审理中和审理后的案件加以评论”。此外，在2005年召开的第22届“世界法律大会”上，专题讨论的议题之一即为“媒体与司法”，而且其中的核心论点便是“言论自由与司法公正”。由此不难判断，如何处理好民意、媒体与司法的关系也早已成为世界各国普遍关注的问题。

从制度史角度讲，应对民意、媒体与司法关系的问题不仅涉及诸如“司法精英化与司法大众化”和“司法专业化与司法民主化”等不同的法治理念，也与“司法封闭与司法公开”的学理争议以及调整三者关系的具体模式密切相关。西方封闭性司法的历史源远流长，而且在实践中，域外不少国家的司法体制也确实以封闭性为其主要特征。一方面，法律的形式化理论与实证主义法学对司法封闭理论进行了初步建构。经过长达两个多世纪的缓慢发展，司法封闭理论普遍认为，法律与司法是运作封闭的自治体系，司法与作为其环境的政治、道德与民意之间是结构耦合而非“输入与输出”的逻辑关系，民意等环境因素对司法系统固然存有一定影响，但两者间并非直接的决定与被决定的关系。“法律的自治性强调法律是一个‘自我指涉’（self-reference）的‘系统’，法律本身具有内在的确定性，法官可以依凭自己的理性独立‘理解’和适用法律，无须求助于其他力量就可以依据形式正义原则和形式逻辑规制作出‘正确’的判断。”[1]而且，这种自治性具体包括四个方面的含义：“一是法律本质上是一套独立的抽象规范，与现实生活无涉，也不需要依赖舆论、道德、习惯等的支持；二是法律通过专门推理方式普遍应用，无须考虑具体案件差异；三是法律为受过特殊训练的特定职业群体所垄断，具有神秘性，公众与法律疏离；四是司法制度与司法机构超然存在，不受其他国家机构牵制。”[2]不难看出，这些有关法律自治的论述大多与司法封闭密切相关。另一方面，由于司法自治与封闭往往导致保守主义的司法倾向，即认为司法的中立性与确定性或许只是司法拒绝平等化变革的理由，封闭性司法拒绝司法的社会化也进而逐渐陷入司法的孤立主义窘境。据此，自然法学、现实主义法学、批判法学与后现代法学从司法的政治性、道德性等各个方面对司法封闭性展开批判并指出，无论从司法的裁判依据还是司法的实际操作人员的角度而言，法律规制所侵染的道德因素以及法官个人的政治立场和兴趣爱好等无一不是作用于最终的裁判结果。司法封闭所坚持的自治性并据此排斥民意介入司法，在现实中既不可能更不合理。同时，司法开放理论正从不同角度证明了20世纪中期以来社会结构面临的客观变化。例如，批判法学与后现代法学从批判司法的中立性与确定性着手，论证了司法实际上受到党派力量的操控并成为政治统治的工具。现实主义法学的研究表明，司法实际上承担一定的管理和服务职责，对民众开放有利促进舆论和媒体成为政治体制之外的社会监督力量的发展。

在互联网引领下的信息时代，可以说，那种认为司法应当绝对封闭并隔绝外界干扰的论断固然应当予以抛弃，但问题在于，如何规制司法与民意、媒体的关系，以便既能恪守独立公正司法的法治精神，又能给予民主政体中公民个人与媒体行业必要的关注。整体来看，域外法治国家在确定媒体表达限度方面也经历

---

〔1〕 孙国东：《自治性与合法性之间——〈法律的沟通之维〉译者导言》，载［比］马克·范·胡克：《法律的沟通之维》，孙国东译，法律出版社2008年版，第4页。

〔2〕 ［英］罗杰·科特威尔：《法律社会学导论》，潘大松等译，华夏出版社1989年版，第53～54页。

了从古典理论到现代理论的范式转换[1]，进而围绕“司法权威”、“表达自由”和“个人权利”三个方面构建了较为完善的制度体系以避免大众非理性因素过度影响司法，并由此形成各有侧重的规制模式：强调维护司法权威的规制模式、倾向支持媒体表达自由的规制模式、关注案件当事人权利的规制模式。另外，从功能角度而言，前述三种模式各有侧重，而且各国最终选择哪种方式则更多受制于法域和国别中历史传统、文化特质以及政治体制的差异。在如今法律移植与制度借鉴较为普遍的时期，折中方案或许更值得关注。在此方面，以 20 世纪中期以来欧洲人权法院作出的一系列裁决为基础形成了所谓的“融合模式”或称为“中间道路”，并具备了相当的影响力和现实基础。据此，也有必要对该新兴模式的特征及合理性作简要分析。

2. 民意规制的三种模式

英国法律较为清晰地界定了媒体公开报道案件进程的行为边界，并“成为世界公认的法律对媒体惩罚及限制最为严格的国家”[2]。详细讲，为了维护司法权威和司法公正，英国法院可以下令推迟媒体报道具体的诉讼程序，或者禁止媒体披露案件的相关信息，并可以依据“藐视法庭罪”惩罚违规媒体。

第一，法院可通过签发司法令状事先限制媒体报道的内容。英国 1981 年《禁止藐视法庭法》第 4 条第 2 款规定：“正在进行的诉讼程序或任何其他处于未决或迫近状态下的诉讼程序，当似乎有必要采取措施以避免对相关司法程序造成损害的时候，法院可以命令，在其认为有必要的一段时间之内，推迟对相关诉讼程序或诉讼程序某一部分所作的报道。”同时，根据第 11 条的规定，在诉讼进行期间，法院有权要求对相关人员的姓名或其他事项予以保密。“此部分规定对法院在民事或刑事审判过程中制止向公众公开某种类型信息的权力予以承认。此类信息包括但不限于证人身份信息，而且以审判期间的‘实际需要’和

[1] 参见谢小瑶：《“媒体审判”规制模式的比较及选择》，法律出版社 2014 年版，第 28～31 页。

[2] 宋素红、罗斌：《英国传媒与司法关系的另一面——谈谈英国〈藐视法庭法〉的修订》，载《新闻记者》2006 年第 7 期。

‘公众接触’为限度（例外）。”[1]由此可见，法院可视情形不同选择签发“推迟命令”或者“保密命令”。一方面，从英国司法实践看，签发“推迟命令”的初衷是侧重保护陪审团公正裁判以及被告人接受公正审判的权利。[2]这意味着，推迟对诉讼进程的报道有利于避免陪审团成员因案件本身的性质或者“案件的刺激性”[3]出现情感波动，进而失去事实认定所需的道德中立地位。毕竟，“无论是谁，都应该牢记，一个审理法官不能受到可能在报纸上所看到的内容的影响”[4]。而且，在经过侦查等初步调查后，控诉方提出的嫌疑人人数和罪名个数往往并不唯一，这使通过一个陪审团的一次审判难以获得全部认定；从被告人角度而言，提出“推迟命令”的申请通常可被视为维护自身迅速审判权等程序性权利的辩护手段。当然，《禁止藐视法庭法》的一系列规定在某种程度上有违英国判例确立的新闻自由传统和司法公开原则，因此，法院在适用中也必须遵循法定程序：（1）必须以法院令的形式作出；（2）法院令的颁布势在必要；（3）媒体报道必须针对的是正在进行的诉讼程序或其他迫近的或未决的诉讼程序，即风险必须是针对具体的诉讼程序而言，而非针对泛指的司法利益；（4）媒体报道损害司法公正的风险必须是实质性的而非轻微的；（5）法院令不能无限期推迟媒体报道，延迟限期必须是为了避免损害的实质性风险所必需，陪审团作出裁决之后应予终止。[5]另一方面，在特殊案件尤其是存在受害人的刑事案件中，法院出于鼓励作证等诉讼利益的考虑会禁止媒体公开或者采取其他容易识别、暴露相关人员身份、姓名的方式报道案件。这种保密令状根据案件性质的不同，尤其体现在程序法和证据法的条款中。例如，根据英国1980年《治安法院法》第8条规定，对于在治安法院里进行的、与可起诉犯罪的初审有关的报道内容施加了限制。具体表现在，与羁押有关的预审程序，媒体不得予以报道。关涉案件的一般信息方面

---

〔1〕［英］萨莉·斯皮尔伯利：《媒体法》，周文译，武汉大学出版社2004年版，第355页。

〔2〕 See C.J. Miller, *Contempt of Court*, Oxford University Press, 2000, p.74-76.

〔3〕［美］大卫·克罗图、［美］威廉·霍伊尼斯：《媒介·社会——产业、形象与受众》，邱凌译，北京大学出版社2009年版，第35页。

〔4〕［英］萨莉·斯皮尔伯利：《媒体法》，周文译，武汉大学出版社2004年版，第355页。

〔5〕参见［英］萨莉·斯皮尔伯利：《媒体法》，周文译，武汉大学出版社2004年版，第353页。

的诸如当事人姓名、犯罪指控和法院裁决，只要法院认为媒体的报道可能影响诉讼程序的，亦可以对其限制。同时，在涉及儿童和青少年的民事诉讼程序中，法院可依据 1933 年《儿童和青少年法》第 39 条的规定，指令相关报道不得将一些可能导致辨认出该儿童或青少年身份的细节夹杂在其中；同时报纸也不得将相关儿童或青少年的照片予以公开刊登。又如，1999 年《青少年司法和刑事证据法》规定，当易受胁迫或者攻击的人提交证据的时候，不论证人的年龄为何，都可以对相关报道施加限制。如果相关信息可能致使公众辨认出其是诉讼程序中的证人，此类信息不应被包括在任何公开的出版物中。根据该法典载明的部分提示事项，该信息包括但不限于证人姓名、地址、工作地点或教育设施的标识以及证人静态或动态的照片等。另外，根据《禁止藐视法庭法》第 11 条规定作出的上述两种司法令状，必须保留相关命令的永久记录。该命令必须通过准确的术语加以公式化，精确地规定其适用范围，标明其失效的时间和作出该命令的具体目的。一般情况下，法院应告知新闻界禁止或推迟公开令已经作出，媒体有责任确保不违反命令，如果有疑问应向相关法院询问。

第二，法院可以“藐视法庭罪”追究违规媒体的法律责任。藐视法庭罪最早起源于 12 世纪英国的普通法。最初，该罪的处罚范围十分宽泛，即凡是不服从法官的指令、藐视法庭权威的行为，或者妨碍司法独立审判以及其他可能影响司法程序正常进行的行为都可以援用此罪处罚。简言之，“藐视法庭罪是指一切足以阻碍、干扰或妨害法庭或者其他审判机构审判某一特定案件的司法活动及程序的行为”[1]。根据 1981 年《禁止藐视法庭法》的规定，英国的藐视法庭罪分为“普通法藐视法庭罪”与“严格责任藐视法庭罪”两种类型。

第一种类型是指该法第 6 条第 3 款规定的行为类型，即行为人故意阻碍或损害司法行为。藐视法庭罪原本是普通法中的一项轻罪，并能够通过案例得以

---

〔1〕 赵秉志主编：《英美刑法学》，中国人民大学出版社 2004 年版，第 474 页。

梳理和归纳为八种特定的行为类型。[1]法官在判断特定行为“是否影响未决案件公正审判”时，需要更多考虑相关诉讼是否“已经开始”，以区别于严格责任藐视法庭罪。为此，在 1988 年的“总检察长诉新闻集团报案”[2]中，法官认为，普通法下能够构成藐视法庭罪的情形不必仅限于相关诉讼处于未决或迫近状态的情况……普通法肯定不能容忍这样的行为，即通过发表某种与被告人有关的资料而给予提起私诉者以鼓励和实际的支持，这种行为意在损害被告人获得公平审判的权利，从而形成了对司法的干预。[3]在 1992 年的“总检察长诉《体育新闻报》案”中，法官则认为，如果基于相关公开者的角度进行判断的话，针对该嫌疑人的诉讼并没有达到明显的迫近状态。[4]两个案件虽然都以“迫近状态”为判断基准，但法官的裁判依据却分别是“行为造成的法律效果”和“公开者自身的角度”。有学者认为，这种模棱两可的测试标准会使起诉人无须证明相关诉讼在紧迫性的情况下就可以提起普通法下的藐视法庭罪诉讼，于法院而言，亦可能导致法院可借此扩张权力的恣意。[5]而且法律适用时间上的不确定性，则将对“新闻媒体产生‘冷冻’的效果；毕竟在此方面给予更加明确的指导则对公共信息流动有密切关联的人而言是非常重要的”[6]。

第二种类型是指《禁止藐视法庭法》第 1 条和第 2 条规定的情形[7]，即对相关诉讼带来严重损害的实质性风险声明的公开行为。根据该法规定，行为人可

---

〔1〕 这八种行为分别是：(1)当面蔑视法庭；(2)诽谤中伤法庭；(3)对陪审员或证人进行报复；(4)阻碍法庭官员执行公务；(5)影响未决案件的公正审判行为；(6)在出版物中预先对未决民事案件进行评判；(7)对有关不公开进行的诉讼活动的情况加以公布；(8)公布匿名证人的身份。参见[英]鲁珀特·克罗斯、[英]菲利普·A. 琼斯：《英国刑法导论》，赵秉志等译，中国人民大学出版社 1991 年版，第 295～299 页。

〔2〕 See AG v. News Group Newspapers, (1988)2A11ER 906 4.

〔3〕 Watkins LJ in ibid, p.920.

〔4〕 See AG v. Sport Newspapers, (1992)1 AII ER 503.

〔5〕 参见[英]萨莉·斯皮尔伯利：《媒体法》，周文译，武汉大学出版社 2004 年版，第 345 页。

〔6〕 谢小瑶：《“媒体审判”规制模式的比较及选择》，法律出版社 2014 年版，第 129 页。

〔7〕 第 1 条规定，在本法中“严格责任规制”是指一项法律原则，即某项行为无论其意图何在，只要它有干扰司法程序尤其是诉讼程序的倾向就属于藐视法庭。第 2 条规定，严格责任规制只有在和公开出版发行物有关时才予以适用。在此前提下，“公开出版发行物”包括言论、著作、广播或其他最终目的在于向公众或公众中的一部分发表观点的交流方式。严格责任规制只适用于那些会给相关的程序公正带来实质性危险的公开出版发行行为，这种危险会严重阻碍或破坏诉讼程序。严格责任规制仅适用于公开出版发行当时符合本条规定情形的公开出版发行物。在决定本条中的诉讼程序是否正在进行时，适用第 1 条规定。参见陈建云：《舆论监督与司法公正》，上海人民出版社 2016 年版，第 129 页。

采取多种方式公开相关资料。“公开被定义为任何口头、书面的表达，包含在节目服务中的节目，或任何形式的其他交流。”〔1〕与普通法藐视法庭罪不同，“严格责任（规制）”意味着无论行为人是否主观上存在干扰司法的故意，其行为都构成犯罪。这其中关键在于如何认定“公开行为对案件产生实质性风险”，从而使相关司法程序受到严重阻碍和损害。英国判例将“实质性风险”界定为非遥远的或者非最低限度的风险。〔2〕在“总检察长诉海特克里特案”〔3〕中，法官认为，在严重损害被确认之前，司法程序必须被置于一种存在风险的境地。例如，出现某种影响审判结果或有必要解散陪审团的情况。在“总检察长诉昂格尔案”〔4〕中，法官指出，如果认为存在严重损害的情况，相关报道行为必须本质上影响审判过程；或者要求获得来自法院的指示，而这些指示“大大超出了在一般和常规情况下所给予陪审团的指示”；或者至少形成了一种基于损害事实而产生的“存在重大争议”的上诉理由。有学者进一步归纳了媒体行为最容易被指控为藐视法庭罪的五种具体情形，即“报道被告人前科或其不良品行、对证人作不利其公正陈述案件事实的影响、预测审判结果、批评起诉决定以及发布被告人照片”〔5〕。

需要特别指出的是，《禁止藐视法庭法》也赋予了媒体法定抗辩事由。例如，媒体可主张其已经承担了合理注意义务，但仍不知道或没有理由怀疑相关诉讼在做出公开行为之时已经开始。或者其仍可基于该法第 4 条主张其“在善意状态下对公开举行的法律诉讼进行公平、准确的现实报道”。又如，《禁止藐视法庭法》第 5 条规定，相对于整体而言，如果对特定法律诉讼程序造成阻碍或损害的风险仅仅是附带性的，那么作为在善意状态下对公共事务或其他涉及公共利益事务的讨论的一部分公开行为将不被视为藐视法庭的罪行。

美国司法系统与新闻媒体之间的紧张关系由来已久。由于受到宪法第一修正案和第六修正案关于新闻自由与公正审判原则的保护，两者体现的理念也一

---

〔1〕 高一飞：《媒体与司法关系研究》，中国人民公安大学出版社 2010 年版，第 285 页。

〔2〕 See AG v. English, (1982) 2 Allier 903; AG v. News Group Newspapers, (1986) 2 AII ER 833.

〔3〕 See AG v. Hat Trick, (1997) EMLR 76.

〔4〕 See AG v. Unger, (1998) Cr App R 308.

〔5〕 怀效锋主编：《法院与媒体》，法律出版社 2006 年版，第 366～369 页。

直伴随判例的发展而逐渐调整。但实际上，法院对媒体行为的限制需要符合极为严格的条件，这也从侧面表明法院往往倾向于支持媒体的表达自由。具体来讲，在宪法修正案确立的框架内，美国判例确立的保障新闻自由的措施有以下几种。

第一，“缄口令”制度。美国虽然没有成文的《禁止藐视法庭法》，但作为曾经的英联邦属地，亦有适用藐视法庭罪惩罚干扰司法审判行为的传统。然而，1831 年，美国国会通过法案开始对藐视法庭罪的适用范围进行限制。在随后几十年中，最高法院不断尝试通过判例确定媒体报道司法的行为边界。在 20 世纪 70 年代初，美国的初审法院已经广泛采取一种名为“缄口令”的方式限制、禁止具体案件相关信息的传播和泄露，以此保护被告人接受公正审判的权利。从法院角度而言，签发“缄口令”意味着正常的审判活动面临明确的危险性，其不利因素有违程序正义尤其是被告人获得公正审判的权利。而且在司法实践中，法院对是否签发缄口令的审查标准也经历了渐次增强的过程：从 20 世纪 30 年代的“禁止附加例外原则”[1]到 70 年代的“明显且即刻原则”[2]，直到 1976 年确立的“三步检验法原则”，法院才对是否发布禁令（及该行为是否违宪）梳理出相对明确的判断思路。在当年发生的“内布拉斯新闻协会案”[3]中，法官认为，在关涉刑事诉讼的案件领域，法官欲证实法院发布的限制令合乎宪法应符合以下三个条件：一是预审报道的性质和程度；二是是否有其他的替代性措施可减轻报道的影响；三是在第六修正案指引下，事先限制的命令能否有效地保护被告人公正审判权。另外，如果媒体或新闻记者通过合法渠道获得案件真实信息并将其披露，法院同样不得以妨碍审判为由限制其刊登该内容或者发布缄口令。

第二，隔离陪审团和控制司法程序。虽然美国社会科学家至今未能证实“带有偏见的报道会给刑事审判系统带来有害的影响”这一假设，但是刑事审判系统中的不少人一直认为，在刑事案件中，密集的、有偏见的报道等于“有偏见的

---

〔1〕 Near v. Minnesota, 283 U.S. 687-716 (1931).

〔2〕 New York Times v.U.S. 403 U.S. 713-730 (1971).

〔3〕 Nebraska Press Ass’n v. Stuart, 427 U.S. 539 (1976).

陪审团与不公正的审判"[1]。为避免陪审团遭受媒体不当影响，美国司法制度赋予法院有权根据案件实际情况控制陪审团决策程序和控制审判程序。一方面，围绕陪审团在事实认定阶段的相对独立地位，法院可在其组成之初便告知各陪审成员，仅能依据法庭出示证据作出判断；如果在庭审期间阅读相关报刊或观看电视节目，法官有权对其提出训诫或警告。同时，陪审团候选人在最终进入陪审团名单之前，将接受控辩双方律师和主审法官的质询。在这种"预先甄别"程序中，陪审员是否对被告人身份、种族等存有偏见，将会是重点审查的内容。针对陪审不适格的情况，当事人在其律师帮助下有权提出更换或回避的动议。如果通过合法认真的陪审员选任程序仍无法消除审前报道的不利影响，法官在庭审期间可视情形作出隔离陪审团或将其解散的决定。毕竟，"除非到了公众的情感受到了法庭气氛影响的程度，隔离陪审员看起来是一个防止陪审员受到案件恶名影响的有效途径"[2]。另一方面，针对新闻媒体过度报道司法的行为，法官可援用其诉讼指挥权变更审判地点或者延期审判。在一个社区内被普遍报道的案件，换到另一个社区可能并不会引起多少人的注意。在美国审判史上，变更审判地点并不会被认为是违反宪法原则和精神。在"里度诉路易斯安那州案"[3]中，初审法院拒绝被告人提出的变更审判地的申请并宣判被告人死刑。联邦最高法院推翻了此判决并认为："该社区的人们已反复完全地接触了更多个人详细供认他后来被指控的各种罪行的场面，在这之后拒绝被告人变更审判地的申请是一种对法律正当程序的否定。"无独有偶，在"克罗皮诉威斯康星州案"[4]中，最高法院更是废除了一项禁止轻罪案件变更审判地的法律，其裁定内容为"根据宪法，被告人必须有机会表示在他的案件中需要变更审判地"。另外，如果问题是由审判前泄露的消息导致，并且认为该矛盾情绪在合理期限内逐渐削弱，此时选择延期审理便是有效措施。也就是说，"时间能擦去记忆，这是新闻的特点，哪

〔1〕［美］唐·R. 彭伯：《大众传媒法》（第 13 版），张金玺、赵刚译，中国人民大学出版社 2005 年版，第 390 页。

〔2〕［美］伟恩·R. 拉费弗等：《刑事诉讼法》，卞建林等译，中国政法大学出版社 2003 年版，第 1192～1193 页。

〔3〕 Rideau v. Louisiana, 373 U.S. 726 (1963).

〔4〕 Croppi v. Wisconsin, 400 U.S. 505, 91 S. Ct. 490. 27 L., Ed.2d 571 (1971).

怕是那些有影响的事件。如此，有偏见的报道现在也许不利于陪审员以及候选陪审员的思考，但妨碍只是暂时的。因此，可以采取延期审理的办法”[1]。

第三，事后惩罚和私权诉讼。随着美国20世纪五六十年代民权运动的高涨，以及法学界倡导的宪法私法化思想的推动，公众对保障私权的呼声也与日俱增。这促使部分地方法院采取“事后惩罚”的方式规制新闻媒体的报道行为。这意味着法院将依据当事人提起的私权诉讼，诸如侵犯隐私权诉讼或者诽谤诉讼等，审查该类案件是否达到法定条件并借此规制媒体报道行为。在此过程中，法院以间接介入的方式审查媒体言论，可有助于避免表达自由等基本权利间的冲突。例如，在媒体报道与涉嫌侵犯隐私权的问题上，美国司法自19世纪末开始讨论隐私权保护问题至今[2]，已归纳出较为清晰的审查条件，并将侵犯隐私的行为细化为四种类型。[3]在司法案例中，法院也在不断摸索约束媒体行为的边界。在1975年发生的“考克斯案”[4]中，最高法院认为，一旦信息为公共机关登记造册，形成“公共记录”，那么它就成为人人可供获得的“公共财产”，媒体报道该信息合法无疑。我们不能制定规制，一方面使媒体通常能获得公开记录，另一方面又禁止媒体发表会对推定的理性人的敏感性造成冒犯的材料。这样的规则将使新闻界很难在不触犯法律的同时为读者提供有关公开事务的信息，并可能导致新闻界拒绝报道许多应该报道和应该向公众公开的问题。在1989年“佛罗里达明星报案”[5]中，最高法院再次承认了“考克斯案”中提出的“公共记录免责”裁判观点，并将“公共记录”界定为一种推定性事实，这意味着，即便公开报道的信息尚未演化为正式的公共记录，只要具有理性的人能够预见到该信息按照步骤将进入接下来的诉讼程序并进入公众的视野，该信息则被推定为具有公

---

〔1〕 Barth Alan, *Rights in Conflict* ,The Twentieth Century Fund, Inc., 1976, p.61.

〔2〕 See Louis Brandeis & Samuel Warren, *The Right to Privacy*, 4 Harvard Law Review 193 (1890).

〔3〕 这四种行为类型分别是：(1)盗用行为，即获取他人的姓名、图片、照片或者其他类似物，并不经允许地将它用于商业目的；(2)侵扰行为，比如侵扰他人私人领域和私人生活的行为；(3)公布私人信息，指公布或公开关于某人的真实的私人信息，使人陷入尴尬境遇；(4)错误曝光，并使特定人物遭受公众误解。参见谢小瑶：《“媒体审判”规制模式的比较及选择》，法律出版社2014年版，第92页。

〔4〕 Cox Broadcasting Corp. et al. v. Cohn, 420 U.S. 469-496 (1975).

〔5〕 The Florida Star v. B.J.F., 491 U.S. 524-540 (1989).

共记录的属性。不难发现，该案实际上扩大了对新闻媒体的保护范围。又如，在涉及针对新闻媒体提起的诽谤类诉讼中，最高法院借助1964年的“纽约时报诉沙利文案”[1]一改此前《反诽谤法》中采取的“严格责任原则”，并确立了“实际恶意原则”；同时将其解释为，当公职官员因处理公共事务遭受批评和指责，致使其个人名誉受到损害时，不能动辄以诽谤罪起诉和要求赔偿。除非其能够证明该种指责是出于“实际恶意”，也就是媒体在对原告报道时已经十分清楚地知道自己使用的材料或信息是“虚假不实”，或对其使用的材料和信息的真伪“毫不顾忌”。在1967年的“克里斯案”[2]中，最高法院将实际恶意原则进一步适用于公众人物。在1974年的“格尔茨案”[3]中则直接宣布，即使是一般公民，在对大众媒体发表或背后的诽谤行为提起侵权诉讼时，也必须证明该媒体存有过错。但由于普通公民并不具备公职人员和公众人物享有的社会影响力，其负担的举证责任和标准也相对较低，仅需证明被告在准备或发表诽谤性材料时未能做到必要的谨慎即可。即便如此，原告方也很难达到证明标准。这也从侧面体现出最高法院倾向于维护媒体言论自由的立场。

相较于前两种规制模式，欧洲大陆国家往往聚焦于媒体不公正报道可能导致的对嫌疑人权利的损害上。传统上处理民意、媒体与司法关系通常采取“未决案件回避”和“审前信息保密”等措施，希望能够通过限制司法机关对外发表言论的范围，以期从源头上拦截媒体获取有关个案审判的事实信息，继而最大限度降低媒体舆论带给公正司法的负面影响。然而，一方面，未决案件的回避规则不仅难以在文本层面提供清晰、准确的裁判标准，而且在实际法效果上也更加偏向司法机关，进而对媒体报道的诉求不置可否；另一方面，审前信息保密的要求在欧洲各国的司法实践中时常被规避[4]，也与当今时代倡导的公开、透明的法理

---

[1] New York Times v. Sullivan, 376 U.S. 254 (1964).

[2] Curis Publishing Co. v. Butts, A. P. walker, 388 U.S. 130 (1967).

[3] Gertz. Robert Welch, Inc., 418 U.S. 323 (1974).

[4] 例如，在意大利，一些被告人通过报纸而非检控机关正式通知知悉自己被起诉的消息现象并不罕见。证人证言或者媒体通过窃听方式获得的案件信息经常为违法报道。See Magnus Linklater, Whether Meredith or Madeleine, It’s Trial by media, The Times, 14 Nov., 19 (2007).

念难以相融。为此，以德国、法国为代表的大陆法系国家试图探索更加合理的措施，以便有效维护诉讼中处于弱势地位的参与者的合法权益。其中，最具代表性的是“交涉信息公开制度”和“私法救济制度”。

第一，所谓“交涉信息公开制度”，是指司法机关主动提供审判信息给新闻媒体，以避免后者因信息不对称而错误报道。该制度深受程序正义理念影响，主张公正审判落实到个案中应以人们看得见和感受到的方式表现出来。从司法实务看，交涉信息公开制度具有现实可能性和规范应然性：一方面，纠问制审判方式下控诉机关掌握了案件自始以来的全部信息资料，而且审前信息保密制度被日渐弃用，越来越多的案件内容通过媒体主动与司法机关沟通、交流而得以披露出来；另一方面，虽然德国、法国、意大利等典型国家在公布信息的范围方面各有限制，但都较为明确地指出司法机关应在交涉过程中承担公开义务。例如，德国《巴登邦新闻法》规定，邦的任何机构有义务向新闻机构及其代表提供相关资讯，以满足后者履行公共任务的职责需求。〔1〕进一步而言，欧洲委员会部长理事会于2003年通过《关于媒体报道刑事审判程序信息的建议》〔2〕，其中重申了公众有权获取司法机关、检控机关及警察部门的相关信息，以及媒体有发布信息的自由，针对如何规制媒体此项权利提出了指导性标准。这包括：一是坚持无罪推定的要求，是指媒体对未决程序或正处于刑事诉讼中案件的评论以及信息报道，应当在不对犯罪嫌疑人和被告人的无罪推定造成不利影响的情况下进行。该建议第10条规定，在刑事诉讼的情形下，特别是有陪审团或者非职业法官参与的刑事案件中，司法机关和警察部门应竭力避免向公众提供对公正审判程序运作产生偏见的实质性风险的信息。二是注重保护诉讼参与人的隐私权，防止披露证人身份信息。前述建议第8条规定，除非证人事先已经同意，或者证人身份关系公众利益，或者证人证言也已对外公开，否则证人的身份信息不得被披露。三是

〔1〕 参见陈新民：《新闻自由与司法独立——一个比较法制上的考察》，载北京大学法学院人权研究中心编：《司法公正与权利保障》，中国法制出版社2001年版，第189～190页。

〔2〕 Council of Europe, Recommendation REC (2003) 13 of The committee of minister to Member States on The provision of information Through the Media in Relations to Criminal Proceedings.

强调热门案件中非歧视性和正常提供信息的重要性。也就是说，司法机构及警察部门应当将热门案件主要事实告知媒体，不过，其前提是不会对案件调查及警方询问的保密工作产生偏见，且不因此导致诉讼延迟或者障碍。而且，对正在进行的案件，如果新闻记者已合法从司法机关和警察部门获得有关信息时，对于其他也有同样要求的新闻记者，这些机构也应给予提供，不应存有歧视。

第二，所谓“私法救济制度”，是指赋予诉讼参与人针对有损个人隐私、尊严和名誉的行为提起民事侵权诉讼的权利。“无救济则无权利”是法哲学上的重要思想，而且在欧洲法律传统中一直延续至今。而且从司法实践上讲，媒体对未决程序或者正在进行的案件进行不公正的报道、评判即便不会妨碍司法审判，但却可能直接影响诉讼参与人的隐私权、名誉权等人身权利。进一步而言，媒体的公开报道纵然可以满足公众知情权和好奇心，但对嫌疑人、被告人而言，伴随道义谴责而来的“标签效应”则可能终其一生都难以摆脱。“民意法庭所附带的名誉惩罚是一种独立于司法确认真相的惩戒，特别是在互联网时代，即使诉讼程序完结后，这种惩罚仍将持续。”〔1〕“媒体不受约束的言论行为可能使犯罪行为的受害人及证人的隐私权等私权利遭到损害。一份调查显示，在1997—2002年发生的强奸案中，有40%的受害人担心案件事实及自己的个人信息被揭示而不敢向公共管理机关检举。”〔2〕以侵犯隐私权为例，欧洲大陆的许多国家普遍认为，当媒体言论自由与嫌疑人身份及匿名权益存在冲突时，法官会在个案中具体权衡两者间存在的矛盾，但会给予后者更多的重视。例如，德国宪法法院在1973年作出的一份判决中认为：“公众接受信息的利益不是绝对的。人格权的中心意义不仅要在理念上倡导警惕个人内在的、神圣不可侵犯的自我领域遭受干涉，而且还要在行动中对干涉行为施以更为苛刻的审查标准，以得到真切的保护。当且仅当接受信息是为满足公众利益，才能有限度地侵犯个人领域。即使如此，在判断对被告人施以侵害行为的合理性时，应考虑犯罪行为的严重性以及发布相关信息

〔1〕 Richard J. Peltz, *Fifteen Minutes of Infancy*: *Privileged Reporting and the Problem of Perpetual Reputational Harm*, 34 Ohio N. U. L. Rev., 717 (2008).

〔2〕 Adrian Popovici, *Personality Rights- A civil Law Concept,* 50 Loy. L. Rev., 349 (2004).

对于公众的意义。由此可知，披露被告人信息、公布其照片，或者法官在作出初审判决前，通过其他方式确证被告人身份等并不总是被允许的。”又如，奥地利1992年的《媒体法》则指出，符合以下两个条件时，隐匿者利益的重要性因超越公共利益需求而应优先保护[1]：(1)披露被害人的身份信息将会严重影响或者损毁他严格意义上的私人生活或者公众印象；(2)所披露的嫌疑人是青少年人或者发表的信息是关于一个可诉性不强的犯罪行为，或者可能将不成比例地影响他的个人发展。对此，法官有权在具体案件中酌情处理。

3. 民意规制的“中间道路”

在如何应对媒体与司法关系的问题上，通过分别围绕维护司法权威、强调新闻自由以及保障诉讼参与人人身权利的要素，域外各国已然形成了三种各有侧重的处理模式；同时，前文也指出，在当今法律移植和相互借鉴更为频繁的时代，法律传统与司法体制的差别并非成为难以逾越的隔阂，这导致规制媒体的措施往往大同小异，很难讲哪种方式在功能上具备必然的优越性。因此，以欧洲人权法院所采取的“融合模式”或称为“中间道路”为代表，并采取更具通约性的方式有效提取各种模式的长处，便更值得我们关注。进一步而言，欧洲人权法院依托《欧洲人权公约》和公约成员方之间的裁判案例，逐渐积累了处理媒体舆论与维护公正审判的经验。尤其是从专业技术层面提供了限制表达自由的裁判基准，以及嫌疑人身份利益与其私权保障在个案中的裁量原则。

第一，《欧洲人权公约》第10条第1款规定，人人享有表达自由的权利。此项权利应当包括持有主张的自由，以及在不受公共机构干预和不分国界的情况下，接受和传播信息和思想的自由。本条不得阻止各国对广播、电视、电影等企业规定许可证制度。第2款规定，行使上述各项自由，因为负有义务和责任，必须接受法律所规定的和民主社会所必需的程式、条件、限制或者是惩罚的约束。这些约束是基于对国家安全、领土完整或者公共安全的利益，为了防止混乱或者犯罪，保护健康或者道德，为了保护他人的名誉或者权利，为了防止秘密收到的

[1] See Giorgio Resta, *Trying Cases in the Media: A comparative Overview*, 71 Law & Contemp. Probs, 59 (2008).

情报的泄露，或者为了维护司法官员的权威与公正的因素的考虑。据此，该条款不仅从正面确认了表达自由的含义和范围，也从反面限定了行使此项权利应遵守的各项条件。这种立法模式的优越性在于，当审理表达自由的案件时，法官并不需要界定该特定行为是否适用第1款，而仅仅围绕第2款指明的限定性条件进行限制与否的正当性论证。[1]同时，也可以最大限度回避法院在判断"表达"自由内涵时所产生的道德立场分歧，从而将精力集中于法律技术层面分析，即限制表达自由所需条件是否成就。这些条件包括：一是"为法律所规定"，即"合法性"；二是"一个或者多个合法的目的"，即"合目的性"；三是法官干涉行为是否属于"民主社会中的需要"，即是否"合比例性"。进一步来讲，首先，在《欧洲人权公约》及其附属的议定书当中，合法性条件往往具体表达为"为法律所规定"、"按照法律"或者"根据法律的要求"等。[2]但就内容而言，则主要集中在两个方面：其一，法律必须被充分知悉，即公民在现有条件下对适用于特定案件的法律能够获得指引；其二，法律必须制定得足够清晰，以便公民能够据此调整自身行为，并在具体语境下合理地预见到相关法律后果。其次，《欧洲人权公约》第10条第2款提到的规范目的可大致分为三类：一是维护公共利益；二是维护私人利益；三是维护特定司法利益。就最后一项而言，欧洲人权委员会在"周日报案"中回应了"司法权威的含义及其与公正审理的关系"，并认为："司法权威涵盖了这样的理念，即公众认为法院是确定法律权利和义务、解决纠纷最适当的场所；多数公众尊重且相信法院具有履行如此职责的能力。……媒体在讨论这样的议题时，不得逾越基于维护公正司法的利益所设立的界限，不过在法院裁决纠纷问题上，同其他公众关心的领域一样，媒体不仅有义务、有责任传输相关的信息和观念，而且公众也有获得这样信息和观念的权利。"[3]最后，限制表达自

---

〔1〕 See D. J. Harris & M. O'Bevle. C. Warbrick, *Law of the European Convention on Human Rights*, Butterworths, 1995, p.375.

〔2〕 欧洲人权法院在其后的判例中，不断提炼和概括这些有关合法性条件的法律表达。并将"根据法律的要求"具体为"在国内法中有依据、法律可充分获知以及法律制定得足够准确并在遭受外来干涉时能够提供有效保障"。参见张志铭：《欧洲人权法院判例法中的表达自由》，载《外国法译评》2000年第4期。

〔3〕 谢小瑶：《"媒体审判"规制模式的比较及选择》，法律出版社2014年版，第176～178页。

由的例外情况需要符合比例性原则，这也暗示了公约当事国法官在此问题上享有主动性和裁量权。尽管如此，欧洲人权法院仍根据自身审判经验归纳出一个裁判标准，并在“汉德赛德案”中将“紧迫的现实需要”解释为民主社会所“必需”。[1]

第二，欧洲人权法院对待私法救济的态度与前述三种规制模式不同，其突出特色在于并不事先预设或倚重表达自由、公正审判等价值立场，而是承认法官依据个案中具体情况酌情裁量。《欧洲人权公约》第 10 条第 2 款指出“为了保护他人的名誉或者权利”可成为限制理由。对此，欧洲人权法院在“Egeland and Handseid 诉挪威案”[2]中指出，为理解《欧洲人权公约》第 8 条和第 10 条的规范旨意就需要明白，对于私生活和名誉权的尊重，以及试图将其转化为现有权利的努力，在很大程度上要求国家积极履行保护义务。媒体在当今社会中发挥举足轻重的作用自不必过多强调；但如果报道的信息涉及当事人隐私，法官则需对此予以特殊权衡。就本案而言，媒体传播的内容已严重影响当事人精神状态和自控能力，属于侵害人格权利的典型情形。因此，限制记者行为并驳回其上诉请求符合“比例性原则”的要求。另外，与商业言论、艺术言论相比，政治言论往往较为敏感，并因此在欧陆国家获得更多保护。与之关联的问题是，如政治家、影视明星等公众人物的利益应该如何保护？是否会因其特殊身份而更加倾向于满足社会公益与民众知情权？对此，欧洲人权法院在“葛兰西案”[3]中认为，即便该案涉及意大利前任总理的隐私权，而且作为政治家，他完全可以利用个人掌握的社会资源澄清错误信息或者驳斥造谣者。但从媒体角度而言，如果公众人物介入刑事诉讼并成为被告一方，其所报道的信息也应仅限于与裁判事实相关联的内容，而非故意和无限扩大有关该人物个人私生活的部分。这就要求记者“在内心深处牢牢记住，在评判刑事案件之未决程序时不应存有偏见，对容易产生偏见的信息，记者应予抑制发表。不论言论表达存在故意与否，记者都必须

〔1〕 参见张志铭：《欧洲人权法院判例法中的表达自由》，载《外国法译评》2000 年第 4 期。
〔2〕 Eur. Ct. H. R., 16–4–2009, App. N. 34438/04, Egeland and Handseid v. Norway, par. 61-74.
〔3〕 Eur. Ct. H. R., 17–7–2003, App. N. 25337/94, Craxi v. Italy (Ⅱ), par. 65.

尊重作为公民个人享有的私生活权利以及作为被告所具有的其他权利。”就此而言，法院裁判试图提醒民众，公众人物也享有隐私权和其他涉及私生活安宁的权利，并可据此对抗媒体公开报道和民众的知情权。同时，法院认为，《欧洲人权公约》第8条规定的内容，要求政府采取更加积极的态度和措施确保公众私生活不受侵犯；而非仅以消极不作为的立场等待公民提出救济权利的诉求。

4. 经验与启示

针对如何处理民意、媒体与司法的关系，域外国家已形成具有典型意义的四种方案，大致归纳其中的共性望给予中国应对类似问题以有益参考：

第一，就司法理念角度而言，司法公开成为必然选择；完全以司法权威和维护当事人公正审判权为由剥夺新闻媒体自由报道权的做法并不可取。

第二，从制度建构上来讲，民意、媒体与司法各自在社会场域中占据一定位置，并承载民主国家寄希望去维护的几种价值。整体上，融合模式或称为中间道路所提炼并付诸实践的制度样本更为合理。除此之外，藐视法庭罪作为刑罚罪名在适用过程中不仅应严格解释，也需要给予媒体以抗辩事由以便厘清争议事项是否实质性影响法官裁判，以及对涉案当事人人格权利造成现实的紧迫危害。另外，控制审理程序往往涉及司法成本与效益的考量，这不仅体现在更改审判地点和延期审理等诉讼技术方面，也与如何确保陪审制度发挥应有价值密切相关。司法吸收民意代表参与自不必殆言，但陪审员适格问题需要提前考察；更重要的是，如果其决策依据被新闻事实所“污染”，应赋予诉讼参加人申请上诉救济的权利。

四、经济全球运行规则对司法相对超脱于政治的要求

经济全球运行推动了市场、资本在全球范围内的广泛分布和迅速传播。如何提升经济效率、促进社会财富最大化成为包括司法制度在内的各项国家制度运行的基本目标之一。因此，经济学知识也开始广泛渗透进其他社会科学领域，丰富和发展了相关学科的智识增量和学术积累。经济学者通过阐述法律问题逐渐形成了法经济学（economics of law）或者法律的经济分析（economic analysis of law）这一思想流派，而在法学领域，这一跨学科研究的现象则被称为经济分析法学（jurisprudence of economic analysis）。概括地讲，经济分析法学就是运用经济学（主要是微观经济学和福利经济学）的方法和理论来分析法律与司法制度的形成、结构、过程、效果、效率以及发展状况的一个法学流派和边缘学科。本部分内容试图通过介绍经济分析法学的社会背景、理论假说和解释思路，并在此基础上说明经济分析对司法相对超脱运行的积极意义和有益启示。

1. 经济分析法学的社会背景

作为现代经济学的前身，古典经济学在当时也被称为“政治经济学”，它是从哲学、伦理学、政治学、法学、神学等诸多社会科学中逐渐分离出来的一门学科。在古典经济学的发展过程中，由于学科形成的历史渊源和学科本身发展的历史使命，社会制度问题一直是古典经济学家们重点关注的研究领域，其中也大量涉及法律问题。从法国重农学派的魁奈（Francois Quesnay）到英国古典经济学家亚当·斯密（Adam Smith）和大卫·李嘉图（David Ricardo），在这一点上都毫无例外。19 世纪 70 年代之后，伴随经济学“边际革命”的兴起，社会制度问题逐渐被冷落。但位于欧洲大陆内部的德国历史学派仍然继续研究社会制度和法律问题。19 世纪末至 20 世纪初，随着新古典经济学的产生及其在欧洲大陆地区主导地位的确立，经济学日渐取代了政治经济学，如何优化资源配置成为经济学研究的核心问题，社会制度问题则被作为研究资源配置问题的一个既定前提而被搁置在一旁。然而，即便是在同一时期，北美大陆仍存在与欧洲大陆不同的情景，以凡勃伦（Thorstein Veblen）和康芒斯（John R. Commons）等人为代表的美国制度学派经济学家，并没有中断古典经济学有关社会制度及法律问题研究的传统。此后，由于资本主义经济的快速发展，尤其是重工业领域的繁荣，从 19 世纪下半叶开始，在主要资本主义国家陆续产生了大量的垄断组织；再加之 20 世纪二三十年代世界经济危机的大爆发，导致英国、美国等西方国家纷纷颁布有关反垄断问题的法律规范，同时，政府也开始在公共事业领域扩大干预和增强产业管制。可以说，经济分析法学的产生是与美国及西方国家特定的历史阶段及普通法的固有传统相互融合发展的必然结果。

首先，国家（政府）干预主义政策推动产生了经济分析法学。20世纪30年代，为了解决市场失灵的问题，凯恩斯（John Maynard Keynes）的国家干预理论逐渐被奉为圭臬。到50年代末，国家干预成效显著，而且干预之风越吹越烈，大有压倒一切之势，亚当·斯密的自由放任主义几乎失去了生存空间。市场被湮没在政府极度膨胀的权力之中，接踵而至的是财政赤字的加重、竞争的缺乏、经济的膨胀和效率的低下。种种迹象表明，国家和政府对于市场的过度干预反而导致了政府失灵。在现代社会，适度的国家干预是必要的。但问题的关键在于：如何正确处理政府干预和市场调节之间的关系，也即如何划定政府干预市场的法律边界？显然，这不是一个单纯的经济问题，而是一个政治结构和法律制度的配置问题。同时，“国家干预也并非解决一切问题的良方。相反，过多的国家干预只会扰乱和破坏经济生活的内在自然秩序，带来一系列灾难性后果，严重危害民主制度的存在”〔1〕。可以说，反对国家过度干预市场在该时期成为主流经济学的共同呼声。

其次，普通法的效率性促使法律的经济分析成为可能。普通法是经济分析法学的研究对象，它是一个散乱的判例规则和原则的集合。但在普通法的诸多原则和内容中也同样体现出效率的倾向。换言之，普通法是在追求效率的过程中逐渐发展和完善起来的。这是因为，“无效率的法律规则只能导致诉讼，而诉讼最终导致了规则的改变。如果普通法的一些规则阻止人们做有利于双方的事情，那些受到影响的人会试图改变法律或者绕开该规定，并且最终他们这些人会成功。我们终将得到的是被‘看不见的手’塑造成的使经济效率最大化的普通法”〔2〕。普通法的逻辑实际上就是经济学的逻辑，在其穿着多种法律原则的外衣下是一个简洁的经济结构。因此，效率是普通法的命脉，也是普通法审判的指南。正因为普通法本身是有效率的，经济学才能与普通法结合起来，对于法律的

---

〔1〕［美］理查德·A.波斯纳：《法律的经济分析》，蒋兆康译，中国大百科全书出版社1997年版，第30～31页。

〔2〕［美］大卫·D.弗里德曼：《经济学语境下的法律规则》，杨欣欣译，法律出版社2004年版，第11页。

经济分析也才成为可能。

再次，经济分析法学是经济学扩张与法学自主性式微下的产物。经济学是人文学科中科学性最强的一门学科。古典经济学本身就是从哲学、伦理学、神学、政治学、法学中逐渐分离出来的，包括法律在内的社会制度问题从来都是古典经济学家关注的重点领域。19世纪末到20世纪初，尽管随着以马歇尔(Alfred Marshall)为代表的新古典经济学(现代经济学)派的产生，社会制度问题被作为研究资源配置问题的一个既定前提而被搁置，但以凡勃伦和康芒斯等人为代表的美国制度经济学派，继续保持和发扬了对法律制度研究的学术传统。20世纪30年代后，芝加哥学派以反垄断法的研究为契机，终于掀起了一场轰轰烈烈的经济分析法学研究运动。从法学角度看，早在19世纪，美国现实主义法学派代表霍姆斯(Oliver Wendell Holmes, Jr.)在其著作《法律的道路》中就预测了法学在未来的发展方向。他认为，法学研究的未来属于经济学家和统计学家，而不属于研究"白纸黑字"的法律人。后来，卡多佐(Benjamin N. Cardozo)在《司法过程的性质》一书中也提出了一种从外部观察法律运作过程的视角和思路。"20世纪60年代出现了新型的法律文献，它们自觉地把诸如经济学、政治学和道德哲学等其他学科运用于传统的法律问题。这些法律邻近学科的增长过去是并将继续是美国学术研究的巨大产出的组成部分，对学科之间界限的模糊已经产生了附带的但相关的效应，使交叉学科著作在许多领域中已经成为常规，而不是例外。努力保持自主性的观念似乎已开始成为时代的错误。"[1]

最后，经济自由主义与法律实用主义的契合也为经济分析法学提供了政治经济哲学和法律哲学的思想基础。尽管在经济学与法学中都存在众多思想流派，但无可否认的是自由主义经济学和实用主义法学在美国的主流地位。法律实用主义自霍姆斯创立以来虽然经历了不同的发展阶段，但其基调并未改变。例如，侧重经验事实和实际结果、主张能动地适用法律而反对机械、教条式地解释概念或唯形式至上等。经济自由主义重视市场、效率、竞争和效用，这一切

---

〔1〕［美］理查德·A.波斯纳：《法理学问题》，苏力译，中国政法大学出版社2002年版，第538～539页。

构成了古典经济学、新古典经济学、产权经济学以及新制度经济学的核心内容。“自由主义是与这样一种形式的规范经济学)——帕累托原则——相联系的，这一原则界定，有效率的变革是至少改善了一个人而没有人变得更糟的变革，换言之，是不造成任何伤害的变革。……自由主义促进科学技术进步所必须的信息交换、争取无强制的公民支持。它最大化生产产出、鼓励并奖励个人能力，它防止决策的过分集中、削弱对家庭和氏族的忠诚竞争、平息宗派争斗。对自由主义来说，这种情况就是实用主义的。”[1]自由主义的政治哲学适合人们对道德基础有不同看法的社会，而实用主义则基本是不需要凭借以往既有经验基础的生活哲学。两者之间不仅是相互契合的而且也都能够容纳经济学。因此，经济分析法学正是经济自由主义和法律实用主义相互融合的理论产物。

在这些背景的影响下，经济分析法学大致经历了四个发展阶段：

一是初创阶段（20世纪50年代末至60年代）。美国芝加哥大学法学院的艾伦·迪雷克特（Aaron Director）于1958年创办了《法和经济学杂志》（Journal of Law and Economics），成为早期介绍法学和经济学相关理论的重要平台。罗纳德·科斯（Ronald H.Coase）于1960年发表的《社会成本问题》一文，以及吉多·卡拉布雷西（Guido Calabresi）在1961年发表的《关于风险分配和侵权行为法的思考》和阿曼·A. 阿尔钦（Amen A. Alchian）在同年发表的《关于产权经济学》这两篇文章，均被学界认为是经济分析法学初步创立的标志。特别是科斯在文中创建的“科斯定理”成为经济分析法学得以产生、发展的理论基石。而卡拉布雷西和阿尔钦的两篇论文分别涉及普通法的两个重要领域——财产法和侵权法，它们标志着经济学的分析开始进入了在传统上属于法学家的普通法的具体研究领域。

二是正式产生阶段（20世纪70年代）。1973年，波斯纳（Richard A. Posner）出版了《法律的经济分析》一书，尽管这是一本教科书，却被公认为是经济分析法学百科全书式的经典著作。在该书中，波斯纳运用经济学的理论和方

---

〔1〕［美］理查德·A. 波斯纳：《法理学问题》，苏力译，中国政法大学出版社2002年版，第29～30页。

法对普通法、反垄断法、公司法、金融法、诉讼法以及宪法和联邦制度等几乎所有普通法领域进行了深入分析，不但使经济分析的视角从过去的经济法律领域拓展到非经济法律领域，而且构建了经济分析法学完整的理论体系。也正因如此，该书成为经济分析法学作为一个独立的法学流派正式产生的标志。此后，不但大批法学家加入经济分析法学的研究行列，壮大了该学派的研究队伍，而且有关法律的经济分析机构和刊物也在美国和欧洲的许多著名大学陆续问世，丰富了该学科的影响力和相关领域的研究成果。

三是成长阶段（20 世纪 80 年代）。80 年代后，经济分析法学的迅速发展呈现一些新的特点。例如，法学家和经济学家形成合力，尤其是产生出具有法学和经济学双学位的学术新人。由于大批经济学家的积极参与以及具有复合知识储备的新学者不断加入，改变了 70 年代以来以法学家为主的单一研究格局。又如，建立了经济法哲学（economics jurisprudence）这一新学科，将法学、经济学和哲学三者统一起来，并表现出一种试图把公平、正义、效率结合起来的研究动向。再如，经济分析法学逐渐得到政府机构和公共团体的广泛认同，其提供的成本——收益标准有力影响了司法裁判和行政决策。同时，经济学的精确性分析方法开始受到经济分析法学研究者的青睐，表现为对法律规则和程序的模型化和数理化分析，体现出经济分析法学的研究方法正在走向科学化。

四是发展阶段（20 世纪 90 年代）。该阶段最大的变化在于开始对此前的经济分析方法、学术理论等进行反思与批判。主要表现在：其一，研究领域的拓展。不仅经济法哲学的研究色彩日渐浓厚，也出现了各种新的研究学派。例如，公共选择学派（public choice theory）、制度主义与新制度主义学派（institutional and neoinstitutional law and economics）、现代公民共和主义（modern civic republicanism）等，并进行了比较性和综合性的研究。其二，研究方法的改进。尽管新古典主义的形式化或模型化的研究方法仍然占据主导地位，但比较分析、博弈论等新的研究方法陆续出现。“作为一种比较意义上的研究，法与经济学提供了一种将法律制度视为一种特定的政治理念的反映的研究机会，各种各样的意识形态价值观可以不加修饰地置于现行法律制度中加以比较。”[1]从而使经济分析法学的研究显现出哲理思辨与观照人性的新面向。

2. 经济分析法学的理论假说

任何学术理论都必然有其理论源头。回顾主流经济分析法学的演变历史和发展阶段可以发现，其思想源头和理论支持源于新古典经济学的价格理论，加里·贝克尔(Gary S.Becker)将该理论应用于一切人类行为研究。基于此，我们能够梳理出经济分析法学的理论假说和基本框架。这其中主要包括：

第一，围绕效用最大化展开的成本——收益分析。波斯纳在其《法律的经济分析》一书中首次概括了经济分析法学的基本前提，即人们在进行非市场行为决策时，是以其满足最大化的理性人行事。[2]在随后出版的其他著作中，他同样指出“人们总是理性地最大化其满足度，一切人在他们的一切涉及选择的活动中均如此”[3]，并始终认为经济分析法学的理论假定就是理性的效用最大化。这种假定是以个体主义和主观主义为基础的，其理论来源是将新古典主义经济学的消费者理论应用于一切人类行为的贝克尔。然而，该假定带来的问题在于，效用是一个基于主观感知的心理学概念，虽然可以应用于私人决策主体的理性选择研究，但很难进行人际间的比较和后续的一般性制度分析。基于此，经济分析法学也就引入了能够进行比较和界定的成本—收益的研究方法。这种方法一方面从客观层面估量或计算的角度出发，避免效用最大化的主观主义方法论局限；另一方面，当将这套建立在理性选择理论之上的分析方法适用于美国普通法系统的一系列制度后，不仅解释了法律如何运行，更能指出立法和司法在规则制定和公共政策决定时应该符合的效用标准和经济逻辑，极大弥补了传统法学理论的解释限度，同时也拓展了法学的研究视野。成本—收益分析方法指向的最优结果通常成为法律和公共政策确立最优标准的理论基础。这是因为，经过对比

---

〔1〕［美］罗宾·保罗·麦乐怡:《法与经济学》，孙潮译，浙江人民出版社 1999 年版，第 3 页。

〔2〕参见［美］理查德·A. 波斯纳:《法律的经济分析》，蒋兆康译，中国大百科全书出版社 1997 年版，第 908 页。

〔3〕［美］理查德·A. 波斯纳:《法理学问题》，苏力译，中国政法大学出版社 2002 年版，第 442 页。

和计算之后的最小社会成本往往与司法经济原则及行政决策和施行的效率原则相一致。例如，财产法上最小化信息成本和挫折成本之和的物权类型量，就是财产法上物权法定原则应设定的最优物权量。[1]侵权法上最小化预防成本和预期事故损失之和的最优预防，成为侵权法上判断侵权行为是否构成过失的标准。[2]证据法上最小化避免错误成本和预期错判损失之和的证据收集水平，成为证据法上判断是否达到最优的证据收集水平的标准。[3]

第二，法律威慑理论以及含有"影子价格"(shadow prices)的法律制度。在新古典法律经济学看来，由于存在外部性和市场失灵现象，成本和收益的考量其实存在个体和社会两个层面，也即基于私人成本和私人收益考量的个体最优，以及基于社会成本和社会收益考量的社会最优。所谓外部性(或溢出效应)，指的是企业或个人向市场之外的其他人所强加的成本或收益。[4]通常来讲，理性个体(包括普通民众和企业)按照私人成本—私人收益考量的方式进行理性选择，如果基于个体最优的理性行为给他人或者社会带来了外部成本，或者该行为的私人成本小于其带来的社会成本，我们称为负外部性；反之，即是正外部性。在法律领域，故意侵权、故意违约和故意犯罪是一种典型的负外部性，而无因管理和慈善行为则是正外部性。由此引申出的问题是，如何矫正负外部性并奖励正外部性。在经济分析法学派看来，就是通过法律内化外部成本或外部收益。就法律需要规制的负外部性而言，法官宣布的普通法规则给社会不可欲的行为都贴上了价格，无论是"搭便车"行为还是其他增加了社会成本却没有相应收益的行为。[5]这种非市场领域的"价格"标签被经济学家称作"影子价格"。对这些经济分析法学家而言，法律制裁就像是价格而且人们对于制裁的反应与对价格的反

---

〔1〕 See Thomas W. Merrill & Henry E. Smith, *Optimal Standardization in the Law of Property: The Number Clause Principle*, 110 Yale Law Journal 1(2000).

〔2〕 See William M. Landes & Richard A. Posner, *The Economic Structure of Tort Law*, Harvard University Press, 1987.

〔3〕 参见[美]理查德·A.波斯纳：《证据法的经济分析》，徐昕等译，中国法制出版社2001年版，第37~44页。

〔4〕 参见[美]保罗·萨缪尔森、[美]威廉·诺德豪斯：《经济学》，萧琛主译，商务印书馆2013年版，第33页。

〔5〕 参见[美]理查德·A.波斯纳：《法理学问题》，苏力译，中国政法大学出版社2002年版，第449页。

应相同，可以假设人们对于较为严厉的法律制裁的反应是从事更少的会被制裁的行为。学术界把这种将法律规则体系类比于市场价格体系、法律后果类似于"影子价格"的法律强制理论称为法律威慑理论。这种理论认为，法律之所以能够指引人们未来行为，是因为法律有内化外部成本和外部收益的威慑和奖惩功能。反过来讲，法律的威慑功能之所以能实现，就在于人们的行为选择不得不在有法律后果的法律规则之下进行。这样的价格机制能实现资源有效配置，旨在内化外部成本的法律制度也能对资源配置的效率产生间接影响。

第三，卡尔多－希克斯效率意义上的司法定价机制。如果说内部和外部成本的法律威慑理论偏重于在立法领域的应用，那么市场经济环境下的"价高者得"、模拟市场的司法定价理论则更多适用于司法领域。在中国语境下，这种理论又被称为"波斯纳定理"。其基本含义指的是，如果市场交易成本过高而抑制交易，那么权利应赋予那些最珍视它们的人。[1]早在《法律的经济分析》一书中该定理就已经基本成型，即"在交易成本大于零的现实世界，如果我们在开始时要将权利分配给两方中的一方，那么效率就是通过将法律权利分配给愿意购买它们的一方而增进的"[2]。多年后，波斯纳在《法律理论的前沿》中更进一步指出：经济分析法学最具雄心的理论层面是提出一个统一的法律的经济理论。在这一提议中，法律的功能被理解为是促进自由市场的运转，并且在市场交易成本极高的领域，通过将若市场交易可行就可以期待产生的结果予以法律上的确认来"模拟市场"。这样，它就既包括描述性的或者解释性的层面，又包括规范性的或者改良主义的层面。[3]在该书作者看来，这种"价高者得"、模拟市场的理论是一种卡尔多－希克斯效率意义上的司法定价机制。选用这一标准的理由在于，虽然经济学家偏爱使用争议较小的帕累托效率，但这一效率概念看来非常苛刻，对现实世界的可适用性很小。因此选择卡尔多－希克斯效率（或者潜在的帕累托改

---

〔1〕 实际上，波斯纳定理是《法律的经济分析》一书的译者对波斯纳思想的理论概括。参见《法律的经济分析》，中国大百科全书出版社1997年版，第20页"中文版译者序言"。

〔2〕 ［美］理查德·A. 波斯纳：《法律的经济分析》，蒋兆康译，中国大百科全书出版社1997年版，第64页。

〔3〕 参见［美］理查德·A. 波斯纳：《法律理论的前沿》，武欣、凌斌译，中国政法大学出版社2003年版，第6页。

进）：盈利者可以对损失者进行补偿，不论他们实际上是否这样做。在此基础上，波斯纳认为，普通法的经济理论最好被理解为，它不仅是一种定价机制，而且是一种能造成有效率（卡尔多－希克斯意义上的效率）资源配置的定价机制。[1]

3. 经济分析法学的解释思路

作为一种价值中立的分析工具，经济分析在处理法律问题时有着独特的解释思路。

第一，经济分析以个人为基本单元。关于人的特质，经济学者归纳出两点，即理性和自利。也就是说，人这种生物能够思考，并选择做对自己有利的事情。个人的这种理性并不意味着不会犯错，恰恰相反，个人的理性不仅有刻度上的高下之分，在不同年龄段和智力发展水平中亦存有差异，而且能够根据生存环境的变化运用不同程度的理性去应对其中的困难和挑战。同时，人的自利性虽然时常招致非议和排斥，但将自利用于分析经济问题和法律问题时，其要义在于从事实上描述人的行为所具有的利己性，而非在应然的价值层面作为行为规范的指引或者价值判断的标准。

第二，个人以降低成本的方式开展活动。换言之，无论目标如何，人们都会选择以省事、少费心力的方式作为个人行动的主要驱动力。类似地，社会交往规则的形成有助于人际间的相处，也可以降低彼此互动的成本。一方面，为了降低行为成本，规则化是一个自然而然的过程，也是完全符合人们理性和自利这样两个根本特征的。另一方面，对群体而言，规则的出现已经隐含了习惯法、成文法以及其他各类典章制度或法令规范的演变过程。群体性规则虽然未必与社会大局有关，但在小范围和地域性层面仍体现出对于群体成员的有益性。规则的形成和内涵受到诸多力量的影响，其中以个人（或群体）交往的次数和频率为其最关键的制约因素。

第三，借助加总和均衡的分析方法。经济学者普遍认为，宏观现象是由微

〔1〕 参见［美］理查德·A. 波斯纳：《法律的经济分析》，蒋兆康译，中国大百科全书出版社 1997 年版，第 61、909 页。

观行为加总而构成的。在理论的建构、发展和学科的介绍上，应该是先微观、再宏观。在探讨整个体系的现象之前，先要从个别行为着手，只有掌握了微观的脉动，对宏观的探讨才有意义。这就是经济学里经常提到的宏观现象的微观基础。同时，供给和需求在市场环境里互动相会之后，最终将逐渐达到一种稳定的状态，即为均衡。抽象来看，均衡意味着稳定和重复这样两个特性。经济分析往往也被称为均衡分析。这是因为，如果整个市场一直处于变动不居的状态，经济学者便很难从中总结和提炼出经济活动的规律性经验，只有稳定的、重复的经济现象才能成为经济分析的理论起点。当然，从实际情况看，市场活动往往无法一直保持效率增长的趋势。当这种情况并不理想并且无法在短时期迅速改变时，便处于一种低度均衡的次优状态。低度均衡的概念也隐含对社会现象和公共事务的一种态度，即存在不一定是合理的，而存在一定是有原因的。对于不理想的状况，应当先了解导致现象产生的结构性因素，检视手中所拥有和能够利用的资源，而非草率、急切地推进制度变革。

在法学教育与法学论述中，通常很少看到"加总"和"均衡"这样的字样或表述。但实际上，法学语境中的加总和均衡体现的是个别的、琐碎的行为经过漫长时间的沉淀累积过程。例如，"自然形成的秩序""原始社会或初民社会的律法"之类的法律理论则认为，人际之间互动的特性无须政府或者外力的介入，而是依赖于特定群体和众人长期的、稳定的习惯性行为。这种秩序和律法一旦形成便不容易改变，每次的援用和施展都是对既有内容的加固和强化过程。[1]又如，对于自然法哲学的核心观念来讲，大致可以理解为人们的心中都有一些简单自明的道德伦理观念。经由理性的思辨便可以掌握这些理念和原则，并且能够成为法律的基础。然而，如果从经济分析的角度看，自然法的意涵除了能够理解为"心中之法"外，也可以由"自然形成之法"来阐释。虽然都是"自然"，但是前后两者显然着重点并不相同。西方文化中的自然法强调道德理念，而初民社

---

〔1〕 还有学者针对美国加州地区开展的实证研究表明，当牧场中出现牛马等牲畜越界的情况时，邻里之间的处理方式是当地众所周知的习惯或自然做法，而不是法律所界定的游戏规则。参见［美］罗伯特·C. 埃里克森：《无需法律的秩序》，苏力译，中国政法大学出版社2016年版，第41～67页。

会自然形成的交往规则反映的则是自然而然的过程，没有外力干预和因地制宜的多样性。

第四，采用变迁的描述视角。社会的典章制度是慢慢形成的，通常也是渐进式的。与此同时，典章制度可以分为正式的法律规范和非正式的风俗习惯等。即便历经变革带来正式制度的更替，风俗习惯也会在相当长时间内存续。换言之，人类社会在某一相对稳定的时间内孕育了各种不同的典章制度、风俗习惯、思维观念等，这些既存条件在微观层面上共同影响着该时段人们的个体行为。此后经过互动、加总与均衡，社会整体累积了可被广泛认可和援用的行为指引和评判标准。社会借助这种微观到宏观以及反复循环的演化过程而慢慢发展。无论是对于经济分析还是法学而言，如何在变迁的过程中应对具体问题，远比抽象上论证（旧）均衡——（内外因素）冲击——变迁——（新）均衡的演化过程更为困难。为此，既要将事实作为分析的逻辑起点，又要围绕核心价值不断作出调整。以天赋人权为例。由于“天”是不具有主体意义的抽象存在物，因此“天”是不具有赋予权利的意志自由的。归根结底，天赋人权的理念和内涵是由“人”来阐述与论证的，人赋人权才是我们分析的事实起点。然而，天赋人权演化出的基本人权却是法律制度所追求的核心价值。围绕基本人权进行的人类自我赋权运动，在具体的制度结构和运行要件方面还是受到许多客观条件的限制，也反映出人赋人权在地域性或国别性方面的差异。由此表明，在赋权的制度运作过程中面临不断调整的现实压力。

总的来讲，经济分析的解释框架对于研究法律问题的积极意义在于：

第一，经济分析主张人的行为具有相当程度的规律性，并且能够被识别、归纳与提炼。换言之，行为的规律性成为分析的前提和基础。这与研究法律问题的着眼点是一致的，即在于处理人的行为所衍生出的纠纷和矛盾。这种行为的规律性体现为微观、中观和宏观三个层次。相比较而言，微观的个人层面直接受到诱惑因素和法律约束最为明显，行为结果也便于识别和掌握。宏观上的国家和社会层面则需要借助加总与均衡的分析方法。中观层面的规律性反而难以掌握。这是因为，行为的加总伴随人数、规模、结构等变量的搭配组合，并不一定表现出明显的规律性。

第二，经济分析所提供的是一种条件式的思维和判断。这意味着，一方面，行为后果总是与特定的前提（假设）条件存在直接或间接关联；另一方面，前提条件的易变性决定了行为结果的稳定性，并最终影响特定条件与结果之间的规律性是否是客观的和可验证的。考虑到经济活动是在某种制度环境中进行的，因此，经济活动所呈现出的规律性便是在特定的前提条件下才成立。这与法律解释学所主张的逻辑三段论的推理方式基本一致。为了提高规律的真实性和裁判大前提的正当合理性，必须关注经济活动和司法运作所依托的制度状况，根据信息更替和条件转化判断原先的规律将可能受到的具体影响。

第三，经济分析所架构的体系或系统存有空间和时间两个维度。在空间上，每个人的行为都直接或间接地影响其他人，行为的这种外部性特征极大提高了个体间的关联程度。在时间上，现在的行为受到过去经验的影响，也同样以某种方式影响着未来的走向。在空间和时间双重维度共同作用下，人的规律性行为特征及其导致的后果能够借用经济分析的解释框架得以描述、预测以及获得改进的建议。

4. 经验与启示

在司法相对超脱运行的语境下，这种分析思路的启示主要有两点：

第一，经济分析提供了选取参考坐标的方法。对于公平正义的追求不能无视代价。这便将经济分析和法学问题相关联。以往法律规范的裁判效果侧重于剔除积弊，在可预见的未来，法律规范的社会效果将被突出强调，适用法律的经济目的在于促进实现财富积累和最大化。这就要求，选择据以裁判的法律前提的参考坐标需要从“向后看”转为“朝前看”。一方面，援用法律时必须审视既有规范体系并着力还原案件事实，通过回溯案发时的情境确定裁判的大前提。也就是说，法官在引用和应用法律时应恪守法律条文或判例的基本语意。坚持条文主义既是践行分权原则的法治精神，也是尊重立法机关所代表的民意的具体表征。同时仍需明确，法律条文只是传递价值的工具，更应探索当初立法者的原意。如果谨守规范条文则难免出现以词害意、词不达意等理解偏差，立法目的和价值目标也就无法实现。另一方面，裁判者在斟酌如何适用法律规范时，理应反问这样的问题，即如何解释法律会在未来产生比较好的效果。换言之，如果认为，经济学中的成本极低、效益最大化理论应用到法学领域则转化为财富最大化，那么如何确保法律的运作最大可能地符合效率的考虑，从而促使社会资源日益累积。以追求好的效果为基本目标之一的良善司法，通常能够在多种不同的解释结论中综合"向后看"和"朝前看"各自具有的独特优势，使法律效果与社会效果融合为一、彼此强化。在该过程中，裁判者须坚持务实主义的立场，不拘泥于各种道德教条或主义信念，能够以平实的态度判别既定的前提条件和可能的备选项，作出具有相对合理性的次优选择。

第二，经济分析提供了裁判案件的新思路。在参考坐标的带动和牵引下，诸多经济学概念和术语可被用于分析法律问题。例如，时间轴、对照组、均衡效果、外部性、理性选择、成本效益等。在很多案例中，传统法教义学提供的逻辑三段论或许能够直截了当地推断出裁判结论。经济分析在其中仅仅提供一种对比和衬托，意在通过不同的思维模式验证同样的法律效果。经济分析法学贡献的是一套完整的理论工具，对于社会现象能够提供平实清楚、论述充分的学理分析。而法律作为典章制度和社会现象的组成部分，通过经济分析之后即便得出与教义结论不同的理论假说，至少也可以贡献出一种阐述视角和纠错思路。与传统法学坚持以道德哲学为基础、采用从概念到概念的规范分析不同，经济分析并非诉诸权威或信念，而是立足于经济活动，在实证分析的基础上运用证据开展事实论证和说理。例如，在处理正义问题方面，将成本、财富与正义相关联，促使思考诸如正义等抽象的法律价值时，能够从生活经验的角度入手，充分考虑分析概念的工具性特点，不仅为价值排序提供了可能和依据，也避免出现因诉诸个人直觉或道德信念而发生极端不公的现象。类似地，在处理正义和效率方面，传统法学理论背景中的法律和正义问题源自定分止争、善后除弊的客观需要，两者都是一种工具性的制度安排，同时具有特定的功能性内涵。然而，随着工业革命之后的社会发展尤其是市场经济的繁荣，人际交往中对于法律规则的需求量迅速攀升，法律的性质也由除弊转向兴利，即能够促进提高经济效率。然而，法律虽然与正义价值天然相关联，但却与效率价值鲜有交集。采用经济分析的概念体系并由效率阐述正义，不仅能够为正义填充积极正面的内涵，而且，借助效率的高低标识出正义的刻度，促进提高正义价值的透明度与可操作性。实际上，如果我们宣称经济效率是判断法律好坏的完美标准，即任一法律，只要能够产生更好的结果，它就是更可取的或者更好的。那么这种观点则可能面临来自结果导向和行为主义的挑战与非议。然而，当我们在探讨法律的经济分析时可以看到公平正义和经济效率存在相似之处。在许多情况下，我们认为合乎正义的法律与具有提高经济效率的法律恰恰是相当接近的。由此可以大胆推测，一般所称的正义原则，实际上可能创造出符合经济效率的结果，也就是那些已经被我们内化认同的法律。

五、司法相对独立于政治与人类社会进步和政治发展

1. 司法与社会的互动关系

目前，法律已经介入社会生活的方方面面，并深受社会政治、经济、文化方式等的影响。借此，探讨法律与社会关系的理论研究逐渐形成了社会法学派（或法律社会学、法社会学）。该学派注重援用社会学方法来认识和研究法律问题，提出了一种新的实在法观念，即“活法”和“事实上的法”的观念，集中强调经济模式、政治制度、宗教信仰、历史背景、自然条件、种族习惯等对法律特征的实际影响，可以说，法社会学连接着法律与社会、价值判断和实用需求、国家组织与社会成员，体现出一种从外部视角观察、分析现代司法制度的明显倾向。自19世纪末于西方学术界产生以来，法社会学在全球范围内迅速发展并成为主流法律学派之一。具体而言，法社会学从以下三个方面阐述了司法与社会的互动关系。

第一，社会关系结构与自治。根据法社会学解释，人们希望理性化地走向有秩序的生活，就必须将社会本身所提供的方式“当作理解社会的一扇窗户来看待”，并且有效解决由于社会关系处理不当而发生的各种纷争。说到底，法律关系就是法律所调整的社会关系，诉讼活动则是形成、变更、消除某种社会关系的

特殊行动。因此，无论何种类型的司法制度和诉讼程序，其任务都是参与社会关系的调整过程。人们为了回答司法的形式和内涵问题，亦需要解构社会关系的结构、社会权力的运作、社会矛盾的成因、社会自治的功能、社会责任的承担等各种命题，洞察社会关系类别对建构现代司法纠纷解决机制的推力与阻力，最终提供社会控制的系统方法。

通常来讲，构成社会的要素主要包括三大方面：一是自然环境和社会环境，这是产生社会的基础性要素。二是社会成员和社会团体，这是被组织、联合起来的社会细胞。三是物质文明和精神文明，这是人类创造出的社会成果。同时，社会又是一个覆盖地域和人口的庞大网络结构，在此结构中不同的个体或组织交织在一起产生了不同的社会关系、引发各种社会问题。法社会学提供的理论模型和分析工具为我们认识和理解这种复杂现象提供了一条主线，大致包括：首先是确认社会关系。所有社会关系的形成与固化并不是任意的和无依据的，法律人处理案件要探明各种社会关系的类别，对形成、变更、撤销社会关系的行为作出判断。其次是沟通社会关系。沟通是实现社会关系正常调节的重要渠道，通过交涉、论辩、说服的合法化过程，在司法实践中建构和保护法律关系已成为时代趋向。再次是矫正社会关系。国家设立执法机构、仲裁组织、监察机制等系统的目的，在于修补、恢复、救助被破坏的社会关系。法律人要在处置案件时分配当事人的地位、角色和权责，以高度的社会责任感维系社会关系的安全和稳定。最后是制约社会关系。从本质上看，法律关系是一种制度化的社会关系，这种关系也需要法律来实现制约。特别是当社会成员破坏了社会关系时，就需要通过诉讼活动提供惩戒手段，促进社会关系和谐发展。

在现代司法领域借助法社会学原理和方法，用于揭示社会现象和司法行为之间极其复杂的连带关系，实现社会调控与司法机制的互动联系，已成为不可忽视的司法取向。为此，司法者仍需重视社会权力、推广社会自治以及强化社会规制。作为与国家权力相对称的范畴，社会权力包括：社会经济的权力，即社会组织独立享有经营管理权、财产权、缔约权，广泛地参与讨价还价、协商和竞争；社会规制的权力，即当正式制度供给不足时，社会内部会产生一些规则，来维持社会本身的安全和稳定；解决纠纷的权力，即对于没有纳入诉讼程序的纠纷，社会性力量往往采取非诉讼方式化解纷争，而对于已经告诉的案件，社会性权力也常常影响法院处理纠纷的进程。与此同时，在现代社会中，诸如民族自治、团体自治等各种自治类型代表了社会本身的治理能力，司法者也应重视、糅合这类自治性法治力量，从而与司法系统形成互动、协调的调控机制。此外，虽然社会性的强制力不同于国家强制，然而单位、团体、法人意识一旦形成以后，以精神上或者物质上的奖罚来维持内部秩序，仍然能够产生较大的抑制力，并最终对社会关系的稳定、平衡、协同作出贡献。这一取向也影响到司法力量和社会力量的权力重叠、渗透和边界问题，要求司法机构不仅有所作为，而且在某种程度上限制了司法对社会关系的过度渗透，在不过于干涉社会性权益的同时也不隶属于这些社会性权力。

第二，社会利益博弈与平衡。从内涵透视，人们之间的法律关系是从利益演化出来，利益由此成为人类从事各种活动的内部驱动力。利益关系一方面表现为合作、交易、互惠、共赢状态，另一方面也呈现出差异、对峙、矛盾、冲突状态，后者常常引发社会主体之间的利益对抗，成为社会纠纷的诱导性因素。利益调整和保护永远是法律运行的基础与核心，各种经济纠纷的解决也都是一种根植于社会运动的客观现象。在一个利益分化和利益主体多元的社会中，一个好的制度往往并不表现为其中没有或很少有矛盾或冲突，而是表现为它能够容纳矛盾与冲突，同时，能够展现出很强的解决冲突与纠纷的能力。

在法律调整方面，建构立法和司法体系固然是自身发展的结果，但归根结底有其经济和社会根源。反过来说，只有确立了大体上能够满足社会基本经济需求的法律制度，才有可能规制那些创造物质世界与精神文明的经济活动。换言之，一种社会制度模式的形成，很大程度上取决于是否能够将人们在经济利益方面的追求引入合乎法律规制的渠道，尤其对于一种现代形式的经济体制来讲，如果没有一套特别的司法制度保障是难以维系的。法律的需求决定法律供给，当人们在经济生活中对法律这种社会调整手段产生需要并积极谋求法律秩序对其利益的维护时，就必然有法律供给发生。在经历了近现代社会变革以后，随着资本、技术、科技等各类资源陆续参与到经济关系的建构中，社会关系的既有格局已经从根本上改变了，利益主体多元化、利益竞争公平化、利益分配法制化、利益纠纷诉讼化都已成为时代特征，几乎所有的权利义务关系都涵盖经济性或物质性的利益评估。

在分析利益问题时，法社会学认为市场经济并非仅仅作为一种独立的经济模式存在，经济制度、法律制度、政治制度等都是立体相通的体系。法社会学代表了一种在社会中检验经济利益的判断方法，其选择标准包括财产利益、人格尊严、社会需求、大众信念、幸福指数等，它们具有明显的社会学寓意；同时，也将衡平原理、博弈原理、效能原理、救济原理等作为自身的理论资源，体现出法社会学方法论的丰富性和多样性。

第三，社会文化发展与扬弃。在一般意义上，文化是一个广义的复合性概念。法人类学家认为，“所谓文化或文明乃是包括知识、信仰、艺术、道德、法律、习惯以及其他作为社会成员而获得的种种能力、习性在内的一种复合整体”〔1〕。法社会学家则将文化定义为社会生活的符号，包括真善美的表现形式，关于现实的思想观念、科学、技术、宗教和民间传说，什么是应当对错的价值评价，以及道德良知、审美生活、大众艺术、诗歌绘画、时代精神、民间传统、社会习俗等。〔2〕文化的含义并不局限于对社会事物的哲理性认识，也是作为一种意识形态渗透于人们的思维方式之中。正是社会和文化环境决定了人们何时、何地以及为什么选择诉诸法律。法律文化作为一种特殊的文化类型，必然受到其背后诸如理性、人伦、信仰、道义等一般文化因素的影响。司法与文化的关系亦是如此。司法活动就是政治文明、法治文明、精神文明、物质文明的一种特殊表现形式。司法制度也并非一个自给自足的体系，而是司法现象发展进步的一种状态，以及人类社会在长期的司法活动中所积累的精神成果、物质成果和制度成果的总和。在此意义上，法社会学致力于研究司法运作的人文基础，透视司法所赖以存在的文化背

---

〔1〕 庄锡昌等编：《多维视野中的文化理论》，浙江人民出版社1987年版，第98页。

〔2〕 参见［美］唐纳德·J.布莱克：《法律的运作行为》，唐越、苏力译，中国政法大学出版社2004年版，第73～75页。

景，将司法文化放置在一般文化的大环境中去解读。同时，梳理诉讼行为所表达的思想观念与文化信息，为法治建设提供多方位、多角度、多元素的司法分析。

按照法社会学分析，文化是社会实践成果的积累，文化模式也是人类行为的重要指引。这在西方人文主义法学中锻造出启蒙思想家的天赋人权、权利本位、权力制约等自然法原理，它们是早期法律文化发展的智慧结晶。近代以来，涵盖人文主义、实用主义、经验主义、人道主义等文化要素逐渐构成现代司法文明的精髓。开放性的法律文化体系渗透着合作、宽容、调解、妥协的成分，更有利于构建一种文化的秩序力量，促成当事人关系融洽地解决纷争。作为文化精华，司法文化和诉讼文化经过不断孕育、磨合、演进的过程，已经表现出独有的智慧和样态，深刻而生动地塑造起优良的“文化底盘”，这也是司法文化发挥独特价值的源泉所在。

各种文化信息都在不同的时间和空间里发生流变和重组，因而法律文化作为一个十分有效的分析工具，用于透析司法制度的起源、生长、兴旺、解体、衰落的循环过程。与此相反，固化静止、高度统一、保守旧制的法律文化会随着社会进步而被取代，比较法文化就反映了这一法律文化更迭的过程，体现出法律文化从落后到先进的演化规律。就法律文化的比较分析来说，还必须纳入差异性的时空范围进行，把握不同地区、不同群体、不同民族的文化属性和鲜明特色，这些因素又构成了 21 世纪之后司法体系的重要表征。这其中需要特别关注的是选择差异。人们在行为前后会按照社会规则、社会利益、社会秩序的要求进行选择，每一种行为都能在其所属的社会中得到具有社会意义的解释。而且个体对法律规范的接受能力并非全然相同，包括遵守、敬畏、创新、规避、反抗等，如公民如何看待权利保护和救济问题，行政官员如何看待权力授予和责任追究问题，法官如何看待诉讼方式和效力问题等，必然受到各自法律观念的实际影响。

文明意识虽然要通过一定的行为表现出来，但它们更多地表现为人们的某种目的、动机、思想、观念、经验等。无论是社会需要对人们行为引发的朦胧刺激，还是法律人指导自身实践的思维定式，都不同程度体现着社会公众和司法人员的良心、善意、理性等主观判断。这集中反映在：一是关注法律行为的主观目的和动机。在外界各种信息和符号的刺激下，人类的反映是复杂的、多变的、能动的，法律心理也可以通过行为人的感觉、意志、性格、认识力、判断力、控制力等形式表现出来。二是利用法律心理的内在驱动力。即便司法的确定力、判断力、惩戒力、执行力是国家能力的体现和延伸，但法律裁决却不能仅仅依靠国家强制力保障实现，更要凭借社会成员的心理认同、良心选择以及强大的社会舆论予以实现。三是警惕亚文化中的模仿现象。一些文化思想的传承具有深邃的社会意义，先前的行为会对随后的行为人产生表率或警示作用。这其中，犯罪行为模仿就是文化给予人们的一种心理力，特别是对于犯罪技能的模仿会加大对社会秩序的冲击与危害程度。四是加强对违法犯罪的心理控制和社会矫正。对犯罪行为的社会控制不仅仅在于惩戒与制裁，更重要的是采取积极的社会预防。适当的配置以心理的、文化的、伦理的教育措施能够有效地指导、约束社会成员的思想和行为。

2. 司法控制社会的运行逻辑

在当代，社会控制论成为西方法社会学的重要理论之一。该理论的立足点在于表明任何社会行为都可以分为正常行为和异常行为，社会控制就是通过正确适用法律来合法地处置案件、惩戒违法犯罪、对异常行为进行引导和制约，最终造就正常行为的社会机制。这也意味着社会失范、社会秩序、司法功能学说三位一体，共同构成了法社会学认识和解决司法问题的方法论。在西方，法社会学代表人物庞德提出了著名的“通过法律的社会控制”原理。他认为，从文明发端至今，社会控制的主要手段有道德、宗教和法律三种，但法律是社会控制最为首要的方式，其目的是抑制社会中的私利扩张，正所谓“社会控制的任务以及我们称之为法的那种高度专门化形式的社会控制的任务，就在于控制这种为了满足个人欲望的个人扩张性自我主张的趋向”[1]。同时指出，这种社会控制方式的演进分为四个阶段：在原始法阶段，法律没有从宗教信仰、伦理风俗和家庭习惯中

〔1〕［美］罗斯科·庞德：《通过法律的社会控制——法律的任务》，沈宗灵等译，商务印书馆1984年版，第81页。

完全分离出来；在严格法阶段，国家通过司法途径对各种利益进行程序主义的救济；在自然法阶段，人们通过立法和司法措施努力实现对实质公平正义的维护；在法律成熟阶段，既强调法律的稳定性和确定性，又注重法律的衡平性和灵活性。[1]实际上，社会纠纷是一种常态现象，无所谓善恶之分，更无法杜绝或除尽。社会只是要建立一套有效的法律和程序装置，防止纠纷扩大化和恶性化，使社会积压的不满情绪能得到及时有序的释放，维持一种稳定有序的社会环境。因此，各种社会控制方式不是为了激化矛盾，而是社会必备的"排气孔"和"安全阀"。

在西方法社会学语境下，社会控制理论的发展脉络与学术谱系繁杂多样，择其要点来讲，大致包括以下四个方面。

第一，社会控制的条件论。就制度环境来看，法律的社会控制需要具备三个条件：一是社会控制的形式要素。实现稳定有序的社会环境需要一定的外在表现形态、程序和途径来表达，这就是建立明确的法律规则并加以适用，以避免混乱无序、摩擦碰撞的状态。在这个意义上，立法和司法是实现有效社会控制的基础。二是社会控制的主观要素。法律的存在和运行要求人们必须在主观上接受法律的调整，否则在人们刻意规避、违反或抵制法律的情况下，法律就将如一纸空文、形同虚设。三是社会控制的客观要素。法律控制的目的就是反越轨行动，维护个人、团体、社会和国家的安全和利益，而其实现标志是形成了法律的尊严和效能。特别是作为社会工具的司法制度和司法程序，不仅体现为国家的公共权力，更体现为社会本身的约束力和强制力，它们随着社会发展而形成一套社会控制的综合体制。或者说，法律的社会控制既包括对于法律的规范、原理、典章制度的适用，通过法律文本来体现法治的形式要素，也包括形成法律的物质设施、操作技术和运用程序，利用司法判决、法律程序、法律解释和法律推理来实现合理有效的制度供给，其制度化的优势也随之显现出来。

第二，社会控制的方式论。在分类意义上，社会控制的手段或路径有很多种，诸如，法律颁行阶段的实体性控制，即规则性控制；法律适用阶段的程序控

---

〔1〕 参见[美]罗斯科·庞德：《法理学》(第1卷)，余履雪译，法律出版社2007年版，第322～347页。

制，即过程性控制；权利救济阶段的诉讼控制，即补救性控制；社会组织方面的沟通控制，即自治性控制；司法系统内部的专门控制，即职业性控制；人们行为的合理性、正当性、道德性控制，即价值性控制；其他非正式诉讼方式的控制，即习惯、政策、舆论等配套性控制等。再细分起来，社会控制不外乎两种形式：一种是外在的强制，包括法律控制、纪律控制和行政控制，带有规制、管理、惩罚、威慑、制裁特色；另一种是内在教育疏导，主要通过习俗控制、道德控制、宗教控制、舆论控制来影响人的思想和行为。社会控制源自社会需求，如禁忌体系是最早的法的起源，最初这些禁忌与宗教、道德和习惯并无明显差异，共同构成早期社会控制体系的基石。随着人类思维方式的发展，人们的逻辑能力得到发挥，系统化法典和概念法学开始逐渐取代禁忌和习惯。启蒙运动后，社会实证主义获得极大发展，社会实践中的法律制度和法律规则体现了日益强大的功能作用，表明法律制度的发展是为一定的社会控制目的而存在的。近代争端中的社会关系已不同于社会自治状态下的社会关系，它们已经构成了社会的无序状态，导致法官不能仅仅通过社会内部规则来解决纠纷，而要寻找专门的裁判规范，采取特别措施来应对案件，诉讼的功能也在此社会需要中被创造出来。〔1〕

第三，社会控制的阶段论。社会控制经历了漫长的演进过程。在社会发展早期，社会自治手段发挥主要作用。由于它们是一些较为软弱、模糊、弹性、分散的“软约束”，因此逐渐被法律的社会控制所取代，司法解纷方式也开始占据主流，其他行政的、道德的、民间的手段只能从属于司法权力。对此，有研究认为，除法律外，还有其他多种社会控制手段，包括惩戒性控制、赔偿性控制、治疗性控制、和解性控制、补救性控制等，广泛存在于家庭、村落、部落、职业、组织和各种群体中，只是社会控制的形式可以随时间和空间的变化不断完善，而且现代社会的法律控制比其他社会控制的“量”更大，或者当其他社会控制的“量”减少时，法律的量就会增加。〔2〕于是，欧洲社会经历了神权统治、英雄统治、政府

---

〔1〕 参见［奥］尤根·埃利希：《法律社会学基本原理》，叶名怡、袁震译，九州出版社2007年版，第256页。

〔2〕 参见［美］唐纳德·J. 布莱克：《法律的运作行为》，唐越、苏力译，中国政法大学出版社2004年版，第3～4、123～124页。

统治等不同阶段。如今，经济发展的中心任务、解决社会矛盾的迫切需求、政府放权和社会自治的趋向等，已经促使社会治理主要依靠国家权威进行，司法功能也因此开始变化。在国家权威这一要素中，司法的作用愈加突出，社会治理过程对司法的信赖空前加重，司法成为社会治理和社会控制的关键。通过司法机关运用法律来干预社会，保障公民获得基本人权，解决重大经济纷争、社会纷争乃至国际纷争，这些社会功能的实现已是司法和诉讼不容忽视的重要使命。

第四，社会控制的导向论。法律控制的方式虽然是客观的、实在的和有效的，但这并不妨碍人们在此领域的主观设计，因此各种社会控制方式的选择都与人类的认识方法有关。在意识形态领域，人们在早期社会的认识方法相当粗糙、简单，仅仅基于经验观察和积累并借助神话、宗教、家庭控制等方法来规范社会生活，形式主义和注释方法也被采纳为法学研究的主要方法。至文艺复兴以后，人们开始摆脱神学的束缚，用“人的眼光”看待世界，理性被认为是人的判断力、综合力、创造力、分析力的重要表现，倡导价值的、理想的、自然法的思维方式特别流行，其对于现代法治的目的性追求发挥了推动作用。在现代社会，受民主法治文化熏陶的人们越来越感受到法律文明的重要性，社会控制目标也更加理性化并被赋予了许多价值形态的判断，主张在法律控制社会过程中体现合理、公正、平等、人权等要求，从而在法律权利论、秩序论、救济论、惩戒论的引导下，实现司法机关越来越强大的治理能力。法律的社会控制有着适应现代社会的优良属性，因此也能够逐步取代道德、宗教、习俗、政党控制的力量而走向法治现代化，最终作用于经济发展和社会变迁。

总而言之，司法的社会控制即是通过法律规则的实施引起社会成员行为模式的变化，进而解决各种社会纠纷维护社会安定和谐的局面，借助法律制裁和落实司法责任控制违法行为并修复被破坏的社会关系。这一过程正是现代司法所体现的功能与价值，也是法律控制学说所表现的社会实践支撑力。司法制度有着控制社会关系的品质和效用，作为正式法律制度的实施者，司法机关也自然成为社会控制的有生力量。

3. 司法方法的社会解释

司法机关实现司法控制的社会目标依赖于法官具体的裁判活动，这其中尤为关键的是围绕事实认定和法律适用产生的司法哲学和法律方法。在普通法国家，司法方法的社会学解释与实用主义哲学高度重合。它强调检验法律优劣的实际效果和实际标准，主张司法适用的非教条性和与时俱进。“社会学的法理学像实用主义一样，是一种方法——一种考虑法律和应用法律的新方法。这种方法从绝对论转到相对论、从理论转到实践、从被动的——因而是悲观的——宿命论转到创造性的——因而是乐观的——自由天地。”〔1〕“法理学方面的社会学运动是这样一场运动：争取使实用主义成为法学的哲学思想；争取对一些原则和理论加以调整以适应它们所管辖的人事状况，而不是假定原则高于一切；争取把人的因素置于中心位置，把推理方法降到它作为一种工具所应的恰当位置。”〔2〕作为实用主义的社会学法学与此前的法学存有重大差异：在整个19世纪，概念法学和形式主义哲学从内部视角主宰了法学理论和研究方法，人们试图充分而协调地发展法学家们根据形而上学或历史所发现的那些基本原则。同时，法学家们通过对其他国家的立法作分析性研究而为本国的立法做准备，以从事立法工作为契机研究法律如何被制定地更加完备和科学。与此相反，进入20世纪以来，法学家们开始从外部来研究法律，迫使对法规的解释和应用更多地考虑那些将作为依据或可能要应用法律的那些事实。研究法律制度和法律理论的实际社会效果，并借助这种社会学的研究为立法做准备。此外，法学家们还意识到仅仅对法律本身作比较研究是不够的，还必须更多研究法律的社会作用以及法律在应用中可能产生的效果，促使法律规则成为具有实效的手段。“普通法的法律哲学学说说到底就是实用主义的哲学。它的真理是相对的，而不是绝对的。那些作用良好的规则会获得一个为人们所承认的权利证书。”〔3〕

当然，社会学法理学不只是一种方法，它还具有实质性的内容和确定性的方

---

〔1〕［美］H.S. 康马杰：《美国精神》，南木等译，光明日报出版社1988年版，第559页。
〔2〕［美］H.S. 康马杰：《美国精神》，南木等译，光明日报出版社1988年版，第557～558页。
〔3〕［美］本杰明·N. 卡多佐：《司法过程的性质》，苏力译，商务印书馆1998年版，第63页。

案。它认为法律的真理与一般的真理一样，都是能够通过经验找到的、相对的和可以创造的。它断言：好的法律就是能充分为社会服务的法律；法律是为实用而制定的，应根据目的而不是根据起源来理解法律；法律的实际作用比抽象的法定内容更为重要。它坚持认为法律是一门社会科学，依靠社会而不是脱离社会；法律必须适应社会需要，并根据满足这些需要的程度来判断法律的好坏。[1]司法实用主义不是一种庸俗化的处事态度。它看中司法的效果，但首先具有明确的意识形态目标，不能因为追求毫无章法的随机性或机会主义的效果，而使法律的适用不可捉摸或反复无常，它仍然需要维护那些基本的司法价值和主流的社会价值，维护法律的稳定性和司法的一致性。同时，司法实用主义反对僵化和教条、强调变化性，但这种反对是在权衡重大正当利益之下的一种调整，具有正当性基础，而不是追逐变化无常的功利。司法不仅是将法律付诸实施，而且特别要求处理问题的有效性，也即需要将法律的有效实施与效果有效性联系起来，甚至可以说需要将效果有效性寓于法律实施之中。司法需要墨守成规，但也需要创新精神。司法是法律适用的实践活动，在实施法律活动中具有充分的实践理性。

详细地讲，实用主义司法或法律实用主义的核心要点大致包括：

第一，法律实用主义并不仅仅是表示个案审判的精美词汇，它也包含对系统性后果而不仅仅是具体个案后果的考虑；也不同于在判决案件时总是为了达到最佳的近期效果而不管可能的远期后果，这样一种进路会是非实用主义的，因为它不顾个案审判的系统性的负面后果。法律实用主义既不要求，也不允许因为一种后果是系统性的而非个案的就置该后果于不顾，短视并不是实用主义这个词的应有之义。它并不盲目地遵循法律形式主义而放弃司法的灵活性、创造性和适应性，但在界定和调整权利义务关系时仍然保持对连续性、一贯性、普遍

〔1〕 霍姆斯是法律方面的第一个实用主义者，而且迄今为止仍然是这方面最杰出的实用主义者。他的法律哲学基础是这样一个原则：法律根本不是已经完成了的事物，根本不是绝对的，而是仍在发展之中；法律既非来自上帝也非来自自然，既不像学者们所认为的那样完全来自历史，也不像法理学家们所设想的那样完全来自逻辑的分析，而是主要来自经验。霍姆斯本人最初是一个新途径的开拓者，到头来成了法学上正统观念的象征，但那是他自己成立的正统观念。他作为一个持异端邪说者所享有的声誉却淹没在他自己的异端邪说所取得的胜利之中。他的异端邪说的最卓越的部分终于成了法学上正统观念的核心，即实用主义。他坚持认为，法律既然注重实效就必须立足于实用的意义之上，并解释观察到的法律演变过程。

性、公正性和可预测性之类的政治和社会价值的应有尊重，它承认法律约束力而非放弃自由裁量权。只有在特殊情势中，实用主义法官才会给系统性后果以决定性的权重，就像形式主义者所坚持的那样，有时个案的具体情形会完全主导判决的过程。这是因为，如果绝对地强调审判的系统性后果，那么法律实用主义就与法律形式主义合二为一了。实用主义审判的最终标准是合乎情理。没有什么运算法则可以在法治与个案后果、连续性与创造性、长期与短期、系统性与个别性、规则与标准之间达到正确的平衡。实际上，推崇实用主义的法官需要在考虑所有因素之后尽量作出最为合乎情理的判决。影响判决的因素不仅包括判决的可识别的具体后果，还包括充分、翔实的法律材料和法治价值的各种优点，甚至包括难以直观显现或无法穷尽列举的心理因素和审慎精神。

第二，尽管强调后果，但法律实用主义并不是后果论或以后果的价值来衡量行动的一套哲学教条。实用主义审判体系中肯定具有形式主义的成分，特别是按照规则而不是按照标准裁判。而且因为务实精神和管辖权限两方面原因，并不要求法官考虑其裁决的所有可能后果。如果说后果论者相信司法判决或裁判行为应当按照它是否产生了最佳的总体效果予以判断，那么实用主义司法就不是后果论的；或者说，它至少不是贯彻始终的后果论。这也说明了评价司法判决的标准是“合乎情理”而非“获取最佳后果”。后果论中占统治地位的派别是功利主义。它同实用主义确实存在一些共同特点，然而，两者之间的区分也是明显的。关注后果，包括对效用或福利而言的后果是一回事，而专注于一种使某类后果最大化的策略则是另一回事，后一种专注导致的恰恰是实用主义者所决心避免的那种荒谬的教条。进一步来讲，实用主义是向前看的，把遵循过去的判决视为一种条件性和必要性而不是一种伦理责任；形式主义是往回看的，它把一个司法判决的合法性基于这样一个事实，即该判决是从一个在先确立的规则或原则中推导出来的。不容否认，实用主义者也重视同过去的立法和判决之间的连贯性，但这是因为连贯性体现了一种社会价值，而不是说明法官对先前的司法决定存有某种责任感。为此，实用主义者不仅怀疑确立连贯性的分析方法，而且采取以实际的回报作为法律概念化努力的评判标准。这在某种程度上反映出，实用主义者与纯粹的历史主义者不同，因为他们认识到具体法律原则在很大程度上是历史的遗迹而非超越时间的真理，他们的历史主义观是对历史文献资料的批判性调用。

第三，法律实用主义者相信，没有什么一般性的分析程序可以把法律推理与其他实践推理区分开来。法官懂得一些外行人不懂的东西，同时使用一种特殊的词汇。换言之，法律实务是一个融入一种特别的职业文化的社会化过程。但这并不意味着它反对所有的理论。事实上，法律实用主义比法律形式主义更愿意接受那些指导经验性研究的理论，反对使用抽象的道德和政治理论来引导司法判决过程。实用主义者并不关心维持法律的自主性，也不关心维持法律的形式主义矫饰。因此，与其他法律思想流派相比，实用主义者反倒更愿意接受其他思想领域对法律学科的“侵扰”。实际上，在一个法律原则发展的初期阶段，实用主义法官更倾向于在狭窄的而非宽泛的资料范围内确定判决基础。在有限的资源范围内确立判决理由体现出审慎精神和经验主义路线。但这并不意味着对既有理论的怀疑，而是因为摆在法官面前的都是具体的、零碎的个案事实。从这些既有事实出发，分层次、分阶段地逐渐向外扩展，直到出现有可能挑战先前裁判理由的新事实。通过这种循序渐进的做法，法官避免了在智识资源有限条件下盲目地概括出并不成熟的法律规则，并尽力维护裁判的连贯性、行为的可预期性以及法治秩序的稳定性。

当然，除了上述简短的援引及解读之外，法律实用主义学派中仍然存在其他可资借鉴的理论成果。但无论如何钦佩与推崇，这些著述与译介仅仅是桥梁或工具，其中反映和指引的是司法的态度和裁判的境界。

首先，司法面对纷繁复杂的事实和法律问题，理应坚持技术思维，融合价值与政策，顺应时代发展的客观要求。适用法律要有技术性思维，但时常要注意导入价值和政策。法律是以预先存在的既定规范为前提依据的，应当具有稳定性和可预见性，因此需要一套概念术语、规则体系和法律方法作为保障，从而确保法律的适用不会恣意任性。不仅如此，法律条文往往都体现特定的价值和政策，并在很多情况下成为适用法律条文的关键。“寻求概念精髓及其深层涵义的法官，在成功获取概念的核心后，仍然可能会发现该概念涉及政策和正义。”[1]行为的合法性与其对社会的价值之间存在一种必然的、恒定的关系，尽管这种关系有时是隐秘的和间接的。在裁判过程中需要不断权衡与调整，尤其是要接受社会效果的检验，理解与适用法律也不应违背常识或人们的一般福利范围，因为这其中蕴含着法律的精神与价值。与此同时，法官需要顺应时代要求，但却无须盲目回应社会期待。一方面，法官在探索法律价值的客观评价时，只能根据特定地域和特定时代作出结论，而无力确定阻碍文明进程的法律规则，个人偏好必须屈从于不可逆转的社会趋势。另一方面，即使无法阻止文明的进程，有时却可以减缓其前进的速度，降低其中的风险系数或竞争的残酷程度，从而调节社会演化节奏并使之规范化和有序化。毕竟，正义是在缓慢的进步中争取来的，而不是在疾风骤雨中获得的。在推进社会变革的历史过程中，法律家占据前所未有的特殊地位。他们必须把自己看作承担长期社会规划的团体的一员，这种规划将结合所提出的政策的经济和社会的底蕴而顾及这种政策的法律前提。法律家还将义不容辞地扮演正义和合法权利保护者的特殊角色。对于人类为了文明生存而进行的越来越迫切而危险的拼争来说，法律家在复杂的社会工程中的积极和启蒙的作用，都是不可或缺和至关重要的环节。[2]

其次，司法过程充满创造性和智识上的挑战，当面对需要破解的新问题而没有现成答案时，就需要法官作出选择并创制、形成新的规则与标准。裁判令人纠结不已的复杂案件总会犹豫不决，在殚精竭虑和绞尽脑汁作出艰难的抉择时，法官在个人心中也体会了思考的乐趣和欢愉，成就感和自豪感也油然而生。“某些案件只有一条路、一种选择。这是一些法律规定非常明了、非常确定的案件。它们堆积如山，令人乏味。另外一些案件则提供了真正的选择机会——不是一个非此即彼的选择，而是一个经过周密权衡的选择，其一经宣告，一种新的正确

〔1〕 当然，“事实可能确实如此，但当我将这一主题作为整体来考虑，我发现与其他领域相比，逻辑在此显得更加严酷无情，更加漠视最终的目标”。参见［美］本杰明·N. 卡多佐：《法律的成长 法律科学的悖论》，董炯、彭冰译，中国法制出版社 2002 年版，第 135 页。

〔2〕 参见［美］H.W. 埃尔曼：《比较法律文化》，贺卫方、高鸿钧译，清华大学出版社 2002 年版，第 245～246 页。

和一种新的错误(标准)即由此产生。这儿有两条开放的、通向不同目的地的道路。分岔路口,没有一个为旅行者竖起的栅栏上写‘此路不通’。他必须竭尽智力、鼓足勇气,走向这条或者那条路,祈祷他选择的不是埋伏、沼泽与黑暗,而是安全、光明、开阔的坦途。”[1]可以说,裁判不仅是一项工作,也是一种生活方式。“这种生活方式并不包括追求物质财富或名声,而是建立在精神财富之上,包括客观与公正地追求真理。裁判不是命令而是理性;不是掌控而是谦逊;不是力量而是慈悲;不是财富而是名誉;不是努力取悦所有人,而是坚持价值和原则;不是向利益集团投降或妥协,而是坚决维护法律;不是根据一时的兴致而是根据根深蒂固的信念与基本价值坚定地作出判决。”[2]

〔1〕［美］本杰明·N.卡多佐:《法律的成长　法律科学的悖论》,董炯、彭冰译,中国法制出版社 2002 年版,第 34～35 页。

〔2〕孔祥俊:《司法哲学》,中国法制出版社 2017 年版,第 89～90 页。

第五章　中国司法回应政治的方式和边界

研究中国司法与政治的关系问题首先应当界定中国“司法”的具体含义。纵观 1949 年以来中国的历部《宪法》，其中并不存在一个独立的“司法”概念。人们从常识与观感中获知的诸如“司法”“司法机关”“司法改革”等相关表达，往往以“司法行政”这一组合词形式出现。例如：1954 年、1975 年、1978 年的《宪法》中并未出现“司法”字样。1982 年《宪法》第 89 条第 8 项规定，“国务院行使下列职权：……（八）领导和管理民政、公安、司法行政和监察等工作。”第 107 条规定，“县级以上地方各级人民政府依照法律规定的权限，管理本行政区域内的经济、教育、科学、文化、卫生、体育事业、城乡建设事业和财政、民政、公安、民族事务、司法行政、监察、计划生育等行政工作，发布决定和命令，任免、培训、考核和奖惩行政工作人员”。类似地，“司法”的概念在党的政策文件中也欠缺统一的内涵。自党的十三大首次提出“司法机关”这个概念之后，“司法改革”“司法公正”“司法职权”等概念开始频繁出现在党代会的报告中。尤其是从党的十五大开始，即明确提出“从制度上保证司法机关依法独立公正地行使审判权和检察权”后，历届党代会报告在谈到司法机关时，都特指法院和检察院，而“司法权”则是指“审判权”和“检察权”。然而，党的十九大报告在提到“司法”时，只是说要“深化司法体制综合配套改革，全面落实司法责任制，努力让人民群众在每一个司法案件中感受到公平正义”，并没有像以往那样指出要“确保审判机关、检察机关依法独立公正行使审判权、检察权”。对此，有研究认为：“在党和国家重要的政策文件中，其对‘司法机关’的界定比较明确，就是指法院和检察院，相应地，‘司法权’就是指审判权和检察权；而在‘司法’外延的理解上却出现了不一致，一些文件似乎认为‘司法’的外延仅包括审判和检察，但从另一些文件的具体表述来看，‘司法’的外延却不限于审判和检察；至于‘司法’的内涵，则在政策文件中没有明确的根据，其含义不得而知。”[1]鉴于此，为避免混淆并使议题更加集中，本章余下部分的讨论将仅局限在“法院”“审判权”的语境中展开。

一、中国司法与政治的逻辑关系

1. 中国司法与政治逻辑关系的宏观层面

中国司法在宏观上与政治之间的逻辑关系表现为司法的法律性与政治性之间的内在张力，进一步具象化为司法专业化与政治大众化的冲突与协调，并蕴含在中国人民司法的法律传统中。中国共产党的法律传统形成于陕甘宁边区[2]政府时期，这一时期形成的“马锡五审判（方式）”以及由此推动的人民调解成为中国共产党法律制度中影响深远的传统之一。在20世纪30年代至40年代，伴

〔1〕 薛爱昌：《当代中国的“司法”概念——基于宪法文本和政策文本的实证分析》，载《政治与法律》2018年第7期。

〔2〕 1937年9月6日，根据国共两党的协议，陕甘宁边区政府正式成立。在1937—1945年，陕甘宁边区具有双重的政治身份，它既是国民党政府下属的一个地方单位，也是共产党领导下的一块革命根据地。1945年以后，由于国共之间的军事斗争，陕甘宁边区被南京政府宣布为“非法叛乱区”。

随解决民间纠纷、实现边区的社会控制以及进一步推动革命建国[1]的现实需求，中国共产党一方面必须与国民党采取的以西方法律原则和制度为代表的法统相脱离，另一方面也不得不继承中国传统法律文化尤其是儒家法文化中“无讼”的思想。在国家政权通过组织化网络进入乡村社会的过程中，国家法与民间法不可避免地相遇了；然而，两者却始终处于一种隔阂中，缺乏一种共同信守的理念和文化基础。这不仅在买卖婚姻与支付彩礼的案件中能够凸显，即便是在刑事制度施行中也反映出类似问题。[2]当现代法律精神与本地生活经验、文化传统存在冲突甚至难以调和与相融时，解决的办法或者修改法律，即放弃与管辖范围内传统民风与遗俗相冲突的法律，或者改变现实状况，这在特殊时期往往意味着暴力革命。但对于当时的中国共产党而言，其首要目标在于稳固根据地并尽快夺取全国政权的胜利，很显然，修改甚至放弃与习惯法之间存在困难和紧张关系的法律是最经济理性的选择。正基于此，作为替代纠纷解决方式的“马锡五审判（方式）”在实践中缓慢积累经验并日渐向全国推展。其形成过程大致可以分为三个阶段：一是，马锡五审判案件的方法被周围同事所接受并形成一个小型审判团队，处理了一起拖延十年的旧案，案件经调解处理后，马锡五及其同事获得老百姓“清官断案”的称赞[3]；二是，“马锡五审判（方式）”被推广到整个专署和边区，并获得党政领导和纸媒宣传[4]，成为边区司法制度的典型；三是，“马锡五审判（方式）”在整个根据地被普遍推广，并成为司法机关广泛采用的审判方式。

---

〔1〕 1937年，国共两党根据协议成立陕甘宁边区政府。在1937—1943年，陕甘宁边区具有双重政治身份：既是共产党领导下的革命根据地，又是国民党政府下属的地方单位。例如，根据国民党中央通讯社播发的《中共中央为公布国共合作宣言》以及周恩来与国民党中央政府等人的谈判最后达成协议，中共中央同意取消苏维埃政府及其制度，将目前红军驻地改为陕甘宁边区，执行国民政府统一法令与民选制度，其行政人员经民选推荐，经国民政府任命。参见中共中央文献研究室编：《周恩来年谱（1898—1949）（修订本）》，中央文献出版社1998年版，第373～391页。

〔2〕 参见强世功：《权力的组织网络与法律的治理化——马锡五审判方式与中国法律的新传统》，载《北大法律评论》（第3卷第2辑），法律出版社2001年版。

〔3〕 参见赵昆坡、俞建平编：《中国革命根据地案例选》，山西人民出版社1984年版，第32～33页。

〔4〕 例如，1944年边区政府主席林伯渠在边区政府一年工作报告中明确指出，诉讼手续必须力求简单轻便，提倡马锡五同志的审判方式，以便教育群众。同年3月，《解放日报》以《马锡五审判方式》为题发表社论，介绍了马锡五审判的典型案件，并号召其总结经验发扬光大。参见杨永华、方克勤：《陕甘宁边区法制史稿（诉讼狱政篇）》，法律出版社1987年版，第437页。

实际上,“马锡五审判(方式)”作为以特定个体[1]为标签命名的审判方式,其实质却是类似马锡五等众多司法工作者集体智慧的成果。例如,几乎与马锡五同时期的共产党员奥海清也采取了类似的审判方式:走出法庭到案发地点办案,注重实地调查研究;广泛听取群众意见并善于利用群众智慧解决纠纷;往往偏向采用座谈式而非审问式方法处理案件,同时依靠行政力量支持司法裁判,在此过程中并不明显区分行政权威与司法权威;而且,无论处理刑事案件还是民事案件,都未特意采取与案件类型配套的程序规则。

有别于边区惯常使用的法庭审判、就地审判、巡回审判以及公审大会四种审理方式,“马锡五审判(方式)”的主要内容在于:一方面,将调解与审判相结合。陕甘宁边区在 20 世纪 40 年代初进入最为艰难的时期,在中央精兵简政口号[2]的影响下,如何运用有限的司法人力和财力解决广大乡村基层的治安问题,为审判外制度的产生提供现实需求和社会条件。对于马锡五而言,强制性的审判活动在宽宥有余的调解习惯之间并没有什么严格区分的界限。“他认为,(裁判)不过是收到指示后了解情况,并把事情弄清楚问题解决了,这就是审判与调解的结合。”[3]当时不少党政负责人如李维汉和其他一些研究人员也都认为“马锡五审判(方式)”的核心是调解。1943 年 6 月,边区政府颁布了《陕甘宁边区民刑事调解条例》并确定两种民间调解的形式。首先是鼓励群众之间尤其是村里调解组织自行调解,同时号召并邀请劳动英雄、有威信的老人以及地方士绅参加。该类人群并不一定要担任村主任、村长等干部职务,只要会调解并因此有成绩都应当受到政府奖励和群众尊重。其次是区乡政府的调解。无论采取人民群众间的自我调解还是区乡政府的指导性调解,其共同点在于邀请本地区权威人物参与。

---

〔1〕 马锡五(1899~1962 年),志丹县人。1930 年春参加革命,1935 年 12 月加入中国共产党,1937 年 9 月任陕甘宁边区庆环分区副专员,1939 年秋转任陇东分区专员,1943 年 4 月以分区专员的身份兼任陕甘宁边区高等法院陇东分庭庭长。1946 年 4 月至 1950 年 1 月任边区高等法院院长,1950 年后任最高人民法院西北分院院长,1954 年任最高人民法院副院长。

〔2〕 李维汉:《陕甘宁边区简政实施纲要(一九四三年三月)》,载《李维汉选集》编辑组编辑:《李维汉选集》,人民出版社 1987 年版。更多内容参见李娟:《马锡五审判方式产生的背景分析》,载《法律科学(西北政法学院学报)》2008 年第 2 期。

〔3〕《边区推事、审判员联席会议发言记录》,陕西省档案馆档案,卷宗号:15-73。

另一方面，邀请群众参与裁判。实际上，群众在“马锡五审判(方式)”中的参与是全程性和整体性的，也就是说，“从案件开始到结束，不脱离群众，就是经过群众解决案子”[1]。这不仅使马锡五本人获得极高称赞，令边区群众称其为“马青天”，而且，此种社会认可度和知名度也促使其后高层直接以其名字命名这一创新举措。另外，在召集群众听意见评法理的过程中，马锡五也注意教育和引导群众，使群众的舆论和法律融为一体，使案件的解决兼容常情和法理。然而，正如马锡五本人指出，“我们也不是不加区分、盲从地采纳群众意见，也必须以政策法令作依据，看其是否与之符合”[2]。也就是说，群众调解和政府调解都应遵守自愿原则和善良风俗等习惯法规定，并且调解不服的输家还可以向法院起诉。此外，马锡五审判中存在十分活跃的行政权力，不仅来自马锡五式司法人员本身，也有他们借用其他政府部门的、间接性质的行政权力。[3]其实，“这种审判方式更像传统中国的包公式的审判方式，高级官员，集行政司法权于一身”[4]。甚至有学者据此称“马锡五审判(方式)”已不再是审判：马锡五的工作职务始终是行政序列并兼任司法职务，因此其采取的是一种行政机关主导的民间调解活动。[5]

由此不难发现，这种吸纳群众参与并以调解为主的审判方式具有如下优势和特点：(马锡五式的)司法工作人员携带案卷材料主动走出法庭，下乡前往案发地点处理案件，深入农村基层，就地断案。在此过程中，“调查审讯均有群众参见，(司法官员)竭力求得全面正确。(有关案件的)是非曲直直接摆在明处，然后把调查研究的情形在群众中进行酝酿，使多数人认识一致，觉得公平合理，再行

[1] 杨永华、方克勤：《陕甘宁边区法制史稿(诉讼狱政篇)》，法律出版社1987年版，第437页。

[2] 《在中共解放区人民身体财产所得到的保障——陕甘宁边区司法及保安制度考察记》，陕西省档案馆，卷宗号：15-66。

[3] 需要说明的是，司法对行政的利用是边区政府所允许的，正如在他种情况下允许行政利用司法一样。在边区政府的意识中，解决纠纷是它们共同的、不言而喻的责任。参见梁洪明：《马锡五审判与中国革命》，载《政法论坛》2013年第6期。

[4] 苏力：《送法下乡——中国基层司法制度研究》，北京大学出版社2011年版，第44～63页。

[5] 参见刘忠：《“从华北走向全国”——当代司法制度传承的重新书写》，载《北大法律评论》(第11卷第1辑)，北京大学出版社2010年版。

宣判……”[1]在20世纪40年代的《解放日报》中也就此种审判方式的规定（范）性作出归纳：深入调查；合理调解、善于利用权威群众做解释说服工作；诉讼手续简便，座谈式的审判方法。[2]马锡五自己则认为这种方式的规定（范）性是尊重群众意见，就地审理，定期巡回审判。这种方式作为边区司法审判的鲜明特点，早在苏维埃时期就有这种依托群众路线政策的审判方式。同时，马锡五更加发挥就地审判的优势，依靠群众调查和调解，弘扬边区司法审判的人本特征。[3]当1944年“马锡五审判（方式）”作为具有实践理性的命题被提出时，不仅有效解决了前文概括的法律传统的隔阂与延续问题，也涵盖了共产党坚持并主张的“人民司法”和“群众路线”等政策；而且，前者在后者的叙事结构中找到了其正当性，正如毛泽东同志所指出的：“在我党的一切实际工作中，凡属正确的领导，必须是从群众中来，到群众中去。这就是说，将群众的意见（分散的无系统的意见）集中起来（经过研究，化为集中的系统的意见），又到群众中去作宣传解释，化为群众的意见，使群众坚持下去，见之于行动，并在群众行动中考验这些意见是否正确。然后再从群众中集中起来……”[4]也就是说，“马锡五审判（方式）”不仅从抽象上兼容了法律性和政治性的理念差异，而且在具体化为制度适用时也调和了司法专业化与大众民主化的显性冲突，也即法理与情理通过群众看得见的方式得以融合。这一司法模式可被描述为，通过互助组（合作社、生产队）、调解组织等正式的和制度化的组织形式，在广大农村地区塑造新的地方精英，形成新的乡村社会动员机制和治理乡村社会的有效机制，由此形成“权力的组织网络”。[5]

更具体地讲，与国民党从外部植入新精英并推行自上而下的官僚体制改革

---

〔1〕 中国社会科学院法学研究所民法研究室民诉组、北京政法学院诉讼法教研室民诉组合编：《民事诉讼法参考资料》（第1辑），法律出版社1981年版，第63页。

〔2〕 参见北京政法学院编：《中华人民共和国审判法参考资料汇编》（第1辑），1956年版。

〔3〕 参见《在中共解放区人民身体财产所得到的保障——陕甘宁边区司法及保安制度考察记》，陕西省档案馆，卷宗号：15-66；王吉德：《浅析陕甘宁边区法制建设的人本特征》，载《陕西档案》2004年第3期。

〔4〕 毛泽东：《关于领导方法的若干问题》，载《毛泽东选集》（第3卷），人民出版社1991年版。

〔5〕 参见强世功：《权力的组织网络与法律的治理化——马锡五审判方式与中国法律的新传统》，载《北大法律评论》（第3卷第2辑），法律出版社2001年版。

不同，在中国共产党扎根基层而且逐渐在农村建立根据地和区域政权的过程中，有计划地开展土地改革并利用阶级斗争的手段将广大群众按出身、职业划分不同层级。同时，为应对不同成分群体的差异利益格局，其采取农业互助组等经济组织和社员大会或组织委员会等地方政权组织（而且这两类组织形式在某种程度上是合一的），将农民因参与集体活动产生的观念悖论和行动分歧统一化，并辅之以近（现）代化的管理技术，诸如会议制度和民间调解。通过扩大司法主体的数量以吸纳不同阶层较具影响力的人物，借助他们革新旧有司法理念并宣传中共政策。阶级划分中较为年长或家境殷实的群众（或可称之为权威群众），在共产党建立新法统时获得更多期待并被委以重任：虽然他们并非强制担任乡村行政职务也不必掌握调解技巧，但由于这些人熟悉乡土社会中的人情世故而被周边群众当作"自己人"，以及因地缘甚至血缘关系与周边人形成共同的、重叠的利益空间，从而最终对公共事务享有更多话语权。在权威群众的参与下，民间调解的感召力使许多邻里街坊在相互推搡和怂恿下纷纷参与其中。一方面，通过调解、审判等司法手段解决纠纷，维护社会秩序稳定；另一方面，诸如马锡五式的共产党员干部获得与群众直接接触的契机，让后者体会到党与群众是一体的。这种直接的且符合老百姓朴素视觉观感的经验使包括权威群众在内的劳苦大众认为：共产党愿意倾听他们的呼声并尊重他们的看法，是站在他们这一边的。这在当时解决了如何与国民党对抗并在夹缝中生存的现实问题。例如，通过"马锡五审判（方式）"推行司法下乡活动，借助阶级划分争取社会精英的理解和认同，在民情与社情中监视周边反革命与敌特势力，以保证边区政权的稳定。这种政治功能在某种程度上遮蔽了其原本应有的司法审判效果。〔1〕同时，这也为党的革命建国主张与政治合法性提供了长久根基。共产党的领导阶层认为，我们是"广大人民群众的代理人"，而且"通过对人民实现民主和对

〔1〕 毛泽东所表彰的"马锡五审判方式"中的群众路线，谈的是根据地存活与发展的根本问题，其目的是要充分发挥"马锡五审判"中的政治功能。参见曾益康：《从政治与司法双重视角看"马锡五审判方式"》，载《西南政法大学学报》2009年第11卷第4期。

敌人实行专政以保护人民利益，这就是人民民主专政”。[1]据此推断，人民司法的任务，不仅是在组织机构和人员配备方面设置司法部门并建立规章制度，而且其还具有更深远的政治意义：它将群众路线融入司法建设中，在司法中体现人民民主专政的根本性质，体现废除国民党旧法统后新中国司法在国家建构方面的优越性。这种党群关系的组织方式也表明中国政治影响司法并通过司法实现社会控制的运作逻辑：司法源于解决社会纠纷的现实需求，但司法活动的专业性并不能完全排除普通民众的参与，因为后者不仅决定前者的属性也是其依归。

2. 中国司法与政治逻辑关系的中观层面

中国政治从中观层面影响司法主要表现为政法体制的形成历史及其动态运作过程。政法体制是党领导依法治国的制度和工作机制的重要组成部分，也是建设中国特色社会主义法治国家、实现国家治理体系和治理能力现代化的重要基石。从规范文本角度来讲，2014 年中国共产党十八届四中全会通过了《中共中央关于全面推进依法治国若干重大问题的决定》，深刻阐明了党的领导和依法治国的关系等法治建设的重大理论和实践问题，对社会主义法治国家建设做出了顶层设计。这些权威表述包括但不限于“党和法治的关系是法治建设的核心问题”[2]“坚持党的领导，是社会主义法治的根本要求，是全面推进依法治国题中应有之义。要把党的领导贯彻到依法治国全过程和各方面，坚持党的领导、人民当家作主、依法治国有机统一”。[3]具体来说，党领导依法治国的制度和工作机制就是“通过国家政权机关实施党对国家和社会的领导，支持国家权力机关、行政机关、审判机关、检察机关依照宪法和法律独立负责、协调一致地开展工作”[4]。

---

〔1〕 有关“人民是什么”，在中国，在现阶段，是工人阶级、农民阶级、城市小资产阶级和民族资产阶级。这些阶级在工人阶级和共产党的领导下，团结起来，组成自己的国家，选举自己的政府。人民的国家是保护人民的。参见《毛泽东选集》（第 4 卷），第 1475～1476 页。

〔2〕 习近平：《关于〈中共中央关于全面推进依法治国若干重大问题的决定〉的说明》，载《中国共产党第十八届中央委员会第四次全体会议文件汇编》，人民出版社 2014 年版。

〔3〕 习近平：《加快建设社会主义法治国家》，载《求是》2015 年第 1 期。

〔4〕 习近平：《在首都各界纪念现行宪法公布施行三十周年大会上的讲话》，载中共中央文献研究室编：《十八大以来重要文献选编》（上），中央文献出版社 2014 年版。

这其中的重要组成部分就是依托政法体制开展工作："在坚持党对政法工作的领导这样的大是大非面前，一定要保持政治清醒和政治自觉，任何时候任何情况下都不能有丝毫动摇。我们既要坚持党对政法工作的领导不动摇，又要加强和改善党对政法工作的领导，不断提高党领导政法的能力和水平。"[1]

"政法"和"体制"属于中国的本土概念。"政治"伴随中国在近现代政治独立和民族解放的过程中，传统封建社会中"政法"一词中蕴含的"法度（规）"或者"政法和法制并称"的语意已然发生变化；中华人民共和国成立初期，针对是否采用"政法"代替"法政"作为规范表达的问题，也着实引起了一段审慎的讨论。[2]按照马克思列宁主义的观点，"政法"强调的是体现国家意志的法律要为政治服务，法律是阶级斗争的工具。在中国则被正式表述为"政法部门是国家机器的重要组成部分，是人民民主专政的重要工具。军队是党和人民手中的'枪杆子'；政法部门则是党和人民手中的'刀把子'"。在当代中国，尽管已经不再强调以阶级斗争为纲，但政法部门的重要任务仍是维护社会稳定。改革开放后，政法部门包含的范围和对象日渐清晰，即主要包括公安机关、检察院、法院、司法行政机关、国家安全机关和武装警察部队，以及纪委监委。"体制"不仅指代国家政权的组织运作体系，也包括中国共产党的组织运作体系。中国的体制是党的领导体制逐渐嵌入国家政权体制的形态，亦即一种单向度的二元体制。[3]政法体制作为其中的重要部分，其本质特征就是党的领导。当代中国的政法体制是在近代历史演进中逐渐形成的，主要包括：其一，在条块关系中，以块块管理为主的同级党委领导体制[4]；其二，在央地关系中，党内分级归口管理和中央

---

〔1〕 习近平：《在中央政法工作会议上的讲话》，载中共中央文献研究室编：《习近平关于全面依法治国论述摘编》，中央文献出版社2015年版。

〔2〕 参见钟金燕：《政法委制度研究》，中央编译出版社2016年版，第24～26页。

〔3〕 国外的研究中常用英文Party-State形容这一体制。See eg. Ling li, "Rule of Law" in a Party-State:A conceptual Interpretive Framework of the Constitutional Reality of China, 2(1) Asian Journal of law and society , 2015, P.93-113.

〔4〕 "条条"与"块块"是中国本土概念，最早是由毛泽东提出来的。参见薄一波：《若干重大决策与事件的回顾》（上卷），中共中央党校出版社1991年版，第483页。在中国的政治语境下，"条条"是指业务的上下级关系，如最高人民法院与地方各级人民法院之间的管理关系；"块块"是指同级各个机关之间的关系。据此，中央和地方可以分别形成不同的"块块"关系。"块块"管理的根本就是同级各个机关接受同级党委的领导。例如，省级人民法院党组、省级人大常委会党组、省委政法委员会，都要接受省委的领导。

集中统一领导体制。作为党的领导体制进入并逐渐嵌入国家政权体制的典型范例，此制度的形成过程反映出“我们党对依法治国问题的认识经历了一个不断深化的过程”[1]。

当党的领导体制进入国家政权体制后，首要面对的具体问题是同级机关中由谁最终负责。以中央为例，按照中华人民共和国成立后《中国人民政治协商会议共同纲领》为依据制定的《中央人民政府组织法》的制度设计：最高人民法院与最高人民检察署向中央人民政府委员会负责并报告工作；公安部和司法部在政务院政治法律委员会的指导下，向政务院负责并报告工作。在中央层面的国家政权体制中，有各部门、各委员会、政务院和中央人民政府委员会四级体制[2]，在党的领导体制中，有各部门党组小组、委员会分党组干事会、政务院党组干事会和中央政治局四级体制。按照这种关系结构，公安部、司法部党组只需向政务院党组干事会报告工作，而不必直接向中央政治局报告工作，同样，最高人民法院与最高人民检察署联合党组也不必直接向中央政治局报告工作。然而，党和国家领导人很快便意识到此种制度设计存在信息沟通不通畅的问题，并于20世纪50年代着手予以调整：经过几年磨合，公安部、司法部、最高人民法院与最高人民检察署通过各自党组向分管政法的中央领导直至中央政治局负责并报告工作。随后，地方改革最终也形成向同级党委负责的块块管理体制。另一个与之相关的问题是，对于地方各政法机关党组而言，是向上一级政法机关党组还是向地方同级党委报告工作？特别是当地方同级党委与上一级政法机关党组意见不一致时，如何处理？例如，因法院系统并非垂直领导关系，也并未产生类似检察院的双重领导关系，那么当同级法院与上一级法院的意见一致，却与地方党委意见不一致时，应该如何处理？经过一系列文件调整，法院系统最终形成了法

---

〔1〕 习近平：《在中共十八届四中全会第二次全体会议上的讲话》，载中共中央文献研究室编：《习近平关于全面依法治国论述摘编》，中央文献出版社2015年版。

〔2〕 “关于政府组织问题，中央人民政府的组织系统是在中央人民政府委员会下面分设许多机构……政务院底下设有三十个单位……不可能经常领导这三十个单位，所以下面设四个委员会协助办理……政法委员会下辖五个部门。”参见周恩来：《关于人民政协的几个问题》，载中共中央统一战线工作部、中共中央文献研究室编：《周恩来统一战线文选》，人民出版社1984年版。

院向同级党委负责，再由下级党委向上级党委负责的体制。总而言之，各政法机关在业务上虽然往往归口同级政府或者上一级政法机关管理或者指导，但在重大事项上，其最终仍是向同级党委负责并报告工作。在央地关系中，特别是在党内的央地关系中，通过分级归口管理的办法最终实现中共中央集中统一领导的政法体制。具体地讲："分级"是指从中央到地方分成多个级别；"归口"是指将国家各机关进行分类并归入党的相应职能部门予以管理，进而形成国家各机关与党的职能部门的对口关系。例如，公安机关、人民检察院和人民法院这些国家机关可统称为"政法口"，并主要由党委政法委员会进行管理。对此政法工作的归口管理主要涉及两方面：一是政法干部的管理，主要由党委组织部牵头负责，并由政法委员会协助管理干部；二是政法业务的管理，具体包括对各政法机关进行政治指导，主要由党委政法委员会负责。

借助党委政法委员会实现对政法干部与业务的管理与指导，是执政党立足于20世纪60年代法制混乱的经验教训而对党与政法（乃至政府）职能关系主动开展的自我纠偏与调适。1978年中共中央决定成立中央政法小组，协助党中央处理最高人民法院、最高人民检察院、公安部等部门的政策方针制定工作，并研究亟须修改和重新制定的《刑法》《刑事诉讼法》等一系列法律。同时，伴随诸多法律草案的修订，中央已经酝酿就《刑法》《刑事诉讼法》的颁布和实施发布一个指导性文件，旨在对党与司法的关系、公检法的关系以及政法队伍建设等问题统一思想、提高认识。[1]1979年中共中央制定下发《关于坚决保证刑法、刑事诉讼法切实实施的指示》，在总结反思"文化大革命"期间法制遭到严重践踏以及"认为法律可有可无或者政策就是法律"等错误思想的教训后，首次提出"社会主义法治"的概念，并明确界定法律、司法权威与党的领导的关系，并提出"取消各级党委审批案件的制度"。该指示中诸项规定表明，新时期党管政法的目标已经调整为推动宪法法律的正确有效实施。在此基础上，中共中央于1980年决定成立中央政法委员会，中央政法委员会在第一次会议时明确了自身的性

---

〔1〕 参见刘海年：《实现社会主义法治的坚实一步》，载《人民政协报》2014年10月30日，第5版。

质、职能和主要任务[1]，同时决定将原中央政法小组及其办公室撤销。由于受到“党政分开”的政治体制改革影响，中央政法委员会在被撤销并由中央政法领导小组取代，但于1990年得以恢复。此时的中央政法委员会主要职能在于“对政法工作进行宏观指导和协调，当好党委的参谋和助手，其办事机构主要做调查研究工作，不要过于具体干预各部门的业务，使各级政府切实担负起对所属的公安、安全、司法部门业务工作的领导责任，以保证法院、检察院依法独立行使审判权、检察权，充分发挥政法各部门的职能作用”[2]。同时，中央对各地政法委员会的职能和机构建设也提出了指导性要求，“各地党委政法委员会的职责任务，可以参照中央政法委员会的职责任务，由各省、自治区、直辖市党委确定。政法委员会是否协助同级党委组织部门考察管理政法领导干部，也由各省、自治区、直辖市党委确定”[3]。根据20世纪90年代中后期中共中央印发的有关中央及各地政法委员会的职能机构、内部机构、人事编制等方面的文件，政法委员会由最初党中央法律政策问题的研究机构、政府内设协调机构、党内协调机构或者工作部门，演变为同级党委领导政法工作的职能部门。据此，作为职能部门的党委政法委员会的运作逻辑也日渐清晰和规范：坚持党政职能分开原则；组织上受同级党委领导；发挥政法工作宏观指导职能；协调政法各部门关系，但是不干预政法各部门具体业务。具体地讲，该职能部门发挥其政法组织的中轴力量可从以下两个角度进行观察。

其一，从纵向上看，党委政法委员会借助其自身的组织体系在不同层级间传递了党的政策，使党的政法意见在表达、综合、制定与实施过程中达到精简且高效，在“纵向一体化”中传承并开展政策与法律相结合的治理模式。在中

---

〔1〕 中央政法委员会第一次会议时指出，中央政法委员会的性质和职能在于：一是给中央当参谋，即调查研究，提出意见，提出工作计划；二是做组织工作，即组织政治法律各部门贯彻执行中央的方针和任务，统一认识，统一行动，互相配合，协同作战；三是给中央做秘书，承办中央交办的事情。其主要任务：在中共中央领导下，研究处理全国政法工作中的重大问题，并向中央提出建议；协助中央处理各地有关政治法律工作的请示报告；协调政治法律各部门工作，对政治法律各部门共同的有关全局的问题，根据中央的方针、政策、指示统一认识，统一部署，统一行动；调查研究和贯彻执行中央方针、政策和国家法律、法令的情况；调查研究政法队伍的组织情况和思想情况；办理中央交办的其他工作。参见《彭真传》编写组编：《彭真年谱》（第5卷），中央文献出版社2012年版，第49页。

〔2〕 中共中央文献研究室编：《十三大以来重要文献选编》（中），人民出版社1991年版，第405页。

〔3〕 《乔石谈民主与法制》（上），人民出版社、中国长安出版社2012年版，第193页。

华人民共和国成立初期，由于法制简陋亦缺乏体系，中国在执政政权和治理社会中往往更多凭借党的方针政策，此时“主要靠政策治理，甚至靠接连不断地搞运动来治理。这都一度成为我们治国的选择和实践”[1]。例如，改革开放不久后，在涉及关于集中力量打击严重经济犯罪或严重刑事犯罪的决定、关于特别重大案件审判工作的指示等，绝大部分都是通过各级政法委传达或部署的。在20世纪80年代成立党委政法委以后（即便随后被撤销并于90年代复建）：一方面，肯定其在落实依法治国方针并着力推进执法工作方面担负的重大职责；另一方面，经过几十年的恢复发展，立法工作渐入正轨并颁布了一系列部门基本法律、法规，导致以审判为代表的司法适用活动也改变了过去“无法可依”的尴尬局面。同时，这也对党领导和治理国家应采取的方式提出新的挑战：一类方式是“通过法律的治理”或者“通过程序的治理”，即法院独立审判，坚持党中央方针、政策的领导，具体案件由法院来办；另一类方式是“通过政策的治理”或者“通过运动的治理”。[2]问题在于，如何甄别并选择合适的治理方式？对此，判断依据和选择对策往往根据社会发展形势的变化因时因地制宜。这就要求各级党委政法委不仅应严格落实既有政策，更应及时向中央反映区域间存在的法制差异和面对的不同问题。此一过程不仅依赖党委内部职能部门间的上下联动，更在于谋求社会治理在党的政策与国家法律间两种治理方式的平衡点。

其二，从横向上看，党委政法委实际上扮演了“以党领政”的角色。[3]党要求“政法委员会作为党委的职能部门，应当承担起从宏观上统一组织领导政法工作的责任，重大问题报党委决策。这是加强党的领导，提高政法部门整体效能的客观需要”[4]。从政法委的实际横向功能来看，各级政法委扮演了领导、协调各个政法部门的角色，关联并弥合了不同政法部门之间的权力缝隙，实现了“横向关联

---

〔1〕 中央政法委政法队伍建设指导室、中央政法委政法研究所编：《社会主义法治理念学习问答》，中国长安出版社2006年版，第31页。

〔2〕 参见强世功：《法制与治理》，中国政法大学出版社2003年版，第152页。

〔3〕 参见王续添：《中心主义政治制度与“中国政治模式”》，载《经济社会体制比较》2010年第6期。

〔4〕 林中梁编著：《各级党委政法委的职能及宏观政法工作》，中国长安出版社2004年版，第33页。

化”。这具体表现在同级政法委与政法机关的关系结构和运转机制两个方面：一方面，政法委对政法机关的宏观指导与协调具体表现为领导与被领导的关系，造成这一局面的主要原因在于中华人民共和国成立初期处理大批反革命案件和其他刑事案件的迫切需要。当时的政务院政法委员会面对政法机关与体制尚不健全的局面，向中共中央提出建议，希望公安机关、检察机关和审判机关能够在办理刑事案件中实行分工负责、相互制约的原则。1954 年 6 月，中共中央指示各级党委，要领导政法部门进行典型试验，研究和制定公、检、法三机关之间的工作关系和工作制度。[1]初期，由于政法委只承担组织干事、工作参谋的职责，正如前文指出的那样，往往难以开展具体工作，甚至难以传发党的文件。据此，20 世纪 90 年代复建后的各级政法委员会很快便于政法机关中建立起领导关系。另一方面，政法委与政法机关也通过联席会议制度（或称为联合办公）和请示报告制度开展具体工作。联席会议制度可追溯到中华人民共和国成立初期，当时党的高层认为，政法机关联合办公有利于其相互间的制约与合作[2]，也有利于高效完成各级党委的中心任务[3]。中国共产党政法委员会成立后也一直延续这一传统，对于重大敏感或者疑难案件、群体性事件等，政法委不仅全员参加，也会牵头各政法机关联合办公。由于这些委员分居各部门一把手，因此也将其称为“大三长”会议。至于请示报告制度，在党委政法委成立之后具体表现为便于党委直接领导并部署、检查、督促和协调政法部门的工作，要求后者应就一些重要工作和重大事项请示报告。需要报告的内容包括“做出涉及政法部门的重大会

---

〔1〕参见《董必武传》撰写组编撰：《董必武传》，中央文献出版社 2006 年版，第 870 页。

〔2〕例如，彭真指出，新中国成立以来，只要是运动，只要有工作中心，就联合办公。我们不是讲唯物论吗？联合办公的存在，不仅有可能，而且确实有需要。那么多的案子，你办你的，我办我的，没有直接碰头商议，怎么行呢？还不是大家联合办公！联合办公的经验应该肯定。大家在一块，有个对立面。有矛盾，在一块商议解决，最后事情办得不出错误，或者少出错误，就是这个目的。联合办公是直接协作，直接互相制约。案子少了，就分头去办，必要时交换一下意见，也还是协作，也还是制约。参见彭真：《论新中国的政法工作》，中央文献出版社 1992 年版，第 129 页。

〔3〕例如，1951 年 8 月 4 日，辽东省人民法院向东北人民政府、司法部呈报《辽东省公安、法院、检察联合办公情况》。报告指出，辽东省大张旗鼓镇压反革命工作开始，4 月 6 日省公、检、法三机关发出联合通知，要求各市、县公、检、法组成一个肃反领导小组，各业务部门除留一部分人员照顾日常工作外，主要力量集中在一起联合办公。预审、起诉、审判三者密切结合，以缩短审判及呈批时间，简化各机关手续，依法及时镇压。参见钟金燕：《政法委制度研究》，中央编译出版社 2016 年版，第 148 页。

议、改革和决策、各类案件和群体事件的统计表册和影响社会稳定的重大事件的处理情况、贯彻落实全市政法工作会议和市委政法委员会全体会议精神的情况、市委领导同志交办事项的办理情况报告市委并抄报市委政法委”[1]。针对前述内容一般通过会议、书面报告等正式形式，或非正式形式向政法委请示，后者对此则可以解答疑惑、指导督促为目的予以回复。

3. 中国司法与政治逻辑关系的微观层面

中国政治从微观层面渗透并影响司法主要表现为诸项诉讼制度的实际运作情况。对此，中国的人民陪审员制度可被视为较具代表性的范例。概括地讲，中国陪审制度的建立和发展可大致分为三个阶段：清末民初时期、根据地时期至改革开放前和20世纪末。清朝末年，面对西方坚船利炮的羞辱和蹂躏，以沈家本、伍廷芳为代表的清廷有志之士逐渐认识到国门被打开的原因并非在于器物而是理念和制度，尤其是法律制度。据此他们在翻译引入外国法制并主张展开变革运动的过程中，逐渐发现西方实行的陪审制度可弥补法官单独判案的不足，并在沈家本主持编撰的《大清刑事民事诉讼法》中第一次规定了陪审制度，即“凡陪审员有助于公堂秉公行法，于刑事使无屈抑，于民事使审判公直之责任”[2]。并随之规定了陪审员的资格、责任、产生办法等，但却因各省督抚的抵制最终难以施行。民国初年，武汉国民政府曾在司法制度中提出建立参审制和陪审制的方案，并于1929年公布了《反革命案件陪审暂行法》以镇压共产党人和革命人士。该法于1931年被废止。[3]中国最早的人民陪审制度始建于革命根据地时期并伴随中共的政策文件得以完善和发展。1927年，上海工人在武装起义中制定了《上海特别市临时市政府政纲草案》并指出，法院实行陪审制度，由各界代表参加陪审。1932年，中华苏维埃共和国中央执行委员会借鉴当时苏联的审判经验，颁布了《中华苏维埃共和国裁判部暂行组织及裁判条例》，并具体规定了陪审员的组成和限制条件、执行职务的权限和方式等内容，为中国陪审制度以后的发展奠

[1] 中共济南市政法委员会编：《济南政法委志》，2002年版，第352页。

[2] 谭世贵主编：《中国司法改革研究》，法律出版社2000年版，第44页。

[3] 参见丁爱萍：《人民陪审员制度的立法现状及其存在的问题》，载《人大研究》2003年第4期。

定了基础。例如，在抗日战争时期根据地实行的“马锡五审判(方式)”，以及各解放区采用的“人民法院派出审判员与当地农民代表组成合议庭分区巡回审判的方式”，都进一步完善了具有中国特色的陪审制度。中华人民共和国成立后，国家就人民陪审制度制定了一系列法律规定。1951年，中央人民政府委员会制定并颁布了《人民法院暂行组织条例》并指出：“为便于人民参与审判，人民法院应视案件性质，实行人民陪审制。陪审员对于陪审的案件，有协助调查、参与审理和提出意见之权。”1954年，中国第一部《宪法》则明确规定：“人民法院审判案件依照法律实行人民陪审员制度。”据此，人民陪审制度成为中国的宪法原则。随后，司法部和最高人民法院先后发布《关于人民陪审员的名额、任期和产生办法的指示》和《关于结合基层普选选举人民陪审员的通知》等文件，为陪审制度在实践中的具体落实和操作提供诸多规范依据，极大促进了中国人民陪审制度在20世纪50年代的蓬勃发展。

20世纪末至今，伴随法治秩序的重建，中国人民陪审制度在《宪法》中得以恢复。鉴于1979年颁布的《刑事诉讼法》对人民陪审制度的规定过于僵化、缺乏灵活性，即凡是合议庭审理的一审案件都必须有人民陪审员参加，故1982年《宪法》便不再将人民陪审制度作为宪法基本原则。同样，在1983年修订的《人民法院组织法》也不再把人民陪审制度视为审判原则；1989年颁布的《行政诉讼法》、1991年颁布的《民事诉讼法》和1996年颁布的《刑事诉讼法》也都没有规定第一审案件必须实行人民陪审制度。据此，人民陪审制度成为一种法院根据具体情况灵活适用的审判组织形式。进入21世纪以来，中国人民陪审制度在最高司法机关的推动下进入全面发展阶段。2004年8月28日，第十届全国人大常委会第十一次会议审议通过了《关于完善人民陪审员制度的决定》(已失效)，并决定于2005年5月1日正式施行。2004年12月13日，最高人民法院、司法部联合印发了《关于人民陪审员的选任、培训、考核工作的实施意见》，对人民陪审员的选任、培训、补助、考核等问题进行了细化规定。作为一次对陪审制度较为系统的改革尝试，这两份文件极大促进了人民陪审员参与审理案件的人数比例。[1]而且，面对前述阶段性成果，最高人民法院进一步提出有关人民陪审员数量的“倍增计划”。[2]然而，尽管统计数据能够反映公民参与司法的程度，但并不能很好折射出陪审制度在实践中面临的挑战。事实上，正如《中共中央关于全面推进依法治国若干重大问题的决定》中提出的那样，面对陪审制度凸显的功能虚化等问题，(应当)“完善人民陪审员制度，保障公民陪审权利，扩大参审范围，完善随机抽选方式，提高人民陪审制度公信度。逐步实行人民陪审员不再审理法律适用问题，只参与审理事实认定问题”。据此，为贯彻落实党的十八届四中全会关于人民陪审员制度改革的部署，确保人民陪审员制度改革试点工作稳妥有序推进，最高人民法院与司法部联合印发了《人民陪审员制度改革试点方案》以及《人民陪审员制度改革试点工作实施办法》，授权北京在内的 10 个省 50 家试点法院结合各自地方特色并汲取域外先进经验，探索人民陪审员制度改革的有效路径。由于此次试点范围广、影响大、程度深，最高司法机关并未草率提交试点报告等文件，而是建议立法机关延长试点期限。2017 年 4 月 24 日，第十二届全国人大常委会第二十七次会议召开第一次全体会议，集体听取了最高人民法院提请审议的《关于延长人民陪审员制度改革试点期限的决定(草案)》。最高人民法院副院长代表最高人民法院对该文件作了说明，并指出“由于试点工作仍处于不断探索、逐步完善的过程，有些问题还没有充分显现……还需要一段时间进一步研究总结……一是缺乏事实审和法律审区分的有效机制……二是全面实行随机抽选难度较大且不尽合理……三是大合议庭陪审机制有待进一步完善。”据此，最高人民法院建议将人民陪审员制度改革试点工作延期一年至 2018 年 5 月。2018 年 4 月 27 日，《人民陪审员法》由第十三届全国人大常委会第二次会议通过。

作为中国第一部专门规定陪审制度的部门法，《人民陪审员法》产生及流变

---

〔1〕 全国人民陪审员参加审理案件总数共计 628.9 万件。2013 年上半年全国法院审理的一审普通程序案件陪审率已达 71.7%，比 2006 年提高 52%。参见毛磊、张洋：《最高法向全国人大常委会报告人民陪审员工作情况》，载《人民日报》2013 年 10 月 23 日，第 8 版。

〔2〕 参见周强：《深入推进人民陪审员制度改革 大力弘扬社会主义司法民主——在人民陪审员制度改革试点工作部署动员会上的讲话》，载中国法院网，https://www.chinacourt.org/article/detail/2015/04/id/1603162.shtml。

的历史脉络较为清晰地表现出了中国法律制度中司法价值与政治价值的关联与耦合：

一方面，20世纪90年代陪审制度的复苏能够缓解法院系统案件激增的现实压力，借助一系列诉讼法和组织法的修改着力调整合议庭裁判结构和运作方式，提高认定案件事实的能力和司法公信力。改革开放以来，伴随经济快速发展和社会交往程度加深，法院面临与日俱增的受案压力进而出现案多人少的矛盾。据数据统计：1979年全国法院系统的工作人员约为5.9万人，其中法官估计近4万人；2010年全国法院系统工作人员32万人，其中法官19万人；案件审理数量方面，1978年为61万余件，而2010年全国法院系统受理案件约1171万件。30多年来，法官的人数增长了超过5倍，而案件数量则增长了近20倍。[1]由于司法行政化体系的存在，法院兼具内部行政管理和外部审判两种职能，内部行政管理职能占用了大量的审判资源。又因为法院系统只是国家大系统的一部分，因此它还要承担普法宣传、扶贫帮教、精神文明建设、维稳支农等职能。[2]这使本来就非常紧张的审判资源更加紧张。这种紧张局面越是在西部地区、越是在基层表现得就越明显。[3]例如，大中型城市和东部发达地区的突出问题是案件数量激增，某些地方甚至出现“诉讼爆炸”现象。[4]相反，农村和中西部地区的案件数量虽然并无明显增长，却普遍面临“法官荒”局面，甚至个别地方连一个合议庭的法官都凑不齐。[5]同时，在有限的财政供养条件下，国家不可能采取增加法官编制和人数的方式摆脱前述困境。而且20世纪90年代初期以来，法院经费保障普遍由地方财政负担转向当事人负担，改善法院基础设施和法官待遇往往取决于办理案件的数量。[6]再者，国务院于2006年颁布的《诉讼费用交纳办法》下调

---

〔1〕 参见苏力：《审判管理与社会管理——法院如何有效回应“案多人少”》，载《中国法学》2010年第6期。

〔2〕 参见彭小龙：《人民陪审员制度的复苏与实践：1998—2010》，载《法学研究》2011年第1期。

〔3〕 更具体地讲，实行司法考试制度以后，中西部地区出现了比较严重的法官梯队断层和法官流失现象。参见曾晖、王筝：《困境中的陪审制度——“法院需要”笼罩下的陪审制度解读》，载《北大法律评论》（第8卷第1辑），北京大学出版社2007年版。

〔4〕 参见李飞：《朝阳法院“诉讼爆炸”现象调查》，载《人民法院报》2005年7月12日，第5版。

〔5〕 参见2007年11月9日至12月3日《法制日报》连续刊载的对宁夏、云南、贵州、新疆、甘肃、陕西、四川、广西等省份的系列调查。

〔6〕 参见王亚新：《社会变革中的民事诉讼》，中国法制出版社2001年版，第167页以下。

了诉讼费用，导致法院传统“创收手段和渠道”受阻。

这一切促使法院从实用主义角度将人民陪审员理解为“编外法官”，并更加功利地考量吸纳陪审员参与法庭审理可获得的实际收益：由于陪审制是依托合议制度发挥效果，而且几乎同时期，我国对诉讼法和法院组织法的修改强调合议制度的集中审理与民主裁判规则，故不难推断，吸纳陪审员并由其替换职业法官，不仅可以在形式上扩充审判组织的数量，而且可以改变裁判权在事实认定方面的分配比重。也就是说，合议庭成员以 1 名职业法官和 2 名陪审员的组合方式相交之前 3 名职业法官的组合可同时处理更多案件；同时，参加合议庭的陪审员可与法官分享认定案件事实的裁判权。这意味着，凭借朴素正义观和道德感参与审判并提供非专业意见的陪审员，可以在法院与群众之间建立一种“安全阀”和预警机制：来自群众并提供社会一般经验和常识理性的陪审员深谙人情世故，不容易受到诉讼参与人的诱导做出误判；在案件合议阶段其也能够提醒法官摆脱职业惯性和固化思维产生的偏颇和执拗，着眼于承办案件依托的社会情势和民意诉求，进而有助于查明案件事实。更为重要的是，这种交互作用能够培养出对法院及法官“同情的理解”氛围并为裁判结果提供正当性解说：与适用法律需要长时间专业训练不同，认定案件事实反而更多依靠普通生活经验与常识。据此，从群众中筛选不同阶层和身份职业各异的代表担任陪审员，不仅能够提升公民大众的认同感和归属感，而且对于诉讼外的批评乃至仇视，这一法律外行团体也能从异体监督角度稀释不满和分歧，缓冲司法专业化与大众化之间的隔阂，从而提高裁判公信力。

另一方面，陪审制度内嵌的政治价值往往与司法民主理念暗合，并以“选择由同类人审判”的形式表现出来，同时辅之以国家权力治理技术实现政治目标。这一司法理念具体表述为，由生活在同一社区，具有相同的地方知识，面对相同的生活经历，具备共同的情感和思维方式——这样的人对“同类的人”的法律行为有着更为准确、公平、公正地判断。而且，由于大众参与司法是民主制度最为直接和基本的样式，故对于不同法系国家而言，无论司法传统和文化风格存在何种差异，都更加注重陪审制度在反抗司法专权和恣意、保障主权在民的理念方面发挥的重要作用。例如，美国《宪法》第五、第六修正案规定，非经大陪审团提起公诉，人民不受死罪或因重罪而被剥夺部分公权之审判，亦不得未经正当法律程序使其丧失生命。在一切刑事诉讼中，被告人应享有下列权利，由发生罪案的州及区的公正的陪审团予以迅速及公开之审判。法国《刑事诉讼法》则具体采取降低陪审员资格、调整陪审员遴选程序等方式，便利更多民众参与司法审判。[1]

就中国而言，无论是革命战争时期根据地实行的陪审制度还是20世纪90年代复兴以来，此制度的原初定位即是实现司法民主。正如有学者在分析苏区陪审制度的功能时指出，以陪审制度为代表的苏区法律制度与国民党政府的司法制度有着根本区别，它对于广大工农民众实行十分宽泛的民主主义，奠定了人民民主司法制度的基础。[2]在社会主义法制体系基本建成后，党的十八大再次明确要求"扩大社会主义民主，加快建设社会主义法治国家，发展社会主义政治文明"[3]。即便重提复兴陪审制度的缘由，最高司法机关负责人的阐述也围绕宪法权利、司法民主与公正以及人民群众对司法活动的监督等方面进行。[4]

邀请当地群众参与司法活动，"并不是一个不同阶级和群体之间利益妥协和分配机制，而是一个促使所有在政治及历史之外生活的村民进入政治领域的有效的动员机制，也就是使国家和政党的意识形态渗透到包括穷乡僻壤在内的广大农村地区的机制"[5]。这种审判组织形式及其裁判结果并不否认秉承正义和法

---

〔1〕 参见施鹏鹏：《陪审制研究》，中国人民大学出版社2008年版，第75~76页。

〔2〕 参见杨木生：《苏区司法制度探析》，载《江西公安专科学校学报》2001年第2期。对此，更进一步的研究参见丁爱萍：《人民陪审员制度的立法现状及其存在的问题》，载《人大研究》2003年第4期。

〔3〕 胡锦涛：《坚定不移沿着中国特色社会主义道路前进 为全面建成小康社会而奋斗——在中国共产党第十八次全国代表大会上的报告》，人民出版社2012年版，第25页。

〔4〕 原最高人民法院副院长在全国人大常委会上阐述《关于完善人民陪审员制度的决定》（已失效）的立法说明时，提到了四项立法理由：（1）是司法工作实践"三个代表"重要思想和"立党为公、执政为民"要求的重要体现，是落实宪法关于公民依法参与管理国家事务权力的重要保障；（2）是弘扬司法民主、维护司法公正的现实需要；（3）是增强司法活动透明度，强化人民群众对司法活动监督的现实需要；（4）是解决实践中存在的问题的必要措施。参见《关于〈关于完善人民陪审员制度的决定（草案）〉的说明》，http://www.people.com.cn/GB/14576/28320/32776/32780/2445485.html.，最后访问时间：2019年6月27日。

〔5〕 转引自强世功：《权力的组织网络与法律的治理化——马锡五审判方式与中国法律的新传统》，载强世功编：《调解、法制与现代性：中国调解制度研究》，中国法制出版社2001年版，第208页。

治等宏大理念和叙事意向，但却更加切实有效地平息邻里纠纷并消除阶级分化。而且，正如前文所述，群众陪同并参与审判有力促进了审判和调解合一的纠纷解决方式，司法与行政合一的机构设置以及人民参与司法（或称为"大众司法"）的理念的发展。受制于20世纪50—70年代的特殊政治背景和社会条件，人民陪审制度像其他制度设计的初衷一样，更加刺激并呼应人民群众的政治热情并与政治功能直接关联。此时期"陪审员的身份更多是作为一种荣誉称号或政治资本的象征意义存在，在这一理念指引下，人民陪审员制度的政治功效发挥得淋漓尽致，由于此时法官专业素质有限，'职业'和'非职业'的区别不大，陪审员也在一定程度上起到了查明事实和适用法律的司法功能"。但到了20世纪80年代末90年代初开始的法制恢复与重建时期，尤其是90年代伴随大规模法律移植开展的法官职业化改革的实效远低于预期，进一步加剧了司法与社会的紧张关系，并促使高层将寻求化解之道的思路重新转向司法的民主传统。这直接表现为司法更强调"树立群众的观点"和走群众路线，更强调"依靠政治优势化解社会矛盾"，更强调审判工作要坚持"法律效果与社会效果、政治效果的有机统一"。[1]由此不难发现，此时期的司法民主理念已然淡化作为组织武装反抗和阶级斗争工具的"权力观"，而更加偏向陪审制具有的实践理性和增强裁判社会抗压性[2]的"工具观"。

二、中国司法人员的法律素养

概括地讲，人类知识可分为纯粹理性、实践理性和技艺三大种类。所谓纯粹理性，在亚里士多德时代大致是几何、代数、逻辑之类可以精密研究的学科；实践理性是指人们在实际活动中做出选择的方法，用来确定命题之真假、对错和

〔1〕 参见李拥军：《我国人民陪审制度的现实困境与出路——基于陪审复兴背后的思考》，载《法学》2012年第4期。

〔2〕 这具体表现为，陪审员和陪审制度在特定时期为法院处理横向的地方权力和纵向的法院垂直管理权力的矛盾交织提供了操作空间。比如，行政机关为解决强制拆迁合法性问题，以及避免被拆迁户通过诉讼寻求救济，往往邀请法院派员到场监督。此时，从法院或法官个人角度而言，为避免与公安机关和其他地方领导把关系"闹僵"，往往派陪审员到场"打打擦边球"。参见曾晖、王筝：《困境中的陪审制度——"法院需要"笼罩下的陪审制度解读》，载《北大法律评论》（第8卷第1辑），北京大学出版社2007年版。

行为善良与否，如伦理学、政治学等；技艺是指那些无法或几乎无法用言词传达的，似乎只有通过实践才可能把握的知识，甚至在有些时候只有具备某种天赋的特殊人才能获得。应当指出的是，同任何类型学科所追求的旨趣与遭遇的遗憾一样，此种分类标准希冀囊括人类知识的类别，但学科的自主发展却不断冲破该种属的限制甚至获得重塑。然而，该种分类标准仍然为我们提供了一个研究知识和学科的理论视角与路径依赖，即知识的分类和学科的分类大致相同。就法学领域而言，特别是近代的以司法为中心的法学发展起来以后，其一方面打破了西方法学界力求促使法律成为一门科学的幻想〔1〕，另一方面也在知识增量与学术积累角度以不同形式强调了法学知识的特殊性，即法学具有一种实践理性的特征，它无法通过讲授方式传达，而必须依靠大量实践才能被逐渐掌握。〔2〕其中的“大量实践”则是指接触司法实务或案件，同时，实践理性的锻造与养成也往往与办理或裁判案件的方法乃至思维密切相关。

然而，这种实践理性的思维方式是否确实为法律人，尤其是司法工作人员所具备，也曾经在中国学术界与实务界引起过不小争论。〔3〕虽然主流观点坚持认为，法律人所具备的是一种独特的、不同于常人的思维，而且这种思维内涵具有较为稳定的具象表征并能够获得理论概括，但在如今高科技飞速发展并极大地改变了法学理论研究对象与司法运行场域的背景下，此前梳理的法律职业思维特征已然发生变化。相关研究虽然采取的文字表述不尽相同，但所指却具有较为稳定的范围，即将法律人思维蕴含的内容与特征大致限定在三个方面。

一是法律思维的根本特征在于“规范性”并具有教义学属性。法律思维方式的重心在于合法性分析，即运用法律观察、分析、描述和解决问题。由法律和

---

〔1〕 参见苏力：《制度是如何形成的》，北京大学出版社 2007 年版，第 159 页。

〔2〕 据此，我们也可以理解，为什么以司法实务为主导的英美法学教育更多是一种职业性教育，而更具人文教育性质的欧陆法学教育培养出来的学生只有很少人真正进入司法，而且进入之前往往还需要各种更强调专业技能的司法培训。

〔3〕 相关内容参见苏力：《法律人思维？》，载《北大法律评论》（第 14 卷第 2 辑），北京大学出版社 2013 年版；孙笑侠：《法律人思维的二元论——兼与苏力商榷》，载《中外法学》2013 年第 6 期；董玉庭、于逸生：《司法语境下的法律人思维》，载《中国社会科学》2008 年第 5 期；郑成良：《论法治理念与法律思维》，载《吉林大学社会科学学报》2000 年第 4 期。

思维组合而成的法律思维，标示着法律对思维过程的约束或者对思维结论的限定。[1]同时，这种接受实在法约束的惯习暗含了对法安定性与秩序的尊重，由此表明将法律与“教义”相关联的潜在欲求。也就是说，实在法为法学家提供了思考的起点和工作的平台，但也限制其提问的立场和思考问题的范围。法学家不能像诗人那样利用过度修辞的语言张扬自己的情感，(而)必须用所谓的理性、冷静、刚性的“法言法语”包装起这种判断和想象。[2]

二是在思维手段上，法律思维兼具实践理性与经验质感，但仍力求逻辑相较于情感的优位。法律思维要求能在纷繁复杂的社会现象中敏锐发现其中的法律问题，从中理出头绪并对法律关系予以定性，能够很快找到相关法条并准确理解和适用。这种理性思维是经过专业训练才能获得的，是区别于其他职业的内在的质的规定性。[3]同时，围绕争议焦点展开法理争辩并未完全忽视情理和伦理，而且在法律语言的包装下诸如儒家传统《孝经》等文学作品也曾助力司法裁判增强说服力。据此，情理与法理借助修辞的力量得以勾联。然而，逻辑理性作为一种反思性思考方式更加接近法治理想，并突出体现在法律推理和论证的司法经验中。

三是在思维的内容上，法律思维具有必要的价值属性。法学思维是一种评价性思维，因为其研究对象是一种“价值性事实”，即反映人类的价值观、价值倾向和价值意义的社会事实。简言之，法学思维离不开评价。更进一步讲，法学主要关切的不是“逻辑上必然”的推论，而是一些可以理解而且有说服力的思想步骤。不管是在实践(法律适用)领域，还是在理论(教义学)范围，法学涉及的主要是“价值导向”的思考方式。[4]价值思维在法律推理中也是不可避免的，甚至(在演绎推理中)前提的选择本身，(在归纳推理中)事实和价值相关的选择本身，

---

〔1〕 参见陈金钊主编：《法律方法论》，北京大学出版社2013年版，第9页。

〔2〕 参见舒国滢主编：《法理学导论》，北京大学出版社2012年版，第8页。

〔3〕 参见张文显主编：《法理学》(第3版)，高等教育出版社、北京大学出版社2007年版，第263页。即便是在美国法学院，新生在接受训练时也被告知应获得准确的思维、冷酷的分析，在给定的材料范围内工作以及熟练地操作法律机器的能力。贯穿于这个法律教育的目标是像律师那样思考，或者像法官那样思考。参见武宏志：《美国语境中的“法律人思维”》，载《法学家》2009年第3期。

〔4〕 参见舒国滢主编：《法理学导论》，北京大学出版社2012年版，第9～10页。

都是承载价值的选择。[1]

以法官为例，2019 年 4 月修订的《法官法》对该职业的定位与职能予以明确。其中第 6 条规定："法官审判案件，应当以事实为根据，以法律为准绳，秉持客观公正的立场。"据此，事实、法律（规范）以及其中蕴含的公正的价值追求成为司法裁判的三重依归；同时，结合前文提及的法律思维的共性内容，本书认为，以法官为代表的司法工作人员所具有的知识储备和方法论体系可做如下解读：首先，在案件事实层面，认定案件事实需要运用证据规则并凭借经验质感。在《刑事诉讼法》已然确定证据审查的基本框架和步骤的前提下，如何严格遵循有关证据能力和证明力的规则要求成为重点考察内容。其次，在法律适用层面，围绕探求立法文本的规范意思适用法律成为选取恰当解释方法的逻辑起点。但受限于人类有限理性与社会变迁的现实需求，司法者通过解释渠道延展立法旨意以便为事实纠纷提供裁判依据应当获得更多肯定。

1. 事实认定与证据排除规则

现代司法奉行证据裁判原则，即"认定案件事实，必须以证据为根据"。具体而言，它不仅要求认定案件事实的证明方法不应源于臆想或不合理的猜断，而且要求在控诉方的证据体系未达到排除合理怀疑之前，裁判者不得据以定罪和处罚，否则应认定为被追诉人无罪；而在审判程序中，法院也应坚持平等对待的原则，公正地对待控辩双方，客观地认定案件事实。[2]该原则旨在防止司法的任意性，确保事实前提和裁判结论之间具有某种确证关系，进而"有助于巩固社会组织制度所需的智力内部结构，在此制度内争论表现为论证和反论证，而不是使用暴力的威胁"[3]。

就刑事诉讼领域而言，为严格落实证据裁判原则，自 2012 年大规模修改《刑事诉讼法》时便确立了"刑事证据审查的两道门槛"，即条文用语通过区

---

〔1〕 参见[比]马克·范·胡克：《法律的沟通之维》，孙国东译，法律出版社 2008 年版，第 169～170 页。

〔2〕 参见黄朝义：《无罪推定：论刑事诉讼程序之运作》，台北，五南图书出版股份有限公司 2001 年版，第 4 页。

〔3〕 L. Jonathan Cohen, *The Diversity of Meaning*, London: Methuen Young Books, 1966, p.68. 转引自张保生：《事实、证据与事实认定》，载《中国社会科学》2017 年第 8 期。

分“材料”“证据”“定案的根据”三个范畴词，为审查证据设定不同的对象与根据。[1]2018年《刑事诉讼法》第50条规定：“可以用于证明案件事实的材料，都是证据。证据包括：（一）物证；（二）书证；（三）证人证言；（四）被害人陈述；（五）犯罪嫌疑人、被告人供述和辩解；（六）鉴定意见；（七）勘验、检查、辨认、侦查实验等笔录；（八）视听资料、电子数据。证据必须经过查证属实，才能作为定案的根据。”由此可见，在由“材料”向“证据”的转换逻辑中需满足两项要求，或者说应重点审查两个方面：一是判断证据能否“用于证明案件事实”，即某种材料是否存在证明作用；二是该材料必须符合法律规定的八种证据种类。

就后者而言，以成文立法形式明确规定证据种类，其原意不仅在于提示、指引事实认定者审查证据的角度，更重要的价值则是从形式上划定收集、审查和运用证据的范围。从严格意义上讲，只有属于法定证据种类的材料，才能符合证据资格和能力的形式要求。在某种程度上，这一相对封闭的证据种类体系天然产生了一种排他性作用。但问题在于，随着社会实践发展，总会有新类型的证据出现，难道仅仅因为法律没有明确规定，就简单否定新类型证据的证据资格吗？不容否认，立法者在成文法中要想穷尽证据的所有表现形式，几乎是不可能实现的。[2]因此，对证据种类限定性条款的理解应更多将其视为指引性规定，即更加注重证据的证明价值而非外在形态，由此秉承开放心态并坚持“实践导向型”[3]的证据分类方法。

至于前者，某一证据是否“可以用于证明案件事实”、是否具有证明作用，更多的则是指事物本身所具有的用于表明或判定另一事物真伪对错的属性，可以将其理解为英美证据法上的“相关性或称关联性”（relevancy）。[4]美国《联邦证据规则》规定，关联性证据就是指证据具有使任何对于决定诉讼结果的事实的存在比没有该证据时更有可能或更无可能的趋势。换言之，关联性证据是指使

---

〔1〕 参见吴洪淇：《证据法的理论面孔》，法律出版社2018年版，第52～60页。

〔2〕 参见陈瑞华：《证据的概念与法定种类》，载《法律适用》2012年第1期。

〔3〕 有观点认为，犯罪重建领域的证据分类方法对此问题有重要参考价值。参见刘静坤：《证据审查规则与分析方法：原理·规范·实例》，法律出版社2018年版，第16～18页。

〔4〕 参见吴洪淇：《刑事证据审查的基本制度结构》，载《中国法学》2017年第6期。

任何事实的存在具有任何趋向性的证据，即对于诉讼裁判的结果来说，若有此证据将比缺乏此证据更有可能或更不可能。根据这一规定，判断证据是否具有关联性应当考察“证据与待证事实之间的关联”[1]。其具体表现在：一是实质性，二是证明性。详细地讲，实质性，是指证据所指向的证明对象必须是能够决定案件结果的事实。也就是说，判断证据是否具有实质性的标准就是看证据要证明什么，证明的事项是不是属于案件结果事实，亦即实质性描述的是证明对象和案件争点之间的关系。只有那些能够证明关键性的争议事实的证据，才具有实质的关联性。需要特别指出的是，关联性虽然要求证据证明的事实具有实质性，但什么事实才是具有实质性的事实却由实体法规定。证明性，是指证据必须使能够决定案件结果的事实的存在或不存在具有更有可能或更无可能的趋势。这里强调的是证据对争议事实的证明价值，即证据支持诉讼请求的倾向性：在说明一个证据的作用时，先要讨论的是该证据试图证明的事实的存在比不存在更有可能或者更无可能，而不是说一个证据就能够把特定待证事实证明到一个优势盖然性的程度。这在间接证据的审查判断中尤其突出。事实认定者在审查诸如物证或者鉴定意见时，需要借助推理论证以及个人经验、常识来判断证明价值。

中国法上虽未界定证据相关性或者关联性，但与英美证据法中的立法精神却有相通之处，即设定了证据准入资格的最低限度，并赋予事实认定者审查特定证据是否存在对案件争点与诉讼请求“逻辑上的可能”的权力。面对关联性存疑的关键证据，法庭应当对其展开调查核实。2018 年施行的《人民法院办理刑事案件第一审普通程序法庭调查规程（试行）》第 49 条第 2 款规定：“法庭对鉴定意见有疑问的，可以重新鉴定。”同理，对于通过辨认等方法认定证据关联性的，有必要对相关方法的科学性和准确性进行审查判断。此外，欠缺关联性往往意味着欠缺证据能力。如果对此类证据作出牵强解释，或者随意推定、勾联有关证据材料与待证事实之间的证实可能性，则容易产生证据推理的错误并最终导致案件事实难以有效查明。因此，严格执行证据排除规则成为审查判断证据能

---

〔1〕［美］罗纳德·J. 艾伦理查德·B. 库恩斯、埃莉诺·斯威夫特：《证据法：文本、问题和案例》，张保生、王进喜、赵滢译，高等教育出版社 2006 年版，第 149~152 页。

力和准入资格的必然要求。

中国非法证据排除规则的初步确立始于2010年颁布的两份规范性文件[1]，并于2012年修改《刑事诉讼法》时将其吸收进国家基本法律中。随后，最高司法机关陆续颁布司法解释对非法证据排除规则的适用对象和适用范围作出具体规定。2017年以来，最高人民法院联合其他部门先后发布《关于办理刑事案件严格排除非法证据若干问题的规定》和《人民法院办理刑事案件排除非法证据规程（试行）》，从两个方面对该制度予以完善：一是确立了以强制性排除、裁量性排除与瑕疵证据补正三元并立的非法证据排除模式，特别是确立了较为明确的非法证据排除对象。[2]二是非法证据排除程序具备了大体稳定的框架结构，从非法证据排除的启动、初步审查、庭前会议、正式调查、裁判方式，一直到针对非法证据排除问题的救济途径，中国法律已经确立了一系列具有可操作性的程序规则。[3]

第一，对"非法言词证据"采取强制性排除。所谓强制性排除，是指事实认定者一经将控方的某一证据确认为"非法证据"，即可将其自动排除于法庭之外，而不拥有排除或者不排除的自由裁量权。判断言词证据是否属于非法证据的审查要点主要包括以下几个方面：一是对刑讯逼供的界定。《关于办理刑事案件严格排除非法证据若干问题的规定》第2条规定："采取殴打、违法使用戒具等暴力方法或者变相肉刑的恶劣手段，使犯罪嫌疑人、被告人遭受难以忍受的痛苦而违背意愿作出的供述，应当予以排除。"现阶段，刑讯逼供的表现方式更多诉诸冻、饿、晒、烤和疲劳审讯等变相肉刑的行为样态。虽然法律并未列举典型情形，但围绕"难以忍受的痛苦而违背意愿作出的供述"这一实质要件作文义解释，更有利于保障犯罪嫌疑人、被告人合法权益。此外，原则上，采用刑讯逼供方法获得的被告人重复性供述应当一并排除。然而《人民法院办理刑事案件排

---

〔1〕 2010年6月13日，最高人民法院、最高人民检察院、公安部、国家安全部、司法部发布了两个规范性文件，标志着非法证据排除规则在中国刑事诉讼中得到初步确立。该两个文件是《关于办理刑事案件排除非法证据若干问题的规定》和《关于办理死刑案件审查判断证据若干问题的规定》。

〔2〕 参见陈瑞华：《刑事证据法的理论问题》，法律出版社2015年版，第59~72页。

〔3〕 参见戴长林：《非法证据排除规则司法适用疑难问题研究》，载《人民司法》2013年第9期。

除非法证据规程（试行）》第 1 条第 2 款则设定了两种例外情形：一是侦查主体变更时例外；二是诉讼阶段变更时例外。需要特别指出的是，如果在审查逮捕、审查起诉环节，先前刑讯逼供的侦查人员参与检察人员主持的讯问，犯罪嫌疑人因该侦查人员在场而不得不继续作出认罪供述，那么，此类供述的自愿性仍然缺乏保障，不能被视为诉讼阶段变更的例外情形。[1]二是对威胁方法的界定。威胁是《刑事诉讼》明确禁止的非法取证方法，在侵犯人权的程度上与刑讯逼供相似，而且两者均属强迫方法。这突出表现在羁押讯问通常包含法律允许的制度性压力，但“采用以暴力或者严重损害本人及其近亲属合法权益等进行威胁的方法，使犯罪嫌疑人、被告人遭受难以忍受的痛苦而违背意愿作出的供述，应当予以排除”。需要特别指出的是，将“非法的威胁”限定为“暴力”或者“严重损害本人及其近亲属合法权益”，能够为讯问行为和讯问语言划定合法性边界，即后者是指在近亲属与案件无涉的情况下，以之为要挟迫使犯罪嫌疑人、被告人认罪。三是对限制人身自由方法的界定。《关于办理刑事案件严格排除非法证据若干问题的规定》第 4 条指出：“采用非法拘禁等非法限制人身自由的方法收集的犯罪嫌疑人、被告人供述，应当予以排除。”与刑讯逼供、威胁方法不同，非法限制人身自由是一种持续性非法行为，因此，尽管并无程度上的要求，但基于对犯罪嫌疑人、被告人权益保障和危害性相当的考量，将其与前两种方法并列实属应有之义。

第二，对“非法实物证据”和带有技术性违法性质的“程序瑕疵”采取裁量性排除或附条件排除。所谓裁量性排除，是指事实认定者对是否排除某一证据享有一定的裁量权。这种裁量权在非法实物证据与瑕疵证据之间具有类似的表现形式。例如，《关于办理刑事案件严格排除非法证据若干问题的规定》第 7 条规定：“收集物证、书证不符合法定程序，可能严重影响司法公正的，应当予以补正或者作出合理解释；不能补正或者作出合理解释的，对有关证据应当予以排除。”又如，根据 2010 年发布的《关于办理死刑案件审查判断证据若干问题的规

---

〔1〕 参见刘静坤：《证据审查规则与分析方法：原理·规范·实例》，法律出版社 2018 年版，第 84 页。

定》，其中第28条规定："具有下列情形之一的视听资料，不能作为定案的根据：（一）视听资料经审查或者鉴定无法确定真伪的；（二）对视听资料的制作和取得的时间、地点、方式等有异议，不能作出合理解释或者提供必要证明的。"因此，在证据种类与案件性质得以区分的前提下，事实认定者裁量的对象则是能否通过"补正或者作出合理解释"的方法排除合理怀疑。就规范层面而言，当辩护方质疑证据收集的合法性时，控诉方可以出示讯问笔录、提讯笔录、体检记录、采取强制措施或者侦查措施的法律文书、侦查终结前对讯问合法性的核查材料等证据材料，有针对性地播放讯问录音录像，提请法庭通知侦查人员或者其他人员出庭说明情况。在实践中，有关实证研究的统计数据表明，对于证据合法性存在瑕疵的问题，控诉方通常将其解释为"被告人曾表示确认"、"笔误"和"疏忽大意"，并高频率采用"补充签名或者盖章"和"重新讯问并制作讯问笔录"的补正方式。〔1〕需要特别指出的是，《人民法院办理刑事案件排除非法证据规程（试行）》第20条规定："公诉人对证据收集的合法性加以证明……不得以侦查人员签名并加盖公章的说明材料替代侦查人员出庭。"如果将裁量性排除视为针对证据收集合法性进行的一种程序性裁判，那么当补正与合理解释难以打消事实认定者的合理怀疑时，原本证据能力待定的证据便转换为无证据能力的证据，事实认定者进而会因所附条件尚未成就而对公诉方提出的证据不予认定。然而，这种程序性制裁能否发挥实效却取决于前述提及的"提交书面说明"这种补正方式的适用情况。对此，应当坚持"真实原则"的底线，防止侦查机关为补正瑕疵证据而伪造证据，尤其是应当禁止"倒签时间""无中生有地增加侦查人员与见证人"等弄虚作假的行为。〔2〕

2. 司法证明与印证模式

中国刑事证据领域对证据的综合审查与运用设定的第二道门槛，即从"证据"到"定案的根据"不仅要求该证据必须查证属实，而且其证明力还应当达到

〔1〕 参见易延友：《瑕疵证据的补正与合理解释》，载《环球法律评论》2019年第3期。

〔2〕 参见龙宗智：《两个证据规定的规范与执行若干问题研究》，载《中国法学》2010年第6期。

法定证明标准。就真实性而言自不必多言，而作为“定案的根据”的证据仍须同时符合程序性的要求。2021年最高人民法院发布的《关于适用〈中华人民共和国刑事诉讼法〉的解释》第71条规定：“证据未经当庭出示、辨认、质证等法庭调查程序查证属实，不得作为定案的根据。”同时，第139条中规定：“对证据的证明力，应当根据具体情况，从证据与案件事实的关联程度、证据之间的联系等方面进行审查判断。”由此可知，实现“证据”到“定案的根据”的转换需要满足两个方面的条件：一是负有证明责任的一方对其所主张的案件事实的证明活动；二是裁判者对这一证明过程和结果的审查和裁判活动，亦即经过司法证明活动的筛选与认定。为确保该过程符合证据裁判原则的基本精神，为其制定最低限度的通用准则成为不可或缺的重要环节。这些指导性规定并非聚焦于关注单个证据的证明力，而是强调司法证明的内在逻辑以及从整体上评估在案证据的总体证明力。换句话说，单个证据的证明力主要取决于该证据与待证事实之间推论链条当中每一环节的强度，而多个证据的证明力的评估则不但要评估每一个证据的证明力，而且“要求整合单个证据评估来决定与最终待证事实有关的证据群的净证明力”〔1〕。这其中最具代表性的便是印证规则。

印证的内涵，是指证明材料之间的相互证明、彼此符合。刑事印证证明是指在刑事诉讼中利用不同证据内含信息的同一性来证明待证事实，这里的同一性包括信息内容的同一与指向的同一。印证证明既适用于个别证据的判断，也适用于证据的综合判断，还适用于对证据真实性、合法性和相关性的判断。〔2〕“印证”一词大规模进入刑事证据规范是在2010年，随后又在不同的文件中多次出现。例如，在最高人民法院等五部门联合发布的《关于办理死刑案件审查判断证据若干问题的规定》中的8则条文中出现了11次，而在2021年《关于适用〈中华人民共和国刑事诉讼法〉的解释》中的7则条文中出现了10次。即便是

〔1〕［美］特伦斯·安德森、［美］戴维·舒姆、［英］威廉·特文宁：《证据分析》，张保生等译，中国人民大学出版社2012年版，第93页。

〔2〕参见龙宗智：《刑事印证证明新探》，载《法学研究》2017年第2期。

在最高人民法院和最高人民检察院发布的指导性案例[1]中也使用了“印证”一词进行事实分析。从前述文件中不难判断，作为一种证据分析工具，印证的基本特征包括以下几个方面：首先，证据与证据之间共同指向同一待证事实。证据的天然属性是相关性，其是促使某一待证事实的存在更有可能或更无可能的任何趋势的基本属性。[2]也就是说，具备相关性的证据会通过推论链条与某一待证事实自然连接。其次，证据之间蕴含的信息不存在相互矛盾和彼此冲突。《关于适用〈中华人民共和国刑事诉讼法〉的解释》第140条指出，作为定案的根据应“证据之间相互印证不存在无法排除的矛盾和无法解释的疑问”。除了共同指向某一待证事实的方向之外，相互印证的证据之间还需要有共同的推论方向。与某一待证事实存在相关性的证据之间既可能是相互协同的，也可能是彼此不相协调的。[3]就后者而言，此种证据不仅无法形成证明合力，甚至还可能出现相互冲突或抵消的情况。最后，证据之间能够彼此证成，证据体系产生的整体证明价值远大于单个证据的证明力。在印证这种证明模式当中，证明的关键在于获得相互支持的其他证据的支撑。就证明力的评估而言，印证天然带有一种“整体主义”的味道。[4]也就是说，“单项证据自身的证明力，无法游离于证据的总体判断”[5]。相互印证的证据之间会产生一种聚合效应，使事实认定者产生的确信程度超过对单个证据所产生的确信之和。

需要特别指出的是，印证方法所体现的这种“整体主义”进路不仅表现为具体的运作逻辑，也同样体现出作为“真”之检验或标准的融贯论的哲学基础。一方面，作为“通过对照比较而获得真实”的验证方式，印证强调作为比照资料来源的“非同一性”，并借助异质间的黏合程度提高证明意蕴。由于相互印证所

---

〔1〕 参见最高人民法院指导案例32号（2014年）。

〔2〕 参见王进喜：《美国〈联邦证据规则〉（2011年重塑版）条解》，中国法制出版社2012年版，第57页。

〔3〕 See David A. Schum, *The Evidential Foundations of Probabilities Reasoning*, Northwestern University Press, 2001, p.124.

〔4〕 参见牟绿叶：《论非法证据排除规则和印证证明模式的冲突及弥合路径》，载《中外法学》2017年第4期。

〔5〕 ［美］米尔吉安·R. 达马斯卡：《比较法视野中的证据制度》，吴宏耀、魏晓娜等译，中国人民公安大学出版社2006年版，第69页。

依托的逻辑基础是“概率叠列”[1]而非因果律，因此，不同概率事件的交集部分便可有效避免证据间的派生或牵连关系导致的可能性扩大问题。印证即是采用该原理得以在司法证明的逻辑中获得合理性和有效性。更具体地讲，印证与严格证明所遵循的“真值递推”逻辑不同，其并非始终坚持“前提可靠、过程可证以及结果可信”，而是关注异质证据间在“概率叠列”过程中出现的证明力变化情况：就起点而言，各证据之间构成对同一待证事实的相互支撑关系，即可以被视为彼此印证；然而，就终点而言，“概率叠列”仅能得出趋向“真”的或然性结论。因此，印证在“二到无穷”之间呈现出不同梯度的递进性规律。印证的递进性决定了印证结论的似真性，并且似真的程度与印证程度成正比。另一方面，虽然“真之融贯论”和“真之符合论”都可看作印证方法的哲学基础，而且弥补二者局限的“符合融贯论”或称为“基础融贯论”的观点[2]也越发获得重视，但从关系性角度并遵循“整体主义”进路而言，更具实践导向的仍是作为“真”之检验或标准的融贯论。在这种方法中，我们只能通过一种间接的方法获得“真”，即便凭借常识和直觉做出“符合实际情况”的判断，我们仍需借助有关“真”的检验标准以避免出错。这个检验标准就是融贯。也就是说，“任何东西，除非参照我们已经接受了的东西，都不能被看作是一种证明，没有办法越过我们的信念和我们的语言去找到一致性以外的某种检验标准。如果接受一个命题或信念为真，将会使你的信念系统或世界图景更加融贯，我们就应该接受它为信念系统的一部分”[3]。

在司法实务中，为提高概率叠列的似真性，在运用融贯的方法获得有效印证时仍需注意以下两个方面。

第一，证据之间的印证。证据的包容性是证据质量的决定因素之一，如果证

---

〔1〕 所谓“概率叠列”是指当两个（或多个）大概率事件相交叉时，同时满足两个事件的交集部分是一个小概率事件。比如，A事件的发生概率为80%，B事件的发生概率为60%，A与B同时发生的概率变小为80%×60%=48%。如果增加C事件，同时满足A、B、C三事件的概率将更低。“概率叠列”是从大可能性中逐渐聚焦达到足够小可能性的一种科学方法。参见栗峥：《印证的证明原理与理论塑造》，载《中国法学》2019年第1期。

〔2〕 参见刘静坤：《证据审查规则与分析方法：原理·规范·实例》，法律出版社2018年版，第264页。

〔3〕 参见［美］理查德·罗蒂：《哲学和自然之镜》，李幼蒸译，商务印书馆2003年版，第194页。

据的包容性较弱，不能与其他相关证据印证，其对待证事实的支持度通常也是弱的。[1]对于指向同一待证事实，证明内容基本相同的证据，如果能够相互印证、协调一致，就能够显著提高各自的可信度。同时，这种证据之间的融贯关系，反映出证据之间不存在实质性矛盾，因此，可据以审查单个证据的真实性。为此，在证据数量方面，不仅应强调证据来源的非同一性，而且更应侧重证据来源的全面性和多样性。事实认定者在分析证据时，既要审查诉讼各方提交的证据，又要结合自身依据职权调查取得的证据。在证据质量方面，参与印证所使用的证据种类应至少包括实体法要件归纳的与案件重要事实密切相关的重要因素。这尤其体现在：一方面，就言词证据特别是被告人供述等侧重证据间内部印证的证据种类而言，如果通过对多次供述的印证分析发现，供述内容始终稳定并与案件关键事实和重要细节均能够吻合，或者虽有细微差别但仍能够与案件主要内容相互印证，则表明该一系列供述资料具有可信度。另一方面，对于同类证据或不同种类证据间的印证而言，既可以借助补强式证明提高证据间的"耦合关联"[2]，进而增强证据的可信度，也可以采取"同一认定"[3]的方式在异类证据的范围内突出考察单一证据的个性特征，从而通过排除法筛选稳定性高、反映内容清晰的证据。

第二，证据与待证事实的印证。关于证据的印证分析，2018 年施行的《人民法院办理刑事案件第一审普通程序法庭调查规程（试行）》第 45 条除了强调证据之间的印证之外，还关注证据与待证事实的关联程度，而后者可以被视为一种隐性的印证关系，即"……证据与待证事实没有关联，或者证据自身存在无法解释的疑问，或者证据与待证事实以及其他证据存在无法排除的矛盾的，不得作为定案的根据"。证据对待证事实的证明，并不必然是单维度的，而是涉及信念之

〔1〕［美］苏珊·哈克：《理性地捍卫科学——在科学主义与犬儒主义之间》，曾国屏、袁航等译，中国人民大学出版社 2008 年版，第 57 页。

〔2〕［美］特伦斯·安德森、［美］戴维·舒姆、［英］威廉·特文宁：《证据分析》（第 2 版），张保生等译，中国人民大学出版社 2012 年版，第 138 页。

〔3〕所谓"同一认定，"是指依据客体特征判断两次或者多次出现的客体是否为同一个客体的认识活动。作为司法证明的基本认识方法，同一认定针对包括人、物、场所和事件在内的认识对象，通过不断排除相似客体的方式最终完成认定同一的目标。参见何家弘：《司法证明方法与推定规则》，法律出版社 2018 年版，第 78～92 页。

间的相互支持关系。换言之，证据和待证事实之间存在互相强化的关系。对于待证事实，当我们找到能够证明它的证据时，它就显得更加可信；实际上反过来也是如此，如果证据能够证明待证事实，我们也觉得证据自身更加可信。[1]证据与待证事实的印证关系，与证据之间的耦合关系（证据与待证事实的证据体系是否融合）有关，更重要的是体现出直接证据与间接证据不同的证明逻辑。对于存在被害人陈述、被告人供述和证人证言等证据的案件，侦查机关通常基于此类直接证据形成案件假说并结合法律规定提炼待证事实。在此种情况下，案件中的其他证据包括实物证据和鉴定意见等，往往被视为待证事实的佐证，即如果客观性较强的实物证据和鉴定意见与待证事实相互印证，则表明以直接证据为基础形成的待证事实具有可信性，也表明有关实物证据和鉴定意见具有可信性。相反，如果实物证据和鉴定意见与待证事实不符，则通常需要检视以直接证据为基础形成的待证事实是否可信，或者重新审查实物证据和鉴定意见是否存在失真风险。

3. 法律适用与解释规则

法律的适用与解释虽然都属于司法活动，但两者含义并非完全相同。通说认为，除前文提到的认定案件事实并提炼其中抽象规范的构成要件外，法律适用还包括法官及其他法律适用人员检索、查询与所涉纠纷有关的规范体系，以及参考整个法律秩序和自身的先前理解而进行的涵摄行为。对此，有学者指出：法律解释在于发现或形成一般法律规范，以作为裁判之“大前提”；法律适用则以所发现或形成之一般法律规范为大前提，以事实认定为小前提，透过“归摄”（subsumtion）之作用，运用“演绎”的逻辑方式导出结论，亦即一般所为的裁判。法律解释在于阐明所“选择”适用于各个事实关系之法律规范的意义内容。[2]那么，为何法律解释能够有助于探求规范的意义内容并引导作出司法裁判？其根源在于法学的规范学科性质及其采取的陈述性语言。如果我们将法学定义为以

〔1〕 参见［美］苏珊·哈克：《理性地捍卫科学——在科学主义与犬儒主义之间》，曾国屏、袁航等译，中国人民大学出版社2008年版，第57页。

〔2〕 参见杨仁寿：《法学方法论》，中国政法大学出版社2013年版，第35～36页。

处理规范性角度下的法规范为主要任务，质言之，其主要想探讨规范的“意义”。它关切的是实证法的规范效力、规范的意义内容，以及法院判决中包含的裁判准则。这一切陈述构成现行法的体系。〔1〕法的规范效力是指，据以衡量人的行为之行为要求或标准，其具有准则性或拘束性。它与规范的实际效力不同，后者意指规范的效率或其贯彻施行的机会。〔2〕判断某项法律是否具有规范效力，应考察其是否蕴含被立法行为所确认的请求权，以促使该权源与范围通过回溯与递归至对于宪法规范和原则的理解而得以确定。同时，根据依法治国的基本原则，宪法文本的效力具有初始优先性和正当性，故由此展开的合宪性审查便不容置疑。然而，与法规范的有效（与否）及其内容（意义内涵）有关的陈述，并非通过可觉察或实验的方式得以证成（或证伪）的。与自然科学研究对象不同，法学处理的乃是难以量化并做出恰当陈述的“情事”和“过程的意义”。换句话讲，法学致力于掌握规范的意义本身而非仅仅考察规范与事实间是否具有牵连关系。以法规范自身具有的双重性为例：一方面，其是否“有效”取决于文本标示的行止规则能否被严格遵守；另一方面，这种准则性和拘束力是否通过立法行为的规范审查，对参与和研究此过程的人而言，绝非仅仅是依据集会场地、表决规则和票数统计等作出是否立法的决定，而是透过感官整体获知法规范的语言表达，并在特定历史条件下对法效果作出符合语言环境的具象解读。

进一步而言，解释者为确定哪种含义最为适当，其必须考查文字的上下脉络关系，咨询文字背后涉及的专业知识，并深究文字或语言表达出来的不同情况。“法律工作者谈到解释时与特定种类的不确定或疑问有关，例如，一个语词或一句话模棱两可或含糊不清，或者有理由认为契约签约人的意图与明确的表达不一致，或一个规则极度的概括，等等”〔3〕。面对法律文字各种不同的说明可能性，解释成为一种媒介行为以应对语言的歧义。“模糊不明，是一切法律可能存在的

---

〔1〕 参见［德］卡尔·拉伦茨：《法学方法论》，陈爱娥译，商务印书馆2003年版，第77页。

〔2〕 参见［德］卡尔·拉伦茨：《法学方法论》，陈爱娥译，商务印书馆2003年版，第78页。

〔3〕 ［美］马丁·斯通：《聚焦法律：法律解释不是什么》，载［美］安德雷·马默主编：《法律与解释：法哲学论文集》，张卓明、徐宗立等译，法律出版社2006年版。

病灶之一，其基本症状是，法律词汇表达的意思究竟是什么并非很明确……法律一旦模棱两可、模糊不清，必然使交往中的主体无所适从，导致的不仅是法律规定的无效，更是人类交往秩序的混乱。但是，文明时代以来的法律，毕竟是由文字符号组成的规则，也是表达人类思维的方式和工具。这就注定了人类思维的种种缺陷必然会留存在由文字符号所订立的法律中。”〔1〕同时，语言环境的转换也深刻影响人们对语词的理解。一个语词的意义会因我们从事实语境转换至规范话语而发生改变。从某种程度而言，语境构成了我们正确理解语言文本的一种技术性进路。“有时一个命题的意义和适用在一个描述性语境中似乎是清楚的，但适用于规范性语境中似乎变得不确定和边界模糊了。”〔2〕例如，对于法律规范词“得”而言，对其含义的理解就只能在具体的语境中加以确定。“得”这一语词具有多个方面的含义，而根据《辞海》一书对其意义的解析来看，其中的两种用法具有规范性指向，即分别作“可以”和“必须”理解。〔3〕类似有关语言意义与语境关系的事例还可参考对“少数人”一词的评析。〔4〕那么，由此而来的问题便是，为尽可能探求特定语词在当下法秩序中的规范性意义，对其展开的解释活动不仅需要考察该语词适用的具体语境，也应辅之以参考准则或解释方法。

虽然对具体解释方法尚存在不同称谓〔5〕，但仍可大致分为狭义的法律解释方法、价值补充方法和法律漏洞补充方法。具体地讲，狭义的法律解释，系指于法律规范并不明确时，以文义、体系、法意、比较、目的或合宪等解释方法，探

〔1〕 谢晖：《法律哲学》，湖南人民出版社 2009 年版，第 29 页。

〔2〕 [美]布莱恩·比克斯：《法律、语言与法律的不确定性》，邱昭继译，法律出版社 2007 年版，第 77 页。

〔3〕 参见夏征农主编：《辞海》，上海辞书出版社 2000 年版，第 969 页。

〔4〕 参见苏亦工：《法律术语中“少数人”一词的语境评析》，载《法学》2009 年第 4 期。

〔5〕 萨维尼在其《萨维尼法学方法论讲义与格林笔记》中提出，法律解释必须具备逻辑、语法、历史三个要素，每一个要素都应当属于解释的方法。参见[德]弗里德里希·卡尔·冯·萨维尼、雅各布·格林：《萨维尼法学方法论讲义与格林笔记》，杨代雄译，法律出版社 2008 年版，第 78 页。在其《当代罗马法体系》一书中，萨维尼认为必须在制定法解释之中区分出四个要素：文法要素、逻辑要素、历史要素和体系要素，他明确将整体解释视为法律解释的基本方法之一，认为如果法律解释能够达成，上述四个要素必须是协调作用的不同活动。参见[德]弗里德里希·卡尔·冯·萨维尼：《当代罗马法体系Ⅰ》，朱虎译，中国法制出版社 2010 年版，第 166~167 页。对此，卡尔·拉伦茨认为，类似萨维尼所区分的“文法”“逻辑”“历史”“体系”的解释因素，以及很多人所想的不同的解释方法，更像是一些解释观点。参见[德]卡尔·拉伦茨：《法学方法论》，陈爱娥译，商务印书馆 2003 年版，第 200 页。另有学者根据域外法院从裁判过程中提炼出的 11 种最基本形态的解释论点，进一步将解释区分为“语义类”“系统类”“目的—评价类”“跨意图类”四种类型。参见张志铭：《法律解释学》，中国人民大学出版社 2015 年版，第 71 页。

求法律之规范意旨，其旨在澄清法律疑义，使法律含义明确化、正确化。若社会发生剧烈变迁，或需为社会效果预测，以切合社会实际需要，则更须为社会学的解释。解释法律时，应先为文义解释，有复数解释之可能性时，始为其他解释方法，无须每一种解释方法均予运用，只须运用其中之一种或数种解释方法，能支持某种结论，可贯彻正义之理念，即为足已。[1]据此，需指出以下两方面内容。

第一，文义解释具有初始地位的优先性。文义解释，是指“依照法文之文义及通常使用方式而为解释，据以确定法律之意义而言”[2]。解释程序之所以选择从文义开始，不仅因为法律规范的政治民主传统以及法秩序的确定性和稳定性，也考虑到了法律措辞本身固有的语言不明等情况。也就是说：一方面，鉴于现代法治国家普遍遵循的分权体制，首先从文义角度解释法律不仅表达了对立法权威的服从和尊重，也体现出共同追求法律客观性与共识正当性的欲求。“文义解释方法的必要性源于法治理想，其理论上的可能性源于法律存在的客观性，其目的也在于揭示结果有可预测性，从而增大法律自身意义的稳定性。”[3]同时，法律规范是由全体国民创设并为其提供行止标准的，故而需以其所能理解的法律语词的通常含义发挥规范的指示和引导作用。“立法者会运用一般的语言，因为他是针对国民而立法，希望他们可以了解。此外，他还广泛地运用法学术语，借此他还可以作精确的陈述，可避免很多繁琐的说明。”[4]为使每个人能够轻易透过日常事务直接进入涉及法律的世界，文义解释的结果不得超过该文义的“预测可能性”，即虽然作为解释对象的某一语词的外延可指向其他事物，但其内涵必须被包含于标准语义创设的“种”的范围。此种确定性和稳定性在依法治国中是最低限度的条件。另一方面，文义不仅是法官探寻意义的出发点，也是划定其解释活动的界限；然而，法律措辞并非始终清晰准确。“之所以会对法律文字的

---

〔1〕 参见杨仁寿：《法学方法论》，中国政法大学出版社 2013 年版，第 135～136 页。
〔2〕 杨仁寿：《法学方法论》，中国政法大学出版社 2013 年版，第 139 页。
〔3〕 陈金钊：《文义解释：法律方法的优位选择》，载《文史哲》2005 年第 6 期。
〔4〕 [德]卡尔·拉伦茨：《法学方法论》，陈爱娥译，商务印书馆 2003 年版，第 200 页。

精确意义一再产生怀疑，首要的原因是：法律经常利用的日常用语与数理逻辑及科学性语言不同，它并不是外延明确的概念，毋宁是多少具有弹性的表达方式，后者的可能意义在一定的波段宽度之间摇摆不定，端是该当的情况、指涉的事物、言说的脉络，在句中的位置以及用语的强调，而可能有不同的意涵。即使是较为明确的概念，仍然经常包含一些本身欠缺明确界限的要素。"[1]例如，法律语词的歧义、模糊、笼统等。但是，如果将文义解释界定为"严格地讲，将字面含义是'解释的对象'，探求语词的'语境意义'是解释的目标，'语法'和'句法'是解释的手段。习惯上把'字面含义'看做'语词意义'"[2]，那么，从语法和语义两个维度确定有关文义解释的操作技术规则就是可行且有效的。[3]

第二，当出现复数解释的可能时，为避免文义解释的局限，"盖仅为文义解释易拘泥于法文字句，而误解或曲解法文的意义也。通常情形，尚须就法律与法律之间的关系、立法精神、社会变动情事等加以考虑，借以确定法文的意义，此即生论理解释的问题"[4]。所谓论理解释，即"依立法之目的与原则及社会之需要，通盘就法典之组织及其他参考资料，本逻辑推理之方法来决定法律应有之义。按解释法文之顺序，应先从文字解释（文理解释或文义解释）着手，必也文字解释不能达探求法文之真意时，方采论理解释之方法"[5]。由此可见，考察立法目的与社会需要以及运用逻辑推理的方法可视为论理解释的突出特点：一方面，因法律文本常常由不完全法条[6]这种类型的法条构成，为实现个别规范间事理上的一致性，不仅应明确概念内涵与外延的指涉范围，而且在解释可能的字义范围时，也须考察上下文脉络关系并诉诸立法者的规定意向、目标以及规整对象的结构和法秩序蕴含的价值理念与伦理标准。法律初创时往往立基于对特定"历

〔1〕［德］卡尔·拉伦茨：《法学方法论》，陈爱娥译，商务印书馆2003年版，第193页。

〔2〕［德］卡尔·恩吉施：《法律思维导论》，郑永流译，法律出版社2004年版，第89页。

〔3〕对此，有研究将文义解释的语法规则细分为"语法规则""句法规则""语句逻辑"，将语义学操作规则细分为"普通含义规则""次要含义规则""专门含义规则""技术含义规则""程序规则""避免自然主义谬误"。参见魏治勋：《法律解释的原理与方法体系》，北京大学出版社2017年版，第155～172页。

〔4〕杨仁寿：《法学方法论》，中国政法大学出版社2013年版，第139页。

〔5〕林诚二：《民法总则》，中国政法大学出版社2008年版，第52～55页。

〔6〕参见［德］卡尔·拉伦茨：《法学方法论》，陈爱娥译，商务印书馆2003年版，第137～144页。

史性因素”的考量，为此，法律起草时依据的不同草案、讨论记录及其他附载资料便具有重要参考价值。同时，不应忽视和回避的是，“在个别规定可能的字义，并且与法律之意义脉络一致的范围内，应以最能配合法律规整之目的及其阶层关系的方式，解释个别规定”[1]。凝结在法规范中的构成要件虽与事物的本质并不完全相同，但坚持客观的目的论立场作出“符合事理的”和“妥当的”解释却是可能的。因为，“正义思想要求（依该当法秩序之一般评价而言）同种的事物（或具有相同意义的事物）应予相同处理的原则”[2]。另一方面，借助概念内涵—外延的线性关系以及概念间的逻辑推理，论理解释成为有别于后文将提到的“价值补充”和“漏洞补充”的严格解释方法。所谓“概念”往往是指一种特定的语言符号，其本身并无任何意义，而是需要结合其所表达的具体事物去理解。概念在“质”的方面称为“内涵”，在“量”的方面称为“外延”。从现代语言学的视角来讲，概念的内涵和外延之间及“能指”和“所指”之间，成正比关系，即概念的内涵越大，所指向事物的范围越广，反之亦然。[3]由此，论理解释的不同方法在内涵—外延的界定中具有不同的推理样态：围绕概念的核心语义，扩张解释和限缩解释均在文义的预测可能性之内。同时，两种解释方法也应符合概念自身的逻辑，即当根据概念内涵所涵盖的事物本质进行合理抽象时，应遵循归纳推理的规则；相反，在根据概念内涵界定外延而推演法律事实时，则需服从演绎推理的规则。同理，反对解释则是在必要条件下基于否定排除的关系作出的推理样态，当然解释则可以被视为递进关系的推理表达。

4. 漏洞补充与类推适用

如前所述，当存在明确法律条文的前提下，司法适用人员应严格依据规范条文的语词开展释法工作，并在存在复数解释时选取恰当的论理解释方法进一步探求立法原意。然而，法学导向实践的学科品质意味着，无论如何审慎地解释条文都难以避免欠缺法律依据的情况，即法学在规范层面存在“漏洞”。也就是

---

〔1〕［德］卡尔·拉伦茨：《法学方法论》，陈爱娥译，商务印书馆2003年版，第210页。
〔2〕［德］卡尔·拉伦茨：《法学方法论》，陈爱娥译，商务印书馆2003年版，第212页。
〔3〕参见魏治勋：《法律解释的原理与方法体系》，北京大学出版社2017年版，第184页。

说，“法律规范对于应规定之事项，由于立法者之疏忽、未预见，或情况变更，致就某一法律事实未设规定时，审判官应探求规范目的，就此漏洞加以补充，斯谓之漏洞补充”〔1〕。在方法论上，漏洞补充与对文本语句中不确定概念的价值补充并不相同。所谓不确定概念的价值补充，是指“虽然有法律规定，但是法律规定不具体、没有明确的构成要件，因而适用范围不确定。在适用于裁判本案之前，必须结合本案事实，对法律规定的构成要件和适用范围加以确定，这样的工作叫作不确定概念的价值补充”〔2〕。例如，民事法上的“重大事由”“显失公平”“相当期间（或数额）”，刑事法上的“或以其他（非法）方法”“其他类似情形”等。为了将不确定概念具体化，通常“须适用社会上可以探知认识之客观伦理秩序、价值、规范及公平正义之原则，不能动用个人主观的法律感情”〔3〕。该价值补充方式与前述狭义的法律解释相类似，均指向法律内部事项的阐释；而面对立法缺漏，填补的参考标准则更改为法律的根本精神与一般原则，亦即法理。也就是说，“审判者于法律不能符合最低法的安定性及正义之要求时，有义务维持法规范或不同规范间在评价上之一致性”〔4〕。需特别指出的是，狭义的法律解释、不确定概念的价值补充与漏洞补充三种方法之间并非存在严格界限，而是处在探明规范原意、获取裁判依据的思考过程的不同阶段。换句话说，“超越解释界限之法官的法的续造，广义而言亦运用‘解释性’的方法。狭义的解释之界限是可能的字义范围。超越此等界限，而在立法者原本的计划、目的范围内之法的续造，性质上乃是漏洞补充＝法律内的法的续造，假使法的续造更逾越此等界限，惟仍在整体法秩序的基本原则范围内者，则属超越法律的法的续造”〔5〕。也就是说，由于审判官、法官不能拒绝裁判，因而在肯定立法漏洞并负有填补义务的前提下，后者围绕文义预测可能性进行的释法与造法仅在分析工具上存在差异。

就中国而言，在制度层面填补法律漏洞的典型途径和方式是司法解释。

〔1〕 杨仁寿：《法学方法论》，中国政法大学出版社 2013 年版，第 191 页。
〔2〕 梁慧星：《裁判的方法》（第 3 版），法律出版社 2017 年版，第 285 页。
〔3〕 杨仁寿：《法学方法论》，中国政法大学出版社 2013 年版，第 185～186 页。
〔4〕 杨仁寿：《法学方法论》，中国政法大学出版社 2013 年版，第 192 页。
〔5〕 ［德］卡尔·拉伦茨：《法学方法论》，陈爱娥译，商务印书馆 2003 年版，第 246～247 页。

1981年全国人大常委会在通过的《关于加强法律解释工作的决议》中授予最高人民法院、最高人民检察院法律解释权。《立法法》第119条规定："最高人民法院、最高人民检察院作出的属于审判、检察工作中具体应用法律的解释，应当主要针对具体的法律条文，并符合立法的目的、原则和原意。遇有本法第四十八条第二款规定情况的，应当向全国人民代表大会常务委员会提出法律解释的要求或者提出制定、修改有关法律的议案。最高人民法院、最高人民检察院作出的属于审判、检察工作中具体应用法律的解释，应当自公布之日起三十日内报全国人民代表大会常务委员会备案。最高人民法院、最高人民检察院以外的审判机关和检察机关，不得作出具体应用法律的解释。"由此可知，《立法法》为司法解释设定了两项限制性条款：一是确立了司法解释备案制度，二是对司法解释的制定提出了一些限制，同时修改了此前立法的部分规定。

然而，实务中出现的"司法解释立法化"趋势却十分明显。2015年，最高人民法院发布了关于认真学习贯彻适用《关于适用〈中华人民共和国民事诉讼法〉的解释》的通知指出："《民诉法解释》对人民法院适用民事诉讼法的相关问题作了全面系统、明确具体的规定，是最高人民法院有史以来条文最多、篇幅最长的司法解释，是最高人民法院有史以来参加起草部门最多、参加起草人员最多的司法解释，是人民法院审判和执行工作中适用最为广泛的司法解释。"又如，最高人民法院于2021年修改的《关于适用〈中华人民共和国刑事诉讼法〉的解释》对人民法院适用《刑事诉讼法》的相关问题做出全面系统、明确具体的规定，是最高人民法院有史以来条文数量最多、篇幅最长的司法解释。共有27章、655条、9万多字，该解释与立法文本并无二致。这不仅引起立法部门工作人员的质疑[1]，而且导致最高人民法院的司法解释游离于法律体系之外，引发法律规范适

〔1〕 实际上，司法解释应当主要针对具体的法律条文，着重解决法律条文在审判、检察工作中如何具体适用的问题，不必像立法那样追求体例完整，内容全面。法律规定已经具体、明确的，司法解释没有必要再作重复规定。参见乔晓阳主编：《〈中华人民共和国立法法〉导读与释义》，中国民主法制出版社2015年版，第322页。

用的严重冲突[1]。更有学者将前述现象界定为“造法性司法解释”，即“为适应社会转型、维护司法公正的需要，最高司法机关（司法官）依据法律的授权、委托，对于司法权运行过程中出现的新问题、新情况，从立法的指导思想和基本原则或习惯法出发做出具有创新性和普遍约束力的司法解释并以规范性文件的形式予以体现”[2]。由此不难判断，最高司法机关运用法律解释权突破司法适用的领域开展漏洞补充工作，甚至尝试进行“法官造法”已成为难以忽视的事实。

进一步而言，在司法技术层面，法官通常借助类推适用予以法的填补与续造。所谓类推适用，是指法官受理的案件在法律上未有规定时，采用类似案件的法律规则裁判本案。也就是说，看能否找到一个法律条文，即它所规定的案件类型与本案类似。如果找到一个条文，它所规定的案件类型与本案类似，就可以用那个法律条文裁判本案。换言之，“类推适用，系就法律未规定之事项，此附援引与其性质相类似之规定，以为适用”[3]。类推适用的根据在于两个案件之间存在相似性，换句话讲，基于正义理念的必然要求，相类似的案件应做相同处理即为类推适用的基本原理。与“相同（或同一）”的概念有别，“（相）类似”是指两个事物之间的差别是显而易见的，是不相同的，但从某种关系上看具有相似性。正是这种“相似性”构成将此规范转用于彼规范的基础，即两规范在有关法律评价的重要观点上相一致。

首先，作为类推适用的前提条件，法官在筛选、查阅类似规范并确定存在漏洞时，应先确认该漏洞确因立法者疏忽或未遇见的情况导致，而非有意不作规定。因为，后者属于立法的有意沉默，如果允许法官贸然解释，则容易产生司法权僭越立法权的嫌疑进而动摇法秩序的稳定。

其次，就思维结构和操作步骤而言，类推适用通常采取间接推理得出可证伪的评价结论。在法律逻辑方面，间接推论的思考过程需要借助两个命题及其相

[1] 最高人民法院司法解释的效力问题主要涉及两个方面，一是司法解释在中国法律规范体系中的效力定位，二是司法解释与法律发生冲突时如何确定效力位阶。参见王成：《最高法院司法解释效力研究》，载《中外法学》2016年第1期。

[2] 洪浩：《法律解释的中国范式：造法性司法解释研究》，北京大学出版社2017年版，第4页。

[3] 杨仁寿：《法学方法论》，中国政法大学出版社2013年版，第194页。

互间关系推演结论。例如，凡M是P（大前提），S为M（小前提），故S是P（结论）。与直接推理的思考过程即"所有S是P，故某S是P"不同，间接推理并非将特定事实径直作归摄活动，而是采取三段论的方法将"S为M（小前提）"这一命题视为传递条件并推演结论。同样，类推适用的推理步骤可比照为，M是P（大前提），S与M类似（小前提），故S是P（结论）。在此过程中，需将"S与M类似（小前提）"视为传递条件并推演结论。据此引申出类推适用的另一特点，即有别于"由一般到特殊"的演绎推理和"由特殊到一般"的归纳推理，类推适用往往始于"特殊"或"个别"的例外情形；这决定了类推适用中对事实层面"相似性"要件的考量，当被映射至法律逻辑中便与一般全称命题的绝对性表述有所不同。这种不同尤其表现在，依据类推适用所获得的结论并非绝对可靠，因为这种"类似性质"或者"类似关系"作为推理基础仅仅表明一种盖然可能性，而非完全相同。也就是说，"依'类似关系'所为经验科学上之类推，恒要求其结论具有'真实性'，而根据'类似性质'所为法学上之类推，则重在其结论之'妥当性'，究其为真，为伪，则在所不问。因之，法律之容许性与目的论上之妥当性，乃为判断两个案例间是否类似之不可或缺的要素。无论如何，法学上的类推适用是一种评价性的思考过程，而非仅是形式逻辑的思考操作而已"[1]。

最后，如何判断及确认相似性。类推适用的评价性思考过程集中体现在如何认定案件事实是否相似及其程度。两案件事实彼此"相类似"是指："有关的案件事实既不能相同，也不能绝对不同，它们必须恰好在与法评价有关的重要观点上相互一致。事实是否如此，必须先澄清：在法定规则中表现出来的评价之决定性观点何在。要回答这些问题就必须回归到该法律规整的目的、基本思想，质言之，法律的理由上来探讨。"[2]在传统概念式法学思维背景下，将法律理由作教义学解读通常围绕提炼出的抽象语词展开。这种对"一般概括的渴求"往往误认为，一些事物之所以归在一个一般语词之下是因为它们具有某种共同特征。但实际上，"一个概念之下的各种对象A、B、C、D并不具有唯一一种或一组

〔1〕 杨仁寿：《法学方法论》，中国政法大学出版社2013年版，第198~199页。

〔2〕 ［德］卡尔·拉伦茨：《法学方法论》，陈爱娥译，商务印书馆2003年版，第258页。

共同性质，而是A相似于B，B相似于C，C相似于D，等等”[1]。这种在语言哲学上被称为“家族相似”的理论认为：“我们根本不是因为这些现象有一个共同点而用同一个词来称谓所有这些现象……不过它们通过很多不同的方式具有亲缘关系。由于这一亲缘关系，或由于这些亲缘关系，我们才能把它们都称为‘语言’。”[2]由此，能否借助该语言哲学中家族相似的分析思路，将两案件事实“相类似”作如下理解，即案件事实所蕴含的规范结构和评价要素具有类型层面的“上位共通性”，并与法律的根本精神相一致。同时，这些有关对正义理念的考量具体化为各部门法中的基本原则。

三、中国重大案件处理中应当遵守的政治原则

1. 党的领导

中国共产党的领导地位已为中国宪法所确认。坚持党的领导，是中国人民在长期的革命斗争中做出的历史性选择。这种领导并非局限于某一特殊行业或领域，而是具有涵盖和弥散特性的，涉及国家建设和社会进步的各个方面。就政法工作而言，1995年中共中央办公厅转发的《中共中央政法委员会关于加强各级党委政法委员会工作的通知》中规定：“政法工作必须置于党的领导之下，这是中国共产党的执政地位所决定的，也是做好政法工作的具体保证。设立各级党委政法委员会，是加强党对政法工作领导的历史经验的总结。政法委员会作为党委的职能部门，应当承担起从宏观上统一组织领导政法工作的责任，重大问题报党委决策。这是加强党的领导，提高政法部门整体效能的客观需要。”直至2014年，党的十八届四中全会审议通过的《中共中央关于全面推进依法治国若干问题的决定》仍然指出：“政法委员会是党委领导政法工作的组织形式，必须长期坚持。”2018年2月，中共中央印发《中央党内法规制定工作第二个五年规划(2018—2022年)》，将《中国共产党政法工作条例》作为完善“党的领导法规”体系的重要部分纳入党内法规制定工作五年规划；同年12月，习近平总书

---

〔1〕 陈嘉映：《语言哲学》，北京大学出版社2003年版，第172页。

〔2〕 [英]维特根斯坦：《哲学研究》，陈嘉映译，上海人民出版社2001年版，第48页。

记主持中共中央政治局会议并审议《中国共产党政法工作条例》。2019 年 1 月，中共中央正式印发《中国共产党政法工作条例》。[1]从研究制定“党委政法委工作条例”到审议印发《中国共产党政法工作条例》，标志着新时代政法领域的党内法规建设，不仅要规范完善各级党委政法委的职权职责，而且要推动建构以中央为中枢的党领导政法工作的总体格局和运行体系，提高党领导政法工作的法治化、制度化水平。总体而言，《中国共产党政法工作条例》是第一部对党的政法工作做出全面规定的党内基本法规，是新时代政法工作的总依据，具有“里程碑意义”。[2]

在重大案件的背景下讨论“坚持党的领导”这一政治原则，并在党管政法的语境中具体解读执政党如何领导政法工作，往往需要考察“党政关系和党法关系以及其他关系的均衡互动中体现的组织机制和运作技术”[3]。从《中国共产党政法工作条例》的体例和内容看，其主要围绕“领导主体”“领导内容”“领导方式”“领导效能”的叙述逻辑展开；同时，其用一种“清单式”的模式搭建了党领导政法工作的框架结构，既包括“权力清单”与“职责清单”，又包括“责任清单”与“负面清单”。这其中需要特别关注的是“请示报告制度”和“执法监督的职责”。

具体地讲，所谓政法工作的请示报告制度，主要是指中央政法委员会及中央政法单位（党组）党委[4]，县级以上地方党委、党委政法委员会、政法单位党组（党委）根据《政法机关党组织向党委请示报告重大事项规定》《中国共产党政法工作条例》及相关配套规范，就重大事项分别向中共中央、中央政法委员会、地方党委及政法委员会、上级政法单位党组（党委）请示报告的制度。请示报告制

〔1〕 参见《中共中央印发〈中国共产党政法工作条例〉》，载《人民日报》2019 年 1 月 19 日，第 1 版。

〔2〕 参见郭声琨：《学习贯彻习近平总书记重要讲话精神，不断开创新时代政法工作新局面》，载《人民日报》2019 年 2 月 28 日，第 6 版。

〔3〕 周尚君：《党管政法：党与政法关系的演进》，载《法学研究》2017 年第 1 期。

〔4〕 根据 2019 年 4 月起施行的《中国共产党党组工作条例》相关规定，党组是党在中央和地方国家机关、人民团体、经济组织、文化组织和其他非党组织的领导机关中设立的领导机构，在本单位发挥领导作用，是党对非党组织实施领导的重要组织形式。一般而言，法院和检察院设置党组，公安机关、国家安全机关、司法行政机关等政府组成部门设置党委。政治法律单位（党组）党委在本单位中发挥领导核心作用，负责贯彻党中央关于政治法律工作的大政方针，执行党中央和上级党组织关于政治法律工作的决定、决策部署和指示等。

度不仅是《中国共产党政法工作条例》中有关“领导方式”的直接指向内容，也是党委领导政法工作最主要的方式和手段。目前，中央层面已经制定出台多部党内法规涉及向中央的请示报告规定[1]，例如，2019 年 1 月中央又专门制定了《中国共产党重大事项请示报告条例》。在中国共产党党内的话语体系中，“请示”与“报告”的核心区别在于对重大事项的决定权：“事前要请示”，相关事项必须经由上级党组织批准后方可实施；“事后要报告”，相关事项仅需要事后报告上级党组织备案审查即可，无须先行请求批准或者授权。《中国共产党政法工作条例》第 17 条至第 22 条对不同主体就不同事项规定了需要请示或者报告的具体内容。从整体上讲：应当向中共中央请示的主要涉及政法工作、政治安全、社会稳定、政法改革和政法队伍等方面的重大事项、重大决策、重大问题、重大立法建议，亦即“决策”层面的情况；应当向中共中央报告的主要是重大事项贯彻落实情况、重大调研、重大突发事件（案件）的进展与处理结果、政法队伍建设、工作情况总结等，亦即政法工作“落实”与“建议”层面的情况。

通过分析请示报告的具体内容，大致可以将其区分为三种类型：一是各级政法部门将每月针对日常案件评查的整体情况向政法委报告（或报送）。由于这些报送资料往往仅以大约 50 字的篇幅介绍案件情况，而且其中还混杂涉法涉诉类型的处理结果，所以对于政法委员会内设机构的工作人员而言，他们仅将其做形式上的登记和汇总。二是可能引发群体性事件的案件。这一方面包括非经各级信访局处理而直接以信访或人访方式到政法委的上访，或者当事人根据诉求事项到相应的政法部门信访，由该政法部门登记立案后再报告至同级政法委；另一方面也包括重大恶性刑事案件、重特大案件责任事故。三是各政法部门在具体事宜上出现争议，并就此认识分歧提交政法委协调解决。例如，《中国共产党政法工作条例》明确赋予中央政法委员会对有关地区或部门发生重大分歧时的居中协调权，以及重要司法政策文件、司法解释、重大立法建议的审核把关权。

通常而言，前述第一种类型造成的后果微乎其微进而可以忽略不计。但是

〔1〕 参见中共中央宣传部编：《习近平新时代中国特色社会主义思想三十讲》，学习出版社 2018 年版，第 79~80 页。

针对后两种情况如果出现处置不当，则容易影响政法委参与社会综合治理、维护政法工作稳定的实际效果。对此，基层政法部门的处理流程大致包括：首先，基层政法部门及政法委会迅速向当地党委政府、上级政法委和有关部门汇报。就政法系统内部传递而言，通常应及时以电话形式汇报，随后形成文字材料书面汇报。其次，当地政法委按照党委部署在采取措施对事件进行处置的同时，会立即调集力量调查事件发生原因。最后，根据事件严重程度、涉及信息资料类型及相应处置情况逐级上报省委政法委甚至中央政法委，上级政法委根据层报事件性质及严重程度迅速做出部署。在此过程中，政法委往往采取召开联席会议的方式协调各政法机关的利益诉求。政法委牵头各政法机关召开联席会议又被称为联合办公，针对非常重大敏感的疑难案件、涉诉涉访久拖不决的案件、群体性事件等，由政法委全体委员参加。这些委员都是各部门一把手，该会议也被称作“大三长”会议。对于一些案件不够重大，但又需要政法委协调的，由各部门分管副职参加，这类会议则被称作“小三长”会议。另外，由政法委员会牵头开会往往是临时性的做法，如果案情特别重大、持续时间较长或者因社会环境需要而进行专项斗争，则往往会促使政法委协调案件常态化，进而成立“专案组”。有的专案组，由政法委员会联合公检法三机关参与，或者联合工商、税务、证监会等多个部门甚至纪委监委参与，不仅可以加快此类重大事件的快速解决，也在某种程度上有利于缓解社会矛盾，维护社会秩序稳定。

“执法监督的职责”，是指《中国共产党政法工作条例》于第 12 条赋予党委政法委 10 项职责任务，其中第 6 项规定：“支持和监督政法单位依法行使职权，检查政法单位执行党的路线方针政策、党中央重大决策部署和国家法律法规的情况，指导和协调政法单位密切配合，完善与纪检监察机关工作衔接和协作配合机制，推进严格执法、公正司法。”简单讲就是“加强执法监督”。之所以重申执法监督职责，一方面在于体现出社会主义法治规律性和政党制度的优越性，另一方面也是党委政法委对自身领导政法工作成功经验的承接与继续。也就是说，权力制约原则作为法治的重要内容，在社会主义国家的宪法中体现为监督原则。从社会主义国家的执政党而言，党委政法委对政法机关的监督，从性质上讲属于党内监督的组成部分，从层级上讲是在政法各部门加强内部监督的基础上，各级党委政法委加强执法监督工作，而从目的上讲则是维护党的权威、国家权威和司法权威的必要举措。

同时，强调党委政法委的执法监督职责一直出现在不同时期的党委文件中。例如，1998 年，中央政法委出台的《关于加强党委政法委员会执法监督工作的意见》明确规定："对于党委政法委员会组织开展的执法检查和专项治理，所属各地和政法部门要认真组织实施，有关情况及时报告。"又如，2011 年，中央政法委等八部门制定了《关于党委政法委员会对政法部门执法活动进行监督的规定》，一方面明确了党委政法委主要协调重大、敏感、复杂、疑难案件以及群众反映强烈的涉法涉诉信访案件，另一方面要求党委政法委协调案件，主要是统一执法思想，明确办案的原则和方向，确保执法的法律效果和社会效果、政治效果的统一，一般不对案件定性和对实体问题的处理提出具体意见。此外，《中国共产党政法工作条例》也从监督制约、督促检查、考评考核、督导整改和责任追究五个方面确立了党委政法委的监督与责任制度。在督促检查方面，主要指党委政法委通过政治督察、执法监督、纪律作风督查巡查等方式对政法单位党组（党委）的工作情况进行督促检查；政法单位党组（党委）通过向批准其设立的党委全面述职以及重大决策执行情况的督查反馈机制等方式主动接受督促检查。

从监督采取的方式方法角度而言，大致可分为常规监督和动态监督两种类型。所谓常规监督，是指采取执法大检查的方式对已办结案件从实体法到程序法逐步筛查，对于发现的问题责令各政法机关限期整改。这要求各政法机关对其采取的活动以档案材料的形式记录并保存下来，检查主体据此形成考核依据并对各政法机关形成长效监督机制。常规监督处于基础地位，更为重要的是动态监督。动态监督既包括对个案的专项督查，也包括在一定时期或社会环境下对普遍存在的共性突出问题采取专门督导查纠和整治。前文提到的"专案组"形式即是此种督查方式的典型代表。政法委对个案采取专项督查，往往包括以下几个步骤："需要督查对案件在政法委的执法督查部门登记备案后，根据政法委领导的批示意见附办理通知单或便函，及时转交下级政法委或有关政法部门办理。承办单位对于此类督查案件要做到‘批必查’‘查必清’‘清必办’‘办必果’，不仅要查清事实，还要提出处理意见。承办单位一般应在两个月内呈报办理结果。对超过三个月尚未办结的，督查部门可发函催办或派人进行督办。结案报告应以政法委或承办单位的名义行文。对于上报了查处结果、但问题仍然没有解决的，政法委可召集有关部门共同研究，必要时组织联合调查组进行核查。对于重大疑难案件，政法委应及时召开案件督查协调会，议定的意见由政法部门各司其职并按照法律程序办理。经协调未能达成一致意见的案件，可确定有关政法部门报请其上级主管部门研究解决。根据案件督查工作的需要，政法委可向有关部门调阅案件卷宗。”[1]需要特别指出的是，政法委的动态监督不仅指向政法部门或政法干警暴露出的执法不严、执法不公问题，同时也解决政法部门在工作中遇到的不当干扰和阻碍。例如，当政法委发现有关部门知法犯法，在对其提出处理意见并要求限期整改时，如果该部门在限期内仍未履行法定职责，则政法委可就此情况报告同级党委和上级政法委，同时抄送该政法部门上级主管机关。又如，即使这种动态监督在方式上较为积极主动，但仍受制于“支持政法部门依法行使职权、不代替政法部门办案”的督查原则要求。通过预防、惩戒和矫正的不同环节，为政法各部门严格执法和公正司法创造良好的外部环境。

2. 司法为民

正如前文所述，中国人民司法的传统肇始于陕甘宁边区的“马锡五审判（方式）”。在重大案件中仍然强调坚持司法为民原则，一方面继承人民中心的司法理念，另一方面也是加快建设法治国家，积极回应新时期人民群众对司法审判活动的现实需求。为此，最高人民法院于2013年9月发布了《关于切实践行司法为民大力加强公正司法不断提高司法公信力的若干意见》，其中宣示了新时期人民法院工作的基本主线和三方面重要内容：一是切实践行司法为民宗旨，这是人民法院对优良司法传统的继承，也是新形势下人民司法保持人民性的目标追求；二是大力加强公正司法，这是全面推进依法治国基本方略，加快建设社会主义法

---

〔1〕 刘涛：《当代中国政法委员会研究——以X县政法委员会为参照》，吉林大学2012年博士学位论文，第121～122页。

治国家所追求的核心目标；三是不断提高司法公信力，这是人民司法所面临的重大现实挑战。

由于司法为民的主旨既具有历史继承性也被赋予了新的时代内涵，同时其在内容导向性方面更加契合本书主题，因此，本书将对其重点阐述。详细来讲，《关于切实践行司法为民大力加强公正司法不断提高司法公信力的若干意见》第22、25、26条依次讨论了保障诉讼当事人依法享有诉讼权利应采取的具体制度，以及提高普通民众获得便利高效的法律服务应改革的具体内容。同时，该意见还在第10条指出司法审判必须高度重视与社会生活的密切结合，切实尊重人民群众的普遍认知和共同感受。这要求肯定人民群众享有的生活主体地位以及司法具有的社会属性。一方面，明确司法具有“运用法律解决矛盾纠纷”的工具性价值；另一方面，强调司法的政治属性，即要求司法者在理解和适用法律规范时应将人民群众作为司法服务的对象，并运用人民群众的生活经验和社会常识弥补或矫正自身司法的知识盲点，不能脱离对人民群众思想观念和行为习惯的体察而恣意裁判。

举例而言，近年来时有发生的针对热点案件展开的司法与民意间的互动关系，可被视为司法为民原则具体落实的一个缩影。就字面意思来讲，热点案件的用语属于中性词，本不具有明确的政治倾向或价值判断；学术界则更多使用“公案”一词指称相同内容。确切地说，“现代公案，是民众利用个案内容所涉及的主题元素根据民众需求特点通过议论、诉说、传播和加工而形塑出来的公共事件”[1]。

首先，公案的主体是民众。现代民主政治对民众的界分往往同时考虑国民或公民的“质量”和“数量”。前者是指，民众的身份差异和知识背景的不同并不构成限制其针对公共司法问题发表个人看法的正当理由。也就是说，在民众的“质”的方面，法律往往肯定个人自由和权利资格以便其积极主动地维护合法私利和社会公益。在司法领域中民众则主要包括三类：一是与具体案件具有直

---

〔1〕 孙笑侠：《公案及其背景——透视转型期司法中的民意》，载《浙江社会科学》2010年第3期。

接利害关系的相关当事人，集中体现在程序法条文中指出的具备诉讼资格的特定人群。二是法官、检察官等广义上的司法人员。该类人群由于承担特定的诉讼职能而往往在体制内被视为会受到所办理案件的影响；而且由于公案类型的不同，其权限范围和发挥作用的空间也略有差异。三是与集体案件无关，也不具有司法工作人员等国家公职身份的普通民众。实际上，前两类民众由于受制于自身关切或者办案压力，在对公案发表个人看法时可能存在有失公允的情况，所以公案背后真正关切的往往仅是第三种民众类型。后者是指，民众的数量需要达到一定程度。但从整体上测量民众群体所占据的比重不仅具有很大难度而且确无必要，毕竟在自媒体发达和大数据运用的时代，从一部分人转换到大多数人往往只在很短的时间内即可完成。同时，现代民主理论已从保护多数人的利益发展到多数人与少数人的利益需要一同保护的阶段，对于民众数量的限制不仅欠缺正当性也不具有操作性，而且“公众的数量在不同情况下代表着极不确定的数字”[1]。

其次，公案的客体是公共事务。所谓公共事务是指关涉全体社会成员利益的公共产品与服务。由此可见，公共性不仅是公共事务的核心语意，也是公案最突出的特征并且是构成“民众何以关注公案”的重要缘由。换句话讲，民众之所以关注公案，是因为“（民众）以自身境况为基点的情感偏向，要么怒不可遏，要么以司法个案为藉托具有案外诉求”[2]。而且，“司法个案中包含具有普遍意义的同类的深层问题，是牵动百姓民众心绪的问题，而这些问题是具有社会结构性和整体性的问题”[3]。需要特别指出的是，这些问题在转型时期的中国司法中具有较为集中的表现形式。根据对过去10年民众讨论较为热烈、影响较为重大的案件做对比分析后发现，公案反映出的具有普遍意义的社会问题和司法问题集中在“涉案当事人的身份信息”方面，并具体围绕“道德现实”“官员作风”“富

〔1〕 陈义彦等：《民意调查》，台北，五南图书出版股份有限公司2001年版，第7页。
〔2〕 顾培东：《公众判意的法理解析——对许霆案的延伸思考》，载《中国法学》2008年第4期。
〔3〕 孙笑侠：《公案及其背景——透视转型期司法中的民意》，载《浙江社会科学》2010年第3期。

人行为”“司法不公”四个领域。[1]可以说，每一起公案的背后都或多或少反映出“情理与法理的冲突”“官民矛盾”“财富分配不均”“司法腐败”等结构性问题；民众借助各种传播工具对此加以议论和诉说，进而逐渐衍生出社会舆论。同时，经过新闻媒体的“制作”，案件事实往往被加工或剪裁成为“舆论事实”[2]，其中真正涉及法律意义的要件要素反而被忽略，民众的情绪情感因素时常被唤起。可以说，民众并非在讨论案情而是在宣泄激情，也因此有“舆情审判”或者“公意裁断”的说法。实际上，此处不仅需适度甄别民意、舆论以及公意或众意等术语的含义，也涉及中国司法回应民意的方式。

一方面，公意和众意的区分往往依附于启蒙思想家所经历的时代并服务于特定的政治目标。但需注意“公意总是公正的，但只考虑公共利益，公意就是人民的共同意志和公共利益的集中体现，国家全体成员的经常意志就是公意，当人们在人民大会上提议时，并不是在寻求人们对这一提议是赞成还是反对，而是在考察它是否符合公意。如果个人意志与公意不相符合，说明个人意志所估计的公意不是公意”[3]。同时，公意的内容往往与道德相关，并因此获得“舌战优势”。“所谓舌战优势，也可以称之为舆论战争中的道德优势。在许多领域中，一个观点与其他观点相比，如果具有巨大的舌战优势，那么对思想和行为就可以造成可预测的结果。比如说，如果人们在集体中，而不是作为个人做出决策的话，集体要比个人更为具有利他主义。因为在集体中，没有人愿意显得特别自私。”在法治国家中，尤其需要防范公意获得“舌战优势”或者利用道德作为武器侵犯民主政治。对此，“道德共同体的建立，意味着必须凸显公意作为道德制高点所呈现的普遍性和强制性的力量。在此，公意就是一种普遍的、具有强制性的道德力量”[4]。这在后文体现为中国司法顺应民意裁判案件的这种处理方式。此外，民

---

〔1〕 参见周安平：《涉诉舆论的面相与本相：十大经典案例分析》，载《中国法学》2013年第1期。

〔2〕 王亚新教授曾在南京大学和南京师范大学的演讲中提出过“媒体事实”的概念。参见孙笑侠：《司法的特性》，法律出版社2016年版，第198页。

〔3〕 杜文丽：《论卢梭社会契约中的“公意”》，载《学术交流》2007年第6期。

〔4〕 黄璇、任剑涛：《解读“公意”：道德制高点的面纱——以卢梭〈社会契约论〉为文本依据》，载《学术研究》2009年第8期。

意和舆论通常被理解为同义语；但严格讲，舆论更多是指民意的外在表现形式并且常与新闻媒体形成关联。同时，社会舆论立足于变动不居的社会事实，因此其也具有易变性和不稳定性。然而经过新闻媒体制作形成的舆论在法治国家往往成为不可忽视的监督力量。就司法领域而言，舆论不仅吸纳民意中的情感因素甚至演化为发泄渠道，也成为对接官方信息、增进司法公开公信力的重要媒介。

另一方面，公案具有特殊的社会背景，并暴露出难以在短期内通过改革解决的结构性社会矛盾，进而迫使司法也仅能在"不得拒绝裁判"的法治精神要求下仓皇应对。为了最大限度解决纠纷、传递正义并实现规则治理，中国司法在回应民意方面已然呈现出一些样态，这其中以刑事司法最具代表性。相关实证研究表明，因受到涉诉舆论的影响，司法判决在舆论压力下表现为三种类型，即"判决未顺从舆论类、顺从舆论而判决和顺从舆论而改判"〔1〕。同时，对于媒体讨论热烈、影响力较大的案件，司法机关也往往通过召开新闻发布会或者向公众征求意见的方式积极回应民意。例如，在许霆案中，该法院刑二庭庭长围绕该案的两个主要问题，即一是法庭为何认定许霆的行为属于盗窃金融机构的犯罪，二是为何由原审的无期徒刑改判为5年有期徒刑，其理由和法律依据何在，通过媒体作了判后释法与答疑。随后也有些媒体就此案中司法与民意的关系给予了报道。〔2〕同样，在李昌奎案二审后云南省高级人民法院新闻发言人也对该案二审改判死缓进行了回应。根据云南省高级人民法院有关负责人的说法："终审改判李昌奎死刑缓期执行，主要是基于目前法界提倡的对于刑事犯罪尽量少杀、慎杀的办案理念，且李昌奎确实存在自首情节。同时，对于社会的关注，云南省高级人民法院也高度重视，已经派专人重新审查该案，之后会向社会公布一个审查结果。"〔3〕随后，云南省高级人民法院对该案依照审判监督程序进行再审并当庭宣判，撤销原二审死缓判决，改判李昌奎死刑立即执行，剥夺政治权利终身。〔4〕应当讲，法

---

〔1〕 周安平：《涉诉舆论的面相与本相：十大经典案例分析》，载《中国法学》2013年第1期。

〔2〕 例如：《许霆案改判是司法和民意的共赢》，载《法制日报》2008年4月2日，第3版；《追求法律效果和社会效果统一》，载《南方日报》2008年1月18日，第A08版。

〔3〕 参见《云南高院称终审改判基于"少杀慎杀"理念》，载《法制日报》2011年7月6日，第8版。

〔4〕 参见《李昌奎故意杀人强奸案再审宣判》，载《人民法院报》2011年8月23日，第3版。

院主动采取新闻发布的方式，在某种程度上确实能够消弭舆论的质疑。而且，从最高人民法院设立新闻发言人制度时，就期望此制度能够发挥引导和应对舆论的作用。早在2006年，最高人民法院和高级人民法院的两级新闻发布会体制即告成立。对此，最高人民法院相关负责人明确指出，针对外界对法院工作所产生的误解、疑惑，以及歪曲和谣言，通过及时发布权威信息，解疑释惑，澄清事实，驳斥谣言。新闻发布制度应当围绕大局和重要题材，准确发布信息，主动引导舆论，保障公众知情权。〔1〕又如，除了在判决后及时召开新闻发布会或者向媒体公布调查说明以外，有些法院还尝试将应对舆论的时间前移至开庭前或庭审过程中，并通过判决前听取公众意见的方式摸清舆论倾向。药家鑫案开庭审理时便采用了这种方式，西安市中级人民法院在开庭审理该案时面对现场旁听审理的500多名社会各界人士分发"旁听人员旁听案件反馈意见表"。在该问卷上除了显示本案合议庭成员名单外，还预留了两个问题："您认为对药家鑫应处以何种刑罚？您对旁听案件庭审情况的具体做法和建议？"〔2〕其实，向旁听群众征询审判意见并非只针对药家鑫案。早在2008年，陕西省高级人民法院就制定了《关于征询旁听庭审公民对案件裁判意见和建议的若干规定（试行）》，明确了旁听庭审的公民代表对本案如何裁判有权发表意见和建议，并将其作为合议庭裁判案件的重要裁判依据。〔3〕据称，向旁听群众征询审判意见并非陕西省高级人民法院首创。〔4〕由此可见，该做法在实务中不仅有其合理性，而且也客观反映出中国法院试图取得舆论支持、转移舆论压力的一种复杂心态。

---

〔1〕　参见田雨：《司法公正：肖扬"解读"司法与媒体如何互动》，载《新华每日电讯》2006年9月13日，第4版。

〔2〕　《法院审理药家鑫案向旁听者征量刑意见引争议》，载新浪网，http://news.sina.com.cn/c/2011-04-14/101222291617.shtml。

〔3〕　参见贾明会、李燕萍：《省高院将公民意见引入案件裁判》，载《陕西日报》2008年10月6日，第3版。

〔4〕　例如，北京的基层法院也曾在审理案件中对旁听人员做民意调查，只不过该法院选择的是民事案件，没有药家鑫的案件轰动罢了。在北京某基层法院审理的一起医疗事故损害赔偿纠纷案件中，法官向旁听人员发放40份问卷，在庭审前发放，由旁听人员根据庭审情况进行判断填写。庭审结束后，40份问卷全部收回，27票认为病历真实，2票认为伪造病历，11票对此说不清楚。合议庭评议后，当庭认定病历真实有效，可以作为鉴定依据。同时，当庭公布了调查结果。参见https://www.66law.cn/DomainBlog/25700.aspx，最后访问时间：2019年10月11日。

四、中国司法的法律效果与政治效果

1. 以2017年至2019年最高人民法院工作报告为分析样本

每年“两会”期间最高人民法院院长向全国人大代表报告工作，既是中国宪法规定的国家机构运转样态的实景演示，也为研究中国司法的法律效果提供了良好素材。党的十八大召开尤其是《中共中央关于全面推进依法治国若干重大问题的决定》公布以来的这些年，最高人民法院工作报告从文本上看具有较为稳定的叙述结构和体例，其中阐述的具体内容较为清晰且翔实地展现了最高人民法院和全国各级人民法院过去一年行使司法权的实际效果。具体地讲，从2017年至2019年最高人民法院工作报告的行文逻辑来看，全篇除引言及背景介绍外，主体内容大致包括“汇报上年度依法履职情况并展示其工作业绩”和“介绍本年度工作安排或工作建议”两个部分。鉴于后一部分具有宣传性和概括性特点，而且其中许多内容被下一年的工作报告所吸收，因此暂不单独讨论。仅就这3年的工作业绩来讲，2017年至2019年最高人民法院的工作报告主要涉及五个领域：一是国家安全和社会稳定领域；二是经济社会发展领域；三是保障民生领域；四是司法队伍建设领域；五是司法监督领域。其中，与法律效果密切相关的主要是前三个领域。

第一，有关维护国家安全和社会稳定领域。最高人民法院工作报告往往从依法惩治犯罪的角度切入，列明上年度各级法院一审刑事案件的数量，并指出常见高发刑事案件的审结情况。例如，2016年、2017年、2018年各级法院审结一审刑事案件依次为111.6万件、548.9万件和119.8万件。其中，从2017年公布的数据看：审结贪污贿赂等案件19.5万件，比上年度增长了15万件；审结严重危害群众生命财产安全犯罪131.5万件、危害公共安全犯罪127.1万件。此外，2016年至2018年，全国各级法院一审审结的网络犯罪案件共计4.8万余件，在全部刑事案件总量中的占比为1.54%，案件量和占比均呈现逐年上升趋势。[1]在严惩侵害妇女儿童权益犯罪方面，从2013年至2017年，审结涉及未成

---

〔1〕 数据源自中国司法大数据研究院：《司法大数据专题报告之网络犯罪特点和趋势（2016.1-2018.12）》，载中华人民共和国最高人民法院网2019年11月22日，http://www.court.gov.cn/fabu-xiangqing-202061.html。

年人权益保护案件年均增长率达 10.46%，未成年人犯罪连续 5 年平均降幅超过 12%。[1]其中，2016 年至 2017 年全国法院一审审结校园暴力案件量分别同比下降了 16.51% 和 13.37%，被告人人数从 2016 年的近 1500 人下降到 2017 年的约 1350 人。[2]这显示出在打击和预防双管齐下的背景下，严重侵犯未成年人权益刑事案件上升的势头得到有效遏制。

第二，有关贯彻新发展理念，服务保障经济社会持续健康发展领域。对此，全国法院在 2016 年、2017 年和 2018 年分别审结一审商事案件 402.6 万件、1643.8 万件和 341.8 万件。在服务国家创新驱动发展战略并加强产权保护方面，这 3 年全国法院审结一审知识产权案件分别为 14.7 万件、68.3 万件和 28.8 万件。其中从 2016 年的统计数据看，著作权侵权、商标权侵权和专利权侵权的民事一审审结案件量占比分别为 50.20%、34.17% 和 15.63%。[3]同时，为鼓励非公有制经济和民营企业快速发展，最高人民法院于 2017 年出台加强产权司法保护意见 17 条，3 年间共发布约 33 起典型案例用于改善营商环境和加强创新创业。此外，为加强生态文明保护，服务美丽中国建设，这 3 年全国法院审结一审环境资源案件数实现持续增长，由 2016 年的 13.3 万件增至 2018 年的 25.1 万件。就环境公益诉讼案件整体情况而言，2016 年新收案件量是 2015 年的 3.27 倍，2017 年 1 月至 10 月是 2016 年同期的 1.73 倍。[4]

第三，坚持以人民为中心，努力满足人民群众司法需求。2016 年到 2018 年，全国法院审结一审民事案件总量分别为 673.8 万件、3139.7 万件、901.7 万件。其中，涉及教育、就业、医疗、养老和消费等的案件量依次为 50.4 万件、232.5 万件和 111.1 万件。同时，伴随家事审判方式改革及配套制度等的推行，

---

〔1〕 数据源自中国司法大数据研究院：《从司法大数据看我国未成年人权益司法保护和未成年人犯罪特点及其预防》，载中华人民共和国最高人民法院网 2018 年 6 月 1 日，http://www.court.gov.cn/fabu-xiangqing-99402.html。

〔2〕 数据源自中国司法大数据研究院：《司法大数据专题报告之校园暴力》，载中华人民共和国最高人民法院网 2018 年 9 月 19 日，http://www.court.gov.cn/fabu-xiangqing-119881.html。

〔3〕 数据源自中国司法大数据研究院、司法案例研究院：《司法大数据专题报告之知识产权侵权》，载中华人民共和国最高人民法院网 2017 年 10 月 13 日，http://www.court.gov.cn/fabu-xiangqing-63192.html。

〔4〕 数据源自中国司法大数据研究院：《司法大数据专题报告之环境案件》，载中国司法大数据网，http://data.court.gov.cn/pages/uploadDetails.html?keyword= 司法大数据专题报告之环境案件 .pdf。

全国法院审结婚姻家庭案件数量分别为175.2万件、854.6万件和181.4万件。全国法院依法审理的抚养扶养关系纠纷、抚育费纠纷、监护权纠纷、探视子女权纠纷等民事案件年均增长率达10.89%。[1]此外，为保障“放管服”改革和法治政府建设，切实保障行政相对人合法权益，各级法院审结一审行政案件22.5万件、91.3万件和25.1万件。“基本解决执行难”取得重大进展。这3年，共受理执行案件2043.5万件，其中1936.1万件案件得到执结，同比增长105.1%，执行款实际到位4.4万亿元，同比增长71.2%。

2. 服务大局的司法——兼论中国政党推进型法治模式

2017年至2019年最高人民法院工作报告除前述正文两个主体部分以外，还包括篇幅较短的引言和背景介绍，集中体现了“党的领导与政法工作的关系、当年度人民法院工作的指导理念或遵循的基本原则”以及“发挥审判职能围绕的工作目标或提供司法服务与保障的国家政策”。例如，3份工作报告均指出最高人民法院是“在党中央坚强领导下，并以习近平新时代中国特色社会主义思想为指导，全面贯彻落实党的十九大以来系列会议精神”。同时指出最高人民法院围绕“努力让人民群众在每一个司法案件中感受到公平正义”的工作目标发挥审判职能，并为统筹推进“五位一体”总体布局和协调推进“四个全面”战略布局提供有力司法服务和保障。从中可以看出，最高人民法院不仅忠实履行宪法法律赋予的职责，也在通过发挥审判职能密切配合党和国家下一阶段的改革举措。对此，有学者指出：“最高人民法院工作报告虽然是由最高人民法院这个特定的‘单位’做出的，但是它所报告的工作却是全国所有法院的工作。并且具体描绘了人民法院服务大局的实践样态。人民法院服务大局的层次可以分为两个方面，一方面是服务于党和国家的中心工作；另一方面是服务于国家和社会的组织化。”[2]

一方面，就人民法院工作服务于党和国家中心工作而言，2017年至2018年

---

〔1〕 参见中国司法大数据研究院：《从司法大数据看我国未成年人权益司法保护和未成年人犯罪特点及其预防》，载中华人民共和国最高人民法院网2018年6月1日，http://www.court.gov.cn/fabu-xiangqing-99402.html。

〔2〕 喻中：《服务大局的司法：一个基于功能理论的阐释》，载《法学论坛》2012年第5期。

最高人民法院工作报告引言中分别指出“服务‘十三五’规划实施，深入推进平安中国、法治中国建设”“通过充分发挥审判职能作用，为统筹推进‘五位一体’总体布局和协调推进‘四个全面’战略布局提供有力司法服务和保障……增强人民群众获得感、幸福感、安全感”。对此，如果联系党的十八大和十九大以来历次会议精神及制发的文件内容就不难发现，最高人民法院工作报告中确定的工作目标以及服务和保障的对象与党所主张的全面深化改革、全面推进依法治国各项内容大致相符。以 2019 年工作报告的具体内容为例：首先，正文直接指出“坚持党对人民法院工作的绝对领导”，并直接引述党代会上提出的“四个意识”“四个自信”“两个维护”，以确保人民法院工作的正确政治方向。其次，在“依法惩罚犯罪、保护人民，坚决维护国家安全和社会稳定”方面，则指出“各级法院认真落实总体国家安全观，积极推进平安中国建设”。所谓“总体国家安全观”是一个涵盖 11 种具体领域安全的国家安全体系，也是党为准确把握国家安全形势新特点、新趋势提出的新观念。这一综合性的安全观念几乎包含人民法院审判职能针对的各种案件类型。简言之，党对各个领域安全观念的强调引导了法院审判的方向。再次，在“贯彻新发展理念，服务保障经济高质量发展”上，人民法院发挥审判职能依法服务了经济领域各行业深化改革的客观需求。无论是针对“三大攻坚战”“供给侧结构性改革”还是针对“区域协调发展”“创新型国家建设”，人民法院均以司法手段助力改革举措的发挥实效。最后，在“满足人民群众司法需求”方面，人民法院始终践行人民司法的传统，遵循司法改革成果由全民共享的理念，不仅创新司法便民利民惠民机制，而且通过制定司法解释、审判执行案件大力贯彻社会主义核心价值观。由此不难发现，中国司法在手段与目的上与政治效果的切合。

另一方面，从人民法院工作服务于国家和社会组织化上来看，人民法院在发挥自身审判职能的过程中，与其他国家机构之间通过角色和功能的分工配合，最终促使机构设置的组织化和职能行使的有序化。这集中表现在以下三个层面：

一是人民法院与人民检察院及公安机关之间的相互配合和监督，促进了司法系统内国家机关之间的交互和整合。例如，最高人民法院工作报告曾多次指出，人民法院：依法接受检察机关诉讼监督；支持、配合检察机关履行监督职责；会同最高人民检察院制定死刑复核、民事执行等方面法律监督规定；认真对待检察建议，共同维护司法公正。又如，针对电信网络犯罪、严重危害群众财产安全犯罪等领域，最高人民法院会同公安部出台适用法律意见，从而维护平安中国建设，并服务保障经济社会持续健康发展。由此看出，最高人民法院围绕公平公正行使审判权，努力促进司法机关体系内功能和职责层面的互动和整合。

二是通过人民法院向人大汇报工作的方式，实现立法机关对人民法院的监督制约，倒逼并敦促人民法院采取组织化和有序化方式行使审判权。例如，2018年最高人民法院工作报告指出，最高人民法院“向全国人大常委会专题报告全面深化司法改革、深化司法公开、规范司法行为等情况，根据审议意见改进工作。办理代表建议1381件……邀请全国人大代表视察人民法院87批次，通过旁听庭审、召开座谈会等方式听取代表意见4530人次”。人民法院通过自觉接受立法机关各种形式的监督，敦促其自身对司法为民、公正司法的追求。同时，借助这种代议制民主形态，最高人民法院向全国人大汇报工作构成了中国政权组织形式有序化运转的重要组成部分。

三是强调人民法院与社会各界开展广泛联系，在常规性审判业务外寻求整合国家与社会的新渠道。从最高人民法院工作报告来看，除了明文指出“满足人民群众司法需求”以外，还包括人民法院广泛接受“民主监督”与“社会监督”的范畴。例如，2018年和2017年最高人民法院工作报告中分别指出，“自觉接受人民政协和民主党派、工商联、无党派人士民主监督，积极参加全国政协专题协商等活动，广泛凝聚共识。走访接待全国政协委员620人次，办理政协提案539件，及时采纳各方面提出的意见……开展特约监督员、特邀咨询员调研座谈、列席审委会等活动360次。通过‘院长信箱’等平台，畅通民意沟通渠道。召开新闻发布会117场，主动接受舆论监督”，以及“办理政协提案110件，走访部分全国政协委员，配合全国政协和有关民主党派中央就司法改革等进行专题调研……开展特约监督员、特邀咨询员视察法院、旁听庭审、调研座谈、列席审委会等活动96次”等内容。可以说，人民法院丰富多种监督渠道的努力，不仅有助于纠纷解决与权利保障，而且经由个案的权威裁判有望向社会提供一种包含公平正义理念的治理规则和行为方式，进而将社会各阶层稳定有序地组织起来。

由此可以看出，无论是服务于党和国家的中心工作，还是服务于国家和社会的组织化，人民法院的工作都呈现出与党的会议精神以及制发文件的基本要求相一致的特点。尤其是党的十八届三中、四中全会以来，为落实全面深化改革和全面推进依法治国的总体要求，最高人民法院在其工作报告中也有意识地回应了法院系统落实司法改革诸项措施的具体情况。例如，2017 年最高人民法院工作报告以“坚持以深化改革和推进信息化破解难题 努力让人民群众有更多获得感”为题，专门介绍了各级法院推进司法改革和信息化建设的具体成效。类似地，2018 年最高人民法院工作报告中的第六部分“深化司法体制改革，促进审判体系和审判能力现代化”，以及第七部分“深入推进智慧法院建设，开放动态透明便民的阳光司法机制基本形成”则是对党的十八届四中全会以来司法改革取得阶段性成果的集中展示。

实际上，在法治中国的建设历程中，党的历届代表大会，尤其是历届三中全会都发挥了重要引领作用，并凸显出执政党对国家发展、社会进步有目的、有组织的建构逻辑和寓意，进而形成了中国“政党推进型的法治模式”〔1〕。进一步而言，自 1978 年年底党的十一届三中全会之后，历届三中全会都直接或间接地提到法制改革的问题。作为拨乱反正后法治中国的起点，党的十一届三中全会明确提出“健全社会主义民主”和“加强社会主义法制”两大基本任务，随后的党的十二至十七届三中全会则详细梳理了法治中国建设的具体内涵。例如，曾提出了围绕市场经济体制改革和聚焦农村改革等内容。就法制领域而言，党的十五大提出过“推进司法改革”、党的十六大提出过“司法体制改革”的问题，党的十七大则明确提出“深化司法体制改革，优化司法职权配置，规范司法行为，建设公正高效权威的社会主义司法制度，保证审判机关、检察机关依法独立公正地行使审判权、检察权”。与党的十一届三中全会之后的前六次三中全会有所不

---

〔1〕 相关研究参见谢冬慧：《政党推进型法治：历届三中全会与法治中国建设》，载喻中主编：《政治法学研究》（第 1 卷·总第 3 卷），法律出版社 2015 年版。

同，党的十八届三中全会提出的改革命题所涉及的并不是某一领域的内容，而是包含经济、政治、文化、社会、生态文明以及国防和军队改革、党的建设制度改革等诸多方面。会议使用“全面”字样并将其置于“深化改革”的主题词之前，不仅昭示改革者的意志和决心，而且伴随改革措施的逐步推进，静态的制度建构与动态的治理路径被同时考量，使改革的系统性、整体性和协同性被突出强调，这也成为本轮改革的特点和优势。同时，在执政党一系列政策文件的推动下，法律体系内的改革重点围绕维护宪法法律权威、深化行政执法体制改革、确保依法独立公正行使审判权和检察权、健全司法权力运行机制、完善人权司法保障制度五个领域深度展开，其内容涵盖了立法、执法和司法三个方面，并着重凸显了司法改革的重要性。可以说，无论是法律制度的日臻完善还是法治国家的逐步建构，均与执政党稳定有序地推进密不可分。政党推进的模式不仅是中国法制成果的经验积累与学理表达，也是下一阶段推进法治变革的首要前提和路径依赖。

3. 能动司法与维护稳定

“服务大局的司法”亦可称为“为大局服务，为人民司法”，同样也是中国能动司法理念的重要内容。所谓能动司法，根据时任最高人民法院院长王胜俊的论述，是指：“发挥司法的主观能动性，积极主动地为党和国家工作大局服务，为经济社会发展服务。”“服务性、主动性和高效性是能动司法的三个显著特征。能动司法是服务性司法。人民法院必须紧紧围绕维护社会稳定、服务经济发展、促进社会和谐、保障人民合法权益的要求，积极运用政策考量、利益衡平、柔性司法等司法方法履行司法的审判职能；能动司法是主动性司法。人民法院必须主动开展调查研究，认真分析研判形式，主动回应社会司法需求，切实加强改进工作；主动延伸审判职能，积极参与社会治理；主动加强沟通协调，努力形成工作合力。能动司法是高效性司法。人民法院必须根据经济社会发展要求，未雨绸缪，超前谋划，提前应对，把矛盾纠纷化解在萌芽状态。”[1]同时，结合最高人

〔1〕 王胜俊：《坚持能动司法 切实服务大局》，2009年8月28日在江苏省高级人民法院座谈会上的讲话。

民法院其他主张能动司法理念的法官言论看[1]，能动司法已然成为人民法院的一种融合司法理念、司法功能和司法效果在内的整体性价值取向。

第一，能动司法不仅体现了公正与效率的法律理念，而且更加凸显中国司法对人民性与政治性的追求。一方面，针对传统司法理论过度持守司法的被动性和中立性，能动司法则集中阐释了"司法是什么"以及"司法如何运作"等涉及司法世界观和方法论的基本范畴问题，从而构成新时代中国司法哲学的重要组成部分。另一方面，纵观中国司法与政治关系的宏观、中观和微观层面，中国人民法院对司法理念的充盈和丰富始终伴随国家发展和社会变革逐步推进，其中对于"公正和效率"的追求展示了能动司法中"法治司法"的这一侧面；对于"三个至上"的强调则渗透出能动司法中"民本司法"和"协同司法"的政治因素。简言之，能动司法理念要求人民法院在坚持公正与效率的法治性基础上，更好地体现"为人民司法"中的人民性和政治性。

第二，能动司法从实践出发，积极回应社会需求和人民期待。能动司法的重要功能在于积极回应实践中的司法需求，服务于党和国家的阶段性目标和人民群众的切身诉求。这种"大局意识"和"服务意识"往往赋予能动司法以超越纠纷解决和权利保障等裁判权的基本功能范围，通过司法手段参与社会治理。也就是说，国家为了实施某类社会政策和实现某种政治功能，将司法作为手段从而体现出司法的工具性能动，亦即司法机关以审判方式参与社会治理，对社会机制进行管理和促进，承担社会责任的能动主义。同时，对于既要"围绕服务经济社会发展"又要"维护社会和谐稳定"还要"保障人民合法权益的要求"的全方位考量，诱发了一种基于结果导向的司法方法，即运用"政策考量、利益衡平、柔性司法"等各种司法方法确保各种司法职能的履行。进一步而言，为了实现案结事了、解决实际问题、让人民群众满意这一目标，"在当下中国能动司法的实践中，法官/法院的所有行动，包括法律规范之发现，案件事实之剪裁以及辨法析理、调或者判等司法方法之选择，都会自觉或不自觉地朝着这个目标靠拢。这

〔1〕 参见《落实科学发展观 实现司法工作"六个构建"》，载 http://www.legaldaily.com.cn./fjdt/content/2008-10/21/content_964902.html，最后访问时间：2020年6月6日。

样，中国能动司法语境中法院/法官的行动逻辑，在很大程度上也就都会是结果导向的，是一种后果导向的司法知识生产"[1]。

第三，能动司法反映了中国司法活动所追求的多重效果的有机统一。基于对法律规范性、确定性和强制性的认识，司法克制理念的支持者往往坚持严格的规则主义，倡导司法的绝对刚性，主张法官在司法决策过程中应尽力探求规范文本蕴含的原始意义并附之以论证理由，无须进行裁判目的和后果的考量。能动司法因伴随社会变革而产生，故而在司法哲学观和方法论上主张将法律适用的原则性和灵活性相结合，其所追求的司法效果是一种综合性效果。"强调法律效果与政治、经济、文化、社会效果的有机统一，强调个案公正与普遍公正的有机统一，强调依法裁判和案结事了的有机统一。"[2]从某种程度而言，能动司法的多重效果论以及对不同社会价值和目标的追求，反而体现出司法的独立意识和理性自觉。因为能动司法在实际操作层面上"引导和启示法院和司法人员超越单一的法律思维以及对案件简单化认知的视野局限，关注社会总体目标的要求，关注社会发展与变化的趋势，关注中国社会现实矛盾和纠纷的复杂性，关注民生、民情和民意的总体状态，特别是注重司法行为的社会影响和社会效果，把个别化的司法行为与司法活动放置到社会目标的实现以及社会发展的大背景下予以认识和考虑，亦即在司法过程中确立并践行所谓的'大局观'"[3]。

这种司法"大局观"投射到政治领域即是指"维护稳定"的政治效果。"维稳"是一个带有中国特色和强烈意识形态的政治术语，就内容而言主要包括两方面：一是维护国家基本政治制度和政治秩序的稳定；二是化解社会矛盾和利益冲突，实现安定团结的政治社会局面。详细来讲，前者是指，为应对中华人民共和国成立后"左"倾思想尤其是反思"文革"动乱带来的消极影响，时任党和国家领导人邓小平同志在不同场合反复强调"(维)稳定"对于中国经济发展和

---

〔1〕 方乐:《能动司法的模式与方法》,载《法学》2011年第1期。

〔2〕 公丕祥:《当代中国能动司法的理论与实践》,载马荣主编:《审判研究》(总第34辑),法律出版社2009年版。

〔3〕 顾培东:《能动司法若干问题研究》,载《中国法学》2010年第4期。

社会进步的重要性。例如，1989年2月其会见美国总统布什时指出："中国的问题，压倒一切的是需要稳定。没有稳定的环境，什么都搞不成，已经取得的成果也会失掉。"[1]同年3月他再次强调："中国的问题，压倒一切的是需要稳定。凡是妨碍稳定的就要对付，不能让步，不能迁就。"[2]这两次谈话标志着"稳定压倒一切"观念的确立，且该观念被认为是中国坚持改革开放和发展经济的前提和基础，进而被概括为"四项基本原则"。简言之，此类"稳定"的含义不仅与党的意识形态和工作方针密切相关，而且受限于特定历史发展阶段的主要矛盾变化，对当下语境而言并无太多实际意义。后者是指，随着改革开放逐渐深入，社会各阶层利益分化和冲突日渐加剧。为调适和管控此类"人民内部矛盾"，平复社会不满情绪和维护政治秩序，党中央自20世纪90年代开始便通过一系列文件内容和会议精神逐步扩充了"稳定"一词的政治意蕴。例如，党的十四大报告指出："坚持党的基本路线不动摇，必须巩固和发展团结稳定的政治局面。没有政治稳定，社会动荡不安，什么改革开放，什么经济建设，统统搞不成……基本路线不变，社会政治稳定，有了这两条，我们就能够不断地胜利前进。"[3]从中可以看出，文件不仅强调了"稳定"的基本政治属性，也有意将"稳定"与"改革""发展"的关系联系起来。2002年党的十六大报告增加了专门论述"维护社会稳定"的内容，并着重强调了"各级党委和政府要满腔热情地解决人民群众工作和生活中的实际问题……正确运用经济、行政和法律等手段，妥善处理人民内部矛盾特别是涉及群众切身利益的矛盾，保持安定团结的局面"。同时再次重申"坚持稳定压倒一切的方针，正确处理改革发展稳定的关系。稳定是改革和发展的前提。要把改革的力度、发展的速度和社会可承受的程度统一起来，把不断改善人民生活作为处理改革发展稳定关系的重要结合点，在社会稳定中推进改革发展，通过改革发展促进社会稳定"。由此不难发现，执政党不仅深化了"稳定压倒一切"的思想观念，而且主张采用统合性、协调性方式追求稳定、改革、发展三者间

---

〔1〕《邓小平文选》(第3卷)，人民出版社1993年版，第284页。
〔2〕《邓小平文选》(第3卷)，人民出版社1993年版，第286页。
〔3〕《江泽民文选》(第1卷)，人民出版社2006年版，第223~224页。

的平衡关系。

在这一思路指导下，党的十六届四中全会通过的《中共中央关于加强党的执政能力建设的决定》详细阐述了"维护社会稳定"需要具体抓好的各项工作[1]，并特别强调"建立健全社会利益协调机制，引导群众以理性合法的形式表达利益要求、解决利益矛盾，自觉维护安定团结"。随后，党的十六届六中全会通过的《中共中央关于构建社会主义和谐社会若干重大问题的决定》进一步论述了"统筹协调各方面利益关系，妥善处理社会矛盾"的重要性，指出"坚持把改善人民生活作为正确处理改革发展稳定关系的结合点，正确把握最广大人民的根本利益、现阶段群众的共同利益和不同群体的特殊利益的关系，统筹兼顾各方面群众的关切"，同时第一次提出"积极预防和妥善处置人民内部矛盾引发的群体性事件，维护群众利益和社会稳定"。由于化解矛盾和解决利益冲突、维护群众利益逐渐成为"维稳"的重要内容，从党的十七大开始，"维稳"工作逐渐被归入"社会建设"领域。

伴随"维稳"内涵从单一强调"稳定压倒一切"到综合考量"改革、发展与稳定"三者关系，再到"大力推进民生建设、突出维护群众利益"的丰富过程，中国"维稳"体制也逐渐形成了自身的特点。

第一，"维稳"工作涉及的范围十分广泛，主要包括治安管理、外来人口管理、社会矛盾化解、信访总量控制、社会舆情引导、突发事件处置等一系列内容。与20世纪80年代提出"维稳"含义相比，如今"维稳"工作的外延已涵盖公安、信访、民政、司法等不同领域，成为许多"条块"部门的共同工作内容。从2001年进入全面维稳时代，尤其是2008年北京奥运会、2009年国庆六十周年纪念、2010年上海世界博览会期间，营造"社会和谐稳定"的氛围都是各级党委和政府的重要工作内容。例如，北京奥运会举办前夕，权威媒体《瞭望（新闻周刊）》刊文报道称："围绕奥运召开的维护社会稳定工作正加紧展开，中央要求各级主

---

〔1〕 参见 http://www.cnr.cn/newspaper/news/200409/t20040927_270701.html，最后访问时间：2020年6月5日。

要领导干部在维稳工作中尤其要主动承担第一责任。”[1]又如，在2009年国庆六十周年纪念活动之前，全国维护稳定暨信访工作电视电话会议召开，各地就落实有关要求进行了广泛动员。其中上海提出了10项工作，涵盖了落实社会稳定的风险评估机制、重大疑难信访案件处理、领导干部下访和包案工作等方方面面的问题。[2]“维稳”工作涉及面广、内容繁多带来的直接后果是大量有关社会管理问题处理的泛政治化。也就是说，由于政治权力过早地以积极态度介入社会问题和利益纠纷的解决中，使许多经济问题、民生问题与政权稳定性和有效性产生关联，令政府出面“包揽”或“兜底”予以处置时手段与效果失衡。但令人欣慰的是，党的十八大以来维稳工作出现了一些新变化。例如：地方党委政法委书记大多不再由公安局局长兼任；信访工作取消全国排名的规定，并将涉诉信访案件改由政法机关统一受理；2014年中央政法工作会议特别强调“法治方式和法治思维”，并提出“维权与维稳相统一”的观点。

第二，“维稳”工作动员迅速，呈现出“压力型运动式”运转的样态。实践中，“维稳”工作通常是全员动员，在既定目标指导下，采取以党政首脑为核心，专业化职能部门为中心，各级各部门和政治力量全面参与的方式配合完成。这种高度的政治动员一方面表现在主要党政领导的责任制或亲自“挂帅”，另一方面表现在特定组织机构的人员和权力出现扩张和膨胀。也就是说，在体制内政绩考核制度的压力下，各级政府通过组建“领导小组”或“联席会议”等机构并确定“维稳目标第一责任人”，将信访总量、群体性案件数量等考核指标视为重点监督和控制的对象，与党委政法委、公安机关、检察机关、人民法院、司法局、信访部门等专业职能部门通力合作。同时，政府内部的科技、质检、卫生等专业性较强的部门，以及工青妇组织、文联、行业协会等政治性色彩较弱的社会管理或服务性组织，通常也都会辅助或配合参与具体的“维稳”工作。对此，有研究指出：“根据上级分派或自我制定的维稳目标，全面分解任务，落实到具体的责

〔1〕参见 http://www.china.com.cn/news/txt/2008-04/29/content_15031621.html，最后访问时间：2020年6月6日。

〔2〕参见 http://sh.sina.com.cn/news/2009-08-14/0816115826.html，最后访问时间：2020年6月6日。

任单位和责任人。面临关键时期或一旦‘事发’，相关责任方甚至所有相关部门都要立刻行动，放下所有正常业务全力应对。这种周期性行动，既包括可以预见的‘敏感时期’，也包括不可预见的‘突发性事件’。这是典型的运动式治理，却已成为常态。”〔1〕

五、司法过度政治化的危害与防范

1. 司法过度政治化的危害

从总体上讲，司法过度政治化带来的最大弊端，是容易造成司法权与行政权在功能层面上的紊乱，导致司法权无法发挥控制权力和保障权利的作用。一方面，对行政权力无法形成有效制约，也就无助于生成以“限政”为特点的现代国家；另一方面，对公民权利不能提供强有力的支持，从而又削弱了司法在民间社会的形象和价值功能。在这种两难局面下，司法权既不能保持和维护其中立性，又很难确立在国家和社会当中的权威性，其结果是大量纠纷因为得不到有效解决而积攒下来，成为影响社会变革和制度创新的不确定因素。出于稳定的政治需求和现实考虑，社会的法治变革和建设很难有统筹地展开，而只好采取“摸着石头过河”“头痛医头、脚痛医脚”的灵活态度，最终又产生出新的社会问题。具体而言，司法过度政治化强化了行政权的权能，使行政权几乎异化为一种不受控制的国家权力，由此也造成了行政权力滥用和效率低下的双重困局。中立性是司法权的最基本要求，一旦司法权失去了中立性，基于权力之间的亲和性，司法权会本能地倾向于和行政权结成联盟。在刑事司法环境中，若缺乏司法审查机制，则会导致公安机关、检察机关任意逮捕、超期羁押等严重侵犯人权的现象发生。不仅如此，由于司法权和行政权部分地承担相同的社会职能，若公安机关、检察机关把原本应该由各自承担的查明真相、追诉犯罪的责任转嫁给司法机关，其自身却涉足与其无关的民事和经济领域，在混淆了职能、模糊了权限、偏离了目的的情况下，行政权则要么越俎代庖，要么拖沓推诿，很难真正致力于其公共

〔1〕 肖唐镖：《当代中国的“维稳政治”：沿革与特点——以抗争政治中的政府回应为视角》，载《学海》2015年第1期。

职能。而且，对于像中国这样一个处在现代化转型过程中的大国来说，可以借助司法权的合理化巩固已取得的经济改革成果，实现政治和社会领域的深层次改革，应避免司法权出现行政化趋势，让司法权沦落为次一级的行政权力，痛失"变法"革新的良机。[1]与此同时，司法过度政治化无助于司法权发挥权利救济、输送正义的固有价值，司法权的权威性、神圣性以及哲学根基亦将消失殆尽。正如有论者指出，如果司法权与行政权合二为一，法官便将握有压迫者的力量。[2]受制于过度行政化的影响，司法权自身可以不具有精神理念和价值追求，但是法官作为自然的个体却不能不具有自己的利益选择，也便不可避免地借用司法权谋求个人利益最大化。由此，司法权的中立性、被动性就被打破，司法权所理应彰显的权威性和公正性便荡然无存了。可以说，司法腐败会极大地加剧法治环境和条件的恶化，法治政府的理念和保障主义的需求均难以付诸实践，最终会使法治建设仅止于理想的勾画状态。

正基于此，自 2014 年开始的新一轮司法改革以"建设公正高效权威的社会主义司法制度"为目标，聚焦"确保司法公正""增强司法能力""提高司法公信力"三个突出性问题，努力实现"让人民群众在每一个司法案件中感受到公平正义"。详细地讲，首先，中国特色社会主义法律体系形成之后，中国法治建设的重心从立法转向司法；随着中国依法治国进程加速，人民群众的维权意识和诉讼观念显著提升，越来越寄希望于通过司法程序解决矛盾纠纷，致使社会矛盾纠纷以司法案件的形式大量涌入法院，持续呈现诉讼"井喷"和诉讼"爆炸"的态势。"诉讼社会"的外部环境加上司法领域内发生的冤假错案，促使司法公正问题成为全社会关注的热点和焦点。公正是司法的本质，司法公正是社会公平正义的底线，也直接决定着人民群众对法律的信任和对法治的期待。影响中国司法公正的首要因素是某些法官、法庭、法院有时难以做到依法独立中立地办案，独立行使司法权和司法公正受到外部不应有的干预的情况仍然在一些案件中存在。地方保护、部门保护的干扰和干涉，以权压法、权大于法，迫使司法机关滥用职

---

〔1〕 参见季卫东:《法治秩序的建构》，中国政法大学出版社 1999 年版，第 222～223 页。

〔2〕 参见［法］孟德斯鸠:《论法的精神》(下册)，张雁深译，商务印书馆 1963 年版，第 156 页。

权、违法办案的现象时有发生，导致司法不公、冤假错案甚至发生大规模群体性事件。其次，司法能力不足也是影响司法效果的突出问题。从整体上讲，法官队伍的职业伦理道德、综合素养、办案能力、工作作风参差不齐，同面临的形势和任务相比，其仍然面临"本领恐慌"的现实压力，"追不上、打不赢、说不过、判不明"的问题还没有完全解决。因此，本轮司法改革强调在政治体制改革的总体框架内，不断解放和发展司法能力，包括维护人民群众合法权益的能力、解决社会矛盾纠纷的能力、促进社会和谐进步的能力等。最后，司法公信是司法机关通过职权活动在整个社会建立起来的一种公共信用，集中表现为人民群众对司法的信赖、信任、尊重和维护。司法公信与政府公信共同构成整个社会信用体系的基石。

2. 司法政治化与依法独立行使审判权

审判权独立行使是最根本、最核心的司法规律。各级人民法院依法独立行使国家审判权，其他国家机关、社会团体和个人都无权行使此项权力；法院依照法律规定独立行使审判权，不受任何国家机关、政党、社会组织和个人的非法干涉；法院审理案件必须严格依照法律规定，统一正确适用法律。在中国，对审判权独立行使造成严重干涉的因素有两个：一是司法地方化，二是司法行政化。因此，为确保审判权独立，就要推进以去地方化和去行政化为重心的司法管理体制改革。

一方面，由于历史、经济、政治等因素，中国司法呈现出明显的地方性特征，司法地方化倾向加剧，严重损害司法公正和社会公平正义。进入 20 世纪 90 年代后，随着市场经济的快速发展，地方政府的经济利益和集团利益对司法产生了前所未有的影响，地方保护主义对司法施加的压力日趋加重，以至于出现司法的"主客场"现象，对司法统一、司法公正构成了巨大挑战。在这种情况下，个别地方法院法官丧失其中立性、公平性的本质，沦为地方利益的"保护伞"，甚至成为地方政府和商业集团巧取豪夺、暴力征用的"工具"，严重损害了司法的形象和声誉，损害了社会公平正义，破坏了法治尊严和统一。基于此，党的十八届三中全会、四中全会把去地方化作为司法改革的首要任务，通过改革人民法院体系、司法管理体制和司法管辖制度来破解司法地方化。例如，设立最高人民法院巡回法庭。为进一步推动审判重心下移，保障跨行政区划案件司法公正，方便人民群众诉讼，在第一、第二巡回法庭试点一年多之后，2016 年 11 月，中央全面深化改革领导小组审议通过最高人民法院增设巡回法庭的请示，在重庆市、西安市、南京市和郑州市增设四个巡回法庭。巡回法庭的制度设计一方面有利于缓解首都信访压力、方便群众参与诉讼，另一方面有助于优化最高人民法院的职能定位，在保障最高人民法院本部发挥指导、监督作用以及统一司法适用功能的同时，借助巡回法庭解决省级人民法院人财物未实行中央统管而可能存在的地方化问题。又如，推动省以下地方法院人财物统一管理，这是指省级以下地方法院机构编制实行由省级机构编制部门管理为主、高级人民法院协同管理的体制，市、县两级机构编制部门不再承担法院机构编制管理工作。各地建立省级以下地方法院法官统一由省级提名、管理并按照法定程序任免的机制。法官助理由省级公务员主管部门会同高级人民法院统一招录。初任法官人选由省一级法官遴选委员会在专业上进行把关，统一由省级提名并按照法定程序任免。截至 2017 年 11 月，全国 21 个省（区、市）已经完成省以下法院编制统一管理改革。在财物管理方面，由于中国经济社会发展不平衡，各地司法保障水平差别较大，有些省份实行省级统一管理，有些省份暂时还是以地市为单位实行统一管理。[1] 再如，探索建立与行政区划适当分离的司法管辖制度。针对行政案件原则上由被告行政机关所在地法院管辖，可能受到当地行政机关干预的问题，各地法院按照中央统一部署，探索建立与行政区划适当分离的行政案件管辖制度，通过提级管辖、异地交叉管辖、相对集中管辖等多种形式，探索各具特色的管辖制度改革，切实解决行政诉讼立案难、审理难、执行难等突出问题。2015 年 6 月，最高人民法院发布《关于人民法院跨行政区域集中管辖行政案件的指导意见》，指导部分高级人民法院根据本地实际，确定若干法院跨行政区划管辖行政案件，整合

〔1〕 参见《最高法院通报司法责任制等 4 项基础性改革情况》，载中国法院网 2017 年 7 月 3 日，https://www.chinacourt.org/article/detail/2017/07/id/2908362.shtml。

行政审判资源，促进改善行政审判司法环境。

另一方面，法院内部行政化倾向也日趋严重。法官群体因被划分为不同等级而存在上下级隶属关系，院长对副院长、副院长对庭长、庭长对法官是一种领导与被领导、支配与被支配的关系，这就为法院各级领导影响和干预法官办案留下了制度空间。由于来自外部的党政机关干预和利益集团影响主要是通过法院内部各级领导施加的，所以，审判庭庭长、分管副院长，甚至是院长直接插手合议庭和法官审理案件、干预合议庭和法官裁决的情况时有发生。审判质量也因领导行政式地干预办案和法官审判的责任心下降而难以提高。司法行政化不仅表现在一个法院内部，也表现在法院系统内部。上级法院过度干预下级法院的审判工作，事前干预、审理过程干预、审判之后继续干预等现象也有扩大趋势。超越法律规定的各种“内审”，不仅拖延了审判期限，而且滋生司法腐败。上级法院对下级法院行政绩效考核中的改判率、发回重审率等指标，也迫使下级法院和法官不得不经常“请示”上级法院和法官，以避免改判或发回重审。针对司法行政化的弊端和危害，本轮司法改革采取了多项措施，例如实行独任法官、合议庭办案责任制。各级法院充分尊重独任法官、合议庭的法定审判组织地位，普遍建立“谁审理，谁裁判，谁负责”的办案责任制，基本取消案件层层请示、逐级审批。合议庭或者法官独任审理案件形成的裁判文书，经合议庭组成人员或者独任法官签署即可印发，改变了以往“法官署名、领导签发”的做法。除审判委员会讨论决定的案件外，院长、庭长不再审核签发自己未直接参加审理的案件裁判文书。又如，改革审判委员会制度。最高人民法院《关于完善人民法院司法责任制的若干意见》指出，要强化审判委员会总结审判经验、统一法律适用、讨论决定审判工作重大事项的职能。除法律规定不公开的事项外，审判委员会讨论案件的决定及其理由统一在裁判文书中公开。中级以上人民法院根据审判工作需要，按照审判委员会委员专业和工作分工，召开刑事审判、民事行政审判等专业委员会会议。除法律规定的情形和涉及国家外交、安全和社会稳定的重大复杂案件外，审判委员会主要讨论重大、疑难、复杂案件的法律适用问题。再如，健全新型审判监督管理机制。2017 年 4 月，最高人民法院印发《关于落实司法责任制完善审判监督管理机制的意见（试行）》，指导各地健全新型监督管理体系。各级人民法院制定院长、庭长权力职责清单和有关规定，规范院长、庭长行使审判监督管理权的范围和方式，积极运用信息化手段，构建全院全员全过程的监督管理机制。院长、庭长对案件的意见均通过专业法官会议、审判委员会公开提出，在办案平台上全程留痕，实现放权不放任、用权受监督。

此外，中央还明确规定建立健全违反法定程序干预司法的登记备案通报制度和责任追究制度。党的十八届四中全会明确提出"各级党政机关和领导干部要支持法院、检察院依法独立公正行使职权。建立领导干部干预司法活动、插手具体案件处理的记录、通报和责任追究制度""坚决破除各种潜规则，绝不允许法外开恩，绝不允许办关系案、人情案、金钱案"。为落实中央会议精神，最高人民法院于 2015 年 8 月印发《人民法院落实〈领导干部干预司法活动、插手具体案件处理的记录、通报和责任追究规定〉的实施办法》和《人民法院落实〈司法机关内部人员过问案件的记录和责任追究规定〉的实施办法》，逐步建立起防止干预司法的制度体系。各级法院在案件信息管理系统中设立内、外部人员过问案件信息专库。对各类人员在诉讼程序之外传递的涉及具体案件的函文、信件或者口头意见，法院工作人员均应全面、如实、及时地予以记录。人民法院每季度对外部人员过问案件信息专库中涉及领导干部过问的内容进行汇总分析，列出特别报告事项，报送有关部门和上一级人民法院。人民法院工作人员不记录或者不如实记录的，以及主管领导授意不记录或者不如实记录的，将视情况给予相应纪律处分。从实际效果看，2015 年 11 月，中央政法委公开通报 5 起领导干部干预司法活动、插手具体案件处理和司法机关内部人员过问案件的典型案件，这是"两个规定"[1]颁布实施以来，中央政法委首次公开通报干预司法活动、插手具体案件处理的典型案件。[2]

---

〔1〕"两个规定"指的是《领导干部干预司法活动、插手具体案件处理的记录、通报和责任追究规定》和《司法机关内部人员过问案件的记录和责任追究规定》。

〔2〕参见刘子阳：《中央政法委通报干预司法活动插手具体案件处理典型案件》，载《法制日报》2015 年 11 月 7 日，第 3 版。

3. 司法政治化与司法职权配置

自从党的十七大提出优化司法职权配置的任务以来，有关司法改革的方案都涉及优化司法职权配置这个问题。党的十八届三中全会从“健全司法权力运行机制”的新角度再次关注司法职权优化问题，并指出“优化司法职权配置，健全司法权力分工负责、互相配合、互相制约机制，加强和规范对司法活动的法律监督和社会监督”。优化司法职权配置，形成在党的领导下，在宪法法律的制度框架内，司法机关之间既互相制约监督，又有效协同配合的法治局面。优化司法职权配置，其根本前提是坚持和完善中国特色社会主义司法制度，核心任务可以概括为以下三方面内容。

第一，健全公安机关、检察机关、审判机关、司法行政机关各司其职，侦查权、检察权、审判权、执行权相互配合、相互制约、公正高效运行的体制机制。在中国，广义上的司法职权或司法权力包括侦查权、检察权、审判权和执行权。在刑事诉讼活动中，公安机关行使侦查权，人民检察院行使检察权，人民法院行使审判权，司法行政机关行使刑罚执行权。我国现行《宪法》和《刑事诉讼法》只规定了公检法三机关分工负责、互相配合、互相制约的原则。党的十八届四中全会明确提出，健全公安机关、检察机关、审判机关、司法行政机关各司其职，侦查权、检察权、审判权、执行权相互配合、相互制约的体制机制。这一提法总结了改革开放三十多年来司法实践的经验和成果，揭示了中国社会主义司法制度的鲜明特色。为落实党的十八届四中全会精神，实现司法权之间各司其职、互相配合、互相制约的改革目标，需要注意以下两点：一是要积极探索实行审判权和执行权相分离。首先，从权力性质来讲，审判权属于严格意义上的司法权，执行权仅是具有行政权力的权力。审判权和执行权分别由不同机关行使，符合这两种权力的不同属性，也是很多国家通行的做法。其次，从司法实践来看，相当一部分案件的判决本来是公正的，但因被执行人已经丧失实际履行能力，申请执行人往往把无法通过执行获得胜诉权益的原因归咎于法院，进而对司法公正产生怀疑。要改变这种情况，也要求实行审判权与执行权分离。二是要推进建立统一的刑罚执行体制。中国刑罚执行权目前由司法行政机关、审判机关、公安机关分别行使。其中，死刑缓期两年执行、无期徒刑、有期徒刑由隶属于司法行政机关的监狱执行；被判处管制、宣告缓刑、假释或者暂予监外执行的，由隶属于司法行政机关的社区矫正机构执行；死刑立即执行、罚金刑、没收财产刑，由人民法院执行；拘役由公安机关的看守所执行。由此可见，刑罚执行权过于分散，也导致实践中存在许多问题。鉴于大部分刑罚事实上都由司法行政机关执行，中国可探索由司法行政机关在检察机关的法律监督下，依据审判机关的生效裁判，统一行使刑罚执行权的执行模式，以健全公检法司四机关相互配合、相互制约的体制。

第二，推进以审判为中心的诉讼制度改革。推进以审判为中心的诉讼制度改革，确保侦查、审查起诉的案件事实证据经得起法律的检验，这是中国诉讼制度的重大创新，既是尊重司法规律、保证司法公正的客观要求，也是提高司法效率、节约诉讼资源的必然要求。这里的“诉讼制度”主要是指刑事诉讼制度。推进以审判为中心的刑事诉讼制度改革：首先，要坚持审判程序的中心地位。我国《刑事诉讼法》规定，未经人民法院依法判决，对任何人都不得确定有罪。人民法院是唯一拥有定罪权的国家机关，审判是对被告人是否有罪作出最终裁判的程序。侦查机关、检察机关必须按照审判程序所确立的事实证据标准进行侦查、审查起诉，确保侦查、审查起诉的案件事实证据经得起法庭调查、质证、辩论的检验，从源头上防止事实不清、证据不足的案件“带病”进入审判程序。人民法院审判案件要坚持法定的事实证据标准，把好事实关、证据关、法律关，坚守防止冤假错案的底线。其次，要发挥庭审的决定性作用，保证庭审在查明事实、认定证据、保护诉权、公正裁判中发挥决定性作用。这就要求严格依照法定程序开庭审理案件，防止庭审走过场，避免一错再错、一错到底，确保证据出示质证在法庭、案件事实查明在法庭、诉辩意见发表在法庭、裁判结果形成在法庭。

第三，推进以审判权为核心的司法制度创新。在推进以审判为中心的诉讼制度改革的基础上，进一步深化司法体制改革，就必须推进以审判权为中心的制度创新，以审判权为核心优化司法职权配置，建立以审判权运行为核心的司法制度。就司法权力体系而言，审判权是司法权的核心。在司法改革中，突出审判权这一核心，侦查权、检察权、执行权和司法行政权都应当围绕审判权来设置和运作，确保司法机关之间的职权配置更加符合司法的客观规律，更加符合司法事业的发展方向，更加有利于维护法律的尊严和权威，有利于司法人权保障。以审判权运行为核心优化司法职权配置，应以保证人民法院依法独立公正行使审判权为第一要义。在全部司法案件中，人民法院直接受理的民事、行政诉讼案件约占90%；在刑事诉讼案件中，人民法院担负最终的定罪量刑、惩恶扬善的职责。因此，从司法权运行规律出发，必须确立以审判权为中心的科学理念，必须树立审判权应有的权威，司法改革不能以牺牲或者弱化审判为代价。在“健全司法权力分工负责、互相配合、互相制约机制”的同时，必须加快构建以审判权为核心的司法制度。

在具体改革措施方面，除了前文提到的“统一裁判文书署名权和签发权”“改革审判委员会工作机制”“完善审判权运行监督制约机制”以外，优化审判权运行机制的制度创新还包括：一是构建新型审判组织模式。基层、中级人民法院可以组建由一名法官与法官助理、书记员以及其他必要的辅助人员组成的审判团队，依法独任审理适用简易程序的案件和法律规定的其他案件。人民法院可以按照受理案件的类别，通过随机产生的方式，组建由法官或者法官与人民陪审员组成的合议庭，审理适用普通程序和依法由合议庭审理的简易程序的案件。案件数量较多的基层法院，可以组建相对固定的审判团队，实行扁平化的管理模式。各级法院结合职能定位和审级情况，为法官合理配置一定数量的法官助理、书记员和其他司法辅助人员。二是建立法官会议制度。专业法官会议是人民法院总结审判权运行机制改革试点成功经验后，形成的一种统一法律适用机制的制度创新。专业法官会议不是常设性审判组织，其主要功能是为法官提供咨询、统一裁判尺度、促进法官审判经验交流、提升法官职业化水平。在实践中，合议庭认为所审理的案件因重大、疑难、复杂而存在法律适用标准不统一的，可以将法律适用问题提交专业法官会议研究讨论；院长、庭长行使特定个案的监督权，也可以决定将案件提交专业法官会议讨论。专业法官会议成员地位平等，其讨论意见仅供合议庭参考，采纳与否由合议庭决定，讨论记录应当入卷备查。三是推进审执分离制度改革。完善司法体制，推动实行审判权和执行权相分离的体制改革，其基本思路在于，以优化司法职权配置为重点推动解决“执行难”问题，从而保证公正司法、提高司法公信力。各试点地区法院着眼于审判权与执行权在法院内部深化分离，侧重权力制约，规范执行行为，强化执行实施的统一管理与协调，均取得显著成效。[1]

4. 司法政治化与人权司法保障

完善人权司法保障制度、推进司法人权保障法治化是新一轮司法改革的重中之重。党的十八届三中、四中全会从尊重和保障人权的宪法原则和法治理念出发，把“完善人权司法保障制度”作为司法改革的重大任务，这在中国司法改革历史上是前所未有的。在司法领域，严重侵犯人权的现象集中表现在对公民人身权利和自由的侵害以及针对公民财产权利的侵害两个方面。一方面，党的十八届三中全会指出“严禁刑讯逼供、体罚虐待”，并强调“健全错案防止、纠正、责任追究机制……严格实行非法证据排除规则”。在一些案件中，随意违法违规处置犯罪嫌疑人的财产、赃款赃物，并且不随案移送，因此当刑事被告人被宣告无罪时，被查封、扣押的财产却往往不见踪迹也难以返还；民事案件中超标查封、扣押当事人财产，还会发生严重影响当事人正常经营和生活的情况。对此，党的十八届三中全会要求“进一步规范查封、扣押、冻结、处理涉案财物的司法程序”。2014 年 10 月，最高人民法院印发《关于刑事裁判涉财产部分执行的若干规定》，对没收财产、追缴、变价措施、执行异议等执行问题予以明确，为进一步规范刑事裁判涉财产部分的执行，维护当事人合法权益，提供了程序保障。2015 年至 2018 年，最高人民法院会同中央有关部门，不断推动建立跨部门的地方涉案财物集中管理信息平台，完善涉案财物先行处置程序、审前返还程序，明确利害关系人诉讼权利，完善权利救济和责任追究机制。另一方面，强化

〔1〕 例如，江苏省结合本省实际情况，在法院内部全面推进审执分离体制改革，设立与执行局相分离的执行裁判庭，强化对执行行为的有效制约和监督。参见朱旻、唐志容：《江苏高院设立执行裁判庭 强化执行权监督》，载中国法院网 2017 年 2 月 4 日，https://www.chinacourt.org/article/detail/2017/02/id/2538977.shtml。

疑罪从无、无罪推定、程序正义的司法理念，强化非法证据排除规则的适用和监督，建立健全严禁刑讯逼供、体罚虐待的约束机制，完善错案防止纠正责任追究制度。针对严重侵害人权的冤假错案的接连发生，中央政法委发布《关于切实防止冤假错案的规定》，就严格遵守法律程序，加强防止和纠正错案机制建设作出明确规定：一是健全防止错案机制，严格遵守证据裁判原则，严禁刑讯逼供、体罚虐待，严格执行非法证据排除规则，准确把握刑事案件证明标准。二是健全发现错案机制，着力保障犯罪嫌疑人、被告人、罪犯的申诉、控告权，充分发挥律师的辩护作用。三是健全纠正错案机制，明确错案的认定标准和纠错启动主体，完善错案纠错程序。四是建立错案责任追究机制。此后，最高人民法院发布了《关于建立健全防范刑事冤假错案工作机制的意见》，要求尊重被告人的诉讼主体地位，维护被告人的辩护权等诉讼权利，坚持依法独立行使审判权原则、程序公正原则、审判公开原则和证据裁判原则。2013 年至 2018 年，人民法院通过审判监督程序纠正聂树斌案、呼格吉勒图案、张氏叔侄案等重大刑事冤假错案 46 起，涉及 94 人。2014 年至 2018 年，各级人民法院共依法宣告 4868 名被告人无罪，依法保障无罪者不受追究。[1]进一步来说，为了维护被告人辩护权、保障律师依法履职，最高人民法院于 2015 年印发《关于依法切实保障律师诉讼权利的规定》，依法保障律师知情权、阅卷权、出庭权、辩论辩护权、申请调取证据权、申请排除非法证据权、代理申诉权等执业权利，而且还规定了各级法院要为律师依法履职提供便利举措和救济渠道。尤其对于保障死刑案件被告人辩护权而言，最高人民法院通过建立死刑复核案件听取律师意见制度，确保死刑复核案件质量。律师不仅有权查询立案信息或其他案件材料，而且可直接向最高人民法院法官当面陈述辩护意见。

此外，最高人民法院在 2014 年 4 月印发《关于减刑、假释案件审理程序的规定》，建立减刑、假释公开审理制度和典型案例定期公布制度。2015 年开通全国法院减刑、假释、暂予监外执行信息网，向社会公众公开减刑、假释案件从立

---

〔1〕 参见中华人民共和国最高人民法院编：《中国法院的司法改革（2013—2018）》，人民法院出版社 2019 年版，第 21 页。

案到文书的全流程信息，让减刑、假释司法活动全程在阳光下运行。2016年11月，最高人民法院发布《关于办理减刑、假释案件具体应用法律的规定》，进一步明确减刑、假释的性质、适用要求，统一全国减刑、假释案件裁判标准，促进减刑、假释案件办理公平公正。目前，通过开通全国减刑假释信息化办案平台，人民法院能够与检察机关、刑罚执行机关以及上下级人民法院之间实现案件信息互通、网上协同办案，确保减刑、假释案件审理全程留痕、全程监督。

值得注意的是，本轮司法改革还将“逐步减少适用死刑罪名”作为完善人权司法保障制度的重点项目提出来。一方面。从立法层面上讲，通过采取有重点、分步骤地削减死刑罪名、科学设置死刑适用标准以及进一步限缩死刑适用对象等方法，逐渐控制死刑适用。另一方面，在司法阶段坚持严格遵循死刑案件办理标准、改革完善死刑复核程序等措施，切实有效地降低死刑的司法适用。例如，最高人民法院出台专门司法解释，要求办理死刑案件必须严格执行刑法和刑事诉讼法，切实做到事实清楚，证据确实、充分，程序合法，适用法律正确，确保案件质量。同时还规定了保证死刑案件被告人辩护权、证人出庭作证、非法证据排除、二审开庭审理等程序措施。

5. 司法政治化与司法人员专业化、职业化、正规化

司法职业具有自身的特点。然而，过去一段时期内，中国司法职业化程度较低，这表现在：其一，一些没有受过法律职业教育、没有法律工作经验的人员被安排到法院、检察院的相关岗位上。其二，对法官、检察官与对党政机关的公务员无区别地管理，选任法官、检察官除了通过法律职业资格考试之外，还要参加公务员考试。其三，违背司法职业特点实施司法干部人事管理，很多地方把法官、检察官当作普通“干警”，“一刀切”地按照公安警察的管理方式来管理法官、检察官。其四，司法职业共同体没有形成，法官、检察官、律师互相交流渠道不畅通。其五，法官、检察官的职业保障制度存在缺陷，存在坚持法律底线、抵制非法干预的法官、检察官被打击报复，被随意调离司法工作岗位的情况。[1]

---

〔1〕 参见张文显：《司法的实践理性》，法律出版社2016年版，第154页。

为了提高司法职业化水平，加强司法职业保障，党的十八届三中全会要求："建立符合职业特点的司法人员管理制度，健全法官、检察官、人民警察统一招录、有序交流、逐级遴选机制，完善司法人员分类管理制度，健全法官、检察官、人民警察职业保障制度。"同时，"完善律师执业权利保障机制和违法违规执业惩戒制度，加强职业道德建设"。从法院系统推行的改革措施看，主要包括以下几个方面。

第一，建立司法人员分类管理制度。针对以往司法人员管理制度没有充分体现司法职业特点的问题，最高人民法院积极推进司法人员分类管理制度改革，将法院人员分为法官、司法辅助人员和司法行政人员三类，并分别实行不同的管理制度，促进法官、司法辅助人员、司法行政人员各归其位、各司其职。

第二，全面实施法官员额制。全国法院按照"以案定额、按岗定员、总量控制、省级统筹"的原则，经过严格考试、考核程序，从原来的21万余名法官中遴选产生12万余名员额法官，主要配置在审判业务岗位，综合行政岗位一律不配备员额法官，实现了85%以上法院人员向办案一线集中，资源配置更加合理，队伍结构更加优化。各高级人民法院根据中央确定的员额比例，结合法院案件数量、辖区经济社会发展状况、人口数量等基础数据，综合考虑法院审级职能、法官工作量、司法辅助人员配置等因素，实行三级法院的法官员额在辖区内统一调配，并向基层法院和人案矛盾突出地区相对倾斜。与此同时，建立员额法官交流和退出机制，使"有进有出、能上能下"的员额动态管理机制逐步形成。

第三，建立完善法官选任、惩戒、考核制度。在省一级设立由法官代表和社会有关人员参加的法官遴选委员会，制定公开、公平、公正的选任程序，确保品行端正、经验丰富、专业水平较高的优秀法律人才成为法官人选。完善法官逐级遴选制度，2016年5月，中组部、最高人民法院、最高人民检察院印发《关于建立法官检察官逐级遴选制度的意见》，明确地市级以上人民法院法官一般通过逐级遴选方式产生。2015年10月，最高人民法院经过严格遴选，从全国各地法院的 62 名报名者中遴选确定 7 名优秀法官。[1]此后，最高人民法院、最高人民检察院共同印发《关于建立法官、检察官惩戒制度的意见（试行）》，建立由人民法院和法官惩戒委员会分工负责的法官惩戒制度。全国 27 个省、自治区、直辖市在省一级设立由三级法院法官代表和社会有关人员参与的法官惩戒委员会，负责审议法官是否有违反审判职责的行为、是否存在故意或者重大过失、是否应当承担违法审判责任，并提出惩戒意见，实现依法及时惩戒与强化职业保障相统一。此外，最高人民法院还积极改革完善法官业绩考核与分配绩效奖金制度，要求绩效考核奖金的发放不与法官等级挂钩，而主要依据责任轻重、办案质量、办案数量和办案难度等因素，向一线办案人员倾斜。各级人民法院坚持客观量化和主观评价相结合，以量化考核为主，充分考虑地域、审级、专业、部门之间差异，因地制宜制定简便易行的法官业绩考核制度。

第四，改革法官职务序列和工资福利制度。建立与《法官法》规定的法律职务等级挂钩的薪金福利保障，与《公务员法》衔接的单独的职务序列及工资制度。建立法官单独职务序列制度，员额法官按照单独职务序列进行管理，法官等级与行政职级脱钩，建立按期晋升、择优选升和特别选升相结合的晋升机制，实行有别于其他公务员、体现法官职业特点的人事管理制度，拓宽广大基层法官的职业发展通道。截至 2018 年年底，全国法院均已建立员额法官单独职务序列等级确定机制，约 98% 的法院已开展法官等级按期晋升工作，约 52% 的法院已开展法官等级择优选升工作。[2]与此同时，在与单独职务序列改革相配套的工资福利制度改革指导下，全国法院均已落实新的工资制度和绩效考核制度，增强了法官职业荣誉感和工作积极性。此外，最高人民法院还积极协调中央相关部门，明确员额法官岗位交流、退休年龄、医疗待遇、差旅待遇、公务交通补贴等政策，并督促各级法院推动落实。

---

〔1〕 参见 https://www.scxsls.com/knowledge/detail?id=110622：最后访问时间，2021 年 4 月 6 日。

〔2〕 参见中华人民共和国最高人民法院编：《中国法院的司法改革（2013—2018）》，人民法院出版社 2019 年版，第 50 页。

第五，加强司法职业伦理建设。为全面加强法官职业素养，恪守司法官职业伦理，人民法院健全法官统一职业培训和入职晋级宣誓制度，完善职业道德准则、职业行为规范和职业道德评价机制。最高人民法院会同中央有关部门印发文件，禁止法院人员与当事人、律师、特殊关系人、中介组织的6种接触交往行为，要求司法人员在办案过程中，应当在工作场所、工作时间接待当事人、律师、特殊关系人、中介组织。司法人员从司法机关离任后，不得担任原任职单位办理案件的诉讼代理人或者辩护人。对因违法违纪被开除公职的司法人员，终身禁止从事法律职业。

第六章 中国司法政治性对司法改革的指引和要求

一、一元化政治体制下司法机关的角色定位

1. 从《中共中央关于全面推进依法治国若干重大问题的决定》到《人民法院组织法》的修改

党的十八大明确提出"进一步深化司法体制改革，坚持和完善中国特色社会主义司法制度"。党的十八届三中、四中全会分别通过了《中共中央关于全面深化改革若干重大问题的决定》和《中共中央关于全面推进依法治国若干重大问题的决定》，确定了9大改革领域、129项改革任务，对司法体制改革进行了系统规划和周密部署，其中由最高人民法院牵头抓总的18项改革任务全部完成。截至2017年9月，在中央全面深化改革领导小组审议通过的48份司法文件中，涉及诸如司法责任制改革、立案登记制改革、设立最高人民法院巡回法庭、推进以审判为中心的刑事诉讼制度改革、认罪认罚从宽制度改革等法院领域的重要改革举措多达31项，这为后续人民法院推进司法改革提供了根本遵循。同时，根据中央提出的"重大

改革于法有据”的精神，全国人大常委会大力支持司法改革，授权人民陪审员制度、刑事案件速裁制度、认罪认罚从宽制度、公益诉讼制度等重大改革开展试点工作，作出设立知识产权法院的决定，推进与改革配套的相关法律修订完善，为司法改革提供了坚实有力的法律保障。此外，包括司法责任制、司法人员分类管理、司法人员职业保障制度和推进省以下地方法院人财物省级统一管理这 4 项基础性改革试点，都涉及司法权力运行、管理体制、人员配置的重大革新。总体来看，随着司法体制改革的深化，司法理念、司法目标、工作原则、组织机构、人员管理等各个方面都得到进一步明确和完善，有必要通过《人民法院组织法》等法律制度完善司法管理体制和审判权运行机制，确保司法改革行稳致远，进一步提高司法公信力。

在此背景下，最高人民法院及时总结改革试点经验，聚焦实践中亟待解决的重大问题，广泛征求意见并反复研究论证，于 2016 年 9 月正式向全国人大内务司法委员会提交了《人民法院组织法》(修改建议稿)。随后，全国人大内务司法委员会进一步深入开展调研论证，以巩固司法体制改革的阶段性成果为思路，在广泛凝聚各方共识的基础上形成《人民法院组织法》(修订草案)，并于 2017 年 8 月提请第十二届全国人大常委会第二十九次会议第一次审议。一年后，第十三届全国人大常委会第三次会议第二次审议《人民法院组织法》(修订草案)。从草案内容看，二审稿集中围绕“人民法院的宪法定位”“最高人民法院发布指导性案例的具体性质”“跨行政区划法院的设置”“法院审判人员的法定职责、任免机关及程序”“法院组织法与法官法衔接问题”等方面予以进一步细化。2018 年 10 月 26 日，第十三届全国人大常委会第六次会议对《人民法院组织法》(修订草案)第三次审议。就内容而言，三审稿共计 6 章、59 条，在充分体现司法改革成果的基础上，重新设计了法院组织的框架结构，设置了人民法院的内设机构，完善了最高人民法院职能，修改了法院审判委员会制度，并规定了人民法院行使职权的保障措施。

具体来讲，修改后的《人民法院组织法》在第 1 条增加规定了本法之目的，即“为了规范人民法院的设置、组织和职权，保障人民法院依法履行职责。”同时，在人民法院的功能方面增加了“监督行政机关依法行使职权，维护国家安全和社会秩序，维护社会公平正义，维护国家法制统一、尊严和权威，保障中国特色社会主义建设的顺利进行”的表述。由此折射出《人民法院组织法》自 1979 年以来的一次重大理念转型：在纠纷解决与权益保护的同时，借助司法裁判执行公共政策和推行司法治理，以期将法律规范中蕴含的公正价值推广到社会（和国家）层面。也就是说，在全面依法治国背景下，人民法院在今后的审判实践中所扮演的并不仅仅是法律角色，而是融合了社会角色和政治角色在内的一种“角色集合”。作为置换传统理论中“地位”和“作用”的新兴概念，“角色”和“功能”赋予被指称对象更多的拟人意味，促使其能够通过自身的行为与社会和国家进行互动。这其中的法律角色是指人民法院在国家和社会生活中对实施法律所起的作用。除了狭义上的司法审判者和案件执行者的角色之外，还有司法解释者、司法建议者和法治宣传者等诸多角色，在某种程度上，这些角色不仅是独立的和不可替代的，也是国家在推动法治进程中的必然选择。社会角色是指人民法院在社会经济生活中所扮演的角色。由于社会面向的需求较为复杂，人民法院通常围绕基本经济秩序的平稳和社会秩序的公正，在有限的范围内谨慎应对。政治角色是指人民法院在国家政治体制及其政治生活中的角色。例如前文指出的中国司法与政治在宏观、中观和微观层面上的发展历程，以及法院与人大、政府、政协、监察委、检察院等其他国家机关之间的互动关系等。

2. 人民法院“法律角色”的两种形态

中国司法领域存在大量的司法文件，这些司法文件内容繁复且形式各异，常用名称大致有解释、批复、决定、规定、意见、通知、会议纪要、实施细则等。从制发主体和效力层级上看，既有中央司法机关也有地方司法机关。从文件负载的实质内容与政策取向来讲，有的设定了一定时期司法系统运行、管理的总体方向或司法改革的战略目标。例如，2014 年中央全面深化改革领导小组审议通过的《关于司法体制改革试点若干问题的框架意见》，最高人民法院下发的《关于全面深化人民法院改革的意见——人民法院第四个五年改革纲要（2014—2018）》。有的文件则设定或蕴含明确的法律规则，该类型文件一般针对具体问题而发布，目的在于解决司法系统运行与管理中的某类问题。例如，最高人民法院2009年下发的《关于当前经济形势下知识产权审判服务大局若干问题的意见》，以及《关于审理涉及金融不良债权转让案件工作座谈会纪要》。还有的文件则是从微观上布置或安排一段时间内需要完成的司法性或行政性事务，基本不涉及司法工作的整体规划或案件处理中的法律适用问题。例如，最高人民法院于2012年发布的《关于在全员岗位大培训中开展庭审评查和裁判文书评查活动的通知》。就最高人民法院而言，无论是制定、发布规划性文件、规则性文件还是事务性文件，都是其承担审判职能的重要表现形式。这其中较为重要的是根据法律授权获准制发司法解释和指导性案例两种司法文件。对此，《中共中央关于全面推进依法治国若干重大问题的决定》中曾明确指出要"推进严格司法……加强和规范司法解释和案例指导，统一法律适用标准"。2018年修改后的《人民法院组织法》则进一步完善了最高人民法院的具体职能，除增设巡回法庭审理跨行政区划的重大行政和民商事案件，以及创新专利等知识产权案件的审理机制以外，还明确其制定和发布的司法解释、指导性案例具有的法律地位。进一步来讲，在全面依法治国与司法改革背景下，最高人民法院通过制发最高人民法院司法解释和指导性案例扮演着"法律角色"，并逐渐形成了两种独立形态：一种是以"抽象性司法解释"为特征的"立法形态"，另一种是以"指导性司法判例"为特征的"司法形态"。

第一，所谓"立法形态"，是指最高人民法院虽然有权针对法律适用中的具体问题作出司法解释，但由于解释的范围与边界尚待厘清，所以发生司法解释的功能溢出现象。目前，最高人民法院制定司法解释的法律渊源主要有三个：一是1981年全国人大常委会作出的《关于加强法律解释工作的决议》，其中第2条规定，凡属于法院审判工作中具体应用法律、法令的问题，由最高人民法院进行解释。二是2015年修正的《立法法》第104条[1]第1款规定："最高人民法院、最高人民检察院作出的属于审判、检察工作中具体应用法律的解释，应当主要针

〔1〕 对应2023年修正后的《立法法》第119条。

对具体的法律条文，并符合立法的目的、原则和原意。遇有本法第四十五条[1]第二款规定情况的，应当向全国人民代表大会常务委员会提出法律解释的要求或者提出制定、修改有关法律的议案。”其中，2015 年修正的《立法法》第 45 条[2]第 2 款规定：“法律有以下情况之一的，由全国人民代表大会常务委员会解释：（一）法律的规定需要进一步明确具体含义的；（二）法律制定后出现新的情况，需要明确适用法律依据的。”三是 2018 年修订后的《人民法院组织法》第 18 条第 1 款规定，最高人民法院可以对属于审判工作中具体应用法律的问题进行解释。由此不难发现，《立法法》的修改实际上对最高人民法院行使司法解释权提出了两方面限制：首先是在解释的对象方面，司法解释仅能针对“具体的法律条文”，同时该解释活动需要“符合立法的目的、原则和原意”。这不仅意味着《立法法》将解释的合法性视为首要前提，而且明确了最高人民法院的司法解释不能直接针对“立法目的、原则和原意”进行解释从而借机扩大解释对象。进一步而言，2015 年修正后的《立法法》将司法解释的功能界定为“统一法律适用”而非“统一裁判尺度”。也就是说，最高人民法院的司法解释不得基于对裁判案件的后果考量而授权裁判人员开展法律漏洞的填补活动。其次是提请解释的程序上，当出现《立法法》规定的特殊情况时，最高人民法院应当向全国人大常委会提出解释要求，或者提出制定、修改有关法律的议案。相较于 2015 年《立法法》修改前的规定，此处明确禁止了面对无法可依情况时最高人民法院可以自行解释的做法。

然而，《立法法》试图界分司法解释范围与立法解释范围的初衷并未产生实际效果。即便自《立法法》2015 年修正实施之后，最高人民法院仍然为了明确法律规定的具体含义，针对法律颁行后出现的新情况提供裁判依据而出台司法解释。将司法解释中体现的对后果主义的考量置于《立法法》确立的合法性要件之前。例如，有研究指出，针对该法第 45 条[3]第 2 款规定的情况，既存在立法

[1] 对应 2023 年修正后的《立法法》第 48 条。
[2] 对应 2023 年修正后的《立法法》第 48 条。
[3] 对应 2023 年修正后的《立法法》第 48 条。

解释，也存在司法解释。前者如在最高人民法院《关于适用〈中华人民共和国行政诉讼法〉的解释》中对行政诉讼"受案范围"的明确，对《行政诉讼法》中的"国家行为""具有普遍约束力的决定、命令""法律规定由行政机关最终裁决的行政行为"等概念的明确。后者如最高人民法院、最高人民检察院《关于办理环境污染刑事案件适用法律若干问题的解释》针对篡改、伪造环境污染监测数据这一情况，明确其应当依照《刑法》第286条的规定，以破坏计算机信息系统罪论处。〔1〕同时，也有观点认为，类似的抽象性司法解释并不违背法律。"（司法解释所针对的）具体应用法律的问题既可以依存于具体案件，也可以从具体案件中抽象出来。所以最高司法机关做出抽象性司法解释不存在违反法律的情况，完全符合法律的授权。并且抽象司法解释没有脱离'具体案件'的裁判背景，其应用法律的问题都是从若干案件中抽象出来的带有普遍性的问题。如果把个案法律事实作为自然法律事实，那么抽象的法律事实就属于'剪裁的法律事实'。由此引起的司法解释与自然法律事实具有相同的属性，本质上仍然属于被动性的司法活动。"〔2〕

但不容忽视的是，这些数量庞大的司法解释像正式法律一样具有严格的程序要求和规范生成机制。从形式上看，司法解释虽然是以"实施意见""若干问题的解释"等名义对法律条文予以细化的，但其仍然采用从个案中抽象出一般性条款的形式；而且整个司法解释的制定过程需要经历立项、起草与报送、讨论、发布、施行与备案等一系列步骤，这与其他基本法的立法程序并无明显差别。从内容上看，很多司法解释条文虽然并不违背法律精神和价值理念，但已然超越解释对象标明的概念、语词能够涵盖的最大可能性，创制出抽象性裁判标准和尺度，呈现出立法或"造法"的特点，甚至于"改变法律的某些意义，在法律之外为公民设置某些权利或者义务，增设或者削减人民法院的某些职权"〔3〕。

---

〔1〕 参见苗炎：《司法解释制度之法理反思与结构优化》，载《法制与社会发展》2019年第2期。

〔2〕 孙华璞：《关于完善我国司法解释问题的思考》，载《中国应用法学》2017年第3期。

〔3〕 魏胜强：《司法解释的错位与回归——以法律解释权的配置为切入点》，载《法律科学（西北政法大学学报）》2010年第3期。

第二，所谓“司法形态”，是指最高人民法院发布指导性案例及时总结审判经验，统一法律适用标准。但限于对此类司法判例的“指导性”含义以及“参照适用”的具体要求尚待明确，故而削弱了指导性案例的司法拘束力。最高人民法院于2005年发布的《人民法院第二个五年改革纲要（2004—2008）》中第一次正式提出建立和完善案例指导制度。随后，“为总结审判经验，统一法律适用，提高审判质量，维护司法公正”，在2010年11月发布了《关于案例指导工作的规定》，并就案例指导工作的发布主体、选择范围、工作机构和程序以及法律效力等问题予以明确。为具体贯彻落实《关于案例指导工作的规定》，最高人民法院在总结案例指导的实践经验，并参考借鉴国外有益做法的基础上，于2015年印发了《〈关于案例指导工作的规定〉实施细则》，主要围绕指导性案例的“编选标准”“推荐主体和程序”“如何参照适用指导性案例”等三个方面进一步细化了案例指导工作的基本流程。自2011年第一批指导性案例发布以来，中国案例指导制度对规范司法权力运行、促进司法公正发挥了积极作用：一方面，就规范文本自身而言，指导性案例明确了制定法的模糊之处，清晰界定了相关语词的法律含义，统一了法律适用标准，如条文中使用的“等”“其他”之类的概括性或类型化字样。另一方面，对司法人员来讲，裁判时需要同时考虑司法解释和指导性案例的双重指引；同时对“如何解释不同规范”“如何识别待决事实与指导性案例之间的相似性”“如何平衡规则、原则与政策”等涉及法律方法或审判技艺的问题，给予更多关注。

对于何为指导性的问题，虽然《关于案例指导工作的规定》列举了5种情形[1]，但最高人民法院根据自身编选案例的经验在提交《〈关于案例指导工作的规定〉实施细则》讨论稿时，仍然与理论界存在较大分歧，最终只能暂不作出规定。实际上，指导性的含义不仅影响到案例指导制度的功能定位，也涉及有关如何具体参照适用的规则和方法。前述讨论稿曾规定，指导性可从以下方面把握：

---

〔1〕《案例指导工作规定》第2条规定：“本规定所称指导性案例，是指裁判已经发生法律效力，并符合以下条件的案例：（一）社会广泛关注的；（二）法律规定比较原则的；（三）具有典型性的；（四）疑难复杂或者新类型的；（五）其他具有指导作用的案例。”

"一是在事实认定、证据采信、法律适用、诉讼或执行程序等方面存在疑难、复杂和争议问题，能够统一裁判标准；二是法律、行政法规的规定不明确，可以适用习惯、惯例或者学理通说认定案件事实、解决法律适用问题；三是法律、行政法规的规定不明确或者法律、行政法规、司法解释的规定不协调，能够正确适用法律、行政法规规定或弥补司法解释不足；四是案例属于新类型或者适用了新颁布、修改的法律、行政法规或司法解释；五是在司法理念、裁判方法和裁判规则等方面具有典型性和创新性；六是解决社会广泛关注的法律问题，回应人民群众关切和期待，弘扬法治精神，引领社会发展与进步。"〔1〕由此可见，从最高人民法院发布《〈关于案例指导工作的规定〉实施细则》的初衷来看，指导性案例一方面能够发挥统一裁判标准、弥补司法解释不足，以及诠释和阐明新颁布的法律或新类型案件等的制度功效，另一方面，其也为习惯、惯例或者学理通说、司法理念等作为裁判理由进入司法论证过程提供了新路径，进一步丰富了法官裁判方法。但鉴于对该问题缺乏比较一致的看法，只能留待今后时机成熟时再做处理。

进一步而言，指导性情形的缺失大大削弱了指导性案例"应当参照"适用的法律效果。从《〈关于案例指导工作的规定〉实施细则》第 9、10、11 条来看：第 9 条规定了类似案件判定的基本标准和指导性案例的参照范围；第 10 条规定了指导性案例的引述问题；第 11 条规定了指导性案例的查询、具体引述要求以及引述指导性案例作为控（诉）辩理由的，案件承办人员应在裁判理由中回应和说明理由。其中，虽然规定"应当参照相关指导性案例的裁判要点作出裁判"，同时"在裁判文书中引述相关指导性案例的，应在裁判理由部分引述指导性案例的编号和裁判要点"。但实践中如果法官过分关注指导性案例中提炼的裁判要点，则反而容易出现案例与法释功能趋同的现象，"即在中国目前的法律体系中，原本有不同性质的指导性案例和司法解释，在实际运行和功能作用上没有太大差异，指导性案例将来有被边缘化的危险"〔2〕。相关实证研究表明，"指导性案例

〔1〕 郭峰、吴光侠、李兵：《〈《关于案例指导工作的规定》实施细则〉的理解与适用》，载《人民司法》2015 年第 17 期。

〔2〕 张骐：《论中国案例指导制度向司法判例制度转型的必要性与正当性》，载《比较法研究》2017 年第 5 期。

的裁判理由会包含裁判要点中没有的具体法律解释性的内容，因此裁判理由也应当成为参照的对象”[1]。这意味着，裁判要点所归纳的指导信息因在裁判理由中被过分阐述，而使其自身成为司法解释的一种注脚，反而削弱了指导性案例在事实上的拘束力。

那么，最高人民法院“法律角色”的两种形态之间是何关系？对此有观点认为：“从与制定法的相互关系角度来看，指导性案例与抽象司法解释在本质上都属于依附于制定法的法律渊源形式以及司法解释手段，若能将指导性案例作为‘解释’‘规定’‘批复’和‘决定’之外的第五种司法解释形式，则能够简单易行地解决指导性案例效力不明的现实问题。”[2]还有观点认为：“抽象司法解释是中国法治建设特定历史阶段权宜之计的产物，指导性案例相对于抽象司法解释而言具有诸多比较优势，因此，未来在时机成熟时，应当以指导性案例取代抽象司法解释作为最高人民法院的主要释法手段。”[3]另有观点认为，指导性案例与抽象性司法解释在未来相当长时间内应当保持形式独立、共同发展。例如，“尽管指导性案例与抽象司法解释在未来应当保持互相独立和长期并存的关系，但同时也强调指导性案例相对于抽象性司法解释而言具有更明显的比较优势，因而主张应当通过指导性案例对抽象性司法解释之核心功能的替代或部分替代，来实现对最高人民法院释法模式的优化升级”。[4]

本书认为，以上第三种观点主张的“共存说”较为合理。在此基础上，抽象性司法解释与指导性案例的互动与完善主要包括两方面内容：

首先，调整裁判规则的供给结构，应优先保留抽象性司法解释中较为原则性的规定，以保持造法性司法解释的整体存量和有限增量。根据最高人民法院2021年发布的《关于司法解释工作的规定》第6条的规定，司法解释的形式分为“解释”、“规定”、“规则”、“批复”和“决定”五种。同时该规定还针对什么

〔1〕 曹志勋：《论指导性案例的“参照”效力及其裁判技术——基于对已公布的42个民事指导性案例的实质分析》，载《比较法研究》2016年第6期。

〔2〕 陆幸福：《最高人民法院指导性案例法律效力之证成》，载《法学》2014年第9期。

〔3〕 梁根林：《合理地组织对犯罪的反应》，北京大学出版社2008年版，第72页。

〔4〕 汤文平：《中国特色判例制度之系统发动》，载《法学家》2018年第6期。

情况下采用哪种具体解释形式作出不同归纳。概括地讲，除了“批复”具有个案性质，“决定”具有决断性质以外，“解释”和“规定”都具有规范性质并以条文形式存在。因此从内容上来看，对抽象性司法解释的清理思路大致为，针对其中被司法实践广泛而频繁适用的裁判规则，应当及早与立法机关完成沟通与对接，尽可能将较为成熟的裁判规则吸纳为制定法基本规范；对于内容具体或需要结合法律要件事实才能澄清的裁判规则，则优先选择通过指导性案例予以明确。简言之，针对“解释”和“规定”中较为原则性的规定，以及用于修改和废止司法解释的“决定”，可暂时保留给抽象性司法解释予以明确；对于“解释”中较为具体的裁判规制，以及“批复”中涉及的具体应用法律问题的请示内容，则可以转由指导性案例的裁判要点和裁判理由来确定。

其次，运用多种法律解释方法加强裁判文书说理论证，在审级制度上肯定指导性案例具有的法律拘束力。摆脱指导性案例对抽象性司法解释的“依附”或“再解释”的尴尬地位，其中的重要手段就是从法律论证角度给予裁判理由以说服力。与抽象性司法解释采取的“大前提—小前提—结论”的演绎推理不同，指导性案例的参照适用过程采取的是一种“以（案）例释法”的类比推理，即遵循“指导性案例—待决案例”的思考路径，根据裁判要点并借助“区分技术”辨别待决案件与指导性案例之间是否存在事实层面的相似性，从而决定待决案件能否适用指导性案例中的裁判要点；同时，对这一比附过程的论证应尽量多地使用文义解释、体系解释、目的解释等不同解释方法，以增强论证结果的“融贯性”[1]，并将作出裁判的思路及适用的法律方法体现在裁判文书的说理中。

此外，鉴于“司法判例的重要地位在很大程度上都是由司法机关的上下级关系以及建立在此种关系之上的审级制度所决定的”[2]，因此保障抽象性案例指导制度现实地位的有效方式更多来自最高人民法院对该制度法律渊源地位的确

---

〔1〕 所谓“融贯性”，是指在法律论证的过程中，一个结论获得的支持理由越多，且这些理由能够保持逻辑一致性并形成相互支持与证立的关系，那么这一结论就可以被认定为具有较强的融贯性，其被推翻和驳倒的可能性就比较低。参见［瑞典］亚历山大·佩岑尼克：《法律科学：作为法律知识和法律渊源的法律学说》，桂晓伟译，武汉大学出版社2009年版，第208～209页。

〔2〕 D.Neil MacCormick, Robert S. Summers, eds. *Interpreting Precedents*, London: Routledge, 2016, p.437.

认，使其能够同时获得事实上的拘束力和法律上的拘束力。实际上，有关《关于〈案例指导工作的规定〉实施细则》的讨论稿中就曾涉及该问题，即关于法院在审理二审、再审案件时，如果发现裁判与相关指导性案例所依据的法律、行政法规或者司法解释规定冲突，是否应当依法做出相应处理的问题。对此，有观点认为，考虑到《关于案例指导工作的规定》第 7 条明确规定了“应当参照”，就要有相应的措施保障指导性案例的指导作用落到实处，故应当作“二审或者再审可以改判或者撤销原判”的硬性规定。[1]这意味着，将指导性案例的法律拘束力纳入中国诉讼审级框架内：对于“应当参照”而没有参照并欠缺合理说明的下级法院裁判，应认定为“适用法律错误”，并依法撤销、变更或改判。

3. 人民法院“社会角色”的呈现方式

在最高人民法院描绘的法治蓝图中，强调裁判的“社会效果”，追求“法律效果与社会效果的统一”成为具有我国国情特色的司法理念。从最高人民法院工作报告来看，自 20 世纪 80 年代首次提出“社会效果”这一表述以来，虽然在改革开放和社会经济发展的不同阶段，“社会效果”的具体含义有所不同[2]，但其根本特征与生成逻辑并未发生改变，即党和国家在特定时期的公共政策决定了社会效果的具体内涵。例如，最高人民法院《关于审理涉及金融不良债权转让案件工作座谈会纪要》规定：“人民法院在审理此类案件中，要将法律条文规则的适用与中央政策精神的实现相结合……确保审判的法律效果和社会效果统一。”又如，最高人民法院《关于当前形势下做好劳动争议纠纷案件审判工作的指导意见》规定：“在审理劳动争议纠纷案件时，不仅要严格执行法律、法规，还要充分考虑国家为应对国际金融危机出台的一系列方针政策。”同时，伴随司法体制诸项改革措施的纵深推进，以及在自媒体与互联网作用的刺激下，一些轰动全国

---

〔1〕 参见郭峰、吴光侠、李兵：《〈〈关于案例指导工作的规定〉实施细则〉的理解与适用》，载《人民司法》2015 年第 17 期。

〔2〕 参见宋亚辉：《追求裁判的社会效果：1983—2012》，载《法学研究》2017 年第 5 期。

的影响性诉讼[1]不断挑战人民法院的司法公信力，致使法院在裁判时不得不更多考虑裁判的实际后果与可接受性问题。这种强调裁判后果的法律适用方法，在一定程度上改变了以“三段论”为主要内容的司法推理过程。也就是说，“‘法律效果与社会效果相统一’的司法政策对于后果主义裁判的产生起到了推波助澜的重要作用，它甚至给人们带来这样一种印象，以为司法注重社会效果就是要求司法以社会效果作为推理和论证的起点，就是要求社会效果应当成为一个裁判是否可欲的标准，就是要求司法裁判应当采纳一种后果主义的推理路径”[2]。由此一来，社会效果经由司法技艺的“包装”以文书公开的方式展现在当事人和公众面前。简言之，人民法院在扮演“社会角色”的过程中，一方面遵照执行党和国家的公共政策，成为中国政党推进型法治进程中的重要组成部分，另一方面采用“后果主义的论证方式”，于裁判文书说理中回应公众在重大影响性案件中的热议与关切，以期能够实现政策、法理与情理在“社会效果”层面的统合。

第一，进入中国特色社会主义新时代之后，人民法院执行公共政策的具体内容和运作方式都呈现出新变化。

首先，围绕新时代中国特色社会主义思想和基本方略等重要命题，人民法院执行公共政策的内容主要包括“贯彻总体国家安全观以推进平安中国建设”“贯彻新发展理念以促进经济持续健康发展”“全面加强以人民为中心的民生权益保障工作”“全面加强司法公开与司法作风建设”四个方面。整体来讲，中国法院执行公共政策具有以下两方面特点：一是从目标内涵和层次上讲，呈现出由“单一”到“多元”共存的特点。改革开放初期，中国法院执行公共政策主要围绕纠正“文化大革命”错误、平反冤错案件等，在拨乱反正的基础上重新将工作重心转移到经济建设上来。简言之，由于该时期法院的执行政策深受国家在政治理

〔1〕 截至2019年，有关年度“中国十大影响性诉讼”的评选已举行15届。从主办单位公布的评选理由来看，入选的“中国十大影响性诉讼”均系当年审结、在社会上产生广泛影响并具有重大法治意义的案件。这些诉讼案件的公正审判，对于促进严格执法、彰显司法公正、弘扬法治精神、提高公民法律意识和推进国家与社会治理现代化等方面具有重要价值。相关报道参见最高人民法院司法案例研究院：《最高人民法院发布中国十大影响性诉讼》，载北京市教育委员会网，http://jw.beijing.gov.cn/jyzx/ztzl/bjjypf/yasf/202004/t20200410_1799172.html。

〔2〕 孙海波：《“后果考量”与“法条主义”的较量——穿行于法律方法的噩梦与美梦之间》，载《法制与社会发展》2015年第2期。

念和领导方式等方面转型的影响，故而更加侧重对政治稳定目标的追求。进入社会主义市场经济建设时期后，人民法院为配合经济体制改革总体目标以及法治经济发展方向，着力提高自身经济案件的审理水平和质量，在强调司法“公正价值”基础上，更加注重“市场”观念和“效率”目标。自2002年党的十六大召开以来，中国进入深化改革时期。在“全面建设小康社会”等重要命题的指引下，人民法院执行公共政策的内容早已不局限于保障并促进司法公正，而是“更加注重解决社会民生问题”和“推动构建社会主义和谐社会”等目标。党的十八大以来，伴随全面深化改革各项措施被纵深推进，人民法院执行公共政策的具体目标在进入新时代之后面临许多新要求与新任务。例如，注重惩处刑事犯罪以推进建设平安中国，在促进经济持续健康发展中更加侧重产权保护，同时开展多种形式的司法便民服务等。由此可见，改革开放40余年来，人民法院执行公共政策目标的内容日渐丰富，种类也已经涵盖国家—社会—个人三个维度，形成了“政治建设”“经济建设”“文化建设”“社会建设”“生态文明建设”等五位一体的布局。二是从诸项目标变化的动因上讲，法院执行的政策随着政党推进型法治国家建构历程的变化而变化，因而具有明显的政治性特点。例如，从“文化大革命”后的拨乱反正阶段到社会主义市场经济建设初期，法院有关平反冤错案件的实践，以及秉承“从重从快”“严厉惩处”的理念，对严重破坏经济秩序或社会治安的犯罪分子进行审判，其主要目的在于清除政治斗争余毒或打击作为人民对立面的敌人，仍保留“革命色彩”和“阶级对立”的意蕴。又如，从深化改革时期到中国特色社会主义进入新时代以后，虽然法院执行政治政策中“划分敌我矛盾”的做法逐渐退出历史舞台，但伴随国家经济建设步入正轨，执政党开始有意识、有步骤地“自上而下”推进法治国家建设中的各个领域。其中，无论是经济建设、社会建设还是文化建设和生态文明建设，都在党的意志上升为国家政策之后被有条不紊地推动着。简言之，在执政党饱含目的建构性的努力中，法院执行的公共政策也具有了明显的政治性特点。

同时，应当特别指出的是，伴随从法制国家到法治国家的治理体系转型，各领域中的许多公共政策也被日渐吸收为法律规范，进而呈现出“公共政策法治化转型”的趋势。例如，有关国家安全和社会治安等方面的最新公共政策，有的已被吸收进2015年修改的《国家安全法》中，该法的第1、2、3条分别规定了“国家安全法的立法目的”“国家安全的内涵”“国家安全工作应秉承的观念和思路”。又如，法院执行公共政策中涉及经济领域的内容也出现立法化的情况。“中国自经济体制改革的目标确立为建立社会主义市场经济体制以来，针对市场和金融领域，中国在1993年至1995年开展了对市场规制法、金融法、财税法等领域的大规模立法活动。”〔1〕“中共中央‘新发展理念’的提出，也与经济发展法治化的转向相契合。”〔2〕类似地，有关精神文明建设、生态文明和美丽中国建设的基本目标，以及“创新、协调、绿色、开放、共享”的新发展理念，均在2018年《宪法修正案》中得到不同程度的体现。

其次，作为人民法院内部领导与推动其执行公共政策的组织，法院党组主要发挥“保证党的理论和路线方针政策得到贯彻落实”和“讨论和决定本单位重大问题”两方面作用。一方面，相关党建文件成为党组开展工作的根本遵循。例如，经党的十九大部分修改并通过的《中国共产党章程》，明确规定了党组的领导核心作用，并指出党组需要承担起贯彻落实党的理论和路线方针政策的职责。2019年4月，中共中央为规范党组行为、加强和坚持党的全面领导印发了《中国共产党党组工作条例》，指出了党组工作的原则和职责，其中包括“坚决贯彻落实党的理论和路线方针政策”“确保党的理论和路线方针政策的贯彻落实”。〔3〕又如，2019年1月，中共中央印发的《中国共产党政法工作条例》指出，“政法单位党组（党委）……贯彻党中央关于政法工作大政方针”“应当把方向、管大局、保落实，发挥好领导作用”。〔4〕同年2月，最高人民法院印发《关于深化人民法院司法体制综合配套改革的意见——人民法院第五个五年改革纲要（2019—2023）》并强调，法院党组对政策取向、改革方向和办案导向进行把握，以保障党的基本

〔1〕 张守文：《中国经济法治的问题及其改进方向》，载《法制与社会发展》2018年第2期。
〔2〕 周佑勇：《逻辑与进路：新发展理念如何引领法治中国建设》，载《法制与社会发展》2018年第3期。
〔3〕 参见《中国共产党党组工作条例》（2019年修订）第4条第1项、第16条。
〔4〕 参见《中国共产党政法工作条例》第14、15条。

理论、路线和方略在法院的各项工作中得到落实。[1]另一方面，将公共政策因素纳入重大问题的讨论与决定是党组开展实际工作的具体方式。党组通过讨论并作出决定依赖于一种“议事制度”，这种制度能够为党组在讨论并决定重大问题时提供基本操作流程。详细地讲，“议事制度”通常包括会议议题的收集和报告程序，议题的集中讨论、审查和民主决策程序，以及党组决议作出后的具体落实情况和反馈机制。正基于此，公共政策得以介入其中并成为影响最终决定的考量因素。例如，会议议题与党和国家在特定领域政策的关联程度成为是否值得讨论的前提。会议讨论期间，党组根据该政策的释义或解读，以及应如何融入当前审判管理工作展开讨论。最后公共政策借助党组集体讨论和民主决策转化为可供执行的举措。换言之，党组对重大问题的讨论与决策，不仅反映出党对法院的领导权威，保证其运行的政治立场和方向，而且为落实并施行党的各项政策或主张提供稳定的输出渠道。

第二，人民法院通过援引公共政策增强文书说服力，并在适用法律层面形成一种“后果主义的（推理）论证方式”，从而在重大疑难案件中回应社会的热议和关切。正如前文指出的那样，公共政策体现了特定时期政治、经济、社会等各领域所追求的价值和目标。而且由于其具有的目标性和灵活性，实际上也已广泛出现在裁判文书中，“经济政策、农村政策、社会政策、刑事政策等，均频繁见诸判决书，并实质性地影响管辖权确定、合同效力判断、土地权利归属和定罪量刑的基准”[2]。此外，有关实证研究指出：“‘政策’在裁判文书中的高频次出现说明，公共政策不仅仅是政府进行社会治理的重要手段，而且是法官进行个案裁判的重要尺度。随着国家意志通过公共政策在司法裁判领域中的不断渗透，法院参与公共治理的角色不断加强。在个案裁决中，法官往往依据公共政策进行后果考量，通过适用政策实现个案中的利益衡平。”[3]这其中的“法官依据公共政

---

〔1〕 参见最高人民法院《关于深化人民法院司法体制综合配套改革的意见——人民法院第五个五年改革纲要（2019—2023）》（法发〔2019〕8号）。

〔2〕 李友根：《司法裁判中政策运用的调查报告——基于含“政策”字样裁判文书的整理》，载《南京大学学报（哲学·人文科学·社会科学版）》2011年第1期。

〔3〕 唐娜、王彬：《结果导向的裁判思维——基于法官审判经验的实证研究》，载《法律适用》2020年第4期。

策进行后果考量”可以这样理解：传统的司法裁判理论通常包括“法律发现（找法）”和“结论证立（正当化裁判结论）”两方面内容。常规的司法活动是“顺向的”，法官在结合案件事实的基础上寻找可得适用的法律规范，进而借助法律形式逻辑中的三段论推导出结论；与此相对的是一种“逆向的”推理，即法官根据预判会事先得出一个初步结论，然后据此寻找能够证成并合理化该结论的法律依据。这种“逆向性”的推理过程即是一种“后果主义的（推理）论证方式”。换句话说，传统的司法三段论推理以法律规则为出发点，通过运用涵摄技术将案件事实规制在特定规则之下，进而演绎推导出结论，亦即从“规则—结果”的顺向推理过程；而基于“后果主义的（推理）论证方式”则采取从“后果—规则（—后果）”的逆向过程，以可能的后果作为逻辑起点，通过对该结果可接受性的评价，回溯性地寻找并解释可供适用的法律规则。

公共政策作为后果推理和考量的因素之一，在中国通常有两种进入司法的途径：一是以间接方式借助最高人民法院的司法解释，沿着“公共政策—司法政策（可无）—司法解释—司法裁判的路径运作”〔1〕。这种方式类似于前文指出的最高人民法院颁布抽象性司法解释的情况，将公共政策或其中的司法政策上升为法律规范，在法律推理中发挥大前提和指引等作用。二是越过司法解释这一途径，由法官在裁判说理中直接考量公共政策。此时法官选择适用公共政策的缘由并不是其具备合法性，而是基于政策的导向和现实需求。也就是说，政策蕴含的法外因素及其具有的评价功能超越了法律规范的体系和限度，进而在社会层面能够获取更大的实质正义。就后一种途径来讲，法官通常有两种具体援引方式：一种是将政策作为裁判依据使用，即在“依据……判决如下”中援引政策〔2〕；另一种是将政策作为裁判说理的依据，即在“本院认为”中援引政策。后一种方

〔1〕 宋亚辉：《公共政策如何进入裁判过程——以最高人民法院的司法解释为例》，载《法商研究》2009年第6期。

〔2〕 参见河南省商丘市中级人民法院民事判决书，(2009)商民终字第8号，河南省南阳市中级人民法院民事判决书，(2009)南民二终字第65号。

式在当前司法实践中较为普遍。例如最高人民法院制发的司法文件[1]中经常提到，要将党中央提出的“宽严相济的刑事政策”作为法院定罪量刑的裁量依据，确保“法律效果和社会效果的高度统一”。

以维系社会团结的公共政策为例，法院在裁判诸如婚姻纠纷、赡养与继承纠纷、邻里纠纷等案件时，往往在裁判说理部分侧重诠释中华民族传统美德，同时极力贯彻落实党和国家宣传的社会主义核心价值观等主张，进而将社会团结中的政策因素具象化为家庭和睦、尊老爱幼等一系列命题。具体来讲，在婚姻纠纷案件中，离婚事由多为生活琐事。在一方起诉至法院，而另一方碍于“面子”或“闲话”未予表态时，法院作出的裁判结果往往是“不准予离婚”，并在裁判说理当中援引“社会主义核心价值观”作为论证依据。以“张某某与黄某某离婚纠纷案”[2]为例，该案中原、被告婚后因家庭琐事发生争吵，遂起诉至法院要求离婚。法院在判决书中指出：“为了弘扬社会主义核心价值观和中华民族传统美德，传递正能量，促进家风建设，维护和谐、美满的家庭关系。故对原告的离婚诉求不予支持。”同理，在“崔某甲与朱某离婚纠纷案”[3]中，法院认为：“原、被告双方当事人组成家庭共同生活，双方理应珍惜，在生活中做到互相尊重，互谅、互让，增加互信。在家中应孝敬父母，关爱子女。维护家庭的和谐稳定，既是社会主义核心价值观的要求，也是未成年子女健康成长的基础。故对原告的离婚诉求不予支持。”在涉及赡养与继承纠纷的案件中，法院在作出裁决前充分考虑“赡养老人”在中华民族传统美德中的重要地位，同时将此传统与社会主义核心价值观的具体要求相结合，最终在裁判说理部分特别指出，“虽然本案讼争的是遗产分配，但其实隐含一个重要而严肃的课题，即人民法院通过判决，弘扬倡导何种社会风气的问题。敬老尽孝，赡养老人，本是中华民族的优良传统，是新时期社

---

〔1〕 例如：最高人民法院《关于贯彻宽严相济刑事政策的若干意见》（法发〔2010〕9号），《最高人民法院发布三起人民法院贯彻宽严相济刑事政策典型案例》（2013年2月发布），最高人民法院《关于实施修订后的〈关于常见犯罪的量刑指导意见〉的通知》（法发〔2017〕7号）。

〔2〕 参见湖南省宁乡县人民法院民事判决书，（2016）湘0124民初5178号。

〔3〕 参见安徽省当涂县人民法院民事判决书，（2016）皖0521民1112号。

会主义核心价值观的重要内容，是弘扬社会良好道德风尚的具体体现”[1]。类似情况同样出现在有关邻里纠纷的案件中。例如，在“陈某某与陶某某相邻通行纠纷案”[2]中，陈某某与陶某某房屋相邻，且房屋间仅有一条经水泥硬化的院坝。陶某某在陈某某门前修建约 1 米高的围墙，致使其无法通过院坝出行。经过法庭审理程序，一审法院支持了陈某某的诉求，并在裁判说理中指出：“古有六尺巷的邻里礼让典故，今有不知礼法邻里相残的悲剧教训，希望双方能够发扬中华民族的优良传统美德，汲取教训，不计前嫌，着眼未来，相互礼让，争做具有社会主义核心价值观的守法公民，妥善处理相邻关系，将邻里友善的美好传统一代代传承下去。”其后被告陶某某虽有上诉，但二审法院仍然支持了被上诉人的主张并维持原判。[3]又如，在“黄某与陈某某相邻纠纷案”[4]中，黄某在房屋装修过程中对二楼卫生间外墙进行扩建遮挡了陈某某的卧室采光，双方因此诉至法院。法院在判决书中不仅引用了“远亲不如近邻”的民间谚语，而且将人与人之间的和谐相处看作“社会主义核心价值观的一部分”。

二、司法政治性与刑事政策

1. 刑事政策的基本意涵

通常来讲，刑事政策是指刑事领域的公共政策，主要内容是国家和社会为了打击犯罪、维护社会稳定而制定的行为规范或准则。根据实现犯罪预防目的所采取的方法和操作对象的不同，中国刑事政策的基本体系大致分为“横向”和“纵向”两个层次，在横向结构上可以分为刑事立法政策、刑事司法政策和刑事执行政策，纵向结构上则分为基本刑事政策和具体刑事政策。在这其中，基本刑事政策不仅是整个刑事政策的主干和框架，而且也贯穿于横向刑事政策的各个领域。然而，如果从司法与政治的关系上讲，理解刑事政策的关键在于明确公共政策的概念。所谓公共政策，是指公共权威为解决国家和社会问题而制定的策

---

〔1〕 参见浙江省嘉兴市中级人民法院民事判决书，(2016)浙 04 民终 1534 号。
〔2〕 参见贵州省黔南布依族苗族自治州瓮安县人民法院民事判决书，(2014)瓮民初字第 2116 号。
〔3〕 参见贵州省黔南布依族苗族自治州中级人民法院民事判决书，(2015)黔南民终字第 414 号。
〔4〕 参见贵州省贵阳市中级人民法院民事判决书，(2015)筑少民终字第 6 号。

略。现代语境中的公共政策已经超越革命意识形态的束缚，成为国家（或政党）参与社会治理的重要载体，也是协调与整合不同阶级、阶层利益分歧的重要手段。公共政策的主体是公共权威，所谓公共权威，是指对国家和社会治理拥有权力和地位的政治实体，一般包括执政党、国家机关、社会公共组织以及政治系统中的权威人士。公共政策的内容，是指在特定条件下，公共权威针对有待治理的社会问题所采取的，具有指导性、引导性和普遍性的权威策略。

进一步来说，由于政策学主要是从政治学和社会学发展起来的，所以政治学和社会学中的核心概念"权力"作为分析工具是基本有效的。[1]权力在本质上是一种支配力量，意味着统治与服从。鉴于近现代民主政体演变的历史事实，通过武力威胁或专制压迫显然无法确保政权稳固和社会稳定，因此，如何增强统治正当性、合法性以及服从自愿性是主张权力维护权威主义者的根本出发点。权力还意味着对于利益的分配和校正。一方面，权力以控制或影响等支配性姿态面对差序格局下的利益多元现象，从而寻求转型社会中利益的融合与平衡。另一方面，权力本身代表一种利益类型，体现为运用权力满足个人利益、价值或者其他物质和精神层面的普遍需求。就此而言，公共政策可被理解为一种社会调整机制。其运作的基本逻辑表现为，实现政治与司法之间的联通衔接。

一方面，政治诉求通过公共政策为司法权力提供裁判渊源和规范指引。转型社会所面临的阶级分化、利益冲突极大凸显了体系化法律规则自身所具有的滞后性。作为演绎推理的规范前提往往因语词模糊或者释义缺失，而难以成为被援引用于裁决争议事实的适用理据。正基于此，公共政策作为非正式法律渊源的重要类型，不仅在内容方面具有灵活性与可调节性，能够根据特定时期的社会热点事件或话题及时做出反馈，引导公共话语开展理性、充分的论证，而且对于维系公共空间所需要的秩序和期待，能够发挥一种积极的促进作用。尤其是在法律规则缺失、道德伦理规范尚未形成共识时，民众基于对公共权威地位的认同和信赖会更加关注公共政策的立场、态度和措施，并将此作为指引和评价公共

〔1〕 参见曲新久：《刑事政策的权力分析》，中国政法大学出版社 2002 年版，第 18 页。

权力运作（司法权力亦是如此）是否具有正当性、合法性的重要标准。

另一方面，司法权力公正、有效运行成为公共政策积极落实的重要组成部分，并最终有力维护政治格局和社会秩序。施行公共政策的目的在于解决国家和社会问题，风险社会滋生的多元矛盾更需要司法权适度摆脱谦抑地位，而抱有相对积极的姿态回应不同纠纷。司法权运行的中立性、终局性有力维护了公共政策中对内容普遍性的客观要求，即给予少数意见或弱势群体提供公开、透明的纠纷解决渠道，大量化解推行公共政策过程中遇到的阻力，从而确保公共政策惠及最广大民众的切身生活。同时，司法权的公正性培育了政策的公共性所希冀的秩序稳定与和谐发展，以良性有序的司法活动保障服务大局等政治目标，理性而智慧地融入政治治理实践。

具体到刑事政策领域，围绕刑事政策的构成要素其主要包括以下两项内容。

首先，是刑事政策的制定主体。如前所述，刑事政策的制定主体应是刑事领域的公共权威。有观点认为，司法政策的主体“在一定情况下还包括其他国家机关（如涉及司法经费政策的财政机关，涉及司法人事管理的人力资源和社会保障机关）”[1]。我们认为，该观点值得商榷。伴随司法改革纵深推进、省以下地方法院人财物统管等改革举措渐次完成，即便财政部门和人事部门掌握影响法院日常运作的财政与人事这两项关键事务，然而考虑到刑事政策适用的效力和范围，尤其是其在功能层面“准法源”地位的参照情况，将刑事政策制定主体作限制性规定才较为合理。具体而言：其一，从机构性质上讲，制定刑事政策的主体应是与司法工作直接相关的党的机构与国家机构。党的机构是指党的委员会中主管政法工作的政法委员会，国家机构主要是指人民法院和人民检察院。如果涉及特殊时期犯罪控制或者保护重大刑事利益的客观需要，可以邀请监察委员会、公安机关和司法行政机关共同参与。其二，从机构层级上讲，刑事政策的制定主体主要是中央一级，也包括省一级。中央一级有关机关自不必多言。由于各省刑事司法实践的差异，以及省级司法机关在面对控制犯罪、维护刑事司法

〔1〕 刘武俊：《司法政策的基本理论初探》，载《中国司法》2012年第3期。

利益的现实过程中，已经制定了大量地方性刑事政策[1]，故而一方面，在不违背中央有关刑事政策的前提下，应授予省级司法机关结合本地区具体情况制定刑事政策的法定权限；另一方面，也要对该种权力进行必要制约。例如，接受上级司法机关的备案或审查，规定辖区内制定刑事政策的文本格式及适用的具体情形等。

其次，是刑事政策的表现形式。实践中，刑事政策的表现形式是多种多样的。以《人民法院报》评选出的2019年度人民法院十大司法政策为例[2]，其名称就包括了“意见”“解释”“规定”“决定”等。刑事政策名称的不统一，既在司法实践中造成了识别和援用的困难，也不利于发挥刑事政策的既定功能。考虑到刑事政策的公共政策属性，借用党政机关公文形式的基本要求，成为统一刑事政策格式的有益尝试。中共中央办公厅、国务院办公厅于2012年发布的《党政机关公文处理工作条例》明确了“决定”“通知”“意见”是中国党政机关公文的重要形式。参考这一规定，未来刑事政策的表现形式应统一限于前述三种类型。此外，最高司法机关发布的年度工作报告和改革纲要，也应被视为刑事政策的呈现方式。但是，会议纪要和内部讲话因形成的方式、程序较为宽松，不适宜作为刑事政策的表现形式。

2. 刑事政策的主要功能

作为公共政策在刑事司法领域的一种独特类型，刑事政策具有一般政策所体现出的指示、引导功能，也具有刑事法治框架下许多特殊的功能与价值。其大

---

〔1〕 例如，湖南省高级人民法院于2018年1月印发的《关于为企业家创新创业提供司法保障和服务的意见》，于2016年8月印发的《关于为推进供给侧结构性改革提供司法保障和服务的意见》。

〔2〕 由《人民法院报》编辑部评选的2019年度人民法院十大司法政策包括：最高人民法院《关于依法妥善审理高空抛物、坠物案件的意见》，最高人民法院《关于建设一站式多元解纷机制一站式诉讼服务中心的意见》，最高人民法院、最高人民检察院《关于办理非法利用信息网络、帮助信息网络犯罪活动等刑事案件适用法律若干问题的解释》，最高人民法院《关于审理行政协议案件若干问题的规定》，最高人民法院、最高人民检察院、公安部、国家安全部、司法部《关于适用认罪认罚从宽制度的指导意见》，最高人民法院、最高人民检察院、公安部、司法部《关于办理恶势力刑事案件若干问题的意见》，最高人民法院《关于审理生态环境损害赔偿案件的若干规定（试行）》，最高人民法院《关于适用〈中华人民共和国外商投资法〉若干问题的解释》，《全国法院民商事审判工作会议纪要》，最高人民法院《关于修改〈关于民事诉讼证据的若干规定〉的决定》。参见《人民法院报评出2019年度人民法院十大司法政策》，载中华人民共和国最高人民法院网2020年1月8日，http://www.court.gov.cn/zixun-xiangqing-215091.html。

体上包括，弥补法律漏洞的补充功能、维持社会秩序的辅助功能以及限制国家刑罚权的控制功能。

首先，刑事政策作为一种非正式法律渊源，有助于弥补刑事法律规范体系中的法律漏洞，为裁判者提供可被援用的逻辑前提，从而公正、有效地解决法律纠纷。“实证主义法学家和分析法学家确信，实在法制度乃是一种全面的、详尽的、逻辑上自洽的规范体系，而且该规范体系为法院所可能面临的一切法律问题都提供了答案；他们还以为，已经找到了一种解决有关法律方法论基本问题的既容易且又令人满意的方法。”[1]然而，这种观念在20世纪初就难以持续了。也就是说，由国家制定的实在法制度必然是不完整的，而且其中充斥着语意含混不清的条款。如果不能允许裁判者从非正式法律渊源中汲取可供参考的理念、原则或标准，不仅裁判者的权威地位将面临非议，裁判效果也会与正义观念背道而驰。简言之，法律体系存在局限和漏洞，这已成为法理学界的共识。即使是在域外法制完备的国家，也允许将司法政策作为法律的非正式渊源加以援引。

作为非正式法律渊源的重要类型，公共政策的具体意涵并不十分清晰，通常包括社会习俗、伦理标准以及未被整合进入法律规范体系的政府政策或惯例。但正如前文指出的，公共政策的实质在于公共权威运用政治权力维护一种良善的社会秩序。这恰恰意味着，公共政策的权力本质与秩序追求同样对裁判者构成一种潜在的限制，即裁判者有权援引公共政策作为准据法，但据此做出的结论不能与社会正义标准相互冲突。换言之，裁判者是否选择公共政策这种非正式法律渊源是相对自由的，毕竟其负有首先适用正式法律渊源并穷尽解释方法与论证技巧的义务；同时，非正式法律渊源作为必要补充，裁量的边界或选用的标准仍在于能否促进实现实体公正的价值目标。

就我国而言，援引公共政策、刑事政策作为非正式法律渊源从而解决转型社会滋生的利益冲突与分歧，具有很强烈的现实意义。对此，有论者指出：“以前纠纷解决就是纠纷解决，而现代由于通讯发达，就不能只是关注这个纠纷怎么解

---

〔1〕［美］E. 博登海默：《法理学：法律哲学与法律方法》，邓正来译，中国政法大学出版社2004年版，第458页。

决，还要考虑这个纠纷解决之后别人会得到什么信息。每个纠纷解决都在某种程度上涉及规则，这就要求我们要有政策眼光，要有事先地预判。”[1]运用刑事政策解决纠纷虽然无法提供明确具体的裁判规则，但裁判者诉诸刑事政策的“找法”举动，一方面能够化解无法可依的尴尬，填充裁判者论证说理的法律基础；另一方面无论是采取明显的还是隐晦的传递方式，刑事政策都暗含了权威主体对刑事法益的立场和态度，即便伴随着政策宣教或规劝，也仍然为政策向法律的转化奠定了基础。

刑事政策相对于司法解释还具有比较优势：虽然司法解释也是填补法律漏洞的常用手段，但是司法解释的制定和发布具有严格的程序与标准；这往往导致司法解释的体系性与逻辑性特征明显，成文化现象严重，甚至在某些领域或关键问题上还有超越法律或者创造法律的嫌疑。类似地，在司法实践中也面临出现停滞或固化的情况，使其难以应对疑难、复杂或新类型案件。尤其是，当出现制定司法解释的条件尚不具备而又亟须裁断法律争议时，刑事政策所具有的原则性、灵活性特征能够弥补司法解释的缺位或不足，及时弥补法律的漏洞与局限，也能为后续出台相应司法解释总结适用经验。

其次，刑事政策的灵活性与原则性特征，能够最大程度地调试犯罪控制与经济发展之间的张力，引导形成基本的社会秩序，为特定时期的中心任务提供法律服务和保障。与刑事实体法的稳定性和持续性相比，刑事司法政策的灵活性与原则性不仅能够及时填补法律规范的漏洞，而且有助于形成一种弹性调控机制。在我国，具体表现为以下两个方面。

一是刑事政策引导各级司法机关贯彻落实党和国家制定的方针、政策，彰显主流的法律意识形态，引导社会公众正确理解和服从法律裁判，实现裁判的法律效果与社会效果相统一。转型中国利益分化、价值多元的现实情况无疑增加了诉讼压力，为此，党和国家有关机关基于权威地位和治理需要，必须给予不同群体符合预期的司法回应：一方面，刑事政策在制定阶段融合了诸多社会共识，尤

---

〔1〕 朱苏力:《中国司法的规律》，载《国家检察官学院学报》2009 年第 1 期。

其是在道德伦理领域和地方习惯做法中汲取大量有益经验，最终形成主流的法律意识观念，同时反映出国家对于特殊刑事法益给予必要保障的积极态度。另一方面，刑事政策在落实过程中伴随法律层面的论证说理和社会层面的信赖和遵守。对裁判者而言，刑事政策的内容和属性无论是作为援引的依据还是论述的语气，都能够在理性与逻辑的法律框架下更多增添情感和经验的注解，既避免了因越法裁判招致非议，也提高了裁判的可接受程度，在纠纷解决过程中实现止争息讼的法律效果。对普通民众来说，出于对刑事政策制定者的信任和依赖，以及对刑事政策根本内容即保护个人合法的刑事法益的默许或认可，人们会在刑事政策所提供的交易框架下寻求经济活动的利益最大化，由此形成稳定、融洽的社会氛围。

二是作为党和国家维护社会稳定、促进经济发展的重要手段，刑事政策有助于保障当前形势下国家的中心任务，指示、引导司法积极参与政治实践并服务大局。法律是一种社会控制工具，其实现社会控制的方法主要是通过控制利益分配，包括："承认某些利益；由司法过程按照某些权威性技术所发展和适用的各种法令来确定在什么限度内承认和实现那些利益；以及努力保障在确定限度内被承认的利益。"[1]法律，尤其是司法从来都不是孤立存在的，特别是在当今变革频繁发生的背景下，一味地强调法律自主性，维系法律系统的封闭性将极大阻碍法律学科的自我发展。与此相反，建立良性的法律与政治间的互动机制，在尊重法律系统的独立性和专业性前提下，肯定法律尤其是司法最大程度地参与政治实践活动，通过利益衡平的裁判技艺和结果导向司法哲学，实现社会稳定和经济发展的长远目标。

就我国而言，最高人民法院在围绕一定时期的任务和目标开展司法工作的过程中，发挥的职能已远远超过"纠纷解决型"[2]的初始定位，转而具有"服务

---

〔1〕［美］罗斯科·庞德：《通过法律的社会控制》，沈宗灵译，商务印书馆 1984 年版，第 35 页。

〔2〕有学者考证后认为，经典意义上的司法权形态应被还原为市民性裁判权——由被裁判者之"同类的人"依据市民法事项进行裁决。这种裁判的结果得以被遵循，主要来源于裁判者本身的客观工作和那些使它在社会历史上所形成的某种值得信赖的信念——这种信念来自市民性的社会和那些裁判对象在历史中形成的追求公正的心理基础。参见程春明：《司法权及其配置：理论语境、中英法式样及国际趋势》，中国法制出版社 2009 年版，第 24～28 页。

保障型”的现代特征。这不仅体现在为国家阶段性、中长期的战略发展提供司法服务和保障，而且聚焦当下，积极有效地回应突发性、临时性的公共需求。例如：一方面，最高人民法院发布的司法文件标题中多次使用“服务”或“保障”字样，如《关于人民法院服务保障进一步扩大对外开放的指导意见》《关于为新时代加快完善社会主义市场经济体制提供司法服务和保障的意见》等，由此体现出司法权为贯彻落实党和国家的方针政策所采取的态度和举措。另一方面，为了应对突如其来的新冠肺炎疫情对居民生活带来的负面影响，保障疫情防控物资生产和销售安全，尽快恢复后疫情时代的社会秩序、推动经济复苏，在中央政法委领导下，最高人民法院联合最高人民检察院、公安部、司法部共同发布《关于政法机关依法保障疫情防控期间复工复产的意见》《关于依法惩治妨害新型冠状病毒感染肺炎疫情防控违法犯罪的意见》。这些文件中采取的应急性处理措施部分地突破了传统司法谦抑性的基本要求，更加体现出现代法院所具有的积极能动姿态。

最后，刑事政策有助于联通法律和政治两个系统，在规训国家刑罚权的同时，依靠政策裁判培育和维护司法权独立行使。法院的“理性化类型”或者司法的“真空化”，即强调所谓司法权相对于立法权、行政权等国家权力的“纯洁”地位，无论在司法制度史或是现实社会中都是难以存在的。在法治发展起步较早的国家，法律与政治的关系则更为清晰，司法的治理化和工具色彩也更加浓厚。[1]例如，英国的司法体系也曾经历过所谓“治理型司法”的发展阶段，最初的司法就是国家治理权力从中央到地方纵向延伸的主要渠道，随后经过资产阶级革命逐渐采取“议会至上”的治理模式，司法在国家治理结构中的地位才慢慢边缘化。

刑事政策体现为公共权威应对法律领域公共事件的策略，而策略的核心在于权力运用。从一定程度上讲，刑事政策的实质在于国家刑罚权力的体现。[2]现代国家理论认为，人是组成国家和社会的基本元素，政治权力则是维系生存秩序

〔1〕 参见于明:《司法治国:英国法庭的政治史(1154—1701)》,法律出版社 2015 年版,第 5～6 页。
〔2〕 参见孙万怀:《在制度和秩序的边际——刑事政策的一般理论》,北京大学出版社 2008 年版,第 46 页。

的重要手段。为了调和个人自由与政治秩序稳定之间的矛盾，通过保障个体权利自由的方式制衡国家刑罚权力成为共识性选择，刑事实体法也由此而生。刑事实体法的制定不仅表明国家刑罚权力在民主国家的合法性，而且为该种权力划定运行的边界。国家在这一框架内保持其主导地位并有效展开刑罚权力的具体运作，很大程度上体现为刑事政策取向。

从中国来看，我们曾采取的惩办与宽大相结合的刑事政策、社会治安综合治理的刑事政策以及宽严相济的刑事政策，一方面说明了刑事政策模式从以往的国家本位型到国家和社会双本位型的历史演进过程[1]，另一方面体现出随着市民社会日渐发展，人民对于公共秩序和安全的需求改变了一元结构中国家独享刑罚权的治理格局。这意味着，政治国家与市民社会自此不再具有明显的同一性，由于财产关系成为市民生活的主要因素，市民社会形成了自己的运行逻辑。这种逻辑强调市民社会的自主地位和自治能力，反对政治国家对社会生活的过度干预以及与此相伴随的专制主义倾向。这与以往的国家本位刑事政策模式十分不同。

进一步而言，刑事政策不仅在政治领域实现对国家刑罚权的规训，防范政治权威滥用控制犯罪的手段干预刑事法治，而且在司法领域通过政策裁判的方式树起民意干预司法的隔绝装置。也就是说，为避免严格遵循规则主义和形式主义带来的个案失衡，刑事政策中蕴含的政治思维强调关注实质利益分配的同等与均质，而非仅仅依托公开、透明的民主决策程序。如此一来，社会发展中的阶段性矛盾、一定时期的思潮或民众对热点案件的讨论，都能够借助政策渠道获得影响司法的机会。与此同时，法院落实刑事政策的过程往往构成依法裁判的变种，即依据政策裁判的特殊形态。由此带来的积极影响在于：一方面，缓解了严格司法可能带来的实体偏差问题，提升个案的公信力和权威性。另一方面，刑事政策形成后便具有权威性和说服力，运用政策诠释法理的司法活动，确保法院拥有了政治正确性和裁判权威性。当面对公众或民意对于案件裁判的质疑时，这

---

〔1〕 参见严励：《中国刑事政策的建构理性》，中国政法大学出版社 2010 年版，第 409～456 页。

些通过政治手段分配给法院的话语资源能够捍卫法院的独立地位，并给予其兼具专业性和政治性双重保障的理性回应。

3. 刑事政策的形成依据

刑事政策虽然具有灵活性、原则性等显著特点，但并不意味着刑事政策的形成、出台过程是随意的或是任性的。与此相反，为了实现刑事政策的裁判功能、服务功能以及联通功能，制定刑事政策应遵循一定的依据或条件，以便在文本层面确保刑事政策满足最低限度的科学性、合理性等要求。一般而言，刑事政策的形成依据除了前文提及的主体性条件之外，主要还包括合法性条件和意识形态条件。

第一，作为影响刑事政策形成的首要条件，合法性因素又称为法治因素，其是指在制定和实施刑事政策时，必须受到法律支配和约束的原则。在刑事政策领域，法治原则要求国家和社会对犯罪做出的一切公共反应，无论是以国家权力运作为内容的国家正式反应，还是以市民社会组织对犯罪做出的有组织的系统性反应，亦无论是以国家刑罚权的运作为核心的刑罚反应，还是以其他国家的权力运作为内容的非刑罚的正式反应，都必须受到法律的严格约束。作为法治原则在刑事法律领域的具体应用，刑事政策的法治原则亦包含“良法”和“善治”两个组成部分。考虑到“善治”部分侧重司法适用阶段和社会治理领域，本书将在后文集中论述，故此处仅讨论“良法”的意涵。所谓“良法”，是指法规范能够体现民主政治的基本原则与精神。符合“良法”标准的刑事政策包括两方面内容：一是刑事政策的形成过程应允许民众广泛参与，即形式民主；二是刑事政策的具体内容能够充分反映民众的现实需求，即实质民主。

刑事政策作为一种公共政策，其形成过程通常具有两种模式，即自上而下的模式和自下而上的模式。这两种模式划分的依据在于大众偏好对公共政策形成的决定性：如果大众偏好对公共政策的形成具有决定性作用，该类政策形成模式属于自下而上的模式，否则就是自上而下的模式。需要特别指出的是，在日常的政治实践中，政策的形成过程往往具有相对性，两种模式的运作过程也呈现彼此交叉的特点。一方面，自上而下的政策形成模式会考虑非领导集团的政策建议；另一方面，自下而上的政策形成模式最终也需要领导集团或政策制定者的认可。实际上，这种交叉互动式的政策形成过程在不同社会制度、政治制度和法律传统的国家中是普遍存在的，政策形成过程也并非一成不变。正基于此，实践中往往采取综合性的政策形成模式。制定政策的过程往往呈现出多轮次和反复性特点，尤其是对于刑事立法政策来讲，民众对于决策程序的信任程度以及参与的广泛性，构成了刑事政策的正当性基础。

如果从犯罪控制或者“合理地组织对犯罪的反映”的角度来理解民众的现实需求，那么刑事政策的内容具有与刑事法律相同的考量，即对于公民权利的积极保障与国家刑罚权力的有效制约。当面对转型社会多元纠纷时，刑事法律基于对体系和秩序的维护往往难以做出及时、准确的回应，但相反，刑事政策却因其灵活性、原则性能够填充实定法的空缺结构并起到拾遗补漏的作用。然而，值得注意的是，发挥刑事政策这种兼具权利保障和权力限制的功能，需满足一定的条件；民众对于刑事法益的诉求经过政治系统的立法活动确认后，便具有了权威性和优先性。至此，政治系统中的民主性不仅与法律系统中的合法性产生勾联，而且基于法治精神中“限权”和“控权”的本质要求，合法性获得优先于民主性的初始地位。这意味着，当刑事政策出于防卫社会的需要而对特殊情况做出应激反应时，其遵循的依据首先是现有的刑事法律体系确立的规范内容，只有在条文及其解释难以作出裁判时，才允许刑事政策做出符合刑事法律规范目的的次优选择。

第二，意识形态是建构刑事政策的另一重要因素。所谓意识形态，是指系统地、自觉地、直接地反映社会经济形态和政治制度的思想体系，是社会意识诸多形式中构成观念上层建筑的部分。根据学者的研究，社会主义主流的法律意识形态，是指在社会主义现代化建设过程中形成的意识形态，其既是社会主义主流意识形态的重要组成部分，又是法观念形态较为集中的反映；其以主流的意识形态为导向，是对中国经济、社会和法治发展经验和教训的系统总结和全面提升；

社会主义主流的法律意识形态同时又是一个开放的、动态的体系。[1]在当前时期，中国占据主导地位的法律意识形态包括三个层次或称三个部分，即法治的基本原理、中国特色社会主义法治的基本理论和全面依法治国的基本观点。这种"三基本"的理论模型不仅是马克思主义法学与法治思想中国化进程的最新理论成果和系统表达，同时也深刻揭示了中国特色社会主义法治发展的基本规律，有力推动了中国特色社会主义法治理论的创新发展。[2]

作为历史唯物主义的一个重要范畴，意识形态在政治社会历史中不断得到体现，尤其是在社会转型时期，通常都伴有意识形态之间的冲突与磨合。新旧观念之间在相互博弈的同时，也借助各种渠道影响国家的刑事政策。中国从 20 世纪 70 年代末开启的思想解放运动，反思了此前相当长时期坚持的"法律虚无主义"和"法律工具主义"观念，试图通过法律将社会秩序重新调整到正常的轨道上来，实现国家政治体制的民主化。在此后的约 20 年间，政治意识形态中对于法制的呼唤极大推动了刑事法制的变革与完善。以中国《刑法》罪名的修改为例，中国 1979 年《刑法》的打击对象主要是反革命行为，由此，一些罪名的主观构成要件刻意强调"以反革命为目的"。尽管这些罪名的客观行为方式与其他普通罪名相比并无明显区别[3]，但行为性质显然更为严重，蕴含在个罪中的意识形态因素得以凸显。然而，1997 年《刑法》将"反革命罪"修改为"危害国家安全罪"，尽管具有司法适用等技术层面的考量，但更大程度上是意识形态因素的变化。类似地，最高人民法院、最高人民检察院、公安部 2020 年 9 月发布的《关于依法办理"碰瓷"违法犯罪案件的指导意见》中，不仅描述了"碰瓷"行为的常见类型，罗列出该行为与相关罪名的区别，而且指出打击此类违法犯罪行为的初衷在于"此类违法犯罪行为性质恶劣，危害后果严重，败坏社会风气，且易滋

---

〔1〕 参见黄辉：《法律意识形态论》，中国政法大学出版社 2010 年版，第 155 页。

〔2〕 相关研究参见张文显：《习近平法治思想的理论体系》，载《法制与社会发展》2021 年第 1 期；公丕祥：《习近平法治思想述要》，载《法律科学（西北政法大学学报）》2015 年第 5 期。

〔3〕 从当时的《刑法》条文看，聚众劫狱或者组织越狱，组织、利用封建迷信、会道门，劫持飞机，制造、抢夺、盗窃枪支、弹药等，这些行为在性质上显然属于普通犯罪，但由于此时期特殊的意识形态因素，都被当作"反革命罪"来处理。这也同样反映出意识形态因素对于刑事立法政策的影响。

生黑恶势力，人民群众反响强烈”[1]。实际上，从文件内容就不难看出：一方面，“碰瓷”行为可能涉嫌的罪名大都已经被现行《刑法》分则所包含，并未突破罪刑法定原则的基本要求；另一方面，惩治“碰瓷”行为的根本原因是对社会秩序和价值准则的考量，在于维护、提倡互助友爱、诚信无欺等的道德观念。

进一步而言，意识形态因素对刑事政策的影响，除了反映在犯罪控制等社会需求层面之外，也体现在服务国家方针政策和完善司法适用技术两个方面。详细地讲：一方面，正如前文所指出的，刑事政策能够联通法律和政治两大系统，有助于贯彻落实一定时期内党和国家的发展战略，支持、保障各项重点工作有序展开。例如，为了贯彻落实全国人大常委会有关动物资源保护问题的决定，最高人民法院联合相关部门于 2020 年 12 月共同印发《关于依法惩治非法野生动物交易犯罪的指导意见》，对于涉及野生动物交易的犯罪予以重点惩治。[2]从文件出台的背景看，“革除滥食野生动物的陋习，有效防范重大公共卫生风险，切实保障人民群众生命健康安全”，同样是国家需要维护的重要法律利益。在疫情防控取得阶段性成果之时，党和国家从公共卫生治理的角度出发，大力纠正不文明的饮食习惯，不仅积极引导人民群众树立健康生活观念，也是呼应“健康中国”战略的具体实践。又如，为服务巩固脱贫攻坚战战果，最高人民法院、最高人民检察院、公安部联合制定了《关于刑事案件涉扶贫领域财物依法快速返还的若干规定》，指出要“提高扶贫资金使用效能，促进国家惠民利民政策落实”[3]。全面脱贫不仅是党和国家的既定方略，也是实现共同富裕的必经阶段。社会主义作为一种典型的意识形态，其本质要求在于解放和发展生产力，消灭剥削，消除两极分化，最终达到共同富裕。可以说，将刑事政策作为维护脱贫攻坚战战果的重要手段，体现了刑事政策具有的支持和保障功能，反映出意识形态对于刑事法治的深刻影响。另一方面，为深入贯彻落实中共中央关于进一步把社会主义核心价值观融入法治建设的工作要求，最高人民法院在 2021 年 1 月印发《关于深

---

〔1〕 http://www.court.gov.cn/fabu-xiangqing-262161.html，最后访问时间：2021 年 3 月 20 日。

〔2〕 参见 http://www.court.gov.cn/fabu-xiangqing-281241.html，最后访问时间：2021 年 3 月 20 日。

〔3〕 参见 http://www.court.gov.cn/fabu-xiangqing-247181.html，最后访问时间：2021 年 3 月 20 日。

入推进社会主义核心价值观融入裁判文书释法说理的指导意见》，并指出在深入推进社会主义核心价值观融入裁判文书释法说理的过程中，应当坚持法治与德治相结合："以习近平新时代中国特色社会主义思想为指导，贯彻落实习近平法治思想，忠于宪法法律，将法律评价与道德评价有机结合，深入阐释法律法规所体现的国家价值目标、社会价值取向和公民价值准则，实现法治和德治相辅相成、相得益彰。"[1]

4. 通过刑事政策的司法治理

作为司法参与社会治理的重要手段和工具，刑事政策如何遵循刑事法治的基本要求，实现从"良法"到"善治"的转变，以便充分发挥其特有的各项功能，成为政策研究的最终落脚点。在适用刑事政策参与社会治理的过程中，需要注意以下几点。

第一，刑事政策作为一种非正式法律渊源，有助于弥补刑事法律规范体系中的法律漏洞，为裁判者提供可被援用的逻辑前提，从而公正、有效地解决法律纠纷。但这种裁判辅助功能应以必要和适度为前提。法律渊源是具有普遍约束力的规范体系，根据指引、评价的强度和范围不同，在适用位阶和顺序方面也存在差异。即便满足合法性、民主性要件的刑事政策在属性上也仅具有"软法"性质，难以超越刑事实体法的正式渊源地位而被优先适用。从某种程度上讲，此即刑事政策适用的"比例原则"。政策因素固然可以通过直接或间接的方式进入司法，但司法裁判绝不能不加区分地追随、附和公共政策的政治立场或价值追求。与此相反，公共政策只能在特定情况下，基于正当的理由进入裁判过程，而不能以牺牲法规范的秩序性与安定性为代价。进一步而言，依据政策裁判并非一种独立的裁判类型，而仅仅是充实法官自由裁量权、丰富裁判文书论证说理资源的方式或渠道而已。对裁判者来讲，尊重制定法正式渊源的地位是其最基本的法律义务，因此，刑事政策在个案中的适用，仍应以法律及其解释优先。当出现填补法律漏洞的客观需要，以及维护个案公平、正义的现实需求时，刑事政策

---

〔1〕 参见 http://www.court.gov.cn/fabu-xiangqing-287211.html，最后访问时间：2021 年 3 月 20 日。

因其所蕴含的法治价值才得以适用。以中国宽严相济的刑事政策为例：一方面，从此前的“惩办与宽大相结合”到“宽严相济”刑事政策的提出，都是根据社会变迁和犯罪情况的实际变化所做出的应激反应。这也与刑事实体法蕴含的价值与学理相一致，体现出对于规范体系稳定性、自主性的认同与维护，因而具备适用的正当性与合理性基础。另一方面，宽严的边界和限度均以刑事实定法为判断依据。也就是说，不仅宽严的幅度应遵循罪刑法定原则、罪责刑相适应原则、法律面前人人平等原则等的要求，实现政策指导和严格司法的有机统一，而且宽严的判别理应合法有据，并辅之以事实和证据的支撑，实现犯罪控制与权利保障的有机统一，法律效果与社会效果的有机统一。

第二，法官在援用刑事政策裁判个案时应承担必要的论证义务。首先，法律论证体现为司法职业者为弥合专业性与民主性之间的隔阂所承担的必要努力。这是因为，现代法治国家在立法阶段普遍强调法律条文的民主性，由此也容易导致法律条文数量急剧增加，加之转型社会风险激增，不仅提高了修法的频率，也使既有规范体系的理解变得日益精细化。这不仅增加了民众识别法律的难度，也给法官适用法律带来了新的挑战。作为职业法律人，如何将立法阶段吸纳的社会价值准确无误地表达出来，实现司法适用标准的统一性和裁判效果的同质性相结合，成为法官在释法说理中不可回避的义务。例如，在最高人民法院印发的《关于加强和规范裁判文书释法说理的指导意见》指出，“裁判文书释法说理的目的是通过阐明裁判结论的形成过程和正当性理由，提高裁判的可接受性，实现法律效果与社会效果的有机统一”“法官行使自由裁量权处理案件时，应当坚持合法、合理、公正和审慎的原则，充分论证运用自由裁量权的依据，并阐明自由裁量所考虑的相关因素”。其次，诠释运用政策裁判个案的论证方法主要是目的性解释。刑事法领域的目的分为规范目的和刑罚目的两种类型，无论从哪种目的出发，其对于援用刑事政策裁判个案的约束作用均在于，论证有待适用的刑事政策如何与既有刑法条文的规范目的或刑罚目的相一致。之所以从目的角度阐述刑事政策进入司法裁判的正当性，主要是为了避免刑事政策与刑法体系相冲突。主流的刑法理论坚持法教义学的立场与方法，运用形式主义的推演方式，将抽象的法律规范与具象的案件事实相结合，最终实现犯罪控制的基本目标。然而，这种从规范内部视角出发，过度重视体系性与逻辑性的思考方式难以应对犯罪激增现象。考虑到司法治理已超越刑法的体系自洽与概念演绎的范畴，而更多转向社会层面对于公共秩序和安定的需求，故考察裁判的后果向度，进而从功能层面实现刑法体系的自主性与应变性的融合，不仅有望消除刑事政策与刑法体系的冲突，而且能够增强裁判说理的合理性与可接受性。

第三，建立刑事政策适用的评估机制。所谓政策评估，是指依据一定的标准和程序，对政策的效果进行评判的活动，以便及时总结经验教训，为政策的完善提供参考依据。广义上的政策评估还包括政策制定阶段的可行性评估，此处仅指政策执行或适用阶段的实效评估。之所以强调对刑事政策的适用展开评估，主要是考虑到在转型时期司法与社会的关系变得十分复杂。从主观上讲，刑事政策具有漏洞填补、服务保障以及规训刑罚权的独特功能，然而，在刑事政策落实后能否实现预期效果则难以仅仅凭借理论推演得出，而是需要从客观角度出发进行精确、全面地考察。这就需要评估主体发挥主动性和灵活性，广泛而积极地参与政策评估实践活动，从而检验、校对政策落实的具体效果。确立刑事政策的评估机制是一项系统工程，整个评估机制内在包括诸多内容。目前较为通行、权威的做法是仿照法治评估的方式作类型化处理[1]，此处仅讨论政策评估标准的确立问题。评估标准是建立评估机制的前提和基础，综合国外评估制度的实践看，科学、有效的评估标准应满足合法性、合理性与现实性三项条件。具体地讲，合法性条件包括两层含义：其一，是否符合法律规定；其二，是否符合社会普遍认同。将“合法性”与“普遍认同”或“自愿服从”相关联体现出合法性来源的政治基础和价值立场，也是“法治根植于民主”这一古老理念的外在形式化表达。合法性如果仅仅意指“合规律性”则难免为“恶法”和“非法”提供统御社

〔1〕 例如，有观点指出，司法政策的评估重点是评估司法政策的实效，政策目标的合理性、可行性和经济性。司法政策的评估要实现科学化，就必须构建一套科学的司法政策评估指标体系，对司法政策的合法性、科学性、民主性、可行性和实际效果等进行全面评估。司法政策评估指标体系要涵盖效果、效益、效率和公正等要素，主要包括合法性指标、科学性指标、民主性指标、可行性指标、实效性指标以及民意满意度指标等。参见刘武俊：《司法政策的基本理论初探》，载《中国司法》2012 年第 3 期。

会的渠道或空间。只有当合法性内在地指向民主并依托于信任，才能够摆脱大规模使用强制力迫使公众服从的盲目举措，培育出对某种政治秩序给予认可的道德选择。合理性条件关注的是“合理的特性”，即追问什么是合理的，强调对事物存在或人的活动及其结果是否是“应当”“正当”“可取”的。合理性通常包括价值合理性和工具合理性两个维度，前者关注的是行动本身是否符合绝对价值，后者则着重考虑手段对达到特定目的的能力或可能性。作为评价标准的合理性本身具有相对性，这种相对合理主义就是不求最好，只求较好。[1]相对合理主义在实践中应用的关键是如何把握分寸与尺度。现实性条件，是指司法政策的评估必须与特定的历史阶段相适应。评估机制应当考虑当时的社会形态和社会环境的制约，体现出历时性和阶段性特征。同时，评估机制应具有可操作性，并始终坚持以问题为导向。

三、司法政治性与司法专业性的冲突与协调

1. 司法政治性与司法专业性的冲突

自 2013 年以来，中国启动了新一轮司法改革，以“司法规律”为基调和立场，力图通过“去地方化”“去行政化”实现司法权最大限度地独立行使。从“去行政化”领域来讲，虽然学术界目前尚未对“行政化”做出确切、统一的解说，但从相关论述中可以看出，这一概念大体包括两层含义：“一是法院裁判的形成需要经历内部层层审批，亦即实行院长、庭长以及审委会审批决定案件制度；二是在案件的层层审批中，实际存在下级服从上级的关系。”[2]在现行司法制度框架下，这种行政化现象主要表现在“纵向”与“横向”两个方面。

第一，从纵向上看，是上下级法院审判监督的问题。《宪法》第 132 条第 2 款规定，最高人民法院监督地方各级人民法院和专门人民法院的审判工作，上级人民法院监督下级人民法院的审判工作。这种基于审判业务关系确立的监督与被监督的关系在一系列人民法院制发的司法文件中得以进一步细化，例如，2010

---

〔1〕 参见龙宗智：《相对合理主义》，中国政法大学出版社 1999 年版，第 3 页。

〔2〕 顾培东：《再论人民法院审判权运行机制的构建》，载《中国法学》2014 年第 5 期。

年最高人民法院发布了《关于规范上下级人民法院审判业务关系的若干意见》，其中不仅规定了上级法院有权对下级法院进行监督指导，而且对诸如提级管辖的案件类型、发回重审的条件、各级法院开展审判业务指导工作的具体形式等涉及监督、指导的范围、方式和程序问题予以明确。类似地，《关于全面深化人民法院改革的意见——人民法院第四个五年改革纲要（2014-2018）》相关内容则从建立中国特色社会主义审判权力运行体系、优化人民法院内部职权配置角度出发，要求确保审级独立、完善审级制度并强化审级监督。综合前述内容来看，中国上下级法院审判监督关系具有两种基本类型：一是以诉讼法为基础确立的审判监督关系，如二审程序、再审程序、死刑复核程序等；二是最高人民法院基于具体适用法律、推进司法改革、调整司法政策等目的发布的司法解释性文件。上级法院由此形成对下级法院事实上的监督关系[1]，如类案推送和个案指导、重大影响案件的督查督办、法院系统专项工作评查考核以及审判质量与效果评估等。与前者相比，后者虽然不具有法定性、程序性和强制性的法律效果，但却基于官僚科层体制和数字化管理为行政权力介入并干扰司法权力铺垫了隐性渠道。也就是说，在应然状态下，上级法院只能对下级法院就某一具体案件的处理结果作出维持、变更或者撤销的裁决，而无权采取除前者之外的任何其他法外监督方式干预下级法院的审判工作，下级法院也不应当通过主动请求上级法院的“旨意”来审判案件。这是避免法院之间关系行政化，从而尽可能实现诉讼公正的必然要求。然而，从实际情况看，“一方面，上级法院对下级法院的全面控制，使审级关系变为事实上的领导与被领导的行政关系；另一方面，下级法院就案件审理向上级法院请示汇报、上级法院给予指示，使审级制度形同虚设、二审救济

---

〔1〕　对于这种上下级法院审判监督关系的理论基础主要有三种：一是根据我国《宪法》第131、132条的规定，作为整体的下级法院在行使审判权时只排除行政机关、社会团体和个人的干涉，而并不排除上级法院的监督。这种监督权，不仅有诉讼法规定按程序进行的审判监督，也有其他各种形式的审判监督。二是在审判监督程序的启动上，上级法院对下级法院已经发生法律效力的判决和裁定，如果发现确有错误，有权提审或者指令下级法院再审。这种依职权主动纠错和监督的情况，也应当包括检查、抽查、督查等方式。三是上级法院根据《人民法院监察工作条例》对违纪行为和职业操守进行监察时，对于其中可能涉及的审判工作，也可以从预防角度提出指导性意见，或者采取调查、谈话等监督方式监督。参见蒋敏：《协调与指导：上下级法院审判监督关系探究》，载《法律适用》2018年第17期。

流于形式”[1]。具体地讲，这种上下级法院关系行政化现象主要表现在以下两个方面。

首先，上级法院从对裁判结果的事后监督延伸到对下级法院整个审判过程的监督。从确立审级制度的目的和功能看，上下级法院依托审判业务关系在具体个案中展开的审级监督是一种事后监督。上级法院只能通过上诉审和再审程序对下级法院已决案件提供审查或复核的纠错渠道，从而保障审判权独立公正行使并维护当事人合法权益。这就要求，上级法院应充分尊重下级法院职能及其审判组织的独立地位，严格区分审判权和监督权，明确监督和指导的权限与范围，划分依法监督与不当干预的界限。然而，在司法实务中，上级法院借助内部审批、请示等行政手续却将此种事后监督延展至下级法院作出裁判结果之前，进而模糊了上下级法院间的独立地位和审判监督的实际影响力。也就是说：一方面，上级法院为加强对下级法院审判业务的指导，往往要求后者针对具体案件处理结果提前请示处理意见；另一方面，下级法院为降低发回重审或改判风险，也倾向于采取类似做法。毕竟在审级制度约束下，诉讼中后一程序对前一程序处理结果提出异议甚至给予否定性评价，往往意味着审判差错与责任宣告；由此，诉讼中处于前置办案阶段的工作人员为降低或规避该种风险，也就具有了现实需求和利益诱因向位于后一阶段的工作人员提前请示。这种法院内部须经上级“同意或决定”方可作出裁判结果的做法大大加深了上级法院审判监督的行政意味和下级法院对其的依赖程度。进一步来讲，实践中还出现了一种“法外请示”的做法。例如，“下级法院法官有时通过电话请示、携卷造访、不经意地请教等方式，向上级法院法官探听对某个案件或法律问题的观点、态度，这样的请示、请教具有很强的主观性和片面性。请示人可能会在本院内部的案件评议、汇报中，根据需要抛出请示来的观点，或者在调解工作中暗示已向上级请示过，从而分散、转嫁定案责任甚至满足个人目的”[2]。由此不难看出，案件请示的做法不

〔1〕 龙宗智、袁坚：《深化改革背景下对司法行政化的遏制》，载《法学研究》2014年第1期。

〔2〕 沈明磊、王成：《上下级法院审判监督关系的异化与反思——基于对审判活动行政化现象的梳理分析》，载《山东法官培训学院学报》2019年第6期。

仅违背了审级独立原则，削弱了上级法院采取程序性、强制性审判监督的法律效果，而且架空了二审终审的诉讼制度，并最终导致当事人的上诉渠道和权利救济流于形式。

其次，上级法院由诉讼法确定的强制性、体制性监督扩展到非程序性、裁量性监督。这是指上级法院在通过审判程序进行审级监督之外，还移植并效仿行政机关常用的考核、评查等手段监督下级法院业务进展情况。例如，司法实践中广泛运用的审判绩效考核与案件质量评查以及在此基础上建立的通报排名制度，在一定程度上制约着下级法院审判业务的倾向领域和侧重的案件类型，促使其不得不考虑上级法院制定的考核项目、排名指标和通报结果在法院系统内带来的负面影响。"因为指标是由上级设置、掌握和实施考核的，所以审判围绕指标转的实质是'下级围绕上级转'，进一步强化了司法的行政化。"[1]质言之，上级法院拟定的上诉率、改判率、发回重审率、调解率以及申诉率等一系列指标体系往往直接影响下级法院评优评先，以及具体审判人员职级晋升和工资待遇等切身利益。因此，无论是下级法院整体还是法官个人都不可避免会受到这些考评因素的实际影响，进而在审判权力运行的可控限度和自由裁量权限内选择有利于己的案件处置方式。进一步来讲，这种"类行政化"的业务监督手段已经对下级法院构成一种"软控制"或"柔性监督机制"。上级法院依托自身权威地位能够单方面径直推进考核与评查工作，这表现在不仅可以借助案例研讨、会议培训、学习文件等载体流畅且连贯地向下级法院传递各项指标，而且在启动机制和开展频次上也同时包含常态化的例行考核与"运动式"的专项检查。实际上，中国上下级法院之间的审判业务关系是"以案件为媒介、以法官为主体、以程序为桥梁、以管理为手段、以监督为目标，形成了揉合各种关系的一个'关系网'"[2]。就这张"关系网"中的"行政型审判业务关系"与"混合型审判

---

〔1〕 龙宗智、袁坚：《深化改革背景下对司法行政化的遏制》，载《法学研究》2014年第1期。

〔2〕 参见杜豫苏：《揭开上下级法院审判业务关系之面纱——上下级法院审判业务关系样态透析与分期改革》，载贺荣主编：《司法体制改革与民商事法律适用问题研究：全国法院第二十六届学术讨论会论文集》（下），人民法院出版社2015年版。

业务关系”来说，两者在处理方式上均具有诸如考核、评比、命令、指示等行政权力运作的表征和规律，进而导致上下级法院之间的关系呈现出复合与杂糅的特点。

第二，从横向上看，是法院审判权和司法行政事务管理权混合的问题。长期以来，审判权运行机制的行政化以及由此导致的“审而不判、判而不审”“同案不同判”“违背司法亲历性规律”“无端延长审判周期”等问题一直是学术界指摘和诟病的对象。这主要表现在法院内设机构设置较多并且职能重叠、审判事务与行政管理事务界分不清、法院管理层级违背依法独立行使司法权的属性和规律等方面。具体地讲，大多数基层法院设置了民事审判庭、刑事审判庭、行政审判庭、办公室、研究室、监察室、政治处、审管办、法警和车队等内设机构；除了主要的业务庭室以外，有的法院还增设了司法改革中心、信息化中心、宣传中心、机关党委办公室等。相较于各庭室而言，大多数工作机构并未在职能和权限方面严格划分，致使在行政事务管理中出现真空环节或交叉地带的情况时有发生。例如，以学习党代会精神、宣传先进人物事迹为例：原本此项工作属于党务工作范畴，按理说应当由机关党委负责，而实际中却是由政治处牵头，宣传处或研究室协助宣传。然而从这三个部门的权力清单中却并未发现涵盖此项内容。类似地，大多数业务部门除了裁判案件之外，还需要同时承担许多事务性工作，诸如参加法院内部会议或党委政府工作会议，进行扶贫活动、安全生产教育和普法活动，以及接受法律咨询等司法服务性质的工作。与此同时，繁杂的内设机构导致了法院管理的科层化和行政化。这是因为法院内设机构增多带来的细致分类和分级管理，增厚了内部层级、繁复了管理内容、加长了信息链条，庞大的内设机构产生了巨大的组织成本，联络、沟通、治理、监督的投入加大，需要强化管理。强化监管的现实需求催生出集中权力的运行逻辑并导致中国法院体制的行政化。这种等级式或官僚化管理体制在审判业务部门表现为：法院正、副院长构成院级行政领导层，庭长是主持审判业务庭工作的中间负责人，具体案件的审理则由法院内部各审判业务庭分别完成。实践中，一个案件往往需要经过案件承办人、庭室负责人、分管业务的院领导等多个主体和多重审批程序才能对外发布；

作为下属的具体办案人员一方面需要对承办案件的质量负责，另一方面也需要对上级领导“有所交代”，告知案件进展情况并向其呈送有待审批的卷宗资料。可以说，法院的整个体制在构成和运作方面与行政管理体制有着基本相通的样态。也正基于此，以领导或监督之名对审判权的层层审批在一定程度上恰恰构成对审判权的侵蚀或剥夺；而且由于审判权和行政管理权两种权力分属位阶不同的多种主体，科层属性产生的单向度压力使处于最低位阶的审判权的独立运行空间被大大压缩。

进一步而言，这种管理体制还加剧了审判权运行秩序的紊乱和裁判结果的不确定性。一方面，由于从独任法官、合议庭成员到庭长、副院长乃至审委会各自都拥有参与审判活动，影响或者决定裁判内容的权力依据，故当实践中出现“案件裁判作出后是否需要呈报主管庭长或副院长签发”“庭长、院长等领导干部是否介入特定案件的处理”等情况时，其处理方式很大程度上与该法院管理风格以及相关主体个人的工作习惯或行为偏好密切相关，而且导致了这样的后果：“法院内部的审判责任约束松懈，乃至实际瓦解，各主体既不需要对审判过程负责（均有将案件的实际处理推诿给他人的理由和可能），也不需要对裁判结果负责（很多情况下，说不清裁判是如何形成的、体现了谁的意志）。”[1]简言之，审判权主体分散和欠缺严格决策程序诱发了审判权运行秩序紊乱的不良后果。另一方面，根据审判主体结构和合议制要求，一个案件裁判结果的制作过程大致包括：承办法官分配到案件后，经过审理出具处理意见并交由合议庭讨论；合议庭讨论后如果形成多数意见，该案即可作出正式裁判结论；如果没有形成多数意见，或者认为该案件属于重大、疑难、复杂案件，则需交由上一级审判组织讨论。上一级审判组织通常包括庭长会议、审判长联席会议以及审判专业委员会和审判委员会。虽然各地法院在定案方式上存在较大差异，但都具有一个共同特征，

---

〔1〕 顾培东：《再论人民法院审判权运行机制的构建》，载《中国法学》2014 年第 5 期。

即“多主体、层级化、复合式”[1]。这也表明，承办法官个人对案件的处理意见在正式裁判结论生成过程中虽然占据重要地位，但仍然可能受到来自合议庭、审委会基于审判权，院长和庭长基于审判管理权施加的影响，从而逐渐形成了在法院内部，承办法官办理案件需要服从法院整体领导的局面；而且“再联系到法院内部的案件流程与层级配置，那么承办法官处理的案件经历的主体和层级数越多，裁判过程中程序运转的不确定性甚至失灵的风险就会越大，裁判的结论性意见的复合化程度也就可能会越高，进而与承办法官个人意见的偏离程度就可能会越大”[2]。这无疑加深了裁判过程和结论的不确定性，也容易滋生“审者不判、判者不审”现象。

2. 司法政治性与司法专业性的协调

遵循司法运行的客观规律是协调司法政治性与专业性的根本途径。有鉴于此，纠偏与复归的思路在于以下几点。

第一，完善上下级人民法院审判监督。首先，针对下级法院采取个案请示获取处理意见的错误做法，上级法院可采取转移特定案件管辖权和类案指导的方式，弱化个案批复并统一裁判尺度。为保证案件处理的实体内容不致因受理及进行审理的法院不同而受到影响，将案件交给偏差概率可能性较小的法院处理，成为管辖制度设计所遵循的一般原理。以中国民事诉讼为例，为排除案件处理上可能带有倾向性的案件管辖，《民事诉讼法》确定了管辖权转移和提级管辖制度并于第 39 条规定：上级人民法院有权审理下级人民法院管辖的第一审民事案件；下级人民法院对它所管辖的第一审民事案件，认为需要由上级人民法院审理的，可以报请上级人民法院审理。类似地，《关于全面深化人民法院改革的意见——人民法院第四个五年改革纲要（2014—2018）》则要求完善提级管辖制

---

〔1〕 所谓“多主体”，即审判活动由法院内多个主体参与，从审判法官、合议庭、（审判长）、副庭长、庭长、副院长、院长，以至审委会，各主体都可以参加到审判活动之中，并对案件的实体裁判产生不同的影响；所谓“层级化”，即法院内合议庭、（审判长）、庭长、院长以及审委会之间构成类似于行政科层的层级化设置，各层级具有明确的从属关系，并且这种从属关系的效应常常体现在案件的实体裁判过程之中；所谓“复合式”，即同一案件在同一审级法院内往往需要经历多个主体和多个层级的复合评价，才能形成最终的裁判意见。参见顾培东：《人民法院内部审判运行机制的构建》，载《法学研究》2011 年第 4 期。

〔2〕 方乐：《审判权内部运行机制改革的制度资源与模式选择》，载《法学》2015 年第 3 期。

度，明确一审案件管辖权从下级法院向上级法院转移的条件、范围和程序。这也就为该项制度下一步的改革方向提供了政策依据。

具体来讲，完善民事领域中的重大、疑难、复杂案件和新类型案件提级管辖制度，需要重点关注以下内容：一是提级管辖的申请主体。下级法院依据职权向上级法院移转案件管辖权的规定应予保留。当下级法院决定移送案件时，应裁定对该案件中止审理，并报请上级法院审查决定。同时，需特别指出的是，人民法院在此前的改革纲要中曾经肯定了当事人申请移送管辖的权利，但《关于全面深化人民法院改革的意见——人民法院第四个五年改革纲要（2014—2018）》取消了这种表述。鉴于管辖制度的创设目的是基于“方便法院审理”和“方便当事人应诉”的现实考虑，而且在应然层面尽力维护控制诉讼成本与实现实体公正审理两种价值之间的平衡，因此，赋予当事人有条件地、限制性地申请提级审理的权利是符合程序法法理要求的有益举措。二是提级管辖的申请时间。考虑到适用提级管辖案件类型的特殊性和民事诉讼有关审限的程序规定，提级管辖的申请原则上应于提交答辩状期间提出，至迟不得晚于一审法庭辩论终结前。三是提级管辖申请的审查。在中国四级两审制度框架内，中级法院和基层法院的移送管辖申请应当逐级进行。受移送法院接到移送案件的申请后，应当根据相应的审查标准和程序规范，指定专门审判庭或专业法官会议全面审查待决案件的事实争议与法律适用问题，从而判断是否符合提级管辖的法定标准。对此，必要时可安排听取当事人意见。对于符合条件的案件，受移送法院应当立案并向移送法院发出同意移送通知书；对于不符合条件的案件，受移送法院应当作出不予移送决定书并通知移送法院恢复审理。同时，对于是否移送的处理结果均应告知当事人及其他诉讼参与人。

对于经过提级管辖审理的特殊案件，上级法院应进一步提炼裁判要旨和指导意见，并在裁判文书中加强释法说理的公开性和规范性，同时通过类案裁判提高法律适用的示范效应，以期实现统一裁判尺度的改革目标。作为替代个案请示制度的有益尝试，司法判例制度的优势在于：“一方面，判例可以向法官提供更为具体明确的裁判依据；另一方面，判例可以有效地约束法官在具体案件中的自由裁量权。”〔1〕当前，虽然中国案例指导制度已经正式确立，但在典型性、代表性案例的遴选标准和法律效力上仍需完善。例如，从已公布的指导性案例来源看，高级人民法院推荐的数量占据较大比例。作为案例推荐的主体，高级人民法院在报送案例时，除了考虑案件的社会影响因素、疑难复杂程序及其典型性以外，可尝试重点选取因法律适用问题经由二审程序或再审程序审理的案件。这是因为，考虑到个案请示的内容往往针对裁判标准的不同解释存在争议，进而下级法院希望从上级法院获取较具权威性的答复；而且在中国审判程序尚未严格区分事实审和法律审的前提下，二审程序遵循的全面审查原则和再审程序的纠错属性，能够最大程度保障法院对待决案件争议问题拿捏得更加准确，最终提供裁判标准和论证理由。此外，面对辖区内法院多次请示或经过本级法院审理的“类案”“同案”情况，高级人民法院应积极主动选编、发布参考性案例，以便统一法律适用尺度，削弱个案请示和批复的使用频率和现实需求。又如，对于最高人民法院发布的指导性案例，各级人民法院审判案件时应当参照；同时高级人民法院发布的参考性案例，也具有一定的指导、参考意义，其辖区内法院在审判类似案件时可以据以参考。很显然，“应当参照”和“据以参考”的规范作用并不相同：前者是指法律层面的强制性约束力，亦即各级法院在审理案件时，如果发现待决案件与指导性案例在案件事实上相同，应该作出与指导性案例相同的判决。“相同判决意指相同的法律处置，包括相同的法律认定以及相应的肯定或否定的法律后果。”〔2〕后者是指事实上的约束力和说服性的“参考力”。为体现这种“参考力”的指引、评价功能，则要求法官在裁判文书中展现法律推理的全部过程，论证待决案件与参考性案例之间的相似性，以及适用类比推理和法律解释等司法技艺的可行性。只有经过充分、翔实、严谨的文书说理，才能发挥司法判例在明晰法律规范具体含义、提炼裁判标准上的积极作用。

其次，对于非程序性的、“类行政化”等指标式的监督手段，应改变“唯数据论”的考核评估方式，以区分管理性指标和研究性指标为切入点，完善审判管理

---

〔1〕 何家弘：《完善司法判例制度是法治国家建设的需要》，载《法制与社会发展》2015年第1期。

〔2〕 张志铭：《中国法院案例指导制度价值功能之认知》，载《学习与探索》2012年第3期。

评价体系。审判管理体系设计的初衷是通过质效指标体系的量化设置，并辅之以案件监督评查、审判运行态势分析、审判流程管理等方式共同构成一套完整的审判管理模式，从而有效提升审判质效水平。通常来讲，在量化各项考核评查指标时需要综合考虑各级案件受理及审结案件的数量、类型、难易程度等因素，并在坚持客观可计算、简便易操作的原则下，选择能够直观反映各级法院、各审判业务部门以及法官个人审判质量和效率的指标。

目前，参与考评的指标在内容上可以分为两类：一是以结案均衡度、信访投诉率、社会满意度等为代表的管理性指标，这类指标侧重描绘法院内部辅助性工作对于审判工作的保障和维护功能，以及法院整体通过行使审判权参与司法和社会治理的综合效果。二是以法定审限内结案率、上诉（再审）改判率、发回重审率、二审开庭率等为主体的研究性指标，这类指标在设置时严格遵循司法程序蕴含的公开、效率等独立性价值，能够反映出裁判权运行的实践样态和突出问题，进而指引对策研究的具体方向。司法专业性对上级法院审判监督权限、范围和程序的要求，也主要是指该类指标如何影响案件质量评查和审判绩效评估。一方面，案件质量评查在实践中主要有裁判文书评查、庭审实录评查和网上办案系统评查等类型，这种评查工作通常在结案后不定期限地展开。除了基本的常规性评查之外，还包括重点评查和专项评查，特别是对发回重审、二审改判、指令再审等特定类型案件的卷宗资料作有针对性的事后评审、核查工作。作为上级法院开展事后监督工作的有效手段，这种回溯性检验案件质量的方式能够及时发现案件问题，分析原因并纠正错误。按照法院系统司法改革的趋势，建立健全案件质量评查的专门机构和专业人员成为下一步的完善方向。也就是说，当前，各地区法院承担案件质量评查的机构并不相同，有的由研究室承担，有的由审判监督庭承担，有的由审判管理办公室或审判委员会承担。鉴于案件质量评查存在不同类型，也考虑到开展评查工作所需的时间成本和监督效果，将案件质量评查工作交由审委会或专业法官会议进行是较为妥当的做法。与此相关的是，伴随法院内设机构改革渐次推进，法院内资深审判人员大多被员额法官、法官会议成员和审委会成员所吸收，由这些专业水平较高、审判经验丰富的法官群体组成评查案件质量委员会或工作小组，有望从“一线”和源头保证案件质量，将事后监督的压力转化为事中依法裁判的动力，进而提高裁判的整体水平。另一方面，与案件质量评估不同，审判绩效评估则是针对本院各业务部门与下级法院的结案率、上诉率、发回重审率、改判率等整体情况开展的考评，一般由专门审判管理部门负责，各层级法院依托内网案管系统逐级对辖区内法院施行同步评估。为确保评估工作取得实际效果，科学、合理设定评估标准以及各项指标所占分值大小就显得尤为重要。例如，可考虑将审判情况考核标准分设为公平、效率和效果三个二级指标，依次赋值以 50%、20%、30% 的权重，并根据不同层级法院的职能差异〔1〕分别归纳三级指标，最终将此考核结果纳入员额法官职级晋升、评优评先的遴选依据和材料中。对于审判绩效考核综合指数偏低、审判进度较慢的审判团队、业务部门或各层级法院，上级法院对应的审判管理部门应坚持问题导向，加强监督针对性和目的性，力争在同级法院内均衡审判进度、提升审判质效。

第二，改革人民法院内部机构、调整职权分配。最高人民法院《关于全面深化人民法院改革的意见——人民法院第四个五年改革纲要（2014—2018）》规定：“推动人民法院内设机构改革。按照科学、精简、高效的工作要求，推进扁平化管理，逐步建立以服务审判工作为重心的法院内设机构设置模式。”随后，最高人民法院针对“如何稳妥推进人民法院内设机构改革”进行解读时指出，改革中要坚持扁平化管理和专业化建设相结合，统筹考虑内设机构改革和办案组织建设。由此可见，“扁平化管理”和“专业化建设”被确定为内设机构改革的基本方向。

首先，扁平化管理的主要内涵在于通过分权加大管理幅度，同时赋予被管理部门和人员充分的自主权与发挥自身能力的空间，使其潜能得到释放并对最终

〔1〕 在中国法院体系由“圆柱体式”向“金字塔式”转型的过程中，基层人民法院、中级人民法院、高级人民法院和最高人民法院的核心角色依次为初审法院、上诉法院、再审法院和管理法院以及政策法院。由此角色差异导致的四级法院功能配置在审判业务领域、综合事务领域等方面也存在相应区别。参见王庆廷：《四级人民法院的角色定位及功能配置》，载《中州学刊》2015 年第 5 期。

的决策结果负责。通过形成以分权为主、集权为辅的管理模式，能够最大程度削减行政化色彩并实现权力中心下移，从而强调信息与资源在各个平权主体间的流通和传递，最终提高决策的民主化和高效化。申言之，扁平化管理方式与“以审判为中心”的理念相契合，并且催生出“大部制”改革的路径选择。所谓“大部制”改革，是指在一定范围内将相关性强的业务管理职能合并归属于同一个职能部门，“实行的是行政决策权、执行权、监督权的合理划分和相对分离，是对权力结构的一种重组和再造”[1]。从中可以看出，精简机构、理顺职能是“大部制”改革的基本精神。从改革实际情况看，内设机构经过分类整合后，由原来的“院长—分管领导—庭长—副庭长—审判团队”五级管理层级结构，简化为“院长—部门—审判团队”三级管理层级。通过推行扁平化管理，将原有内设机构按照审判业务部门、审判综合部门以及司法行政部门进行整合。在“大部制”运行模式下，形成由大部门直接管理审判团队的模式，部门负责人即原有的庭长、副庭长下沉到审判团队，其相关审判管理职责主要集中在审判团队。扁平化管理模式下院领导、部门、审判团队的基本关系是，部门负责人（即庭长、副庭长）直接管理审判团队，各审判团队直接对部门负责人负责。[2]然而，推行“大部制”改革过程中普遍取消法院庭室的做法反而带来了新的问题。例如，在一些法院审判庭合并将庭长和副庭长作为审判组织负责人之后，各种类型的审判团队实际上成为审判管理的一个层级，承担着过去由审判庭承担的部分审判监督职责。在审判团队负责人保持相对稳定的前提下，该负责人容易异化为“小庭长”，进而导致管理层级被压缩效果不明显；同时，在各业务庭室被有意虚置以后，新增的各种专业化审判组织形式将出现监管对象分散和信息收集的碎片化，反而增加了监督管理的成本。

应当指出的是，在科层制管理体制下，法院内部通过设置不同庭室分解政策目标并监督司法运行确实是一种更为有效的手段。一方面，这是因为“庭室是

---

〔1〕 许耀桐：《如何把准大部制改革的实质》，载《人民论坛》2008 年第 7 期。

〔2〕 参见张静、易凌波：《司法改革背景下基层法院内设机构的整合与重构——基于 S 省 C 市法院“大部制”改革的实证分析》，载《法律适用》2018 年第 5 期。

法院内部管理层级的重要载体，庭室的配置将组织目标细化并渗透进每一个审判单元，通过任务、目标的评价来加强对审判权的干预"[1]。同时，设置不同庭室也是一种在知识分工趋势日渐强化的背景下，"法院对于中国社会的复杂性剧增所导致的复杂社会冲突的回应"[2]。另一方面，内设机构简化为三个层级虽然降低了行政因素对审判管理的消极影响，但同样需要面对法院在实行内部治理时司法资源有限的问题。也就是说，无论是以往采取的科层管理模式，还是如今在审判团队内部实现的员额法官平权管理样态，都是在探索一种能够降低管理成本与提高司法效益的科学、合理的内部治理结构。正是从这个角度上来说，审判庭具有的积极功能不应被忽视甚至取消，毕竟"法院作为一个组织，其内部无论是'平等而独立'的法官共同管理，还是存在权威和强制服从关系的科层管理，也无论是仅有一级科层的'扁平化管理'，还是建立了两级科层审判庭参与的管理，都是为了实现组织目的，提升组织提供产品绩效的内部治理结构。审判庭的意义也在于是一种通过增加科层层级，进一步节约监督管理成本，优化法院内部治理的制度"[3]。

较为务实的做法是，除了案件总量和法官人数较少的基层法院以外，其他各层级法院均应保留庭室一级的管理组织，并维持院、庭两级机构设置和监督管理方式，但仍需处理好审判庭与各业务团队的关系。目前，审判业务团队大体分为合议庭模式和独任法官模式两种：合议庭的审判团队一般由 1 名主审法官、2 名以上法官或陪审员、数名法官助理以及 1 名书记员组成；独任法官模式通常由 1 名主审法官、数名法官助理、1 名书记员组成。而且部分法院在审判权运行机制改革试点过程中还根据审判庭业务量大小、裁判案件专业化程度分别设置不同的合议庭或者审判团队。由于各种审判团队设置的功能在于提高审判权运行的专业性，其本身并非严格意义上的一级行政层级和管理组织，如果由团队员额法官或者"审判长"施行监督管理职责，不仅可能影响专业性审判的整体水准，而

---

〔1〕 丁晓雨、侯华北：《论内设机构改革背景下审判管理权的重塑》，载《法律适用》2018 年第 19 期。
〔2〕 刘忠：《论中国法院的分庭管理制度》，载《法制与社会发展》2009 年第 5 期。
〔3〕 李杰：《重新理解审判庭——一个组织的视角》，载《法律适用》2019 年第 5 期。

且组成结构的相对稳定性也难以保证其管理能力的规范性和权威性。例如，可能会在形成裁判决定、审核法律文书、落实法律标准或政策要求的严谨性等方面出现“如何管理”或者“怎么管理”的分歧。有鉴于此，保留案件总量和法官人数较多的基层法院庭室一级的做法，意味着根据实体法和程序法的不同要求采取分庭办案的方式。在此过程中需要明确院、庭两级监督管理责任，即各庭长属于法院业务内设机构负责人，受院长委托从事一定的审判监督管理工作。同时，按照内设机构改革中“业务下沉、管理上收”的精神，应在审判业务庭一级设置管理节点并保持监督职责的适度集中，也就是“由庭长按照贯彻司法责任制及实施审判监督管理的规范，在院长、副院长领导与指导下，履行对本庭审判业务的监督管理职责。审判团队则应遵行员额法官平权的一般原则，同时，团队负责人协助庭长实施微观的审判监督管理”[1]。

其次，专业化建设致力于健全完善审判委员会专业委员会会议和专业（主审）法官会议两种会议形式。详细地讲，为贯彻落实中央关于深化司法体制综合配套改革的总体部署，健全完善人民法院审判委员会工作机制，进一步全面落实司法责任制，最高人民法院在《关于健全完善人民法院审判委员会工作机制的意见》中首次以司法解释形式肯定了审判委员会专业委员会的法律地位，并提出：人民法院审判委员会会议分为全体会议和专业委员会会议；中级以上人民法院根据审判工作需要，可以召开刑事审判、民事行政审判等专业委员会会议。作为审判委员会的一种会议形式和工作方式，专业委员会在组织目标、委员构成、议题类型等方面更具专业性，有助于促进审判委员会更好发挥总结审判经验、统一法律适用以及讨论决定审判工作重大问题等宏观指导职能。然而，审判委员会专业委员会会议也同样面临“审理”成分不足、有违“司法亲历性”和最低限度程序公正性的争议。例如，该工作意见虽然明确审判委员会委员应当提前阅读会议材料，必要时可以调阅相关案件、文件及庭审音频视频资料，但并未规定专业委员会成员应当公开听取当事人或者诉讼双方意见，而是仍然允许其采取

〔1〕 龙宗智：《法院内设机构改革的矛盾及其应对》，载《法学杂志》2019年第1期。

通过听取承办人口头汇报和阅读卷宗资料的方式进行间接审理；与此同时，审判委员会讨论决定的往往是“重大、疑难、复杂案件”和“再审案件”，但与该种案件类型存在直接利害关系的诉讼参与人却始终未能在裁判者面前陈述观点和理由或到场参与庭审，进而也无法针对司法裁判的过程进行充分地理性论辩、协商或者施加实质有效的影响。由此导致审判委员会“判审分离”外表下讨论决定案件的最终结论在公信力上存在疑问。

历史地看，作为法院内部的一个审判组织，审判委员会制度改革一直是历次司法改革的重要内容。最高人民法院曾于2010年专门印发《关于改革和完善人民法院审判委员会制度的实施意见》，就各级法院审判委员会主要职责和运行机制作出规定。最高人民法院《关于审判权运行机制改革试点方案》同样将审判委员会制度作为“建立符合司法规律的审判权运行模式”的重要组成部分，并再次明确了进一步改革的具体方向。通过结合《关于全面深化人民法院改革的意见——人民法院第四个五年改革纲要（2014—2018）》的落实情况看，《关于审判权运行机制改革试点方案》提出的审判委员会制度改革措施反而更加符合司法规律的基本要求。例如，确保审判委员会讨论案件过程适度公开，充分肯定当事人诉讼知情权和参与权，该方案规定：“对于提交审判委员会讨论决定的案件，应当将拟讨论决定的事项、审判委员会委员名单、召开审判委员会的时间等提前告知当事人。当事人有权申请审判委员会委员回避。当事人对审判委员会拟讨论决定的案件法律适用问题提交新的辩论意见的，应当附卷。”这与《关于健全完善人民法院审判委员会工作机制的意见》中仅要求合议庭“提交载有控辩双方意见的书面报告”相比，无疑是一项重大制度突破。又如，为淡化“判者不审”负面影响，强调审委会委员对所要讨论案件事实审理的“亲历性”要求，《关于审判权运行机制改革试点方案》明确提出：“一个审判庭内设有多个合议庭的，将副院长、审判委员会委员、庭长、副庭长直接编入合议庭并担任审判长。”而且还规定：“审判委员会委员除作为审判长主持合议庭的案件审理外，还可以与其他审判委员会委员组成三至七人的委员合议庭，审理重大、疑难、复杂的案件。审判委员会委员组成合议庭审理案件，按照合议庭审理案件的程序办理。”对此，结合《关于全面深化人民法院改革的意见——人民法院第四个五年改革纲要(2014—2018)》中“完善院长、庭长、审判委员会委员担任审判长参加合议庭审理案件的工作机制”的规定来看，目前施行的《关于健全完善人民法院审判委员会工作机制的意见》对于审判委员会委员讨论案件事实所应满足的亲历性要求方面明显偏低。

从试点地方经验来看，增强审判委员会工作机制中“审”的成分，并试图将以往采取的“会议制”转型为“审理制”，将是一种潜在的改革方向。对此，司法实践中个别法院也进行了相对超前且有益的尝试。例如，广东珠海横琴新区法院的具体做法为，凡是审理结果“不直接对外”的，也就是不直接产生裁判结果的，可以继续采取会议制，包括本院生效裁判发生错误需要再审的案件，以及拟就法律适用问题向上级法院请示的案件。在审理结果“直接对外”的情况下，也就是要产生新的裁判结果的情况下，原则上采取审理制，由审判委员会委员组建超级合议庭，通过开庭审理作出裁决。适用的案件包括以下三种：一是拟宣告无罪、免于刑事处分或者拟在法定刑以下量刑的案件；二是检察机关依据审判监督程序提出抗诉的案件；三是有重大社会影响的案件。与此同时，建立重大、疑难、复杂案件的识别机制，确保“审理制”的适用具有明确的标准。[1]又如，北京知识产权法院在区分事实认定问题和法律适用问题的前提下，对于那些在法律适用方面存在争议的重大、复杂、疑难案件，在合议庭或独任法官完成事实问题的庭审之后，再由审判委员会委员组成合议庭就法律适用问题举行第二次庭审。该法院的具体做法是，由法院提前三天通知当事人参加庭审的审判委员会委员名单，当事人可以对这些委员提出回避申请。庭审过程中，审判委员会委员作为合议庭成员参加庭审，听取控辩双方对法律适用问题的辩论意见。庭审结束后，审判委员会委员就法律适用问题作出决定，合议庭按照审判委员会的意见作出评议和裁决。最终的裁判文书仍然要以合议庭名义发布，但要反映审判委员会

---

〔1〕 参见蔡美鸿主编:《横琴新区司法改革模式》,法律出版社 2016 年版,第 34、236 页。

委员关于案件法律适用问题的裁决意见和理由。[1]

相比较而言，与继续深化“审理制”改革方向不同，2019年发布的《关于健全完善人民法院审判委员会工作机制的意见》虽然对审判委员会具体工作方式进行了技术性改造，但仍然保留了会议制的基本形态。在此基础上，我们认为，既然肯定了审判委员会专业委员会在议事质效方面的特殊功能，那么可以延续以往“审理制”改革的路径设计，对审判委员会专业委员会这种工作方式进行诉讼化改造，由审判委员会专业委员组成合议庭，参照规范法庭审判活动的诸项诉讼原则“听审”重大疑难复杂案件和再审案件。这是因为：第一，从人员构成角度上讲，以往审判委员会委员基本包括法院内正、副院长和各庭室行政领导，因而审判委员会全体会议在性质上便具有“官会”或“行政会议”特征。在法官员额制改革基本完成的条件下，审判委员会成员中除了保留正、副院长和资深法官以外，通过遴选入额且相对年轻的优秀法官在成为业务庭长之后，也可能进入审判委员会委员行列。委员年龄结构发生变化不仅冲淡了审判委员会的行政属性，而且提高了审判委员会决定案件的专业水平。一方面，从长远看，员额制确立的选拔标准和激励机制有望将法官助理对岗位晋升的关注点从行政职务或政治待遇转移至工作经验和业务能力上，在培养后续优秀审判人员的过程中淡化对行政权力的青睐。另一方面，在大部分年轻委员都是研究生以上学历并具有法学专业背景的情况下，其无论是在总结审判经验还是讨论重大疑难复杂案件的法律适用问题时，都会更加严谨和准确。例如，就中、高级法院专业委员会委员而言，其平均从事司法审判工作的年限约为10年，个别的还在15年至20年以上。可想而知，具备高学历和丰富审判经验的委员正是专业委员会转型成为专业委员合议庭的现实基础和独特优势。第二，从审判委员会职能履行方面看，实践中审判委员会开会讨论决定的议题主要包括“案件讨论”“经验总结”“回避决定”“再审处理”“审判管理”“其他议题”等六个基本类型。就其中的“案件讨

〔1〕 参见最高人民法院司法改革领导小组办公室编著：《〈最高人民法院关于完善人民法院司法责任制的若干意见〉读本》，人民法院出版社2015年版，第109页。更为具体的内容参见蒋惠岭：《司法改革的知与行》，法律出版社2018年版，第273～277页。

论”来说，相关实证研究表明，从2014年至2017年，审判委员会案件讨论占比居高不下。[1]即便以本院全部案件的5%比例计算经由审判委员会全体会议讨论的案件[2]，审判委员会在相对有限的时间内经过讨论作出的决定也倾向于尊重和维持合议庭或独任法官的处理意见。对此，从数据统计情况看，“基层法院平均维持率为86.99%，中级法院平均维持率为97.00%”[3]，其中同意合议庭多数意见的情形所占比重均达到80%以上。可以说，合议庭针对重大疑难复杂案件作出的裁判意见已经基本不需要经过审判委员会全体会议的再次把关，然而后者却仍在个案决策领域耗费时间和精力。这种做法不仅降低了诉讼效率，浪费了司法资源，而且影响到审判委员会宏观指导职能的发挥。进一步而言，如果将严格把关个案质量的工作交由专业委员会进行，尤其是针对重大疑难复杂案件中法律问题与事实问题难以区分的情况，准予其采取组成专业委员合议庭的方式审理案件，不仅有助于提升裁判案件的专业水平，发挥民主决策的集体智慧优势，而且可以降低审判委员会全体会议的召开频率，使后者能够集中主要精力总结审判经验，讨论决定有关审判工作重大问题，以及更好发挥宏观指导职能。

与此同时，针对实践中广泛采用专业（主审）法官会议或审判长联席会议讨论案件法律适用问题的做法，《关于审判权运行机制改革试点方案》充分肯定了这种法官之间个别讨论或随机沟通的方式，并就“重大疑难复杂案件提请、召集专业法官会议的程序”作出原则性规定。随后《关于全面深化人民法院改革的意见——人民法院第四个五年改革纲要（2014—2018》指出要“完善主审法官会议、专业法官会议机制”。目前，虽然尚无文件对主审法官会议和专业法官会议的区别作出界定，但很显然，改革者已经充分认识到专业（主审）法官会议在规

〔1〕 该研究指出，2014年至2017年，审判委员会讨论案件数量逐年降至1095次、888次、650次和149次，分别占当年议题总数的88.2%、85.1%、89.2%和77.6%。改革后高级人民法院和基层人民法院案件讨论数都大幅减少但占比变化甚微；中级人民法院则数量增加且占比上升5.4个百分点。参见徐向华课题组：《审判委员会制度改革路径实证研究》，载《中国法学》2018年第2期。

〔2〕 该研究认为，相对于法院处理的案件总量而言，审判委员会实际的个案决策功能仅限于非常小的一部分案件。样本中比例最高的中级人民法院也不过5%左右，而基层人民法院的比例往往低于1%。参见左卫民：《审判委员会运行状况的实证研究》，载《法学研究》2016年第3期。

〔3〕 方乐：《审委会改革的现实基础、动力机制和程序建构——从“四五改革纲要”切入》，载《法学》2016年第3期。

范法律适用方面具有的积极作用。例如，最高人民法院在2015年颁布的《关于完善人民法院司法责任制的若干意见》规定："人民法院可以分别建立由民事、刑事、行政等审判领域法官组成的专业法官会议，为合议庭正确理解和适用法律提供咨询意见。合议庭认为所审理的案件因重大、疑难、复杂而存在法律适用标准不统一的，可以将法律适用问题提交专业法官会议研究讨论。专业法官会议的讨论意见供合议庭复议时参考，采纳与否由合议庭决定，讨论记录应当入卷备查。"2018年最高人民法院又专门印发《关于健全完善人民法院主审法官会议工作机制的指导意见（试行）》，并要求"人民法院应当健全完善主审法官会议工作机制，为法官审理案件准确适用法律提供指导和参考，促进裁判规则及标准统一，总结审判经验，完善审判管理"。

然而，由于该指导意见仅仅提出了主审法官会议工作机制的宏观要求，地方各级法院根据自身审判实际情况召开法官会议的运行状态存在很大差异。结合各地法院制定的专业法官会议工作规则或细则的具体内容看，专业法官会议在实践中暴露的问题主要包括会议成员过于行政化、议事范围模糊不清、程序运行不规范。这种不规范主要表现在：各法院并未限制或约束院长、庭长对于启动专业法官会议的决定权；有关会议的召集、记录，材料分送、存档等事务如何安排的规定多样且重复；未明确规定会议发言顺序并导致"统一论"或"片面谈"现象。〔1〕类似的研究还表明，专业法官会议运行模式的混乱导致制度功能虚化情况十分严重。例如，从2017年下半年至2018年年底这段时间的数据看，调研地区仅有约45%的法院制定了专业法官会议议事规则或实施方案；大约90%的法院从未形成过参阅案例、典型案例、总结报告等总结审判经验的材料，约有41%的法院当年讨论案件数量在10件以下。〔2〕

对此，有的对策研究以调整专业法官会议的机制为思路，尝试借鉴"医疗会诊"多种类型，将"专业法官会议"这种单一机制改造成包括多个层次法官咨询

〔1〕 参见晋江市人民法院课题组：《关于专业法官会议运行机制的思考》，载齐树洁、张勤主编：《东南司法评论》2018年卷总第11卷，厦门大学出版社2018年版。

〔2〕 参见陈庆瑞：《专业法官会议的运行困境与出路选择——以H省三级法院为样本》，载《西部法学评论》2019年第6期。

的“专业法官会诊”形态，并对该会诊流程、其中的关键要素以及辅助与衔接制度作出详尽阐述。[1]有的实证研究则考虑到审判权运行机制对于专业法官会议的指引功能，以及后者因行政化组织方式带来的失序问题，进而提出应从保障机制、议事机制和责任机制三个方面着手进行规范性重构。[2]还有研究认为，司法改革背景下专业法官会议的完善路径在于推进该制度的专业化和实质化。其中，专业化包括人员结构和案件类型两个方面，实质化的核心内容集中在对于专业法官会议讨论内容的分析和界定。[3]此外，另有研究借助“团体决策理论”描述了专业法官会议的决策过程，并揭示出该过程所经历的三个思维期以及各个阶段的不同特征，进而据此重建会议规则。[4]综合来看，这些研究对于健全完善专业法官会议的议事规则而言无疑具有重要价值。与此同时，从前述研究对改革措施的论述中不难发现，其共同立场均是主张在《关于健全完善人民法院主审法官会议工作权利的指导意见（试行）》的基础上进一步将专业法官会议的运行程序规范化、制度化，从而为承办法官报请上会讨论的案件提供更加清晰和易于操作的工作细则。

值得注意的是，从承办法官个人的行为逻辑上讲，促使其希望借助专业法官会议这一集体决策形式提供咨询意见的真实原因是什么？或者说，哪些因素制约了承办法官选择其他替代途径（如审判委员会），从而使其倾向于通过专业法官会议获取疑难案件法律适用问题的指导和参考意见？

一种可能的解释是，与审判委员会相对严格的启动和决策程序相比，专业法官会议之所以能够得到承办法官的青睐主要是因为这种会议形式的灵活性。实

〔1〕 参见时芸芸：《从“专业法官会议”到“专业法官会诊”：论审判咨询机制之突破完善》，载胡云腾主编：《司法体制综合配套改革与刑事审判问题研究——全国法院第30届学术讨论会获奖论文集（上）》，人民法院出版社2019年版。

〔2〕 参见陈博、何姗、张鹤：《专业法官会议嵌入审判权力运行机制的制度逻辑——以Y市中院187次专业法官会议记录为实证样本》，载胡云腾主编：《司法体制综合配套改革与刑事审判问题研究——全国法院第30届学术讨论会获奖论文集（上）》，人民法院出版社2019年版。

〔3〕 参见河北省邯郸市中级人民法院课题组：《司法改革背景下专业法官会议的完善路径》，载《人民法院报》2018年3月28日，第8版。

〔4〕 参见王佳舟、关佩：《回到思维原点：团体决策理论视阈下基层法院专业法官会议的规则重建》，载胡云腾主编：《司法体制综合配套改革与刑事审判问题研究——全国法院第30届学术讨论会获奖论文集（上）》，人民法院出版社2019年版。

际上，早在《关于健全完善人民法院主审法官会议工作机制的指导意见（试行）》颁布施行之前，司法实务中就长期存在类似专业（主审）法官会议这种法官集体讨论案件如何处理的沟通形式，如审判长联席会议、庭务扩大会议、专家论证会议等。从这些会议召开的条件上看，其并未严格界定提请上会讨论的案件类型或范围，承办法官可以根据案情需要自行筛查；而且会议启动权也鲜有获得审判长或者分管业务副院长批准的情况。同时，在会前准备过程中，也并未强制要求承办法官根据诉讼双方争议焦点罗列证据清单以及拟定详细的讨论提纲，或者将涉案材料交由其他法官传阅。进一步而言，由于前文指出的各种会议形式大多具有研讨或者咨询性质，参与讨论的法官在没有司法责任约束的情形下，通常能够凭借自身审判经验，结合案件情况发表相对独立且全面的观点，并在与同行交流中丰富自己对同类案件的裁判思路。与此同时，无论参会法官提供的诸多“个人看法”最终能否形成“一致意见”或者“倾向性意见”，就承办法官个人而言都能在这种集体讨论决策的运行逻辑中获得佐证或者质疑个人心证结论的有益启示。换句话讲，专业法官会议存续的现实基础是研究讨论并形成咨询意见这个阶段的相对开放性。这意味着，司法实践中自发形成的这种审判咨询形式，既削减了因行政职级衍生出的案件管理权对于法官讨论的负面影响，又考虑到了法官会议分享的裁判经验和思路对于补充承办法官知识盲点的积极作用。这也就在某种程度上表明，如果制定在司法属性和严谨程度上近似于审判委员会工作机制的专业法官会议议事规则，就有可能压缩自由讨论的空间并最终淡化集体智慧对于增进准确理解和适用法律规则、提供统一裁判标准的应有功效。

因此，更为务实的处理思路是，从法官个人需求与团体决策有效性之间的互动关系出发，完善专业法官会议参与人员的绩效考评和激励机制，切实提高咨询意见对承办法官在法律适用层面上的指导效果。具体做法包括：一是从考评方式与激励措施的基本理念上讲，应以鼓励参与、淡化司法责任的“柔性原则”为主导，充分肯定员额法官根据自身审判业务量的实际情况确定参会的频率和次数，给予参会法官对于“是否参会”“何时参会”的自主选择权。二是在考评因素与指标设置上，可以将参与讨论的案件数量、发言情况和评审分数作为考评依据。例如，由于员额法官通常都有一定的办案量要求，为避免因参与专业法官会议造成积案现象，可以将员额法官办案量与参会讨论案件量进行一定比例的折算。例如，有研究认为，针对繁简有别、案件争议焦点数量不同的案件，“对于上会的会议成员，单一焦点案件（简案），每三件折算一件办案数，其他复杂案件，每两件折算一件办案数”[1]。又如，为促使专业法官会议真正做到“会而有议、议而有决”，有研究专门设计了考评机制和激励机制的条款内容，并指出发言情况考评的具体内容为“每次会议结束后，主持人发放并回收参会人员之间、参会人员与会议提起人的互评表”，而激励机制则包括精神激励（颁发荣誉证书）、经济激励（院长基金里划专项奖励）和待遇激励（作为绩效考核的加分项，纳入评优评先的参考依据）。[2]

四、司法民意吸收机制与公民参与的广度和限度

1. 人民陪审员制度

中国人民陪审员制度最早规定于《人民法院组织法》和诉讼法当中，历经一系列文件[3]的指导和推动，最终在 2018 年 4 月由立法机关通过了《人民陪审员法》。作为中华人民共和国成立以来第一部专门规定人民陪审员制度的专门法律，《人民陪审员法》在中国现行法律体系中的地位及其彰显的法治意义自不必多说。围绕裁判权分配的核心要义，《人民陪审员法》一方面肯定了民意助推司法公正裁判的积极影响，遵循并继承了司法为民理念与促进司法公开、提高司法

---

〔1〕 黄兴：《专业法官会议议事规则探析——以价值回归和制度设计为视角》，载胡云腾主编：《司法体制综合配套改革与刑事审判问题研究——全国法院第 30 届学术讨论会获奖论文集（上）》，人民法院出版社 2019 年版。

〔2〕 参见王忆哲：《专业法官会议的功能厘定及规则再造——以全国 35 家法院改革实践为实证分析》，载胡云腾主编：《司法体制综合配套改革与刑事审判问题研究——全国法院第 30 届学术讨论会获奖论文集（上）》，人民法院出版社 2019 年版。

〔3〕 这主要包括：2004 年第十届全国人大常委会第十一次会议通过《关于完善人民陪审员制度的决定》（已失效），同年，最高人民法院、司法部联合印发《关于人民陪审员选任、培训、考核工作的实施意见》。2014 年《中共中央关于全面推进依法治国若干重大问题的决定》在“保障人民群众参与司法”的条目下提出要完善人民陪审员制度。2015 年全国人大常委会《关于授权在部分地区开展人民陪审员制度改革试点工作的决定》、最高人民法院和司法部联合发布的《人民陪审员制度改革试点方案》《人民陪审员制度改革试点工作实施办法》这几份文件，在 10 个省（区、市）各选择 5 个法院布置开展改革试点工作，调整适用全国人大常委会《关于完善人民陪审员制度的决定》等原有规范性文件。2017 年改革试点工作到期，全国人大常委会通过了《关于延长人民陪审员制度改革试点期限的决定》，要求试点期限延长一年。2017 年 12 月 22 日，全国人大常委会开始审议最高人民法院提交的立法草案。

公信力的目标，另一方面也形成了不同于其他法治国家采用的典型陪审模式，并在文本层面为人民参与司法的权利设定了清晰的界限。

第一，根据《人民陪审员法》的规定，人民陪审员与法官共同负责事实认定问题，法官则单独负责法律适用问题，由此形成了有别于域外典型陪审制和参审制的“混合陪审模式”。域外关于公民参与司法的制度类型可大致分为“分离模式（或分权模式）”和“合作模式（或共享模式）”两种。“分离模式，是指让职业法官与非职业法官以任务分工的方式审判，各尽其责，特别在评议时，职业法官不参加，而由非职业法官自行评议。合作模式，是指职业法官与非职业法官以合议方式进行审判（包括在审判期日内所有裁定，皆须合议决定），特别在评议时，也要求双方要共同讨论及表决。”[1]通常来讲，以英国、美国为代表的普通法系国家往往采用“分离模式”，其法院审理程序被明确区分为定罪阶段和量刑阶段。这其中陪审团在定罪阶段应根据法官的指示并结合庭审情况，作出被告人是否有罪[2]以及构成何种犯罪的裁定。然而，以德国、法国为代表的大陆法系国家则更多采用“合作模式”，即法官和陪审员共同行使裁判权；当两者出现分歧时，按照一人一票的方式和有关表决规则形成判决意见。

需要特别指出的是，两大法系有关陪审制度的差别在法律移植的背景下日渐缩小，而且许多国家结合本国实际情况在裁判权配置上都做了不小变动。例如，俄罗斯的陪审员仅针对法官在事实问题清单上所提出的系列具体问题作出回答，最终的定罪权和量刑权为法官享有。其中，法官制作的事实问题清单上主要包括两方面内容：一是犯罪构成要件事实是否存在；二是有关量刑情节方面的事实是否存在。在陪审员对清单上的问题作出裁决后，法官据此确定被告人是否有罪以及应判处何种罪名和刑罚。[3]又如，日本《关于裁判员参加刑事裁判的

---

〔1〕 何赖杰：《从德国参审制谈司法院人民观审制》，载《台大法学论丛》第41卷特刊（2012）。

〔2〕 在认定被告人是否有罪的问题上，普通法上的陪审团享有一项在理论上备受争议的权利——陪审团废法权（Jury nullification），即虽然控诉方指控被告人犯罪在证据和法律上已经达到了定罪的要求，但陪审团基于适用法律对被告人作出有罪裁决不公平，因而可以故意忽视法律规定而对被告人作出无罪裁决。See Teresa L. Conaway. *Jury Nullification: A Selective, Annotated Bibliography*, Valparaiso University Law Review, 2004(39): 393.

〔3〕 参见陈学权：《刑事裁判权在法官与陪审员之间的配置》，载《现代法学》2018年第1期。

法律》中的第 6 条规定："以下列举事项由职业法官及裁判员共同合议：1. 事实的认定；2. 法律的适用；3. 量刑。对于前款规定中的下列法院判断，由合议庭法官作出：1. 有关法律解释的判断；2. 有关诉讼程序的判断；3. 其他裁判员参与判断以外的判断。"[1]这意味着在适用法律的权利问题上，日本法对陪审员的权利做了部分保留，将法律解释等权限让与法官独占。

此外值得注意的是，韩国陪审制改革提供了一种新的模式。根据韩国大法院于 2013 年提交的深化陪审制改革方案称：陪审团的定罪决议对法官有约束力，除非陪审团的决议明显违背宪法或成文法的规定；陪审团的量刑决议对法官仅具有参考意义。陪审团的决议必须经过 3/4 以上多数同意，如果没有达到 3/4 以上多数意见，法官应当在参考陪审团决议的基础上作出判决。[2]

就中国而言，《人民陪审员法》第 14 条规定了两种合议庭组成形式，即"人民陪审员和法官组成合议庭审判案件，由法官担任审判长，可以组成三人合议庭，也可以由法官三人与人民陪审员四人组成七人合议庭"，并在第 16 条进一步指出七人合议庭这种新形式合议庭具体审理的案件类型。同时，在两种合议庭组成形式中，人民陪审员与法官的裁判权分配也存在细微差别：在三人合议庭中，人民陪审员对事实认定和法律适用均有表决权；而在七人合议庭中，人民陪审员仅对事实认定有表决权，在法律问题上仅可发表意见。强调事实问题和法律问题的相对区分：一方面旨在贯彻党的十八届四中全会提出的法治改革目标，即"逐步实行人民陪审员不再审理法律适用问题，只参与审理事实认定问题"。借用法院系统改革者的话说就是"事实审与法律审相分离，是此次人民陪审制度改革的最大亮点"[3]。另一方面其也具备学理上的合理性。也就是说，这不仅因为陪审员的非职业和非专业背景更加符合事实认定所需要的逻辑理性和经验

〔1〕 张凌：《关于裁判员参加刑事审判的法律》，载陈光中主编：《21 世纪域外刑事诉讼立法最新发展》，中国政法大学出版社 2004 年版。

〔2〕 参见［韩］李哉协等：《韩国影子陪审团评议过程实证研究》，何挺译，载《国家检察官学院学报》2016 年第 1 期。

〔3〕 周强：《最高人民法院关于人民陪审员制度改革试点情况的中期报告》，载《全国人民代表大会常务委员会公报》2016 年第 4 期；胡夏冰：《依法治国背景下的人民陪审制度改革》（下），载《人民法院报》2014 年 11 月 28 日，第 5 版。

规则，进而向职业法官传递普通民众朴素的正义观和道德感，同时可以充实并提高裁判合理性和可接受性。这也与域外法官对此问题的看法相一致，例如，英国法官认为，“陪审员不回答法律问题、法官不回答事实问题，是因为普通人只具有自然理性，不具备审理案件的技艺理性。一个人只有经过长期的学习和经验积累，才可能获得对法律的正确理解”[1]。

第二，在“混合陪审模式”下，为避免再次出现“陪而不审”“审而不议”“驻庭陪审”等偏离立法宗旨的实践问题，如何更有效地提高陪审员的事实认定能力，以及在七人合议庭这种新形式下如何发挥陪审员在法律适用方面的建议权，则成为重点关注的问题。纵观世界各法治国家在处理陪审员如何认定事实的问题上，其在实践中基本形成了“一般裁定模式”和“事实问题清单模式”两种做法：前者以普通法系国家为代表，陪审员经由法官指示针对被告人作出是否有罪的裁决，陪审员在此过程中与法官分享法律适用权限。后者则主要应用于大陆法系国家，在陪审员退庭评议之前，法官会向每位陪审员分发一份需要其回答的问题清单，法官根据陪审员回答的结果作出定罪与量刑裁决。

就中国而言，《人民陪审员法》修改了此前《人民陪审员制度改革试点工作实施办法》在此问题上的表述，即删除了“合议庭评议案件前，审判长应当归纳并介绍需要通过评议讨论决定的案件事实问题，必要时可以以书面形式列出案件事实问题清单”，并在第 20 条第 2 款规定“合议庭评议案件，审判长应当对本案中涉及的事实认定、证据规则、法律规定等事项及应当注意的问题，向人民陪审员进行必要的解释和说明”。同时，在最高人民法院于 2019 年 4 月发布的《关于适用〈中华人民共和国人民陪审员法〉若干问题的解释》第 12 条规定：“合议庭评议案件时，先由承办法官介绍案件涉及的相关法律、证据规则，然后由人民陪审员和法官依次发表意见，审判长最后发表意见并总结合议庭意见。”第 13 条规定：“七人合议庭评议时，审判长应当归纳和介绍需要通过评议讨论决定的案件事实认定问题，并列出案件事实问题清单。人民陪审员全程参加合

[1] Steve Sheppard, *The Selected Writings and Speeches of Sir Edward Coke*, Volume I. Liberty Fund, Inc., 2003, p.481.

议庭评议，对于事实认定问题，由人民陪审员和法官在共同评议的基础上进行表决。对于法律适用问题，人民陪审员不参加表决，但可以发表意见，并记录在卷。”由此引申出的问题是，陪审员如何参与评议案件？

实际上，即便不考虑单一陪审员在认知能力上的差异，仅就其对特定案件持有的刻板印象或偏见，也可能排斥对证据法概念的适用进而影响客观公正地认定案件事实。例如，陪审员持有的关于罪行的刻板印象以及对利益、信念和阶层怀有的偏见等，都会干扰甚至消解法官开展的释法效果。[1]同时，陪审制度在试点实践中也出现因陪审员参审能力不足而影响实际效果的现实情况。[2]因此，为了实现《人民陪审员法》的立法目的，保障公民依法参加审判活动，促进司法公正，提升司法公信，在事实审和法律审相分离的基本框架下，以保障陪审员裁判权的实质性为核心要素，从“决策—说理”角度依次完善合议庭表决规制、法官指示的效力以及裁判文书论证结构，或许能为解决实践中凸显的具体问题提供有益思路。

首先，围绕犯罪事实是否成立分别设定评议和表决规则。以刑事案件为例，可酌情参考法国、日本的陪审员表决规制。[3]就中国七人合议庭而言，针对犯罪事实成立的合议庭意见，需将现行法确立的简单多数决修改为“4+2”样式，即4名陪审员需作出犯罪事实成立的一致意见，同时，另有至少2名法官支持该一致

---

〔1〕 See Jennifer Groscup & Jennifer Tallon, *Theoretical Models of Jury Decision-Making,* in Joel D. Lieberman and Daniel A. Krauss ed., Jury Psychology: Social Aspects of Trial Processes, Ashgate Publishing Company, 2009, p.49; See R. L. Wiener, T. L. Richmond, H. M. Rauch & A. A. Hackney, *The Psychology of Telling Murder Stories: Do We Think in Scripts, Exemplars or Prototypes*?, 20 Behavioral Sciences and the Law 119(2002); See Neil Vidmar, *Case Studies of Pre-and Midtrial Prejudice in Criminal and Civil Litigation,* 26 Law and Human Behavior 77(2002).

〔2〕 例如，有研究显示，37.5%的陪审员在证据和事实认定方面存在疑惑。同时，与职业法官相比，陪审员容易形成“矮化”心理，不敢形成独立见解或者与法官平等对话。另外，陪审团审理案件的上诉率和二审发改率不降反升。参见张嘉军：《人民陪审制度：实证分析与制度重构》，载《法学家》2015年第6期；刘方勇、廖永安：《我国人民陪审员制度运行实证研究——以中部某县级市为分析样本》，载《法学家》2016年第4期。

〔3〕 在法国由陪审员与法官组成的大合议庭审判中，作出有罪裁决需要不低于8/12（重罪法庭）或10/15（重罪上诉法庭）的表决比例，无法达到该比例则作出有利于被告人的裁决。日本的陪审员与法官大合议庭采取的是简单多数表决制，但又要求超过法官和陪审员各自组成人数的半数意见。关于法官陪审员评议规则，参见［法］贝尔纳·布洛克：《法国刑事诉讼法》，罗结珍译，中国政法大学出版社2009年版，第273、504页；关于日本陪审员评议规则，参见［日］田口守一：《日本的陪审制度——“裁判员”制度》，丁相顺译，载《法律适用》2005年第4期。

意见。这是因为：一方面，尽量发挥陪审员团体决策的优势[1]，同时避免前文提到的个别陪审员基于家庭背景或身份职业差别导致的偏见和失准情况；另一方面，针对三人法官决策仍遵循简单多数决，与一般案件合议庭的表决规则并无二致，也便于实务中比照适用。相反，如果法官与陪审员认为犯罪事实不成立，则需符合“4+（1）”样式，即排除犯罪事实成立的一致意见仍需遵守简单多数决的规定，只是该多数中必须包含一名职业法官的意见。这样规定的目的是增设职业法官的专业判断作为纠偏和校准的标尺，尽量避免陪审员因未被合理规制的民意所影响甚至“绑架”，而在评议和表决时有违客观公正的立场。

另外，根据《人民陪审员法》第23条第2款的规定：“合议庭组成人员意见有重大分歧的，人民陪审员或者法官可以要求合议庭将案件提请院长决定是否提交审判委员会讨论决定。”那么，根据前文所述，当表决人数和比例尚不足额时，则属于条文中的“有重大分歧”的情况，即应提交审委会讨论决定。考虑到法院改革对审委会职权的具体设置，当合议庭异议提交到审委会时，其应如何处理？更进一步而言，伴随陪审制度改革中对陪审员参与事实审理职责的强调，如果审委会直接作出犯罪事实成立与否的决定而合议庭遵照执行，则会出现削弱甚至架空陪审职权的情况。因此，有必要针对审委会如何处理合议庭异议制定具体的处理规则。对此，有观点认为，“审委会不能直接给出如何认定事实的结论，而是根据导致裁判僵局的争议点，有针对性地对合议庭发布一个关于审查判断证据之法律要求的指示。合议庭据此重新组织集中评议并再次表决。如果二次表决后仍难以形成一致意见，则审委会根据案件整体情况考量，或者重组合议庭重新审理案件，或者适用证明责任规则，要求合议庭作出不利于承担证明责任一方的事实认定（在刑事诉讼中即无罪认定）”[2]。

其次，细化合议过程中的法官指示规制。法官指示规制是英美陪审制度中

---

〔1〕 对这种小团体裁决优势的分析，参见樊传明：《陪审员裁决能力问题研究——优秀的还是拙劣的事实认定者？》，载《中国刑事法杂志》2018年第2期。

〔2〕 樊传明：《陪审案件中的审判责任制——以保障和管控人民陪审员裁判权为核心》，载《法学家》2019年第5期。

的重要组成部分，其存在的必要性和价值在于“陪审员们并不查找证据，他们也不会去找出案件所适用的法律。法官就案件涉及的法律规则向他们作出指示，这些指示是审判的重要组成部分。若陪审员忽视了法律或没有正确判断事实，则他们可能会作出错误的裁决；但若他们不理解案件可能适用的法律的含义，则肯定会出错”〔1〕。这些指示通常是指证据评论和概括阐述。例如，“在传统的英美陪审团审判中，庭审结束后、法庭评议前，法官可以对法庭上的证据做简要概括和评论，帮助陪审员回忆证据内容、提示注意某些证据的证明力瑕疵”〔2〕。同样，我国《人民陪审员法》也有类似规定，例如第 20 条规定：“审判长应当履行与案件审判相关的指引、提示义务，但不得妨碍人民陪审员对案件的独立判断。合议庭评议案件，审判长应当对本案中涉及的事实认定、证据规则、法律规定等事项及应当注意的问题，向人民陪审员进行必要的解释和说明。”由此可知，虽然两种合议庭组成形式中陪审员在法律适用方面享有的权限并不完全相同，但法官对案件事实可能涉及的证据法规则作出适当解释都是必要的。而且，中国学者开展的一项模拟陪审员实验表明，在法官给出指示前后，模拟陪审员对于某些证据证明力的判断确实有明显变化。〔3〕然而，前述中国法的规定并未详细指出有关法官指示的形式、时间和具体内容，由此也隐含了未来陪审制度改革的潜在方向。例如，应当制定较为具体的法官指示规则，或者形成一个法官指示范本；一方面促进陪审员发挥事实认定职能，另一方面不能破坏其行使职能的独立性。〔4〕因此，接下来的问题就是如何细化中国法官在合议阶段的指示规则，使陪审员能够围绕法定要件要素更有针对性地认定案件事实，从而达到实质参审和有效裁

〔1〕［美］伦道夫·乔纳凯特：《美国陪审团制度》，屈文生、宋瑞峰、陆佳译，法律出版社 2013 年版，第 198 页。

〔2〕［美］罗纳德·J. 艾伦、理查德·B. 库恩斯、埃莉诺·斯威夫特：《证据法：文本、问题和案例》（第 3 版），张保生、王进喜、赵滢译，高等教育出版社 2006 年版，第 843 页。

〔3〕该实验采取“4+3”大合议庭模式。在法官指示前后，对于以下三类证据的证明力，陪审员意见出现了明显变化：证人证言；被害人人身检查笔录、照片；被害人的门诊病例、诊断证明书、检验报告单。参见吴旭阳：《陪审团模式之行为实验比较研究》，载《学术月刊》2017 年第 1 期。

〔4〕此外，中国也有学者撰文讨论了法官指示制度。其中较具代表性的研究有，周欣、陈建新、聂玉磊：《论法官指示制度之建构——兼论〈最高人民法院关于人民陪审员参加审判活动若干问题的规定〉第 8 条之适用》，载《现代法学》2011 年第 2 期；黎嘉：《寻法官指示制度定构之路——以人民陪审制度中事实审与法律审分离机制为视域》，载《法治论坛》2017 年第 1 期。

判的预期目标。

这包括法官指示的具体内容和采取的方法，即“指示什么”与“如何指示”。通常来说，英美法法官对陪审员作出的对法律指示的内容主要有两类：一是案件审理过程中可能适用到的实体法规范，例如对嫌疑人主观犯意的法律界定等；二是有关程序法规范尤其是其中涉及证据法诸项规则的具体内容，其中包括证据排除规则、证据采信规则等。域外通过法律移植技术形成本国陪审制的国家中，也明确规定其法官指示的内容仅限于审理案件适用的实体法和程序法规范。例如，日本在借鉴大陆法系参审制和英美法系陪审制的过程中，充分发挥两种制度的优势进而构建符合国情的裁判员制度，并在其2009年施行的《裁判员法》第66条中规定，“审判长认为必要时，应当就本案审理评议所涉及的法律判断和诉讼程序判断，向裁判员（陪审员）解释”。从我国《人民陪审员法》第20条以及《关于适用〈中华人民共和国人民陪审员法〉若干问题的解释》第11、12、13条的规定可以看出，法官围绕“本案中涉及的事实认定、证据规则、法律规定等事项及应当注意的问题”进行解释和说明，其范围和域外各国的基本一致。进一步而言，在强调陪审员独立地位的前提下，有必要将陪审员伦理作为法官指示的内容。也就是说，虽然《人民陪审员法》有望避免“驻庭陪审”的情况，但指出陪审员应当恪守的职业规范是必要且可行的。对此，英美陪审团制度通常科以陪审员设置某些特殊的义务性规范，即“为了更好地确保陪审员只考虑展示的证据，他们会被告知，在案件审判期间，要约束自己在法庭外的行为：他们不得与任何人谈论该案件；应避免接触对案件的新闻报道；不得以其他方式查询与案件有关的信息”〔1〕。类似地，中国陪审员也应接受职前培训与履职培训。根据最高人民法院《关于人民陪审员管理办法（试行）》第20条第2、3款的规定：“初任人民陪审员上岗前应当接受履行职责所必备的审判业务知识和技能培训。包括法官职责和权利、法官职业道德、审判纪律、司法礼仪、法律基础知识和基本诉讼规则等内容。人民陪审员任职期间应当根据陪审工作的实际需要接受审判业

〔1〕［美］伦道夫·乔纳凯特：《美国陪审团制度》，屈文生、宋瑞峰、陆佳译，法律出版社2013年版，第270页。

务专项培训。主要以掌握采信证据、认定事实、适用法律的一般规则和学习新法律法规为内容。"简言之，人民陪审员应当忠实履行审判职责，保守审判秘密，注重司法礼仪，维护司法形象。

另外，法官应当如何指示？具体"解释和说明"应采取什么方式进行？法官原则上应当采取易于陪审员理解的方式对其指示，各国法律对具体方式并未作强制性规定。例如，日本《裁判员法》只是规定，法官在向裁判员指示时应当要有耐心，使其易于理解并允许裁判员就存疑之处向法官提问。美国法当中为了避免采取口头指示导致指示标准不统一的问题，也不断尝试对其进行改革，因为无法理解的指示会削弱现有法律的效力。而且，"在一些陪审团研究者看来，唯一能持续提高陪审员理解程度的改革措施就是简化并阐明陪审团指示"〔1〕。就中国而言，陪审团试点期间的司法解释和其他指导性文件并未严格界定法官解释和说明的具体方式。对此，有学者建议，"中国法官指示采取指导性范本指示与法官就个案作阐明指示的方式，并要求法官以陪审员易于理解的通俗语言为之"〔2〕。

最后，陪审员意见在裁判结构中的地位。陪审员意见作为典型的公众意见或民意的代表，除了给予其在合议阶段评议与表决的权利外，如果能够以一种看得见的方式向社会传递以人民为中心的司法理念，不仅有助于落实陪审制度在依法治国中蕴含的民主价值，也将形成一种倒逼机制督促司法公开和审判独立。以裁判文书制度改革为例，最高人民法院印发的《关于加强和规范裁判文书释法说理的指导意见》第 1 条规定："裁判文书释法说理的目的是通过阐明裁判结论的形成过程和正当性理由，提高裁判的可接受性，实现法律效果和社会效果的有机统一；其主要价值体现在增强裁判行为公正度、透明度，规范审判权行使，提升司法公信力和司法权威，发挥裁判的定分止争和价值引领作用，弘扬社会主义核心价值观，努力让人民群众在每一个司法案件中感受到公平正义，切实维护

---

〔1〕［美］伦道夫·乔纳凯特：《美国陪审团制度》，屈文生、宋瑞峰、陆佳译，法律出版社 2013 年版，第 279～284 页。

〔2〕唐力：《"法官释法"：陪审员认定事实的制度保障》，载《比较法研究》2017 年第 6 期。

诉讼当事人合法权益，促进社会和谐稳定。”同时，这样的释法说理必须达到“事理”“法理”“情理”“文理”的有机统一。就其中的“事理”而言，则是要求说明“裁判所认定的案件事实及其根据和理由，展示案件事实认定的客观性、公正性和准确性”。

实际上，司法判决如何安置与个案相关的公众意见或者民意，早已成为中国司法实践中的难点问题。相关学理讨论形成的代表性观点也较为清晰地呈现为两种。坚持形式法治者认为：“法律唯一”这一审判元规则的确立，是现代法治国的主要标志之一；主张民意审判的理由，其实都经不起法理上的推敲；民意审判不但违反法治原则，而且具有直接违法性。〔1〕进一步的观点认为：公众意见是司法机构处置个案的重要参考；公众意见不构成对独立公正司法的贬损，赋予公众意见以恰当的地位，是推进法治尤其是深化司法改革的一项有益措施。〔2〕坚持现实主义的观点则认为：司法应当回应民意，但须依据现行制度和程序进行回应，其关键是有效吸纳民意中包含的与妥善解决相关的信息。〔3〕至于如何具体吸纳，见之于一种有限开放的法条主义立场：公众意见不是那种可以独立证成判决结论的正当化理由，它只能是个案裁判的辅助性理由，其影响力只在法律标准之内发生，且不具备必然适用的约束力。〔4〕据此可知，从学理角度探讨公众意见与司法裁判的关系大致包含三个层面的内容，分别是宏观层面的社会与法之间的互动关系，中观层面的热点案件与法律制度或程序之间的互动关系，以及微观层面上作为个案事实之一的公众意见与法律推理中应依据的法律规范之间的互动关系。

就中国而言：宏观层面上司法回应政治所欲求的社会治理效果在前文已有论述；在中观层面上，陪审制度及其内嵌的评议与表决等程序条件也可作为引导、筛选民意中合理成分的“过滤装置”。那么，应如何理解微观层面上公众意

〔1〕　参见周永坤：《民意审判与审判元规则》，载《法学》2009年第8期。
〔2〕　参见顾培东：《公众判意的法理解析——对许霆案的延伸思考》，载《中国法学》2008年第4期。
〔3〕　参见苏力：《法条主义、民意与难办案件》，载《中外法学》2009年第1期。
〔4〕　参见陈景辉：《裁判可接受性概念之反省》，载《法学研究》2009年第4期。

见与司法裁判的互动关系？本书认为，遵循《关于加强和规范裁判文书释法说理的指导意见》明确的方向性和原则性要求，从裁判结论的生成逻辑，尤其是从试图将“事理”“情理”“法理”相联结所需的法律推理等论证技巧的角度切入，可能是相对务实的思路。

阐明裁判结论的形成过程和正当性理由，首先需明确其依据的前提是否合法。这种规范层面的合法性旨在为裁判结论提供有效的法律渊源，并对整个裁判过程起到指引和约束作用。在法治国家中，现行法律体系的合法有效一方面取决于其是否经过民主程序得以表决通过，另一方面其也具有“自成一体性”和“规范上的封闭性”特点，即“只有法律自身才能决定法律是什么”〔1〕。这在法律形式主义者看来则是以司法三段论的形式书写他们的判决书，在判决书中摆出唯一的判决结论，作为适用既有法律的结果。〔2〕这解释了为何在一些受公众意见影响的案件中，法官可以将实际所受的影响和压力在判决书中按下不表；而遵奉司法中立、文本主义或立法原意论的法官，甚至会反感、惊愕“为何那么多的公民会认为，法官应该妥当地参酌他们的看法。似乎我们的工作不是弄清楚客观的规律，而是去确定某种社会共识”〔3〕。在他们看来，公众意见不能成为裁判的规范性依据。

然而，进入司法场域后的情况则有所不同。从裁判依据的类型分析，公众意见初步只能作为一种事实依据参与具体的个案裁判。经验研究表明，在裁判结论的形成过程中，法律形式主义者所依凭的大小前提往往是试探性并相互观照着形成的。而且，案件事实与法律规范的最终契合，倚重于一个“法感持续往返流转于规范和事实之间”的过程。〔4〕这意味着，法律适用的过程并非完全依据逻

---

〔1〕 Niklas Luhmann, *Law as A social System*, trans., Klaus A. Ziegert, Oxford University Press, 2004, p.85.

〔2〕 参见［美］理查德·A. 波斯纳：《法理学问题》，苏力译，中国政法大学出版社1994年版，第52页。

〔3〕 Barry Friedman, *The Will of the People: How public Opinion Has Influence the Supreme Court and Shaped the Meaning of the Constitution*, D & M Publishers, New York, 2009, p.1.

〔4〕 该过程可被简要描述为：首先，是往返于案件事实与有关的规范文本之间；其次，是流转于——借前述过程而被缩小范围的——案件事实与相关规范之间；再次，裁判者就可以形成适当的准用规范；最后，“个案裁判者的法感往返于（透过规范方案及规范领域而研制出来的）具体规范以及（个别化之后的）案件事实之间”。［德］卡尔·拉伦茨：《法学方法论》，陈爱娥译，商务印书馆2003年版，第13页。

辑涵摄或归置，而是介乎于事实与规范之间的辩证关系。进一步而言，个案判决如果要说明为何选择某一特定规范作为裁决依据，则必须诉诸一些事实性的理由，例如法院的政治考量和后果预测以及普世性价值甚至是公众意见。而且，在一些重大疑难案件和社会热点案件中，前述事实性理由不可避免地将会通过程序设置和裁判技术干扰裁判者对规范前提的选取。不难理解，陪审员的遴选不可避免地要考量其与案件当事人在社会地位和身份背景范围内的相似程度，其个人旁听庭审的观感和好恶在合议阶段也将会直接影响表决结果。因此，从某种程度而言，陪审制度下法官裁判权的具体适用，不在于形式化的“一阶证成”，即“法官如何依据某条法律来证明结论的正确性”，而在于“二阶证成”，即“在规范依据或推理大前提的界定上，法官如何证明自己的选择是正确的”[1]。由于“二阶证成”是一个需要通盘考虑实质性理由的辩证推理过程，所以其中必然关联到事实层面的政治性判断或利益衡量，也会涉及公众意见的合理部分。

在肯定裁判结论需要考量合理的公众意见这一事实性因素之后，随之而来的问题便是公众意见如何具体影响裁判过程。整体来讲，司法裁量在权限和运作上存在“弱的”和“强的”两种类型。前者包括两种情形：一是法律以规则或标准的方式为个案指示了一个答案，但这个答案不够明确，因此不能直接、机械地适用，需要法官运用自己的判断进行具体化；二是在法律指示的特定情况中法官拥有自行决定的权力，并且这种决定是终局性的，不受其他机构的审查或改正。后者是指法律上存在数个同等可行的行动方案，法官实际上已经不再受到立法者制定规则的约束，或者说法官可以自行决定判决的具体标准或依据。[2]据此，法官在“弱的裁量”决定中如果采纳公众意见，是不必要承担对此的说明义务的。因为裁判结论并未突破法的安定性和可预期性。然而，由于“强的裁量”决定的结果往往创设了新的法律规则，或者在不同的法律方案之间确立了主观

〔1〕 Cf. Neil MacCormick, *Legal Reasoning and Legal Theory*, Oxford: Clarendon Press, 1978, p.101.

〔2〕 See Ronald Dworkin, *Taking Rights Seriously*, Cambridge: Harvard University Press, 1973, p.31-32.

性的选择标准，因此法官有义务给出理由来正当化其决定。[1]也就是说，"强的裁量"往往存在"法官造法"的可能，如果对其回应公众意见的裁判行为无所规制，则难以有效避免司法的恣意和擅断。进一步而言，司法裁量的两种类型在法律推理的两个证成阶段具有不同的表现形式：弱的裁量是一种常规情形，一般隐身于法律推理的一阶证成阶段。此时，公众意见等事实性依据在裁判结构中的地位是一种准用的辅助性依据和一种合理化判决结论的"说明性事实"。相反，强的裁量是一种非常情形，是一种例外，须结合法律推理的二阶证成彰显在判决说理中。此时，公众意见等事实性依据实质上成为个案推理的一种运作性依据，并成为正当化个案规则创制的"立法性事实"。[2]

运作性依据和辅助性依据是实践推理领域的两类基本依据。运作性依据是指那些抽象的、指示了行动类型的依据，这些依据内含了"应当/不应当"的规范性要求；而辅助性依据是指对特定抽象行为进行具体化的依据，其任务是在运作性依据所指示的一些行动类型中，确定哪个具体的行动是妥当的。[3]辅助性依据和说明性事实的另一层含义是，判决理由对公众意见部分可以不予评价甚至拒绝考量。以"杭州飙车案"为例，尽管当时要求严惩被告人的舆情高涨，而且不少法律界人士也认为现行《刑法》相关条款存在不合理之处，但法院仍然依据现行《刑法》相关条款作了判决。在很多人眼里那是一个不尽如人意的判决，但虑及法的安定性和判决的可预期性等因素，法官有必要也有权把一些案子判得"不那么好"。[4]从中可以看出，公众意见的辅助性效果受制于法律标准设定的既有框架，而且不具备独立适用的可能。也就是说，辅助性依据在"弱的裁量"中通常是结果导向的，仅仅是在诸多裁判可能中，增大法官选取某一特定结果的倾向和比重。正如道德考量、政策权衡等其他辅助性依据一样，当这些说明性事实平行排列时，"公众意见究竟能否影响判决结果，取决于法官在适用既定

---

〔1〕 See Marisa Iglesias Vila, *Facing Judicial Discretion: Legal Knowledge and Right Answers Revised*, Kluwer Academic Publishers, 2001, p.6-7.

〔2〕 参见陈林林：《公众意见在裁判结构中的地位》，载《法学研究》2012年第1期。

〔3〕 See Cf. Joseph Raz, *Practical Reason and Norms*, 3rd ed., Oxford University Press, 1999, p.33-35.

〔4〕 参见［美］理查德·A. 波斯纳：《法理学问题》，苏力译，中国政法大学出版社1994年版，第52页。

法律标准的前提下，如何综合权衡个案相关的所有辅助性依据。这些都说明，公众意见不能主动决定个案裁判的结果，而只能被动等待法官的发现或运用”[1]。简言之，作为一种辅助性依据和促使判决结论合理化的说明性事实，这才是公众意见在裁判结构中的常规定位。在中国法中，此处的“常规”包含两种情形：一是指“一般如此”或“通常做法”；二是指“疑难案件”之外的“普通案件”。在法律适用理论中，疑难案件是指存在规则意义上的法律漏洞的案件类型，因而对其不能“依规则来裁判”，需要法官类推适用规则或者依据法律原则创制个案规则。[2]作为例外，强的裁量则需要在裁判理由中针对是否考虑了公众意见给予回应；而且，正如前文所指出的，此种情况往往意味着法律体系出现了规则漏洞，法官因遵循不得拒绝裁判原则的要求，而获准开展“法的续造”或“创制新的法律规则”。简言之，在存在漏洞填补的情况下，无论法官采取规则类推还是原则裁判，个案判决必然蕴含了规则意义上的司法创制过程。在此过程中，那些被确定为“司法造法”或政策决断之依据的事实，就成为一种“立法性事实”。[3]就法官而言，为使判决本身得以被认可和接受，其必须通盘考虑包括公众意见、国民情感等在内的整个社会性事实。同时，考虑到个案推理在二阶证成阶段的正当化要求，即使是强的裁量也必须与现行法律系统中的价值取向和功能追求存在关联，以便确保最终结论创制的个案规则能够被推广适用。更进一步来讲，公众意见成为个案判决的运作性依据，必须基于可普遍化原则接受三个维度的审查：一是“向上”审查，看其是否融贯于法律秩序，尤其是宪法规范中的法理念与法价值；二是“向下”审查，验证其是否兼容于具体规范的规范意图；三是“向外”审查，检验其是否符合社会通行的正义观或价值取向。[4]法官在此期间的作业，可以与艺术家的工作相提并论：艺术家创造艺术作品的素材并非源于其内心，而是源于社会生活。尽管艺术品本身是社会力量的发展结果，但艺术家却赋予其

---

〔1〕 陈景辉：《裁判可接受性概念之反省》，载《法学研究》2009年第4期。

〔2〕 参见褚国建：《法院如何回应民意：一种法学方法论上的解决方案》，载《浙江社会科学》2010年第3期。

〔3〕 参见“立法性事实”的概念及其在司法裁判中的功用，参见［美］约翰·莫纳什、劳伦斯·沃克：《法律中的社会科学》，何美欢、樊志斌、黄博译，法律出版社2007年版，第179页。

〔4〕 参见陈林林：《公众意见在裁判结构中的地位》，载《法学研究》2012年第1期。

艺术的形体。同样，公正也来源于社会，因为社会赋予了公正内涵，但是公正也有其独特形式，这要归功于塑造公正的司法艺术家。[1]

2. 新闻媒体监督制度

中国法院接受媒体监督始于 20 世纪 80 年代。经过最高人民法院几任院长的积极推动，中国逐渐确立了与新闻媒体之间的沟通机制。这主要表现在：从 1988 年 8 月最高人民法院首次召开新闻发布会，要求中级以上法院建立新闻发布例会制度；从最高人民法院 1999 年发布的《关于严格执行公开审判制度的若干规定》和 2007 年发布的《关于加强人民法院审判公开工作的若干意见》，到 2009 年发布的《关于进一步加强民意沟通工作的意见》《关于司法公开的六项规定》《关于人民法院接受新闻媒体舆论监督的若干规定》，可以说，人民法院的司法公开制度改革已初见成效，法院工作具体内容的开放程度和接受媒体监督的主动性也明显增强。在中国，媒体监督司法具有明确的法律依据，如中国《宪法》规定，公民享有言论自由权。具体到大众传播领域则表现为，公民有权发表个人观点，并在文艺创作和科学研究中宣传自己的主张。同时，中国公民对于任何国家机关和国家机关工作人员享有批评和建议的权利。这意味着，公民有权对国家机关及其工作人员的不当行为提出据以改进的建设性意见，有权对国家工作人员的违法失职行为进行申诉、控告或者检举。同时，人民群众通过大众传媒媒介公开行使批评建议权并形成舆论，进而对国家和社会公共事务产生现实影响，就成了"舆论监督"[2]，即社会公众对司法机关、法官行为及裁判结果等方面的认知、评价与呼声，通过一定形式形成舆论压力，促使司法机关更改、调整社会公众认为不适当的司法行为、司法政策或裁判结果的一种监督方式。由此可见，舆论监督不仅是新闻出版自由和表达权的表现，也是人民当家作主的表现。就积极层面而言，新闻媒体针对司法不公等现象开展的针对性报道和提出的批评性建议，有力推动了刑事冤假错案的发现和平反工作。例如，福建省高级

---

〔1〕 参见［德］托马斯·莱赛尔：《法社会学导论》，高旭军等译，上海人民出版社 2008 年版，第 77 页。

〔2〕 参见姚广宜主编：《中国媒体监督与司法公正关系问题研究》，中国政法大学出版社 2013 年版，第 55 页。

人民法院依法审理念斌投放危险物质案并宣告其无罪、内蒙古自治区高级人民法院依法再审改判呼格吉勒图无罪等案件中，新闻媒体跟踪报道的作用不可忽视。在呼格案中，新华社内蒙古分社高级记者的5篇内参有力促进了案件的司法处理。〔1〕

但仍应注意的是，中国的舆论监督在经过现代传媒手段的演绎、修饰和重组后形成了一种“感官正义”，致使其与现代法治所追求的司法正义之间出现了位移和偏差。这具体表现为影响性诉讼案例中的“视听冲击胜于说理明辨”“形象塑造胜于规则论证”“情感宣泄大于理性分析”“叙事策略胜于理性诉求”“无法律导向的究责胜于法律导向的归责”。〔2〕在强大的网络舆论面前，司法往往选择顺应舆论，有所妥协和退让；几乎每一次司法裁决的改变都会被誉为“民意的胜利”“正义的彰显”。从某种程度上而言，中国司法在极端个案情况下面临“舆论审判”〔3〕的压力。而且，随着网络舆论进入司法的现象越来越普遍，其影响司法的程度也越来越严重。这主要表现为，涉诉舆论特别专注于当事人身份信息的对立性，对当事人的性别、阶层、亲属以及社会关系网络等个人信息抱有强烈的探寻欲望，并对事件的发生总是倾向于从身份信息上寻找答案，对任何司法判决都赋予身份解释的意义。〔4〕同时，还会发泄对道德现实、官员作风、富人行为和司法不公等社会问题的不满情绪。就此而言，媒体报道无论采取“法院判决之后的批评性报道”还是“同步于司法过程的压力型报道”，都与全面依法治国改革进程中所强调的坚持依法独立行使司法权、维护司法权威等理念相违背。

那么，应当如何界定合法有效的舆论监督行为？新闻媒体报道行为的边界

---

〔1〕 相关报道参见 http://xj.people.com.cn/n/2014/1216/c188514-23236911.html，最后访问时间：2019年11月12日。

〔2〕 参见栗峥：《传媒与司法的偏差——以2009十大影响性诉讼案例为例》，载《政法论坛》2010年第5期。

〔3〕 中国对“舆论审判”“媒体审判”从名词到内容并没有形成共识。本书认为，“舆论审判”是指以传统媒体和新兴媒体为中介所形成的社会舆论违背法律规定超越司法程序，从而对依法独立行使司法权和公正审判产生干预以及对案件相关当事人的合法权益造成侵害的现象，也可以称为“媒体审判”“媒介审判”。这种现象并不是说社会舆论直接介入审判，而是指媒体和网络通过真实或片面的报道影响社会公众的心理，从而形成舆论潮流，并对法官造成一定的心理压力，使其无法完全自主地独立裁判案件。参见王成栋：《司法审判和媒体监督何以“各就各位”》，载《人民论坛》2019年第6期。

〔4〕 参见周安平：《涉诉舆论的面相与本相：十大经典案例分析》，载《中国法学》2013年第1期。

又该如何确定？整体来讲，目前规制新闻媒体言论的法律依据主要有四种：一是《宪法》《突发事件应对法》《安全生产法》等涉及言论自由和政府发布信息的规定；二是政府部门制定的行政规章，如《出版管理条例》等；三是党和国家领导人重要讲话和宣传部门的指导文件，如中共中央宣传部等《关于禁止有偿新闻的若干规定》；四是媒体行业自律，如《中国青年报》等中央媒体建立的社会责任报告制度。然而，虽然有如此多层次、全方位的管理体系，但这些条例、规章、通知很大程度上可能会受到个别管理者的控制，在修改、发布和执行方面具有较大的宽容度和随意性。例如，较为知名的甘肃《武威报》封报事件与郴州市委宣传部原部长樊甲生封锁矿难消息事件，都是把出于安全、稳定、公共利益而作出的管理规定当成了个人好恶、谋利的工具。[1]

同样，前述最高人民法院发布的《关于人民法院接受新闻媒体舆论监督的若干规定》在法律效果层面很难达到预期目标，这是因为，从该规定制定的初衷来讲，虽然其是为了"进一步落实公开审判的宪法原则，规范人民法院接受新闻媒体舆论监督工作，妥善处理法院与媒体的关系，保障公众的知情权、参与权、表达权和监督权，提高司法公信"，但在法源地位和效力方面其则显得"名不正，言不顺"，即最高人民法院作为司法机关仅有权针对审判案件过程中具体应用法律的问题作解释。然而，该规定的规范目的则直指司法机关与新闻媒体的互动关系，前者行使司法解释权与法院整体接受媒体监督实属不同层面。也就是说，在中国欠缺新闻法或新闻传播法等基本法律的前提下，《关于人民法院接受新闻媒体舆论监督的若干规定》不仅在某种程度上有违宪法规范中确立的言论自由表达权条款，而且其内容也与正当法律程序的基本要求不相符合。[2]例如，第4条规定："……对于不适宜接受采访的，人民法院可以决定不接受采访并说明理

---

〔1〕 参见邱超奕：《新闻学者对我国新闻立法合法性的建构——由孙旭培"31年新闻立法的历程与反思"讲座谈开去》，载《青年记者》2015年第28期。

〔2〕 对此，有部分新闻界人士也同样认为，《若干规定》的具体内容更加不利于法院接受新闻媒体的舆论监督。参见杨彬权：《接受，还是拒绝新闻媒体的舆论监督——对〈关于人民法院接受新闻媒体舆论监督的若干规定〉的拷问》，载《新闻爱好者》2010年第14期；陈堂发：《媒体与司法关系如何规范——评最高人民法院关于法院接受新闻舆论监督的新规定》，载《当代传播》2010年第3期；林爱珺：《宽容舆论监督　维护司法尊严——从最高法院〈关于人民法院接受新闻媒体舆论监督的若干规定〉谈传媒与司法关系》，载《新闻记者》2010年第2期。

由。”同时，第9条规定，人民法院发现新闻媒体在采访报道法院工作时有“对正在审理的案件报道严重失实或者恶意进行倾向性报道，损害司法权威、影响公正审判的”，“可以向新闻主管部门、新闻记者自律组织或者新闻单位等通报情况并提出建议。违反法律规定的，依法追究相应责任”。由此可见，这些条款单方面维护法院利益而直接限制或者剥夺新闻媒体的报道权，但却未对后者提供异议和救济渠道。在实践中将很难想象，对法院审判活动毫不知情的新闻媒体应如何发挥监督作用。

由此可见，规制媒体与司法关系的根本出路在于抓紧制定新闻法等基本法律，以期具体指明司法机关公开义务的覆盖范围和新闻媒体合法报道行为的边界。实际上，中国在20世纪80年代就曾着手起草专门的新闻法。在1980年全国两会期间，就曾有代表和委员提交新闻立法的草案。根据媒体的报道，当时上海代表在第五届全国人民代表大会第三次会议上提出了制定新闻法或新闻出版法的口头呼吁和建议，并因此受到了不少人的欢迎。1984年，新闻立法被正式列上议事日程。[1]同年，全国人大常委会还专门成立了新闻法研究室。虽然此后的立法进程因多种原因而将其搁置，但在早期的立法讨论中已经围绕新闻自由、新闻责任、新闻监督、法律责任、职业自律等重点难点问题予以展开。然而，随着自媒体时代的到来，新闻领域正面对新的挑战，新闻立法也应当被赋予新的内容。

进一步地讲，在现阶段强调继续推进新闻行业的立法工作，一方面是因为媒体与司法的关系已得到改革者高度关注，并写入全面依法治国的纲领性文件中，在有关新闻舆论和网络信息化安全的一系列会议中也被多次提到，可以说，司法活动在自媒体时代面临新的舆论监督。从媒体角度而言，则需要为执法司法活动营造良好的舆论环境，媒体在作批评性报道时要事实准确、分析客观，积极发挥舆论监督的功能。同时，也要处理好监督和干预的关系，坚守法律底线。另一方面，考虑到新闻与传媒领域在中国已经发展成较具影响力的新型行业，对

---

〔1〕 参见 http://www.people.com.cn/GB/14576/14841/2338018.html，最后访问时间：2019年11月12日。

其予以行业立法有助于引导、规范该行业有序健康发展。2017 年国家质量监督检验检疫总局、中国国家标准化管理委员会发布的《国民经济行业分类》(GB/T 4754—2017)[1]中的咨询信息服务和各类技术服务，以及广播、电视行业，分别属于“生产和生活服务部门”与“提高科学文化水平和居民素质服务等部门”，并涉及信息技术法、科技法、文化法和传媒法的规制范围。考虑到新闻媒体法律关系中相关主体的权利义务关系具有的特殊性，不可能运用民商法或行政法及其原理予以解决[2]，反而从行业的整体角度制定专门的基本法律才是符合现实需求的做法。[3]

此外，在立法工作中还需要注意甄别新闻媒体的商业宣传策略和公众限制权力的合理诉求，从而为报道行为确定符合法理、情理的豁免条款。详细地讲，在市场经济条件下，大众传播媒体具备商业性是不可避免的。这样一种商业性往往受制于媒体公司股东、广告主、消息来源和受众四方面因素；同时，在媒体职业伦理尚不健全的前提下，不仅出现信息冗杂和网络垃圾，也存在恶意诋毁、中伤他人的事件。这种负面影响在热点事件传播过程中被成倍放大，致使媒体公信力和权威性受损。[4]具体到司法领域，这些案件经过媒体渲染不断放大涉案当事人的身份差异，并借助感官正义铺陈公众的道德欲求。这种媒体逻辑虽然延伸了个案审理所依凭的社会事实，但却与媒体行业的发展规律和法治精神相冲突。[5]也就是说，媒体监督必然要在商业环境中平衡其政治属性，更加积极宣传有关公民扩充权利、限制权力的合理诉求。有研究指出，个案之所以引起热议

---

〔1〕 参见 http://www.stats.gov.cn/tjsj/tjbz/201709/P020180720515075120537，最后访问时间：2019 年 11 月 10 日。

〔2〕 反观行业法的作用和任务则包括：首先，各行业法要分配政府与行业对行业管理的权限责任，确定各自的权力与义务（责任），确定国家与行规对行业事务管辖的边界。其次，各行业法都要确立行业自治组织，使其具有独立的运作方式、目标和价值，以及社会团体法人地位。再次，通过行业法来确定具有行业特点的权利义务关系，确定具有行业特点的纠纷解决方式。最后，通过各行业法确定市场主体、行业组织等利益团体和政府之间的协商机制和程序。参见孙笑侠：《论行业法》，载《中国法学》2013 年第 1 期。

〔3〕 在全国人大常委会 2018 年立法工作计划中，其重心也是放在行业领域的法律上。对此，参见《全国人大常委会 2018 年立法工作计划》，载法律图书馆网 2018 年 4 月 17 日，http://www.law-lib.com/law/law_view1.asp?id=619916。

〔4〕 参见陈柏峰：《传媒监督的法治》，法律出版社 2018 年版，第 101～116 页。

〔5〕 参见石聚航：《传媒报道渲染刑事案件的策略及其反思》，载《法商研究》2015 年第 4 期。

和评判并成为公案，是因为它具有某种主题元素，比如贫富关系、权贵身份、道德底线等，而这些主题元素也是当前较为突出的社会问题。〔1〕而且，公众围绕案件事实与法律之外的社会问题展开讨论，虽然背离了司法场域特有的规范理性，但对社会问题的关注有效推进了司法乃至立法制度的变革。〔2〕当法院根据《关于人民法院接受新闻媒体舆论监督的若干规定》第9条的规定，向新闻主管部门、新闻记者自律组织或者新闻单位等通报情况并提出建议，或者依法追究相应责任时，应竭力避免受制于公众舆论烘托的"道德叙事"影响，〔3〕审慎考虑报道内容是否会在实质层面上影响到法官的独立审判权。除此之外，在司法实务中由于欠缺明确的法律依据，当新闻媒体的报道行为损害诉讼参与人的名誉权、隐私权等人格权利时，法院也往往判定媒体存在新闻侵权行为〔4〕，无形中压制了新闻媒体的传播自由权和公众获取信息咨询的权利。也就是说，新闻媒体行业面临维护司法利益和对抗私权救济诉讼的双重评判标准，这无疑增大了媒体传播信息的审查难度。因此，不仅有必要在新闻立法中明确常见的新闻侵权行为类型，更应着重列明新闻传播主体的抗辩事由〔5〕，以便有效保护新闻媒体监督主体的正当权利。

3. 人民调解制度

在当代中国，调解制度呈现出多元化发展的格局，主要包括政府主导的行政调解、法院主导的司法调解以及依托于基层群众组织的人民调解。人民调解制

---

〔1〕 参见孙笑侠：《司法的政治力学——民众、媒体、为政者、当事人与司法官的关系分析》，载《中国法学》2011年第2期。

〔2〕 例如，一些代表性个案推进了以审判为中心的诉讼制度改革以及相关证据规定的出台和《刑事诉讼法》的修改等。参见郭晓红：《影响性刑事案件中的权利诉求及其实现——以〈南方周末〉评选的78个影响性刑事案件为例》，载《政法论坛》2019年第4期。

〔3〕 参见马长山：《公共舆论的"道德叙事"及其对司法过程的影响》，载《浙江社会科学》2015年第4期。

〔4〕 参见郭京霞：《新闻侵权：为何媒体多败诉——十五起新闻侵权案件分析》，载《中国记者》2005年第6期。

〔5〕 应当指出的是，自从《民法通则》（已失效）实施以来，便有学者把侵权责任法与新闻传播法相结合，形成媒体侵权责任法这一边缘学科。此外，学界虽然对"何为新闻侵权"尚未形成一致观点，但对该学科的研究伴随民法典侵权责任编的编纂再次获得法学界和新闻界的关注。相关研究参见张新宝：《"新闻（媒体）侵权"否认说》，载《中国法学》2008年第6期；杨立新：《我国的媒体侵权责任与媒体权利保护——兼与张新宝教授"新闻（媒体）侵权否认说"商榷》，载《中国法学》2011年第6期；何能高：《新媒体新闻侵权民事责任研究》，载《国家检察官学院学报》2019年第2期；罗斌：《传播侵权类型化及其立法体例研究》，载《新闻与传播研究》2019年第7期。

度作为一种常规性纠纷解决机制，形成于中国共产党革命时期并在新中国成立后不断发展和完善，成为预防、化解基层矛盾纠纷和维护社会稳定的首要防线。根据2010年颁布的《人民调解法》的规定，所谓人民调解，是指人民调解委员会通过说服、疏导等方法，促使当事人在平等协商基础上自愿达成调解协议，解决民间纠纷的活动。在实践中具体表现为，人民调解委员会以法律、政策和社会公德为依据，对民间纠纷当事人进行说服教育或规劝疏导，以便促使纠纷当事人互谅互让、平等协商，从而使其自愿达成协议消除纷争。近年来，在一系列改革文件[1]和调解工作会议的有力推动下，人民调解工作取得令人瞩目的成效并享有"东方经验"的美誉。根据统计，在2018年，全国人民调解组织共排查矛盾纠纷422.8万次，调解各类矛盾纠纷953.2万件，调解成功率97.9%。截至2022年3月，全国共有人民调解委员会69万个，行业性、专业性人民调解组织4万余个，人民调解员316万余人，其中专职人民调解员37万余人[2]。司法部先后选聘两批各10名全国人民调解专家，创办人民调解大讲堂并培训60余万人次。

同时，伴随社会转型的不断深入，各类新型矛盾纠纷也呈现高发态势，由此导致对社会矛盾纠纷多元化解决机制的需求日渐强烈。2015年，中央全面深化改革领导小组第十七次会议审议通过了《关于完善矛盾纠纷多元化解机制的意见》。从文件内容来看，所谓多元化解矛盾机制的多元体系主要由调解、仲裁、行政裁决、行政复议、诉讼等方式构成，这其中调解方法则具体包括司法调解、行政调解以及人民调解。就人民调解制度而言，其更加强调"人民性"和"社会性"特征。也就是说，不同于司法调解和行政调解两种公力救济方式，人民调解原本并不具备对抗性和管理性特征，而是依靠人民群众自身力量和柔性化方式处理类似于邻里关系纠纷、婚姻家庭纠纷以及土地宅基地纠纷等内容。这种调

---

〔1〕 例如：2009年最高人民法院出台《关于建立健全诉讼与非诉讼相衔接的矛盾纠纷解决机制的若干意见》；2010年最高人民法院印发《关于进一步贯彻"调解优先、调判结合"工作原则的若干意见》；2011年最高人民法院制定了《关于人民调解协议司法确认程序的若干规定》；2015年中共中央办公厅、国务院办公厅出台《关于完善矛盾纠纷多元化解机制的意见》；2016年最高人民法院发布《关于人民法院进一步深化多元化纠纷解决机制改革的意见》；2018年中央政法委、最高人民法院、司法部、民政部、财政部、人力资源和社会保障部联合印发《关于加强人民调解员队伍建设的意见》。

〔2〕 魏哲哲：《覆盖更广泛 调解更有效》，载《人民日报》2022年3月23日，第11版。

解方式的合理性在于，调解员本身通常是基层社区德高望重的长辈、地方精英或者基层组织的领导，对辖区内人情世故了然于胸，也更具亲和力；在纠纷出现伊始他们能够迅速介入，并开展道德教化和组织动员活动，处理手段符合情理，最终结果也容易被理解和接受。

然而，《人民调解法》施行以来，人民调解工作也逐渐暴露出不少问题，其中，有些是自《人民调解法》颁布施行之初便已然存在的，而且在多元化纠纷解决机制改革背景下更加凸显。例如：人民调解的行政化问题如何解决？其他形式的人民调解，包括乡镇一级和专业化的调解组织如何成立和运作？非公益性民间调解组织的法律地位如何，等等。还有一些则是伴随社会进步和行业发展而逐渐衍生出的新问题。例如，人民调解组织网络基础不牢、奖惩制约监督机制有待完善、人民调解业务创新不够。〔1〕其中，专职调解员所占比重较低，调解员队伍中年龄结构也不合理。同时，给予调解员的报酬补贴制度还不完善，尚未建立调解员意外伤害保险制度，案件导出率相对较低。〔2〕人民调解从此前的基层矛盾纠纷自解决机制演变为一种具有非常行政色彩的准行政调解机制。人民调解与基层政府之间由指导关系演变为领导关系，调解工作依附于行政运行逻辑。〔3〕又如，有关行业性、专业性调解的法律规定尚不明确，管理体制不顺畅，对第三方行业性或专业性调解组织的定位并不一致，经费保障也不充足，这些往往导致在面对医疗纠纷、劳动争议、环境保护等新型矛盾时，调解实际效果大打折扣。〔4〕对此，有关改革文件指出，随着经济社会发展，人民调解工作范围不断扩大，已经从婚姻家庭、邻里等传统矛盾纠纷向医疗、道路交通、劳动争议、物业等行业专业领域拓展，这些矛盾纠纷类型多样、专业性强，需要有一支专业化的人民调解队伍来解决。对此，要注重选聘律师、公证员、仲裁员、基层法律服务工作者、医

---

〔1〕 参见罗德俊、刘纯：《当前基层人民调解面临的问题及对策》，载《江苏法制报》2018 年 6 月 12 日，第 00C 版。

〔2〕 参见王斌：《扩大调解影响力 引导市民优选调解》，载《法制日报》2017 年 12 月 26 日，第 12 版。

〔3〕 参见罗显斌、任文启：《新时代人民调解创新发展的思考》，载《中国司法》2018 年第 12 期。

〔4〕 相关研究参见刘朝宽等：《行业性专业性人民调解工作存在的问题与对策——以四川省人民调解工作为例》，载《人民调解》2018 年第 10 期；宋瑞萍、朱钉玲：《关于行业性、专业性人民调解工作的调查与思考》，载《人民调解》2018 年第 7 期。

生、教师、专家学者等社会专业人士和退休法官、检察官、民警、司法行政干警以及相关行业主管部门退休人员担任人民调解员，不断提高人民调解员的专业化水平。[1]

不可否认，传统上调解制度的具体措施主要围绕人民性和社会性入手，依托群众朴素的道德情感并以调解员细致耐心的说服劝导为手段，对于解决基层矛盾纠纷、维护社会稳定发挥了举足轻重的作用。然而，新时代调解工作面临的具体矛盾纠纷已呈现较为复杂的发展趋势，以往熟人社区的调解工作，“可以根据当事人的合意，对某些法律上并不重视的因素——如人情世故——赋予更高的权重，甚至不惜牺牲法律上应得的利益”[2]，但这种情况已然发生变化。在陌生人之间的纠纷中，除了个别包含激烈的情绪对抗以外，基本都是纯粹的金钱利益之争，而这些事实分歧通常能够在既有的法律规范中找到较为明确的规定。就此而言，如果纠纷当事人知晓自己将在法律上的处境，愿意接受的调解方案和法院裁判在纠纷解决的实体处理结果上并无太大差别。既然如此，吸引当事人放弃诉讼的主要理由可能在于调解机制的程序性优势，比如成本低（不必交纳诉讼费和律师费）、效率高（通常能够当场结案，主动履行率也很高），在具体操作流程上也更加灵活（没有证据规制和程序限制）。相关研究同样指出，人民调解机制本身会因社会纠纷的变化而调整，德高望重型的传统调解员将逐渐减少甚至淡出，具备专业优势的知识型权威调解员将迅速涌现甚至成为主流。如果说传统熟人社会人民调解结果经常会“合情不合法”，那么陌生化社会的人民调解将更多体现为“只讲合法不讲合情”。未来选择人民调解的当事人更多是以法律规范为出发点，综合权衡程序上的得失后再进行适当调整。[3]而且，从发展趋势来看，人民调解协议应加强调解效力法定化，提高调解协议的质量，避免因为违反法律规定而被人民法院的司法确认程序否决。当然，人民法院也要在确认程序中充分尊重当事人达成的协议，提高司法确认的效率，为依法达成的人民调

---

〔1〕 参见《关于加强人民调解员队伍建设的意见》，载《法制日报》2018年4月28日，第3版。

〔2〕 苏力：《关于能动司法与大调解》，载《中国法学》2010年第1期。

〔3〕 参见兰荣杰：《人民调解：复兴还是转型？》，载《清华法学》2018年第4期。

解协议提供执行力上的保证。[1]就此而言，需要特别关注司法确认程序的本质属性。从立法角度来看，2017 年修正的《民事诉讼法》第 194、195 条[2]规定采纳了目前学界主流观点[3]，将司法确认程序的本质视为非讼程序并归入法典中的特别程序一章。这种非讼程序具有两方面的特点：一是达成调解协议的双方当事人必须共同提出确认协议效力的申请，且法院作出裁判前，一方或者双方当事人可随时撤回该申请；二是法院对调解协议效力的确认程序不必开庭审理，只是必要时可以通知双方当事人到场当面询问。

然而，由于中国对特别程序的立法缺乏体系性思考，从非讼角度界定司法确认程序的本质实际上与经验事实的发展历程并不一致。详细地讲，最高人民法院《关于建立健全诉讼与非诉讼相衔接的矛盾纠纷解决机制的若干意见》第 23 条明确规定，"人民法院审理申请确认调解协议案件，参照适用《民事诉讼法》有关简易程序的规定"。最高人民法院《关于人民调解协议司法确认程序的若干规定》第 6 条亦规定，审判人员对调解协议进行审查时，"认为当事人的陈述或者提供的证明材料不充分、不完备或者有疑义的，可以要求当事人补充陈述或者补充证明材料"。由此可知，最高人民法院在司法实践中是将司法确认程序当作简化[4]或者加快的争讼程序看待的。进一步而言，虽然目前的司法确认程序仅针对人民调解协议适用，但实践中已然出现多种非诉调解协议都援用司法确认程序相关规定的情况。[5]可以说，为鼓励更多纠纷通过非诉讼渠道获得解决，将所有法院外调解协议、委托调解协议乃至诉讼外和解协议均纳入该程序的适用范围将是一种发展趋势。对此，如果依据《关于人民调解协议司法确认程序的

---

〔1〕 参见范明志：《规范化：基层人民调解工作的发展趋势》，载《人民论坛》2019 年第 2 期。

〔2〕 现为 2021 年《民事诉讼法》第 201、202 条。

〔3〕 认为司法确认程序属于非讼程序的观点主要包括潘剑锋：《民诉法修订背景下对"诉调对接"机制的思考》，载《当代法学》2013 年第 3 期；潘剑锋：《论司法确认》，载《中国法学》2011 年第 3 期；占善刚：《人民调解协议司法确认之定性分析》，载《法律科学（西北政法大学学报）》2012 年第 3 期；王亚新：《〈民事诉讼法〉修改与调解协议的司法审查》，载《清华法学》2011 年第 3 期；洪冬英：《论调解协议效力的司法审查》，载《法学家》2012 年第 2 期。

〔4〕 有观点认为，人民调解作为一种诉讼外解决纠纷的主要方式，对于分流案件、缓解诉讼压力有着重要意义。参见郭小冬：《民事诉调结合新模式的探索——以整合现行调解路径为基础》，载《清华法学》2011 年第 3 期。

〔5〕 参见刘加良：《非诉调解协议司法确认程序的实践误区及其矫正》，载《政治与法律》2018 年第 6 期。

若干规定》第 13 条第 2 款的规定，即将委托调解达成协议的案件申请法院制作调解书，则并不妥当。[1]因为从本质上讲，委托调解属于诉讼外调解的一种类型，由此达成的调解协议在经过人民法院审查后应当制作司法确认书。同时，司法确认程序适用范围的扩展带来对于完备诉讼规制的需求。例如，《关于人民调解协议司法确认程序的若干规定》第 6 条的规定已经涉及独任审判方式、当事人同时到场、询问当事人以及需要补充提交证据材料的特殊情况等内容。那么，今后的改革举措可重点关注有关司法确认程序的申请（是否有必要规定双方当事人共同提出申请），管辖法院（除了基层法院以外，能否考虑由被执行财产所在地法院进行司法确认），以及调解协议的保管或者登记方面（能否要求当事人提交调解协议原件和复印件[2]）等，可酌情援引《关于建立健全诉讼与非诉讼相衔接的矛盾纠纷解决机制的若干意见》第 22[3]、23 条[4]以及《民事诉讼法》有关简易程序条款的相关规定予以处理。

4. 司法鉴定管理制度

司法鉴定制度与证据制度、诉讼制度息息相通，相辅而行。作为构成司法制

---

〔1〕《司法确认程序规定》第 13 条后半段“人民法院立案后委托他人调解达成的协议的司法确认”，应按照最高人民法院 2004 年发布的《关于人民法院民事调解工作若干问题的规定》中的有关规定办理。这里所谓“有关规定”是指，有关法院可以委托相关的单位或个人对民事案件进行调解。达成调解协议后，人民法院应当依法予以确认。对于确认的具体方式，《诉讼与非诉讼衔接意见》第 15 条规定，对前述情况下“达成调解协议的，当事人可以申请撤诉、申请司法确认，或者由人民法院经过审查后制作调解书”。参见王亚新：《〈民事诉讼法〉修改与调解协议的司法审查》，载《清华法学》2011 年第 3 期。

〔2〕例如，广东省高级人民法院《关于非诉讼调解协议司法确认的指导意见》第 5 条第 2 项规定，当事人申请司法确认的，应向人民法院提交以下材料：非诉讼调解组织主持调处达成的调解协议原件及复印件。参见《广东省高级人民法院关于非诉讼调解协议司法确认的指导意见》，载法信网 2011 年 2 月 16 日，http://www.faxin.cn/lib/dffl/DfflContent.aspx?gid=B160172&libid=&userinput= 广东省高级人民法院关于非诉讼调解协议司法确认。

〔3〕《关于建立健全诉讼与非诉讼相衔接的矛盾纠纷解决机制的若干意见》第 22 条规定：“当事人应当共同向有管辖权的人民法院以书面形式或者口头形式提出确认申请。一方当事人提出申请，另一方表示同意的，视为共同提出申请。当事人提出申请时，应当向人民法院提交调解协议书、承诺书。人民法院在收到申请后应当及时审查，材料齐备的，及时向当事人送达受理通知书。双方当事人签署的承诺书应当明确载明以下内容：（一）双方当事人出于解决纠纷的目的自愿达成协议，没有恶意串通、规避法律的行为；（二）如果因为该协议内容而给他人造成损害的，愿意承担相应的民事责任和其他法律责任。”

〔4〕《关于建立健全诉讼与非诉讼相衔接的矛盾纠纷解决机制的若干意见》第 23 条规定：“人民法院审理申请确认调解协议案件，参照适用《中华人民共和国民事诉讼法》有关简易程序的规定。案件由审判员一人独任审理，双方当事人应当同时到庭。人民法院应当面询问双方当事人是否理解所达成协议的内容，是否接受因此而产生的后果，是否愿意由人民法院通过司法确认程序赋予该协议强制执行的效力。”

度的核心元素，司法鉴定制度及司法鉴定人出具的鉴定意见在诉讼过程中发挥越来越重要的作用，甚至在某种程度上决定了审判结果。为了保障程序公正和实体公正，满足人们日益纷繁复杂的争端解决需求，中共中央、全国人大常委会及有关的行政主管部门对司法鉴定制度的管理不断进行优化和升级。

2005 年 2 月 28 日，全国人大常委会《关于司法鉴定管理问题的决定》颁布，首次以立法形式确定了司法鉴定的概念，理顺了鉴定人与鉴定机构管理体制，明确了鉴定机构、鉴定人执业的要求及其法律责任；2014 年 10 月 23 日，《中共中央关于全面推进依法治国若干重大问题的决定》明确提出了“健全统一司法鉴定管理体制”“完善鉴定人出庭制度”的任务和要求；2016 年 5 月 1 日修订的《司法鉴定程序通则》正式开始实施，就进一步优化司法鉴定程序，健全鉴定纠错防错机制，提高司法鉴定质量和公信力等问题进行了修改；2016 年 10 月 9 日，最高人民法院、司法部联合颁布了《关于建立司法鉴定管理与使用衔接机制的意见》，就司法鉴定程序不健全、鉴定机构拒绝接受委托、鉴定人执业不规范及拒不出庭等各种因素形成的痼疾进行了专项规定，以期达到缓解鉴定管理与鉴定意见审查和使用之间不衔接引发的鉴定乱象的目的，并进一步促进以审判为中心的诉讼制度改革；2017 年 7 月 19 日，《关于健全统一司法鉴定管理体制的实施意见》指出司法鉴定制度是解决诉讼涉及的专门性问题、帮助司法机关查明案件事实的司法保障制度，提出强化司法鉴定与办案工作的衔接、提高司法鉴定质量和公信力、促进司法公正的要求；2020 年 5 月以来，司法部先后发布《关于进一步规范和完善司法鉴定人出庭作证活动的指导意见》等一批部门规章，对行业突出问题进行了规范和整顿，进一步促进司法鉴定公平公正。

在工具价值层面，司法鉴定有利于助推司法的昌明与进步，对于社会公平价值与社会正义价值的实现具有重要作用。然而我国司法鉴定发展中的职权主义气息较为浓重，影响了司法鉴定的公信力，从而引发了各种实践问题，需要规范进行调整。2005 年《关于司法鉴定管理问题的决定》的出台，使司法鉴定的统一管理制度开始建立，在该决定的规范与指引下，司法鉴定工作破解了部分司法鉴定难题，例如法院下设鉴定机构自鉴自审问题。自此，司法鉴定活动的管理向新的方向发展，司法鉴定工作的管理也开始逐渐走向法制化、科学化与规范化。但是，我国的法治水平与法治理念不断在发展进步，至今我国仍处于由“社会管理”向“社会治理”的转型与升级时期，2005年《关于司法鉴定管理问题的决定》的滞后性开始展现与凸显，已经不能适应新时期新实践新问题的需要。同时，也不能否认该决定的实施所带来的积极影响与重要价值。司法鉴定管理制度作为司法鉴定领域发展较早的法律制度，在学界具有大量理论研究成果，在实务界也有大量部门规章、地方性法规、行业规则的出台，这种态势在党的十八届四中全会明确了“健全统一司法鉴定管理体制”的要求后更为明显，健全统一司法鉴定管理体制是司法体制改革的重要节点与先锋军。值得注意的是，改革固然轰轰烈烈势不可当，但实践当中关于司法鉴定管理的问题却如同顽瘴痼疾一般无法消解。

截至2021年11月，通过司法部的官方网站查询可知全国核准登记的司法鉴定机构共有2978所，司法鉴定人42，481名。司法部网站对鉴定类目进行了更加详细地划分，包括法医病理类、法医临床类、法医精神病类、法医物证类、法医毒物类、文书鉴定类、痕迹鉴定类、微量物证类、声像资料类、环境损害类、司法会计类、计算机鉴定类、建筑工程类、知识产权类、海事物证类、产品质量类、动植物类、化工类、资产评估类、环境损坏类、机动车类、电力类、农业类、水产类、矿产类、机电类、火灾类、涉税类、道路交通事故类、林业类以及其他类。可见近年来，司法鉴定机构与司法鉴定人的数量不断增长，除开四大类（法医、物证、声像、环境损害）外，其他类的司法鉴定工作涉及范围扩大，这是司法鉴定管理制度成效在社会实践层面的投影与映射。纵使我国司法鉴定工作在数据上取得了长足的进步，但司法鉴定的行业乱象也导致司法鉴定公信力产生了负面影响。司法鉴定的丑闻也时有出现，如2018年司法鉴定机构遭员工举报篡改血检数据案[1]、2018年华东政法大学司法鉴定中心主任因保险诈骗被刑拘案[2]以及

〔1〕 参见周金柱：《酒驾血检报告遭篡改3名离职员工举报司法鉴定所》，载《华商报》2018年4月22日，第A5版。

〔2〕 参见胥大伟：《司法鉴定背后的“黄牛”：虚增伤残等级获巨额赔付》，载《中国新闻周刊》2018年11月9日。

2020年经媒体曝光的司法鉴定出具虚假亲子鉴定报告案[1]。这些由媒体曝光的案件也反映出司法鉴定管理工作依然存在很多需要解决的现实问题，放任不理将导致司法鉴定工作的信任危机与价值崩塌。这些问题主要包括司法鉴定的概念与司法体制改革进程不匹配的问题、司法鉴定管理制度尚未统一的问题、司法鉴定管理主体与司法鉴定意见适用主体分离的衔接问题、司法鉴定使用泛化问题、司法鉴定保障体系与资源扶持不足的问题、司法鉴定质量有待提高的问题、司法鉴定准入和退出以及处罚机制不完善的问题以及因前述问题所产生的具体的社会问题。

司法鉴定的概念与司法体制改革进程不匹配的问题。[2]2005年《关于司法鉴定管理问题的决定》对司法鉴定的概念进行了立法界定，将司法鉴定的服务领域限缩于诉讼活动中的专门性问题，即司法鉴定的服务范围是民事诉讼与行政诉讼中的审判与执行活动以及刑事诉讼的立案、侦查、公诉、审判和执行活动。2016年中共中央办公厅发文《关于在北京市、山西省、浙江省开展国家监察体制改革试点方案》，2021年8月20日《监察官法》颁布，标志着我国监察体制改革步入正轨。监察委员会从检察院中剥离了职务犯罪的职权，职务犯罪由监察机关进行调查。其中，监察机关的调查权不同于司法权与行政权，也不是党内监督权，所以监察机关在调查阶段所行使的调查权不同于侦查机关的侦查权。监察机关在调查阶段也会涉及大量的专门性问题需要通过司法鉴定予以查明，但调查活动却并非诉讼活动。显然2005年《关于司法鉴定管理问题的决定》中关于司法鉴定概念的定义已然不能满足现实的需要。为形成司法制度之间的协调与照顾到司法制度间的体系性，司法鉴定概念范围应当将调查活动囊括进去。

司法鉴定管理制度尚未统一的问题。2005年《关于司法鉴定管理问题的决定》的出台与施行对统一司法鉴定管理制度起到了提纲挈领的作用，并具备一定的统一效果，但却依然存在行政管理上的不统一、技术标准上的不统一、制度

---

〔1〕 参见重舟：《非亲生也能办，亲子鉴定何以成贩婴黑产帮凶》，载《新京报》2020年9月12日，第A02版。

〔2〕 参见王连昭、杜志淳：《国家监察体制改革进程中司法鉴定管理改革探究》，载《中国司法鉴定》2019年第1期。

规则上的不统一。第一，行政管理上的不统一。因该决定的条款较少且规定偏原则化，故不同的部门对该法律文件存在不同的理解与解读，这直接造成了我国司法鉴定管理局面的混乱。例如，公安机关和检察院依然存在内设的司法鉴定机构与处于人事管理下的司法鉴定人，法院虽为革除自鉴自审弊端而裁撤了内设司法鉴定机构，但又利用编造司法鉴定名册的所谓“册外册”手段实际上规避了法律的规定。第二，技术标准上的不统一。统一的技术标准不仅是保障司法鉴定意见稳定的重要手段，更是保障司法鉴定的外在权威与公信力的基石，还是司法公正的内在要求。就目前而言，我国的司法鉴定存在多套标准体系，如国家标准、行业标准、职能部门的内部标准等。在同一案件中，如果采取不同的标准体系鉴定评价，可能存在不一样的结果。另外，若在案件中只使用了一种标准，当事人可能会因为另一种标准而提出异议，导致重复鉴定的问题，进而对司法公信力造成严重冲击。第三，制度规则上的不统一。司法鉴定领域尚未出台统一的司法鉴定法，关于司法鉴定管理问题的法律文件也较为分散。

司法鉴定管理主体与司法鉴定意见使用主体分离的衔接问题。[1]为革除自鉴自审、自鉴自侦等职权鉴定弊病，《关于司法鉴定管理问题的决定》明确采用分离式做法管理司法鉴定，旧有的问题确实得到了一定程度上之解决。然而随之而来的是新的问题，即司法鉴定管理的管理主体是司法行政机关，而司法鉴定意见的最终使用主体却是法院。接受司法鉴定意见的法院对司法鉴定工作的优劣与水准具有最直观的感受，对于其中的缺陷与不足法院因为不具有管理者身份而无权评论，对于问题鉴定法院没有管理的路径与手段。司法行政机关的管理端与法院的使用端之间的协调断层，引发了司法鉴定启动难、鉴定意见庭审质证效果欠佳、多头鉴定与重新鉴定现象泛化、鉴定管理名册混乱以及鉴定违规行为处罚迟延等具体问题。

司法鉴定使用泛化的问题。近年来，在依法治国基本方略的驱动下，社会法治意识浓烈，将纠纷与争议诉诸法律成为人们维护自身权益的重要手段与路径。

---

〔1〕 刘鑫、杨帆：《司法鉴定主体信用管理研究——以最高院鉴定人“白名单”“黑名单”为视角》，载《证据科学》2021 年第 1 期。

在诉讼中，打官司就是打证据的证据意识逐步建立起来，被称为证据之王的司法鉴定意见越加受当事人与法官的青睐。至此，伴随法治化的进程与诉讼制度的改革，诉讼中的司法鉴定使用频率增加与适用范围扩大，整体呈现出泛鉴定化的趋势。然而，兼具科学性与公正性的司法鉴定意见是一种理想状态。司法鉴定人的主观认知偏差或客观因素影响，使实务当中的司法鉴定意见往往难以让人满意。同时，在司法鉴定意见上存在权威性认知误区的法官与当事人等诉讼参与人，往往带着科学与实现司法公正的美好愿景，在遭遇专门性问题时会选择直接将问题付诸于司法鉴定，对形成的司法鉴定意见深信不疑。这种对司法鉴定的使用泛化导致剥离了法官对专业问题的审判权，也容易异化司法鉴定对司法公正的促进作用。

司法鉴定保障体系与资源扶持不足的问题。[1]司法鉴定承载司法公正实现的重要利益，司法公正所体现出来的特征是社会公益性，因此司法鉴定是公益性的具体实现手段。现有的司法鉴定保障体系中，存在司法鉴定收费标准公益性与财政资金投入扶持缺位的矛盾。例如，《湖南省司法鉴定收费管理办法》便是秉持这种理念，将司法鉴定机构定义为公益性与服务性机构，准予其收取极为微薄的费用。同时基于市场化与社会化运作，国家财政又未向司法鉴定机构投入资金予以扶持，形成了司法鉴定机构的收费数额仅够维持基本机构运转，而无力更新先进鉴定设备、无法引进更高级人才的困境。

司法鉴定质量有待提高的问题。[2]司法鉴定的质量高低决定着对案件事实的接近程度，优质的司法鉴定直接关联司法鉴定的公信力问题；公信力是司法鉴定的生命线。司法鉴定管理体制改革后，司法鉴定领域开始社会化与市场化。市场化运行的司法鉴定必然受制于市场运行规律，也就是说司法鉴定工作难以避免存在逐利性倾向。此时，社会性司法鉴定机构的独立性与公正性便不再纯粹，司法鉴定机构演变为市场上的营利机构，工作重心也变化为招揽案源与收取费用，司法鉴定人变为了承揽业务的业务员。在这种情况下，司法鉴定“黄牛”现

〔1〕 参见王专明：《湖南司法鉴定管理工作的调查与思考》，载《中国司法》2018 年第 5 期。
〔2〕 参见俞世裕：《司法鉴定管理困境及改革路径——以浙江省为视角》，载《中国司法鉴定》2016 年第 4 期。

象滋生，司法鉴定的结果甚至都无法保证真实，更遑论质量的优劣，进而严重影响司法鉴定的执业秩序稳定与公正价值实现。

司法鉴定准入和退出以及处罚机制不完善的问题。[1]司法鉴定机构与司法鉴定人是司法鉴定活动的主要参与主体，司法鉴定管理活动的核心应当是对此二者执业行为，司法部颁布了《司法鉴定机构登记管理办法》以及《司法鉴定人登记管理办法》。其中，对于司法鉴定机构与司法鉴定人准入条件的规定，存在两个问题：第一是规定的原则性与宽泛性，不便于实际操作；第二是司法鉴定机构与司法鉴定人的准入门槛较低，司法鉴定人仅凭申请以及审核即可，而未设计前置性的职业资格考试，司法鉴定人水平参差不齐；对于司法鉴定机构的准入也较为宽松，使体量小、管理散漫的低水平司法鉴定机构大量催生。另外，司法鉴定机构的注销规定也缺乏具体操作性，司法鉴定行业难以形成完整的准入退出机制，使司法鉴定机构的体量不断增大，但管理水平却得不到提高，管理问题也得不到实质性解决，呈现出司法鉴定行业繁荣与乱象并举的局面。同时，对于违法违规鉴定的情形，针对性的处罚措施同样处于缺位状态，无法有效地对违法鉴定行为赋予不利后果与法律责任，违法成本降低滋生了司法鉴定违法违规执业的可能性。

司法鉴定管理体制改革的最高目标是建立健全统一的司法鉴定管理体制，其改革预期应当有三个层面的内容，即司法鉴定管理体制改革的政策预期、制度预期以及价值预期。[2]三者相辅相成，共同架构起司法鉴定统一管理体制，进而实现向最高目标迈进。

第一，司法鉴定管理体制改革的政策预期。政策的含义是指相对概括性的、大方向性的目标。具体到司法鉴定管理体制的政策预期而言，是指为实现提高司法鉴定可靠性与公信力的目标，以实践问题和理论需要为导向，进而出台的明晰司法鉴定管理范围和管理部门、统一司法鉴定活动的准入条件和标准、规范司

〔1〕 参见俞世裕：《司法鉴定管理困境及改革路径——以浙江省为视角》，载《中国司法鉴定》2016年第4期。

〔2〕 参见霍宪丹：《让科技为正义说话——从建立到健全统一司法鉴定管理体制的改革探索与若干思考》，载《中国司法鉴定》2020年第5期。

法鉴定执业活动以及维护司法鉴定活动秩序的政策要求，以期逐步解决司法鉴定管理中的混乱局面和司法鉴定活动中的突出问题。

第二，司法鉴定管理体制改革的制度预期。司法鉴定管理体制的制度预期是以制度统一化、内容中国化为脉络打造的具有中国乡土特征、满足中国司法实践需要的司法鉴定管理体制。制度由法律法规等规则文件构成，在设立法律制度时，应当考虑合理地协调司法权与司法行政权之间的关系，梳理顺畅司法鉴定活动所涉各主体间的层层管理关系，即需要厘清国家统一管理与侦查部门的垂直管理、司法鉴定行政主管部门与司法鉴定技术主管部门、司法鉴定主管部门的行政管理与司法鉴定行业协会的自律管理之间的关系。

第三，司法鉴定管理体制改革的价值预期。通过对司法鉴定活动的管理，要实现司法鉴定活动的公正价值，使司法鉴定活动在程序公正与实体公正的价值目标支配下活动，通过司法鉴定活动本身的程序公正与实体公正的实现来助推司法活动程序与实体的公正价值。

司法鉴定的统一管理体制改革工作初见成效，由最初的建立统一司法鉴定管理体制到如今的健全统一司法鉴定管理体制的转变，说明我国统一司法鉴定管理体制已经初步建设成功。但是，依然存在部分管理难题与行业混乱现象需要进一步“健全”体制，司法鉴定统一管理体制的改革步入深水区。健全统一司法鉴定管理体制的提出具有其现实基础，主要包括实践基础、必要性基础及技术基础。

第一，实践基础。司法鉴定统一管理体制的初步建立，使司法鉴定管理工作的统一化建设框架形成。在现有司法鉴定管理制度框架的基础上，对不健全不完善的地方进行修正与补充，便是健全统一司法鉴定管理体制的良方。健全统一司法鉴定管理体制存在实践问题多发与顶层设计不匹配的矛盾，对顶层设计目标与价值要求的追逐是健全统一司法鉴定管理体制的实践基础。另外，“让失信者寸步难行”的社会信用体系建设初见端倪，社会信用评价体系引入司法鉴定管理当中，建设黑名单、白名单制度，也是健全统一司法鉴定管理体制的实践基础之一。

第二，必要性基础。证据认定体系是人类文明社会的基础架构，司法鉴定活动是发现事实的求真活动，本身代表着人类对真善美的美好愿景与追求。健全统一司法鉴定管理体制便于更好地回应人类的这一本能诉求，存在必要性基础。

第三，技术基础。国家依法治国理念的全面推行，法治意识的抬头致使社会诉讼案件增多，司法鉴定活动频繁。世界科学技术发展尤其是互联网技术拉近了世界的距离，互联网技术的发达给健全统一司法鉴定管理体制带来了技术基础。一方面，在司法鉴定机构与司法鉴定人的管理方面，互联网大数据技术、人工智能技术、云计算技术、区块链技术等均可以用于构建即时、顺畅、通达的管理系统，使劣迹司法鉴定机构与司法鉴定人无处可藏，用透明化建设倒逼司法鉴定机构与司法鉴定人遵纪守法地进行执业活动。另一方面，各种智能化技术手段可以帮助司法鉴定活动获取更全面、更详细的信息，通过对信息的大数据分析与推理，可以更准确地认定事实。通过大数据等智能技术手段进行司法鉴定活动时，可以不再受制于样本的数量得出大致结论，大数据直接使用所有样本数据进行计算与推导。

健全统一司法鉴定管理体制是针对现有的司法鉴定管理体制的不足与问题而提出的，其落脚点应当是“统一”。“统一”应当是指对司法鉴定的各项工作所涉及的内容均要做步调协调与共同发力，以促进司法鉴定体制改革目标的实现。健全统一司法鉴定管理体制的主要内容，学界不同学者持不同意见，主要是宏观与微观的差异、抽象与具体的分野以及概括与细分的区别。

王连昭与杜志淳教授认为，应当出台司法鉴定法，其包括两个部分的内容：第一是司法鉴定应当统一管理的价值意旨，第二是司法鉴定统一管理的制度组成架构。第一个部分的内容由四个层面的内容组成，即司法鉴定机构的设置主体应当统一为政府，司法鉴定的管理工作应当收归某一特定部门而不能泛化，按照统一的标准进行管理，以及按照统一的规则进行司法鉴定活动。第二个部分的内容由三个层面的内容组成，即司法鉴定行政管理制度、司法鉴定技术管理制度以及司法鉴定行业管理制度。[1]

---

〔1〕 参见王连昭、杜志淳：《国家监察体制改革进程中司法鉴定管理改革探究》，载《中国司法鉴定》2019年第1期。

丛斌院士认为，司法鉴定管理体制统一的要求是将司法鉴定的各项工作做到有法可依，实现司法鉴定行政管理与司法鉴定行业管理的统一，实现司法鉴定技术标准的统一，实现司法鉴定活动程序的统一，实现司法鉴定机构与司法鉴定人准入条件与名册编制的统一，实现司法鉴定机构和司法鉴定人权利与义务的统一。〔1〕

司法鉴定管理制度可以司法鉴定活动的参与主体为线索进行设置，即以司法鉴定人、司法鉴定机构以及司法鉴定行业为框架探究健全统一司法鉴定管理体制的主要内容。第一，司法鉴定人相关的健全统一司法鉴定管理体制的内容。主要包括统一司法鉴定人的准入与退出制度，统一司法鉴定人的执业与年检制度，统一司法鉴定人的出庭作证制度，统一司法鉴定人的教育与保障制度，以及统一司法鉴定人的助理与辅助人制度。第二，司法鉴定机构相关的健全统一司法鉴定管理体制的内容。主要包括统一司法鉴定机构资质管理制度，统一司法鉴定机构执业管理制度，统一司法鉴定机构质量管理制度，统一司法鉴定机构纠错管理制度，以及统一司法鉴定机构信访投诉管理制度。第三，司法鉴定行业相关的健全统一司法鉴定管理体制的内容。主要包括统一司法鉴定活动职业伦理制度，统一司法鉴定行政管理、技术管理和行业管理相结合制度，统一司法鉴定行业协会管理制度。

健全统一司法鉴定管理体制要求司法鉴定管理达到实质统一的要求。在司法鉴定人的管理当中，其核心应当是司法鉴定人的准入资格与退出机制管理。在设计准入与退出规则时，应当以问题为导向。现有关于司法鉴定人准入与退出的四大问题的应对方式与规则设计应当包括以下几个方面。

第一，统一司法鉴定职业考试，实行双证准入制度，将司法鉴定人的形式准入审查升级为实质审查。在司法鉴定人管理立法的思路上可以延续现行《司法鉴定人登记管理办法》的模式，即可采取正向认可与反向否定的思路设计司法鉴定人的准入条件。就正向认可而言，施行司法鉴定双重准入制度，即国家实行

〔1〕 参见丛斌：《加快司法鉴定管理体制改革　助推社会治理能力提升》，载《中国司法鉴定》2020年第5期。

司法鉴定人职业资格准入与执业资格准入的双重准入制度，通过职业资格准入与执业资格准入的双重准入门槛的衔接，将能力水平不达标的人员筛选出来，有利于整体提升司法鉴定人的职业能力与水平。进一步而言，设定职业资格考试一般规则，由国家实行司法鉴定人职业资格分类考试制度。符合法律规定条件的公民可以申请参加司法鉴定人职业资格考试，通过后可以依申请取得国家司法鉴定职业资格证书。

第二，统一司法鉴定人登记管理主体与准入标准，无论是社会司法鉴定人还是侦查机关的公职司法鉴定人，应当全部归口于司法部及省、市、区县司法局统一管理，取缔侦查机关的登记造册管理权限。在规则设计层面，应当规定司法鉴定人的范围，从概念上将所有类别的司法鉴定人的管理集中统一起来，采取授予司法鉴定人执业资格审批的行政许可开始介入司法鉴定人管理工作的方式，设置司法鉴定人执业审批规则，同时明确司法鉴定人的多级别登记管理主体。

第三，严格司法鉴定人执业资格延续审核，提高司法鉴定人的危机意识以此促进司法鉴定人的专业素养和鉴定质量。在此语境下，应当设定司法鉴定人执业资格证书的有效期限，在期限内司法鉴定人若更换执业机构，可以申请换发新的执业资格证书而无须进行除年检外的其他审核；司法鉴定人在期限届满后应当接受严格的审核，经审核合格的可以准予延续一次执业期限。

第四，完善司法鉴定人退出管理规则。司法鉴定人身份既然可以通过准入而取得，那么也可以伴随注销登记状态而退出。退出的方式包括主动退出与强制退出两种情况：主动退出情形主要是依申请的主动退出以及执业期满不再延续的默示退出，强制退出主要是指司法鉴定人进行不正当鉴定活动触及退出机制。

司法鉴定人执业管理是司法鉴定人管理规则的核心与关键。司法鉴定人执业活动中存在违规鉴定、“鉴定黄牛”、“人情鉴定”、“一人包打天下”[1]等现象，执业活动管理制度的不完善是该现象产生的重要原因。当然，司法鉴定人执业

---

〔1〕 杜志淳：《建立统一的司法鉴定人职业准入制度》，载《中国司法鉴定》2003年第4期。

管理规则的核心应当是保障司法鉴定活动的合法性、真实性与科学性，与之同等重要的是保障司法鉴定人在执业活动中的纯洁性。因此，司法鉴定人执业管理制度主要涉及司法鉴定人的执业责任、执业限制、执业收费、执业权利与义务。另外，司法鉴定人执业资格 5 年才进行一次重大审核活动，为严守监管防线，避免因长时间放任司法鉴定人而导致司法鉴定人队伍纪律涣散，还需要完善司法鉴定人的年检管理规则。

在规则层面，在泛鉴定化与以鉴代审实践问题突出的现状下，严格把控司法鉴定人作出的司法鉴定意见是有必要的，而最好的监管是使被监管对象产生敬畏。对此，可以设定司法鉴定人执业负责制规则，“司法鉴定人应当对其作出的司法鉴定意见的真实性与合法性负责”。要想解决司法鉴定人“人情鉴定”“金钱鉴定”“一人包打天下”等与利益有关的问题，可行性路径是切断利益关联，一方面减少执业利益冲突，另一方面减少司法鉴定人可涉及的鉴定类目，可以对司法鉴定人的执业范围进行规则限制。对司法鉴定人的执业范围与领域予以限定，利于保障司法鉴定意见的质量。毕竟人的精力是有限的，若什么类型的鉴定都能被同一名司法鉴定人参与并出具意见，其司法鉴定意见的质量与真实性便可想而知。另外，为了保障与规制司法鉴定人执业活动正常及有序地开展，有必要对其执业权利与执业义务进行规则设计。

现行规定中司法鉴定人执业期限是 5 年，然而过长的期限设定可能致使司法鉴定人放松纪律，无法获得制度上的紧迫压力而放任自己的执业行为，不利于司法鉴定活动的高质量与有序开展。因此，可以考虑在规则层面设置司法鉴定人的年检制度，对司法鉴定人的执业活动进行年度审查，这有利于引导司法鉴定人在执业年度中规范执业。规则设计如下：司法鉴定行业协会在司法行政机关的指导下开展司法鉴定人执业年检，不适合继续执业的司法鉴定人，不予通过年检。未通过年检的司法鉴定人作出的司法鉴定意见不得作为裁判依据。在规则具体落地层面，可以参考作为司法鉴定信息化建设试点的江苏省，开启“区块链 + 司法鉴定”公共服务模式，对所有关于司法鉴定人是否经过年检、是否存在不当鉴定行为的数据进行一体化管理，做到监管信息必上链，全国随地可查，避免蒙混过关的情况发生，让司法鉴定监管在阳光下运行。

实务当中存在司法鉴定意见质量差而导致重复鉴定或者影响司法不公与公信力受损的问题，该现象的产生与司法鉴定人的能力素养不高、鉴定能力差密不可分，需要在管理规则上强调司法鉴定人的继续教育问题。另外，固然司法鉴定领域管理性的法律文件层出不穷，不断增设法律文件对于细化司法鉴定管理与健全统一司法鉴定管理体制具有重要推进作用，然而在现行法当中，制度设计理念偏重于加强司法鉴定人的义务管理，而较少强调对司法鉴定人的权利保障。[1]由此，便存在司法鉴定保障管理制度缺失的问题，不利于司法鉴定管理健全统一改革的进一步深化。前述问题的出现，与现有的司法鉴定人的教育与保障管理制度不匹配实践需要的现状有关，需要重构司法鉴定人的教育与保障管理规则设计。

就规则层面而言，司法鉴定意见的质量体现在科学性与客观性上，解决司法鉴定意见质量不高问题的路径在于提高司法鉴定人的技术水平与鉴定能力，而其落脚点在于加强司法鉴定人的继续教育义务、保障司法鉴定人的继续教育权利，"司法鉴定人应当参加司法行政机关以及行业协会组织的定期业务培训、法律知识培训与职业道德培训。培训实施考试制度，考试不合格不予通过年检"。设计义务限制规则的初心是统一管理司法鉴定人的行为，而权力赋予规则的出现则可以保障司法鉴定活动更加积极主动地开展。

司法鉴定机构资质管理制度，是司法鉴定机构的准入管理规则、等级管理规则、退出管理规则等的集合。准入管理规则又分为资格准入与执业准入：资格准入是指司法鉴定机构满足一定条件便具备申请司法鉴定机构执业的资格，执业准入是指司法鉴定机构申请经审批通过并取得执业许可后可以承接司法鉴定业务的规则。等级管理规则是对司法鉴定机构间等级评定的规则。退出管理规则是司法鉴定机构主动注销与强制注销的规则。

一是准入管理规则。准入管理是对司法鉴定机构管理的第一道门槛，通过

---

〔1〕 参见胡祖平：《司法鉴定人权利保障问题研究——从一起司法鉴定投诉引发的思考》，载《中国司法鉴定》2016年第3期。

准入规则筛选出一批资质优、能力强的司法鉴定机构是纾解司法鉴定机构鉴定质量不高问题的一剂良药，可防止司法鉴定领域的“低门槛滥入”。司法鉴定机构的准入规则应当包含一般准入条件和特别准入条件。一般准入条件是指司法鉴定机构应当具备作为独立主体登记的资格以及风险赔付能力；特别准入条件是指司法鉴定机构应当具备开展司法鉴定活动的能力。

二是等级管理规则。司法鉴定机构是否应当实行等级管理在学界存在争议。郭华教授认为，遴选国家级司法鉴定机构并不能解决“重复鉴定”问题，反而会违背科学无行政等级的基本规律，给司法鉴定改革造成负面影响。[1]然而，对司法鉴定机构实施等级管理却非常有必要，[2]毕竟科学无行政等级是理想语境。实务当中，司法鉴定机构之间存在设备精良程度的差异，直接实施司法鉴定行为的司法鉴定人员的技术水平也分高低。所以，司法鉴定机构之间存在谁更可能接近科学真相的差异性，也即司法鉴定机构之间的优劣之别与高下之分。应当采用多因素综合考量的方法评价司法鉴定机构之间的等级，如此一来司法鉴定机构的等级会充分反映其司法鉴定能力状况、信誉情况、服务水平等信息。同时，可以设置等级升降制度，根据定期考核情况如实评定下一期间司法鉴定机构的级别，而司法鉴定机构为了维护其等级也会主动提高服务水平。

三是退出管理规则。司法鉴定机构随着经营时间的推移，可能出现技术与设备老化不能适应实践需要或者出现违法违规经营等情形。此时司法鉴定市场充斥大量需要被清理的司法鉴定机构，应当预先设置一定的退出条件，不然司法鉴定机构冗沉于市场，将会使低质量鉴定充塞于司法鉴定活动。

完善司法鉴定机构执业管理制度。第一，司法行政机关对司法鉴定机构执业的管理规则。就现有的执业管理范围而言，在司法部《关于严格准入　严格监管　提高司法鉴定质量和公信力的意见》出台后，对“四大类”外的司法鉴定

---

〔1〕 参见郭华：《对我国国家级鉴定机构功能及意义的追问与反省——评我国国家级司法鉴定机构的遴选》，载《法学》2011年第4期。

〔2〕 参见朱晋峰、沈敏：《司法鉴定机构等级管理基本问题论纲》，载《中国司法鉴定》2013年第6期。

机构管理持否定态度[1]，造成司法鉴定机构管理范围不匹配实际管理需要的状况。为保证对司法鉴定机构的统一化管理，管理范围应当扩大为所有开展司法鉴定活动的机构。司法鉴定活动是多发与频繁的活动，因此对于司法鉴定机构的管理要建立常态化管理规则，即司法鉴定机构年检规则，通过合理期间内对司法鉴定机构执业活动的监管达到规范司法鉴定机构执业活动的目的。另外，需要特别关注的是司法鉴定机构如何开展司法鉴定活动的规则设计，即司法鉴定机构的权利与义务规则。司法鉴定机构是直接对外承接司法鉴定委托的主体，最终对司法鉴定活动的质量负责，因此司法鉴定机构的权利至少包括独立接受委托权以及对司法鉴定活动的管理权。同时，司法鉴定机构开展司法鉴定活动也应当依法依规进行，不违背科学技术操作标准与规范，保障司法鉴定活动的合法性、科学性与中立性。值得一提的是，司法鉴定机构在进行司法鉴定活动时，属于经营行为的一种，这意味着司法鉴定机构存在基于不正当行为导致损害发生的情形，需要履行赔付责任，一旦履行不能就有可能遭遇破产退出市场的后果。因此，有必要将执业风险转移给第三方，最好的第三方是专门从事射幸赔付业务的保险公司。第二，司法鉴定机构对其司法鉴定执业人员的管理规则。司法鉴定机构对其司法鉴定执业人员的管理，是一种权力也是一种义务。司法鉴定机构是对外独立接受委托的主体，也是直接对外承担赔偿责任的主体，因此需要保障司法鉴定意见的质量以规避执业风险。要保障司法鉴定意见的质量，落脚点在于管控司法鉴定人的执业行为。

司法鉴定机构基于组织属性无法直接参与司法鉴定意见的出具，司法鉴定人是司法鉴定活动的亲历主体，但司法鉴定机构却可以通过对司法鉴定人行为的监管间接把控司法鉴定意见的质量，这是司法鉴定机构质量管理制度。司法鉴定机构质量管理主要聚焦于两个司法鉴定活动阶段，即司法鉴定意见形成阶段与司法鉴定意见形成后的纠错阶段。司法鉴定机构在司法鉴定意见形成阶段进行质量管理，有助于最大限度保证司法鉴定意见的准确性与科学性，减少鉴定

---

〔1〕 参见远丽辉：《司法鉴定机构管理优化相关问题初探——以“四大类”外司法鉴定机构为视角》，载《中国司法》2020年第12期。

事故的发生。同时，司法鉴定意见存在错误的情形也在所难免，所以有必要建立司法鉴定意见的纠错机制，以便减少争议、增进司法效率，但现状中存在纠错机制缺失和无制度保障的问题。[1]

司法鉴定机构是直接对外接受委托的主体，在法律上是当然的责任主体，而导致司法鉴定机构对外产生责任的一般是司法鉴定人的不当执业行为。参照律师事务所与律师之间责任承担的问题，可以考虑设计司法鉴定机构对外承担责任后可以向司法鉴定人追偿的规则，用法律责任上的不利后果对司法鉴定人的行为进行管理与规范。与此同时，司法鉴定机构也不能忽视自身过错问题。为避免出现因司法鉴定机构监管不到位而产生法律责任的问题，司法鉴定机构可以对司法鉴定活动进行形式审查[2]，要求司法鉴定人遵守规范合法的流程进行执业活动。司法鉴定机构在经审查发现司法鉴定活动存在形式上不规范或实质上发生错漏等情形时，可以要求司法鉴定人进行程序上的补正与文书上的矫正。并且，司法鉴定机构应当将前述信息进行统一记录，结合互联网与区块链技术建设司法鉴定机构信息管理系统，将记录的数据统一上报到行政主管机关。这有利于行政主管机关全面与准确了解司法鉴定人的鉴定行为，与司法鉴定人年检规则配合以实现点对点管理。

司法鉴定投诉是投诉人通过信访投诉的途径实现自身目的的行为。近年来，基于当事人维权意识提高、司法鉴定管理存在制度上缺陷等原因，司法鉴定投诉量剧增。其中有采用合法手段正当维权的投诉人，也不乏有欲图通过非法“闹鉴”“缠鉴”实现自身诉求的投诉人。[3]同时，投诉人将内容相同的投诉信件仅更换投诉受理机关名称后便多方散发的情形较为常见，造成多头投诉与重复投诉的问题。[4]这些现象进一步扰乱了统一司法鉴定管理体制的健全。投诉人

---

〔1〕 参见朱兰：《司法鉴定意见纠错机制及制度探讨——以面向社会服务的鉴定机构和鉴定人为视野》，载《中国司法鉴定》2012 年第 3 期。

〔2〕 参见张峰、周雪文：《司法鉴定机构的内部审核与管理评审》，载《中国检验检测》2020 年第 6 期。

〔3〕 参见包建明：《司法鉴定机构信访投诉实务探究》，载《中国司法鉴定》2010 年第 3 期。

〔4〕 参见杨进友：《司法鉴定投诉制度研究——以鉴定机构和鉴定人为视角》，载《中国司法鉴定》2015 年第 2 期。

进行信访投诉必然是产生了现实争议，且不论投诉人的诉求是否能够得到支持，被投诉司法鉴定机构以及相关主管部门应当以化解矛盾为出发点开展信访处理工作。有学者认为处理司法鉴定机构信访投诉应当秉持合法原则、第一时间原则、真诚沟通原则、权威证实原则、承担责任原则。[1]具体而言，处理司法鉴定机构信访投诉应当建立统一防控体系，将信访投诉统一接收后再分别移送，非专门机构不再受理司法鉴定信访投诉，化解多头投诉难题；应当建立信访投诉信息化平台，便于通过数据管理系统即时向投诉人反馈处理进度，让投诉人直观看见处理进度，利于消解矛盾；应当建立危机介入制度与重大事项报告制度，在重大疑难、矛盾尖锐的案件中，投诉主体之间的矛盾激烈，常态处理机制并不能满足需要，应当设置特殊程序介入。另外，可以建立信访投诉分级处理机制，在“司法行政机关—司法鉴定行业协会—司法鉴定机构—司法鉴定人”四级管理模式下，分级处理信访投诉事项。司法鉴定机构承载对司法鉴定人的管理职责毋庸置疑，因此投诉人对司法鉴定人的投诉应当由司法鉴定机构处理。同理，对司法鉴定机构的投诉应当交由司法鉴定行业协会处理，对司法鉴定行业协会的投诉应当由司法行政机关受理。投诉人对信访投诉的回函或处理结果不满意，则可以向上一级管理机关申请复核。

司法鉴定行业管理是司法鉴定管理体制立法研究的重要组成部分。党的十八届四中全会审议通过了《中共中央关于全面推进依法治国若干重大问题的决定》，其中对人民团体与社会组织在法治社会建设中的积极作用进行了阐述。有专家认为，司法鉴定行业协会是由司法鉴定人、司法鉴定机构在自愿的基础上组成，以维护司法鉴定行业整体利益与会员利益为意旨的社会组织。具体到司法鉴定领域，司法鉴定行业协会便是这样的人民团体与社会组织，司法鉴定行业管理的主体是司法鉴定行业协会。[2]因此，党的十八届四中全会通过的《中共中央关于全面推进依法治国若干重大问题的决定》明确了司法鉴定行业协会参与司法鉴定管理对健全统一司法鉴定管理体制的重要价值。另外，引入司法鉴定

---

〔1〕 参见包建明：《司法鉴定机构信访投诉实务探究》，载《中国司法鉴定》2010 年第 3 期。

〔2〕 徐为霞：《司法鉴定行业自律的内容描述》，载《河南司法警官职业学院学报》2017 年第 4 期。

行业协会管理有利于弥补司法鉴定行政机关在管理范围上的不足，有利于辅助司法鉴定行政机关开展监管工作，有利于提高司法行政机关的管理效能，具有必要性。[1]

现行法中，司法鉴定管理实行的是“行政＋行业”的两结合管理模式，司法鉴定行业协会参与司法鉴定管理对落实《关于司法鉴定管理问题的决定》精神以及对达成统一司法鉴定管理目标经实践检验是行之有效的手段，我国司法鉴定行业化结构已经形成。当然，司法鉴定行业管理的运行现状中仍然存在很多问题，这些问题表明司法鉴定统一管理体制尚待完善，同时这些问题也是通往健全统一司法鉴定管理体制之路的绊脚石，制约了司法鉴定行业的发展。司法鉴定行业协会的发展现状中，主要存在司法鉴定行业协会定位不科学不准确的问题、司法鉴定行业协会会员覆盖面不足的问题、司法鉴定行业协会管理职能虚化的问题、全国性司法鉴定行业协会缺位的问题等。

司法鉴定行业协会本身是司法鉴定人与司法鉴定机构共同发起成立的自律性组织；自律在于自我约束与自我规范，因此司法鉴定行业协会自诞生时起便天然带有管理司法鉴定人与司法鉴定机构的基因，这是司法鉴定行业协会向下管理属性的体现。此外，从司法鉴定行业协会的概念来看，其属于司法鉴定领域的社会团体。健全统一司法鉴定管理体制的旨趣在于统一管理司法鉴定领域中的所有司法鉴定主体与司法鉴定行为。显然，司法鉴定行业协会作为司法鉴定领域的社会团体是司法鉴定的主体，其所实施的行为是司法鉴定行为。所以，司法鉴定行业协会不仅是向下管理的主体，还是向上接受管理的主体。司法鉴定行业协会在司法鉴定管理中起到承上启下的作用，形成了“司法行政机关—司法鉴定行业协会—司法鉴定机构—司法鉴定人”的四级管理模式。

司法鉴定行业协会向下管理与向上接受管理存在共同的问题，即制度缺失的问题。现有司法鉴定管理规范主要是围绕司法鉴定人管理与司法鉴定机构管理展开，较少涉及司法鉴定行业协会管理的内容，不论是向下管理还是向上接受

---

〔1〕 杜志淳等：《司法鉴定法立法研究》，法律出版社 2011 年版，第 241～242 页。

管理。因此在制定司法鉴定法的管理部分时，应当注重考虑司法鉴定行业协会的管理立法，这不仅是对制度缺失的补足，更是健全统一司法鉴定管理体制的要求。

早在 2003 年，我国就提出要在 5 年内建立起社会信用体系。构建和完善社会信用体系是我国顶层设计的重要布局。为在司法鉴定管理领域响应国家信用社会布局，2005 年出台的《司法鉴定人登记管理办法》第 27 条明确规定了要建立司法鉴定人诚信档案与诚信等级评估制度。然而，在《司法鉴定人登记管理办法》实施多年后的今天，司法鉴定诚信人档案与诚信等级评估制度仍然未进行规则性明确，缺乏规则指引。另外，司法鉴定体制的市场化改革催生了大量非诚信的司法鉴定行为，"金钱鉴定""人情鉴定"等实践问题严重损害了司法鉴定的社会公信力，因此有必要对司法鉴定活动主体进行诚信档案记录，以拨正当前司法鉴定市场乱象。

现行法中司法鉴定行业诚信管理制度是围绕司法鉴定人诚信管理展开的[1]，有专家认为司法鉴定人诚信管理属于司法鉴定机构内部管理的范畴。[2]这种做法与认知固然抓住了司法鉴定活动的核心主体，但却忽略了直接对外独立接受委托的主体是司法鉴定机构而非司法鉴定人。司法鉴定行业诚信管理的主体范围应当不仅包括司法鉴定人，还应包括司法鉴定机构。同时，诚信档案建设与诚信等级评估属于操作层面的事项，司法鉴定行业协会因直接接触司法鉴定机构与司法鉴定人的实务管理，故其作为诚信管理主体较为适宜，司法行政机关可以参与其中进行制度指导与资源扶持。司法鉴定行业诚信管理的内容应当是诚信档案管理与诚信等级评估管理。诚信档案管理是指司法鉴定行业协会对司法鉴定机构、司法鉴定人执业活动中的行为进行全面记录，并形成司法鉴定诚信档案数据库。司法鉴定行业协会做好与法院的衔接工作，确保司法鉴定管理与司法鉴定意见使用机关不脱节。依托"互联网 +"与大数据技术手段对诚信档案数据库进行动态化管理，设置司法鉴定行为诚信阈值，不诚信的司法鉴定机构与司法鉴定人达到一定频次后启动预警机制，系统自动将该司法鉴定机构或司法鉴定

〔1〕 参见王延蕊、程卫华：《司法鉴定行业建立诚信档案论》，载《中国司法鉴定》2008 年第 1 期。
〔2〕 参见杨瑜娴：《区域视域下司法鉴定行业创新路径研究》，载《学习与实践》2015 年第 12 期。

人纳入“黑名单”。进入黑名单的司法鉴定机构或司法鉴定人将丧失作为备选主体参与司法鉴定机构选取摇号活动的资格，这是以无法承接司法鉴定业务的惩戒措施倒逼司法鉴定机构与司法鉴定人诚信履行职责。另外，还需要实行正向激励机制，对司法鉴定活动的机构与人员进行综合信用评级，对长期诚信守法开展司法鉴定活动的机构和人员予以更高级的等级评估，让诚信者一路畅通。

应当看到，作为稳定社会秩序的平衡器，维护公民合法权益的最终防线，诉讼已然成为解决纠纷和争议的权威渠道。伴随着社会主义法治建设的持续推进，司法公正成为法治追求的永恒主题。实现司法公正不仅需要实体法的规范，也需要程序法的制约。因此，正确认定事实，准确核实证据，规范适用法律，成为了实现司法公正的必然要求。历史表明，司法鉴定是个人知识有限性与社会知识无限性对立矛盾运动而形成的产物，也是社会分工与专业分工不断细化的必然结果。在案件的审理过程之中，作为事实裁判者的法官，有义务依据“以事实为根据，以法律为准绳”的原则查明案件事实，并科学定案裁判。然而，无法准确查明并认定案件事实，就无法保证法律的正确适用。正是因为司法鉴定具有科学性，且依赖司法鉴定而形成的鉴定意见是法定的证据形式之一，所以司法鉴定制度成为了法官认定事实、厘清证据体系、明确双方责任的重要帮手。但是，受制于司法鉴定管理和鉴定程序等因素，我国司法鉴定的发展还有待进一步提高。为此，学界很多学者发出了呼吁，为司法鉴定法治化进程摇旗呐喊，作出了应有的贡献。

健全统一司法鉴定管理体制，不仅需要对司法行政主管部门、司法鉴定机构行业、司法鉴定机构和鉴定人的权利进行分配，而且还需对侦查机关、公诉机关和审判机关在适用鉴定程序方面进行规范。我国的司法实践经验证明，不规范的司法鉴定形成不规范的鉴定意见，不规范的鉴定意见导致冤假错案。受历史与现实多重因素的影响，我国司法鉴定制度与诉讼制度存在诸多问题，在服务司法机关、公民、法人和社会组织等方面还存在严重不足。一方面，因司法鉴定管理制度不尽合理，形成了鉴定资源垄断和鉴定权力的封闭，导致当事人的鉴定维权渠道不畅；另一方面，由于司法鉴定与诉讼程序的衔接缺乏足够的沟通，鉴定意见的合法性、客观性、中立性与认定案件事实之证据所要求的真实性、合法性与关联性饱受当事人的质疑。另外，司法鉴定行业还存在一些诸如鉴定机构布局不合理、鉴定人层次和水平不高、鉴定资源分布不平衡等问题，而因其引发的重复鉴定、多头鉴定等尾大不掉的问题始终没有得到有效根治。这些问题不仅影响了鉴定行业的形象，而且导致审判工作难以高效运转。对于司法鉴定当中存在的各种矛盾，还需从根本上提出解决方案，才能有效推动司法鉴定的法治化进程。因此，国家应当推动司法鉴定领域的统一立法，使司法鉴定活动进入法治化轨道，从而实现公正司法的目标。

5. 专家辅助人制度

伴随经济社会快速发展，越来越多的法律纠纷因涉及医疗卫生、环境保护、产品质量、建筑施工等行业而日渐凸显出专业知识的重要性，由此导致人民法院倾向于邀请具有专门知识的人协助法官参与审判。纵观域外各国和地区，具有专门知识的人员参与诉讼大致包括以下几种类型：一是大陆法系的司法鉴定人制度；二是英美法系的专家证人制度；三是英国〔1〕、美国〔2〕和意大利施行的技术顾问制度〔3〕；四是德国的技术法官制度〔4〕；五是日本、韩国和我国台湾地区的技术调查官与专业委员制度〔5〕。我国自20世纪70年代以来，陆续通过一系列规范文件确立了司法鉴定人、专家辅助人以及司法技术人员（技术咨询专家）参与法院审理的具体模式。〔6〕这其中值得关注的是专家辅助人制度。概括地讲，专家辅助人并非严格意义的法律概念，而是理论界与实务界对相关司法解释文字表达的统称。例如，最高人民法院《关于民事诉讼证据的若干规定》第61条规定，当事人可以申请有专门知识的人出庭。类似地，2002年施行的最高人民法院《关

〔1〕 See Louis Blom-Cooper, *Experts and Assessors: Past, Present and Future*, C.J.Q. 2002, 21(Oct.).

〔2〕 See Dauchot, Luke L. and Metzcar, Jeffrey C. *Technical Advisors: Welcome Scientific Education, But at What Cost to a Patent's Notice Function*? IP Litigator (March 01, 2003).

〔3〕 参见程衍：《"有专门知识的人"制度的域外介绍——以大陆法系国家和地区刑事诉讼程序为视角》，载《中国政法大学学报》2016年第2期。

〔4〕 参见郭寿康、李剑：《我国知识产权审判组织专门化问题研究——以德国联邦专利法院为视角》，载《法学家》2008年第3期。

〔5〕 参见易玲：《日本专利无效判定制度之改革及其启示》，载《法商研究》2017年第2期。

〔6〕 参见郑飞：《论中国司法专门性问题解决的"四维模式"》，载《政法论坛》2019年第3期。

于行政诉讼证据若干问题的规定》第48条规定，当事人可以向法庭申请由专业人员出庭进行说明。此处的“有专门知识的人”和“专业人员”实际上指的就是“专家辅助人”。[1]专家辅助人参与诉讼具有标志性的案件是1998年的福州“IP电话案”，该案中双方当事人乃至法庭均邀请了专家出庭，就网络电话的相关原理作出说明，专家辅助人的意见为法院正确审理此案提供了充分而有效之参考。[2]

同时，该案也引起了实务界与理论界人士的广泛反思：一方面，借助司法鉴定的方式弥补法官对特定领域的知识盲点，无论是对法官独立行使裁判权还是对当事人诉讼权利的保障而言都有潜在隐患。也就是说，法官因知识隔膜产生的“信息空洞”[3]使其盲目遵从鉴定意见并将其作为裁判依据，这种做法实际上将涉及专门性问题的事实认定权让与给了外行的鉴定人员。进一步而言，这种遵从和让与“并非因为审判人员对该意见表示理解或者赞同，而仅仅意味着采纳他人的意见作为正确的意见，并将事实认定的决定权移交给了他人”。类似地，当事人不仅对技术性较强的鉴定文书缺乏理解能力，而且依据程序法条款申请补充鉴定或者重新鉴定获得准许的概率微乎其微。由此带来的严重后果便是滋生了一批冤假错案，例如呼格吉勒图案、念斌案等。另一方面，邀请专家出庭说明情况的做法也使诉讼各方认识到，具有专业知识的人参加诉讼所发挥的作用并非仅仅是辅助性的。实际上，允许具有专业知识的人说明情况有利于法官构筑审查科学证据的“防火墙”，不仅缓解了多头鉴定或重复鉴定带来的负面影响，而且有效降低了法官对鉴定意见的依赖程度，打破了鉴定人“一言堂”的局面。对双方当事人而言，聘请专家辅助人针对鉴定意见发表专业观点，并就此专

---

〔1〕 尽管“专家辅助人”并非严格的法律概念，仅仅是《民事诉讼证据规定》起草者理解该司法解释时下的定义，具体参见最高人民法院民事审判第一庭：《民事诉讼证据司法解释的理解与适用》，中国法制出版社2002年版，第296页。但目前这样的统称或混用在其他司法解释中已相当普遍。例如，2015年最高人民法院《关于认真学习贯彻适用〈关于适用《中华人民共和国民事诉讼法》的解释〉的通知》，2015年最高人民法院《关于当前民事审判工作中的若干具体问题》，等等。

〔2〕 参见郭华：《我国专家辅助人制度创新的实用主义及立法的模糊立场——基于司法实践的一种理论展开》，载《中国司法鉴定》2013年第5期。

〔3〕 Gary Edmond, *Forensic Science Evidence and the Conditions for Rational (Jury) Evaluation*, 39 Melb. U.L.Review 77(2015).

门性问题配合诉讼双方对鉴定意见进行质证，提高了当事人对专业性问题的质证能力，有助于形成实质庭审和有效对抗的局面。

然而，专家辅助人制度在司法实践的具体运作中也暴露出一些问题，例如专家辅助人身份多重性问题。综合目前的法律规定，专家辅助人的身份具有三种类型：一是具有当事人律师的身份；二是具有当事人证人的身份；三是在《民事诉讼法》的部分规定中被认定为当事人。由此导致实务中的法庭布局、裁判文书的用语表达以及专家辅助人对鉴定意见的异议方式均有不同的做法。具体来讲，法院对于申请或通知参与庭审的专家辅助人，有的将其安排到证人席位或者翻译人员席位，有的则按照一般旁听人员处理。通过对中国裁判文书网上“专家辅助人”和“专家证人”的检索发现，在2010年至2017年，同一法院在裁判文书中对该类人群所使用的术语和称谓都是不统一的。[1]2013年最高人民法院在开庭审理“奇虎公司与腾讯公司垄断纠纷上诉案”时，将当事人申请出庭参与诉讼的专家辅助人称为专家证人，并告知其虽然是由一方当事人申请出庭的，但仍应秉持中立、客观和实事求是的原则发表意见，如果故意歪曲事实作伪证，将承担相应的法律责任并要求该专家辅助人签订如实作证具结书。但在该案终审判决书中，最高人民法院又将该专家证人改称为专家辅助人。[2]此外，专家辅助人对鉴定意见提出意见在实务中通常有两种做法：一种是传唤专家辅助人一方的律师对其进行询问、反驳或质疑鉴定人意见；另一种则是专家辅助人直接对鉴定人进行质证或者交叉询问，这意味着专家辅助人扮演了当事人律师的角色。由于法律并未规定提出意见的具体方式，因此前述两种情况在适用证据法规则方面存在很大差异，也导致专家辅助人在不同的诉讼程序中扮演专家证人或当事人律师的角色间出现明显冲突。又如，专家辅助人发表意见的性质和效力问题。目前，有关专家辅助人意见到底具有什么性质的争论，大致形成了三种观点：第一种观点是“仅仅作为一种质证方式”，第二种观点是“可以作为鉴定

---

〔1〕 参见李永泉：《功能主义视角下专家辅助人诉讼地位再认识》，载《现代法学》2018年第1期。

〔2〕 参见最高人民法院民事判决书，（2013）民三终字第4号。

意见”，第三种观点是“可以作为证人证言”。[1]首先，专家辅助人可以代表或者协助诉讼双方从专业角度对鉴定意见进行质证[2]，这种质证方式带来的法律效果在于法官对有关鉴定意见不予采信。应当讲，这种处理方式最符合现行法律规定。但由此产生的疑问是，专家辅助人在这种情况下发表的意见并不属于法定证据种类，法官采纳该意见也并无法律依据；如果排除该意见，专家辅助人则难以发挥质证效果。这就陷入了一种尴尬境地。其次，中国《刑事诉讼法》及相关司法解释规定，有专门知识的人出庭，适用鉴定人的有关规定。但该内容并未明确专家辅助人的准入资格和专家辅助人所提意见的证据属性。如果将专家辅助人所提的质证意见视为鉴定意见，那么，将难以回应这样的质疑，即专家辅助人并未参与检验等鉴定过程，仅根据书面鉴定意见发表个人观点，其可信度有多高？最后，如果将专家辅助人的意见定性为证人证言，则有必要进一步区分专家证言与基于亲身经历陈述案件事实的外行证言的区别。

综上所述，无论是专家辅助人身份多重性问题还是其发表意见的性质和效力问题，其产生根源都在于相关司法解释对专家辅助人参加诉讼发挥的功能和价值存在不同考量：在民事诉讼中，允许当事人申请具有专门知识的人出庭，代表当事人对鉴定意见进行质证，或者对案件事实所涉及的专业问题提出意见，凸显出了对于平等对抗价值的尊重；而在刑事诉讼中，仅仅将鉴定人的有关规定适用于具有专门知识的人，并没有对后者的准入标准以及所提意见的属性作进一步界定，则暗合了对于实质正义理念的追求。进一步来讲，鉴定人、专家辅助人或专家证人基于自身掌握的专业知识，相对于法官和当事人而言都具有“专家身份”，那么他们发表的意见或看法可被统称为“专家意见”。当然，这类“专家意见”给诉讼中各方参与人带来的后果并不相同。整体上看，法官对这种“专家

---

〔1〕 参见张保生：《关于专家辅助人角色规定的变化》，载《证据科学》2018 年第 5 期。

〔2〕 例如，根据《民事诉讼法》第 79 条以及最高人民法院《关于适用〈中华人民共和国民事诉讼法〉的解释》第 122 条的规定，当事人可以在举证期限届满前申请一至二名具有专门知识的人出庭，代表当事人对鉴定意见进行质证。类似地，《法庭调查规程》第 52 条规定：“有专门知识的人当庭对鉴定意见提出质疑，鉴定人能够作出合理解释，并与相关证据印证的，可以采信鉴定意见；不能作出合理解释，无法确认鉴定意见可靠性的，有关鉴定意见不能作为定案的根据。”

意见”的需求程度并不如当事人一样迫切，因为目前大量的司法文件已使法院在审查专门性司法问题方面具备充分的手段。例如，为弥补法官对专门性问题的“信息空洞”，法院系统在司法实践中逐渐发展出了一种司法技术人员制度。根据2006年最高人民法院出台的《关于地方各级人民法院设立司法技术辅助工作机构的通知》以及2007年最高人民法院《技术咨询、技术审核工作管理规定》两份文件的要求，全国各级法院陆续设立司法辅助工作办公室，其主要职责就是为法官审判工作提供技术咨询和审核服务。同时，如果审判所要解决的专门性问题超过司法技术人员的业务范围，该司法技术人员还可以向相关专家咨询后答复承办法官；对于重大、疑难、复杂的案件，则应当组织专家论证。这种专家咨询和论证活动逐渐增多之后，各级法院又相继设立了专家咨询委员会。2018年修订的《人民法院组织法》正式从法律层面确立了司法技术人员制度，并将其归属于司法辅助人员序列。其中第51条规定，人民法院根据审判工作需要，可以设司法技术人员，负责与审判工作有关的事项。另外，2014年最高人民法院《关于知识产权法院技术调查官参与诉讼活动若干问题的暂行规定》还设置了另一类司法技术人员——技术调查官，以解决知识产权民事和行政案件中的专门性问题。同时，2017年最高人民法院发布的《知识产权法院技术调查官选任工作指导意见（试行）》还进一步明确了技术调查官的聘任工作，由此初步形成了知识产权案件中多元化的技术事实查明机制。

因此，为促使前述“专家意见”在当事人之间更好发挥作用，应当明确专家辅助人的诉讼地位。实际上，有关司法解释或文件已将专家辅助人和鉴定人的诉讼地位等同对待。例如，最高人民法院《关于审理环境民事公益诉讼案件适用法律若干问题的解释》第15条第1款规定，有专门知识的人出庭后可以就“鉴定意见”或者“因果关系等专门性问题”提出意见；其第2款进一步规定，前款规定的专家意见经质证，可以作为认定事实的根据。也就是说，针对环境民事公益诉讼案件中的因果关系等问题，鉴定人和有专门知识的人都可以提出意见，而且所提意见具备相同的证据效力。类似地，《人民法院办理刑事案件第一审普通程序法庭调查规程（试行）》第26条规定，有专门知识的人可以与鉴定人同时出庭，在鉴定人作证后向鉴定人发问，或者对案件中的专业性问题提出意见。第27条第1款规定，对鉴定人、有专门知识的人的发问，参照适用证人的有关规定。由此可知，鉴定人和有专门知识的人在面对专业性问题时具有相同的诉讼地位。

另外，还有观点认为，前述司法解释也呈现出中国专家辅助人开始向普通法系专家证人转变的趋势。[1]就此而言，有必要界定专家辅助人提出意见的证据属性，将其视为专家证言并适用证人证言的询问规则。需要特别注意的是，专家证人并非以亲身经历或知晓的案件情况为由参与作证，也尚未从事检验等鉴定工作，那么，如何提高其证言的真实性和准确性？在司法实务中，如果将专家辅助人视为与鉴定人类似的专家证人，会存在专家辅助人也应该接触鉴定材料以保证其意见的可靠性，以及如何在专家辅助人和鉴定人之间分配鉴定材料的问题。实际上这并不是中国特有的问题。例如，"美国《联邦证据规则》702规定的专家证人也包括没有做鉴定的专家证人。美国《联邦证据规则》起草咨询委员会的一个专家卡普拉教授就提出一个建议，即把原来的702改成702(a)一般规定，适用于所有(做过和没做过鉴定的)专家证人；然后再增加一个702(b)法庭科学专家证人。这实际上提出了一个解决方案，如果适用702(b)，双方专家证人就都应该做鉴定"[2]。

6. 诉讼期限制度

刑事诉讼程序是在一定的时间维度中展开的，动态的诉讼程序彰显着时间的艺术。刑事诉讼之所以要在合理的期间内进行，理由在于，对于国家而言，司法资源是有限的，不能把大量的司法资源投入到某一个或者某几个案件中去；对于被追诉人而言，人的生命在历史的长河中犹如流星一闪而过，面对强大的国家刑事司法机器，个人是很渺小的，因此，个人有限的生命与宝贵的自由需要得到充分保障。著名的刑法先哲贝卡里亚就在他的传世之作里写道："法官懒懒散

---

[1] 参见张保生：《关于专家辅助人角色规定的变化》，载《证据科学》2018年第5期。
[2] 张保生：《关于专家辅助人角色规定的变化》，载《证据科学》2018年第5期。

散，而犯人却凄苦不堪。这里，行若无事的司法官员享受着安逸和快乐；那里，伤心落泪的囚徒忍受着痛苦和煎熬。还有比这更为残酷的对比吗？”[1]刑事诉讼进程的合理运作是世界范围内法学界共同关注的焦点，程序是否能在合理期间内顺利运作在一定程度上反映出一个国家的司法水平和司法文明，关乎着人权保障、犯罪控制、真相探究、正当程序、司法效率等诸多价值目标之实现。

我国刑事案件的时间运作存在一些问题，一些案件被积压、拖延，导致长时间悬而未决。譬如，与聂树斌一案紧密相关的王书金一案，审理程序就停滞了长达 8 年之久。2005 年，王书金落网，主动供述了曾强奸多名妇女并杀死 4 人的行为，其中一起案件涉及 1994 年石家庄西郊玉米地奸杀案。这起案件与聂树斌案高度重合，故而就此出现了“一案两凶”的疑云，一时间舆论哗然。聂树斌已于 1995 年被执行死刑。自王书金落网后，法院对聂树斌案展开核查。然而，正是因为有聂树斌一案的因素在内，在长达 8 年的时间里，王书金案绝大多数时间都在审理程序中，停滞不前；而聂树斌案一直处于“依法核查中”，毫无进展。[2]我国也曾出现过超期羁押长达数十年之久的案例。例如，因为一纸传单就被抓进看守所的谢洪武，在没有定罪判决的情况下对其羁押长达 28 年之久。谢洪武在看守所里过着凄苦不堪的日子，当二十几年后有检察官注意到这个人时，他已经丧失了语言能力和记忆，任凭外界人员如何讯问都一问三不知。并且，由于居住的地方是狭窄的单间，谢洪武的健康情况十分堪忧，他在这个看守所中成了一个“被遗忘在角落的人”。[3]再如，河南的吴留锁在 1984 年被警方认定为鸡奸未遂并杀害了一名男童，直接证据是现场的一枚赤脚印。同年，洛阳市中级人民法院判处吴留锁死刑，而他通过在狱中写信申冤才得以保命。1985 年，河南省高级人民法院以事实不清、证据不足为由将案件发回洛阳市中级人民法院重审。本以为案件会就此出现转机，可随之而来的却是长达 14 年之久的沉寂。法院既

---

〔1〕［意］贝卡里亚：《论犯罪与刑罚》，黄风译，中国大百科全书出版社 1993 年版，第 56 页。

〔2〕参见《王书金案：审理程序停滞的 8 年》，载《潇湘晨报》2013 年 6 月 25 日，第 A09 版。

〔3〕“谢洪武：非法超期羁押第一人”，谢洪武在无卷宗、无判决、无罪名、无期限的情况下被超期羁押长达 28 年之久。参见马忠芳：《“刑讯逼供、超期羁押、律师会见难”为何屡禁不止？》，载民主与法制网，http://www.mzyfz.com/cms/benwangzhuanfang/xinwenzhongxin/zuixinbaodao/html/1040/2018-08-02/content-1352238.html。

不开庭，看守所也不放人。就这样，直到1998年吴留锁才再次等来了开庭，被判处死刑缓期两年执行。[1]这两个案例只是超期羁押中的典型，超期羁押整治活动已开展数次，该问题有待于继续解决。

与此相反，我国刑事司法中还有一些案件存在突进现象，即一个重大案件的诉讼流程在极为短暂的时间内运行完毕，获得判决。迟来的正义是非正义，但迅速而来的正义也可能走向其反面。在极短时间内完成的刑事案件，有可能会因为证据收集不完整，案件信息了解不清楚，控辩双方准备不充分等原因而对案件的公正性产生影响。譬如，上海杨佳故意杀人案：2007年10月5日，犯罪嫌疑人杨佳骑一辆无牌无证的自行车途经闸北区芷江西路普善路路口时，受到闸北分局芷江西路派出所巡逻民警盘查，因其拒绝出示身份证件和所骑自行车来源证明，造成市民围观，影响交通，杨佳随即被带至派出所作进一步调查。在杨佳于警局接受了约6个小时的盘问后，警方查清了其真实身份并确定了自行车系租用等情况。杨佳于6日凌晨2时30分许被闸北警方予以放行。此后，杨佳多次通过信访件、电子邮件等形式，向上海市公安局和闸北公安分局督察部门投诉，并提出开除相关民警公职、赔偿其精神损失费的要求。为此，闸北分局督察支队曾两次赴京对杨佳进行法治宣传和疏导劝解工作。结果，杨佳还是采取了极端手段报复闸北公安分局民警，造成6人死亡、4人受伤的严重后果。案发后杨佳被捕，在精神病鉴定、律师委托以及审判流程争议不断的情况下，杨佳还是在案发后的4个月内获得了判决，并被执行了死刑。再如，重庆的李庄案也是从快、从重打击的典型。自李庄被举报到一审庭审结束，时间仅仅只过了短短的20天。并且，李庄的辩护律师直到庭审阶段的最后8天才介入案件。[2]如此迅速的办案流程，大大压缩了辩护权的延展空间与时间，控辩双方的对抗过程呈现出“一边倒”的趋势，审判的公正性与程序的正当性令人担忧。

由上述案件可以看出，刑事诉讼时间的运作是一个关乎法治国家形象的问题。如果案件长时间拖延不决，被追诉人又申诉无门，不仅是对被追诉人人权的

---

〔1〕 参见李晓磊：《“杀人犯”吴留锁的囚徒人生》，载《民主与法制时报》2017年6月18日，第1版。

〔2〕 参见《李庄案全程内幕披露》，载《中国新闻周刊》2012年第593期。

践踏，也是对程序正义的中伤，更是对法治国家形象的损害。因此，对刑事诉讼时间的运作应该予以规制，既不拖延，也不冒进。那么，应如何规制刑事诉讼时间的运作？刑事诉讼时间的性质又是什么？在平衡刑事诉讼时间运作的过程中其价值立场应该是怎样的？应该建立一种什么样的机制来使延迟的诉讼进程得以加快，以及阻滞过快的诉讼进程使其得以减速？这些都是刑事司法改革中需要回应的问题。

时间在刑事诉讼中是一项极为宝贵的诉讼资源，各方参与主体想要实现己方所欲求的实体公正与程序公正，都需要大量的时间成本。控方想要打击犯罪，就必须用大量的时间去查明犯罪嫌疑人是否存在相关的犯罪事实，辩方想要维护自己的权益，也需要大量的时间去搜集证据、调查信息以证明自身无罪或罪轻。那么，刑事诉讼的时间应该如何分配呢？其又该秉持何种价值立场呢？马克斯·韦伯认为，任何科学文化现实在什么样的意义上以及在什么样的关系中，任何规律都不能为我们揭示，而只能根据我们每次在个别场合考察“文化”所采用的价值理念来决定。〔1〕据此，考察一项具体的法律制度内部的伦理关系与目标向度为何，就应首先考察其立足于何种价值立场；而一项具体的法律制度在建构时秉持何种价值立场，也将直接决定制度的风貌与走向。有学者曾提出，在法治的观念体系中，价值立场追问的是在一个社会共同体将法律视为最重要的公共方案的情形中，法律的价值呈现为何种样态。〔2〕

我国《刑事诉讼法》第 2 条规定：“中华人民共和国刑事诉讼法的任务，是保证准确、及时地查明犯罪事实，正确应用法律，惩罚犯罪分子，保障无罪的人不受刑事追究，教育公民自觉遵守法律，积极同犯罪行为作斗争，维护社会主义法制，尊重和保障人权，保护公民的人身权利、财产权利、民主权利和其他权利，保障社会主义建设事业的顺利进行。”从这一法律条文我们可以看出以下内容：刑事诉讼法的任务之一是打击犯罪。刑事诉讼法作为刑法的实现法，承担着实现

〔1〕 参见［德］马克斯·韦伯：《社会科学方法论》，李秋零、田薇译，中国人民大学出版社 1999 年版，第 21～22 页。

〔2〕 参见郑玉双：《实现共同善的良法善治：工具主义法治观新探》，载《环球法律评论》2016 年第 3 期。

刑法的机能，这一机能使刑事实体法对公民个人、社会集体、国家安全的法益保障能够落到实处。在追究犯罪时，应保证及时性。对于国家和社会而言，刑事诉讼是一种激烈的社会冲突，如果案件长时间拖延，则会导致这个社会冲突长久地存在。在处理刑事案件时如不及时，大量的案件堆积如山，则会导致社会冲突的病灶久久不能消除甚至越来越严重，这极不利于社会秩序的安定与国家的安全发展。因此，诉讼及时是正当程序的一个必然要求。人权是一个人生存于世的最基本的权利，在打击犯罪的过程中，法律不仅要保护被害人的人身权利、财产权利、民主权利，同时，也是最为重要的是，要尊重和保障被追诉人的基本人权，包括其人身权利、财产权利、生命健康权利等一系列重大权利。

由此可以看出，我国的《刑事诉讼法》的立法宗旨是既要惩罚犯罪，又要保障人权；两者需要取一个平衡点，并且当两者发生激烈冲突时，保障人权应该优先于惩罚犯罪。这可能会与大众观念相冲突，但是，正如谚语所言："一个案件的实体结果不公正，污染的只是水流；而如果程序不公正，则污染的是水源。"因此，惩罚犯罪与保障人权二者既要平衡，也要在必要时学会取舍。正如德国法学家赫尔曼·黑塞所言："在现代社会，人权的保障不能仅仅理解为个人不受国家干预的自由，在某种程度上，国家对国民人权的实现负有积极采取各种措施加以保障的义务。"〔1〕

保障人权作为刑事诉讼的目的之一，是在近代资产阶级革命以后发展而来的。在初民社会时期，当时的刑事诉讼模式是弹劾式诉讼，诉讼两方平等，第三方居中消极裁判，这时便无所谓国家权力的压制和公民权利的被侵犯。当国家产生，诉讼模式发展到了纠问式诉讼，因将口供奉为至上允许刑讯合法，这时就产生了人权保障的必要。换言之，保障人权是近代以来人权理论和国民主权这一政治原则发展起来所带来的结果。刑事诉讼法是公法，其目的就是限制公权力的恣意，亦即刑事诉讼法是保障个人基本人权不受政府非法或者无理侵犯的程序法。从程序意义上看，刑事诉讼中的保障人权具有丰富的含义，其大致可以

---

〔1〕 参见樊崇义主编：《刑事诉讼法学》，法律出版社 2013 年版，第 28 页。

归入以下三个层面：第一，保障任何公民不因政府非法强制而沦为犯罪嫌疑人或被告人，即保障个人免受无根据的或者非法的刑事追究。第二，保障犯罪嫌疑人和被告人在整个刑事诉讼过程中受到公正对待，既要保证无罪之人尽早脱离追究程序，又要使有罪的人的合法权益得到适当维护。第三，保障被依法认定有罪的被告人受到公正的、人道的刑罚处罚，禁止酷刑和其他不人道的刑罚或非刑罚制裁。[1]

刑事时间的运作与人权保障息息相关。时间作为一种宝贵的诉讼资源，不能被控方或是辩方一方占有，而是应秉持控辩平等的原则平均分配诉讼中的时间资源。如果控方过度占有时间资源，就会使辩方权利的伸展空间被急剧压缩，这必然会造成控方力量过大而辩方无力抗衡的失衡局面。相反，如果辩方过度占有时间资源，则有可能引发辩方有意拖延从而浪费国家诉讼资源的情形。因此，刑事诉讼时间的运作关系到无罪之人能否尽早卸下刑事程序给其带来的负担，同时，也关乎有罪之人能否及时得到惩罚。

刑事诉讼时间的价值立场应从惩罚犯罪转向保障人权。刑事诉讼时间的规制在我国立法中表现为刑事诉讼中的各类办案期限。对公检法等国家专门机关的办案流程设置期限，就是为了使其及时地查明犯罪事实。然而，这些期限设置却极具弹性。在法律规范层面，我国存在大量关于程序倒流的规定和不计入诉讼期限、重新计算诉讼期限的事由。司法实践通过灵活适用这类条款，可以很容易地使过于拖沓的诉讼进程获得合法性。此外，如果办案人员采取拒绝向当事人披露案件流程，在告知文件中倒签日期，甚至是篡改案件卷宗等隐晦手段，则使程序运作的迟滞问题更加难以纳入合法性审查的视野。

此外，我国的办案期限与羁押期限并未分离，这就导致实践中屡屡出现因办案期限延长的需要而将羁押期限一并延长的局面。这就使刑事诉讼时间的运作产生了偏离，即控方牢牢地掌握了诉讼中的时间资源，并用以对被追诉人重拳出击。反观被追诉人，因人身自由受到了限制而无法为自己作适时且有效地辩解。

---

〔1〕 参见樊崇义主编：《刑事诉讼法学》，法律出版社 2013 年版，第 28 页。

即使有辩护人介入，长时间的诉讼流程所产生的费用，也会让本就困苦的被追诉人雪上加霜。当下，我国刑事诉讼中的时间规定明显偏向于惩罚犯罪，而忽略了刑事诉讼目的之一的保障人权。本书认为，刑事诉讼时间的运作应从立法规制、制度设计、司法实践中将价值立场从原来的惩罚犯罪转移到保障人权上来。对于拖延案件则应尽可能地加快诉讼进程，同时缩短羁押期间，并加入第三方来对办案期间的延长进行严格审查，以不至于使被追诉人面对诉讼进程延长时却无从知晓原因，并且还无从申辩。对于冒进案件也需要设立中立的第三方，使控辩双方摆证据、讲道理，展现这个案件办理过快的进程是否损害了控辩双方尤其是辩方的辩护利益。

根据我国刑事诉讼时间运作依据的立法所规定的期限，本书梳理了我国目前刑事诉讼中关于时间的相关规定，如表 1、表 2、表 3、表 4、表 5 所示。

表 1　拘留后逮捕前的刑事诉讼期限

办案机关	事项	适用范围		期限	法律依据
公安机关	拘留后提请批捕	一般犯罪嫌疑人	一般情况	3 日	《刑事诉讼法》第 91 条
			特殊情况	延长 1~4 日	
		流窜、多次、结伙作案的		延长至 30 日	
检察机关	批准逮捕	已拘留的，检察院作出批准或不批准的决定		7 日	《人民检察院刑事诉讼规则》第 290、291、297 条
		未被拘留的，检察院作出批准或不批准的决定	一般情况	15 日	
			重大、复杂案件	20 日	

表 2　逮捕后的侦查羁押期限

办案机关	事项	适用范围	期限	法律依据
公安机关	侦查	犯罪嫌疑人被逮捕后的羁押期限	2 个月	《刑事诉讼法》第 156 条
		案情复杂，期限届满不能终结	延长 1 个月	
		交通不便的边远地区的重大复杂案件；重大犯罪集团案件；流窜作案的重大复杂案件；犯罪涉及面广，取证困难的重大复杂案件	延长 2 个月	《刑事诉讼法》第 158 条

续表

办案机关	事项	适用范围	期限	法律依据
		犯罪嫌疑人可能被判处十年以上有期徒刑的，且在《刑事诉讼法》第158条规定的延长期限内不能侦查终结的	再延长2个月	《刑事诉讼法》第159条
		侦查期间，发现犯罪嫌疑人另有重要罪行的/犯罪嫌疑人不讲真实姓名、住址，身份不明的	重新计算/查明后计算	《刑事诉讼法》第160条
		因特殊原因，在较长时间内不宜交付审判的特别重大复杂案件，由最高人民检察院报请全国人大常委会批准延期审理	—	《刑事诉讼法》第157条

表3　检察机关审查起诉和公安机关补充侦查的期限

办案机关	事项	适用范围		期限	法律依据
检察机关	审查起诉	对监察机关、公安机关移送起诉的案件	速裁程序	10~15日	《刑事诉讼法》第172条
			一般案件	1个月	
			重大复杂案件	延长15日	
		改变管辖		重新计算	
公安机关	补充侦查	第一次补充侦查		1个月	《刑事诉讼法》第175条
		第二次补充侦查		1个月	

注：补充侦查完毕移送审查起诉后，人民检察院重新计算审查起诉期限。

表4　人民法院一审审理期限

办案机关	事项	适用范围		期限	法律依据
法院	一审	简易程序		20日~1.5个月	《刑事诉讼法》第220条
		速裁程序		10~15日	《刑事诉讼法》第225条
		自诉案件	被告人被羁押	2~3个月	《刑事诉讼法》第212条
			被告人未被羁押	6个月	
		公诉案件	一般情况	2个月	《刑事诉讼法》第175、208条
			延迟	1个月	
		可能判处死刑的案件或者附带民事诉讼的案件以及符合《刑事诉讼法》第158条情形之一的		延长3个月	

续表

办案机关	事项	适用范围	期限	法律依据
		改变管辖的	重新计算	《刑事诉讼法》第175、208条
检察机关	补侦	法院退回检察机关补充侦查的案件	1个月	
法院	一审	检察院补侦完毕	重新计算	

表5 人民法院二审审理期限

办案机关	事项	适用范围	期限	法律依据
法院	二审	一般情况	2个月	《刑事诉讼法》第243条
		可能判处死刑的案件或者附带民事诉讼的案件，以及符合《刑事诉讼法》第158条情况之一的	延长2个月	
		因特殊情况还需要延长，报请最高人民法院批准	—	
		最高人民法院受理上诉、抗诉案件的审理期限，由最高人民法院决定	—	

通过对现行法律条文的梳理，可以看出我国刑事诉讼时间运作是一种数字化的行政管理模式，即必须在一定的时间内完成一定的诉讼行为。“我国采取的方式主要是规定侦查、审查起诉、审判等阶段的办案期限或羁押期限，试图通过严格执行各类期限，遏制诉讼拖延和时间滥用。然而，此种理想中的制度目标却很难实现。毕竟，我国法律对三阶段办案活动的授时都极为‘慷慨’，动辄就授权专门机关以‘月’为单位大幅度延长办案期限。并且，无论是对用时的监督，还是对授时的决策，大多数时候都是在各专门机关内部，通过层级管理和行政审批的方式进行的，程序制约力度较为薄弱。只有在极为有限的情况下，才会引入外部其他专门机关的介入和监督。”[1]

这种数字化行政管理模式自中华人民共和国成立以来就一直存在，运行至今。究其原因，有以下三个层面。

---

〔1〕 郭晶：《刑事诉讼时间应如何获得审查和规制？》，载《清华法学》2018年第3期。

第一，立法文本的局限性。我国属于大陆法系，遵守成文法的传统。因此，对于本应灵活化裁量的刑事诉讼时间，也采用了“一刀切”式的成文法规制模式，并对侦查、审查起诉以及审判行为以天或月为单位进行时间上的调控。

第二，我国司法的行政化。曾有学者指出，我国司法系统中存在司法管理官僚化的倾向。行政化的管理模式与数字化的管理模式具有天然的亲和性。因此，我国公检法系统在面对刑事诉讼时间这个问题时，采用的都是行政化的处理思维，而非将其当作一个诉讼问题加以考量。就像实践中有关部门会对一项工程的完成设定最后的期限，要求在某个确定的日期前完成特定的工程。类比我国刑事司法实践中关于案件的办理，也是如此。有关部门对于案件的侦破和审判也是下达一个最后的期限，尤其是在特大、重大的案件中，为了彰显司法机关办案的决心和突显其办案的水平，有关部门会要求在限定期限内完成案件的侦破与审判。比如，某地发生了社会影响巨大的案件后，党政相关领导干部会参与案件的侦破，督促案件办理程序。一旦案件无法侦破成功或是不能在一定期限内审结，诸多官员的政治前途都会因此受到影响。[1]

第三，我国在诉讼理念上秉持犯罪控制与实体真实，在刑事诉讼时间分配以及运作上，立场是国家本位主义。基于犯罪控制的需要，将侦查期限、审查起诉期限以及审判期限都规定得较长，以便相关的司法机关拥有充足的时间来打击犯罪。同时，我国《刑事诉讼法》中还规定了大量的程序倒流规定，以及不计入诉讼期限以及重新计算诉讼期限的事由。例如，检察院和法院均可将案件退回进行补充侦查，补侦后的案件再次进入下一阶段时，诉讼期限开始重新计算；又如，改变管辖后的诉讼期限进行重新计算；再如，刑事案件对被告人做精神病鉴定的期间不计入案件审理的期限；等等。在一些情况下这些条款在司法实践中被灵活运用，让其成为了使诉讼进程拖延具有合法性的“借口”。司法实践中，有的实务人员因为案件的积压来不及处理某些案件，就将即将到期的案件退回公安机关或者检察机关进行补充侦查，如此一来，在办案时间上又获得了大幅

---

〔1〕 参见陈瑞华：《论法学研究方法》，法律出版社 2017 年版，第 202 页。

度延长。另有一些实务人员拒绝向案件当事人披露案件流程，在告知权利的文书上倒签日期，使程序运作的迟延问题更加难以被纳入合法性审查的视野之内。我国对刑事诉讼时间的运作缺乏规制的标准和调控的程序，因此，时间运作的公平性相当模糊，司法机关在法定期限上有着极大的裁量权。并且，在作出延长期限的决定时，也是由司法机关“一言堂”说了算。

有学者将我国刑事诉讼中的时间管理划分为两种形态，一种是监督指导型时间管理，另一种是参谋服务型时间管理。监督指导型时间管理是指上级领导对办案人员的监督指导。一般的办案人员对时间仅具备初步的裁量权限，当涉及需要延长羁押期限和办案期限时，则需要办案人员向上逐级作出行政汇报，由上级领导对期限是否延长作出批示。此外，办案人员在时间的运用上也受到上级领导的有力监督，如果出现了案件超期现象，上级领导将会通过案件质量考评或绩效考核等途径，追究相关办案人员的纪律责任。参谋服务型时间管理则是由司法机关内部的辅助人员对办案人员的时间管理提供辅助。这通常表现为司法机关设立专门的案件管理机构，譬如检察院的案件管理中心和法院的审判管理办公室。案件管理机构的职能是提供服务和参谋：服务职能主要体现在对收案分案、庭审安排、当事人接待等方面的事务性支持；参谋职能则主要表现为要按月、季、年等周期，对机关整体的案件办理情况做出数据统计和调查研究，并用调查统计的数据结果为上级领导的决策和办案人员的操作提供充分的信息支持。[1]无论是监督指导型还是参谋服务型的时间管理，都是司法机关内部基于法律文本规定的期限所采取的行政化管理，因此，本书将我国刑事诉讼时间的运作模式归纳为数字化行政管理模式。

之所以将我国刑事诉讼时间运作模式归纳为数字化行政管理模式，是因为这种模式具有如下两方面特点。

第一，刑事诉讼各阶段的时间配置依照法律文本或者司法解释中规定的期限来设定，尤其是对审判阶段的期限也作出了明确规定。从比较法的角度来看，

---

〔1〕 参见郭晶：《刑事诉讼时间应如何获得审查和规制？》，载《清华法学》2018年第3期。

我国这种对于审判阶段的期限规定是十分罕见的。因为，域外立法通常以原则性规定或者具体的权利来控制审判的时间，这以大陆法系的及时审判原则和英美法系的迅速审判权最为典型。《保护人权与基本自由公约》第6条第1款规定："在决定某人的公民权利和义务或者在确定某人任何刑事罪名时，任何人都有理由在合理的时间内受到依法设立的独立而公正的法院的公平且公开的审讯。"欧洲人权法院在一系列的判例中确定了衡量合理期间的四个标准，包括案件的复杂程度、申请人的行为和态度、对申请人的重要性、内国的行为和态度。[1]美国《宪法》第六修正案规定："在所有的刑事诉讼中，被告人都享有被迅速审判的权利。"并且，美国联邦最高法院还通过巴克诉温果案发展出了著名的巴克平衡测试，即一个刑事案件是否拖延要从拖延的长度、拖延的原因、被告人是否主张权利以及拖延对被告人造成的不利影响这四个方面进行衡量。与原则性规定加裁量性判断的时间规制不同，我国刑事诉讼时间的运行依赖立法事先作出期限规定，换言之，通过立法对某一诉讼阶段或诉讼行为的可持续时间予以数字化限定。[2]因此，这种模式体现出一种数字化的特征。

第二，在期限的把控和延长方面，依靠的是司法机关内部上下级的行政审批程序，而非透明化的诉讼程序。从我国的刑事诉讼立法规定以及司法实践来看，我国刑事诉讼时间的调控不具有诉讼外观，而是被作为司法机关内部的管理事项。在每个刑事案件时间运作的背后，交织着复杂多变的权利、义务、权力以及责任。行政审批程序不具有对外公开性，这就导致了当事人的时间权利诉诸无门，许多案件的时间争议无法得到妥善解决。

这种数字化行政管理模式的时间运作，存在诸多弊端。首先，对于不同类型的案件，其复杂程度不同，处理起来所需的时间成本也不同。立法者采取"一刀切"的形式对刑事诉讼的时间运作予以规定，却又不赋予当事人时间异议权，将会导致诸多案件在实践中产生合理期间内的"畸慢"或者"畸快"现象。因为，办案人员完全可以因案件积压太多、工作态度懒散等诸多原因将一件事实清楚、

---

〔1〕 参见冯喜恒：《刑事速审权利研究》，中国政法大学出版社2013年版，第139～144页。

〔2〕 参见于增尊：《刑事诉讼期限制度研究》，中国政法大学出版社2020年版，第6页。

证据充分的案件拖延至期限的最后才开始办理；相反，也有可能因为“运动式司法”“从快打击”等对某一影响特别重大的案件或者某类案件在极短的时间内办理完毕。在缺乏当事人时间异议权的局面下，这种合理期间内的“隐形不适时”在当下极难察觉，也难以被纳入合法化和合理化的审查范畴。其次，数字化行政管理模式往往缺乏一个中立的裁判者来平衡控辩双方对于时间资源的分配与掌控，基于国家主义本位和犯罪控制的诉讼理念，控方在时间资源上占据了极大优势。司法实践中，公检法要延长诉讼期限，只需要在各自的机关内部向上级作出行政报告，上级单位基于支持下级单位打击犯罪的工作基本都会予以批准。这就造成了国家专门机关在时间资源上的掠夺性地位，被追诉人的时间权利无法得以伸张，甚至被无视，造成国家专门机关单方面无限延长期限的局面，极大地损害了被追诉人的人权。最后，我国刑事诉讼时间的数字化管理模式并不伴随程序性制裁后果出现，而是采用提出违反纠正等宣示性措施。我国《刑事诉讼法》第 117 条规定了当事人和辩护人、诉讼代理人、利害关系人对于司法机关采取强制措施法定期限届满，不予释放、解除或者变更的，有权向该机关申诉或者控告。如果对当事机关的处理意见不服，则可以向同级人民检察院申诉。人民检察院对申诉应当及时进行审查，情况属实的，通知有关机关予以纠正。同时，《刑事诉讼法》第 95 条规定了犯罪嫌疑人、被告人被逮捕之后，人民检察院应当对羁押的必要性进行审查，对不需要继续羁押的，应当建议予以释放或者变更强制措施。这两条规定是宣示性措施的典型例证，即使办案人员真的违反了期限的规定，对其也是科以行政责任。但是，被追诉人受到损害的时间权利却无从救济，其人身自由仍旧处于被限制的状态之中。

刑事诉讼时间是社会时间的一种，社会时间的本质是人的时间活动。因此，刑事诉讼时间的公平运行并不是数字化的行政管理能够覆盖的。20 世纪社会学家亨利·休伯特首先提出了社会时间的意义，他认为：“‘质’的意义上的社会时间，不同于可以衡量其长度、表现为一定时刻或时期的时间。它是由许多部分组成的，通过各种各样的标志、符号、事件、仪式或活动，实际上构成一个连贯的整体,是通过其自身节奏而体现着社会组织的一个象征性结构。"[1]从历史纵向维度来看,刑事诉讼历经了奴隶社会的弹劾式诉讼、封建社会的纠问式诉讼、近代资产阶级革命后的审问式诉讼和对抗式诉讼的发展过程。"总体上,诉讼程序的变化趋势是:由仪式化、教条性、武断性向实用、有效、民主的方向发展;程序本身的目的也逐步由象征、惩罚转向有效查明事实,恰当适用法律。"[2]由此观之,刑事诉讼程序在本质上也是一种被建构的客观社会现实,它已经作为一项制度被固定下来,是一个具有规范性和秩序性的象征世界。因此,刑事诉讼活动是具有社会实践意义的一种行为,对其的时间规范也应该具有"质性"意义,而非单纯的量度。本书认为,对于我国当下刑事诉讼时间运行的改革出路,应从以下三方面入手。

首先,价值立场的转换:从倾向于"惩罚犯罪"到倾向于"保障人权"。刑事诉讼的目的有二,即惩罚犯罪与保障人权,两者的关系辩证统一。从理论上看,惩罚犯罪与保障人权应当并重,任何一方都没有优越于另一方的理性根据。片面强调惩罚犯罪,轻视或忽视人权保障,必然会导致公权力的恶性膨胀,纵容其对公民进行任意拘捕、无理追诉以及不公正审判。相反,过度强调保障人权,轻视惩罚犯罪,必然会导致对公权力的过度限缩,使社会充斥着暴力犯罪,危害公民权利甚至于危及政府根基,致使整个社会动荡不安。然而,惩罚犯罪与保障人权的辩证统一只是一种美好的愿景,二者的绝对平衡只存在于理想化的刑事诉讼当中。现实中的刑事诉讼,惩罚犯罪与保障人权一直呈现出明显的动态对立景象。世界各国和地区对于如何选择刑事诉讼目的有着不同的看法。第一种观点认为,要优先惩罚犯罪。秉持该种观点的国家在刑事诉讼的过程中,可以为了最大限度地实现惩罚犯罪之目的而限制公民的个人权利,更有甚者,不惜以非法损害公民个人的基本人权为代价。本书认为,这种做法违背了刑事诉讼的基本精神和价值立场,实不可取。第二种观点则主张要优先保障人权,持该种观点的国家和地区主张个人的基本人权是公权力不可逾越的防线。基于保障人权之目

---

〔1〕 吴国璋:《西方社会学对社会时间的研究》,载《学术界》1996年第2期。

〔2〕 顾培东:《社会冲突与诉讼机制》,法律出版社2016年版,第48页。

的，即使放纵了犯罪，也在所不惜。本书认为，这种观点也不可取，因为放纵犯罪实质上也是在侵犯人权。公民的权利得不到基本保障，每天生活在犯罪多发的水深火热之中，同样不利于其基本权益的保障与社会的稳步发展。目前，就世界范围内刑事诉讼制度发展的整体趋势来看，其存在一个共同的趋向，即在惩罚犯罪的过程中，进一步尊重个人的正当权益，不断扩大和切实保障被追诉人的法定权利，以最小限度侵害人权的代价，收到最大限度惩罚犯罪的效果。这一趋势是各国和地区刑事诉讼制度发展过程中的共同理想目标。[1]

现阶段我国刑事诉讼关于时间的立法具有国家本位主义的倾向性，在侦查、审查起诉以及审判阶段都存在对被追诉人的时间权力压制，立法动辄以“月”为单位授权司法机关获得办案时间，被追诉人因办案时间与羁押时间的捆绑长时间地受到羁押。这对于被追诉人的人权保障是极为不利的。换言之，我国当下的刑事诉讼时间运行忽略了惩罚犯罪与保障人权的辩证关系，倾向于惩罚犯罪，而有些忽视了对被追诉人的人权保障。因此，刑事诉讼时间运行的改善需要从立法这一源头进行治理，改变立法上动辄以“月”为单位的时间授权方式，取消提交全国人大常委会批准延期审理的立法表述。同时，在立法上赋予被追诉人时间异议权，在国家专门机关试图不合理地延长侦查、审查起诉、审判期限时，使被追诉人能有提出异议的权利和渠道，从而实现他们的“时间辩护权利”。同时，在立法上明确，将诉讼中时间资源的分配权交给一个超然的、公正的第三方，即法官，这样才能避免刑事诉讼时间的运行出现偏离的现象。

只有从价值倾向上转变以往注重惩罚犯罪的立场，才能从立法源头上对刑事诉讼时间的运行完成从“惩罚犯罪倾向”到“保障人权倾向”的转变。需要注意的是，本书提倡的刑事诉讼时间运行要基于保障人权的立场，并非不顾惩罚犯罪的极端选择，而是在当下我国刑事诉讼时间运行偏向于惩罚犯罪的基础上，将其拉回惩罚犯罪与保障人权的平衡线上，以期我国刑事诉讼的时间运作能更为合理与公平。

---

〔1〕 参见樊崇义主编:《刑事诉讼法学》，法律出版社 2016 年版，第 31～33 页。

其次，中立裁判的选择：以法官为中心。我国刑事诉讼的时间运行缺乏一个超然的、中立的第三方对其作出合理、公正的裁决，致使控方的时间权力不断膨胀，压缩了被追诉人时间权利的生长空间，以至于司法实践中屡屡出现久悬未决的案件，或是从快打击致使被追诉人辩护权受损的案件，还有超期羁押的现象屡禁不止。即使国家已经多次开展超期羁押清理行动，但结果依旧是“顽疾”无法得到根除。笔者认为，在刑事诉讼中，时间如同证据一样，是一项宝贵的诉讼资源。诉讼中，哪一方的证据充分、扎实，证据链完整，哪一方就能讲好己方的“故事”[1]，令法官信服，从而在诉讼中获胜。反之，诉讼证据不充分导致证据链无法闭合，则注定会在诉讼中失败。不同于证据是由各方凭借自己的能力收集而来的，时间这一项诉讼资源则需要依靠一个中立的、公正的第三方进行裁决后再分配。控辩两造恒定，法官居中裁判，乃是刑事诉讼公正价值实现的主要途径。审判中立的形成是诉讼机制自身特性的内在反映，它要求居中的第三方在诉讼的过程中与纠纷的双方当事人保持同等的距离，对双方采取不偏不倚的态度和行为，不偏袒控辩双方之中的任何一方。需要指出的是，审判者的中立地位不仅体现在庭审阶段，而且体现在审前程序阶段。因此，对于刑事诉讼时间资源的分配，中立的第三方可以全程进行监控与调适，避免出现控方时间权力过大而压制辩方时间权利的局面。

当侦查、审查起诉阶段需要延长期限时，就需要将延长期限作为诉讼进程中的一个事项提交至法官这个第三方来进行裁量。理由在于，控方与辩方处于对抗状态，无法超然、中立、合理地把控刑事诉讼中时间的运行。因此，时间资源的掌控权既不能交给控方，也不能交给辩方。如果将时间资源的掌控权交予控方，则会出现公权力极度膨胀损害被追诉人基本人权的结果。反之同理，如果将时间资源的掌控权交予辩方，则会导致辩方托大，损害刑事诉讼的效率，造成浪费国家司法资源以及不利于惩罚犯罪的局面。故而，只有将时间资源交由控辩

[1]　事实认定中，存在多种证据解释和多个故事版本。不同司法机关之间呈现分权制约的状态，事实认定程序中贯穿着怀疑、比较、竞争和选择。参见尚华：《事实认定模式与我国刑事防错机制的完善》，载《环球法律评论》2017 年第 3 期。

双方之外的第三方，才能对其进行公平、合理地分配。同时，当程序进行到审判阶段时，法官也可能出现诉讼拖延或者诉讼突进的现象，因为，法官自身也是受到审限约束的行为主体。譬如，司法实践中法官很少告知当事人审限变更的情况，为追求“零超期”的绩效考核结果，导致部分案件的结果不取决于庭上事实的呈现，而是取决于审限的长短。[1]这极易引发程序的不公，导致审判的公正性和司法的权威性受损。这时，就需要上一级法院来充当审判阶段时间分配的中立第三方，在下级法院与被告人之间的时间权力与时间权利的冲突上作出一个平衡与指引。

最后，可行制度的构建：设立刑事诉讼时间运作听证制度。在明确了刑事诉讼时间运行需要秉持倾向于人权保障的价值立场后，还需要构建一个等腰三角形的诉讼构造，将刑事诉讼中的时间争议作为一个两造对抗、第三方居中裁判的诉讼问题，通过一个合理化的程序来保障刑事诉讼各方时间权利的兑现。由此，针对当下刑事诉讼中时间运行的单方性和秘密性，有必要将时间问题纳入诉讼化的轨道，使刑事诉讼时间的运作具有多方参与性和公开性。本书主张在现有的司法实践中建立一种刑事诉讼的时间听证制度，在需要延长或者缩短诉讼期限时，由中立的第三方即法院，主持召开听证会议，控方以及辩方包括被追诉人需全部到场发表各自的意见。建立刑事诉讼时间听证制度的依据便是刑事诉讼的公理性原则之一，即司法审查原则。该原则的含义是指未经法院的司法审查，任何人不得被剥夺生命、自由或者科处其他刑罚；未经法院司法审查，不得对公民实施逮捕、羁押等强制措施以及其他强制性的侦查措施。

由司法审查原则的含义我们可以看出，其实质上主张的是“司法至上”的诉讼理念，其思想基础和法理依据源于闪耀着德性与知性光辉的古老的自然法理念。根据自然法的观点，个人权利属于天赋人权，而不是国家的馈赠。生命权、健康权、自由权等基本人权的属性是先天固有的，而非后天赋予的。基于社会契约论的观点，国家权力是由广大公民分割出自己的部分权利所组成的，以期通过

---

〔1〕 参见柴靖静：《论审限制度约束行为的主体》，载《法律适用》2014年第8期。

社会契约来保证国家对公民权利的保障。因此，个人权利先在于国家权力，国家必须尊重并同时保护这些先在的权利。虽然在特定情况下，基于保障社会秩序和公共安全的需要，国家需要动用强制力来侵犯公民的基本权利，但是由于权力天然的扩张性，其极为容易泛滥。因此，为防止国家权力过度扩张损害公民合法、正当的权利，必须要对国家权力的行使实行司法审查，以保证其在合理且正当的范围内运行。具体而言，在刑事诉讼中，刑事追诉机关在行使侦查权和控诉权的时候往往伴随着极大的强制性。例如，为了保证犯罪嫌疑人或被告人接受审讯，保全证据以及保证刑罚的顺利适用，权力机关往往在刑事诉讼过程中对被追诉人采取暂时性的限制或剥夺其人身自由，或者暂时扣押、冻结其财产的方法，这被称为刑事诉讼中的强制措施。刑事诉讼强制措施不同于刑罚，其具有强制性、临时性、程序性的性质。强制性是由刑事司法本身的强制性与刑罚的暴力性所决定的。刑事诉讼强制措施会限制、剥夺被追诉人的人身自由，在其基本权利之上施加强制力。临时性是基于刑事诉讼强制措施之目的而保证刑事诉讼活动的顺利进行，一旦案结事了，强制措施也不再有存在的必要性。程序性则是指在涉及剥夺或限制被追诉人人身自由或基本权利时，必须严格遵守程序规定，不可滥用和擅用。〔1〕然而，刑事诉讼强制措施在司法实践中容易异化为“变相的刑罚”。比如，对迟迟未结案的被追诉人实行超期羁押，侦查机关和检察机关单方面延长侦查或起诉的时间，致使失去人身自由的被告人凄苦不堪，极易造成对被追诉人的基本人权的侵犯。

正因为刑事诉讼的各个阶段都需要一定的时间才能得以展开，对于控辩双方时间资源的平衡就显得尤为重要。否则，控方单方面延长诉讼期限，而辩方却无处申辩，就会形成刑事诉讼中控方时间权力的宰制，压缩被追诉人的基本权利生长空间。因此，本书认为，构建一种刑事诉讼时间听证制度是一个可行且有效的办法。法官根据控辩双方包括被追诉人的陈述作出司法裁决，以中立、公平的态度判断控方的时间延长要求是否合理，或是控方缩短诉讼进程是否侵害了被

---

〔1〕 参见谢佑平：《刑事程序法哲学》，中国检察出版社 2010 年版，第 161～163 页。

追诉方行使辩护权的空间，以及被追诉人及其辩方针对控方所提出来的时间要求是否具有异议，异议的根据是否合理且真实。待法官听取控辩双方的意见后，再以第三方的身份作出时间资源分配的司法裁决，或是基于控辩双方的时间需求赋予各自以时间权力（利），抑或是基于时间需求的理由不成立而驳回当事方的诉求。只有将刑事诉讼时间的运作视作一个司法裁决问题，而非行政管理问题，才能使刑事诉讼时间资源分配合理，运用正当。

不同于当下我国刑事诉讼时间运行的"数字化行政管理模式"，本书将上述的刑事诉讼时间运作改革模式称为"权利化司法裁量模式"。这种模式的特点有三：第一，对刑事诉讼时间的价值立场由当下的惩罚犯罪倾向转变为保障人权倾向，赋予当事人时间异议权，将时间运作从平面的数字转化为立体的权利。第二，设置了中立的第三方来分配刑事诉讼中的时间资源，将解决时间问题的程序由以往的单方面的、内部的行政审查转变为公开、透明且具有多方参与的司法裁决，使刑事诉讼的时间运作由"时间管理"转变为"时间裁判"。[1]第三，对于我国立法中关于刑事诉讼时间采用数字化的"一刀切"形式具有调控性。案件错综复杂，刑事诉讼时间的运作无法整齐划一，需有第三方出面对各类案件的进程进行司法监督和调控；各方利益交织，刑事诉讼时间的需求各不相同，需有中立者秉持公正、理性之态度，对诉讼中的时间资源进行合理配置。

对于当下刑事诉讼时间的运作，司法实践中已经出现了许多弊端。譬如，司法人员灵活运用现行法以及司法解释的规定，在合理期限内造成刑事诉讼时间运作的"隐性不适时"。又如，侦查机关、公诉机关单方面延长刑事诉讼期限却不受司法权力的制约，导致超期羁押现象屡禁不止。再如，司法机关在合理期限内故意加快程序的运作以压缩辩护权的行使空间，导致被追诉人申诉无门，辩护权受到损害，从而产生不公正审判。在未来的司法改革中，应重视刑事诉讼时间运作的问题，实现刑事诉讼时间运作从数字化到权利化、从行政化到司法化、从单方审查向多方参与的发展，真正构筑起刑事诉讼时间运行的"权利化司法裁量模式"。

---

〔1〕 参见郭晶：《刑事诉讼时间应如何获得审查和规制？》，载《清华法学》2018 年第 3 期。

五、司法政治性与司法队伍建设

新一轮司法改革始终将司法专业化、精英化和去行政化视为重要目标。具体来讲，2014 年党的十八届四中全会在公布的《中共中央关于全面推进依法治国若干重大问题的决定》中曾指出，将“推进法治专门队伍正规化、专业化、职业化，提高职业素养和专业水平”作为司法改革的重要目标。2015 年最高人民法院在其印发的《关于全面深化人民法院改革的意见——人民法院第四个五年改革纲要（2014—2018）》中也专门提到“推进法院人员的正规化、专业化、职业化建设”的问题，并将“推动法院人员分类管理制度改革”“建立法官员额制度”“改革法官选任制度”“完善法官业绩评价体系”“完善法官在职培训机制”“完善法官工资制度”作为实现此项改革目标的主要措施。实际上，有关司法队伍改革的“三化”目标最早出现在 2013 年。2013 年 9 月，最高人民法院在发布的《关于切实践行司法为民大力加强公正司法不断提高司法公信力的若干意见》[1]中提出要按照“正规化、职业化、专业化”的标准，推进人民法院队伍分类管理，设置各类人员职级比例和职数编制。同年 10 月，最高人民法院在其印发的《关于新形势下进一步加强人民法院队伍建设的若干意见》[2]的指导思想和基本要求中再次强调要以“推进正规化、专业化、职业化建设为方向，进一步深化干部人事制度改革，走内涵式发展道路，全面提高队伍建设科学化水平，努力打造一支政治坚定、能力过硬、作风优良、公正廉洁的高素质法院队伍”并“坚持‘三化’建设方向。全面加强正规化、专业化、职业化建设，推进人员分类管理制度改革，提升司法能力，完善职业保障”。同时，将加强“三化”的内容和步骤具体化为“以分类管理改革为基础加强正规化建设”“以提升司法能力为核心加强专业化建设”“以完善职业保障为重点加强职业化建设”三个方面。值得注意的是，最高人民法院虽然将正规化、专业化、职业化三项目标作为相对独立的

---

〔1〕 参见最高人民法院《关于切实践行司法为民大力加强公正司法不断提高司法公信力的若干意见》（法发〔2013〕9 号），载《人民法院报》2013 年 10 月 29 日，第 2 版。

〔2〕 参见最高人民法院《关于新形势下进一步加强人民法院队伍建设的若干意见》（法发〔2013〕10 号），载《人民法院报》2013 年 11 月 1 日，第 4 版。

改革标准，但在落实具体措施或执行试点方案时，往往将“三化”作为一个整体来指引法院推动司法体制改革的具体方向。

1. 法官员额制度

法官员额制是人民法院推进法院人员分类管理制度改革的首要内容，并以追求法官队伍的职业化和精英化为最终目标。所谓员额制，是指“在对司法审判人员、司法辅助人员和司法行政人员进行分类管理的前提下，为进入法官序列的人设置一定的员额限制，并确保审判业务精湛、品行兼优的审判人员，经过层层选拔，尤其是经过省级法官、检察官遴选委员会的考核审查，最终被任命为入额法官”[1]。整体地讲，该项改革大致经历了理念传播、文本表达以及制度实践三个阶段[2]，经过几年的改革探索和逐步试点，全国法官员额制的推进已经基本完成。目前，全国法官的总人数从改革前的21万余人降低为现有的12万余人，基本达到了将优秀业务骨干遴选至一线办案岗位的阶段性目标。从最高人民法院员额制改革实效看，“入额法官平均年龄47岁，平均法律工作经历22年，体现了职业化；博士研究生119人，硕士研究生205人，大学学历43人，体现了专业化。年富力强、经验丰富的审判员成为员额法官的主流，法官群体的精英化轮廓得以初步体现”[3]。

同时，各地法院员额制改革过程中也反映出了不少问题[4]，而从员额制内部结构看，员额法官的遴选比例成为最先被关注到的因素。目前，法官员额的设定标准有两种方式：一是按照中央政法专项编制的39%确定一省员额法官的数量；同时，“对于‘案多人少’矛盾突出的地区，可以考虑把员额比例提高到40%左右”[5]。二是根据法院年度收案数和法官人均年度办案数来确定员额法官数量。就前者而言：一方面，出现了院领导和司法辅助人员“优先”或“固定”占据

---

〔1〕 高憬宏：《法官员额制的制度价值和实现路径》，载《人民法院报》2015年7月15日，第5版。

〔2〕 参见徐娟：《员额制为法官队伍建设创造良好条件》，载《人民法院报》2019年7月27日，第2版。

〔3〕 熊秋红：《法官员额制改革推进司法精英化》，载《人民法院报》2017年7月7日，第2版。

〔4〕 参见拜荣静：《法官员额制的新问题及其应对》，载《苏州大学学报（哲学社会科学版）》2016年第2期。

〔5〕 孟建柱：《坚定不移推动司法责任制改革全面开展》，载中国法院网2016年10月19日，https://www.chinacourt.org/article/detail/2016/10/id/2320506.shtml。

一定名额的现象，也就是说，“因为法院院长等组织领导者掌握着审判管理权力，受到传统法院科层制、行政化管理模式的影响，已经更多地异化为指令性、控制性的行政管理权，加之员额制改革不可能完全脱离当前法院管理实际，从某种程度上需要借助上述权力予以推进，这就使得院庭长在竞争入额中天然地处于优势地位”[1]。有关基层法院的实证研究数据表明，“该法院 43 个员额中有 7 个被院领导占据，其数量占总入额人数的 16.3%，而这 7 名院领导本身只有 3 名具有部分法律职业背景，且只有 1 人近五年内偶尔有审判经历”[2]。另一方面，预设的 39% 或 40% 的比例并未充分考虑中国四级法院的职能与受案数量的变化情况。虽然原则上各级法院均应适当压缩本院内综合部门、行政管理部门以及研究部门的人数或比例，但鉴于四级法院各自承担的职能存在显著差异，因此对前述三类人员的需求也并不完全相同。如果各级法院对所需的员额法官和行政管理人员等遵循同样的遴选比例，则仍然很难解决“案多人少”的矛盾。从员额制改革后的实际情况看，“法院级别越高，法院受理的案件越少，人员编制越多，人均办案数越少。从入额前后各地区上下级法院员额法官结构和受案数量对比来看，员额法官的结构呈现倒三角形状，而就案件数量来看，则是呈现正三角形状”[3]。这样的人员比例和分配结构反而违背了法院级别和职能的运作规律。后者是指一些地方法院在员额制改革过程中突破了根据政法专项编制数来确定法官员额的做法，实行一种根据单个法官平均办案数量来确定法官员额的制度。例如，广东省佛山市中级人民法院推行了一种“以案配人”的制度，即预测下年度受理案件的总量，并以此为基数配备各部门法官人数。[4]又如，广东省珠海市横琴粤澳深度合作区人民法院根据“少而精”的原则，实行相对固定的员额制。考虑到当地社会经济发展实际情况，统计出本院年均受案量约为 2000 至 2500 件；再结合法官能力、审判质量等因素，以 250 件 / 名为标准确定法官员额并保持人数基

〔1〕 屈向东：《“成本—收益”视角下法官员额制改革的博弈问题》，载《理论探索》2016 年第 3 期。
〔2〕 宋远升：《精英化与专业化的迷失——法官员额制的困境与出路》，载《政法论坛》2017 年第 2 期。
〔3〕 王亚明：《法官员额制的结构改革新探》，载《法治研究》2017 年第 5 期。
〔4〕 参见陈陟云、孙文波：《法官员额问题研究》，中国民主法制出版社 2016 年版，第 59 页。

本稳定。当出现员额空缺、受案数量明显变化等情况时再适时做出调整。[1]进一步来讲，为了给未来优秀审判人员提供职业晋升渠道，实践中大多数法院并未将 39% 的员额比例全部用满，而是大致保持在 33% 至 35%。允许适度低于既定比例确定入额指标主要是基于对相关改革文件确定的筛选依据和各地区法院实际测算的案件量的考虑。最高人民法院在《关于全面深化人民法院改革的意见——人民法院第四个五年改革纲要（2014—2018）》中指出，法院根据辖区经济社会发展状况、人口数量（含暂住人口）、案件数量、案件类型等基础数据，结合法院审级职能、法官工作量、审判辅助人员配置、办案保障条件等因素，科学确定四级法院的法官员额。有关司法改革的工作人员指出："最高法院为了确定法官员额的比例，初步确立'两步走'策略：一是通过法院人数总数、受理案件数等统计数据的分析，初步确定全国法院各类人员的员额比例总体幅度，并设计出法院人员比例测算的模型公式。目前这一步工作已经完成。二是将各地情况进行分门别类，由各高院在总体比例幅度内，根据本地具体情况确定本辖区内各级法院的员额比例。"[2]其中的第一步工作就是确定 39% 的总体比例。

对各高级人民法院来讲，可以根据法院级别和案件类型确定辖区内法院员额的具体比例。

第一，在法院层级与员额结构方面。目前，中国法院的组织体系和法官配置类似于"圆筒型"而非域外法院普遍采取的"金字塔型"，这就导致即便案子历经一审、二审、再审等程序诉至高级人民法院，法官的审理模式和审理内容仍然大致相同，由此往往误以为各层级法院员额比例应是相同的。实际上，从山东省和最高人民法院调研数据看，"基层法院每年人均办案数是 80.5 件，中级法院每年人均办案数是 28.6 件，只有基层法院的 1/3 左右，高级法院为 17.2 件，只有基层法院的 1/5 左右"[3]。如此"案少人多"的情况不仅影响员额比例的筛选，而且与司法资源合理分配的理念相违背。鉴于此，高级人民法院的职能应主要集中

---

〔1〕 参见蔡美鸿主编：《横琴新区司法改革模式》，法律出版社 2016 年版，第 9 页。

〔2〕 何帆：《法官多少才够用》，载《人民法院报》2013 年 6 月 7 日，第 5 版。

〔3〕 陈永生、白冰：《法官、检察官员额制改革的限度》，载《比较法研究》2016 年第 2 期。

在案件监督、消化再审以及指导下级法院等有限领域上；同时，伴随法院内部审判职能与管理职能相分离与省级人财物统管改革的纵深推进，对于仅承担管理职能的入额人员不得超过总体入额的3%—5%〔1〕，而且可尝试增设1-2名员额集中处理财务统管等行政辅助事项。类似地，中级人民法院的级别管辖主要针对专业性强和重大复杂案件，而且在诉讼制度改革背景下更加成为审判资源配置的重点。这主要表现在员额法官和法官助理、书记员的配备比例上。例如，对于主持庭前证据交换等程序性事项，依当事人申请或依职权调取证据，以及主持庭前调解等实体性事项，是由员额法官独立完成还是允许在其监督下由法官助理完成。又如，中级人民法院的法官助理是否应当由与基层人民法院员额法官同样资历的人员担任，或者两级法院的法官助理均不是员额法官，但各自被限定的权限并不相同。这一方面与审判团队成员各自的权限分工有关，也与法官遴选的基数和入额比例存在直接关联。

第二，在案件类型与员额结构方面。从实践中看，与行政案件大多由中级人民法院审理，刑事案件通过速裁程序分流不同，民事案件一审级别管辖近年来逐渐呈现下沉趋势，由此导致基层民事案件法官审判压力骤然增大。即便是同一法院不同庭室的案件量也存在明显差异。有数据指出，2007年，全国民事法官人均办案77.6件，刑事法官人均办案42.7件，行政法官人均办案15.4件。从以上数据看，审理民事案件法官的办案压力是审理刑事案件法官的近2倍，是审理行政案件法官的5倍。〔2〕另有研究表明，从2015年以来，在Z区基层法院中，其刑庭、民庭、行政庭的法官在人均审理案件数量方面也存在明显的差异。民庭审理案件人均数最多，是刑庭法官审理案件的2.5倍，与行政庭法官相比，民庭法官人均审理案件数基本上达到行政庭法官的4.5倍。〔3〕这意味着，今后应当重点增加民庭法官的员额总量；即便是在同一法院内，也可考虑将员额分配比重更多地向民事法官倾斜。与案件类型和案件量密切相关的另一因素是诉讼程

〔1〕　参见王亚明：《法官员额制的结构改革新探》，载《法治研究》2017年第5期。
〔2〕　参见陈永生、白冰：《法官、检察官员额制改革的限度》，载《比较法研究》2016年第2期。
〔3〕　参见宋远升：《精英化与专业化的迷失——法官员额制的困境与出路》，载《政法论坛》2017年第2期。

序的多样性。目前中国民事、刑事领域均已形成相对完整的繁简分流程序体系，员额法官在适用普通程序、简易程序、小额诉讼程序（民事案件）或速裁程序（刑事案件）处理案件的过程中，参与人数和投入精力存在显著差别；在结合专业审判团队分工负责的基础上，“案件类型＋适用程序”的搭配方式不仅可作为统计名额总量和分配各庭室指标的参考标准，而且能够提高审判权运行的实际效果。例如，江苏省“江阴市法院自 2012 年起在全院范围内实行‘主审法官＋法官助理＋书记员’的（1+1+1）人员组合模式，先后组建 26 个规模不一的审判团队，每个团队集中审理一至两类案件，对案件实行繁简分流，推行要素式审理，有效提高办案效率。截至 2014 年，在案件数量大幅增长、办案人员未增加的情况下，案件受理数与审执结数分别较改革前的 2012 年增长 75.2% 和 53.1%”[1]。江苏经验表明，在额定的 39% 指标以内，调整员额制内部成员的构成方式和裁判程序的分类选择，能够成为积极应对“案多人少”改革压力的有效途径。

2. 司法辅助人员管理制度

根据人民法院《关于全面深化人民法院改革的意见——人民法院第四个五年改革纲要（2014—2018）》的基本要求，司法辅助人员管理制度的改革旨在实现“减轻法官事务性工作负担”和“优化审判辅助人员结构”的预期目标。前者主要包括立案审查、分案排期、发送诉讼材料、财产保全和证据保全、办理委托鉴定评估和审计、调查取证、制作庭审笔录、印发文书和案件信息上网、移送上诉案卷或卷宗归档等。后者是指，以法官助理和书记员为代表的司法辅助人员的招录方式、配置比例、职权范围、追责方式以及福利待遇等内容。

之所以从“事”和“人”两个方面提出改革目标主要是因为以下两点：一方面从改革内容的关联性上讲，虽然是强调对“人”进行分类，但实际上更需要关注法院审判工作的具体需求以及不同岗位各自的职业特点，进而通过分流“事”而选择“人”。另一方面是考虑到在最高人民法院主导法院人员分类管理制度

---

〔1〕 王立新：《建立法官员额制是中国法官职业化的必由之路——以江阴法院司法改革为样本》，载《人民司法》2015 年第 13 期。

改革的过程中[1]，遗留的诸如"按照什么标准分类""具体分为哪几类""不同类别的人员如何管理"等问题尚未得到有效解决，进而影响到本轮改革中推行的法官员额制改革以及省以下地方法院人财物统一管理制度改革等宏观性、体制性改革的实际效果。这集中表现在对审判核心事务和辅助性事务的划分标准不清晰，以及法官与司法辅助人员的定位和职责不明确两个方面，由此导致法官隐性工作量加大，审判效率亦难以获得实质性提高。又如，在部门岗位之间的权限和人员流动缺乏严格标准的情况下，"对司法辅助人员重新赋权有可能导致新的职能混同。基层人民法院中的助理审判员受员额法官名额的限制，很大一部分都将作为法官助理参与审判活动，职责定位和职业前景存在不确定性。因而之前已经独立办案的助理审判员对待工作态度消极，辞职现象增多。司法辅助人员配置比例和标准不明确。大多都是在法官员额比例确定后，其他都划归司法辅助人员和其他行政人员范畴，此种做法并未充分意识到司法辅助人员在整个审判运行机制中所起的重要作用"[2]。

有鉴于此，为真正实现"人员分类"和"分类管理"两个层次的目标，本轮司法改革试图将此前采取的"混合管理模式"改造成"分离管理模式"。具体来讲，长期以来，中国法院工作人员基本上援用公务员的管理体制，根据编制而非职位进行人员考核、晋升和管理，在编的法官、法官助理、书记员等人员均由地方组织部门根据公务员的选任程序进行招聘，在编工作人员无论岗位性质如何，只要行政职级相同，那么薪酬、考核、晋升或惩戒就基本相同，都从属于党政干部的整体序列之中。而且以往有关司法人员的管理制度和相关文件大都遵循"宜粗不宜细"的指导原则，由此形成的混合管理模式并未对法院内部各类型工作人员的身份定位、职权分配、责任认定以及福利待遇等问题作出明确规定，进而导致法官在承担审判业务时不得不分配适当的精力兼顾非审判业务或其他辅助性事务的顺利进行，最终影响法院审判权运行的实际效果。对该种模式造成

---

〔1〕 有关最高人民法院主导推进的法院人员分类管理制度改革的具体内容，参见强梅梅：《法院人员分类管理改革的历程、难点及其破解》，载《政治与法律》2017年第1期。

〔2〕 姚建军：《审判辅助人员管理的实践逻辑》，载《人民法院报》2019年6月20日，第2版。

的负面影响，学术界与实务界已经取得基本共识，并主张建立符合职业特点的司法人员管理制度。例如，党的十八届三中、四中全会分别指出“建立符合职业特点的司法人员管理制度，健全法官、检察官、人民警察统一招录、有序交流、逐级遴选机制，完善司法人员分类管理制度，健全法官、检察官、人民警察职业保障制度”和“加快建立符合职业特点的法治工作人员管理制度，完善职业保障体系，建立法官、检察官、人民警察专业职务序列及工资制度”。

所谓符合司法的“职业特点”，是指根据法院不同工作岗位所需要的专业知识、能力、经验与技术，采取“以事定人”或“以事定岗”的管理逻辑。例如，法官凭借司法知识与审判技艺独立行使审判权，而非依据行政隶属关系遵循领导意愿或服从上级的指示和命令；类似地，法官助理、书记员、行政人员、司法警察等不同岗位的工作人员，也都有各自所必需的职业标准或招录条件。这种将不同岗位的工作性质和特点进行有目的、有针对性地划分和甄别，并以此为根据分类，有序管理不同类型的工作人员就是“分离管理模式”最显著的特征。详细地讲，围绕法官依法独立行使审判权这一核心要素，严格区分审判核心事务和辅助性事务，并将辅助性事务进一步类型化，根据其数量多少和繁杂程度配置不同规模的辅助人员。同时审判人员和辅助人员、行政人员之间分工明确、各司其职，针对每类人员施行专业化、职业化管理，从而让审判人员从辅助性事务工作中脱离出来，最大限度减轻程序性事项带来的负担，最终保证审判人员集中精力处理审判核心事务。

比较来看，为缓解“案多人少”的诉讼压力以及力求提高审判管理效率，对司法辅助人员采取“分离管理模式”早已成为域外法治国家较为普遍的制度设计。例如，美国的司法辅助人员大致包括法官助理、书记员、秘书等，其中：法官助理的职责主要是为法官整理案件争议焦点，提供相关学术研究成果，草拟、提交法律文书等；书记员主要负责查找法条、判例以及送达法律文书等；秘书则主要负责安排开庭及日常工作事务。[1]又如，在德国，司法辅助官由经过 3 年见习

〔1〕 See Michael Moran, *The British Regulatory State: High Modernism and Hyper-innovation*, Oxford University Press, 2003, p.168.

期并通过司法辅助考试的高级司法人员担任，其主要职责是办理非诉事务、强制拍卖地产、抵押债权、发放督促支付令和执行决定，办理破产案件、执行金钱罚金等；书记员、秘书则分别负责判例及送达文书等辅助性工作和日常工作事务。[1]与此同时，由于庭前程序在分流案件和减轻诉累等方面具有积极作用，有关此阶段裁判官及其辅助人员的职权范围和法律效力得以被突出强调。例如，在美国民事诉讼中，不仅大部分案件会在审前阶段的主审法官主持下，通过调解或和解的方式结案，而且后续庭审活动也会以主审法官在庭前会议中作出的有关证据和争议焦点的裁定文书为辩论基础。

就中国而言，将混合管理模式改造成分离管理模式，需要注意以下两点。

第一，严格区分审判核心事务与审判辅助事务。界定法院不同事务的性质和种类是实现人员分类管理制度改革的基本前提，也是开展"以事定人"和"以人定岗"具体筛选工作的有效保障。对此，有学者指出："首先需要界定'审判工作'的范围，才能根据审判工作和非审判工作对于相应人员的需求，来确定审判人员与非审判人员的比例；其次，审判工作还可以进一步分解为必须由法官承担的工作与可以由司法辅助人员替代的工作。"[2]从法理上讲，审判权的本质属性是一种判断权，并以解释法律和作出裁判为其基本表现形式。但司法适用中的审判权效能往往以规范与事实之间的涵摄关系以及最终的裁判结果为中心逐渐向周围递减，也就是说，某一事项与待决案件事实的关系越紧密，也就越贴近审判权的核心含义，进而理应由裁判者亲自处理。据此，与争议要件事实和裁判终局性的关联程度也恰好成为划分辅助性工作的参考标准。从实际操作上看，界定是否为审判辅助事务通常有两种方法：一种是直接列举法，例如将审判辅助事务界定为"与案件实体审判相关、以服务审判工作为宗旨的各类司法辅助性工作，具体包括立案审查、分案排期等"[3]。另一种是间接排除法，即认为"在区分

---

〔1〕 参见周翠：《中国与德国民事司法的比较分析》，载《法律科学（西北政法大学学报）》2008年第5期。

〔2〕 傅郁林：《以职能权责界定为基础的审判人员分类改革》，载《现代法学》2015年第4期。

〔3〕 李桂红、叶锋：《司法改革语境下司法辅助事务管理模式的构建》，载《上海政法学院学报（法治论丛）》2015年第4期。

审判事务和司法行政事务基础上，以是否具有判断权为标准将其分为审判核心事务和审判辅助事务。只有将审判权限定在法律要件事实认定和法律规范适用以及由此产生的关于当事人权利义务的分配上，才能为审判辅助事务留下必要空间”[1]。由此可知，对于具备适度判断性、终局性因素的专业类审判辅助事务，例如起草法律文书，检索专业文献或者其他涉及庭审程序性事项的内容，由于该过程可能需要运用特殊的司法知识或通过技术训练才能完成，故而适合分配给法官助理承担；其他诸如制作笔录、整卷归档等一般的辅助性事务，则适合交由书记员处理。

第二，合理配置辅助人员的规模和比例。伴随法官员额制改革基本完成以及各类型审判团队陆续发挥作用，对辅助人员的配置需要进一步考虑以下两个方面。

首先，不同程序类型与诉讼阶段对司法辅助人员基本配置的影响。一般而言，应当根据案件性质和难度配置不同审判组合形式。以民事审判活动为例，普通程序中审判团队与其辅助人员数量比值约为3（合议庭成员）：N（法官助理）：N（书记员），简易程序中该比值约为1（员额法官）：N（法官助理）：N（书记员）。对于其中N值的测算标准和参考因素，主要是依据审判核心事项的具体内容与耗时比率确定的。例如，从单个民事案件处理流程和所需时间的统计来看，适用简易程序的案件中审判核心工作（开庭审理、合议定案、文书制作）与辅助工作所需时间比率约为1：2.7，普通程序案件中两者比例约为1：1.6。[2]鉴于目前简易程序适用率约为70%，可计算出单个一审民事案件平均耗时约为12.22小时，其中的核心审判工作与辅助性工作所需时间比约为1：2。[3]因此在不明确区分两种程序的前提下，1名基层民事法官应有2名司法辅助人员与之配合。对于同一程序不同诉讼阶段如何确定辅助人员配额的问题，可将诉讼程序大致

---

〔1〕 上海市第二中级人民法院课题组：《司法辅助人员配置问题研究》，载《人民司法》2019年第19期。

〔2〕 参见王静、李学尧、夏志阳：《如何编制法官员额——基于民事案件工作量的分类与测量》，载《法制与社会发展》2015年第2期。

〔3〕 上海市第二中级人民法院课题组：《司法辅助人员配置问题研究》，载《人民司法》2019年第19期。

分为庭前、庭中和庭后三个阶段：对于庭前阶段中的程序性事宜或者非决断性、与诉争事实无关的内容，可由法官助理独自依据法官授权有序处理。例如，根据法院内部对于不同案件的审限规定、服判率、调撤率、改判率或发回率等统计数据，将案件难度大致相同的案件予以集中分案和统一排期。这种做法不仅有利于缓解员额法官事务性工作负担，也在一定程度上减少了审判人员与案件当事人直接接触和发生"先定后审"等有违审判权合理运行规律的情况。庭后阶段的专业性辅助工作，例如检索类似案例、法律规范及司法解释并草拟裁判文书初稿等，应当交给法官助理完成；对于诸如记录执结情况、整卷归档、文书上网等其他一般辅助性事项则可由书记员处理。值得注意的是，目前，通过运用信息化、技术化手段开展非专业性审判辅助工作已经积累了较为成熟的经验。例如，在现有技术条件下，借助同步录音录像、庭审音字转化等技术，以及电子卷宗自动生成、一键归档等智能审判系统，不仅实现了一般性辅助事务工作的集中、高效处理，也缓解了书记员配备比例不足、法官助理过度分担事务性工作的弊端。

其次，司法辅助人员的增补机制和来源渠道如何优化人员组成结构。目前，法官助理的来源主要有以下四种：一是未入额的审判员、助理审判员转任法官助理；二是由省级法院面向社会或政法专业毕业生统一招录法官助理；三是用人单位以购买社会化服务的形式招录法官助理；四是通过合同聘用制形式招录。类似地，书记员则主要通过公务员统一考试与合同聘用制两种方式录用。与公务员统一招考获得在编岗位的法官助理和书记员相比，通过签订聘用合同和由劳务派遣公司派遣到法院工作的法官助理、书记员往往面临薪金待遇偏低、工作压力偏大、晋升渠道受阻等问题。因此，为消解编外人员参与法院工作所遇到的"钱少事多难晋升"的弊病，有的法院从聘用制审判人员管理制度整体入手，与辖区内各级政府部门通力合作，针对招录、培养、履职、考核和薪酬管理等各个环节制定具体操作规范，确保人员"招得进""留得住"。〔1〕另有法院尝试对司法辅助人员进行职务序列改革，例如：上海法院将法官助理分为初级和高级两个等

〔1〕 参见《广东省东莞市第二人民法院　全方位完善管理制度　激发聘用制审判辅助人员队伍活力》，载中国法院网 2019 年 7 月 19 日，https://www.chinacourt.org/article/detail/2019/07/id/4190561.shtml。

级，并依次设置了五级至四级助理、三级至一级助理；深圳市盐田区人民法院则将聘用制法官助理界定为专业技术岗位，对其实行分级管理，由低到高共分为五个等级。[1]综合前述报道来看，将级别评定与薪酬挂钩并畅通考核与晋升渠道，成为聘用制辅助人员能否发挥实际效果的关键。另外，有些法院也在进一步探索以购买社会化服务的方式扩充辅助人员规模。所谓社会服务购买，是指“政府将原来直接提供的公共服务事项，通过直接拨款和公开招标的方式，交给有资质的社会服务机构来完成，最后根据择定者或者中标者提供的公共服务数量和质量，来支付服务费”[2]。目前，对于购买书记员或非审判一线的后勤人员之类的司法辅助或行政人员，部分试点法院通常采取一种“独立关系竞争型购买模式”[3]，即参与购买前承接方与法院之间相互独立，通过竞争与法院订立合同，明确双方权利义务，合同订立后承接方直接受到法院的管理、监督、考核和评价。在人财物省级统管背景下，如果能由省高级人民法院协调同级人事和财政部门，那么这种购买模式有望转变此前由区县一级财政经费负担的局限性，进而在更广泛地域内选拔优秀人才。

3. 法官职业保障制度

2019 年修改后的《法官法》专章规定了法官职业保障的具体内容，并从法官的履职条件、薪酬待遇、人身安全、奖励与福利、惩戒程序和申诉救济等方面丰富了法官履职的保障体系，对于进一步维护法官合法权益，保障法官依法履行职责发挥了纲领性、指导性作用。诚如有论者所指出的：“司法职业保障本身是一个体系，它所涉及的内容非常广泛，有物质的、精神的、政治的，有组织人事方面的，也有履职方面的，有退出、惩戒、豁免等。”[4]然而，在如此内容繁复、涉及

---

〔1〕 参见《论推进审判辅助人员职务序列改革的途径》，载《江苏经济报（经济法治）》2019 年 12 月 28 日，第 A014 版。

〔2〕 王浦劬、[美]莱斯特·M. 萨拉蒙等：《政府向社会组织购买公共服务研究：中国与全球经验分析》，北京大学出版社 2010 年版，第 5 页。

〔3〕 苏扬、林洁玲：《法院人员分类背景下的社会服务购买模式》，载谢进杰主编：《中山大学法律评论》（第 17 卷第 1 辑），中国政法大学出版社 2019 年版。

〔4〕 李璐君：《司法职业 保障改革在路上——司法职业保障研讨会述评》，载《法制与社会发展》2017 年第 1 期。

面广的制度内，有关法官薪酬待遇问题的探讨不仅直面当下的现实“瓶颈”，也影响到法官员额制改革等多种举措落实的实际效果。进一步而言，在司法人员分类管理制度改革基础上，适当提升法院各类人员尤其是入额法官的工资待遇，确保职业法官的工资收入明显高于社会大众、高于普通公务员是此番改革的一个基本共识。[1]对此，中央全面深化改革领导小组第十六次会议于2015年9月审议通过《法官、检察官单独职务序列改革试点方案》和《法官、检察官工资制度改革试点方案》，要求提高法官等级设置规格，建立有别于其他公务员的法官单独职务序列及工资制度。[2]其总体考虑是，法官单独职务序列以《法官法》规定的四等十二级为基础，法官等级与行政职级完全脱钩，在法官员额制基础上实行单独管理，不同审级法院的法官根据一定比例实行按年限晋升和择优选升相结合的晋升制度。同时，探索建立以法官等级为依托的法官薪酬制度，按照基本工资＋津贴补贴＋绩效奖金三部分确定法官薪酬，较大幅度提高法官工资收入水平。在工资构成中增设绩效考核奖金，发放时不与法官等级挂钩，主要依据法官办案数量和办案质量综合确定，进一步加大对一线办案人员的工资倾斜力度。随后，为落实两份试点方案的具体要求，人力资源和社会保障部、财政部于2016年7月印发了《法官、检察官和司法辅助人员工资制度改革试点实施办法》，明确了职务等级工资、绩效考核奖金的计算依据和发放标准。2019年修订的《法官法》第58条至第60条亦规定了法官实行与其职责相适应的工资制度和定期增资制度，并享受国家规定的津贴、补贴、奖金、保险和福利待遇等相应内容。

相比较而言，以往将行政职级与法官薪酬挂钩的做法，不仅直接影响了法官的职业晋升渠道，而且导致法官收入整体水平偏低。例如，就全国平均水平而言，一名新晋升的法官每月工资在3000元至4000元，一名新入职的在编司法辅助人员工资为2000元至3000元。[3]有关京津冀地区的实证调查显示，从行

---

〔1〕 参见李学尧、王静：《厘清法官员额制改革中的认识误区》，载《中国社会科学报》2014年10月8日，第B01版。

〔2〕 参见《司法改革热点问答》，载《人民法院报》2017年5月2日，第2版。

〔3〕 参见孙海龙等：《审判权运行机制改革》，法律出版社2015年版，第291页。

政级别上来看，绝大部分的法官是科级以及科员；从收入上看，绝大部分的法官收入不到5000元。当前，中国法官的收入由其行政级别所决定，但行政级别之间的提升异常艰难，而且实际上，各个行政级别之间的差距只有1000元至2000元左右。现有的法官职务等级与法官薪酬的关系几乎可以忽略不计，不同职务等级的法官在待遇上的差别主要体现在每个月的审判津贴上。按照《关于实行法官审判津贴的通知》，不同等级法官的审判津贴标准从180元到340元不等，每个等级之间相差不超过30元。在现有经济条件尤其是考虑通货膨胀的因素下，不同等级法官的审判津贴几乎没有差别。[1]

经过此次法官职务序列和工资制度的改革后，法官的基本工资从“普通公务员职务工资”和“级别工资”两项内容调整为“职务等级工资”一项；每个职务等级内分设若干工资档次，并以法官职务序列等级为基础实行全国统一标准。同时，通过发放绩效考核奖金提高薪酬中的增资额度。绩效考核奖金的设置不与法官等级、行政职级挂钩，主要依据工作量、工作质量和工作效果等因素确定。绩效考核奖金分为基础性和奖励性两个部分：基础性绩效考核奖金按月随工资平均发放；奖励性绩效考核奖金原则上按考核情况年终一次性发放，奖励性部分占绩效考核奖金总量的比例不低于60%。

然而，从改革后问卷调查的结果看，中国法官整体上收入水平不高，与法官自身的期待差距大，法官对工资收入满意度低。同时，法官之间的收入差别也比较大，通常而言，东部沿海地区、高学历、高职级、高层级法院的法官收入较高，而中年以后法官的工资则没有随着年资相应增长；相对而言，中西部地区、低学历、低级别、基层法官和年轻法官的收入较低。[2]虽然薪酬构成比例有所调整，但是预期的增资目标并未实现，员额法官、法官助理和司法辅助人员等各类人员的

---

〔1〕 参见宋鱼水、吴园妹、卢爱媛：《职业法官配套薪酬改革研究——以京津冀协同发展下的法官精英化进程为视角》，载《中国应用法学》2017年第1期。

〔2〕 调查数据显示，法官的整体工资水平不高，月收入在三五千元的法官占绝大多数。2660名被调查法官中对自己收入比较不满意和非常不满意的占85%，是满意法官占比的40余倍。而且，法官之间的收入因学历、年龄、地域、职级和法院层级等因素差异较大。参见胡昌明：《应然与实然：中国法官薪酬待遇研究——以2660份调查问卷为样本的分析》，载《苏州大学学报（法学版）》2020年第1期。

工资梯度也较小。例如，45% 的法官表示工资收入没有变化或者变化不大，仅有 14% 的法官工资收入有增加。在月收入比重下降的人数中，入额法官和法官助理的比重均处在 37% 左右，书记员和其他司法行政辅助人员分别占 50% 和 62.75%。如果对各类人员的工资收入按区间进行精细化比较，有 53% 的入额法官同其他各类辅助人员间的工资差距并不显著，法官助理群体在工资收入方面同书记员及行政综合岗的人员相比，其梯度优势亦不明显。〔1〕

究其原因，一方面是法官薪酬结构中职务等级与工资档次的对应额度差偏小，另一方面是在人财物统一省级管理之后，司法经费的拨付和保障尚不充分。就前者来讲，根据职务序列和工资制度改革的要求，调整后法官的薪酬结构由基本工资、津贴补贴和绩效奖金三部分构成，其中津贴补贴主要根据区域经济发展水平和财政补助标准确定，绩效考核奖金则由法官办案数量和质量综合考评。换句话说，该两部分虽然与法官行政级别完全脱钩，但受限于各地实际情况容易出现浮动变化的情况，因此，法官收入的直接影响因素其实是基本工资水平。从地方法院落实工资制度改革的实施情况看，入额法官基本工资等级是以《法官法》确定的四等十二级为基础并按照一定方式逐级晋升的。虽然大多数基层法官的职务晋升空间为五级法官至一级法官，但该区间却有 10 个左右的工资档次，而且相邻档次之间的工资差额较小。因此，即便法官获得职务晋升，由配套工资档次带来的月收入增幅也并不显著。后者是指，目前，政法经费已改为中央和省级财政统一保障模式，在中央财政转移支付政法资金的比例尚未发生大的调整情况下，要求各省级政法经费的保障标准不低于改革之前的整体水平，这对地方财政部门尤其是中西部地区来说无疑是不小的压力。从各省试点情况看，这种保障政法经费的压力主要来自三个方面：一是有关司法职业保障制度的费用，即薪酬制度改革中的增资部分，包括员额法官、员额检察官基本工资套改增资和司法机关“三类人员”〔2〕以平均增资 50%、20%、20% 为标准计算的绩效

〔1〕 参见张青：《基层法官薪酬制度改革的现实困境及其因应》，载《思想战线》2019 年第 5 期。

〔2〕 司法机关“三类人员”，是指员额法官、员额检察官，司法辅助人员（包括法官助理、检察官助理、司法警察、书记员）以及司法行政人员（主要是在办公室、政治部、财务室等从事综合行政工作的办事人员）。

考核奖金；二是省级财政为进一步加强和规范政法经费使用，通常会对辖区内市（州）、区（县）法检系统日常办公经费重新核算并做出相应调整；三是建立法检系统经费正常增长的保障机制及新增支出。仅就第一点来讲，原则上，省级财政统一保障的工资收入仅为基本工资以及国家和省级层面有关政策性文件予以保留的津贴补贴和政策性收入。但目前地方各级政府对于“超出国家和省级政策认可的地方性津贴补贴、绩效考核收入仍由地方财政负担”的做法〔1〕普遍持消极态度。同时，相较以往基层法院“津贴多、比例大”〔2〕的情况，改革后法官薪酬中缺失部分地方性津贴补贴则必然导致工资收入整体偏低的现象。有鉴于此，后续的完善措施应重点关注以下两点。

第一，优化法官薪酬结构，在稳定政策性收入前提下，进一步提高基本工资发放水平；同时完善法官职级的评价标准，增大职务等级与工资档次的差额。一方面，作为法官薪酬结构中基础性、保底性的部分，基本工资水平直接影响法官职业的荣誉，也成为能否吸引和留住优秀人才的前提。为此，应改变以往过分依赖津贴补贴、绩效奖金等政策性收入的做法，通过将地方公务员工资的考核因素纳入法官基本工资参考标准之中，大幅度提高基本工资在整个薪酬结构中的比重。这也是实现法官工资待遇“去行政化”的关键。同时，由于分类保障和分级负责的司法经费保障体系在中西部地区和偏远少数民族地区整体水平偏低，为避免地区间福利待遇差异导致中青年法官进一步流失，应在政策性收入中有所侧重并适当提高该地区津贴补贴发放标准，从而增强法官收入的稳定性。另一方面，由于中国大多数基层法官职务等级约在五级法官至一级法官之间，为促使法官工资晋升机制发挥最大效用，较为可行的做法是扩大同一职务等级内横向工资的差额比例和晋升标准。具体来讲，基层法官增资目标实现的途径有两种：一是较大幅度提升工资等级和档次之间的差距，以弥合法官职务晋级的有限性

---

〔1〕 按照人财物省级统管的要求，地方财政需要按照一定比例划定相应司法经费至省级财政以便其统筹开支；而且针对改革前由地方财政支配的法院诉讼费用和罚没收入等内容，改革后也必须统一上缴省级国库管理，由此导致地方财政整体收入受到影响。在此前提下，地方政府对于超出国家和省级政策认可的津贴补贴和绩效考核奖金往往不愿负担。

〔2〕 左卫民等：《中国基层司法财政变迁实证研究》，北京大学出版社 2015 年版，第 151 页。

与工资提档现实需求之间的落差；二是完善增资评价标准，建立包括工作量、学历、年龄等在内的符合专业性和职业特点的工资评价体系，从而通过“对专业技术等级的考核，实行按期晋升、择优选升和特别选升相结合的方式。各级法院法官只要认真履行职责，不必担任领导职务，也能按照任职年限逐级晋升到一定等级，而且可能比领导享受更高的福利待遇”[1]。进一步来看，有关法官增资和调薪机制的考评标准，可尝试借鉴域外法官职业保障制度的类似做法。例如，德国法官工资制度将年龄因素作为增资的考量因素。[2]又如，在我国台湾地区，法官绩效奖金的发放主要通过对办案数量、案件质效、调研成果以及业内和社会风评等项目设置多级细分指标，采取以定量为主，定性与定量相结合的考核方法；而且将考核结果与绩效薪酬有效对接，根据当年的考核结果所对应的薪点确定法官绩效工资水平。[3]

第二，完善司法经费保障体制，在加大中央财政对中西部地区的支持力度的同时，努力协调法院经费“省级统管”后司法系统内外的运作关系。2015 年财政部印发的《政法经费分类保障暂行办法》规定，中部和西部县级政法机关办案（业务）经费[4]主要由中央、省级和县级财政共同负担，并由中央财政和省级财政平均承担较高水平；而东部县级政法机关办案（业务）经费原则上由县级财政负担，省级财政对相对困难的县级政法机关予以补助，中央财政按照规定予以奖励性补助。从整体上看，这种根据不同地区经济发展水平划分中央、省级和地方财政对司法经费保障范围和比例的做法，能够在一定程度上缓解中西部地区基层法院的经费压力。然而，一方面限于员额制改革后省级财政供给压力骤然增加，另一方面采取“分类＋分级”的司法经费保障体制也与奉行单一制法律传统的

---

〔1〕 徐家新：《建立符合职业特点的法官管理制度》，载《人民日报》2016 年 4 月 18 日，第 7 版。

〔2〕 参见周道鸾主编：《外国法院组织与法官制度》，人民法院出版社 2000 年版，第 346 页。

〔3〕 参见厦门市思明区人民法院课题组：《台湾地区法官薪酬制度的启示与借鉴》，载齐树洁主编：《东南司法评论》（2017 年卷第 10 卷），厦门大学出版社 2017 年版。

〔4〕 目前，中国法院经费保障实行中央和地方“分级＋分类”保障机制：在保障主体上，最高人民法院和省级人民法院经费由同级财政负担，省以下地方法院经费则根据不同保障类别，分别由中央、省级和同级财政“分类保障”；在保障类别上，法院经费分为人员经费、日常运行公用经费、办案业务经费、装备购置经费、基础设施建设经费，其中前两类由同级财政保障，后两类则由中央拨付专项资金予以补助，办案业务经费由同级财政和上级补助共同保障；在保障方法上，主要是财政拨款，包括地方财政的预算拨付、中央和省级财政的转移支付等。

域外国家和地区有所不同[1]，亦不符合法官职业群体的职业化和精英化发展趋势，因而从长远看，司法经费应完全收归中央统筹并施行预算单列制度成为必然选择。

同时，在当前采取法院经费“省级统管”改革模式下仍需注意的是，不仅应避免法院系统内部预算管理的行政化，而且要协调与省级财政部门之间的权限划分。

一方面，在法院经费省级统管试点方案中，大多数将省以下各级法院作为独立的一级预算单位直接编报省级财政部门，而非先由省级法院在辖区内统一核算后再一并报送省级财政部门审核。这种因欠缺法院系统内部统一协调机制的做法不仅影响预算数据的真实性而且降低预算管理的效率。但值得注意的是，“省级统管”模式带来的纵向支配往往借助独立公正司法理念和科层化管理技术诱发经费保障领域的“行政化”弊端。正如有研究指出的那样，“从理性支配的角度看，当司法部门从横向式支配的地方预算网络中剥离以后，纵向维度上司法部门的内部整合其实是难以避免的。但是，也不能简单地将纵向式理性支配等同于司法部门自上而下的垂直管理，这种做法不仅是狭隘的，同时也是有害的。谓其狭隘，是因为从‘条条’的类型看，就有垂直管理、双重领导、单独管理等多种类型。谓其有害，是因为这种垂直管理将导致司法部门在缓解‘地方保护主义’的同时，又跌入‘内部行政化’的窠臼”[2]。对此，可能的解决途径是，在强调司法系统内部预算能力集中化的同时，通过机构改革和职能调整吸纳其他利益相关方或社会公众积极参与。例如，有的研究根据系统协同学观点认为，中国法院财务省级统管应采取“司法委员会＋司法理事会”法院主导管理模式，并构建了具体的理论模型。[3]目前司法实践中出现的上海市高级人民法院的预算管理委员会、海南省高级人民法院的预算会审小组等，都是为了避免法院系统内部预

〔1〕 参见郭丰、韩玉忠：《域外法院经费体制概览及启示》，载《中国应用法学》2018年第1期。

〔2〕 张洪松：《独立、问责和支配的统合：中国司法经费管理体制改革的政治分析》，载《思想战线》2019年第2期。

〔3〕 参见欧阳韶勇、旷联合、于杨宁：《系统论视野下法院财物省统一管理的隐忧与出路》，载《中国应用法学》2018年第1期。

算管理行政化的有益尝试。

另一方面，在与行政机关的关系上，由于省级政府及其财政部门是唯一享有预算编制权的主体，省级法院的预算请求只能通过前者才能向省级人大提交。鉴于省级财政部门既可以从消极层面删减省级法院报送的预算方案，也可以从积极层面支持后者的经费分配决策，因此，如何处理省级法院与同级财政部门的关系成为必须面对的问题。原则上，应当限制省级财政部门随意修改甚至扣除省级法院预算额度的权力。对于前者来讲，如果确有必要或者对省以下法院报送的预算方案存在异议，应当先与预算单位协商；如果未能达成一致意见，应当在原预算方案中加以批注或说明，并将双方分歧与协商具体情况附于文末，一并上报省级人大审议。同时，为保障法院系统在经费上最大限度独立于外部机关，尤其是考虑到预算编制、审核与审议的权力可能被异化为行政机关和司法机关争夺利益的工具，也为实现对省级财政部门审核权的合理制约，应当赋予省级法院广泛参与权和话语权，允许其结合司法规律和审判活动的特点对法院财务、经费的具体使用情况进行阐述和介绍。就具体方案来看可采取如下方案："一是在省级财政部门对法院预算草案有异议的，需与预算申报法院协商修改申报事宜，由省级法院派员协助；二是在人大对法院预算进行审议讨论时，应听取省级法院意见，由省级法院派员参加。"〔1〕

六、司法的集体决策机制与个体责任制改革

司法责任制改革是全面深化司法体制改革的"牛鼻子"，也是建立权责统一、权责明晰、权力制约的司法权运行机制的关键。对此，根据最高人民法院发布的《关于完善人民法院司法责任制的若干意见》目标要求，完善人民法院的司法责任制，必须以严格的审判责任制为核心，以科学的审判权力运行机制为前提，以明晰的审判组织权限和审判人员职责为基础，以有效的审判管理和监督制度为保障，让审理者裁判、由裁判者负责，确保人民法院依法独立公正行使审判

〔1〕 廖钰、王肖：《关于省以下地方法院经费保障制度的调研——基于"省级统管"改革背景下的现状检视和体系重构》，载《中国应用法学》2018 年第 1 期。

权。由此可见，为实现“让审理者裁判、由裁判者负责”的改革目标，“核心”“前提”“基础”“保障”四项要素成为责任制度改革的路径依赖和基本遵循。同时，从司法责任制的设计思路上看，“在这次从权限与问责的混沌状态走向权限与问责的界分目标的改革中，权限与责任之间的逻辑一致性受到了充分的观照和考量，‘权责明晰、权责统一’的改革意向和原则目标十分清楚”〔1〕。这体现在：一方面，明确独任法官、合议庭成员与院庭长各自职责和权限。该意见第15条至第17条依次规定独任法官、承办法官以及合议庭成员审判职责的具体内容；第21条至第23条则分别规定院庭长审判管理和监督活动的职责和权限范围。根据这些规定，今后院庭长审判管理和监督职责仅限于宏观领域和法定的个案监督事项，例如审批程序性事项、把控审判流程、审理进度和案件质效，以及针对该意见确定的四类特殊案件进行事中监督和个别性司法行为矫正。另一方面，区分审判责任与审判监督管理责任。作为该意见制定和施行的核心内容，遵循严格的审判责任制要求法官对其履行审判职责的行为应当承担责任，在职责范围内对办案质量终身负责。那么，除了院庭长作为少量案件的直接承办人以外，如何针对其承担审判管理与监督职责的行为确定相应职责〔2〕，成为实践中争议较大的问题。对此，该意见第27条规定：“负有监督管理职责的人员等因故意或者重大过失，怠于行使或者不当行使审判监督权和审判管理权导致裁判错误并造成严重后果的，依照有关规定应当承担监督管理责任……”

综合来看，即便有违司法亲历性和审判独立规律的基本要求，改革者仍然坚持保留院庭长行使审判监督管理权的制度并配置相应责任，主要是考虑到：其一，与承办案件的员额法官相比，院庭长自身作为优秀审判资源的代表，在事实认定或者法律适用存疑的案件中可能拿捏和把握得更为合适。同时，承办法官虽然可以采取将案件提交专业法官会议或者审委会讨论决定的方式处理争议问题，但是，院庭长基于其审判监督职责也有权要求承办法官报告案件进展和评

〔1〕 傅郁林：《司法责任制的重心是职责界分》，载《中国法律评论》2015年第4期。

〔2〕 例如，在司法责任制改革调研中发现，各级法院院长普遍存在的顾虑是，改革既要求院庭长大胆放权，又强调院庭长“一岗双责”，这是否存在矛盾？相关研究参见李少平：《正确处理放权与监督 坚定不移全面落实司法责任制》，载《人民法院报》2018年3月28日，第5版。

议结果[1]。从一定程度上讲，此种做法有利于法院形成相对统一的裁判标准。其二，由于中国东中西部地区案件类型和法官审判业务能力存在较大差异，尤其是面对互联网案件、知识产权案件、企业投融资上市或者股权并购案件以及群体性纠纷、有重大社会影响的案件，承办法官不仅可能会因欠缺相关领域的专业知识而处理得有失妥当，而且容易误判该类案件的社会效果，从而使其个人乃至法院整体都面临巨大的社会舆论压力。对此，如果借助专业法官会议、审委会这种集体讨论决策方式，尤其是保留院庭长具有召开此类会议的决定权，同时允许其参会时发表倾向性处理意见并在案卷和办公平台上全程留痕，那么这种几乎集合了全院优秀审判智慧作出的案件处理结果，不仅能够最大限度融合法理情理，也有利于法院抵御外界舆论对司法裁判的不当干预。

但需要特别指出的是，即便在“放权”与“监督”的平衡机制中肯定院庭长有权承担审判监督管理职责，由其主持或参与的审判组织形式在司法责任制背景下也已面临角色定位和功能转型的客观需求。以改革裁判文书签署制度为例，相较于以往将裁判文书署名权与签发权相分离，采取“法官署名、领导签发”的习惯性做法，《关于完善人民法院司法责任制的若干意见》为实现革除案件层层审批的多种弊端，真正还权于合议庭与独任法官的改革目标，不仅明确规定每种审判组织形式签署裁判文书的具体要求，而且对院庭长承担审判监督管理职责审核签发文书的情形作出必要限制，从而将裁判文书“审签制”改为“签署制”，做到审理者、裁判者、署名者、签发者高度统一。由此可见，法院内部各种专业化审判形式的角色定位是为员额法官提供智力储备和技术支持，通过这种集体决策机制致力于增加裁判结论的准确性与真实性，而非成为替代个人决策或转移裁判责任的隐蔽渠道。进一步而言，从司法的“独立”“专业”“负责”三大构成要素上看，“独立”要素更多是从前提性条件指出司法权限的地位以及享

---

〔1〕 例如，《关于完善人民法院司法责任制的若干意见》第24条规定：“对于有下列情形之一的案件，院长、副院长、庭长有权要求独任法官或者合议庭报告案件进展和评议结果：（1）涉及群体性纠纷，可能影响社会稳定的；（2）疑难、复杂且在社会上有重大影响的；（3）与本院或者上级法院的类案判决可能发生冲突的；（4）有关单位或者个人反映法官有违法审判行为的。院长、副院长、庭长对上述案件的审理过程或者评议结果有异议的，不得直接改变合议庭的意见，但可以决定将案件提交专业法官会议、审判委员会进行讨论。院长、副院长、庭长针对上述案件监督建议的时间、内容、处理结果等应当在案卷和办公平台上全程留痕。”

有和行使所需要的职业保障，“专业”要素则是从职业人员配备方面作出的基础性要求，而“负责”要素是以独立的职业保障为前提，以专业的人员配备为基础，以宪法和法律为基础的司法问责。据此，该意见第二部分“改革审判权力运行机制”和第三部分“明确司法人员职责和权限”已经通过权责分离、权责明晰的制度设计为“独立”要素提供了前提性保障；法官员额制改革以及专业化审判组织形式的确立也从配套措施角度满足了“专业”要素所需要的基础性要求。那么针对“负责”要素，该意见按照“谁审理、谁裁判、谁负责”的思路，针对审判权运行机制的差异分别确立了审判责任承担的具体方式。但需要注意的是，无论独任制、合议制还是提交审判委员会讨论决定的案件，依照第四部分“审判责任的认定和追究”相关规定对当事法官进行司法问责的基准和程序并无差异。

因此，本书后文仅以法官个体责任制为分析对象并依次论述：首先，现行规范体系框架内，中国法官责任的基本类型及其在司法实践中暴露出的问题，尤其指出以错案结果问责所面临的争议，并由此展开对将违法行为作为追责依据的分析。其次，考虑到责任豁免与责任承担本是“一体两面”，而且《关于完善人民法院司法责任制的若干意见》及相关文件中已有涉及，因此为完善法官职业保障制度，有必要将豁免的条件及理由作为相对独立的内容单独讨论。最后，本书余论部分将结合法官责任的特殊性和法官群体职业化发展趋势，指出中国法官职业伦理责任的构建将是健全法官责任体系的努力方向。

1. 法官责任的基本类型与制度困境

根据《关于完善人民法院司法责任制的若干意见》第 25 条的规定，法官违法审判责任包括两种类型：一是“故意违反法律法规”（故意违法责任）；二是“因重大过失导致裁判错误并造成严重后果”（过失错案责任）。从两种责任类型的设计思路和构成要件上讲，其不仅具体落实了以往司法改革文件的相关要求，而且也体现出责任追究体系中“主客观相一致”的判定逻辑。具体来讲，党的十八届三中全会通过的《中共中央关于全面深化改革若干重大问题的决定》提出“完善主审法官、合议庭办案责任制，让审理者裁判、由裁判者负责”，党的十八届四中全会通过的《中共中央关于全面推进依法治国若干重大问题的决定》进一步要求“明确各类司法人员工作职责、工作流程、工作标准，实行办案质量终身负责制和错案责任倒查问责制”，为司法人员责任制度未来的改革方向提供了基本框架。与此同时，最高人民法院在《关于全面深化人民法院改革的意见——人民法院第四个五年改革纲要（2014—2018）》中明确要求“健全司法过错追究机制，统一司法过错责任的认定标准”。据此，《关于完善人民法院司法责任制的若干意见》在其目标原则部分第 2 条指出，“推进审判责任制改革，人民法院应当坚持……主观过错与客观行为相结合，责任与保障相结合”。就法官违法审判责任而言，这种“主客观相一致”的追责逻辑表现在以下几个方面。

首先，法官违法审判责任的主观过错形式仅指“故意”和“重大过失”。就“故意”而言，原则上，法官作为精通法律的专业人士应当遵守法律规范，并对审判活动所依据的实体法和程序法知识抱有相当程度的认识。这不仅是法官职业水平的必然体现，也是其享有独立审判地位进而承担相应司法责任的前提条件。与之相反，当其“明知违法而有意或者放任为之”时，就已经对审判活动的公正性造成了损害，而无须考虑此种危害后果对裁判正误、社会公信力等带来了何种负面影响，因此这也就构成了追究其违法审判责任的合理依据。之所以强调“重大过失”，一方面是为了与“一般过失”要件对应的审判瑕疵责任作出必要区别，另一方面也是为了保持行政权与司法权在归责原则上的平衡与协调。实践中，除了《关于完善人民法院司法责任制的若干意见》确立的违法审判责任、职业道德责任以及纪律责任之外，还存在一种审判瑕疵责任，即“在审判或执行中，在文书制作、诉讼程序、事实认定、法律引用、司法作风和司法行为等方面存在差错，其严重程度虽尚不足以构成违法审判责任，但这种差错的存在给司法公正、司法权威以及司法形象造成了负面影响，相关人员也应承担相应责任，尤其在司法评估中，其差错应作为评估的依据，并进入相应的司法档案”[1]。由此可

〔1〕 汤维建：《人民法院司法责任制的构建与完善》，载《人民法院报》2015 年 10 月 21 日，第 5 版。

见，瑕疵行为与违法行为在客观层面虽有相似之处，但就主观层面而言，前者更多是因为欠缺严谨负责的工作态度或者马虎、大意的工作习惯。如果亦将此类行为的主观过错认定为“重大过失”并苛以“违法审判”的责任，则有可能导致责任泛化的情况，也不利于提高司法工作人员的职业素养和履职积极性。与此同时，针对行政机关及其工作人员行使行政职权侵犯行政相对人财产权和人身权的行为，《国家赔偿法》同样确立了“故意或者重大过失”的归责原则。虽然相对于行政权来讲，司法权的运行具有复杂性和特殊性，进而决定了司法领域的“重大过失”应当采取更为严格的审查标准，但考虑到“重大过失”对应的司法行为并不总是能够得到经验资料的佐证，更不容易提炼为精准的文字表达或者列举出明确、详尽的具体情形，而实践中大量由于过失造成的冤假错案也不能一概不追究；因此“为了跟法律关于行政人员职务侵权行为责任追究的过错规定相平衡，只能借鉴国家赔偿法对行政机关及其工作人员职务行为进行追责的规定，以‘故意违法责任’和‘重大过失责任’作为司法责任的两种主要形式。但是，在对‘重大过失’把握时，则应当从严而决不能宽泛甚至降低标准”[1]。

其次，违法审判责任在客观上表现为“违法行为”、“裁判错误”和“严重后果”。对此，《关于完善人民法院司法责任制的若干意见》第 26 条列举了应当依纪依法追究相关人员违法审判责任的七种情形。此外，根据改革者的观点，对于“裁判错误”和“严重后果”的判断条件来讲，有两种情况不再纳入违法审判责任予以追究，而是通过审判业绩考评机制予以解决：一是如果法官在审查和认定证据中的过失行为并未导致裁判错误；二是如果法官因过失行为导致裁判错误，但并未造成严重后果，如一审法官有过失被二审纠正，证据或者诉讼保全过程中的裁定错误被及时纠正。[2]

然而，这种“主客观相一致”的责任认定逻辑在司法实践中并未得到严格遵循。从《关于完善人民法院司法责任制的若干意见》施行以来全国各地追究法官责任的整体情况看，实践情况出现了截然相反的结果。例如，有的研究认为，

---

〔1〕 朱孝清：《错案责任追究与豁免》，载《中国法学》2016 年第 2 期。

〔2〕 参见贺小荣：《如何牵住司法责任制这个牛鼻子》，载《人民法院报》2015 年 9 月 23 日，第 5 版。

中央文件设置的过失错案责任类型在实践中导致客观追责倾向和以错案结果为中心的追责标准，进而给法官审判工作带来负面效果，甚至会诱导法官错判，阻碍冤案平反。“在实际执行中，一些地方的实施细则将错案追究等同于改判率、上诉率、发回重审率、再审率等指标，这大大影响了法官独立审判，在这种条件下，法官难以有担当地作出不违背良心的判决。”〔1〕相反，有的实证研究却表明，错案追究的实践标准在很大程度上已经从实体问责转变为程序之治。这一过程具体表现为“从文本上看，专门规定、正式程序、实体问责、错案必究，这些足以让人感受到每个法院都给了错案追究足够的重视。但从实践来看，错案认定像是审委会在尽力寻找某起案件并非错案的理由，直到穷尽。一起受到错案审查的案件，要么是判决正确或者错案豁免，要么的确有些错误，这些错误又被分为小疏漏和大错案，经过层层筛选，最终被确定为错案的大多是程序违法的案件。这个过程更像是慈爱的家长责打调皮的小孩，戒尺高高举起却轻轻放下”〔2〕。另外，通过梳理具有重大社会影响案件中司法人员的追责情况可以看到，目前确立的追责机制存在随意性、非公开性以及弱制裁性或者弱威慑性的特点。这也从整体上反映出司法责任制在合法性和科学性上的设计困境。〔3〕这也就意味着，官方文件中确立的“主客观相一致”的责任认定逻辑并未发挥统一追责判准的作用。

进一步而言，如果暂时忽略各地追究法官责任时所依据的规范文本在效力层级和术语表达上的差异，仅就该项制度设计的科学性来讲，实务界与理论界的分歧则集中在是否应以“错案”为核心关键词界定法官责任。对此，改革者指出：“反对设立错案责任追究机制的人认为，错案本身不是严格的法律概念，错案概念模糊不清，认定错案标准和范围难以确定；错案责任追究不当，会使法官时常处于被追责的风险之中，有形无形会影响审判行为的独立性；法官害怕发生

〔1〕 金泽刚：《法官错判的原因与防治——基于19起刑事错案的样本分析》，载《法学评论》2015年第2期。

〔2〕 王伦刚、刘思达：《从实体问责到程序之治——中国法院错案追究制运行的实证考察》，载《法学家》2016年第2期。

〔3〕 参见宋远升：《司法责任制的三重逻辑与核心建构要素》，载《环球法律评论》2017年第5期。

错案，会想方设法将案件决定权转交院庭长、审判委员会和上级法院，实现责任转移，违背‘让审理者裁判、由裁判者负责’的基本原则；同时追责不当也会影响法官独立品格的塑造等。这些反对意见都有一定的道理。《关于切实践行司法为民大力加强公正司法不断提高司法公信力的若干意见》综合考虑各方观点，最后删去了‘对错案和错案责任定义’的条款。”那么，为什么仍要坚持出台错案责任追究机制？这是因为“错案是客观存在的，法官要对自己的审判行为和案件质量负责，裁判出现错误，倒查法官是否有责任也无可厚非”〔1〕。

既然对“错案”语词的舍弃从某种程度上看更多是力保文件顺利出台所采取的“权宜之计”甚至是“无奈之举”，那么也就不难理解当欠缺清晰的、统一的规范指引时对于追责标准和依据方面产生的分歧。例如，有观点认为，中国的结果责任模式是一种在案件出现裁判错误的情况下，对存在过错的法官予以追责的制度模式。这一模式不仅陷入了“先验的可知论误区”，从根本上破坏了法官的良心独立，而且在已经提供诉讼内救济机制的前提下，仍然追究法官的个人责任，其必要性和正当性遭到质疑。〔2〕还有观点认为，冤假错案并非法律术语，而是一种社会学意义上的称谓。因此，其在法律意义上缺乏科学性及准确性。而且实行司法责任追究制存在认识论、系统论等哲学意义上的悖论，以及存在审判自主性原理/司法去行政化原理、司法权力（权利）责任平衡原理等司法原理之间的悖论。〔3〕然而，与此相反的观点却认为，中国错案的标准应仅指实体上的罪之有无，而且应以后程序在罪之有无上完全否定了前程序所作的处理决定，且后程序作出的处理决定已经生效为界定错案的依据。同时，该观点还对质疑错案责任的三种观点，即先验的可知论误区和法官无法对客观事实负责，错案标准模糊因而难以对错案追责以及错案可以通过法定程序和制度进行救济，再予追责没有多少必要，分别予以了回应。〔4〕另有观点认为，“在事实认定清楚、证据确实充

〔1〕 李少平：《深化司法责任制改革应当处理好四个关系》，载《法制日报》2016年2月24日，第9版。
〔2〕 参见陈瑞华：《法官责任制度的三种模式》，载《法学研究》2015年第4期。
〔3〕 参见宋远升：《司法责任制的三重逻辑与核心建构要素》，载《环球法律评论》2017年第5期。
〔4〕 参见朱孝清：《错案责任追究与豁免》，载《中国法学》2016年第2期。

分、法律依据明确尤其是被告人认罪的案件中，还是存在一个‘沟通交流’意义上的‘正确裁判’，错案的认定标准也能够达成统一。错案责任区别于其他责任形式的关键是一个‘错’字，即只有在出现裁判结论被改判或者撤销的情况下，才可能构成错案责任”[1]。除此之外，学术界还有主观说、程序违法说、三重标准说、法治标准说等多种学说。

综合来看，从裁判实体结果和诉讼内纠错机制角度提供错案的判定标准，不失为一种解决思路，但仍然可能涉及更为广泛且深刻的学理分歧。例如，学界对于客观真实与法律真实如何认识以及司法证明理论在弥合两者关系上所发挥的积极作用到底为何产生的争议，或者对于诉讼中二审程序和再审程序的纠错和监督职能如何更好发挥等存在不同看法。考虑到裁判错误通常包括事实错误、法律错误和程序错误，对于后两者来讲，不仅其判定标准较为清晰、明确，尤其对于法律错误而言，其基本上与事实错误存在直接因果关系，而且也容易通过程序自身的运作逻辑予以相应的制裁或否定性评价；因此，真正难以处理的是如何判断事实错误。按照“主客观相一致”的认定逻辑，法官违法审判责任在客观方面不仅是指出现了与“真相”相反的裁判结论，而且要求审查具体当事法官的客观行为（以及客观行为与错案结果之间的因果关系，只不过大多数情况这种因果关系不仅是直接且明显的，而且能够适用推定规则处理）。这也就提供了一种新的认定思路，即判断客观行为是否出现错误，或者说是否是违法的。正如有学者指出的那样，“我们很难对法官有无‘违背事实’做出准确的判断。但是，假如法官在审判过程中存在违法行为，如违反了证据规则，违反了诉讼法的规定，或者违反了实体法确立的准则，我们就非常容易得出法官‘违法审判’的结论……我们可以转换一下思维方式，将‘错误裁判结果’改为‘违法裁判结果’……有必要将法官存在违法行为本身，视为法官存在故意或者过失的充分理由”[2]。

---

〔1〕 周长军：《司法责任制改革中的法官问责——兼评〈关于完善人民法院司法责任制的若干意见〉》，载《法学家》2016年第3期。

〔2〕 陈瑞华：《法官责任制度的三种模式》，载《法学研究》2015年第4期。

值得注意的是，目前大多数反对客观归责、结果中心主义追责的研究中，已有观点提出，应当以违法行为作为追责依据。[1]但前述中的对策研究部分大都仅限于肯定违法行为对于追究法官责任的积极作用，虽然也有的提到法官责任认定与案件事实、证据制度的关系，但并未详细阐述证据规则如何具体影响责任认定标准。[2]有鉴于此，本书将延续该思路作进一步探讨。

2. 责任承担中“违法行为”的判断依据

按照本轮司法改革提出的“让审理者裁判、由裁判者负责”整体要求，以及《关于完善人民法院司法责任制的若干意见》对法官审判责任范围的具体规定，法官应当对其履行审判职责的行为承担责任。从该意见的条文叙述结构来看，其“行为模式”和“法律后果”两项要素分别对应“履行审判职责（的行为）”和“承担（违法审判）责任”。换句话说，法官责任的逻辑前提和现实基础是法官“未履行审判职责”。那么，法官的审判职责是什么？尤其是，法官在认定案件事实层面的职责是什么？根据相关司法解释[3]和政策文件[4]的若干规定，遵循证据裁判不仅是法官认定案件事实的具体要求，也是法官履行审判职责的行为表现。由于中国尚未制定专门的证据法典，有关证据规则散见于诉讼法和司法解释中。为了清晰指出证据规则的效力对于法官事实认定职责的作用，进而表明这些规则是如何实质性影响法官承担违法审判责任的，有必要以不同证据规则对法官认定案件事实的约束力为标准，对现有证据规则重新分类。

---

〔1〕 相关研究参见方乐：《法官责任制度的司法化改造》，载《法学》2019年第2期；沈杨、殷勤：《实施错案“终身追责”应注意区隔“责任豁免”》，载《人民法院报》2015年4月1日，第8版；魏胜强：《错案追究何去何从？——关于我国法官责任追究制度的思考》，载《法学》2012年第9期。

〔2〕 参见张玉洁：《错案追究终身制的发展难题——制度缺陷、逆向刺激与实用主义重构》，载《北方法学》2014年第5期。

〔3〕 例如，最高人民法院《关于适用〈中华人民共和国刑事诉讼法〉的解释》第69条规定：“认定案件事实，必须以证据为根据。”最高人民法院《关于民事诉讼证据的若干规定》第85条第1款规定：“人民法院应当以证据能够证明的案件事实为根据依法作出裁判。”

〔4〕 例如，党的十八届四中全会通过的《法治决定》中提到“全面贯彻证据裁判规则”。类似地，最高人民法院、最高人民检察院、公安部、国家安全部、司法部联合印发的《关于推进以审判为中心的刑事诉讼制度改革的意见》指出“严格按照法律规定的证据裁判要求，没有证据不得认定犯罪事实”。

具体来讲，有些证据规则对法官审查证据和认定案件事实发挥决定性作用，要求法官必须严格遵循该类证据规则设定的条件或程序判断各种证据材料的证据能力，并在此基础上结合逻辑推理和生活经验对其证明力大小、强弱作出心证判断。该类证据规则可被称为“强制性证据规则”，这方面最典型的就是非法证据排除规则、意见证据规则以及最佳证据规则。同时，就有关证据法定资格和收集程序的相关规定来讲，虽然法条提供了“补正”或“作出合理解释”的救济方式，但其仍然否定了未达到法定标准的证据材料进入诉讼程序的资格和能力。从中可以看出，强制性证据规则旨在实现发现事实真相与证据风险分配之间的法益平衡：一方面，“实质真实主义诉讼观”要求法官在发现案件真相方面担负首要职责。正如《法官法》第 6 条之规定：“法官审判案件，应当以事实为根据，以法律为准绳，秉持客观公正的立场。”可想而知，当法官不能够运用证据查清案件事实，尤其是当案件事实处于“真伪不明”的状态并由此发生冤假错案时，法官将面临怎样的职业风险和舆论压力。另一方面，由于现行证据规则预先将举证责任分配给诉讼双方，利益冲突的当事人提交的证据材料在客观性和真实性方面并非不无疑问，因此为避免法官依据失格证据误认案件事实，强制性证据规则选择否定或者削弱特定证据材料的资格和证明力，将不利诉讼后果转交由提出证据一方当事人承担，从而起到防范错误和分配风险的作用。

还有些证据规则仅对法官更好履行发现案件真相职责提供指导和警示，从规则特征和功能上看，其强制性意味较弱、指导性作用较强。该类证据规则可被称为“裁量性证据规则”，例如为法官如何审查判断证据作出提示性、概括性规定或者提供审查判断证据的基本方法[1]，或者针对不同证据种类之间的证明力

〔1〕 例如，最高人民法院《关于适用〈中华人民共和国刑事诉讼法〉的解释》第 139 条规定：“对证据的真实性，应当综合全案证据进行审查。对证据的证明力，应当根据具体情况，从证据与案件事实的关联程度、证据之间的联系等方面进行审查判断。”第 91 条第 2 款规定：“证人当庭作出的证言与其庭前证言矛盾，证人能够作出合理解释，并有其他证据印证的，应当采信其庭审证言；不能作出合理解释，而其庭前证言有其他证据印证的，可以采信其庭前证言。”

大小作出一定限制[1]以及一些解释法定证明标准的操作性规则[2]。裁量性证据规则在法条规范用语方面通常含有“一般”“可以”等字样，而且该类规则虽然不具有刚性约束力，但能够为法官审查、评价证据提供某些指导性原则、警示性指示或告诫性方法。换句话讲，虽然“这些指示可能表现为一套规则，甚至表现为规则大全，但是，一定不要把它们理解为不可抗拒的权威律令，而要理解成为证据的证明力提供指示的指针”[3]。

据此，按照规则效力、事实真伪和责任类型三个维度递进的分析思路，前述两类证据规则在事实认定层面体现出的效力差异对于法官责任的影响，具体可以分为以下三种情形。

第一种情形，违反强制性证据规则认定案件事实。强制性证据规则要求法官严格遵循“证据裁判原则”而禁止法官进行裁量处理，这不仅体现出立法者预先选择排除证据风险对认定案件事实的负面影响并在某种程度上为了提升法官心证基础的真实可靠性而限制其审查判断证据的范围和程序的立法初衷，也是考评法官审判技能是否娴熟以及是否达到适用法律裁判案件的职务要求或标准。因此，当法官违反强制性证据规则认定案件事实时，其在客观层面可直接被认定为“行为违法”。据此，应进一步结合“是否出现错案结果”推定主观层面的具体状态：当未出现错案结果时，不宜推定为“主观故意”，而仅应视为“重大过失”。这是因为，当确定法官违法审判责任的依据从“错案结果”调整为“违法行为”时，则意味着需要考虑法官“遵循或违反特定证据规则”这一行为本身的意义。强制性证据规则旨在发现事实真相和分配证据风险两种价值之间实现利益平衡，当某一具体证据规则提出了明确的、清晰的行为指引时，法官必须依据裁判者地位和法定职权严格遵循，由此才能培养法官对法律的忠诚义务和审

---

〔1〕 有学者将此种现象称为“新法定证据主义”。参见陈瑞华：《以限制证据证明力为核心的新法定证据主义》，载《法学研究》2012年第6期。

〔2〕 对此，最为典型的例证是根据间接证据定案的条件。最高人民法院《关于适用〈中华人民共和国刑事诉讼法〉的解释》第140条规定：“没有直接证据，但间接证据同时符合下列条件的，可以认定被告人有罪：(一)证据已经查证属实；(二)证据之间相互印证，不存在无法排除的矛盾和无法解释的疑问；(三)全案证据形成完整的证据链；(四)根据证据认定案件事实足以排除合理怀疑，结论具有唯一性；(五)运用证据进行的推理符合逻辑和经验。”

〔3〕 [美]杰拉德·波斯特玛：《边沁与普通法传统》，徐同远译，法律出版社2014年版，第384页。

慎、勤勉的职业精神。同时，考虑到法官责任类型的差异以及追责体系的协调性，如果在尚未出现错案结果的前提下直接推定法官存在“主观故意”，则可能加剧客观归责的负面影响，也与“让审理者裁判、由裁判者负责”的司法改革方向中预设的“权责一致”目标不相符合。如果此时出现错案结果，可直接推定为“主观故意”。也就是说，法官不遵守强制性证据规则提供的事实认定依据，并因此导致错案结果的发生，不仅违背了审判职责的法定要求，而且此种“违法行为”与“错案结果”之间存在直接因果关系，因此应依据第一种责任类型即“故意违法责任”追究法官违法审判责任。

第二种情形，违反裁量性证据规则认定案件事实。如前文所述，裁量性证据规则是在事实认定层面发挥指导、提醒或警示作用，并不必然要求法官严格遵守。因此，与结果责任中遵循的“错案追责”认定逻辑相比，当法官违反该类规则并导致错案结果发生时，在推定主观过错种类、确定违法审判责任类型方面更具合理性。这体现在以下两个方面。首先，虽然此时法官事实认定失真导致裁判错误，但仅应推定其主观层面具有“一般过失”而非“重大过失”。这是因为：一方面，裁量性证据规则在约束力方面并不如强制性证据规则严格，如果将这种柔性规则与责任类型挂钩，则有可能使其异化为一种新的以限制证据证明力为导向的规则种类。这种做法不仅与现代证据法发展趋势中倡导的自由心证理念相违背，而且也与中国法官个人责任制改革的现实基础相矛盾。毕竟，当优秀审判人员遴选为员额法官之后，该群体的切身诉求正是在保持独立审判地位的前提下获得更多的裁量权限和空间，而非受困于有限的“还权”“放权”政策激励被动无奈地选择将案件提交合议庭和审判委员会讨论决定。另一方面，从不同法官责任类型所要求的主观过错角度上看，如果将此处的追责依据设置为“违反裁量性证据规则 + 错案结果 + 重大过失”，那么其与上文提到的“违反强制性证据规则 + 未出现错案结果 + 重大过失”相比，未能很好突出违法行为要素对主观过错的决定作用。因此，为了实现法官责任类型认定体系中主观过错要素之间的融贯和协调，从体系解释角度将此处的主观层面推定为“一般过失”较为合理。其次，针对“一般过失”的主观过错，该具体承办法官需承担“为何违反裁量性证据规则”的解释和说明义务。虽然裁量性证据规则尊重法官在审查判断证据、形成心证方面存在酌情处理的余地，但这并不意味着法官在认定个案事实过程中可以脱离证据规则的指引而随意评价。尤其是当事实认定出现错误时，法官应当对其如何行使自由裁量权作出必要展示，借此说明其如何审查判断证据，为何“违反裁量性证据规则”，以及造成其弃用此类证据规则形成心证结论的原因是什么等情况。[1]应当注意的是，虽然就主观方面而言，一般过失要件并不符合现行违法审判责任的任一类型，但由于《关于完善人民法院司法责任制的若干意见》同时提及职业道德责任和纪律责任，所以无论是基于控制案件质量还是提高法官群体职业素养的长远考虑，一般过失的主观要件都应当被纳入追究“非违法审判责任”的两种类型中加以考察。对此，本书将在“余论”部分针对职业道德责任略作阐述。

第三种情形，适用强制性证据规则和裁量性证据规则，但最终仍然出现事实认定错误。整体上讲，如果法官依法适用两类证据规则认定案件事实，在客观上具备裁判行为合法性这一形式要件，也就无法通过违法审判责任的两种类型对其追责。这是因为，当责任追究依据从错案结果调整至违法行为时，后者成为认定法官责任的逻辑前提。也就是说，合法裁判行为成为赋予法官责任豁免的当然情形。但值得注意的是，虽然将两种证据规则作为违法行为的判准，但其在特征和效力方面毕竟存在显著差异；同时考虑到违法审判责任、职业道德责任和纪律责任在构成要件方面具有密切关联，如果在违法审判责任认定逻辑中，一律为法官合法裁判行为的主观状态设置无过错推定原则，那么接下来面临的解释困境在于：其一，针对裁量性证据规则中或然性条款，例如证明力强弱规则，法官认定案件事实时是否据此裁量都是符合法条用语中“一般”或“可以”的涵摄范围的。由此，一方面可能会使前述证据条款逐渐具有“类强制性证据规则”的约束力，进而失去独立存在的价值，另一方面如果法官多数时候倾向于作出否定性行为选择，那么该类法条在指导、提示方面的功能也会日渐淡化，亦不利于探

[1] 另有研究指出，在责任认定的程序配置上，要形成合理的程序结构并赋予当事法官完整的程序性权力。参见方乐：《法官责任制度的司法化改造》，载《法学》2019年第2期。

求法官自由裁量的边界。无论前述哪种推测，如果法官无法给予此时出现的事实认定错误“一个说法”，而径直以无过错原则主张抗辩，则难免招致外界非议。其二，针对非违法审判责任类型的追究依据来讲，如果否定无过错推定的事实依据难以查证，将造成主观过错要件缺失的情况，进而无法依据主客观相一致原则追究当事法官的职业道德责任和纪律责任。因此，结合追责体系的整体逻辑看，相对折中的做法是，当法官并未出现违法行为时，原则上适用无过错推定原则并将此情形归入免责条款。与此同时，核查法官认定案件事实的具体法律依据，如果属于“裁量性证据规则”涵盖的范围，则要求其说明未遵循特定规则指示的客观原因；作为例外条款，如果有相反资料表明该法官酌情处理的做法有违裁量规则原意，则推定其存在“一般过失”，进而依据相应程序追究其违法审判责任。

3. 责任豁免的条件及理由

考虑到司法权的判断性和案件事实认知的相对性，世界各国和地区在设置法官审判责任的同时，基本都遵循了“以豁免为原则，以追责为例外”的司法规律。虽然两大法系国家法官豁免权的界限和范围不尽相同，但其均确立了法官的相对豁免权。[1]从域外国家法官责任豁免制度的具体实践看，其共性表现在豁免范围均限于职务行为，普遍肯定民事责任的豁免以及审慎对待刑事责任的豁免。[2]从《关于完善人民法院司法责任制的若干意见》第 28 条列举的 8 种情形看，新增的事由主要是第 3 款（当事人放弃或者部分放弃权利主张的）、第 4 款（因当事人过错或者客观原因致使案件事实认定发生变化的）和第 7 款（裁判所依据的其他法律文书被撤销或者变更的）。但在实践中争议较大的是对于第 1 款和第 2 款的理解，即对于按照审判监督程序提起再审后被改判的，即便出现“对法律、法规、规章、司法解释具体条文的理解和认识不一致，在专业认知范围内能够予以合理说明的”以及“对案件基本事实的判断存在争议或者疑问，根据

---

〔1〕 参见郭宁：《法官豁免权的存在空间及其限度——基于两大法系的比较视角》，载《山东师范大学学报（人文社会科学版）》2013 年第 6 期。

〔2〕 参见唐红：《法官责任豁免制度的理性思辨》，载《人民司法（应用）》2017 年第 19 期。

证据规则能够予以合理说明的”这两种情形，也不得对当事法官进行责任追究。之所以作出如此规定，“正是虑及法官不能因证据缺失、真伪不明而拒绝裁判，法律制度上才设定了举证责任、疑罪从无、非法证据排除、高度盖然性、优势证据等一系列不能发现案件真实时的裁判规则和裁判方法。因此，只要法官严格遵循这些规则进行判决，即便事后发现了足以推翻原判决的新证据，原裁判行为并无过错，当然不应当让法官承担审判过错责任……如何在案件的事实构成与法律适用之间找到最准确的连结点，取决于法官的知识积累、职业经验和推理能力等多种因素。但同时我们也不能否认，因案件事实的差异性和主观认识的个别性所引发的法律适用的不确定性，也给法官行使判断权和裁量权留下了合理的空间”〔1〕。

进一步来讲，前述8种情形均要求法官主观上“无故意或者重大过失”。如果对此仍要追究其违法审判责任，则不仅违背司法规律以及对于公正价值的追求，而且也不符合权力与责任相统一的改革目标。一方面，对于司法的中立性和独立性而言，要求司法人员与待决案件不存在任何牵扯，在排除权力、财富、人情以及自身利益等因素干扰的情况下能够依法公正行使职权。也就是说：“所有法官都应该能够完全独立地完成自己的工作，而不需担惊受怕。绝不能弄得法官一边用颤抖的手指翻动法书，一边自问，‘假如我这样做，我要负赔偿损害的责任吗？’”〔2〕与之相反，如果对主观并无过错的法官追究审判责任，则会诱使其在裁判过程中考虑如何规避不利于己的裁判后果，偏离自由心证所需的公允立场和超然地位。尤其是对于司法亲历性而言，选择规避自身审判责任的当事法官通常会采取转移案件裁判权等替代处理方式。例如，“司法人员就会为规避自身的责任而采取请示汇报、提请检委会或审委会讨论、向上级司法机关探讨、无原则调解等方法来了结案件；为了防止所办案件的处理结论不被下一诉讼环节或上一审级否定，有的还会采取主动与兄弟政法机关和上级司法机关‘意思意思’或‘搞好关系’等方法，从而造成诉讼中横向配合有余、制约不足，纵向互相

〔1〕 贺小荣：《如何牵住司法责任制这个牛鼻子》，载《人民法院报》2015年9月23日，第5版。

〔2〕 ［英］丹宁·勋爵：《法律的正当程序》，李克强、杨百揆、刘庸安译，法律出版社2015年版，第75页。

沟通、互相关照的不正常状况”[1]。最终这些违背司法规律的做法不仅扭曲了诉讼关系，影响了案件质量，而且将从根本上削弱司法责任制的改革效果。另一方面，权力与责任相统一不仅是一项法治原则，也是中国司法责任制改革的具体目标。例如，《司法独立最低标准》规定，“法官对于其执行职务之有关事务，其享有不受诉讼及不出庭之免责权”。就中国而言，为了确保司法权能够依法独立公正运行，当前司法改革预设的司法精英化、专业化定位，以及由此推进的员额制改革、专业化审判团队建设等具体措施，也都需要在客观上将法官责任豁免制度作为其综合配套制度的重要组成部分。从表面上看，“以豁免为原则，以追责为例外”的行文体例违背了权责一致的法治原则，但实际上，以豁免制度为必要内容的职业保障规范体系恰恰是为了应对司法权力的权威性和审判责任的复杂性而精心设计的平衡机制。这意味着，“如果说权力与责任是分置跷跷板的两端的话，那么豁免制度则是位于它们之间的支点，该支点根据每对权力与责任的具体情况，灵活调节支点的位置，以维持两端的平衡。豁免制度非但不会对权力与责任之间的平衡造成破坏，反而是维持二者平衡关系的一个必不可少的措施”[2]。有鉴于此，如果忽视国际通行的司法准则，不顾及改革措施的系统性和协调性，进而否定司法责任有限度豁免的科学性与现实需求，那么，这不仅不利于维护司法队伍的稳定性，而且制约了司法职业的正常发展。

对于中国在司法责任制改革背景下法官责任豁免制度的完善思路而言，有观点认为，应当采取宏观与微观相结合的方式重构司法责任制中的法官责任豁免制度。[3]还有观点认为，法官责任豁免制度改革应循序渐进地推进，初级阶段明确绝对豁免的原则，中级阶段形成典型的实践经验，高级阶段立法明确豁免的

---

〔1〕 朱孝清：《错案责任追究与豁免》，载《中国法学》2016 年第 2 期。

〔2〕 陈雅丽：《论豁免制度与法治的兼容性——兼论我国公职人员豁免制度的建立与完善》，载《政治与法律》2010 年第 12 期。

〔3〕 参见周长军：《司法责任制改革中的法官问责——兼评〈关于完善人民法院司法责任制的若干意见〉》，载《法学家》2016 年第 3 期。

界限。[1]对此，本书认为，结合当前已经颁布的相关文件[2]看，围绕《法官法》第七章“法官的职业保障”确定责任豁免制度的相关条件较为适宜。

第一，豁免制度立法结构。考虑到《关于完善人民法院司法责任制的若干意见》、最高人民法院《关于建立法官、检察官惩戒制度的意见（试行）》和《关于深化人民法院司法体制综合配套改革的意见——人民法院第五个五年改革纲要（2019—2023）》的文件地位和规范属性，为加强法官职业保障力度，实现法官责任豁免制度的法定化，应将其作为再次修改《法官法》时有待增补的重要内容。同时，在立法例上选择从抽象到具体的行文体例，不仅应当直接确立以“司法行为”为追责依据的原则性规定，而且需要将现有散落在各种司法文件中涉及免除责任或者不予惩戒的条文予以整合，避免抽象性、重复性规定，以便实现免责条款在内容与形式上的明确和统一。尤其是考虑到《关于深化人民法院司法体制综合配套改革的意见——人民法院第五个五年改革纲要（2019—2023）》对未来5年法院系统诸项改革措施发挥的指导和引领作用，在“健全以司法责任制为核心的审判权力运行体系”和“健全完善法官惩戒制度”方面所出台的具体措施，应当体现司法规律的具体要求，满足司法职业自身发展特点。

第二，豁免责任种类与范围。从域外立法例可见，法官责任豁免通常包括民事责任豁免、行政责任豁免和刑事责任豁免。由于国家结构形式和政法体制差异，中国法官对其职务行为导致的错误不承担民事领域的侵权损害赔偿责任，而是由受害人依据相关规定申请国家赔偿；类似地，行政责任如何承担也由专门的纪律规定另行处理。因此，就中国法官而言，豁免条款涉及的责任类型仅指刑事责任。进一步而言，责任豁免条款的立法对象应仅指法官的审判行为和执行行为，而非个人道德行为和行政纪律行为。这是因为，可豁免的司法行为来自法律规范的授权和司法职业特点，该类行为要求法官严格按照法定程序并依凭自身

〔1〕 参见王梓臣：《深化司法改革背景下的法官责任豁免》，载贺荣主编：《深化司法改革与行政审判实践研究（上）——全国法院第28届学术讨论会获奖论文集》，人民法院出版社2017年版。

〔2〕 相关文件主要包括：最高人民法院《关于完善人民法院司法责任制的若干意见》、最高人民法院《关于建立法官、检察官惩戒制度的意见（试行）》、《法官法》、最高人民法院《关于深化人民法院司法体制综合配套改革的意见——人民法院第五个五年改革纲要（2019—2023）》。

专业知识、理性精神和审慎态度进行，具有免责的合法性和正当性。同时，豁免责任的主观要件是“非因故意或者重大过失”。这不仅考虑到前文论证的“合法行为导致事实认定错误应予免责”这一观点在“追责—免责”的规范体系中能够实现逻辑自洽，而且由于《关于完善人民法院司法责任制的若干意见》第28条和《法官法》第46条[1]的规范前提并不一致，按照本书的前述分析，应当将《关于完善人民法院司法责任制的若干意见》第28条采用的“错案结果责任”解释为“审判行为责任”，以保持其与《法官法》的规范目的相一致，即当事法官具有主观故意或者重大过失的均不属于豁免条款的适用范围。对此，域外立法也有类似规定。例如，德国法规定，除非法官违反内心确信，故意对法律、事实超出确信标准或忽视谨慎之责草率行事，否则不受惩戒。法国法规定，实质性的裁判行为原则上不得成为惩戒的依据，除非能证明系故意或重大过失为之，否则不受追责。[2]因此，在对豁免条款的典型情形列举时，应指明“非因故意或者重大过失”不得追究当事法官刑事责任的表述，并对“其他情形”等兜底条款作相同解释，以保障规范释义与法律效果上的一致性。

第三，豁免程序准司法化。正如法官责任追究程序司法化[3]一样，豁免程序准司法化也应当成为豁免制度的有机组成部分。对此，可尝试仿照追责程序的基本框架设计豁免程序。除前文提及的豁免行为审查标准之外，对于当事法官而言，赋予其程序性保障权利是其中的关键措施。例如，在人民法院审判监督部门或管理部门审查讨论是否符合豁免条件，提出初步处理意见之前，应当允许当事法官或合议庭成员到场陈述事实、说明情况以及赋予其必要的辩解、举证权利。尤其对于具体承办法官与合议庭多数意见存在分歧的案件，应当围绕合议

---

〔1〕《法官法》第46条列举了9种具体情形，并规定“法官有下列行为之一的，应当给予处分；构成犯罪的，依法追究刑事责任……”从该种行文表述可以看出，其是以法官“司法职务行为”为出发点的。

〔2〕参见李杨：《法官惩戒标准的审思与定位——以默顿功能分析范式为视角》，在《深化司法改革与行政审判实践研究（上）——全国法院第28届学术讨论会获奖论文集》，人民法院出版社2017年版。

〔3〕相关研究参见方乐：《法官责任制度的司法化改造》，载《法学》2019年第2期；王迎龙：《司法责任语境下法官责任制的完善》，载《政法论坛》2016年第5期；叶锋：《特殊的审判：论司法责任制的诉讼构造——基于部分地方规范性文件和个案的实证考察》，载《深化司法改革与行政审判实践研究（上）——全国法院第28届学术讨论会获奖论文集》，人民法院出版社2017年版。

庭会议笔录重点审查分歧意见产生的主客观原因，并根据实际需要听取审判团队或专业法官会议的建议和看法。类似地，对于人民法院监察部门来说，在调查当事法官是否满足豁免条款指向的具体情形时，应当保障其充分行使知情权、参与权、辩解权、举证权和申请听证权等程序性保障权利。当遇有重大疑难复杂案件、社会影响和关注度较大的案件时，可以借助省级法官遴选（惩戒）委员会依托的优秀专家库资源，同时邀请人大代表、政协委员以及法学专家等参与听证，从而保障当事法官程序性权利的有效行使以及作出豁免决定与否所需的最低限度的程序公正。

4. 余论：法官职业伦理责任的中国图景

正如前文所指出的，《关于完善人民法院司法责任制的若干意见》中除了涉及违法审判责任以外，还规定了"法官有违反职业道德准则……等违纪违法行为，依照法律及有关纪律规定另行处理"。由于法官职业道德是司法伦理的必要内容，可以说没有法官职业道德就没有司法伦理。因此，在很大程度上，法官职业道德的基本规范也就构成司法伦理所倡导的重要价值，这也就形成了与"违法审判责任"和"行政纪律责任"并存的第三种责任类型。有学者将其称为"职业伦理责任模式"[1]。在该种责任模式下，对法官予以追责和惩戒的依据不再是违法审判行为或者违反行政纪律行为，而是出现有违司法职业伦理规范的行为。那么，何为法官基本道德准则或者伦理规范？《法官法》总则部分第5条规定："法官应当勤勉尽责，清正廉明，恪守职业道德。"2010年修订后发布的《法官职业道德基本准则》第2条规定，"法官职业道德的核心是公正、廉洁、为民。基本要求是忠诚司法事业、保证司法公正、确保司法廉洁、坚持司法为民、维护司法形象"；同时第3条还规定，"法官应当自觉遵守法官职业道德，在本职工作和业外活动中严格要求自己，维护人民法院形象和司法公信力"。由此可见，通过采用从抽象到具体的行文体例，中国法官职业道德准则在文本层面已然具备相对完整的规范内容，而且从其中蕴含的价值追求上讲，其也与司法职业主义背景下

〔1〕 陈瑞华：《法官责任制度的三种模式》，载《法学研究》2015年第4期。

“司法伦理二阶结构”[1]的基本内涵相一致。

之所以将严格的职业伦理规范作为惩戒依据，主要是考虑到：一方面，近年来新闻媒体屡次报道法官失德事件，致使整个社会对法官群体的职业素养产生怀疑。例如，原最高人民法院副院长黄松有贪污受贿案、奚晓明受贿案、（曾被授予“全国模范法官”称号的）李和鹏贪污受贿案、上海法官集体嫖娼案等热点案件，都促使司法界极力反思法官职业伦理规范和基本道德操守对于建立职业化、专业化法官队伍形象的重要价值。同时，这也从侧面反映出，对于追究不当司法行为来讲，当错案结果尚未发现时，通过审查违法审判行为和违规违纪行为的方式追究当事法官的相应责任也就不具备前提条件；而职业伦理责任仅以违反道德准则和伦理规范的行为作为惩戒依据，这套体系完整、内容全面的行为规范不再考虑当事法官的个人喜好以及不当司法行为对裁判终局结果的负面影响，而是直接以其自身带有的定型化、制度化和泛强制力的道德约束为依据进行惩戒，从而避免追责程序启动阶段的滞后性和被动性。另一方面，遵守忠诚、公正、廉洁等道德准则能够为法官群体积累该种职业长久发展所必需的信任基础和声誉机制，进而以一种自我治理的方式培育其道德理性地成长，最终促进构建符合司法规律的责任制度体系，并达到司法改革导向的整体目标。正如有研究指出的，“基于对公正、善良、诚实、信用等价值的内心确信，基于对声誉、口碑的珍视，主体形成了很强的自律意识和自我警醒机制，无须第三方裁判者，也无须博弈对手的制裁威慑，他们总是有足够的激励将自己的策略选择稳定在良行懿德之上。在道德理性的自我规训之下，这是一种成本最低、效率最高的治理模式”[2]。在此过程中，这种自我治理、约束和规劝方式有助于培育道德理性，并与司法技艺理性一起构成司法改革（尤其是司法责任制改革）的基本价值取向。这是因为“道德理性是法官独有的用以控制和规范其行为的一种力量，它是基于法官交往需

---

〔1〕 所谓“司法伦理二阶结构”包括职责型司法伦理和德行型司法伦理。前者要求法官恪守其职、恪尽其责，完成自己的本职工作；后者则指法官受到伦理正义感的激励能够作出最“善”而非仅作出“最稳妥”的司法判决。相关论述参见宋远升：《法官论》，法律出版社 2012 年版。

〔2〕 吴元元：《基于声誉机制的法官激励制度构造》，载《法学》2018 年第 12 期。

要和法官与他人关系处理上的正当性和复杂性而产生。它以最少风险的模式而实现法官的价值，使法官不再始终处于合法性的威胁之中，而是作为发展自身过程所产生的合理性，作为不同激情之间的共识性的自我调节”[1]。也就是说，法官能够依据高尚的职业伦理道德抗辩公众对于裁判的质疑，借助道德内化和自我约束给外界以中立、超然的印象，进而为法官群体自身的存在提供合法性与合理性证成。

实际上，目前推行的许多司法改革举措已经沿着此种路径做出了尝试。例如，法官员额制改革已遴选出优秀审判人员进入一线办案，推动省以下地方法院人财物统一管理以克服对地方政府和财政部门的依赖等措施，尤其是在省级设置法官惩戒委员会，力争实现法院体系的整体独立从而最终提升司法公信力和权威性。这些具体措施都从配套性、辅助性角度为构建符合司法规律的法官责任制度提供了制度支撑和经验基础。更宏观地讲，涵盖法官职业伦理责任的司法问责机制致力于平衡“维护法官职业独立”和“激励法官工作效能”之间的微妙关系。对此，世界各法治国家和地区采取的基本模式是：“案件审判过程中发生的差错问题交由诉讼程序解决；法官不能正常履行职务的职业伦理问题交由法官惩戒程序解决；法官正向激励问题交由法官绩效考评程序解决。”[2]由此可见，法官承担职业伦理责任不仅与诉讼内的审判责任不同，而且是作为惩戒制度主体部分获得相对独立的运作空间。这同样预示着，围绕法官伦理规范构建符合职业特点的惩戒程序应当是未来法官责任制与问责机制的改革方向。详细来讲：首先，职业伦理规范更多强调法官群体应具备高于普通民众的道德水准和职业素养，这种行为规范与诉讼内审判职责的依法履行并无直接关联，而是突破法官法庭角色的限制而延展至社会角色的层面，因此在更大范围约束、维护法官群体的言行举止与个人形象。其次，作为本轮司法改革的“牛鼻子”，《关于完善人民法院司法责任制的若干意见》提出的相关内容具有纲领性和指导性特点，据此，以严格的审判责任为核心建立司法责任体系自然具有科学性、合理性。然

---

〔1〕 王申：《法官的道德理性论》，法律出版社 2017 年版。

〔2〕 冯文生：《法官职业伦理问责思考》，载《人民法院报》2013 年 12 月 6 日，第 5 版。

而，违法审判责任与行政纪律责任并不排除也无法取代职业伦理（道德）责任的现实需求与独特价值。“相比之下，在当前重视纠正冤假错案的背景下，结果责任模式和过程责任模式更容易得到政治家和社会舆论的支持，而站在尊重司法规律、维护司法制度长远发展的立场上，法学界和司法界则更为青睐职业伦理责任模式。”[1]对此，最高人民法院在《关于深化人民法院司法体制综合配套改革的意见——人民法院第五个五年改革纲要（2019—2023）》中专门指出要“健全完善法官惩戒制度”，“研究制定法官惩戒工作相关规定”。可以说，将违背法官职业伦理的不当司法行为纳入法官惩戒制度规制范围，不仅与世界其他法治国家和地区的有益经验相一致，也符合未来5年我国法院系统改革的目标要求。

〔1〕 陈瑞华:《司法体制改革导论》，法律出版社2018年版，第215页。

后　记

《制度与机理：司法现象研究》系 2017 年度国家哲学社会科学重点项目最终成果。该成果于 2022 年 11 月通过全国哲学社会科学规划管理办公室组织的专家鉴定。在该成果的研究过程中，湖南大学法学院博士研究生柴婧峰、黄山、黄雪在其学位论文撰写过程中，就刑事政策、司法鉴定、诉讼期限问题，对本课题有关章节作出了实质性突出贡献。

谢佑平

2022 年 11 月 12 日